HANGIL
LIBRARIUM
NOVAE HUMANITATIS
한길신인문총서 26

한길사

Ethics of Desire

by Yang, Seokwon

Published by Hangilsa Publishing Co. Ltd., Korea, 2018

욕망의 윤리

라캉 정신분석과 예술, 정치, 철학

양석원 지음

HANGIL
LIBRARIUM
NOVAE HUMANITATIS
한길신인문총서 26
한길사

욕망의 윤리
라캉 정신분석과 예술, 정치, 철학

지은이 · 양석원
펴낸이 · 김언호
펴낸곳 · (주)도서출판 한길사
등록 · 1976년 12월 24일 제74호

주소 · 10881 경기도 파주시 광인사길 37
    www.hangilsa.co.kr   http://hangilsa.tistory.com
    E-mail: hangilsa@hangilsa.co.kr
전화 · 031-955-2000~3   팩스 · 031-955-2005

부사장 · 박관순 | 총괄이사 · 김서영 | 관리이사 · 곽명호
영업이사 · 이경호 | 경영이사 · 김관영
편집 · 김대일 백은숙 노유연 김지연 김지수 김영길
관리 · 이주환 문주상 김선희 이희문 원선아 | 마케팅 · 서승아

인쇄 · 예림 | 제본 · 예림바인딩

제1판 제1쇄 2018년 11월 19일
제1판 제2쇄 2020년 2월 5일

값 40,000원
ISBN 978-89-356-6014-8 93160

이 도서의 국립중앙도서관 출판시도서목록(CIP)은 e-CIP홈페이지(http://www.nl.go.kr/ecip)와
국가자료공동목록시스템(http://www.nl.go.kr/kolisnet)에서 이용하실 수 있습니다.
(CIP제어번호: CIP2018033325)

자크 라캉(Jacques Lacan, 1901~81)

현대 프랑스 정신분석가로서 프로이트의 정신분석이론을 구조주의 언어학의 관점에서 다시 해석한 것으로 유명하지만 그의 이론은 구조주의 및 탈구조주의의 지평을 넘어선다. 인간의 욕망을 타자와의 변증법적 관계에서 해석한 그의 이론은 무의식적 소망에 관한 프로이트 이론을 크게 발전시킨 것으로 평가받는다. 그의 사상은 고대에서 현대에 이르는 철학, 신학, 수학, 정치학 및 예술의 영역을 아우르며 현대 심리학을 비롯한 인문학과 사회과학뿐 아니라 대중문화의 해석에도 지대한 영향을 미치고 있다.

지그문트 프로이트(Sigmund Freud, 1856~1939)

정신분석의 창시자로서 인간이 의식할 수 없는 무의식의 영역을 사고와 행위의 본질적인 동력으로 파악해서 인간 정신에 관한 사유의 패러다임을 바꾸어 놓은 혁명적인 사상가다. 그는 초기에 인간 정신이 무의식, 전의식, 의식으로 분열되어 탈중심화된 것으로 파악했고, 후기에는 인간의 자아가 이드와 초자아 및 현실의 상충하는 요구를 조정하는 고통스런 작업을 수행하는 것으로 보았다. 그는 또한 성적 욕동과 자아욕동 개념을 바탕으로 성 발달 이론을 펼쳤고 후기에는 이를 생명욕동과 죽음욕동 이론으로 발전시켜 인간문명의 진화에 관한 계통발생적 해석에도 크게 기여했다.

디에고 벨라스케스, 「궁정의 시녀들」(Las Meninas, The Maids of Honor), 1656, 프라도 미술관

'회화의 신학'이라고 불릴 만큼 명화로 인정받는 벨라스케스의 걸작이다. 푸코는 이 그림을 주체가 삭제된 고전주의적 재현의 공간으로 파악했지만, 라캉은 사영기하학의 이론으로 이 그림에 분열된 주체가 이중으로 새겨져 있다고 해석한다. 이 그림의 소실점인 가운데 오른쪽 문가에 있는 벨라스케스의 동명인 니에토 벨라스케스는 의식적 주체 또는 눈(eye)을 나타내고, 소실점과 평행선 왼쪽 거리지점에 있는 화가 벨라스케스는 무의식적 욕동의 주체 혹은 응시(gaze)를 나타낸다.

한스 홀바인, 「대사들」(The Ambassadors), 1533, 런던 내셔널 갤러리

홀바인의 이 명화의 배경에는 르네상스 시대 인간의 지식과 과학적 진보를 나타내는 기구들이
존재하며 젊은 두 명의 외교관의 모습은 인간의 능력을 과시하는 듯 보인다. 그러나 이 그림에
는 인간의 사멸성을 보여주는 내용이 숨겨져 있다. 왼쪽 위 모퉁이에 숨겨져 있는 십자가에 못
박힌 예수의 모습은 인간의 죽음을 상기시키고 그림의 전경에는 왜상으로 그려져서 삐딱한 각
도로 볼 때 해골로 나타나는 커다란 얼룩이 존재한다. 라캉은 해골이 인간의 근원적 상실 즉 거
세와 죽음 및 무를 나타낸다고 해석한다.

어머니께

책머리에

내가 정신분석과 맺은 인연은 석사 과정 시절로 기억한다. 당시에는 마르크스주의에 대한 학문적 호기심이 극에 달했을 때였다. 군사독재 정권이 인권과 사상에 대한 억압을 무자비하게 자행했을 때, 억압된 것은 반드시 귀환한다는 지그문트 프로이트(Sigmind Freud, 1856~1939)의 명제를 입증하듯이, 마르크스 사상에 대한 학생들과 소장학자들의 욕망은 증폭되었다. 나도 마르크스주의와 구조주의에 매료되었지만, 다른 한편으로 역사와 구조의 그늘에 가린 인간의 주체성에도 관심을 갖게 되었다. 정신분석학적 주체와 이데올로기에 대한 나의 관심은 그때 형성되었다. 그 무렵 내 은사님 중 한 분이 앞으로 무엇을 공부하고 싶으냐고 물으셨을 때 '자아'라고 답한 것으로 기억한다. 돌이켜보면 나는 영문학 작품 속 인물들의 심리를 살피면서 나름대로 정신분석을 탐구하고 있었다. 나는 석사논문의 주제로 삼았던 미국 소설가 허먼 멜빌(Herman Melville, 1819~91)의 대표작 『모비딕』(*Moby-Dick: The Whale*)의 괴팍한 주인공 에이햅(Ahab) 선장을 유아론자로 여기면서 인간행동의 근원이 참 복잡하다고 생각했었다. 일상과 규범의 틀을 견디지 못하고 광기의 탈주를 감행하는 주인공의 고뇌에 찬 모습을 읽으면서, 그의 내면세계를 파악하는 것이 어렵다는 생각이 끊이지 않았지만 나는 그것을 풀어낼 이론적 개념적 도구를 알지 못했다.

그 무렵 자크 라캉(Jacques Lacan, 1901~81)이란 이름이 회자되기 시작하고 이런 저런 참고서적들이 번역되기 시작할 무렵이어서, 나는 프로이트와 라캉에 대한 지적 호기심을 갖기 시작했다. 당시에 신촌세브란스병원 정신과의 한 젊은 교수를 만나 라캉 관련 서적의 번역을 논하기도 했지만, 그분이나 나나 라캉에 대한 이렇다 할 지식이 없던 탓에 내 관심은 호기심에 머물고 말았다. 미국문학을 전공하러 유학을 갔을 때 나는 정신분석학 전통이 강한 학교를 택했고, 그때 비로소 프로이트와 라캉에 관한 전공강의를 수강할 수 있었다. 내가 가졌던 관심과 의문은 "욕망은 타자의 욕망"이라는 라캉의 명제를 통해 '욕망'이라는 두 글자로 수렴되었고, 막연히 '나'와 '자아'에서 시작된 정신분석에 대한 호기심이 '타자'의 세계로 이동하면서 나는 욕망의 지형과 경계를 다시 그리게 되었다. 더구나 당시에 조운 콥젝(Joan Copjec) 교수가 『이데올로기의 숭고한 대상』(The Sublime Object of Ideology)을 막 출판하여 학계에서 주목받기 시작한 슬라보예 지젝(Slavoj Žižek, 1949~)을 초청해 함께 개설한 공동강의를 수강했을 때, 나의 정신분석학 지평은 정치, 철학, 예술, 문화 등으로 크게 확장되었다.

정신분석과 예술의 주제를 예로 들자면 나는 '문화와 예술의 정신분석'이라는 과목을 오랫동안 가르치면서, 프로이트, 라캉, 줄리아 크리스테바(Julia Kristeva, 1941~), 멜러니 클라인(Melagnie Klein, 1882~1960) 그리고 지젝이 문학과 음악, 예술과 영화를 분석한 것을 살펴보았고 이 중 일부는 이 책 제1부에 소개되었다. 그러나 이 주제에 대한 더 심층적인 해부와 본격적인 연구는 미래의 몫으로 남겨두었다. 이 책은 라캉 이론을 중심으로 정치, 예술, 철학 분야에서 욕망의 주체와 정신분석의 윤리를 세밀히 탐구한다. 라캉의 글을 읽고 가르치며 그 난해한 내용과 복잡한 스타일 때문에 고개를 갸우뚱거릴 때마다, 나는 나름대로 프로이트를 비롯해 그가 논하는 여러 사상을 탐독하고 비평문헌들을 참조하여 그의 텍스트를 독해한 결과를 공유할 필요성을 느꼈다. 나는 프로이트와 라캉이 지난 세기에 탐험했던 정신세계를 가능한 자세하고 정확하게 이해하고 싶었고, 내가 목격한 지적 풍경과 욕망의 지도를 충실히 전달하기 위해 인용을 아끼지 않았다.

라캉의 세미나는 일부만 편집되어 출판되었을 뿐 아니라 그것조차 아직 모두 영역되지 않은 탓에 나는 때로 호기심을 견디지 못하고 코맥 갤러거(Cormac Gallagher)의 비공식 영역본을 참고했다. 내가 2008년 런던을 잠시 방문했을 때 프로이트 박물관 인근의 카낙(Karnac) 서점에서 라캉의 세미나 VI권『욕망과 욕망의 해석』(*Desire and the Interpretation of Desire*)과 XIII권『정신분석의 대상』(*The Object of Psychoanalysis*)을 포함한 몇 권의 영역본 세미나를 구입하여, 윌리엄 셰익스피어(William Shakespeare, 1564~1616)의『햄릿』(*Hamlet*)과 디에고 벨라스케스(Diego Velázquez, 1599~1660)의「궁정의 시녀들」(Las Meninas, The Maids of Honor)에 대한 라캉의 해석을 다룬 논문들을 발표하게 되었고, 이 글들은 이 책 제1부에 소개되어 있다.

탈고된 원고는 이 책이 무엇을 말하지 않았는지를 여실히 보여준다. 여백으로 남은 주제들, 특히 지면 관계상 이 책에 포함시키지 못한 성과 사랑의 정신분석은 그간 출판된 논문들을 포함하여 시간이 허락하는 대로 곧 마무리할 계획이다. 국내외 출판된 많은 정신분석 관련 저술서와 역서들이 예증하듯이 정신분석에 관한 관심이 학계에서뿐 아니라 대중에게도 매우 높다. 이 책이 조금이나마 정신분석의 이해와 연구에 보탬이 되길 바랄 뿐이다. 오래전에 마무리된 원고를 수정하는 동안 새로 출간되는 라캉 세미나의 공식 영역본을 참고하다 보니 차일피일 탈고가 미뤄졌다. 그러나 2007년에 연세대학교의 저술연구지원을 받아 정신분석에 대해 그간 공부한 것을 정리해보겠다고 시작한 책이 지금에야 세상의 빛을 보게 된 것은 순전히 나의 게으름 탓이다.

　학창시절부터 교수로 강단에 설 때까지 학문적 호기심과 열정을 일깨워주시고 학자의 길로 인도해주신 연세대학교 영문과 은사님들, 유학시절 값진 가르침을 주신 뉴욕주립대학교(State University of New York at Buffalo) 영문과 은사님들께 먼저 깊은 감사의 마음을 올린다. 선생님들의 가르침과 격려가 없었다면 아마 나는 학문의 가치도 즐거움도 알지 못했을 것이다. 선후배로 친구로 또 지금은 동료학자로 학문의 기쁨과 고달픔을 함께해온 영문과 교수님들, 오랫동안 정신분석을 같이 공부해온 라캉정신분석연구회 선생님들께 감사드린다. 이들과 함께한 시간이 이 책에 적지 않은 밑거름이 되었다. 이 책의 집필과 수정 과정에서 철학용어와 그리스어에 관한 조언을 아끼지 않으신 철학과 이승종, 조대호 교수님, 정성을 다해 원고정리를 도와준 윤아름과 내 정신분석 강의를 수강한 모든 제자에게 고마움을 전한다. 교수로 재직하는 동안 내 학문의 근본이 되어주고 연구를 지원해준 모교 연세대학교와 유학기간 및 두 차례의 연구년 동안 풀브라이트 장학금을 지원해준 한미교육위원단 그리고 이 책이 출판되도록 도와주신 한길사 대표님과 꼼꼼히 원고를 교정해준 한길사 출판부에도 감사의 마음을 표한다.

　이 책을 어머니 생전에 드리지 못한 아쉬움이 매우 크다. 오래전 유약하신 어머니를 고국에 두고 무거운 마음으로 유학길에 올랐을 때, 헤어짐의 섭섭함을 감추시고 기뻐해주셨던 어머니의 모습이 눈에 선하다. 그립고 고마우신 어머니께 늦게나마 이 책을 올린다. 오래전 주님의 품으로 가신 아버지께서 주신 사랑과 생시에 장인어른께서 주신 격려에도 이 자리를 빌려 감사를 드린다. 유학생시절부터 지금까지 내가 공부할 수 있도록 곁에서 늘 따뜻한 마음으로 헌신해준 아내 영신이 아니었다면 이 책은 결코 완성되지 못했을 것이다. 아내에게 이 책이 조금이라도 보답이 되길 바라는 마음이다. 멀리 있어 늘 안쓰럽고 보고 싶은 사랑스러운 딸 민지와 민아가 훌륭하고 의젓하게 자라줘서 고맙다. 주님께서 내게 허락하신 따뜻하고 소중한 가정이 있었기에 부족한 글이나마 채울 용기를 가질 수 있었다. 사랑하는 가족에게 이 책을 바친다.

2018년 7월
양석원

욕망의 윤리
라캉 정신분석과 예술, 정치, 철학

제1부 욕망의 주체

제2부　정신분석의 윤리

프로이트와 라캉 저작 출처*

프로이트 저작 출처

CL: The Complete Letters of Sigmund Freud to Wilhelm Fliess 1887~1904, Jeffrey Moussaieff Masson 옮김, Cambridge, MA: Harvard UP, 1985.

*SE*I~*SE*XXVI: *The Standard Edition of the Complete Psychological Works of Sigmund Freud*, James Strachey 옮김, London: Hogarth, 1953~74.

라캉 저작 출처

E: Écrits, Bruce Fink 옮김, New York: Norton, 2006.

LE: L'étourdit, Cormac Gallagher 옮김, *The Letter*, 41 (2009), 31~80쪽.

S*I: The Seminar of Jacques Lacan Book I: Freud's Papers on Technique 1953~54*, Jacques-Alain Miller 엮음, John Forrester 옮김, New York: Norton, 1988.

S*II: The Seminar of Jacques Lacan Book II: The Ego in Freud's Theory and in the Technique of Psychoanalysis 1954~55*, Jacques-Alain Miller 엮음,

---

* 본문에서 인용문 뒤 괄호 안에 책의 약어와 권 호 및 쪽수를 표기했다. 라캉의 세미나 가운데 갤러거의 비공식 번역은 강연 일시와 쪽수를 표기했다. (필자가 참고한 갤러거의 영역본 세미나 VI과 XIII 인쇄본의 쪽수는 인터넷 자료의 쪽수와 다르므로 두 자료에 공통적인 프랑스어원고의 쪽수를 표기했다. 세미나 XXIV의 제목에 대해서는 제4장 각주 65번을 참조할 것.)

Sylvana Tomaselli 옮김, New York: Norton, 1991.

SIII: *The Seminar of Jacques Lacan Book III: The Psychosis 1955~56*, Jacques-Alain Miller 엮음, Russell Grigg 옮김, New York: Norton, 1993.

SV: *The Seminar of Jacques Lacan Book V: Formations of the Unconscious 1957~58*, Jacques-Alain Miller 엮음, Russell Grigg 옮김, Cambridge: Polity Press, 2017.

SVI: *The Seminar of Jacques Lacan Book VI: Desire and Its Interpretation 1958~59*, Cormac Gallagher 옮김, www.lacaninireland.com.

SVII: *The Seminar of Jacques Lacan Book VII: The Ethics of Psychoanalysis 1959~60,* Jacques-Alain Miller 엮음, Dennis Porter 옮김, New York: Norton, 1992.

SVIII: *The Seminar of Jacques Lacan Book VIII: Transference 1960~61*, Jacques-Alain Miller 엮음, Bruce Fink 옮김, Cambridge: Polity Press, 2015.

SX: *The Seminar of Jacques Lacan Book X: Anxiety 1962~63*, Jacques-Alain Miller 엮음, A.R. Price 옮김, Cambridge: Polity Press, 2014.

SXI: *The Seminar of Jacques Lacan Book XI: The Four Fundamental Concepts of Psychoanalysis 1963~64*, Jacques-Alain Miller 엮음, Alan Sheridan 옮김, New York: Norton, 1981.

SXIII: *The Seminar of Jacques Lacan Book XIII: The Object of Psychoanalysis 1965~66*, Cormac Gallagher 옮김, www.lacaninireland.com.

SXVI: *The Seminar of Jacques Lacan Book XVI: From an Other to the other 1968~69*, Cormac Gallagher 옮김, www.lacaninireland.com.

SXVII: *The Seminar of Jacques Lacan Book XVII: The Other Side of Psychoanalysis 1969~70*, Jacques-Alain Miller 엮음, Russell Grigg 옮김, New York: Norton, 2007.

SXX: *The Seminar of Jacques Lacan Book XX: Encore On Feminine Sexuality, The Limits of Love and Knowledge 1972~73*, Jacques-Alain Miller 엮음,

Bruce Fink 옮김, Norton: New York, 1998.

SXXIII: *The Seminar of Jacques Lacan Book XXIII: The Sinthome 1975~76*, Jacques-Alain Miller 엮음, A.R. Price 옮김, Cambridge: Polity Press, 2016.

SXXIV: *The Seminar of Jacques Lacan Book XXIV: The Failure of the Unconscious is Love 1976~77*, Cormac Gallagher 옮김, www.lacaninireland. com.

T: Television and A Challenge to the Psychoanalytic Establishment, Joan Copjec 엮음, Denis Hollier, Rosalind Krauss & Annette Michelson 공역, New York: Norton, 1990.

"Analyticon": "Analyticon," No. 2, 1970년 6월 4일, Jacques Lacan, *The Other Side of Pychoanalysis, The Seminar of Jacques Lacan XVII*, Cormac Gallagher 옮김, www.lacaninireland.com.

"Desire": "Desire and the Interpretation of Desire in Hamlet," James Hulbert 옮김, *Literature and Psychoanalysis: The Question of Reading: Otherwise*, Shoshana Felman 엮음, Baltimore: Johns Hopkins UP, 1982, 11~52쪽.

"Ego": "Some Reflections on the Ego," *The International Journal of Psychoanalysis*, 34 (1953), 11~17쪽.

"Geneva": "Geneva Lecture on the Symptom," Russell Grigg 옮김, *Analysis*, 1 (1989), 7~26쪽.

"Joyce": "Joyce the Symptom," *The Seminar of Jacques Lacan Book XXIII: The Sinthome*, 141~148쪽.

"Proposition": "Proposition of 9 October 1967 on the Psychoanalyst of the School," Russell Grigg 옮김, *Analysis*, 6 (1995), 1~13쪽.

"Structure": "Of Structure as an Inmixing of an Otherness Prerequisite to Any Subject Whatever," *The Structuralist Controversy*, R. Macksey & E. Donato 공편, Baltimore: Johns Hopkins UP, 1970, 186~200쪽.

본문에 인용된 도식의 출처

66쪽(L도식): Jacques Lacan, *Écrits*, 40쪽.

77쪽(수정된 L도식): Bruce Fink, *A Clinical Introduction to Lacanian Psychoanalysis*, 212쪽.

146쪽(첫째 욕망의 그래프): Jacques Lacan, *Écrits*, 681쪽.

147쪽(둘째 욕망의 그래프): Jacques Lacan, *Écrits*, 684쪽.

152쪽(소외의 합집합): Jacques Lacan, *SXI*, 211~212쪽.

153쪽(소외의 벤도식): Eric Laurent, "Alienation and Separation (I)," 24쪽.

159쪽(라캉의 은유 공식): Jacques Lacan, *Écrits*, 464쪽, Jean Laplanche & Serge Leclaire, "The Unconscious: A Psychoanalytic Study," 156쪽.

160쪽(라플랑슈의 은유공식): Jean Laplanche & Serge Leclaire, "The Unconscious: A Psychoanalytic Study," 157쪽.

161쪽(라플랑슈 은유공식의 예): Jean Laplanche & Serge Leclaire, "The Unconscious: A Psychoanalytic Study," 164쪽.

165쪽(원억압): Jacques Lacan, *SXI*, 198쪽.

167쪽(소외와 분리 마름모): Jacques Lacan, *SXI*, 209쪽.

169쪽(분리의 벤도식): Eric Laurent, "Alienation and Separation (I)," 25쪽.

171쪽(셋째 욕망의 그래프): Jacques Lacan, *Écrits*, 690쪽.

176쪽(*fort/da* 게임과 소외 분리 도표): Bruce Fink, "The Real Cause of

Repetition," 228쪽.

177쪽(라캉의 담론공식, 주인담론): Jacques Lacan, *SXVII*, 169, 92~93쪽.

182쪽(완성된 욕망의 그래프): Jacques Lacan, *Écrits*, 692쪽.

184쪽(안으로 접힌 8): Jacques Lacan, *SXI*, 271쪽.

185쪽(상상적, 상징적 동일시): Sigmund Freud, *SEXVIII*: 116쪽; Jacques Lacan, *SXI*, 272쪽.

217쪽(증환) Jacques Lacan, *SXXIII*, 12쪽; Jacques-Alain Miller, "The Sinthome, a Mixture of Symptom and Fantasy," 69쪽.

226쪽(담론공식, 분석가담론): Jacques Lacan, *SXX*, 17쪽; *SXVII*, 169쪽.

273쪽(L도식): Jacques Lacan, *Écrits*, 40쪽.

280쪽(햄릿과 거투르드의 욕망) Bruce Fink, "Reading Hamlet with Lacan," 186쪽.

285쪽(햄릿 욕망과 소외/분리 도식): Bruce Fink, "Reading Hamlet with Lacan," 192쪽.

289쪽(라캉 은유의 조엘 도르 도식): Joël Dor, *Introduction to the Reading of Lacan*, 115쪽.

290쪽(부성적 은유): Jacques Lacan, *Écrits*, 465쪽.

319쪽(눈과 응시): Jacques Lacan, *SXI*, 91, 106쪽.

325쪽(거리지점): Erwin Panofsky, *Perspective as Symbolic Form*, 132쪽.

357쪽(주인담론): Jacques Lacan, *SXVII*, 169쪽.

371쪽(프로이트 정신기구): Sigmund Freud, *SEV*, 541쪽.

373쪽(환유와 은유 공식): Jacques Lacan, *Écrits*, 428~429쪽.

386쪽(외밀성): Jacques-Alain Miller, "Extimité," 77~78쪽.

466쪽(사드적 환상): Jacques Lacan, *Écrits*, 653쪽.

469쪽(사디스트의 욕망): Jacques Lacan, *SX*, 104쪽.

471쪽(마조히즘): Jacques Lacan, *Écrits*, 657쪽.

욕망의 주체와 윤리

• 서론

　히스테리 환자 치료에서 시작한 정신분석은 진료실에서 강연장으로 그리고 학계, 예술계, 대중문화로 그 영역이 확대되어 왔다. 다국적 자본주의 시대의 생존경쟁이 세계화라는 이름으로 국가의 경계를 넘어 전 지구적인 현상이 된 지금, 인간의 정신적 삶은 더 피폐해져가고 정신건강의 중요성을 강조하는 문구는 빈번히 대중매체를 장식한다. 이제 정신분석학적 모티프와 비유가 정신적 위기에 대한 경고문이나 웰빙 문화상품의 선전문으로 포장되어 출현하는 것이 더 이상 낯설지 않다. 서점과 인터넷은 정신건강 관련 책과 자료로 범람한다. 정신건강에 대한 관심은 그 자체로 분석을 요구하는 사회현상이 되어버린 느낌이다.

　인공지능과 가상현실에 대한 기대와 우려가 교차하는 시대에도 정신적 고통의 문제는 엄연한 현실로 존재한다. 인공지능이 우리의 삶을 대신 살아줄 수도 우리가 가상현실에 영원히 머물 수도 없기 때문이다. 삶의 좌표를 찾기 힘든 시대에 인간은 욕망의 길에서 방향을 상실하고 정신질환은 사회적 증상이 된다. 그리고 이런 증상의 확대는 정신적 문제를 신속하고 간편하게 치유하고 싶은 기대와 요구를 낳았다. 이런 현상의 이면에는 욕망이 알 수 없고 위험한 것이라는 두려움과 불안이 존재한다. 정신질환의 치유에 대한 기대는 욕망의 두려움과 불안을 제거하고 정신적 안정을 보장하는 영약에 대한 희망의 표현이 아닐까.

정신질환 증상과 치유에 대한 요구의 표피 밑에서 정신적 문제의 진리를 포착하는 것은 쉽지 않다. 그것은 구매자의 욕구에 부응하지 않고 상품화에 어울리지 않는 욕망의 진리이기 때문이다. 고통을 호소하는 히스테리 환자에 대한 진단과 치료로 시작한 정신분석은 욕망을 발견하고 탐구했다. 정신분석의 역사는 질병에서 치유로 향하는 지름길을 기록하는 것이 아니라 욕망의 탐구가 패러독스에 도달하는 것을 기록한다. 욕망의 실현을 향한 삶의 여정은 실패와 좌절로 점철되고 욕망의 불만족이 낳은 증상을 고통스럽게 즐기는 주이상스(*jouissance*)[1]의 패러독스를 동반한다. 욕망은 결여에서 출발하여 잉여를 낳는다. 삶은 결핍과 잉여, 욕망과 주이상스의 미학이다. 인간은 결코 욕망과 주이상스의 대차대조표에서 균형을 찾을 수 없다. 그런 균형은 자극의 양이 일정하게 조절되는 쾌락원칙이 완벽하게 작동하거나 욕망이 순화되고 정신적 에너지가 엔트로피 원칙에 따라 활동을 멈출 때에나 가능할 것이다.

정신분석은 인간을 쾌락이 아닌 욕망의 주체로 정의한다. 프로이트와 라캉이 각각 인용하는 두 명제 "태초에 행동이 있었다"와 "태초에 말씀이 있었다"는 이들의 정신분석 이론을 구별해주는 것처럼 들리지만 사실은 동일한 욕망의 메커니즘에 대한 상이한 설명이다. 이 두 명제는 "태초에 욕망이 있었다"는 명제로 다시 쓸 수 있다. 인간은 욕망의 행위자이자 발화자이고 욕망의 주인이자 노예다. 그러나 욕망은 결코 개인의 문제가 아니다. 인간이 욕망의 회로를 따라 만족과 주이상스를 추구하는

---

1) 프랑스어 *jouissance*는 쾌락원칙을 넘어서 고통이 동반되는 극단의 즐거움을 뜻한다. 영어로는 enjoyment로 옮기고 한글로는 주로 '향락'이나 '향유'로 옮기지만 『에크리』(*Écrits*) 영문판에서처럼 프랑스어를 유지하는 경우가 많다. 앞으로 인용문에서 원어가 *jouissance*일 경우는 '주이상스'로, enjoyment일 경우에는 '향락'으로 옮기고 본문에서는 문맥에 따라 혼용하며, 동사일 경우에는 '향유하다' 또는 '즐기다'를 사용한다.

과정은 개인의 문제에서 출발해 사회적 문제로 발전하는 것이 아니라 처음부터 사회적 문제다. 일찍이 알렉상드르 코제브(Alexandre Kojève, 1902~68)가 헤겔철학을 논하며 말했듯이 욕망은 타자의 욕망이고[2] 개인은 처음부터 끝까지 법 안에서 태어나고 살아가는 사회적 존재이며 쾌락원칙에는 반드시 현실원칙이 뒤따른다.

욕망의 주체와 타자의 관계는 끊임없는 변증법적 갈등의 관계다. 그래서 이 관계는 주체의 고통과 좌절을 동반하고 용기와 결단을 요구한다. 나는 무엇을 원하는가와 타자는 내게 무엇을 원하는가의 문제는 질문으로 끝나지 않고 선택과 행위의 필연성을 동반한다. 욕망의 문제에서 인식론과 윤리학은 교차한다. 내가 원하는 것이 무엇인지 아는 문제는 내가 어떻게 행동해야 하는지 선택하고 결정하는 문제와 직결되기 때문이다. 내가 진정 원하는 것이 무엇인지 깨달을 때 나는 욕망의 행위자가 될 수 있다. 욕망을 아는 것이 욕망의 윤리를 실천하는 첫걸음이다.

욕망의 무대는 인식과 행위의 문제에 한정되지 않는다. 인간의 모든 활동은 욕망을 매개로 이루어지며 욕망의 메커니즘이 작동하고 새겨지는 모든 장소가 정신분석의 영역이다. 따라서 욕망의 주체로 살아가는 인간의 내면을 집요하게 파헤친 프로이트와 라캉의 정신분석은 과

---

2) 코제브에 따르면 인간적 욕망은 생명 보존에 대한 동물적 욕망과 달리 다른 인간의 욕망을 원하는 것이다. "인간의 인간성은 자신의 인간적 욕망을 만족시키기 위해 자신의 생명을 감수할 때에만 '드러난다.' 즉 인간적 욕망은 또 다른 욕망을 향한다. ……타자의 욕망을 욕망하는 것은 결국 나의 가치나 내가 대표하는 가치가 타자가 욕망하는 가치가 되는 것을 욕망하는 것이다. ……다시 말해서 모든 인간적 욕망은…… 궁극적으로 '인정'에 대한 욕망의 기능이다." (7) 예컨대 남녀관계에서는 "타자의 신체가 아니라 타자의 욕망을 원하는 것", 즉 타자의 사랑을 받길 원하는 것이 인간적 욕망이고, 자연적 대상을 원할 때에는 "그 동일한 대상에 대한 타자의 욕망이 매개되는 한", 즉 타자가 그 대상을 원하기 때문에 그 대상을 원하는 것이 인간적 욕망이다. (6) Alexandre Kojève, *Introduction to the Reading of Hegel: Lectures on the Phenomenology of Spirit*, James H. Nichols, Jr. 옮김 (Ithaca: Cornell UP, 1991), 3~7, 36~43쪽을 참조할 것.

학적 심리학인 동시에 문화예술비평이고 정치학이며 윤리학이다. 이 책의 제1부는 문학과 예술 그리고 정치의 영역에서 욕망의 주체를 다루고 제2부는 라캉이 세미나 VII에서 제시한 정신분석의 윤리를 철학적 관점에서 상세히 해부한다. 프로이트와 라캉이 인간 욕망을 해부하기 위해 들이댄 분석의 칼날은 예리하고 섬세하며 때로는 복잡하고 혼란스럽다. 정신분석은 간편한 욕망의 지도를 제시하라는 대중의 요구에 고통스럽지만 자신의 욕망을 찾고 용기 있게 대면하라는 메시지를 던진다. 이 책에 등장하는 인물들이 경험하는 욕망의 패러독스를 목격하면서 욕망의 좌표를 찾는 지혜와 욕망의 주체로 행동하는 용기를 얻을 수 있을지도 모른다. 본론의 내용을 요약하는 것은 가능하지도 않고 자칫 복잡한 논의를 단순화할 위험이 있다. 그러나 길고 난해한 정신분석의 탐험에 길잡이가 되기를 바라며 각 장의 윤곽을 그려본다.

라캉의 저서 『에크리』(*Écrits*)의 첫째 글로 수록된 에드거 앨런 포 (Edgar Allan Poe, 1809~49)의 「도둑맞은 편지」("The Purloined Letter") 에 대한 라캉의 세미나는 그의 정신분석 이론으로 초대하는 안내자 역할을 한다. 이 책도 같은 취지에서 제1장을 이 세미나에 대한 논의로 시작한다. 프로이트의 『쾌락원칙을 넘어서』(*Beyond the Pleasure Principle*)에 등장하는 동일한 운명을 반복하는 자는 이 세미나에서 무의식적 기표에 지배되는 자로 나타난다. 포의 주인공들은 무의식적 욕망이 자신을 지배하고 있다는 사실을 깨닫지 못한다. 편지를 손에 쥔 자가 편지를 소유하고 있다고 믿는 순간, 그 편지는 마치 압도적 화술로 상대방을 제압하는 소크라테스(Socrates, BC 470?~BC 399)처럼 편지의 주인을 노예로 만든다. 포의 작품에서 편지의 소재에 따라 등장인물들의 자리가 바뀌는 과정은 무의식적 기표에 의해 결정되는 무의식적 주체의 수동적 운명을 보여준다. 그러므로 이 단편소설의 주인공은 인물들이 아니라 편지/글자다. 그러나 후기 라캉의 관점으로 재구성한 분석상황의 문맥에서 주체는 주인공의 역할을 회복한다. 편지의 귀환은 기표의 순환이 아니라 주체가 상실한 실재의 대상 *a*를 만나는 장면을 상연한다.

　제2장은 이데올로기의 종언을 선언한 프랜시스 후쿠야마(Francis Fuku-yama, 1952~)의 역사의 종말론에서 출발한다. 그리고 이데올로기와 유령에 대한 자크 데리다(Jacques Derrida, 1930~2004)와 지젝의 논의를 살펴본 후 루이 알튀세르(Louis Althusser, 1918~90)의 이데올로기적 주체와 라캉의 무의식적 주체를 상세히 비교한다. 주체와 이데올로기 사이에 거울관계를 설정하는 알튀세르의 호명이론에서 주체는 오로지 이데올로기적인 것으로 정의된다. 알튀세르는 무의식을 이데올로기에 저항하는 지점이 아닌 이데올로기의 식민지로 규정한다. 주체는 이데올로기의 폐쇄회로를 벗어나지 못한다. 반면 라캉의 무의식적 주체는 이데올로기적 상징계에서 태어나지만 그곳에 전적으로 속하지 않고 부단히 실재로 탈주한다. 라캉의 주체는 "나는 생각한다"라는 데카르트적 코기토이지만 "나는 존재한다"의 주어인 데카르트적 실체는 아니다. 라캉의 주체는 존재의 사슬에서 벗어나는 칸트적인 초월적 통각의 '나'이며, 무의식적 기표사슬의 틈에서 출현하는 욕망의 주체다. 알튀세르적 주체와 달리 욕망의 주체는 상징계의 호명에 끊임없이 의문을 제기한다. 이데올로기는 질문을 던지지 않고 욕망은 질문으로 출발한다.

　제3장은 상상계, 상징계, 실재계에서 욕망의 변증법을 통한 주체의 탄생과 운명을 추적한다. 거울에 비친 자신의 모습을 보고 "아하, 이게 바로 나야"라는 깨달음을 통해 아이의 자아가 형성되는 상상적 동일시는 아이가 거울 모퉁이에 비친 어머니와 시선을 교환하며 "이게 내가 맞지?"라고 승인을 구하는 상징적 동일시에 이미 포함된다. 상징계의 주체는 기표로 대치되는 불가피한 운명에 종속된다. 프로이트 이론에서 최초의 기표(표상의 대표자)가 원초적으로 억압되어 무의식이 형성되는 과정은 라캉 이론에서 주체가 기표에 의해 대치되어 소외되는 과정이

다. 하지만 주체는 기표들의 틈을 공략하는 분리를 통해서 상실한 존재를 확보한다. 어머니와의 관계에서 분리는 "어머니가 정말로 원하는 것이 뭐지?"라는 의문에서 출발하여 욕망의 변증법을 통해 "나는 무엇을 원하지?"라는 질문과 대면하는 순간 발생한다. 이 근원적 질문은 상징적 동일시 너머의 또 다른 나를 찾는 무의식적 욕망의 주체를 잉태한다. 기표의 환유에 종속되어 존재를 상실하는 주체는 상실한 자신의 일부인 대상 a를 환상 속에서 추구한다. 정신분석의 종점에서 주체는 환상을 가로질러 주체적 궁핍을 경험하고 욕동과 실재의 주체로 출현한다.

제4장은 환상 가로지르기를 중심으로 정신분석과 정치의 관계를 다룬다. 분석의 종점에서 환상을 가로지른 주체는 공백을 경험하고 증환과(sinthome)의 동일시를 통해 자신의 고유한 주이상스를 향유할 수 있다. 프로이트가 분석치료로 제거되지 않는 증상의 지속을 부정적 치료반응이라 부르며 죽음욕동의 발현으로 본 것과 달리, 라캉이 증환의 이름으로 다시 해석하는 증상은 주체가 창조한 특이하고 고유한 주이상스의 경험이다. 환상 가로지르기의 결과 주체가 경험하는 근원적 결여와 증환과의 동일시는 사회적 환상 가로지르기를 통한 사회적·정치적 변화의 모델을 제공한다. 정신분석적 정치학은 상징계와 실재계, 결여와 증환을 동시에 사유할 것을 요구한다. 상징질서의 근원적인 결여와 불가능성은 역설적으로 근본적인 사회변화를 가능하게 하는 원인이다. 라캉의 '행위'는 상징질서를 중단하고 무(無)로 향하는 실재의 제스처이면서 동시에 새로운 질서를 창조하는 상징적인 의미화 행위다. 증환과의 동일시는 이질적 주체들이 각자에게 고유한 주이상스를 향유하는 질서를 창조하는 데 필수적인 개념이다.

제5장은 『햄릿』(Hamlet) 정신분석의 핵심인 오이디푸스적 욕망과 복수의 연기에 대한 프로이트, 어니스트 존스(Ernest Jones, 1879~1958), 오토 랑크(Otto Rank, 1884~1939)의 해석을 분석한다. 프로이트의 햄릿이

복수를 연기하는 것은 자신의 오이디푸스적 욕망을 실현한 클로디어스와 자신을 무의식적으로 동일시하기 때문이다. 그는 상실한 대상에 대한 원망으로 우울증 증세를 보이며, 억압된 성적 욕망 때문에 갈등하는 신경증적 주체다. 랑크의 햄릿은 근친상간의 욕망에 괴로워하며 죽음 저편에서라도 어머니 거투르드(Gertrude)와 합일하여 이 욕망을 실현하려 한다. 존스의 햄릿은 근친상간의 죄를 범한 클로디어스를 살해하는 복수의 의무와 클로디어스를 통해 근친상간적 욕망을 대리로 실현하려는 욕망 사이에서 분열된 채 복수를 지연한다. 그는 근친상간적 욕망을 종식하기 위해 이 욕망을 불러일으키는 어머니에 대한 모친살해 충동을 느끼며, 이를 통해 오이디푸스 콤플렉스를 해결하려 한다.

제6장은 라캉의 『햄릿』 해석을 상세히 해부한다. 라캉의 햄릿은 욕망의 미로에서 길을 잃은 자다. 그는 프로이트와 랑크 그리고 존스의 햄릿과 달리 어머니에 대한 근친상간 욕망에 시달리는 것이 아니라 어머니의 욕망이라는 감옥에 갇혀 자신의 욕망을 찾지 못한다. 그는 거투르드에게 자신의 욕망을 달라고 애원하지만 삼촌과 향락에 빠진 그녀는 결여를 보이지 않고 욕망의 길을 제시하지 않는다. 상실과 애도를 결여한 세계에서 햄릿은 결여와 욕망의 주체로 태어나지 못한다. 그러나 그는 죽은 오필리아(Ophelia)의 상실을 통해서 비로소 애도를 경험하고 욕망의 길을 찾는다. 오필리아는 햄릿의 환상에서 대상 a의 역할을 수행한다. 욕망은 상실과 죽음을 대가로 탄생한다. 햄릿의 드라마는 결여된 대타자(Ⱥ)에서 주체가 상징적 거세와 죽음을 통해 분열된 욕망의 주체($)로 출현하는 과정을 극화한다.

제7장은 벨라스케스의 명화 「궁정의 시녀들」에 대한 라캉의 세미나를 미셸 푸코(Michel Foucault, 1926~84)의 해석과 비교하여 분석한다. 이 명화에서 벨라스케스는 국왕 일가 속에 자신을 그려 넣음으로써 신분상승을 이루고 예술의 위상을 고양하려는 욕망을 투사한다. 푸코는 이 바

로크시대의 걸작을 고전주의 에피스테메의 일부로 읽으면서 화가와 모델 그리고 관객이라는 세 주체를 그림에서 삭제한다. 푸코의 해석에서 인간은 더 이상 사물의 질서에 속한 피조물이 아니라 사물의 질서를 관장하는 자로서 그림 밖에 위치한다. 라캉은 사영기하학을 통해서 푸코가 지워버린 주체를 그림 속에 복원시킨다. 이 명화에는 눈과 응시, 자기동일적 주체와 무의식적 욕동의 주체로 분열된 화가의 모습이 두 명의 벨라스케스의 모습으로 새겨져 있다. 그림을 바라보는 관객은 환상의 창문을 통해 상실한 자신의 일부를 추구한다.

제2부 시작인 제8장은 라캉이 정신분석 윤리의 출발점으로 삼은 아리스토텔레스의 윤리학과 프로이트의 쾌락이론을 통해 욕망이 윤리의 주제로 출현하는 과정을 다룬다. 아리스토텔레스의 윤리적 주체가 절제하는 자라면 프로이트의 주체는 즐기는 자다. 선을 추구하는 아리스토텔레스의 윤리적 주체는 쾌락을 다스리고 욕망을 추방한다. 그의 삶은 극단을 피하고 중용의 길을 걷는 덕의 실천을 통해 성격을 형성하며 삶을 완성하는 목적론적 과정이다. 일상의 긴장과 동요에서 벗어나 사색에 잠기는 철학자가 아리스토텔레스 윤리적 주체의 모델이다. 그러나 스스로를 다스리는 것처럼 보이는 이 철학자는 사실상 주인의 명령을 따르는 자다. 쾌락을 길들이고 욕망을 버리며 습관을 익혀 에토스를 형성하는 자는 선을 향한 행동의 약호가 몸에 밴 자이기 때문이다. 이와 달리 프로이트의 주인공은 쾌락을 추구하고 고통을 피하는 쾌락원칙에 따라 행동한다. 그러나 욕망은 그가 쾌락의 회로를 벗어나 탈주하게 만든다. 쾌락원칙을 넘어선 곳에서 정신분석적 욕망의 윤리가 출현한다.

제9장은 어떤 면에서 제1장의 속편이다. 왜냐하면 원초적인 쾌락의 대상을 다시 찾으려는 주체는 무의식의 회로에서 결국 그 대상을 찾지 못하고 반복 행위만 거듭하기 때문이다. 그러나 이 장에서는 주체가 찾지 못하는 원초적 대상의 실체가 밝혀진다. 그것은 애초에 존재하지 않

는 대상이면서 동시에 가까이할 수도 가까이해서도 안 되는 물(物, *das Ding*)이다. 하지만 그것에 대한 욕망의 질주는 멈추지 않기에, 주체는 그 것과 근접의 거리를 유지해야 하는 역설적인 상황에 놓이게 된다. 주체 에게 절대적 쾌락의 대상은 선이 아닌 악으로 다가온다. 그는 낯설고 알 수 없는 그 대상을 자기 안에서 또 이웃에게서 목격하기에 "이웃을 사랑 하라"는 명령 앞에서 뒷걸음친다.

제10장은 라캉이 정신분석적 윤리의 철학적 토대로 삼은 이마누엘 칸 트(Immanuel Kant, 1724~1804)의 초월철학에서 어떻게 욕망의 차원을 발견하는 지를 규명한다. 이율배반은 순수이성이 현상계의 조건에서 벗 어난 초월적인 무조건자를 추구하는 과정에서 발생하는데, 이 이율배반 을 해결하는 과정에서 초월적 자유가 출현한다. 프로이트의 쾌락자아 가 무한한 반복의 회로를 맴돌면서 궁극적으로 도달할 수 없는 대상에 다가서려하는 것처럼 칸트의 주체도 자연법칙의 한계를 넘어서 초월계 에 도달하려 한다. 그에게 이 시도는 꿈이 아니라 명령이고 의무다. 자연 법칙의 구속을 거역하고 도덕법칙의 명령에 따라 자유의지로 행동한다 는 점에서 그는 자연의 피조물이 아니라 새로운 행위의 창조자다. 칸트 적 주체는 실천 불가능한 의무의 완성을 위해 죽음을 넘어선 영혼불멸 을 요청한다. 모든 정념적 요소를 배제하고 도덕법칙의 순수 형식에 따 라 행동하라는 칸트의 정언명령은 정신분석적 윤리의 명령에 좌표를 제 시한다. 라캉은 정언명령의 순수 형식에 욕망을 삽입하여 정신분석적 윤 리의 명령을 완성한다. 도덕법칙의 완성을 위한 영혼불멸의 요청은 욕망 의 실현을 위한 요청으로 탈바꿈한다.

제11장은 칸트의 윤리적 주체를 사드 후작(Marquis de Sade, 1740~ 1814)의 도착적 주체와 함께 읽는다. 모든 감정적 요소를 배제하는 도덕 법칙의 명령을 수행하는 칸트의 주체는 고통을 느끼고 초자아적 법칙의 응시와 목소리 앞에서 굴욕을 느낀다. 그러나 그는 동시에 자연법칙의

구속을 극복했다는 행복감도 경험한다. 쾌락원칙의 너머에서 고통과 쾌락이 동반된 주이상스를 경험하는 칸트의 주체는 자연법칙의 이름으로 절대적 파괴를 추구하며 주이상스를 탐닉하는 사드의 고문집행인과 유사하다. 최고선을 추구하는 칸트의 주체와 절대 악을 신봉하는 사디스트의 예기치 못한 상봉은 충격적이다. 그러나 사드의 도착적 주체가 추종하는 대타자/신이 악한 존재인 것과 달리, 칸트의 신은 결코 악한 존재가 아니다. 대타자의 주이상스에 봉사하는 사드의 도착적 주체와 달리 칸트의 윤리적 주체는 대타자에게서 벗어난 자유의 행위에서 출현한다.

제12장은 마르틴 루터(Martin Luther, 1483~1546)와 바뤼흐 스피노자(Baruch Spinoza, 1632~77)를 경유해서 사드와 함께 칸트를 읽을 때 제기되는 선과 악의 문제를 다룬다. 신과 자연이 하나의 실체이며 인간과 만물은 신의 한 양태라는 스피노자의 일원론에서 선악의 문제는 자연의 인과법칙을 통찰하는 인식의 문제로 환원된다. 신에 대한 스피노자의 사랑은 인식론적인 인과법칙에 대한 직관적 지식의 절정이다. 의무론이 존재론으로 환원되고 선악이 지식의 문제로 환원되는 스피노자와는 대조적으로 악에 대한 칸트의 탐구는 루터의 숨은 신에 대한 사색과 유사하며 선악의 경계가 와해되는 한계점에서 인간과 신의 악마적 속성을 일별한다. 그러나 칸트는 인간본성에 내재한 근본악을 인정하면서도 악을 준칙으로 고양시키는 악마적 악을 부정한다. 칸트의 신은 악의 존재가 아닌 은총의 신이다. 신의 은총은 대타자/신에 대한 인간의 타율성을 보여주는 것이 아니라 오히려 도덕적 소질에 근거한 자율적 행위의 증거다. 칸트의 자유인은 대타자/도덕법칙의 명령을 이행하는 진술의 주체가 아니라 도덕법칙을 자율적으로 수행하는 행위를 통해 비로소 출현하는 화행의 주체다.

제13장은 소포클레스 비극의 주인공인 안티고네(Antigone)의 욕망과 주이상스를 다룬다. 그녀는 죽음 앞에서 한 치의 망설임도 보이지 않고

오빠의 시신을 매장하는 냉혹한 여인이다. 라캉과 게오르크 빌헬름 프리드리히 헤겔(G.W.F. Hegel, 1770~1831)은 모두 『안티고네』(Ἀντιγόνη, *Antigone*)를 윤리의 관점에서 파악한다. 하지만 이들이 안티고네에게서 발견하는 윤리의 성격은 완전히 다르다. 헤겔에게 안티고네는 국가, 남성, 법과 대조되는 가정, 여성, 개인의 윤리를 대변하며, 그녀의 윤리는 혈연에 기초한 가정이 국가라는 공동체로 지양되는 변증법적 과정에서 소멸될 운명이다. 헤겔은 남매관계를 욕망이 배제된 관계로 찬양한다. 반면 라캉은 안티고네의 위반적인 욕망을 윤리의 척도로 삼는다. 안티고네의 위반적인 욕망이 전개되는 두 죽음 사이의 지대는 현실의 질서가 출현한 파괴와 창조의 원점이다. 마르틴 하이데거(Martin Heidegger, 1889~1976)의 단지처럼 공백과 무를 둘러싼 경계의 지점에서 안티고네는 자신의 운명을 규정하는 아테(Atè)의 한계를 넘어 실재의 저편으로 향한다. 전통적인 해석과 달리 라캉의 해석에서 크레온의 명령을 위반하고 죽음을 감행하는 안티고네의 위반적인 행위의 동력은 하계의 신의 명령인 디케(Dike)가 아니라 그녀 자신의 욕망이다. 안티고네는 절대적 자유를 추구한다는 점에서 칸트의 참된 후예다.

제14장은 안티고네의 아름다움 및 『안티고네』를 경험하는 관객의 욕망과 카타르시스를 논한다. 텅 빈 실린더의 표면에 나타나는 왜상(왜곡된 이미지)에 비유되는 안티고네의 이미지는 실재의 공백과 맺는 관계를 통해 순화된다. 안티고네의 아름다운 이미지가 아테를 넘어 무대 뒤로 사라지는 지점에서 욕망은 분열된다. 안티고네의 욕망은 한계를 넘어 실재와 주이상스로 향하지만, 관객의 욕망은 안티고네의 아름다움이 행사하는 눈멀게 하는 효과를 통해 실재의 심연에 눈을 감고 공포와 연민의 감정으로부터 정화된다. 주인공 안티고네는 실재와 주이상스의 윤리를 예증하지만, 『안티고네』에서 주인공을 대상으로 목격하는 관객은 실재와 주이상스로부터 적절한 거리를 찾는 욕망의 윤리를 경험한다. 욕망

에 따라 행동했는지가 영웅과 일반인을 구분하는 정신분석적 윤리의 기준이지만 일반인도 영웅의 주이상스를 간접적으로 경험하는 카타르시스를 통해서 윤리적 주체가 될 수 있다. 정신분석의 윤리는 욕망의 실현뿐 아니라 욕망의 정화에도 윤리적 차원이 존재한다는 패러독스를 보여준다.

제1부 욕망의 주체

제1장 편지는 왜 어떻게 목적지에 도착하는가?
라캉의 「도둑맞은 편지」 세미나 다시 읽기*

라캉의 「도둑맞은 편지」 세미나의 역사

포의 「도둑맞은 편지」에 대한 라캉의 세미나는 뜨거운 논쟁을 불러일으켰다. 그 출발점은 데리다의 정신분석 비판이었다. 데리다는 1966년 『글쓰기와 차이』(*Writing and Difference*)에 수록된 「프로이트와 글쓰기 무대」("Freud and the Scene of Writing")에서부터 1975년에 발표되어 『포스트 카드』(*The Post Card*)에 실린 「진리의 배달부」("La Facteur de la Vérité") 그리고 1996년 강연모음집 『정신분석의 저항』(*Resistances of Psychoanalysis*)에 이르기까지 정신분석을 현전(現前, presence)의 형이상학이라고 일관되게 비판했다. 특히 「진리의 배달부」에서 데리다는 라캉이 「도둑맞은 편지」를 해석할 때 진리와 말 그리고 남근과 현전을 특권화한다고 비판하고, "편지는 항상 목적지에 도달한다"라는 라캉의 결론을 정면으로 부정하며 오히려 "편지는 목적지에 도달하지 않고" 여러 곳으로 산종(의미가 고정되지 않고 흩어짐)된다고 주장했다.[1] 바바라 존슨

---

* 이 장은 『비평과 이론』[15.2 (2010), 95~128쪽]에 수록된 동명의 글을 수정한 것이다.

1) Jacques Derrida, *The Post Card: From Socrates to Freud and Beyond*, Alan Bass 옮김 (Chicago: U of Chicago P, 1978), 489쪽.

(Barbara Johnson, 1947~2009)은 라캉이 포의 텍스트를 정신분석학적 의미로 환원시켰다고 주장한 데리다 자신도 복잡한 라캉의 텍스트를 단일한 의미로 환원하는 오류를 반복한다고 비판했다.[2] 존슨은 라캉이 포의 텍스트를 액자의 틀 안에 가두었다고 비판하는 데리다도 라캉의 몇몇 텍스트에 논의를 한정하고 후기 라캉의 글은 고려하지 않았다고 주장했다.[3] 그러나 존슨 역시 이런 오류를 지적할 뿐 이 세미나를 후기 라캉의 관점에서 해석하지 않았다. 따라서 이 세미나는 여전히 후기 라캉의 관점에서 재해석을 요구한다.

　세미나의 역사도 재해석의 필요성을 제기한다. 라캉은 1955년 세미나 II『프로이트 이론과 정신분석 테크닉에서의 자아』(*The Ego in Freud's Theory and in the Technique of Psychoanalysis*)에서 「도둑맞은 편지」에 대해 강연했고 이듬 해 이를 수정한 「"도둑맞은 편지"에 대한 세미나」를 써서 1957년에 출판했다. 1966년『에크리』를 출판할 때는 첫째 글로 수록했다.[4] 1955년과 1966년 사이에 라캉의 이론은 큰 변화를 겪었다. 라캉은 이 세미나의 내용을 수정하지 않았지만『에크리』에서 「"도둑맞은 편지"에 대한 세미나」에 글 세 편을 더 추가했다. 이 세 편은 동시에 쓴 것이 아니었다.[5] 이런 사실은 이 글이 라캉 이론이 변화한 흔적을 담고 있고

---

2) Barbara Johnson, "The Frame of Reference: Poe, Lacan, Derrida," *The Purloined Poe: Lacan, Derrida & Psychoanalytic Reading*, John Muller & William Richardson 공편 (Baltimore: Johns Hopkins UP, 1988), 218쪽. 「도둑맞은 편지」에 대한 데리다와 존슨의 비평을 다룬 글로서 김서영, 「편지/문자에 관한 논쟁들: 라캉의 「도둑맞은 편지 세미나」에 대한 데리다의 응답을 중심으로」, 『라캉과 현대정신분석』, 14.2 (2012), 65~69쪽을 참조할 것.

3) Barbara Johnson, "The Frame of Reference," 234쪽.

4) Jacques Derrida, *The Postcard*, 421쪽 각주 6번을 참조할 것. 1955년 세미나와 1956년 수정본의 차이에 대해서는 Jean-Michel Rabaté, *Jacques Lacan: Psychoanalysis and the Subject of Literature* (New York: Palgrave, 2001), 45~48쪽을 참조할 것.

5) John Muller & William Richardson, "Lacan's Seminar on 'The Purloined Letter': Overview," *The Purloined Poe*, John Muller 외 공편, 67쪽. 국내에서『에크리』의 구

그가 이 글을 중요하게 여겼음을 보여준다. 라캉이 서문에서 이 글을 집필한 연대기적 순서와 무관하게 머리글로 삼은 이유에 대해 이 글이 그의 "스타일에 대한 쉬운 입구"를 제공하기 때문이라고 밝힌 것은 의미심장하다(*E*, 4). "스타일은 인간 그 자신"이라는 그의 발언에 비추어보면 이 세미나를 라캉의 사상을 이해하는 출발점으로 삼아도 무방하다(*E*, 3).

또한 이 글은 1966년이라는 목적지를 예견하게 한다. 라캉은 "문제의 편지에…… 편지의 결론으로 발견할 그것, 즉 목적지를 제공할 것인지는 독자에게 달려 있다"라고 말한다(*E*, 4). 라캉이 서문에서 '이미'라는 말을 강조하는 것도 이런 이유 때문이다. 이 글은 처음 발표된 1956년부터 서문이 쓰인 1966년까지 10년간에 걸친 라캉 이론의 변화를 '이미' 포함하고 있다(*E*, 4). 이 글의 출발점은 1956년이지만 이 글의 목적지는 '이미' 1966년인 셈이다. 라캉은 "나는 여기 포의 소설에서…… 하나의 대상이 주체를 가로지른다는 사실을 통해 주체의 분열을 해독한다. 이 분열은 이 모음집의 끝에서 대상 *a*라는 이름으로 출현하는 것의 핵심이다"라고 말한다(*E*, 4). (이 글 본문에는 대상 *a*가 나오지 않는다) 그러나 라캉은 1962년부터 1963년까지 진행한 세미나 X『불안』(*Anxiety*)에서야 비로소 완성된 것으로 평가되는 대상 *a* 개념이 '이미' 이 글에 존재한다고 암시하는 것이다. 상상계적 소타자와 달리 실재에 속하는 대상 *a*가 이 세미나에 잠재한다는 점은 상징계의 관점에서 이 세미나를 해석하는 전통적 관점과 달리 실재계의 관점에서 이 세미나를 다시 읽어야 하는 근거를 제공한다.[6]

성 및 내용을 간략히 소개한 책으로는 김석,『에크리: 라캉으로 이끄는 마법의 문자들』(살림, 2007)을 참조할 것.
6) 전통적 해석의 예로는 Tamise Van Pelt, *The Other Side of Desire: Lacan's Theory of the Registers* (Albany: SUNY P, 2000), 66~70쪽을 참조할 것.

편지의 의미(기의)와 마리 보나파르트

이 세미나를 다시 읽기 위해 먼저 이 세미나를 둘러싼 논쟁의 핵심인 데리다의 라캉 비판을 검토할 필요가 있다. 데리다는 포의 단편소설에 대한 마리 보나파르트(Marie Bonaparte, 1882~1962)의 해석과 라캉의 해석을 비교하면서 논의를 시작한다.

라캉은 편지의 의미나 작가의 전기에 의존하지 않는다는 점에서 보나파르트의 "순진한 의미론 및 정신적 전기론과의 단절"을 성취한 듯이 보인다.[7] 그러나 라캉의 세미나에서는 "1933년에 보나파르트가 텍스트를 건너뛰면서 「도둑맞은 편지」에 대한 심리전기적 분석을 제안했을 때와 동일한 의미, 동일한 토포스를 재발견"할 수 있고, 라캉은 "심리전기적 비평과 단절한다고 단언하면서도…… 그 궁극적인 의미적 정박점에 다시 합류한다."[8] 라캉은 보나파르트와 마찬가지로 「도둑맞은 편지」의 문학적 텍스트성에 무관심하며 그 안에서 정신분석적 의미만을 추출한다는 것이다. 보나파르트의 해석은 「도둑맞은 편지」를 포의 다른 작품들과 같이 다루기 때문에 오히려 라캉의 해석보다 문학의 (상호)텍스트성에 열린 비평이다. 데리다가 말하는 편지의 궁극적인 의미는 다름 아닌 "여성(어머니)의 거세"다.[9]

데리다가 주장하듯이 보나파르트는 포의 작품이 지닌 의미를 작가의 전기적 사실로 환원시킨 심리적 전기비평가였다. 그녀의 저서 『에드거 앨런 포의 생애와 삶: 정신분석적 해석』(*The Life and Works of Edgar Allan Poe: A Psycho-analytic Interpretation*)은 프로이트 정신분석학을 포의 작품에 적용하여 해석한 응용 정신분석의 대표적인 사례다. 그녀는 창작이

---

7) Jacques Derrida, *The Post Card*, 425쪽.
8) 같은 책, 444쪽.
9) 같은 곳.

"상상적인 그리고 다소 위장된 형태로 예술가의 가장 심층적이고 유아적이며 오래되고 무의식적인 소망들을 만족시킨다"는 프로이트의 주장을 따른다.[10] 그녀는 특히 오이디푸스 콤플렉스의 드라마를 구성하는 아이, 어머니, 아버지의 관계를 포의 작품 속에서 찾아내어 이 세 인물이 어떻게 꿈-작업(dream-work)의 가공을 거쳐 포의 작품 속 등장인물들로 형상화 되었는지를 밝히는 데 주력한다.

포가 태어난지 1년 만에 아버지 데이비드 포(David Poe Jr.)가 사라지고 그가 세 살이 되자 어머니 엘리자베스 아놀드(Elizabeth Arnold)가 결핵으로 죽는다. 포는 어머니의 지인이자 자식이 없었던 존 앨런(John Allan)과 프랜시스 앨런(Frances Allan) 부부에게 입양되어 에드거 '앨런' 포로 자랐으나 방탕한 생활 때문에 양부에게서 재산을 상속받지 못하고 결별했다. 이후 13세였던 어린 사촌 버지니아(Virginia)와 결혼했으나 그녀 역시 결핵으로 사망한다. 이런 포의 전기적 사실은 보나파르트의 포 해석에서 매우 중요하다.

보나파르트는 이런 전기적 사실을 토대로 포의 작품 속 등장인물들을 포, (양)아버지, 어머니가 꿈-작업을 통해 왜곡되어 나타난 것으로 해석한다. 그의 작품 속에서 죽는 여인들은 죽은 어머니가 전치된 것이고, 여인이 살해되는 이야기에 등장하는 범죄자나 살인자는 부모의 성관계를 어머니에 대한 아버지의 폭력으로 생각하는 아이의 심리를 따라, 아버지가 전치되어 나타난 것이다. 예를 들어 「모르그가의 살인사건」("The Murders in the Rue Morgue")에서 레스파나예(L'Espanaye) 모녀를 살해하는 오랑우탄은 아버지가 전치된 것이고 오랑우탄이 사용하는 면도날은 아버지의 남근이 전치된 것이다. 이 이야기에서 뒤팽(Dupin)과 내레이

---

10) Marie Bonaparte, *The Life and Works of Edgar Allan Poe: A Psycho-analytic Interpretation*, John Rodker 옮김 (New York: Humanist Press, 1971), 639쪽.

터 그리고 오랑우탄의 주인인 선원은 모두 포 자신이 전치된 것이다. 보나파르트는 자신의 해석이 작품을 작가의 전기로 환원시키는 경향이 있음을 인정하면서도 이를 결국 인간 무의식의 불가피한 속성으로 정당화한다. 그렇기에 그의 해석은 항상 작품의 무의식적 심층에 도달하며, 작품의 궁극적인 의미는 결국 해독된다. 「모르그가의 살인사건」에서 죽은 아버지 데이비드 포는 작품 초반 내레이터가 불쌍히 여기는 무능한 배우 샹티이(Chantilly)로 나타난다. 포의 누이동생 로잘리(Rosalie)의 생부는 어린 포가 알 수 없었던 어머니의 연인이었으며 이 수수께끼는 작품 속에서 살인범의 수수께끼로 전치된다. 그 결과 이 작품의 심층적 의미는 "아버지 데이비드가 [성적으로] 무능했기 때문에 내 어머니는 강력한 X에게 굴복했다"는 작가의 무의식이 체현된 것으로 해독된다.[11]

보나파르트의 「도둑맞은 편지」 해석도 크게 다르지 않다. 왕비는 포의 어머니이고 왕비가 속이는 왕은 연인을 둔 포의 어머니에게 속는 친부이며 뒤팽은 포 자신이다. 반면 왕비의 편지를 훔치는 장관은 포의 두 "사악한 아버지", 즉 엘리자베스 아놀드의 알려지지 않은 연인과 양부 존 앨런이다. 이들이 사악한 이유는 남아가 부모의 성관계를 아버지가 어머니를 공격해서 거세하는 것으로 생각하기 때문이다. 따라서 뒤팽과 장관의 대결은 포가 어머니를 차지하기 위해 양부와 벌이는 오이디푸스적 투쟁이다. 그렇다면 편지는 과연 무엇을 나타내는가? 이 작품에서 뒤팽과 장관이 투쟁을 벌이는 대상은 왕비가 아니라 편지다. 보나파르트는 이 편지가 어머니 신체의 일부인 여성의 음경(female penis)이며 뒤팽이 장관의 집에서 이 편지를 발견하는 장소는 여성 신체의 해부학적 묘사라고 지적한다.

---

11) Marie Bonaparte, *The Life and Works of Edgar Allan Poe*, 655~656쪽.

마침내 방을 훑어보던 내 눈은 벽난로 선반의 중간부분 바로 밑에 있는 작은 놋쇠 마디에서 더러운 푸른 리본에 매달려 걸려 있는 싸구려 줄세공 문양의 판지로 만든 카드꽂이 선반을 발견했지. 서너 개의 칸이 있던 이 선반에는 대여섯 개의 명함과 편지 한 장이 있었지.[12]

이 장면에서 벽난로는 여성의 성기를, 놋쇠 마디는 클리토리스를, 그 가운데 걸려 있는 카드꽂이 선반 속의 편지는 어머니의 음경(maternal penis)을 나타낸다. 그러므로 뒤팽이 편지를 찾아 왕비에게 돌려주는 것은 아버지에게 거세된 어머니의 음경을 되돌려주려는 유아 포의 무의식적 소망을 나타낸다. 편지가 걸려 있다는 것은 거세된 어머니의 음경이 다시 회복되는 재남근화(rephallization)를 의미한다. 그러나 걸려 있다는 뜻의 영어 'hang'에는 '교수형에 처한다'는 뜻과 '늘어져 있다'는 이중의 의미가 있다. 교수형을 당한 남성의 음경이 발기된다는 사실은 남성의 성적 능력을 나타내지만 동시에 신체가 늘어져 있다는 점에서 성불구를 의미한다. 그러므로 'hang'은 성적 능력을 나타내는 동시에 부정한다.[13]

보나파르트는 음경/남근을 더 이상 논하지 않지만 그녀가 「모르그가

---

12) Edgar Allan Poe, *The Selected Writings of Edgar Allan Poe*, G.R. Thompson 엮음 (New York: Norton, 2004), 380쪽.

13) Marie Bonaparte, *The Life and Works of Edgar Allan Poe*, 657~658쪽. 이런 양가성은 프로이트가 「페티시즘」("Fetishism")에서 분석한 양가성에서 유래한다. 남아는 어머니도 자신처럼 음경을 지니고 있을 것이라 생각한다. 하지만 어머니의 신체에서 음경의 부재를 목격한 이후에 어머니가 거세되었다는 충격에 빠지며, 자신이 애초에 가졌던 믿음과 자신이 목격한 현실 사이에서 혼란을 느낀다. 남아는 결국 어머니의 거세를 부인하고 싶은 소망과 현실 사이에서 타협하여 "여성은 음경을 지녔었지만…… 이 음경은 더 이상 전과 똑같은 것은 아니"라고 생각한다 *SE* XXI: 154쪽. 페티시즘은 절편음란증이나 부분음란증으로 번역되고 페티쉬는 물신으로 번역되기도 한다.

의 살인사건」을 해석하는 방식을 「도둑맞은 편지」에 적용한다면 이 작품의 의미는 "나는 (양)아버지가 어머니에게서 거세한 어머니의 음경을 되찾아주었다"는 유아 포의 무의식적 소망이 체현된 것으로 해석할 수 있다. 이런 해석에서 '편지'라는 기표는 궁극적으로 '어머니의 음경'이라는 기의에 도달한다.

기표와 반복강박

데리다는 라캉과 보나파르트가 텍스트를 정신분석적으로 환원한다는 점에서 동일하다고 비판한다. 그러나 보나파르트의 해석에서 포의 편지가 어머니의 거세된 음경이라는 기의에 도착한다면 라캉의 해석에서 편지는 전혀 다른 목적지에 도착한다. 라캉의 해석에서 특히 주목할 것은 편지가 반드시 일정한 경로를 통해서 목적지에 도달하며 이 경로의 통과는 반복된다는 점이다. 라캉이 이 세미나를 '반복자동성'(repetition automatism) 개념의 논의로 출발하는 것은 결코 우연이 아니다. '반복자동성'은 프로이트가 쾌락원칙을 넘어서는 것으로 설명한 반복강박(repetition compulsion)을 의미한다.

프로이트는 『쾌락원칙을 넘어서』에서 쾌락원칙으로 설명할 수 없는 경우를 발견하고 이를 설명하기 위해 반복강박이라는 개념을 도입한다. 그는 환자가 과거에 경험했으나 억압한 것을 과거의 경험으로 기억하지 않고 현재의 경험으로 반복하는 것에 주목한다. 이 경우 환자는 자신이 과거에 어떤 사람과 가졌던 관계를 정신분석가에게 전이하게 되고, 과거의 신경증은 전이신경증으로 대치된다. 정신분석치료 중에 환자가 반복하는 것은 억압된 무의식의 표현이다. 자아가 이를 억압하는 것은 그것이 의식에 불쾌감을 주기 때문이고 억압된 것이 반복되려는 것은 무의식적 쾌락을 추구하는 것이기 때문에 이런 반복강박은 쾌락원칙에 위배되지 않는다.

그러나 프로이트는 환자들이 "어떤 쾌락의 가능성도 포함하지 않으며 이후 억압된 본능적 충동도 오래전에 결코 만족을 얻지 못했을 과거의 경험"을 반복해서 상기하는 것을 발견한다(SEXVIII: 20). 이 환자들은 "전이 중에 원하지 않는 상황들과 고통스러운 감정들"을 반복한다(SEXVIII: 21). 환자뿐 아니라 정상인도 이런 반복강박을 경험하는데 이는 마치 그들이 "사악한 운명에 쫓기거나 어떤 '악마적' 힘에 사로잡혀 있다"는 인상을 준다(SEXVIII: 21). 프로이트는 은혜를 베푼 자가 계속해서 배은망덕을 겪는다든지 우정이 반복해서 친구의 배신으로 귀결되는 경우, 또는 여러 여인과 사랑을 나누지만 그 사랑이 동일한 과정을 거쳐 동일한 결과에 이르는 사람의 경우를 예로 제시한다. 그중에서도 당사자가 지닌 어떤 특성 때문에 능동적인 행위로 그런 반복이 일어났다고 이해할 수 있는 경우와 달리 세 남자와 결혼했지만 그 남편들이 모두 병에 걸려 죽는 여인처럼 수동적인 경우는 어떤 운명에 지배되는 것 같은 인상을 주며, "쾌락원칙을 압도하는 반복강박이 마음속에 실제로 존재한다"라고 가정하게 만든다(SEXVIII: 22). 외상(trauma)을 겪은 자가 외상의 경험을 반복하는 꿈을 꾸는 외상-꿈 역시 쾌락원칙을 넘어서는 반복강박을 보여준다.

이렇게 수동적으로 운명에 사로잡히는 반복강박의 예는 라캉의 「도둑맞은 편지」에 대한 논의에 꼭 들어맞는다. 라캉은 프로이트가 제시하는 반복강박의 사례처럼 주체의 수동성을 강조하기 때문이다. 라캉은 프로이트의 '반복자동성'이 "의미사슬의 주장"에 기초하며, 이것은 우리가 반드시 무의식의 주체가 있는 곳으로 여겨야 할 외존(ex-sistence, 탈중심화된 곳, eccentric place)에 상응하는 상관물"이라고 말한다(E, 6). 라캉이 말하는 외존은 의식의 중심에서 벗어난 탈중심화된 곳으로서의 무의식을 의미한다.[14]

무의식의 장소가 "의미사슬의 주장"의 상관물이라는 것은 무의식이 기표의 사슬로 이루어졌음을 의미한다. 주지하듯이 라캉은 「무의식 속 글자의 심급 또는 프로이트 이후의 이성」("The Instance of the Letter in the Unconscious or Reason Since Freud")에서 무의식은 본능이 아니라 기표들로 구성된다고 생각하며, 프로이트가 무의식의 1차 과정의 특징으로 꼽은 무의식적 표상의 압축과 전치를 기표들의 은유와 환유로 해석한다.[15] "상징계가 인간 유기체의 가장 깊은 곳에서도 지배하고 있다"는 라캉의 발언은 무의식의 기표들이 끈질기게 스스로를 주장하며 주체를 지배하고 있다는 것을 의미한다(*E*, 6). "무의식적인 목적의 표상들의 사슬(또는 언어학적 용어로 의미사슬)은 쾌락/불쾌 원칙에 대한 집착을 넘어서거나 의미를 억압하려는 자아의 시도를 넘어서 표현되고 들려지기를 주장한다."[16] 앞서 언급한 프로이트의 주체가 불쾌한 경험을 계속 반복하는 것은 그가 무의식적 기표의 주장에 수동적으로 지배되고 있기 때문이다.

　라캉은 포의 이야기를 통해서 "주체가 기표의 행로에서 받는 주요한 결정을 증명함으로써 주체를 구성하는 것은 상징계라는 점을…… 예시하고자 한다"(*E*, 7). 그는 「도둑맞은 편지」를 두 장면으로 요약하며 둘째

---

14) ex-sistence는 그리스어 *ekstasis*에서 유래하며, ecstatic의 함의가 있다. 이는 "떨어져 있는 존재"라는 의미를 지니며 라캉이 외밀성(*extimité*)이라고 명명한 것과 관련된다. Bruce Fink, "Translator's Endnotes," *Écrits*, 767쪽을 참조할 것.

15) 여기에서 instance는 agency 또는 insistence로도 영역될 수 있다. 이는 사법적 권위의 의미를 포함하므로 결정권을 가진 글자의 권위를 나타낸다. Jean-Luc Nancy & Phillipe Lacoue-Labarthe, *The Title of the Letter: A Reading of Lacan*, François Raffoul & David Pettigrew 공역(Albany: SUNY P, 1992), 22쪽을 참조할 것. 번역본은 필립 라쿠-라바르트·장-뤽 낭시 공저, 『문자라는 증서―라캉을 읽는 한 가지 방법』(김석 옮김, 문학과지성사, 2011), 34~35쪽을 참조할 것.

16) Bice Benvenuto & Roger Kennedy, *The Works of Jacques Lacan: An Introduction* (London: Free Association Books, 1986), 93쪽.

장면이 첫째 장면을 반복하고 있다고 말한다. 첫째 장면은 혼자 있는 왕비가 한 통의 편지를 받으면서 시작된다. 곧이어 왕이 들어오자 당황한 왕비가 편지를 뒤집어 탁자 위에 놓는데 이어서 들어온 장관 D가 당황하는 왕비를 보고 왕비의 편지와 비슷한 편지를 꺼내 읽는 척하다가 슬쩍 바꿔치는 장면이다. 왕비는 이를 목격하지만 왕이 자신의 편지에 대해 알게 될까봐 어쩔 수 없이 장관의 행위를 보고 있을 수밖에 없다. 라캉은 이 장면을 원초적 장면이라 부른다. 둘째 장면의 배경은 호텔에 있는 장관의 집무실이다. 도둑맞은 왕비의 편지를 찾아달라는 파리 시경국장의 부탁을 받은 뒤팽은 색안경을 쓰고 장관의 집무실을 찾아간다. 뒤팽은 왕비의 편지가 뒤집힌 채 어떤 여성이 장관에게 쓴 편지처럼 위장돼 벽난로 중간에 걸려 있는 카드꽂이 선반에 꽂혀 있는 것을 발견한다. 뒤팽은 일부러 탁자 위에 담뱃갑을 남겨두고 갔다가 이를 찾으러 다음날 다시 방문하여 장관 몰래 미리 준비해온 편지를 왕비의 편지와 바꿔치고 나온다.

이 두 장면은 내용과 관계없이 반복적이다. 각 장면에 등장하는 인물들은 달라지지만 이들이 놓이는 입장은 동일하기 때문이다. 이 장면들에는 "각각의 경우 상이한 사람들에게 육화된 세 주체가 지탱하는 세 가지 시선"이 존재한다(E, 10). 첫째 시선은 아무것도 보지 못하는 시선이다. 왕비의 편지나 장관의 행위 그리고 왕비와 장관의 관계를 파악하지 못하는 왕과 도둑맞은 편지를 찾지 못하는 시경국장의 시선이 이에 해당한다. 둘째 시선은 첫째 시선이 아무것도 보지 못한다는 것을 보고 자신이 감춰야 하는 것을 잘 숨길 수 있다는 잘못된 믿음의 시선이다. 첫째 장면의 왕비와 둘째 장면의 장관의 시선이 이에 속한다. 셋째 시선은 은폐행위를 포착하는 시선이다. 첫째 장면의 장관과 둘째 장면의 뒤팽의 시선이 이에 속한다. 둘째 장면에서 인물들은 다른 인물들이 첫째 장면에서 차지했던 위치를 점하고 다른 시선을 갖게 된다.

오늘 나의 관심은 주체들이 전치됨에 따라 상호주체적 반복의 경로에서 서로를 교대하는 방식이다. 우리는 순수 기표—도둑맞은 편지—가 3자 관계에서 차지하게 되는 위치에 의해 전치가 결정된다는 것을 보게 될 것이다. 이는 우리에게 그것이 '반복자동성'이라는 점을 확인시켜 줄 것이다. (E, 10)

등장인물들이 자리를 바꾸면서 상호주체적으로 다른 사람이 처했던 입장을 반복하게 되는 것은 편지의 소재에 의해 결정된다. 예를 들어 첫째 장면에서는 왕비가 편지를 도둑맞는 입장에 처했다면, 둘째 장면에서는 장관이 뒤팽에게 편지를 도둑맞으면서 첫째 장면에서 왕비가 처했던 입장에 놓이게 된다. 인물들은 자신의 의지와 무관하게 편지의 소재에 따라 바뀌는 수동적인 운명에 놓인다. 라캉은 이렇게 인물들의 입장이 바뀌어 동일한 패턴이 반복되는 것이 무의식적 기표에 의해 주체가 동일한 운명을 반복 경험하는 반복강박을 예시하는 것으로 해석한다. 그러므로 여기에서 편지는 (무의식적) 기표를 의미하며 포의 이야기는 "주체에서의 기표의 우위"를 보여준다(E, 14). 요컨대 "주체는 자기 내부에 나타나는 것[즉 기표]의 명령을 받는다."[17] 라캉이 반복강박으로 번역되는 독일어 *Wiederholungszwang*을 '반복자동성'으로 번역한 것도 주체의 수동성을 강조하기 위한 것이 아닐까.

라캉은 글자(letter)가 기표라는 점을 강조하기 위해 글자의 물질성을 설명한다. 글자는 정신(spirit)과 달리 생명을 주는 것이 아니라 오히려 "생명을 죽인다"(E, 16). 주체가 상징계에 들어서면서 기표에 의해 대치되어 자신의 존재를 상실하기 때문이다. 주체를 대신하는 기표는 "본성상 부재의 상징"이고(E, 17) "죽음의 심급을 물질화한다"(E8, 16). 글자

---

17) Jean-Luc Nancy & Phillipe Lacoue-Labarth, *The Title of the Letter*, 65쪽.

의 물질성은 매우 독특한 것이어서 현실에 속한 개념으로 이해하면 안된다. 파리 경찰이 편지를 찾지 못한 것은 기표의 독특한 물질성, 즉 상징적 속성을 이해하지 못하고 현실의 공간 속에서 찾았기 때문이다. 기표는 마치 도서관에서 분실된 책을 표시하는 도서 열람표처럼 부재를 나타낸다. 기표의 자리이동은 기표가 다른 기표로 전치되는 기표의 사슬 구조 때문에 가능하다.

이 이야기에서 등장인물들의 입장을 결정하는 것은 편지/기표의 순환과 이동이지 그 편지의 의미나 기표의 내용인 기의가 아니다. 라캉은 편지에 왕비의 주소가 쓰여 있고 S공작의 글씨체라는 점 그리고 편지가 장관에게 넘어갈 경우 왕비가 위험에 처할 것이라는 점만 언급될 뿐 그 내용은 나타나지 않는다는 것을 지적한다. 기의는 중요하지 않으며 드러날 필요가 없기 때문에 라캉은 "기의 없는 기표", 즉 순수기표라고 말하는 것이다.[18] 편지를 훔친 장관은 편지를 사용하는 여러 가지 방법이 있었음에도—예를 들어 왕비를 비난하거나 편지를 보낸 자를 고소하거나 아니면 편지를 제3자에게 넘기는 방법 등—결코 편지를 사용하지 않는다. 장관이 편지를 실제로 사용하는 순간 왕비에 대한 자신의 권력이 사라지기 때문에 그가 편지를 사용하는 힘은 잠재적일 뿐이다. 장관은 편지를 사용하는 것이 아니라 오히려 "편지에 대해 전적으로 의존"하는 위치에 놓인다(E, 23).

인물들의 입장이 편지의 순환에 의해 결정되는 것은 둘째 장면에서 왕비, 장관, 뒤팽이 각각 첫째 장면에서의 왕(또는 시경국장), 왕비, 장관의 위치를 차지하는 것에서 나타난다. 라캉은 이런 주체의 이동을 상호주체성(intersubjectivity)으로 설명한다. 여기에서 상호주체성은 두 주체 사이의 2자적 관계를 의미하는 것이 아니다. 라캉은 1966년에 추가한 부록에

---

18) Sean Homer, *Jacques Lacan* (London: Routledge, 2005), 47쪽.

서 "참된 상호주체성"이 "투영 개념이 함축하는 2자적 관계"와 다르다고 밝힌다(*E*, 43). 뒤팽은 내레이터에게 시경국장이 편지를 찾지 못한 것은 장관의 지적 추리력과 자신의 지적 추리력을 동일시하지 못했기 때문이라고 말한다. 뒤팽은 홀짝게임을 하는 소년이 상대방의 심리를 읽어내는 방법을 예로 제시한다. 상대방이 짝을 잡았는데 홀이라고 대답하여 게임에 진 소년은 상대방이 단순할 경우 다음에는 홀을 잡을 것을 예상하여 이길 것이고 상대방의 지능이 높을 경우 다시 짝을 잡을 것을 예상하여 이길 수 있다고 말한다.[19]

라캉은 이런 방식으로 상대방의 마음과 동일시하는 것이 상상적 동일시이며 상대방의 추리가 더 복잡해질수록 이런 동일시는 점점 더 어려워져 궁극적으로 실패할 수밖에 없다고 말한다. 그러나 홀짝게임을 하는 자가 상대방과 동일시하지 않고 상대방의 추리와 동일시하는 순간 2자적 관계를 넘어선 의미사슬로 이루어진 "상징적 결정"의 법이자 "절대적 대타자"인 상징질서가 출현한다(*E*, 44~45). 여기에는 우연이 없고 "어떤 숫자도 임의로 선택되지 않는다(*E*, 45)." 무의식은 이처럼 기표들이 상징적 결정의 법칙을 따르는 구조다.[20]

---

19) Edgar Allan Poe, *The Selected Writings of Edgar Allan Poe*, 374~375쪽.

20) 라캉은 홀짝게임을 하는 자가 스테판 말라르메(Stéphane Malarmé, 1842~98)의 시에 나오는 글자의 배열에 따라 홀짝을 잡으면 패를 아는 것이 어렵겠지만 이 배열마저도 발견하게 되면 게임에서 이길 수 있다고 말한다. 무의식은 인간의 의식적인 추측을 넘어 모든 선택을 간파할 수 있는 현대식 계산기와 같은 것이다. 이렇게 라캉은 2자적인 상상적 관계를 넘어서는 절대적 대타자로서의 무의식을 상정한다. 이런 점에서 멀러(John Muller)와 리처드슨(William Richardson)이 지적하듯이 2자적 관계를 연상시키는 상호주체성보다 초주체성(transsubjectivity)이 더 적합한 용어이며, 라캉은 상호주체성이란 용어를 더 이상 사용하지 않았다. John Muller & William Richardson, "Lacan's Seminar on 'The Purloined Letter': Overview," 72쪽을 참조할 것. 라캉은 세미나 II에서 홀짝게임을 논하며 임의로 플러스와 마이너스를 선택하는(아무런 법칙이 없는 실재의) 과정에서 상징적 법이 생겨나는 과정을 설명했고 『에크리』에 추가한 부록에서 이를 더 정교히

기억흔적과 차연

인물들의 입장이 편지의 소재에 따라 결정되는 것은 기표들이 상징적 결정에 의해 선택된다는 것을 보여준다. 라캉은 보들레르(Charles Baudelaire)가 「도둑맞은 편지」의 원제인 "The Purloined Letter"를 *La lettere volée*로 불역하는 과정에서 발생한 중요한 어원적 의미의 상실에 주목한다. 영어로 purloin에서 pur의 어원은 뒤에 오는 것의 앞, 또는 뒤에 오는 것을 보장하는 의미를 지닌 라틴어 *pro*이며, loin은 "멀리" (far off) 또는 "옆에"(alongside)라는 공간적 의미를 지닌 고대 프랑스어 *loigner*에서 유래한다. 그러므로 이 단어는 "우회한"(detoured)이나 "지연된"(prolonged), 또는 "배달을 기다리는, 수취인 불명의"(*en souffrance*)라는 의미다(*E*, 20~21). 이를 종합하면 purloined letter라는 말은 멀리 우회해서 "자신에게 적합한 경로"를 따라 움직이는 기표의 속성을 말해준다(*E*, 21). 이것은 기표가 "인간처럼 생각하는 기계의 순환하는 기억이나 전자 뉴스에서 발견되는 것에 비교할 수 있는 전치"의 움직임에 속해서, "그것이 자신의 위치를 떠나 우회로를 거쳐 그곳으로 되돌아올 것을 요구하는" 동작에 종속되어 있다는 것을 보여준다(*E*, 21). "주체는 상징계의 채널을 따르며" 포의 이야기는 주체가 기표의 움직임을 자동적으로 따른다는 것을 예시하므로, 등장인물이 아니라 "편지가 이 이야기의 참된 주체다(*E*, 21)." 프로이트의 발견은 "기표의 주체들의 내적인 재능과 교육, 그들의 성격과 성별에 관계없이 전치가 주체들의 행위, 운명,

---

설명한다. *SII*, 191~194쪽; *E*, 30~41쪽을 참조할 것. 이에 대한 해설로는 Bruce Fink, "The Nature of Unconscious Thought or Why No One Ever Reads Lacan's Postface to the 'Seminar on The Purloined Letter,'" *Reading Seminars I and II*, Richard Feldstein, Bruce Fink & Marie Jaanus 공편 (Albany: SUNY P, 1996), 173~191쪽을 참조할 것.

거부, 눈멂, 성공, 숙명을 결정하며, 심리적으로 주어진 것에 해당하는 모든 것은 좋든 싫든 무기나 군용 행낭처럼 기표의 행렬을 따른다는 것이다"(*E*, 21).

라캉이 설명하는 무의식적 기표의 움직임은 프로이트가 말하는 무의식의 기억흔적과 닮았다. letter는 편지와 글자라는 이중 의미를 지니며, 글자는 "그 자체로는 어떤 의미도 없는 의미단위다. 이런 점에서 글자는 프로이트에게 하나의 사건의 이미지가 아니라 다른 흔적들과의 차별적인 대립을 통해서만 의미를 지니는 용어인 '기억흔적'과 닮았다."[21] 데리다는 「프로이트와 글쓰기 무대」에서 프로이트의 『과학적 심리학 초고』(*Project for a Scientific Psychology*)를 상세히 분석한다.[22] 다른 흔적들과의 "차별적인 대립"을 통해서 의미를 지니는 기억흔적에 대한 멜먼(Jeffrey Mehlman)의 인용문은 사실 라캉보다 데리다의 이론을 설명하는 데 더 적합하다. 왜냐하면 데리다가 프로이트에게서 찾아내는 것은 차이의 논리이기 때문이다. 라캉도 「도둑맞은 편지」에 대한 세미나의 부록에서 프로이트의 "무의식이 함축하는 기억의 개념"이 『쾌락원칙을 넘어서』에서 중요하게 다뤄지지만 프로이트가 이미 『과학적 심리학 초고』에서 후에 무의식으로 대치될 ψ 체계를 설명했다고 지적한다(*E*, 34). 프로이트의 이 초기원고에 대한 데리다와 라캉의 해석을 비교하는 것은 「도둑맞은 편지」에 대한 라캉의 세미나를 다시 읽는 데 매우 중요하다.

이 원고에서 프로이트는 자극을 받아들이는 신경세포 뉴런의 개념으로 무의식에 저장되는 기억을 설명하려 했다. 그는 외부자극이 영구히

---

21) Jeffrey Mehlman, "Introductory Note" to *French Freud: Structural Studies in Psychoanalysis, Yale French Studies*, 48 (1972), 38쪽.
22) 이 초고의 원제목은 없으므로 영역본 제목에 대체로 부합하는 두 번역본의 제목을 따른다. 지그문트 프로이트, 『과학적 심리학 초고』(이재원 옮김, 사랑의 학교, 1999); 지그문트 프로이트, 『정신분석의 탄생』(임진수 옮김, 열린책들, 2005), 195~331쪽. 이 초고의 번역은 영문판을 옮기고 필요 시 번역본을 참고했다.

저장되는 것을 무의식으로 보았고 일시적으로 통과하는 것을 지각과 의식으로 보았다. 그리고 지각에 관계된 뉴런을 φ, 무의식에 관계된 뉴런을 ψ, 의식에 관계된 뉴런을 ω로 표기했다. φ는 외부자극의 양을 받아들여 자유롭게 통과시킴으로써 자극에 변화되지 않는 "지각 세포"로 구성된 "투과성" 뉴런이다. ψ는 외부자극의 양이 통과하지 못하거나 부분적으로만 통과하게 저항함으로써 외부자극 이전과 영구히 달라져, "기억을 대표하는 가능성"이 있는 "기억 세포"로 이루어진 "비투과성" 뉴런이다(*SEI*: 299~300). 외부자극을 기억으로 저장하는 ψ를 설명하면서 프로이트는 '접촉 장벽'(*kontaktschranke*, contact-barrier)이란 개념을 만들어낸다.[23] 외부자극이 통과하지 못하게, 즉 방출되지 못하게 하는 저항은 하나의 뉴런과 다른 뉴런이 접촉하는 지점에서 발생하므로 이 접촉(지점)들은 "장벽의 가치"를 지닌다(*SEI*: 298).

그런데 외부자극을 받는 접촉 장벽들은 자극을 받을 때마다 자극을 통과시키는 수용능력이 더 커져서 점점 더 투과적인 φ처럼 된다. 접촉 장벽들이 자극의 양을 통과시키는 능력의 정도를 프로이트는 '소통'(*Bahnung*)이라 불렀다. 이 소통은 접촉 장벽마다 상이한데 이 말은 '길을 만든다' 또는 '길을 연다'라는 의미다.[24] 만일 이 능력이 동일하다면

---

23) 임진수는 "접촉 장벽"으로 이재원은 "접촉 방벽"으로 옮긴다.

24) φ, ψ, ω에 대한 더 상세한 내용은 제9장 「쾌락원칙을 넘어서」를 참조할 것. 독일어 *Bahnung*은 '길'을 뜻하는 *bahn*에서 나온 말이다. 이 말은 프로이트 전집 영역본에 facilitation으로 번역되어 있다. 즉 외부자극의 양이 통과하는 것을 용이하게 한다는 뜻이다. 데리다의 「프로이트와 글쓰기 무대」가 포함된 『글쓰기와 차이』를 영역한 앨런 바스(Alan Bass)는 이 말이 길을 열어젖히는 데(pathbreaking) 힘이 작용한다는 의미를 살리기 위해 breaching으로 영역한다. Jacques Derrida, *Writing and Difference*, Alan Bass 옮김 (Chicago: U of Chicago P, 1978), 329쪽 역주 2번을 참조할 것. 박찬부는 라캉과 데리다 모두 *Bahnung*을 프랑스어 *frayage*로 번역하고 있음을 지적하며 '길트기'로 옮긴다. 박찬부, 『라캉: 재현과 그 불만』 (문학과지성사, 2006), 130쪽을 참조할 것. 라플랑슈와 퐁탈리스도 facilitation으로 번역한다. Jean Laplanche & Jean-Betrand Pontalis, *The Language of Psycho-*

외부에서 유입된 자극의 양이 어떤 통로를 선택하는지, 그 결과 기억이 어떻게 발생하는지 설명할 수 없다. 그러므로 프로이트는 "기억은 ψ 뉴런들의 소통의 차이에 의해 재현되며…… 한 경험의 기억은…… 인상의 크기라 부를 수 있는 요소와 동일한 인상이 반복되는 빈도"에 의지한다고 말한다(*SEI*: 300). 여기에서 데리다는 프로이트의 기억흔적이 차연(*différance*)의 논리에 부합한다는 증거를 발견한다. 그는 기억이 발생하는 기원에 현전이 아니라 차이와 반복만이 있을 뿐이며, 기억흔적의 차이와 반복은 인간생명이 자극의 양에 의한 충격, 즉 "위험한 카섹시스를 연기함으로써 자신을 보호하려는 생명체의 노력"이라고 주장한다.[25]

데리다는 프로이트의 기억흔적 이론이 「신비한 글쓰기 판에 대한 소고」("Note on the Mystic Writing-Pad")에서 글을 쓰기 위해 셀룰로이드와 밀랍종이로 만들어져 이중 투명종이가 붙었다 떨어졌다 하는 밀랍판에 의식과 무의식을 비유한 것으로 발전했다고 말한다. 밀랍판 위의 투명종이에 눌러쓴 글자는 종이를 밀랍판에서 떼어내었을 때에도 그 흔적이 남는다. 이때 밀랍판은 기억흔적이 저장되는 무의식과 같고 밀랍판에서 떨어지면 글자가 사라지는 투명종이는 자극을 받아들이지만 저장하지 않는 의식과 같다(*SEXIX*: 228~230). 데리다에 따르면 기억흔적은 주

Analysis, Donald Nicholson-Smith 옮김 (New York: Norton, 1973), 157~158쪽. 여기에서는 이재원과 임진수의 번역본을 따라 '소통'을 사용한다. 장 라플랑슈·장 베르트랑 퐁탈리스, 『정신분석 사전』(임진수 옮김, 열린책들, 2005), 210~211쪽을 참조할 것.

25) Jacques Derrida, *Writing and Difference*, 202쪽. '카섹시스'(cathexis)는 독일어 *Besetzung*의 영역으로서 정신적 에너지가 표상이나 신체 또는 대상에 달라붙는 것을 뜻한다. Jean Laplanche & Jean-Betrand Pontalis, *The Language of Psycho-Analysis*, 62~65쪽과 번역본 『정신분석 사전』, 490~494쪽을 참조할 것. 이 용어를 프랑스어로는 *investissement*으로 옮기고 우리말로는 '투자'(investment)로 번역하기도 한다. 이 용어는 (리비도) 집중, 점유, 투여, 투자 등의 용어로 번역되지만 앞으로 명사는 카섹시스, 동사는 카섹트(cathect)로 통일하며 문맥에 따라 '투자'를 혼용한다.

기적으로 새겨졌다가 지워지는 반복, 글자의 가독성과 비가독성의 끊임없는 반복에서만 존재한다. 그러나 데리다는 프로이트가 글과 차이를 발견했는데도 재생 가능한 인간의 기억과 재생 불가능한 글쓰기 판을 구분함으로써 인위적이고 죽은 것보다 자연적이고 살아 있는 현전을 우선시하는 현전의 형이상학 전통에 속한다고 비판한다. 그러므로 데리다의 관점에서 "프로이트적 흔적개념은…… 현전의 형이상학에서 추출되어야 한다."[26]

여기에서 주목할 점은 데리다가 현전의 형이상학을 주체 개념과 동일시하고 있다는 점이다. "(의식적 또는 무의식적) 주체 개념은 필연적으로 그것이 발생하는 실체 개념―따라서 현전 개념―을 지시한다. ……흔적은 자아, 즉 자기 자신의 현전을 지우는 것이고 현전이 회복될 수 없게 사라진다는 위협이나 고뇌로 구성된다."[27] 데리다에게는 차이, 반복, 흔적만 존재할 뿐 이것들이 새겨지고 작용하는 주체는 형이상학의 잔재로서 철저히 배제된다. 그런데 프로이트가 『과학적 심리학 초고』에서 φ, ψ, ω 뉴런들로 인간의 정신구조를 설명하면서 중요하게 다루는 것은 고통과 만족 그리고 욕망의 차원이다. 프로이트에게 뉴런들로 구성된 정신구조에 대한 설명은 인간이 고통스러운 기억을 억압하고 만족스러운 경험에 대한 기억을 반복하여 욕망을 성취하려는 것에 대한 설명과 분리될 수 없을 뿐 아니라 어떤 의미에서는 이런 설명에 대한 준비 과정이다.

---

26) Jacques Derrida, *Writing and Difference*, 229쪽.
27) 같은 책, 229~230쪽.

무의식적 기표와 주체

프로이트 이론에서 주체를 배제하고 기표의 차이와 흔적만을 추출해 내려는 데리다와 달리 라캉은 주체가 기표의 움직임에 절대적으로 종속된다는 사실과 함께 이런 종속에 동반되는 주체의 고통에 주목한다. 편지(글자)의 "소유자가 아니라 보관자"에 불과한 주체는 수동적이며 고통스럽다(*E*, 20). 여기에서 *en suffrance*에는 이중 의미가 있다. "글자(편지)가 배달을 기다리는(*en suffrance*) 동안 그 글자(편지)로 인해 고통받는 것은 바로 주체들이다. ……글자(편지)를 소유하게 됨으로써―이는 감탄할 만하게 모호한 언어인데―글자(편지)의 의미는 그들을 소유한다" (*E*, 21).

'글자를 소유하게 된다'(coming into the letter's possession)는 표현이 모호한 이유는 주체가 글자/편지를 소유함으로써 사실상 글자/편지가 주체를 소유하기 때문이다. 편지를 소유함으로써 고통받는 것은 장관의 예에서 잘 드러난다. 왕비가 장관과의 상상적 동일시를 통해서 장관이 무엇이든 저지를 수 있는 "절대적 주인"이라고 여기게 되는 것처럼 장관 역시 왕비와의 상상적 동일시를 통해서 왕비가 자신을 어떻게 생각하고 있는지―즉 자신이 무엇이든 저지를 수 있다고 왕비가 생각할 것을―알고 있기 때문에 왕비에 대한 권력을 갖게 된다(*E*, 24). 그런데 아이러니하게도 장관이 편지를 소유함으로써 왕비에 대해 권력을 갖게 되었다고 생각하는 이 장면에서 장관은 사실상 왕비가 놓였던 둘째 입장에 처하게 된다. 그래서 장관은 셋째 입장에 놓이는 뒤팽의 시선에 노출된다. 장관은 왕비의 편지를 뒤집어서 구긴 채로 카드꽂이에 놓아 둔다. 뒤팽이 장관을 찾아갔을 때 편지는 어떤 여인이 장관에게 보낸 편지로 위장되어 있다. 라캉은 이 점 역시 장관이 자신도 모르게 여성의 특성을 지니게 된 것이라고 지적한다. 이렇듯 편지는 장관이 알지 못하는 사이에 그를 소유하고 무력하게 만든다. 장관은 "이제 이 강탈된 기호에 의해 소유되고 이 소유는 해로운 것"이다(*E*, 22). 편지의 해로움에는 아주 특이한 "*noli me tangere*"(touch me not)의 효력이 있어서 그것에 쏘이면 노랑가오리의 꼬리에 붙은 맹독성 가시에 쏘인 것처럼처럼 "비활동 상태"에 빠지게 되는 것과 같다(*E*, 22~23).[28]

장관은 편지에 사로잡혀——편지를 사용하는 순간 왕비에 대한 자신의 권력이 사라지므로——편지를 어떻게 사용해야 할지 모른 채 편지를 망각한다. 그러나 "편지는 신경증 환자의 무의식처럼 그를 잊지 않는다"(*E*, 25). 편지가 장관을 잊지 않고 그를 왕비와 같은 존재로 변모시키는 것은 무의식적으로 "억압된 것의 귀환"과 같다(*E*, 25). 글자, 즉 무의식에 기록된 기억흔적은 그 의미와 무관하게 자동으로 자신의 법칙에 따라 자신을 주장한다. 주체는 스스로 알지 못하는 사이에 이런 기표의 움직임에 사로잡힌다. "억압된 것이 그것의 반복적인 상징적 대체물인 증상으로 귀환하는 것처럼 도둑맞은 편지는 반복적인 전치와 대치를 통해서——억압된 것의 기표로서——끊임없이 귀환한다. ……억압된 무의식적 욕망은 주체의 삶과 행동을 지배하는 전치된 상징적 매개체에서 존속하며 주체는 자신의 삶과 행동의 의미와 반복적인 패턴을 알지 못한다."[29]

기표의 움직임에서 자유로운 자는 없다. 편지를 소유한 뒤팽 역시 편

---

28) 라캉은 노랑가오리를 "소크라테스적 노랑가오리"라고 말한다. 이는 플라톤의 『메노』(*Meno*)에서 덕에 대한 소크라테스의 질문에 답하지 못하는 메노가 대화자에게 마법과 같은 주문을 거는 소크라테스의 화법을 만지는 것마다 무감각에 빠뜨리는 노랑가오리에 비유한 데에서 유래한다. 메노의 비판은 소크라테스의 문답법(Socratic elenchus)의 문제점을 지적한 것으로 유명하다. 이 점에 관해서는 Dominic Scott, *Plato's Meno* (Cambridge: Cambridge UP, 2006), 69~74쪽을 참조할 것.

29) Shoshana Felman, "On Reading Poetry: Reflections on the Limits and Possibilities of Psychoanalytical Approaches," *The Purloined Poe*, John Muller 외 공편, 146쪽.

지에 의해 소유되는 운명에 처하게 된다. 뒤팽은 장관이 위장해놓은 왕비의 편지를 자신의 편지로 바꿔치면서 거기에 프로스페 졸리오 드 크레비용(Prosper-Jolyot de Crébillon, 1674~1762)의 희곡『아트레우스와 티에스테스』(*Atrée et Thyeste*)에서 아트레우스가 하는 말——"그렇게 치명적인 계획은 아트레우스에게는 부당하더라도 티에스테스는 받을 만하지"——을 적었으며 장관이 자신의 필체를 기억할 것이라고 말한다.[30) 뒤팽이 편지에 대한 보상금을 이미 받았는데도 이런 말을 적은 것은 과거에 비엔나에서 장관이 자신에게 저지른 나쁜 짓에 대한 복수를 하기 위해서였다. 그러나 뒤팽의 의식적인 기억이 그가 장관에게 복수하게 하는 동안, 무의식적 기표는 장관에게 그랬던 것처럼 잊지 않고 귀환해서 그를 장관의 입장에 처하게 만든다. 뒤팽이 장관에게 증오를 느낀다는 사실은 그가 장관에게 상상적 동일시를 하고 공격성을 느낀다는 것을 의미한다. 그래서 뒤팽 역시 "편지의 상징적 회로"에서 벗어나지 못하고 "상호주체적 3자 관계의 참여자"가 된다(*E*, 26~27). 기표는 주체에게 마치 "당신은 행동을 한다고 믿겠지. 사실은 내가 당신의 욕망을 직조하는 끈의 명령에 따라 당신을 움직이게 하는 데 말이야"라고 말하는 것 같다(*E*, 29).

　「도둑맞은 편지」를 통해 라캉은 주체가 예외 없이 무의식적 기표의 자동적인 반복의 움직임에 종속된다는 점을 보여주며 "편지(글자)는 항상 목적지에 도착한다"라는 결론을 내린다(*E*, 30). 이 말의 표면적 의미는 편지가 원래의 소유주인 왕비에게 다시 돌아간다는 것이다. 그러나 라캉

---

30) 이 대사는『아트레우스와 테에스테스』제4막 제5장에서 아트레우스가 20년 전 자신의 아내를 빼앗은 동생 티에스테스에 대한 복수를 계획하는 장면에서 나온다. 아트레우스는 티에스테스의 세 아들을 죽여 토막 낸 다음 그 시체들로 국을 끓인다. 이 국을 티에스테스를 위해 베푼 연회에서 그가 내막을 알지 못한 채 먹게 한다. Edgar Allan Poe, *The Selected Writings of Edgar Allan Poe*, 382쪽 각주 2번을 참조할 것.

이 이 작품의 해석을 통해 예증하려는 것은 신경증 환자의 경우처럼 억압된 무의식적 기표는 반드시 그것의 법칙에 따라 정해진 경로를 통해 다시 나타나며 이 기표에 사로잡히는 것은 고통을 동반한다는 사실이다. 자크 알랭 밀레(Jacques-Alain Miller, 1944~)는 라캉이 데리다, 푸코, 롤랑 바르트(Roland Barthes, 1915~80), 클로드 레비스트로스(Claude Lévi-Strauss, 1908~2009) 등의 학자와 달리 평생 환자를 진료한 정신과 의사였다는 점을 강조한다.[31] 이런 점에서 "라캉의 주체는 아마도 고통받는 주체로 가장 잘 정의될 수 있을 것이다."[32]

데리다는 「라캉에 대한 사랑을 위하여」("For the Love of Lacan")에서 라캉과 만났던 것을 회고한다. 자신이 1966년 볼티모어에서 강의했을 때 르네 지라르(René Girard, 1923~2015)가 라캉에게 데리다의 강연에 대해 평가해줄 것을 요청하는데 라캉이 "그래요, 그래요, 아주 훌륭하죠. 그런데 그와 나 사이의 차이는 그가 고통받는 사람들을 다루지 않는다는 점입니다"라고 말했다는 일화를 소개한다.[33] 데리다는 자신도 "고통받는 사람들을 다룬다"라고 말하면서 라캉이 제도화된 정신분석의 상황을 고통받는 사람들에 대해 말할 수 있는 유일한 기준으로 삼는 오류를 범했다고 반박한다.[34] 그러나 앞에서 본 것처럼 데리다는 프로이트 이론에서 언어는 차이로 이루어지고 의미는 무한히 연기된다는 차연의 논리를 추출해내고 주체의 고통과 욕망에 대한 논의는 현전의 형이상학이

---

31) Jacques-Alain Miller, "How Psychoanalysis Cures According to Lacan," *Newsletter of the Freudian Field*, 1. 2 (1987), 6쪽.

32) Marshall W. Alcorn, Jr., "The Subject of Discourse: Reading Lacan through (and beyond) Poststructuralist Contexts," *Lacanian Theory of Discourse: Subject, Structure and Society*, Mark Bracher, Marshall W. Alcorn, Jr., Ronald J. Corthell & Françoise Massardier-Kenney 공편 (New York: New York UP, 1994), 28쪽.

33) Jacques Derrida, *Resistances of Psychoanalysis*, Peggy Kamuf, Pascale-Anne Brault & Michael Nass 공역 (Stanford: Stanford UP, 1998), 67쪽.

34) 같은 곳.

라며 비판하고 배제한다. 이와 달리 라캉의 궁극적인 관심은 고통받는 주체의 욕망이고 편지가 목적지에 도착한다는 말은 분석상황의 맥락에서 해석되어야 한다.

라캉은 기표의 행로에 대하여 "발신자는…… 역전된 형태로 자신의 메시지를 수신자에게서 받는다"라고 말한다(E, 30). 이 말은 그가 「도둑맞은 편지」를 분석상황에 대한 알레고리로 해석하고 있음을 보여준다.[35] 멀러와 리차드슨이 언급하듯이 라캉은 「도둑맞은 편지」에서 두 장면만을 분석하지만 이 이야기의 마지막에는 사실 제3의 장면이 존재한다.[36] 그것은 뒤팽이 둘째 입장에 처하게 되고 분석가인 라캉이 셋째 입장에 처하게 되는 장면이다. 분석가가 다른 등장인물들과 다른 것은 그가 상상적 동일시에 빠지지 않고 상징적 상황을 볼 수 있다는 점이다. 라캉은 「도둑맞은 편지」에 대한 세미나에서 상상적 동일시의 관계와 상징적 상황을 L 도식을 통해서 설명한다.

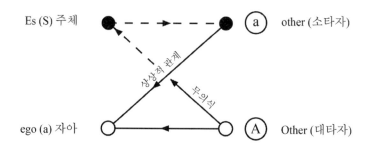

이 도식에서 상상적 관계는 자아(ego)와 거울이미지인 소타자(a, other)의 관계를 의미한다. 이 상상적 관계를 주체(Es, S)와 무의식의 대

---

35) Bice Benvenuto & Roger Kennedy, *The Works of Jacques Lacan*, 101쪽; John Muller & William Richardson, "Lacan's Seminar on 'The Purloined Letter': Overview," 64쪽을 참조할 것.

36) 같은 글, 59쪽.

타자(A, Other)를 잇는 선이 가로지른다. 정신분석에서 자신에게 말하는 환자의 무의식을 분석할 때 분석가는 환자의 거울이미지인 ⓐ가 아닌 대타자 Ⓐ 의 위치에 있어야 한다.[37]

분석가는 환자의 말 속에 있는 무의식적 메시지를 발견해서 환자에게 돌려준다. 이는 L 도식에서 대타자에서 주체로 화살표가 향하는 것으로 나타난다. 그런데 상상적 동일시에 빠져 있는 환자는 이런 무의식적 메시지가 돌아오는 것을 방해한다. 자아가 무의식의 메시지에 저항하는 것이다. L 도식에서 분석가가 돌려주는 무의식의 메시지는 상상적 관계의 선의 저항을 받아 주체에게 점선의 형태로 돌아간다. L 도식은 라캉이 「도둑맞은 편지」에 대한 세미나의 결론에서 말한 "발신자는…… 역전된 형태로 자신의 메시지를 수신자에게서 받는다"는 진술을 설명해준다. 메시지가 역전되었다는 것은 주체가 자신도 모르게 대타자/분석가에게 말한 무의식적 메시지의 의미가 자아와 소타자의 상상적 관계에 방해받는다는 부정적인 함의를 지닌다. 하지만 여기에는 분석가가 상상적 관계에 의해 왜곡된 무의식적 메시지를 역전시켜 되돌려준다는 긍정적인 의미도 있다.[38] 도둑맞은 편지를 찾는 포의 이야기는 이런 분석상황에 대한 비유로 읽을 수 있다. 편지를 찾는 뒤팽처럼 "분석에서 '글자'는 환자에 의해 발견되고, 치워지고, 다른 곳으로 돌려지며 숨겨지기도 한다. 라캉의 견해에 따르면 기본적인 분석의 임무는 이 글자를 찾는 것이고 그

---

37) Dylan Evans, *An Introductory Dictionary of Lacanian Psychoanalysis*(London: Routledge, 1996), 169~170쪽을 참조할 것. 이 책의 번역본은 딜런 에반스, 『라깡 정신분석 사전』(김종주 외 공역, 인간사랑, 1998)을 참조할 것.

38) Lorenzo Chiesa, *Subjectivity and Otherness: A Philosophical Reading of Lacan* (Cambridge, MA: MIT P, 2007), 41~42쪽. 로렌초 키에사(Lorenzo Chiesa, 1976~)는 "역전"의 부정적 함의의 출처를 세미나 IV 『대상관계』(*Object Relations*)에서 찾는다: "본질적으로 소외된 관계인 상상적 관계는 주체와 대타자—그것이 다른 주체인 한에서 큰 대타자—사이의 말의 관계를 중단하고, 늦추고, 방해하며…… 역전한다."

렇게 하는 것은 [무의식적 대타자의] 상징질서를 이해하는 것이다."[39]
발신자가 수신자에게 자신의 메시지를 되돌려받는다는 의미에서 편지
(글자)는 무의식적 대타자의 상징적 회로를 거쳐 주체에게로 돌아온다
고 볼 수 있다.

돌아온 것은 글자인가?

분석상황에서 주체가 대타자에게 메시지를 돌려받는 것은 주체가 자
신이라고 착각하던 자아의 환영에서 벗어나 무의식과 대면하는 것이다.
대타자의 무의식적 기표를 돌려받는 것은 L 도식에서 Es(S)라고 표기된
무의식적 주체이고 이는 진술의 주체와 구별된다. 그것은 진술 내용이
아닌 발화행위에서 출현했다 사라지는 화행의 주체다.[40] 이는 포의 이
야기에서 상상적 동일시의 지점인 제2의 입장에서 상징적 상황을 인식
할 수 있는 제3의 입장으로 자리를 옮기는 것에 상응하며 상상적 동일시
의 산물인 자아에서 무의식적 주체로, 기의의 주체에서 기표의 주체로
바뀌는 것을 의미한다.

이 변화는 기표가 주체를 지배한다는 라캉의 주장과 일치한다. 라캉
은 분석에 관하여 "해석은 의미를 향하는 것이 아니라 기표들의 무의미
를 환원하는 것을 향하며 우리가 주체의 모든 행위를 결정하는 요인을
재발견하도록 하는 것"이라고 말하면서 주체의 수동성을 강조한다(*SXI*,
212).[41] 정신분석은 "주체에게서, 프로이트의 용어를 사용하자면, 무

---

39) Bice Benvenuto & Roger Kennedy, *The Works of Jacques Lacan*, 101쪽.
40) John Muller & William Richardson, "Lacan's Seminar on 'The Purloined Letter':
   Overview," 64, 72쪽을 참조할 것. 진술의 주체와 화행의 주체에 대해서는 제2장
   「이데올로기적 주체와 무의식적 주체」를 참조할 것.
41) 라캉의 세미나 XI의 번역은 영문판을 옮긴 것이고 용어 번역 등을 위해 필요시 번
   역본 『정신분석의 네 가지 근본개념』(맹정현, 이수련 옮김, 새물결, 2008)을 참조

의미(non-sense)의 핵을 분리시키는 것" 또는 "환원불가능하고 무의미한─무의미들로 이루어진─의미요소들을 드러내는 것이며" 분석가는 "어떤 기표에─어떤 환원불가능하고 외상적인 무의미에 그가 주체로서 종속되어 있는지"를 찾아내는 것이다(SXI, 250~251).[42] 그렇다면 무의식적 주체는 절대적 대타자인 무의식적 기표의 움직임에 전적으로 종속되는 것일까?

여기에서 상기해야 할 것은 대타자의 무의식적 기표의 사슬로 구성된 상징질서가 항상 무엇인가를 배제한 결과이며 주체는 상징계뿐 아니라 상징계에서 배제된 실재와도 관계된다는 사실이다. 라캉이 주목한 반복강박 개념은 프로이트의 『쾌락원칙을 넘어서』에서 외상과 관련하여 등장하며 이 외상은 상징화될 수 없는 실재에 속한다. 이런 점은 「도둑맞은 편지」에 대한 라캉의 세미나와 실재의 관계에 대한 의문을 제기한다. 라캉은 이 세미나에서 기표의 자리이동이 가능한 상징계와 달리 실재를 "어떤 변화에 종속시킨다 하더라도 항상 매번 제자리에 있는 것"으로 정의한다(E, 17). 편지/글자는 여러 위치로 전치되기 때문에 편지와 실재

───────────────

했다.

42) 브루스 핑크(Bruce Fink)는 프로이트가 분석한 쥐인간(Rat Man)의 쥐콤플렉스를 이런 무의미한 무의식적 기표의 사슬의 예로 제시한다. 유년시절 아버지에게서 학대받은 쥐인간은 사람들에게서 학대받는 쥐(ratten)와 자신을 동일시한다. 그의 무의식에서 쥐가 성병을 옮기고 음경 역시 성병을 옮기므로 쥐＝음경이라는 등식이 성립되었으며, ratten과 발음이 같은 raten이 할부납입금을 의미하므로 쥐는 플로린 화폐와도 동일시된다. 또한 ratte가 포함된 글자 Spielratte는 도박꾼을 의미하는데, 그의 아버지가 도박으로 빚을 졌기 때문에 이 단어도 쥐콤플렉스에 포함된다. 쥐인간은 어려서 이런 말들을 잘 이해하지 못했지만 어쨌든 이 말들은 그의 뇌리에 새겨져 무의식적 기표의 사슬을 이룬다. 이런 기표들은 특별한 의미를 지닌 것이 아니라 무의미한 것으로서 쥐인간의 쥐콤플렉스를 야기하는 요인이 된다. Bruce Fink, *The Lacanian Subject: Between Language and Jouissance* (Princeton, NJ: Princeton UP, 1995), 22쪽을 참조할 것. 쥐인간에 대한 프로이트의 해설은 *SEX*: 200~220쪽을 참조할 것.

는 논리적으로 무관하다. 하지만 주체가 통제할 수 없을 만큼 끊임없이 자신을 주장하며 출현하는 외상은 라캉이 말하는 글자의 주장과 닮아 있지 않은가? 그렇다면 글자를 상징계가 아닌 실재계에 속한 것으로 볼 수 있지 않을까?

라캉은 환자가 분석을 통해 무의미한 무의식적 기표에 종속된다는 점을 깨닫는다는 주장을 세미나 XX『앙코르』(Encore)에서 이렇게 표현한다.

> 우리는 주체에게 전부를 말하라고 권유하지 않고…… 무의미한 것을 말하라고 권유합니다. 이것이 열쇠입니다. 왜냐하면 우리는 이 무의미한 것들을 분석하고, 새로운 주체—무의식의 주체—로 들어서기 때문입니다. ……우리는 그의 말, 회수할 수 없는 말에서 어떤 결과를 끌어낼 것입니다. ……말해진 말들과 관련해서 "외존"할 수 있는 정도까지 가지 않는 말이 그것에서부터 출현합니다. 이는 그 결과 이런 말들에 포함된 것 때문입니다. 그것은 아무리 어리석은 자도 그 누군가를 분석하면서 어떤 실재에 도달할 수 있는 시금석입니다. (SXX, 22)[43]

라캉 정신분석은 환자의 말을 통해 환자가 의식적으로 알지 못하지만 지배받고 있는 무의식적 기표를 찾아내어 궁극적으로 실재에 도달하는 것이다.

핑크가 말하듯이 "상징질서는…… 그것의 자동적인 작동 과정에서 상징질서 자체를 넘어서는 무엇인가를 생산하는데" 그것은 다름 아닌 실

---

43) 여기에서 "무의미"는 라캉이 프로이트가 한스(Hans)의 공포증을 분석하면서 사용한 *Dummheit*를 불역한 *La Bêtise*의 번역어이다. 핑크는『앙코르』를 영역하면서 이를 "stupidity"로 영역했고, 영어판 프로이트 전집에는 "nonsense"로 영역되어 있다. SXX, 13쪽 각주 42번을 참조할 것. 문맥상 '무의미한 것'으로 옮겼다.

재의 대상이고 라캉은 그것을 연금술에서 사용하는 증류기의 바닥에 남은 찌꺼기, 즉 증류 앙금(카푸트 모르툼, *caput mortuum*)에 비유한다.[44] 「도둑맞은 편지」에서 인물들의 입장을 정해주는 편지/글자는 상징계의 의미사슬에서 배제되어 물질성을 지니게 된 증류 앙금 같은 실재의 대상(real object)으로 볼 수 있다. 이와 같이 정신분석은 상징화될 수 없어 피분석가가 정확히 말로 옮기지 못하고 주위를 맴돌기만 했던 실재의 외상을 말할 수 있게 한다.[45] 실제로 라캉은 1966년에 「도둑맞은 편지」에 대한 세미나에 추가한 부록에서 숫자가 담긴 괄호의 상징질서를 설명하면서 "기표의 **카푸트 모르툼**이 그 원인적 양상을 띠게 된다"라고 말한다(*E*, 43). 핑크가 지적하듯이 이는 상징계를 가능하게 하는 원인으로서의 대상 *a* 또는 실재가 어떻게 상징계에 드러나는지를 보여준다.[46] 그렇다면 항상 목적지에 도달하는 편지/글자는 이런 대상 *a*로서의 글자가 아닐까?

이런 해석의 단초를 찾기 위해 프로이트의 『과학적 심리학 초고』를 데리다와 라캉이 어떻게 분석하는지 그 차이에 다시 주목할 필요가 있다. 앞서 살펴본 바와 같이 데리다는 프로이트의 원고에서 차이, 반복, 연기 그리고 글의 논리를 찾아낼 뿐 주체의 고통과 욕망의 차원에는 관심을 보이지 않는다. 데리다의 차연의 논리는 프로이트가 말한 무의식적 기억 흔적의 강박성을 설명하지 못한다. 왜 어떤 기억흔적은 주체의 의지와 관계없이 끊임없이 반복되는 강박성을 지니는 것일까? 다시 말해서 그

---

44) Bruce Fink, *The Lacanian Subject*, 27쪽.

45) 같은 책, 28쪽.

46) 같은 책, 165, 153쪽. 핑크는 「도둑맞은 편지」의 편지/글자를 실재의 대상으로 해석하면서도, 「도둑맞은 편지」에 대한 세미나를 썼을 당시 라캉은 인물들의 욕망이 상징계적 구조의 입장에 따라 결정되는 것으로 보았음을 지적한다. Bruce Fink, *A Clinical Introduction to Lacanian Psychoanalysis: Theory and Technique*, (Cambridge, MA: Harvard UP, 1997), 205~206쪽.

것이 반복되게 하는 근원적인 추동력은 무엇일까? 프로이트는 『과학적 심리학 초고』의 열셋째 단원 「정동과 소망 상태」에서 이렇게 말한다.

우리가 논의해왔던 두 종류의 경험 [고통과 만족]의 잔존물은 정동과 소망 상태다. ……두 상태 모두 ψ에서 [양의] 통과에 매우 중요하다. 왜냐하면 그들은 뒤에 그것에 대한 강박적인 성격의 동기들을 남기기 때문이다. 소망 상태는 소망되는 대상에 대한 또는 좀더 정확히 말하면 그 대상의 기억 이미지에 대한 긍정적인 인력(引力, attraction)으로 귀결되고, 고통의 기억은 적대적인 기억 이미지를 카섹트한 상태로 유지하기 싫어하는 반발력을 유도한다. (*SEI*: 321~322)

데리다와 달리 라캉의 프로이트 해석은 이렇게 경험된 대상(의 기억)으로 인해 발생하는 강박성에 주목한다. 그는 『과학적 심리학 초고』에서 설명한 "무의식의 선구자인 ψ체계가 근본적으로 상실한 대상을 다시 찾는 것을 제외하고는 자신을 만족시킬 수 없다는 점에서 그 독창성을 드러낸다"라고 말한다(*E*, 34). 원초적으로 상실한 대상에 대한 기억의 기표는 기표의 사슬을 통해 끊임없이 강박적으로 자신을 주장한다. 주체는 강박적으로 자신을 주장하는 기표의 움직임에 종속되어 고통받는다.[47]

그러므로 「도둑맞은 편지」에서 편지의 상징계적 순환만큼 중요한 것은 애초에 편지를 순환하게 하는 실재의 외상적 사건이다. 왕비가 처음에 이 편지를 받은 사건이 왕과 왕비의 합법적 관계로 대변되는 상징질서를 훼손하는 외상적 사건이다. 앤드리아 허스트(Andrea Hurst)의 표현

---

[47] 라캉은 이를 쾌락원칙과 실재의 (사)물(*das Ding*)의 관계로 설명한다. 이에 대한 상세한 논의는 제9장 「쾌락원칙을 넘어서」를 참조할 것. 앞으로 칸트, 프로이트, 하이데거가 사용하는 용어 *das Ding*(Thing)의 번역어는 '물'과 '사물'을 혼용한다.

을 빌리면 "라캉에게 포의 이야기에서 '편지'는 우선 애초에 이 이야기를 (투케 *tuché*의 형태로) 발생하게 하는 '사물' '사건' 또는 드라마를 나타낸다. 이 개념들은 라캉이 '불가능한 실재'라고 부른 것과…… 동의어로 여길 수 있다."[48) 「도둑맞은 편지」에서 편지는 상징계의 기표라는 의미 이외에 실재의 사건, 원인을 의미할 수 있다.[49) 또 한 가지 주목할 것은 이 편지가 항상 무엇인가를 남긴다는 사실이다. 장관은 왕비의 편지를 훔치면서 그와 유사한 편지를 남기고 뒤팽은 왕비의 편지 대신 자신의 편지를 남긴다. 스튜어트 슈나이더맨(Stuart Schneiderman, 1943~)은 도둑맞은 편지가 기표이며 남겨진 편지는 대상 *a*라고 주장한다.[50) 이는 기표의 발생과 대상 *a*의 관계, 다시 말해서 상징계에서 기표가 발생하기 위해서는 반드시 그 기표가 대신하는 실재의 대상이 잘려나가야 한다는 것을 보여준다. 그러나 데리다는 라캉이 편지가 발견되는 장소인 벽난로의 틈이 의미하는 여성의 성, 즉 거세와 결여를 형이상학적 진리로 여기고 있다고 비판한다.

뒤팽이 무엇을 아는가? 그는 마침내 편지가 **발견되었다는** 것을 알고 적절히 순환적으로 그 편지를 고유의 장소로 되돌려주기 위해 어디에

---

48) Andrea Hurst, *Derrida Vis-à-vis Lacan: Interweaving Deconstruction and Psychoanalysis* (New York: Fordham UP, 2008), 352쪽. 라캉은 투케가 아리스토텔레스에게서 빌려온 용어라고 설명하며 "실재와의 만남"으로 번역한다(SXI, 53). 상징계가 쾌락원칙을 따르는 기표의 사슬을 의미하는 오토마톤(automaton)이라면, 실재는 "항상 오토마톤 너머에 놓인 것"이다(*SXI*, 54).

49) 라캉이 편지를 "순수 기표"라고 말했을 때 이는 그가 『앙코르』에서 말한 "signifiance"(signifierness)의 의미를 지니고 있다는 점을 상기해야 한다. 즉 라캉은 기의와 무관한 "기표의 무의미한 성격"을 강조한다. *SXX*, 18~19쪽 역주 12번을 참조할 것. 라캉이 "기표는 무의미하다"라고 말할 때에도 그는 바로 이런 순수 기표의 무의미한 성격이 무의식적 실재를 드러내줄 수 있음을 암시한다(*E*, 20).

50) Stuart Schneiderman, "Fictions," *Lacan and the Subject of Language*, Ellie Ragland-Sullivan & Mark Bracher 공편 (New York: Routledge, 1991), 153쪽.

서 그것이 발견되어야 하는지를 안다. 뒤팽과 분석가…… 에게 알려진 이 고유의 장소는 거세의 장소, 음경의 결여의 베일이 벗겨진 곳, 남근의 진리, 즉 거세의 장소로서의 여성이다. ……뒤팽처럼 편지가 발견되는 곳, 즉 세미나가 여성의 다리 사이에서 편지를 찾는 순간, 수수께끼의 해독은 진리에 정박된다. 이야기의 의미, 도둑맞은 편지의 의미는…… 발견된다. 해석학적 과정으로서 의미(진리)를 통해 발견된 (뒤팽의, 세미나의) 해독은 스스로 그 목적지에 도착한다.[51]

데리다는 거세와 결여라는 진리에 도달하는 라캉의 해석이 "여성(어머니)의 거세가 최종적 의미이며 「도둑맞은 편지」가 의미하는 것"이라는 보나파르트의 해석과 다르지 않고 이때 진리는 "구멍을 메우려는 욕망"이라고 주장한다.[52] 거세된 어머니의 음경을 되돌려주어 구멍을 메우려는 보나파르트의 해석을 라캉이 반복하고 있다는 것이다.

그러나 슈나이더맨이 지적하듯이 라캉은 편지의 궁극적인 목적지를 여성의 성기가 아니라 왕이 차지하는 장소라고 보았다.[53] 라캉은 "그[뒤팽]가 편지를 그 고유의 행로에 놓는 데 성공했지만 편지는 아직 그 주소에 도착해야 한다. 그리고 그 주소는 이전에 왕이 차지한 장소다. 왜냐하면 그 편지가 법에 기초한 질서로 다시 돌아와야 하는 장소는 바로 그곳이기 때문이다"라고 밝힌다(E, 27). 그런데 더 중요한 것은 왕이 차지하는 장소에 대한 라캉의 설명이다. 라캉은 이 "장소가 **눈멂을 수반했다**"라고 지적한다(E, 27). 여기에서 "진리에 눈먼 왕의 입장은 눈먼 자아의 입장을 상기시킨다."[54] 왕의 장소는 분석상황에서 자신의 무의식적 진

51) Jacques Derrida, *The Post Card*, 439~444쪽.
52) 같은 책, 444쪽.
53) Stuart Schneiderman, "Fictions," 155쪽.
54) Bice Benvenuto & Roger Kennedy, *The Works of Jacques Lacan*, 97쪽.

리에 눈먼 자아가 차지하는 장소에 해당한다. 슈나이더맨은 편지의 행로를 분석상황의 맥락에서 해석한다. "도둑맞은 편지의 최종점은 파괴되고…… 편지의 물리적 존재는 필연적으로 말(speech)에 양도된다."[55) 주체의 무의식적 기표사슬에서 순환하던 기표가 분석가와의 상호주체적인 대화를 통해 말로 표현되는 것이다.[56) 그러나 여기에서 귀환점과 출발점은 같지 않다. 왜냐하면 L 도식에서 역전된 형태의 메시지를 돌려받는 것은 이미 자아가 아닌 무의식적 주체이기 때문이다.

무의식적 기표의 순환은 애초에 실재의 외상적인 사건을 시작으로 발생했다. 또한 프로이트가 말한 상실한 대상(에 대한 기억)으로 인해 그 기표는 끊임없이 순환운동하면서 강박적으로 주체에게 고통을 가한다. 이제 그 기표가 분석상황에서 마침내 말의 출구를 찾는다는 점을 종합하면 분석가가 되돌려주는 것은 단순한 기표가 아니라 그 기표의 순환을 유발한 실재의 원인인 대상 *a*라고 결론 내릴 수 있다. 기표는 상실한 실재의 대상을 상징계에서 대신하고 있을 뿐이다. 이런 결론은 후기 라캉 이론과 상통한다. 여러 비평가들이 지적했듯이 후기 라캉 이론의 특징은 실재를 강조하는 것이다.[57) 지젝은 "편지는 항상 목적지에 도착한

---

55) Stuart Schneiderman, "Fictions," 156쪽.

56) L 도식에서 자아와 소타자의 상상적 관계는 "텅 빈 말"(empty speech)에 해당하고 무의식적 주체와 대타자의 관계는 "가득 찬 말"(full speech)에 해당한다. 가득 찬 말은 주체의 무의식적 욕망을 담은 메시지이며 정신분석은 주체에게서 이 말을 해방시킨다. "주체의 말을 해방시키기 위해서 우리는 그를 자신의 욕망의 언어…… 에 소개시켜야 한다. ……이 언어는…… 다른 모든 언어로 이해될 수 있는 언어의 보편적 성격을 지녔지만 동시에…… 절대적으로 주체에게 특수하다(*E*, 243)." 그러나 무의식은 억압의 결과이며 결코 전부 말해질 수 없으므로 여기에서 '가득 참'의 의미는 제약된다. 라캉은 1960년대 이후 이 용어를 사용하지 않았다. 이 점에 대해서는 Lorenzo Chiesa, *Subjectivity and Otherness*, 41~46쪽을 참조할 것.

57) 예를 들어 베로니크 보러즈(Véronique Voruz)와 보그던 울프(Vogdan Wolf)는 "실재의 상태가 후기 라캉을 특징짓는 가장 강한 단절의 표시"라고 말한다.

다"는 명제를 실재계 차원에서 해석하면서 편지가 목적지에 도달하는 순간은 주체를 지탱하고 있었던 상징적 정체성을 상실하는 순간이라고 말한다. 즉 주체가 상징계에서 대타자가 부여한 입장에 의해 더 이상 결정되지 않을 때 주체를 기다리는 것은 상징화될 수 없었던 얼룩으로서의 대상 *a*이며 이것이 바로 실재의 글자라는 것이다. 이런 관점에서 도둑맞은 편지/글자는 "기표가 아니라 상징화에 저항하는 하나의 대상이자 잉여이고 주체들 사이를 순환하다가 그것을 일시적으로 소유한 자에게 얼룩을 입히는 잔존하는 물질"이다.[58] 정신분석을 통해 이 실재의 대상, 즉 대상 *a*로서의 글자가 주체에게 돌아가는 것이라면 이는 단순히 무의미한 기표의 사슬에 의해 주체가 지배된다는 점을 깨닫는 것이 아니다. 그것은 주체가 상징계에 들어서면서 불가피하게 상실했던 — 이것은 분명 외상적 사건이다. — 대상 *a*를 대면하는 것을 의미한다.[59]

Véronique Voruz & Vogdan Wolf, "Preface," *The Later Lacan: An Introduction*, Véronique Voruz & Vogdan Wolf 공편 (Albany: SUNY P, 2007), xi쪽.

58) Slavoj Žižek, *Enjoy Your Symptom! Jacques Lacan in Hollywood and out* (New York: Routledge, 1992), 8쪽. 허스트는 지젝의 이런 논의가 「도둑맞은 편지」에 대한 라캉 세미나의 문맥 밖에서 이루어진다고 지적한다. Andrea Hurst, *Derrida Vis-à-vis Lacan*, 378쪽을 참조할 것. 그러나 지젝은 도둑맞은 편지/글자를 실재의 대상으로 해석하는 것이 후기라캉의 관점에서 본 것이라고 분명히 밝힌다. Slavoj Zizek, *Enjoy Your Symptom!*, 22~23쪽을 참조할 것. 제4장에서 상세히 살펴보겠지만 후기 라캉은 양립불가능한 것으로 여기던 기표와 주이상스의 결합 가능성을 탐구했다. 이런 관점에서 로랑(Éric Laurent)은 "의미에 거슬러서 「도둑맞은 편지」를 읽기 위해서는 주이상스 (*a*)와 의미효과를 구분해야 한다"라고 말한다. Eric Laurent, "The Purloined Letter and the Tao of the Psychoanalyst," *The Later Lacan*, Véronique Voruz 외 공편, 33쪽을 참조할 것.

59) 라캉은 이 글에서 프로이트의 손자가 어머니의 부재와 귀환을 나타내기 위해 실패(reel)를 던졌다가 다시 잡아당기는 '포르트-다'(*fort-da*) 게임이 바로 "인간 동물이 상징질서에서 받는 결정"을 보여준다고 말한다(*E*, 35). 어머니에 대한 아이의 원초적인 욕망이 '*fort*'(gone)와 '*da*'(there)라는 두 기표로 이루어진 상징질서를 통해서만 표현할 수 있기 때문이다. 그러나 그는 세미나 XI에서 이 게임을 주체가 원초적으로 상실한 대상 *a*를 회복하려는 것으로 해석한다(*SXI*, 62~63). 이

분석가는 피분석가가 자신을 상징적 동일시의 지점으로 여기지 않고 대상 *a*를 찾게 해야 한다(*SXI*, 273). 그렇다면 피분석가가 분석가의 도움을 통해서 돌려받는 글자, 목적지에 도착하는 편지는 기표인 글자가 아니라 대상 *a*인 실재의 대상이 아닐까. 라캉은 이 세미나의 부록에서 L 도식을 사용했다. 라캉이 실재 개념을 좀더 깊이 있게 발전시킨 후기 이론의 관점에서 이 글을 다시 읽는다면 아마도 상상계와 상징계의 두 축으로 구성된 L 도식을 핑크가 수정한 것처럼 상징계와 실재계의 두 축으로 이루어진 도식으로 대치해도 좋을 것이다.

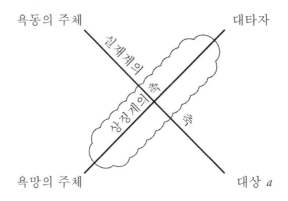

이 도식에 따르면 이제 주체가 되돌려 받는 것은 대타자의 무의식적 기표가 아니라 무의식적 기표의 사슬에서 배제되었으나 분석 과정에서 주체에게 귀환할 대상 *a*다. 글자가 항상 목적지에 도착한다면 글자는 기표가 아니라 기표가 원래 대신했던 실재의 대상의 모습으로 도착하게 되는 것이다. 라캉이 『에크리』 서문에서 포의 작품을 분열된 주체와 대상 *a*의 관계로 읽을 수 있다고 암시한 것은 이런 해석을 의미할 것이다.

에 관해서는 제3장 「욕망의 변증법」을 참조할 것. 마찬가지로 편지의 순환에 대한 라캉의 해석도 대상 *a*의 관점에서 재해석될 수 있다.

제2장 이데올로기적 주체와 무의식적 주체
알튀세르와 라캉의 주체이론*

포스트-이데올로기?

'포스트'(post)가 모든 사상을 수식하는 시대에는 '이데올로기'도 이 접두어에서 자유롭지 않다. 후쿠야마의 '역사의 종말'론이 예증하듯이 현실 사회주의의 붕괴는 포스트이데올로기의 세계를 넘어 탈역사적 시대에 대한 전망을 낳았다. 후쿠야마는 코제브가 해석한 헤겔의 역사관을 토대로 세계역사가 "인류 이데올로기 진화의 종점과 인간 정부의 최종적 형태로 서구 자유민주주의의 보편화"에 도달했다고 선언한다.[1] 서구 자유민주주의와 자본주의 경제는 전례 없는 자유의 법적 보장과 인권신장 및 물질적 풍요를 낳았다. 전근대적 체제는 물론 민족주의와 공산주의를 비롯한 그 어떤 체제도 자유민주주의에 대한 대안이 되지 못했다. "마르크스-레닌주의가 중국과 소련에서 소멸한 것은 세계사적으로 중요했던 살아 있는 이데올로기가 죽었음을 의미한다."[2] 단선적인 대문자 역사(목적론적이고 발전론적인 보편 역사)를 가정하는 후쿠야마

---

* 이 장의 92~104쪽, 108~120쪽, 128~134쪽은 동명의 제목으로『문학과 사회』, 13,3(2000), 1349~1373쪽에 수록된 글을 수정한 것이다.

1) Francis Fukuyama, "The End of History?", *The National Interest*, 16 (1989), 1쪽.
2) 같은 글, 17쪽.

의 역사관에서 자유민주주의는 "인류의 공통된 이데올로기적 유산"이다.[3] 동시대에 발생하는 모든 정치경제적·인종적·민족적 갈등과 모순은 "자유주의에서 발생하는 것이 아니라 문제의 자유주의가 미완성이라는 사실에서 발생할" 뿐이다.[4] 자유민주주의와 경쟁할 이데올로기가 더이상 존재하지 않는 "탈이데올로기화된(de-ideologized) 세계"에서 탈역사적 인간이 출현한다.[5]

자연과학의 발달이 낳은 "자본주의를 향한 보편적 진화"가 물질적 풍요를 보장하고 헤겔적 인정(認定, recognition)에 대한 인간의 욕망이 추동한 "보편적이고 상호적인 인정으로 특징지어진 사회"에서 정치적 자유를 보장할 때 "더 이상 진보적인 역사적 변화는 가능하지 않으며" 인류는 마침내 "자유민주주의라는 약속의 땅"에 들어선다.[6] 후쿠야마는 용기와 상상력 그리고 생명을 건 모험을 요구하던 "이데올로기적 투쟁"이 "경제적 계산, 끊임없는 기술적 문제들의 해결, 환경에 대한 관심, 세련된 소비자 요구의 만족으로 대체되는" 역사의 종말을 "매우 슬픈 시대"라고 부른다.[7] 후쿠야마가 묘사하는 역사의 종점에 등장하는 '최후의 인간' — 예컨대 "자신들이 누릴 권리가 있다고 믿는 생활양식을 유지하려는 희망으로 열심히 이력서를 작성하며 법학대학원과 경영대학원으로 몰려드는 청년들" — 도 목적과 열정을 상실하고 물질적 풍요에 안주하는 애처로운 모습이다.[8] 그렇지만 "자유민주주의가 실제로 인간 문제에 대해 가능한 최고의 해결책"이라는 후쿠야마의 결론은 그리 비관

---

3) 같은 글, 7쪽.
4) 같은 글, 14쪽.
5) 같은 곳.
6) Francis Fukuyama, *The End of History and the Last Man* (New York: The Free Press, 1992), xv, xviii쪽.
7) Francis Fukuyama, "The End of History?", 17쪽.
8) Francis Fukuyama, *The End of History and the Last Man*, 336쪽.

적으로 들리지 않는다.[9]

데리다는 『마르크스의 유령들』(*Specters of Marx*)에서 후쿠야마가 사형선고를 내린 마르크스(주의)의 유령을 역사의 저편에서 다시 호출한다. 자유민주주의를 현대의 복음으로 선언하는 후쿠야마는 한편으로 마르크스주의의 패배를 증명하기 위해 자유민주주의를 "실제 현실"로 제시한다.[10] 그러나 다른 한편으로 그는 동시대의 엄청난 재난과 모순, 즉 "모든 악, 자본주의국가들과 자유주의에서 잘못 되어가는 모든 것"을 회피하기 위해서 자유민주주의를 미래에 실현될 초역사적이고 자연적인 이상과 원칙으로 제시하는 모순을 범한다.[11] 데리다는 후쿠야마가 역사의 종말론을 위해 동원한 코제브를 다시 읽는다. 코제브가 정신현상학 강연 후기에서 제시하는 탈역사적 시대와 인간을 해체론적 관점으로 다시 읽는 것이다.

코제브는 미국적 생활양식을 탈역사적 시대에 적절한 삶으로 여기면서도 그것을 인간이 동물성으로 회귀한 것이라 진단한다. 이는 역사의 종말을 수용하는 것이 아니라 오히려 새로운 역사성의 시작을 예고하는 것이다. 데리다는 코제브가 역사의 종말이 아닌 출발을 윤리적 당위로 강조하는 것에 주목한다. 코제브에 따르면 "탈-역사적 인간은…… 자신에게 주어진 모든 것의 '내용들'에서 지속적으로 '형식들'을 분리해야 한다. 그것은…… 내용들로 간주된 자신과 타자들에 대해 순수 '형식'으로서의 자신을 대립시키기 위해서다."[12] 코제브의 탈-역사적 인간은 역설적으로 역사의 종말에서 자신의 내용을 비우는 의무를 수행하는 순수

---

9) 같은 책, 338쪽.
10) Jacques Derrida, *Specters of Marx: The State of the Debt, the Work of Mourning, & the New International*, Peggy Kamuf 옮김 (New York: Routledge, 1994), 62쪽. 번역본은 자크 데리다, 『마르크스의 유령들』(양운덕 옮김, 한뜻, 1996)을 참조할 것.
11) 같은 책, 69쪽.
12) 같은 책, 74쪽에서 재인용.

형식으로서의 주체다. 그러므로 역사의 종말에서 역사성은 다시 열리며 이런 "열림"은 "탈-역사적 인간이 미래에 수행해야 하는 과제와 의무를 정의한다."¹³⁾ 하나의 역사 개념이 끝날 때 "역사의 역사성이 시작되고" 마찬가지로 하나의 "인간 개념이 끝나는 곳에서 인간, 다른 인간, 타자인 인간의 순수한 인간성이 시작되거나 또는 [새롭게] 마침내 자신을 예고하고 약속할 수 있게 된다."¹⁴⁾ 새로운 역사와 인간의 출발을 부단히 모색하는 "급진적 타자성과 이질성"에 천착한 데리다의 해체론은 현재가 이질적 타자인 과거와 미래로 열려 있는 역사성, 즉 "살아 있는 현재의 자신에 대한 비동시대성"을 추구한다.¹⁵⁾

이데올로기의 유령: 데리다, 마르크스, 지젝

데리다의 유령학(hauntology)은 정의(正義, justice)를 위해서 과거와 미래의 유령에게 "환대하는 기억이나 약속"을 건네는 의무와 책임의 윤리학이다.¹⁶⁾

혁명적이든 아니든—그들이 이미 죽었든 아직 태어나지 않았든—살아 있는 자들로서 더 이상 존재하지 않는 타자들이나 아직 그곳에 없는 타자들에 대한 존중을 원칙에 포함하지 않는 어떤 윤리학이나 정치학도 가능하지 않고 생각할 수 없으며 **정의롭**지 않은 그때부터 유령에 대해, 유령에게, 유령과 함께 말하는 것이 필요하다.¹⁷⁾

---

13) 같은 책, 73쪽.
14) 같은 책, 74쪽.
15) 같은 책, xix, 75쪽.
16) 같은 책, 175쪽.
17) 같은 책, xix쪽.

그래서 공산당과 공산주의국가 같은 카를 마르크스(Karl Marx, 1818~83)의 이데올로기적 기구들이 사라지는 시점에 마르크스를 다시 읽고 논하지 않는 것은 "이론적·철학적·정치적 책임의 실패"일 뿐이다.[18] 데리다에게 정의는 거래와 교환의 등식을 넘어선 보충과 초과의 논리를 따르는 선물이다. 그것은 "자신에게 없는 것 따라서 역설적으로 타자에게 되돌아오고 타자에게 속한 것을 주는 것으로서 타자에 대한 선물"이다.[19] 그러므로 마르크스를 정의롭게 대하는 것은 마르크스에게 속한 마르크스의 정신을 되돌려주는 것이다. 데리다가 마르크스의 유령을 소환해서 되돌려주려는 것은 마르크스주의의 도그마가 아니라 다수의 마르크스주의 정신 가운데 해방적이고 개방적인 역사성을 대변하는 단 하나의 마르크스주의 정신이다. 이는 낯설고 두려운 타자의 유령을 환대하는 마르크스의 비판적이고 해방적인 정신이자 메시아적인 정신이다.

데리다는 유령을 몰아내려 했던 마르크스를 자신이 계승하려는 마르크스의 정신과 구분한다. 마르크스는 어떤 유령을 몰아내려 했던가? 그것은 물론 관념과 이데올로기라는 유령이다. 그는 『독일 이데올로기』(*The German Ideology*)에서 이데올로기와 현실의 전도된 관계를 바로잡는다.

독일철학과 정반대로…… 우리는 실제로 활동하는 인간들에게서 출발한다. 그들이 실제로 겪는 삶의 과정에 기초해서 이 삶의 과정에 대한 이데올로기적 반영과 반향의 발달을 증명한다. 인간의 두뇌에서 형성된 유령들도 필연적으로—경험적으로 확인할 수 있고 물적 전제들에 구속된—그들의 물적 삶의 과정이 승화된 것이다.[20]

---

18) 같은 책, 13쪽.
19) 같은 책, 27쪽.
20) Karl Marx & Frederick Engels, *The German Ideology*, Christopher John Arthur 엮

역사는 관념과 이데올로기의 유령적 속성을 파악하는 비평을 넘어서 이데올로기를 낳은 현실의 사회적 관계를 전복할 때 진보한다. "그래서 의식의 모든 형태와 산물은 정신적 비평을 하거나 그것을 자기식으로 분해하고 '유령' '망령' '망상' 등으로 변형시킨다고 해소되지 않는다. 오로지 이런 관념적 기만을 낳은 실제 사회적 관계를 실천적으로 전복할 때 해소된다. 따라서 비평이 아니라 혁명이 역사의 동력이라는 결론에 도달한다."[21] 이데올로기 비평을 넘어서 혁명을 지향하는 마르크스는 『루이 보나파르트의 브뤼메르 18일』(*The 18th Brumaire of Louis Bonaparte*)에서 혁명정신과 유령을 구분한다. 모든 역사적 위기와 혁명의 시대는 그들의 정당성을 확보하고자 과거의 유령을 불러냈다. 그러나 "그 혁명들에서 죽은 자를 깨우는 것은 새로운 투쟁을 찬양하기 위한 것이지 옛것을 패러디하기 위한 것이 아니고, 주어진 과제를 상상 속에서 확대하기 위한 것이지 현실에서 그 과제의 해결을 회피하기 위한 것이 아니다. 그리고 다시 한번 혁명정신을 찾기 위한 것이지 그 정신의 유령이 다시 활보하게 만들려는 목적이 아니다."[22]

마찬가지로 마르크스는 『자본론』(*Capital*)에서 교환가치, 상품, 화폐를 실체 없는 형식의 환상적 유령이라고 폭로한다. 사용가치가 인간의 욕구를 만족시켜주는 사물의 효용성인 내용이라면 "교환가치는 그것에서 구분된 내용의 표현양식, 즉 '외관의 형식'"에 불과하고 노동은 교환가치에서 "동일한 종류의 노동, 추상적인 인간노동으로 환원된다."[23] 상품 물신주의는 생산자인 인간들의 사회적 성격을 사물들의 관계로 치

음 (New York: International Publishers, 1988), 46~47쪽.

21) 같은 책, 58~59쪽.

22) Karl Marx, *The 18th Brumaire of Louis Bonaparte* (International Publishers, 1963), 17쪽.

23) Karl Marx, *Capital Volume 1.*, Ben Fowkes 옮김 (London: Penguin, 1990), 126~128쪽.

환한 결과다. "이런 치환을 통해서 노동의 산물은 감각적이면서 초감각적인 사회적인 상품이 된다. ……상품형식은…… 사물들의 관계라는 환상적 형식을 취하는 인간들의 일정한 사회적 관계 이외에 아무것도 아니다."[24] "상품세계의 최종 형태"인 화폐형식 역시 "사적 노동의 사회적 성격과 개별 노동자들의 사회적 관계를 있는 그대로 드러내지 않고 물적 대상들의 관계로 나타나면서 은폐한다."[25]

마르크스는 물신주의의 신비를 걷어내고 상품의 가치가 궁극적으로 생산에 투자된 노동력의 양─그리고 노동 생산성과 반비례하는 노동시간─에 의해 결정된다는 사실을 밝혀낸다. "이제 우리는 가치의 실체를 안다. 그것은 **노동**이다."[26] 상품 물신주의는 자본주의 생산양식의 산물이다. "그러므로 상품의 모든 신비, 상품생산에 기초한 노동의 산물을 둘러싼 모든 마술과 마법은 다른 생산형식에 도달하는 순간 사라진다."[27] 가령 무인도에서 혼자 생활하는 로빈슨 크루소와 중세 농노의 경우 노동 및 노동의 산물과 맺는 관계가 훨씬 투명했고 생산수단을 공유한 사회주의 공동체에서 "개별 생산자들이 그들의 노동 및 노동의 산물과 맺는 사회적 관계는 분배와 생산에서도 단순하고 투명하다."[28] 관념과 현실, 유령과 정신, 외관과 실체, 신비성과 투명성의 이분법이 지배하는 마르크스의 논리에서 실체 없는 유령은 폭로되고 추방된다.

그러나 해체론자 데리다에게 이런 이분법적 구분은 성립하지 않는다. 교환가치에서 자유롭고 순수한 사용가치는 없으며 유령에서 전적으로 자유로운 정신도 없다. 데리다는 혁명정신에서 유령을 구분하려는 마르

---

24) 같은 책, 164~165쪽.
25) 같은 책, 168~169쪽.
26) 같은 책, 131쪽.
27) 같은 책, 169쪽.
28) 같은 책, 172쪽.

크스의 시도를 순수 현전에 도달하려는 헛된 몸짓으로 묘사한다. "마치 그가 이와 관련해서 여전히 탈오염적 순화를 믿는 것처럼, 마치 유령이 정신을 지켜보지 않는 것처럼, 마르크스는 정신이 아니라 유령을 잡으려 한다."[29] 현실에서 유령을 분리해 쫓아내려는 것은 전(前)해체론적 존재론이다. "마르크스는 계속 유령적 모사품의 비판과 엑소시즘을 존재론에 정초하길 원한다. 그것은 실제 현실로서 그리고 객관성으로서 현전의—비판적이지만 전해체론적인—존재론이다. 이 비판적 존재론은 유령을 소멸시킬 가능성을 가동하는 것을 의미한다."[30] 데리다의 비판적 관점에서 보면 마르크스는 "그렇게 많은 유령을 너무 빨리 쫓아내지 말았어야 했다."[31]

그러나 유령을 쫓아내려는 마르크스에게 유령의 출몰은 멈추지 않는다. 공산당 선언이 발표된 1848년에 유럽 국가들은 도래하지 않은 공산주의의 유령을 단순한 망령으로 여기며 "유령과 실제로 존재하는 현실 사이"의 경계선을 믿었다.[32] 마르크스도 예외가 아니었다.

마르크스는…… 유령과 현실 사이의 경계선을 마치 유토피아처럼 실현으로, 즉 혁명으로 가로질러야 한다고 생각했다. 그러나 그 역시 이 경계선이 실제 한계와 개념적 구분으로 존재한다는 것을 계속 믿었고 또 믿으려 노력했다. 그 역시도 그랬단 말인가? 아니다. 그 안의 누군가가 그랬다. 그것이 누구인가? 그것은 '마르크스주의'의 이름으로 오랫동안 지배할 것을 낳을 '마르크스주의자'다. 그리고 마르크스주의 역시 그것이 배제하려고 시도했던 것의 유령에 시달렸다.[33]

---

29) Jacques Derrida, *Specters of Marx*, 123쪽.
30) 같은 책, 170쪽.
31) 같은 책, 174쪽.
32) 같은 책, 38쪽.

현실과 유령의 경계를 긋고 유령을 추방한 자는 마르크스 안에 있는 '마르크스주의자'다. 그러나 마르크스주의는 그것이 추방하려던 유령에 사로잡힌다. 이 유령이 바로 데리다가 마르크스에게 되돌려주려는 마르크스 고유의 정신이 아닐까. 데리다가 마르크스에게서 물려받으려는 정신, 마르크스의 "윤리적 정치적 명령"은 유령을 쫓아내는 존재론이 아니라 출몰하는 낯선 유령들을 환영하고 환대하는 유령학이다.[34] 그것은 선왕의 유령을 만난 햄릿이 토로하는 "탈구된"(out of joint) 시간처럼 "시간을 방해하고 어긋나게 하며 자연스러운 거주지에서 제거하고 쫓아내는, 즉 '탈구된' 것으로 만드는 폭력"으로 현재를 어긋나게 만듦으로써 "기존 관례에 순응하지 않는 기원적 수행성"이다.[35]

데리다의 해체론을 통해 마르크스(주의자)가 설정한 현실과 유령의 경계선은 와해된다. 그렇다면 이데올로기의 유령으로부터 완전히 벗어난 현실은 존재하지 않는 것일까? 지젝은 「이데올로기의 유령」에서 포스트-이데올로기의 이데올로기성에 대해 경고한다. "우리가 이데올로기(로서 경험하는 것)에서 벗어나는 것 자체가 바로 이데올로기에 예속되는 형식이다."[36] 탈이데올로기의 선언 자체가 이데올로기적이다. 왜냐하면 이데올로기의 성공은 "우리가 이데올로기와 현실 간의 대립을 느끼지 못할 때, 즉 이데올로기가 현실 자체에 대한 우리의 일상적 경험의 형태를 결정"할 때 달성되기 때문이다.[37] 그러나 현실과 이데올로기의 경계를 폐기하는 것은 위험하다. 지젝에 따르면 이데올로기 비판에서 진정 경계해야 할 것은 바로 "이데올로기와 실제 현실 사이에 명확한

---

33) 같은 책, 39쪽.

34) 같은 책, 30쪽.

35) 같은 책, 31쪽.

36) Slavoj Žižek, "Introduction: The Spectre of Ideology," *Mapping Ideology*, Slavoj Žižek 엮음 (London: Verso, 1994), 6쪽.

37) Slavoj Žižek, *The Sublime Object of Ideology* (London: Verso, 1989), 49쪽.

경계선을 그리려는 시도 자체를 이데올로기적인 것으로 매도하는 것"이다.[38] 왜냐하면 이런 시도는 "탈-이데올로기적(extra-ideological) 현실 개념 자체를 포기하고" 현실을 모두 "상징적 허구들, 복수의 담론적 우주들"로 여기는 "번드르르한 '포스트모던적' 해결책"에 불과하기 때문이다.[39]

그렇다면 현실과 이데올로기의 경계선을 다시 세워야 하는 것일까? 지젝은 이데올로기와 현실의 경계를 복원하지 않고 오히려 이데올로기가 현실을 구성한다는 점을 인정한다. 그러나 지젝에게 이데올로기적 현실은 최종 지평이 아니다. 왜냐하면 그는 현실과 이데올로기 사이가 아니라 이데올로기적 현실과 실재 사이에 경계선을 세우고, 이 경계선에서 출몰하는 이데올로기의 유령으로 시선을 돌리기 때문이다. 그가 말하는 이데올로기의 유령은 무엇일까? 지젝은 데리다를 비판하며 라캉의 시선으로 이데올로기의 유령을 다시 해석한다. 데리다가 상속하고 복원하려는 마르크스의 정신이 "유령적인 타자성으로서 정의의 메시아적 약속"이라면 라캉에게 유령은 그 자체로 자유의 심연이 불러일으키는 공포에서 물러서는 것이다.[40] 지젝에게 데리다가 주장하는 타자성/유령은 이미 자유의 심연이라는 실재를 상징화한 대타자에 불과하다. "여기에 라캉을 데리다와 분리하는 간극이 있다. 우리의 원초적 의무는…… 유령에 대한 것이 아니다. 실재로서의 자유의 행위는 우리가 '현실'로 경험하는 것의 한계를 위반할 뿐 아니라 유령적 대타자에 대한 원초적 채무 자체를 취소한다."[41]

그렇지만 지젝의 논리는 데리다의 유령학에 일정 부분 빚지고 있다.

---

38) Slavoj Žižek, "Introduction: The Spectre of Ideology," 17쪽.
39) 같은 곳.
40) 같은 글, 27쪽.
41) 같은 글, 27~28쪽.

왜냐하면 이데올로기에 의해 억압된 유령의 회귀에 대한 지젝의 주장은 "헤게모니는 여전히 억압을 구조화하고 따라서 유령의 출몰을 구조화한다. 유령의 출몰은 모든 헤게모니의 구조에 속한다"는 데리다의 발언과 일맥상통하기 때문이다.[42] 유령은 이데올로기가 현실을 반영하지 못하는 허구이기 때문이 아니라 오히려 현실을 구성하면서 진 빚 때문에, 라캉의 용어로는 상징계가 실재계에 진 빚 때문에 출몰한다. 이데올로기는 항상 무엇인가를 억압한 상징화의 결과다. 따라서 "항상 해결되지 않고 상환되지 않은 상징적 빚을 포함한다."[43] 빚을 변제받기 위해 유령은 출몰한다. "상징화는 항상 실패하며…… 실재(상징화되지 않은 채 남아 있는 현실의 부분)가 유령으로 위장해서 회귀한다."[44] 지젝의 해석에 따르면 우리가 정작 대면해야 할 것은 현실 깊숙이 침투해서 현실과 구분할 수 없는 이데올로기가 아니라 이데올로기의 배후에 도사리는 실재의 유령이다. 이런 의미에서 우리는 이데올로기의 유령으로부터 영원히 자유로울 수 없다.

알튀세르와 라캉

알튀세르는 헤겔변증법에 대한 마르크스의 발언—"그[헤겔]에게 그것[변증법]은 거꾸로 서 있다. 신비로운 껍질 속에 들어 있는 합리적 핵심을 발견하기 위해 변증법은 뒤집어져야 한다"[45]—을 해석하며 헤겔

---

42) Jacques Derrida, *Specters of Marx*, 37쪽. 데리다는 여기에서 에르네스토 라클라우(Ernesto Laclau, 1935~2014)와 샹탈 무프(Chantal Mouffe, 1943~)의 『헤게모니와 사회주의 전략』(*Hegemony and Socialist Strategy*)을 헤게모니에 대한 새로운 해체론적 해석이라고 평가한다. 이런 점에서 데리다의 유령학은 제4장에서 논할 라클라우와 무프의 '적대'(antagonism) 및 라캉의 '실재'와 연관된다.

43) Slavoj Žižek, "Introduction: The Spectre of Ideology," 21쪽.

44) 같은 곳.

의 유령을 몰아내려 했다. 알튀세르에 따르면 "합리적 핵심"인 변증법이 사변철학이라는 껍질에 싸여 있으므로 그것을 꺼내어 관념이 아닌 현실에 적용해야 한다고 해석하는 것은 오류다. 그럴 경우 헤겔변증법을 뒤집는 전도는 헤겔변증법을 그대로 두고 단지 적용 대상만 바꾸는 것이기 때문이다. 알튀세르에 따르면 헤겔변증법은 "헤겔적 이데올로기"로 불가피하게 오염되어 있으며 여기에서 신비로운 껍질은 변증법을 감싸고 있는 사변철학이 아니라 헤겔변증법 자체를 의미한다.[46]

마르크스는 단순히 변증법의 대상을 바꾸려 한 것이 아니라 변증법 구조의 성격 자체를 바꾸려 했다. 마르크스가 사용하는 "은유적 표현—변증법의 '전도'—은 하나의 방법이 적용되는 대상들(헤겔에게는 관념세계, 마르크스에게는 현실세계)의 성격 문제가 아니다. 이 은유적 표현은 그 자체로 고려된 **변증법의 성격** 문제이며 변증법의 '의미'가 전도되는 문제가 아니라 변증법의 특수한 구조가 **변화**하는 문제."[47] 변증법의 구조적 성격이 변화하면서 헤겔변증법에 존재할 수 없는 '중층결정'과 상부구조의 '상대적 자율성' 같은 마르크스의 개념들이 등장할 수 있었다. 알튀세르는 마르크스주의 개념들을 헤겔의 "유령들"과 엄밀히 구분할 것을 강조한다.

> 오늘날 하나의 유령이 특히 다른 유령보다 더 중요하다. 그것은 헤겔의 그림자다. 이 유령을 밤으로 다시 몰아내기 위해 마르크스에 대한 좀더 많은 조명 또는 같은 말이지만 헤겔에 대한 마르크스의 조명이 좀더 필요하다. 우리는 이를 통해 '전도'의 모호성과 혼란에서 벗어날 수 있다.[48]

---

45) Karl Marx, *Capital Volume 1*, 103쪽.
46) Louis Althusser, *For Marx*, Ben Brewster 옮김 (London: Verso, 1996), 91쪽.
47) 같은 책, 93쪽.

알튀세르는 이론적 실천으로 변증법적 개념들을 엄밀히 정립해 헤겔적 이데올로기의 유령을 몰아내고자 한다. 알튀세르에게 실천은 원료를 변화시켜 생산물을 낳는 "변화의 과정"이고 이 변화에서 핵심은 변화를 일으키는 노동이다.[49] 그러므로 "개념의 외적인 적용은 결코 이론적 실천과 동등하지 않다. 그런 적용은 이름 이외에…… 어떤 변화도 일으키지 않기" 때문이다.[50]

이런 변화 때문에 과학과 이데올로기 사이에는 "인식론적 단절"이 존재하며, 과학의 이론적 실천은 "과학을 점령하고 과학에 출몰하며 과학을 매복하여 기다리는 이데올로기에서 지속적으로 자신을 해방시키는 조건에서만" 가능하다.[51] 알튀세르는 마르크스가 내린 ─ "인간 또는 사회집단의 정신을 지배하는 관념들과 표상들의 체계"라는 ─ 이데올로기의 정의를 받아들이지 않는다.[52] 알튀세르에 따르면 마르크스가 『독일 이데올로기』에서 제시한 이데올로기 이론은 마르크스주의적인 것이 아니다. 심지어 마르크스는 『자본론』에서도 이데올로기에 대한 일반이론을 제시하지 못했다.

마르크스의 유물론적 변증법은 "마르크스와 헤겔의 관계의 문제", 즉 거꾸로 서 있는 헤겔변증법을 뒤집는 문제의 "해결을 실천의 상태로 포함하고" 있지만 "이론적 상태로" 보여주지는 않는다.[53] 알튀세르가 이데올로기적 국가기구 개념을 통해 마르크스주의적 이데올로기론을 정립한 것은 그의 이론적 실천의 결과다. 앞으로 논하겠지만 알튀세르 이

---

48) 같은 책, 116쪽.
49) 같은 책, 166쪽.
50) 같은 책, 170쪽.
51) 같은 곳.
52) Louis Althusser, *Lenin and Philosophy*, Ben Brewster 옮김 (New York: Monthly Review, 2001), 107쪽.
53) Louis Althusser, *For Marx*, 174쪽.

데올로기론의 최대 공헌은 이데올로기가 쉽게 추방될 수 있는 단순한 관념의 유령이 아니라 아리러니하게도 이데올로기적 국가기구라는 물적 토대 위에서 작동하는 메커니즘이라는 것을 밝혀냈다는 점에 있다. 그 결과 알튀세르의 이데올로기론은 이데올로기가 실패할 수밖에 없는 원인, 즉 이데올로기의 배후에 이데올로기를 불가능하게 하는 유령이 도사리고 있다는 점과 여기에 주체의 문제가 개입되어 있다는 점을 이론화하지 않는다. 알튀세르가 라캉의 정신분석 이론을 참고하고 비판하는 이유가 여기 있다.

"이데올로기는 영원하다"는 명제가 예증하듯이 알튀세르는 이데올로기가 인간의 삶 자체를 구성한다는 사실을 심층적으로 규명했다.[54] 지젝은 이 명제를 염두에 두면서 위르겐 하버마스(Jürgen Habarmas, 1929~)나 푸코의 이론이 아니라 "이데올로기의 가능한 종말이라는 개념이야말로 가장 이데올로기적인 것"이라는, 즉 "어떤 오인이 인간의 조건 자체를 특징짓고 있다"는 알튀세르의 주장이 전통적인 휴머니즘과의 인식론적 단절을 성취한다고 평가한다.[55] 알튀세르 스스로 인정하듯이 그의 이데올로기론은 마르크스뿐 아니라 프로이트와 라캉의 정신분석 이론에 적지 않게 의존한다. 그러나 지젝은 라캉의 정신분석학을 통해 알튀세르와는 다른 결론을 도출한다. 왜냐하면 지젝의 시선은 알튀세르의 이데올로기론에 존재하지 않는 실재의 유령을 향하기 때문이다. 지젝은 "이데올로기는 영원하다"는 알튀세르의 명제를 이데올로기는 영원히 실패할 수밖에 없고 항상 유령을 동반한다는 명제로 탈바꿈시킨다. 이데올로기의 진실은 그것이 억압했으나 회귀하는 유령에 있다.

지젝은 알튀세르와 라캉의 논쟁을 『이데올로기의 숭고한 대상』의 화

---

54) Louis Althusser, *Lenin and Philosophy*, 109쪽.
55) Slavoj Žižek, *The Sublime Object of Ideology*, 2쪽.

두로 삼는다. 지젝이 말하는 알튀세르와 라캉의 논쟁은 무엇을 의미하는 가? 알튀세르와 라캉은 공식적으로 논쟁이라 부를만한 토론을 공개적으로 벌인적이 없고 서로 교환한 서신과 그들의 전기적 사실을 고려해도 이들이 논쟁을 벌이던 관계라고 보기엔 어렵다.[56] 오히려 정신분석 이론을 마르크스주의 이론에 차용한 알튀세르가 일방적으로 라캉에게 관심을 보였다고 이해하는 것이 더 적절해 보인다.

알튀세르가 라캉의 정신분석 이론을 차용하는 과정에서 특히 눈길을 끄는 것은 자신이 라캉의 이론을 이해하지 못했었다는 점을 시인한 적이 있다는 사실이다. 그는 프랑카 마도니아(Franca Madonia)에게 보낸 편지에서 자신이 「프로이트와 라캉」("Freud and Lacan")을 쓸 무렵 라캉의 중요성은 이해했지만 라캉의 이론은 이해하지 못했음을 시인하면서 자신의 오해를 지적해주지 않은 라캉에 대한 원망을 표현했다. 이런 점에서 알튀세르가 보내준 「프로이트와 라캉」의 원고를 읽고 라캉이 짤막하지만 긍정적으로 답변했다는 점은 아이러니하다.[57] 이 편지에서 알튀세르는 이제 비로소 라캉을 이해한다고 말하지만 이런 발언은 크게 신뢰할 만한 것이 되지 못한다. 왜냐하면 이 편지를 쓰기 얼마 전 르네 디아킨느(René Diatkine, 1918~98)에게 보낸 두 통의 편지에서 그가 설명한 라캉의 이론도 「프로이트와 라캉」의 내용과 크게 다르지 않기 때문이다.

알튀세르와 라캉의 관계에서 주목해야 하는 또 다른 사건은 1976년에 그가 논문의 초고로 작성했던 「프로이트 박사의 발견」("The Discovery of Dr. Freud")이다. 그는 이 논문에서 라캉에 대한 전례 없는 비판을 시도

---

56) Louis Althusser, *Writings on Psychoanalysis*, Jeffrey Mehlman 옮김, Olivier Corpet & François Matheron 공편 (New York: Columbia UP, 1996), 145~173쪽; Elisabeth Roudinesco, *Jacques Lacan*, Barbara Bray 옮김 (Cambridge: Polity, 1997), 293~308쪽을 참조할 것.

57) Louis Althusser, *Writings on Psychoanalysis*, 10, 169쪽을 참조할 것.

했지만 오히려 동료들에게 비판받은 후에 「마르크스와 프로이트」("Marx and Freud")라는 논문으로 대체했다. 알튀세르가 이 논문을 철회했다는 점을 고려하더라도 그가 「프로이트 박사의 발견」에서 라캉을 비판하고 있다는 점을 전적으로 무시할 수는 없다.[58] 이 글은 주체에 관한 알튀세르와 라캉의 이론적 차이를 보여줄 뿐 아니라 알튀세르가 라캉 이론을 이해하고 차용하는 데 한계와 문제가 있었음을 드러낸다. 부정된 것이 무의식적 진실을 드러낸다는 프로이트의 '부정'(Verneinung, negation) 개념을 상기하면 알튀세르가 자신의 글을 부정하고 철회한 것은 그의 라캉 독해가 지닌 문제의 징후로 볼 수 있다.

알튀세르가 마르크스주의적 이데올로기론에 라캉의 정신분석 이론을 상당 부분 참조했다는 사실은 정신분석과 정치담론의 조우에서 결정적인 사건임이 분명하다. 마르크스주의 이론과 정신분석의 접점을 추구하는 이론적 시도의 출발점에서 지젝이 이들의 논쟁을 재구성하는 것은 이런 중요성을 반증한다. 지젝은 라캉의 '소외'와 '분리' 개념을 주체와 이데올로기의 관계에 탁월하게 적용하며 알튀세르가 소외를 강조하는 반면 라캉은 분리를 더 강조했다고 평가한다.[59] 이로써 알튀세르와 라캉의 이론적 차이는 주체와 이데올로기의 관계에 관한 견해 차이로 드러난다. 이 차이의 핵심에는 주체와 구조의 관계, 더 구체적으로는 개별 주체를 대상으로 하는 정신분석 이론이 사회구조를 대상으로 하는 정치 담론과 어떻게 접목될 수 있는지의 문제가 존재한다.[60]

---

58) 그레이엄 록(Grahame Lock)은 이 폐기된 논문이 라캉과 프로이트에 대한 알튀세르의 태도를 일정 부분 보여준다고 지적한다. Grahame Lock, "Subject, Interpellation, and Ideology," *Postmodern Materialism and the Future of Marxist Theory: Essays in the Althusserian Tradition*, Antonio Callari & David Ruccio 공편 (Hanover: Wesleyan UP, 1996), 86쪽.

59) 이 점과 라캉의 소외와 분리 개념에 대한 상세한 논의는 제3장 「욕망의 변증법」을 참조할 것.

이데올로기의 재생산과 거울관계

주체에 관한 알튀세르의 논의는 그가 1973년에 존 루이스(John Lewis, 1889~1976)에게 보낸 답변인 "역사는 주체나 목적이 없는 과정"이라는 유명한 진술로 요약할 수 있다.[61] 이 명제에서 알튀세르가 의미하는 주체가 어떤 주체인지를 따져보는 것은 매우 중요하다.

인간, 즉 사회적 개인들이 역사 속에서―생산과 재생산의 역사적 과정에서 상이한 사회적 실천의 행위자로서―행동하는 것은 사실 이다. 그러나 행위자인 개별 인간은 철학적 의미에서 "자유롭고" "구성적인" 주체가 아니다. ……왜냐하면 생산과 재생산의 사회적 관계 는…… 개별 행위자-개인에게 주체-형태를 부과하는…… 이데올로기적 사회관계를 반드시 중요한 구성부분으로 갖기 때문이다. 그러므로 행위자-개인은 항상 주체-형태 속에서, 주체로서 행동한다. 그러나 그들이 필연적으로 주체라는 사실이 사회 역사적 실천의 행위자를 역사의 주체나 주체들로 만들지는 않는다.[62]

---

60) 라캉의 주체 이론에서 탈이데올로기적 전복성을 읽은 연구로는 홍준기의 『라캉과 현대철학』을 참조할 것. 예컨대 홍준기는 지젝을 인용하면서 『햄릿』에 대한 라캉의 논의가 "알튀세르의 이데올로기론의 한계를 극복할 수 있게 하는 중요한 단서를 담고 있다"라고 지적한다. 홍준기, 『라캉과 현대철학』(문학과지성사, 1999), 197쪽. 홍준기의 연구가 "알튀세르와 라캉과의 연결을 입증하려고 했던" 시도라면 필자는 알튀세르와 라캉의 차이에 주목한다. 라캉의 구조주의적 정신분석 이론이 알튀세르의 이데올로기에 공헌한 점을 밝힌 글로는 이병혁, 「문화연구에 있어서의 라캉의 정신분석학적 시각의 유용성: 알튀세르와 이데올로기론을 중심으로」, 『라캉과 현대정신분석』, 3.1 (2001), 111~118쪽을 참조할 것.
61) Louis Althusser, *Essays in Self-Criticism*, Grahame Lock 옮김 (London: NLB, 1976), 99쪽.
62) 같은 책, 95쪽.

인간의 사회적 실천은 오로지 사회의 생산관계가 이데올로기적 사회관계를 통해서 인간을 주체로 만드는 과정을 매개할 때 가능하다. 인간 행위는 이데올로기적 사회관계에 의해 결정되고 이데올로기적 사회관계는 궁극적으로 생산관계에 종속된다. 그러므로 인간은 역사 속의 행위자이지 역사의 주인은 아니다. 그렇다면 역사의 주인은 누구인가? 누가 역사를 만드는가? 알튀세르는 이런 질문 자체가 이미 인간 중심적인 부르주아 이데올로기가 낳은 질문임을 지적한다. 그리고 인간이 역사를 만든다는 루이스의 명제 자체를 계급투쟁이 역사의 동력이라는 마르크스-레닌주의의 명제로 대치하고 폐기한다. 인간의 행위를 결정하는 이데올로기(적 사회관계)는 생산관계에 의해 결정되고 생산관계는 계급투쟁에 의해 생겨난다. 역사의 주인이라는 범주 자체는 역사를 개별 주체나 집단주체(계급)의 개념으로 환원하는 본질주의적 오류를 낳는다. 따라서 이를 폐기하고 역사의 동력은 개인주체도 계급도 아닌 계급투쟁이라는 것을 인식해야 한다는 것이다.[63]

이렇듯 알튀세르 이론의 출발점은 인간 중심적인 부르주아 이데올로기의 비판이다. 그는 1964년 발표한 「마르크스주의와 휴머니즘」("Marxism and Humanism")에서 휴머니즘의 이데올로기적 속성을 철저히 해부했다. 알튀세르는 마르크스가 1845년에 인식론적 단절을 성취했다고 선언하는데 그 단절의 핵심 가운데 하나는 휴머니즘 이데올로기와의 결별이다. 마르크스가 인식론적 단절을 통해서 이데올로기를 벗어나 과학(즉 사적 유물론)을 발견하는 것은 헤겔의 방식처럼 기존의 개념을 지양하는 것이 아니다. 이는 마르크스 철학의 구성요소가 근본적으로 변화하는 과정을 통해 이루어진다. 예컨대 휴머니즘 이데올로기의 핵심인 인간의 본질이라는 개념은 사회구성체, 생산력, 생산관계, 상부구조,

---

63) 같은 책, 46~54쪽을 참조할 것.

이데올로기, 경제에 의한 마지막 심급에서의 결정 등의 개념들로 대치된다.

이 글에서 알튀세르는 휴머니즘 이데올로기에 대한 마르크스의 비판을 검토하는 것을 넘어 이데올로기 일반에 대한 분석을 시도한다. "이데올로기는 어느 주어진 사회에서 역사적 존재와 그 역할을 부여받은 재현들(이미지, 신화, 이념이나 관념 등)의 (나름대로의 논리와 엄밀성을 지닌) 체계"로서 "사회의 역사적 삶에 본질적인 구조"이기 때문에 이데올로기가 없는 사회는 존재하지 않는다.[64] 필연적으로 모든 사회에 이데올로기가 존재하는 이유는 인간이 역사적 존재조건과 직접적인 관계를 맺을 수 없고 오로지 이데올로기라는 재현체계의 매개를 통해서만 관계를 맺을 수 있기 때문이다. 인간과 실재 존재조건의 관계는 항상 이데올로기라는 상상적 재현체계를 매개로 이루어진다.

알튀세르는 「이데올로기와 이데올로기적 국가기구」("Ideology and Ideological State Apparatuses")에서 이데올로기론을 더욱 발전시킨다. 이데올로기적 메커니즘의 궁극적인 역할은 생산관계의 재생산이다. 생산의 궁극적인 조건은 생산조건의 재생산이며 사회구성체가 자신을 재생산하기 위해서는 생산수단과 노동력뿐 아니라 생산관계도 재생산해야 한다. 생산관계의 재생산에는 경찰, 법원, 감옥 등 억압적 국가기구뿐 아니라 종교, 교육, 가정 등 이데올로기적 국가기구도 필수적이다. 따라서 이데올로기는 단순한 관념적 의식이 아니라 이런 기구를 통해서만 실현할 수 있는 물적인 것이다. 이런 분석에서 알튀세르는 개별 주체가 어떤 과정을 통해서 이데올로기가 부과한 사회적 위치(즉 생산관계에서의 위치)를 자신의 정체성으로 삼게 되는지 설명한다.[65] 이 과정이 이데올로

---

64) Louis Althusser, *For Marx*, 231~232쪽.
65) Louis Althusser, *Lenin and Philosophy*, 85~115쪽. 알튀세르는 1970년에 덧붙인 이 논문의 후기에서 생산관계의 재생산이 궁극적으로 이데올로기적 기구의 차

기가 구체적 개인을 이데올로기적 주체로 변형시키는 호명의 과정이다. 그러나 알튀세르의 지적처럼 개인-주체의 변형 과정을 시간적 순서로 이해해서는 안 된다. 개인은 자신이 이데올로기적으로 호명됨을 인식한 후에 이데올로기적 주체가 되는 것이 아니라 "항상 이미" 이데올로기적 주체이기 때문이다.[66]

알튀세르는 개인이 "항상 이미" 주체라는 것, 즉 주체는 처음부터 이데올로기 안에 있다는 점을 예시하기 위해 라캉의 거울단계 이론을 차용한다.[67] 그는 기독교 이데올로기를 예로 들면서 인간이라는 주체와 신이라는 대문자 주체 사이에 거울 같은 반영관계가 존재한다고 주장한다. 신은 인간을 종교적 주체로 호명하고 인간은 신의 부름에 응답하여 신이 부른 이름을 자신으로 받아들인다. 대문자 주체인 신은 자신이 호명한

원에서가 아니라 계급투쟁의 차원에서 발생한다는 점을 강조하며 노동의 기술적 분화는 노동의 사회적(즉 계급적) 분화를 위장한 것임을 지적한다. 같은 책, 124~126쪽. 폴 허스트(Paul Hirst, 1946~2003)는 자본주의에서 생산관계, 즉 계급관계는 노동력분화(지배인/비지배인, 육체노동/정신노동, 숙련노동/비숙련노동)와 다른데 알튀세르는 이 둘을 혼동하고 생산관계가 아닌 노동력분화를 다룬다고 지적한다. Paul Hirst, *On Law and Ideology* (Atlantic Highlands, New Jersey: Humanities Press, 1979), 48~49쪽. 알튀세르가 위장관계로 파악하는 것을 허스트는 상이한 범주로 인식하는 것이다.

66) 알튀세르에 따르면 이데올로기의 효과는 이데올로기에 의해 구성된 주체의 정체성을 주체가 당연한 것으로 인식하는 과정을 통해 이데올로기가 구체적 개인을 주체로 구성하는 데 있다. 그러나 이데올로기적 호명의 전 단계에서 구체적 개인이 이데올로기적 정체성을 인식하는 것은 이데올로기의 효과가 발생하기 전에 이미 이데올로기적 인식 능력을 갖추고 있다는 것이므로 모순이다. 이런 시간적 논리의 허점에 대해서는 Paul Hirst, *On Law and Ideology*, 65쪽을 참조할 것.

67) 알튀세르는 라캉의 이름을 거론하지 않지만 "거울적"(speculary) "상상적"(imaginary) 등의 용어들은 라캉 이론에서 유래한다. Michèle Barrett, *The Politics of Truth* (Stanford: Stanford UP, 1991), 101~103쪽; Paul Ricoeur, "Althusser's Theory of Ideology," *Althusser: A Critical Reader*, Gregory Elliott 엮음 (Oxford: Blackwell, 1994), 64~65쪽; Grahame Lock, "Subject, Interpellation, and Ideology," 78~79쪽을 참조할 것.

소문자 주체에게서 자신의 이미지를 발견하고, 거꾸로 인간 주체는 신의 모습에서 자신의 이미지를 발견한다. 그리고 "이런 거울적 복제관계는 이데올로기를 구성하고 이데올로기의 기능을 보장한다."[68]

이데올로기 거울구조를 통해 주체는 대문자 주체에 철저히 종속된다. 주체는 거울구조의 메커니즘에 사로잡혀 거울이미지를 자신으로 인식한다. 그에게 허락된 자유는 거울이미지를 자신으로 여기고 자발적으로 대문자 주체에 종속될 자유뿐이다. 자유로운 행위자인 주체는 항상 종속된 주체라는 조건을 전제한다. 알튀세르에게 이데올로기적 국가기구는 지배이데올로기로 통일되어 있고 지배이데올로기는 지배계급의 이데올로기다. 그러므로 이데올로기는 궁극적으로 계급관계를 영속화하는 생산관계를 재생산함으로써 지배계급의 이익에 봉사한다. 그러나 이데올로기의 거울구조에서 이데올로기에 의해 호명되는 주체는 (생산관계의 재생산은 모든 계급의 재생산을 포함해야 하고 지배계급도 이데올로기를 통해서 지배계급으로 구성되어야 하므로) 피지배계급뿐 아니라 지배계급도 포함한다. 결과적으로 이데올로기는 지배계급의 도구가 아니며 "이데올로기를 단순히 행동의 수단과 도구로 사용하려는 사람들은 그들이 이데올로기를 사용하고 자신들이 이데올로기의 절대적 주인이라고 믿는 순간 이데올로기에 사로잡히고 연루된다."[69]

이데올로기와 무의식

알튀세르는 이데올로기의 메커니즘을 무의식과 연결하면서 이데올로기의 편재성과 구속성을 강조한다. 그는 「마르크스주의와 휴머니즘」에

---

68) Louis Althusser, *Lenin and Philosophy*, 122쪽.
69) Louis Althusser, *For Marx*, 234쪽.

서 인간이 이데올로기를 통해서 세계와 역사 속에서 자신의 위치를 의식한다는 마르크스의 발언을 인용하면서도 이 의식과 이데올로기의 재현들이 무의식적임을 지적한 바 있다.[70] 그는 「이데올로기와 이데올로기적 국가기구」에서도 이데올로기의 초역사적 영구성을 무의식의 영구성과 병치한다. 개별 주체는 이데올로기 기구인 가정에서 태어나기 전부터 예정되어 있고 구속되어 있다. 또한 태어난 이후의 가정 교육도 프로이트가 성발달 과정, 즉 무의식의 구속력으로 설명한 것과 관계가 있다.[71] 알튀세르는 「프로이트와 라캉」에서 이데올로기와 무의식의 관계를 상세히 다루면서 심리주의나 실용주의에 물든 초기 프로이트가 아닌 성숙한 프로이트로 돌아갈 것을 주장한다. 성숙한 프로이트 이론은 무의식이라는 새로운 과학적 대상을 발견하면서 생긴 과학으로서의 정신분석이다. 프로이트는 정신분석의 과학성을 거듭 강조했다. 라캉의 공헌도 프로이트 이론의 과학성을 간파한 데 있다.

알튀세르에 따르면 생물학적 존재인 인간이 주체로 변하는 과정에서 발생한 효과가 무의식이다. 무의식과 무의식의 효과는 정신분석 고유의 대상이다. 생물학적 존재에서 주체로 이행하는 것은 문화와 법/질서에 의해 이루어진다. 이 과정은 두 단계로 나뉜다. 첫째 단계는 아이가 타자—처음에는 어머니 그 후에는 다른 사람들—와 상상적이고 나르시스적으로 동일시하는 단계다. 둘째 단계는 오이디푸스 콤플렉스의 단계다. 이때 아버지라는 제3자가 개입해서 아이와 어머니의 2자적 합일 관계를 깨뜨리고, 아이는 '나' '너' '그' 등의 말을 사용할 수 있게 되며 언어의 상징질서에 들어선다. 사회화의 2단계 과정에 대한 설명에서 중요한 점은 이 2단계가 궁극적으로는 모두 상징계의 법에 지배되고 있다는

---

70) 같은 책, 233쪽.
71) Louis Althusser, *Lenin and Philosophy*, 109, 119~120쪽.

점이다.

이 두 계기는 하나의 법, 즉 상징계의 법에 의해 지배, 통제, 각인된다. 내가 앞에서 명료하게 하기 위해서 상징계적인 것에 앞서고 상징계적인 것과 구별되는 것으로 제시했던 상상계적 계기도…… 그 변증법에서는 상징질서인 인간질서와 인간 규범의 변증법 자체를 통해…… 기표의 질서 형태, 다시 말해 언어질서와 형식적으로 동일한 질서의 형태로 각인되고 구조화된다. 라캉은 질서와 법의 효과가 아이의 탄생 이전부터 아이가 태어나길 기다렸다가 아이가 첫울음을 우는 순간 아이를 포획하고, 그 아이에게 위치와 역할, 따라서 강요된 운명을 배정한다는 것을 보여준다. 아이가 통과하는 모든 단계는 법의 지배하에 있다.[72]

제1장에서 보았듯이 상징계의 구속력을 강조하는 것은 라캉 이론의 핵심이다. 라캉의 둘째 욕망의 그래프에서 자아(moi, ego)와 거울이미지 $i(a)$ 사이의 상상적 동일시가 주체($)와 자아이상 I(A) 사이의 상징적 동일시의 벡터 안에 위치한 것은 상상적 동일시가 상징적 동일시에 종속된다는 점을 보여준다(E, 684).[73] 이런 점에서 알튀세르가 상상계를 상징계에 종속된 것으로 파악하는 것은 라캉에 충실한 것이다.

그렇지만 알튀세르가 이데올로기론에 라캉을 적용한 방식에는 문제가 있다. 데이비드 메이시(David Macey, 1949~2011)가 지적하듯이 라캉의 상상계, 상징계, 실재계 분류에서 이데올로기와 가장 밀접한 범주는 상징계다.[74] 알튀세르가 「프로이트와 라캉」에서 상징계의 구속력을 강

---

72) Louis Althusser, *Writings on Psychoanalysis*, 26~27쪽.
73) 이에 대한 상세한 설명은 제3장 「욕망의 변증법」을 참조할 것.
74) David Macey, "Thinking With Borrowed Concepts: Althusser and Lacan,"

조하면서도 「이데올로기와 이데올로기적 국가기구」에서 이데올로기 메커니즘을 상상계적 거울관계로 파악한 것은 이 둘의 차이를 정확히 구분하지 않았기 때문이다. 폴 리쾨르(Paul Ricoeur, 1913~2005)는 알튀세르가 현실에 대한 이데올로기의 "상상적 왜곡" 기능을 기술할 때 사용하는 "상상적"이라는 용어에 "상상의 나르시스적 구성요소와 구별된, 즉 거울관계로 여겨지는 상상계와 구별되는 상상의 상징적 기능"이라는 의미가 포함된다고 지적한다.[75] 카자 실버먼(Kaja Silverman, 1947~) 역시 알튀세르가 이데올로기를 생산양식이라는 '실재' 관계에 대한 '상상적' 재현으로 정의하면서 라캉의 용어 "실재(계)적" "상상(계)적"을 사용하지만 실제로 그 의미는 "상징(계)적"이라고 지적한다. 또한 호명이론에서도 호명되는 주체가 호명되는 말과 동일시하는 차원이 상상계적 차원이라면 이때 주체의 지위를 차지하는 것은 상징계적 차원이므로 "호명은 상상적 그리고 상징적 작용의 혼합을 지시한다"라고 지적한다.[76]

그레이엄 록(Grahame Lock)에 따르면 라캉은 (상상적 동일시를 통한) 자아의 형성과 (상징적 동일시를 통한) 주체의 형성을 구분하는 반면 알튀세르는 「이데올로기와 이데올로기적 국가기구」에서 자아와 주체를 구별하지 않고 인간이 곧바로 이데올로기를 통해 주체로 구성된다고 주장한다.[77] 라캉 이론에서 알튀세르가 관심을 둔 것은 자아와 주체, 상상계와 상징계의 구별이 아니라 주체를 구성하고 지배하는 이데올로기의 메커니즘을 설명하는 법과 질서의 구속력이다. 알튀세르가 이데올로기

Althusser: A Critical Reader, Gregory Elliott 엮음, 150쪽.

75) Paul Ricoeur, "Althusser's Theory of Ideology," 61쪽.

76) Kaja Silverman, *The Subject of Semiotics* (Oxford: Oxford UP, 1983), 216~219쪽. 박찬부는 리쾨르와 실버만을 인용하며 알튀세르와 라캉의 동질성을 지적한다. 박찬부, 『라캉: 재현과 그 불만』, 170~199쪽을 참조할 것. 필자는 이 둘의 차이에 주목한다.

77) Grahame Lock, "Subject, Interpellation, and Ideology," 79쪽.

를 무의식과 연결하는 것도 이런 이유 때문이다. 인간이 태어나기 전부터 인간을 지배하고 구속하는 것이 상징계의 법이고 상징계의 법이 타자의 담론, 즉 무의식의 담론이며 무의식과 이데올로기가 결국 같은 것이라면 무의식에서 작용하는 이데올로기는 처음부터 인간을 지배하고 있다고 볼 수 있는 것이다.

이데올로기와 무의식의 밀접한 관계에 대한 알튀세르의 논의는 후에 자신의 정신분석가가 될 디아킨느의 1964년 논문 「공격성과 공격의 환상」("Aggressiveness and Fantasies of Aggression")에 관하여 1966년 7월에 그에게 보낸 두 통의 편지에서 더 자세히 전개된다. 첫째 편지에서 알튀세르는 라캉이 생물학, 행동생물학, 심리학과의 절대적 단절을 정신분석 이론의 조건으로 삼은 반면 디아킨느는 이들 학문과의 결별을 주장하면서도 궁극적으로는 이들 학문들을 부분적으로 받아들이는 이론적 타협을 범했다고 주장한다. 알튀세르가 말하는 디아킨느의 이론적 타협은 무의식의 출현과 관계된다. 디아킨느는 생후 5개월 이후의 어느 시점에서 무의식이 출현한다고 주장한다. 이 논리에 따르면 생후 5개월까지는 무의식이 존재하지 않으므로 생물학적·행동생물학적·심리학적 설명이 가능하다. 또한 디아킨느는 무의식을 기억으로 생각하고 무의식의 언어적 차원을 고려하지 못한다. 디아킨느가 "아이가 태어나는 순간부터 사로잡히는 현실의 명백한 요소"를 간과하는 이론적 오류와 타협을 범한 반면 라캉은 이 요소를 "빠트리지 않고 심각하게 다루었고" 디아킨느가 유아의 발달단계 속에서 무의식의 "시간적 기원"을 찾으려 했던 반면 라캉은 언어에서 유래한 무의식의 "비시간성"(atemporality)을 인식했다.[78]

알튀세르는 디아킨느가 펼친 반론에 재반박하는 둘째 편지에서 무의

---

78) Louis Althusser, *Writings on Psychoanalysis*, 47, 53쪽.

식의 비시간성을 마르크스이론과 비교한다. 마르크스는 새로운 자본주의 생산양식의 출현을 설명하면서 그것의 기원을 기존의 봉건주의 생산양식에서 찾지 않았다. 새로운 구조의 출현은 기존에 있는 것 속에 새로운 것이 씨앗, 예정, 초안의 형태로 담겨 있다는 식의 진화적 발생론으로 설명할 수 없다. 새로운 구조는 낡은 구조에서 싹트는 요소들이 새롭게 배합되고 조직되는 과정에서 생겨난다. 생산양식이 영원하다는 마르크스의 발언은 일단 새롭게 출현한 구조는 시간성에 종속되는 것이 아니라 비시간적 양식 속에서 무의식과 똑같이 끊임없이 자신을 재생산한다는 것을 의미한다.

알튀세르는 무의식의 "비시간적 '공시적' 재생산", 즉 "비시간적이고 영원한 구조"를 강조한다.[79] 아이가 언어를 배울 때까지는 언어에 사로잡혀 있다고 말할 수 없다는 디아킨느의 반론에 반박하는 알튀세르는 무의식이 영원하다는 논의를 이데올로기적 언어와 연결해 더욱 발전시킨다. 아이를 처음부터 포획하는 언어는 아이가 배우는 구체적인 파롤(*parole*, 개인이 특정한 장소에서 실제로 발음하는 언어)이 아니라 아이가 태어날 때부터 던져지는 언어적 상황인 상징질서를 의미한다. 이 상징질서는 가정(친족)구조, 기존의 이데올로기적 형식 그리고 랑그(*langue*, 사회 관습적인 언어체계)를 포함하는 포괄적 의미를 지닌 언어(*langage*)다.

알튀세르의 궁극적인 관심은 이데올로기가 무의식(적 언어)을 지배한다는 것이다. "무의식은 기능하기 위해서 '무엇'을 필요로 하는데 이 '무엇'은 결국 이데올로기라는 물질이다."[80] 이데올로기는 무의식의 기능을 가능하게 할 뿐만 아니라 무의식이 거주하는 공간 자체다. "모든 무의식적 구조는 항상 기존에 있는 이데올로기적 형식 속에 '거주하는' 경향이

---

79) 같은 책, 63쪽.
80) 같은 책, 75쪽.

있다."[81] 알튀세르는 "무의식은 언어처럼 구조화되어 있다"라는 라캉의 공식을 수정하여 "무의식은 이데올로기적인 언어처럼 구조화되어 있다"라고 선언한다.[82] 물론 그는 무의식＝이데올로기라는 직접적인 등식은 성립하지 않고 오히려 "무의식의 구조는 이데올로기적인 것의 구조와 다른 구조다"라는 말로 이 편지의 결론을 맺지만 이런 발언은 무의식과 이데올로기의 연관성을 결코 약화시키지 않는다.[83]

알튀세르가 무의식을 이데올로기로 환원하려는 경향은 디아킨느에게 보낸 원고를 수정하고 두 편의 단상을 덧붙여 1966년 10월에 완성한 「담론이론에 대한 세 편의 문안」("Three Notes on the Theory of Discourses")에서 확인할 수 있다. 첫째 문안에서 알튀세르는 정신분석을 국지이론(regional theory)으로 분류한다. 그러면서 프로이트와 라캉이 상이한 국지이론의 변별적 관계를 포괄하는 보편이론(general theory)의 필요성을 인식한 점을 높이 평가하지만 그들이 보편이론을 충분히 개념화하지는 못했다고 평가한다. 라캉은 언어학과 정신분석의 변별적 관계를 규명했지만 두 국지이론 가운데 하나를 기표의 보편이론으로 삼으려는 유혹에서 벗어나지 못했다. 알튀세르는 정신분석이라는 국지이론이 의존하는 기표의 보편이론도 결국에는 사적 유물론의 보편이론에 의해 "결정된다"라고 본다.[84] 따라서 결과적으로 정신분석을 사적 유물론의 한 계기로 환원한다.

이 문안은 무의식의 주체에 관한 알튀세르 사유의 중요한 일면을 드러낸다. 기표의 보편이론은 과학 담론, 이데올로기 담론, 미학 담론, 무의식

---

81) 같은 책, 76쪽.
82) 같은 곳.
83) 같은 책, 77쪽.
84) Louis Althusser, *The Humanist Controversy and Other Texts*, G.M. Goshgarian 옮김 (London: Verso, 2003), 64~66쪽.

(정신분석) 담론의 차이를 생산하며 각 담론에서 상이한 "주체성 효과"(subjectivity-effect)를 낳는다.[85] 예컨대 이데올로기 담론의 주체는 개인(person)으로 존재하는 반면 과학 담론의 주체는 개인으로 존재하지 않는다. 미학 담론의 주체는 다른 주체들의 매개를 통해서 존재하고 무의식 담론의 주체는 "그 주체를 대신하는—즉 그 주체의 위치를 차지한(lieu-tenant)—하나의 기표에 의해 기표들의 사슬에서 '대표된다.' 따라서 무의식 담론에서 주체는 '대리인'에 의해서 존재하지 않게 된다."[86]

무의식 담론에서 기표에 의해 대리되는 주체가 기표의 사슬에서 부재한다는 알튀세르의 설명은 "기표는 다른 기표에게 주체를 대표한다"는 라캉의 발언을 상기시킨다. 이 지점에서 그는 라캉의 주체이론에 가장 접근한다고 볼 수 있다. 그러나 알튀세르는 곧바로 이런 무의식적 주체 개념을 이데올로기적인 것으로 환원한다. "이데올로기 담론의 특징적 효과인 주체기능은…… 무의식 효과나 무의식적 주체의 효과를 요구하고 생산 또는 유발한다."[87] 이 문안에서 알튀세르는 무의식이 이데올로기에서 발생한 것이 아니고 이데올로기 담론과 무의식 담론은 '변별적 접합'의 관계라고 말한다. 그러면서도 궁극적으로 "무의식 담론은 이데올로기 담론 안에서 그리고 이데올로기 담론을 통해서 생산된다"라는 "매우 중요한 사실"을 거듭 강조한다.[88]

첫째 문안은 네 가지 담론의 상이한 주체성 효과를 다루고 그 가운데 무의식 담론이 이데올로기 담론에 의해 생산된다는 점을 강조한다. 둘째 문안은 "무의식은 언어처럼 구조화되어 있다"는 라캉의 발언을 토대로 무의식이 '담론'으로 환원될 수 없는 리비도와 욕동의 표현이라는 주장

---

85) 같은 책, 48쪽.
86) 같은 책, 49쪽.
87) 같은 책, 53쪽.
88) 같은 책, 60쪽.

을 반박하고, 리비도와 욕동이 무의식 담론의 '원인'이 아니라 '효과'라고 주장한다. 알튀세르는 또한 이 문안에서 무의식 담론이 과학 담론, 미학 담론과 맺는 관계를 부차적인 것으로 간주하고 이데올로기 담론과의 관계를 주요 관계로 규정함으로써 무의식과 이데올로기의 관련성을 재차 강조한다.

무의식적 주체에 대한 알튀세르의 핵심 주장은 셋째 문안에서 확실히 드러난다. 그가 앞의 두 문안에서 무의식(적 주체)과 이데올로기의 관계를 섬세히 규명하려고 시도한다면 셋째 문안에서는 여러 담론이 각기 상이한 주체(효과)를 생산한다는 자신의 견해를 철회하고 주체 개념을 전적으로 이데올로기적인 것으로 규정하며 분열된 주체 개념도 폐기한다.

주체 개념은 점점 더 내게 이데올로기 담론에만 속한 것으로 보인다. ……마찬가지로 "무의식의 주체"를 자아분열(Ich-Spaltung)과 관련해서 말하는 것도 부당한 것으로 보인다. 갈라졌거나 분열된 주체는 없고 전혀 다른 것이 존재한다. "나"(Ich) 옆에 분열(Spaltung), 즉 문자 그대로 심연, 벼랑, 부재, 결여가 있다. 이 심연은 주체가 아니라 주체 옆에서, 즉 "나" 옆에서 열리는 것이다. 이 "나"는 정말로 주체이며 (이데올로기적인 영역에 속한다).[89]

지젝이 예리하게 평가하듯이 알튀세르가 여기에서 주체를 순전히 이데올로기적인 것으로 규정하는 것은 기표의 사슬에서 부재하고 결여된 형태로 존재하는 무의식적 주체를 논의했던 첫째 문안에서 후퇴한 "이론적 '퇴행'의 명백한 사례"로 볼 수 있다.[90]

---

89) 같은 책, 77~78쪽.

주체의 해체

주체를 순전히 이데올로기적인 것으로 규정하는 것은 결국 주체 개념을 해체하는 결과를 낳는다. 알튀세르에게 정신분석과 마르크스주의의 공통점은 주체의 탈중심화에 있다. 그는 「프로이트와 마르크스」("Freud and Marx")에서 마르크스의 계급투쟁과 프로이트의 무의식 개념이 부르주아 철학이 가정한 통일된 자기의식적 주체를 비판했다는 점에서 일맥상통하다고 지적한다. 마르크스는 인간 중심적인 부르주아 이데올로기가 계급투쟁이라는 모순을 은폐하고 있음을 갈파하고 역사적 과정의 (기원적) 주체인 개인에 관한 관념론적 부르주아 이론을 비판한다. 그는 개인을 단지 역사의 동력인 계급투쟁의 정치적·경제적·이데올로기적 관계에 의해 결정되는 "기능의 담지자" 또는 "수많은 결정들의 종합"으로 파악했다.[91] 프로이트 역시 "정신이 의식에 중심을 둔 통일체의 모델 위에 구조화된 것이 아니라, 단일원칙으로 환원할 수 없는 '상이한 체계들'을 포함한 기구"임을 밝혔다.[92] 마르크스는 "모든 사회구성체를 중심 없는 심급들의 체계로 생각하기 위해 사회의 성격을 통일되고 중심이 있는 총체로 생각한 부르주아 이데올로기적 신화를 포기"했다.[93] 마찬가지로 프로이트도 인간 정신을 무의식, 전의식, 의식으로 또는 이드, 자아, 초자아로 구성된 것으로 파악함으로써 "여러 심급 간 갈등적 기능의 통일성을 제외한 다른 어떤 통일성도 지니지 않는 중심 없는 지형학적 모델"로 파악했다.[94]

---

90) Slavoj Žižek, *The Metastases of Enjoyment: Six Essays on Woman and Causality* (London: *Verso*, 1994), 62쪽.

91) Louis Althusser, *Writings on Psychoanalysis*, 118쪽.

92) 같은 책, 120쪽.

93) 같은 책, 121쪽.

94) 같은 곳.

알튀세르는 「마르크스주의와 휴머니즘」에서 주체를 사회적 관계나 결정의 종합으로 환원하는 경향에서도 인간 범주에 집착하는 휴머니즘 이데올로기가 잔존한다고 지적한다. 그래서 루트비히 포이에르바흐 (Ludwig Feuerbach, 1804~72)가 추상적 인간이 아닌 실제하는 구체적 인간을 "사회적 관계의 총체"로 정의한 것도 인간 개념을 사회적 관계의 총체에 대한 분석으로 대체해야 할 필요성을 지시한 것에 불과하다.[95] 알튀세르가 「프로이트 박사의 발견」에서 프로이트의 "자아의 분열" 현상을 오해한 라캉이 "무의식의 주체" 또는 무의식을 "주체"로 간주하는 오류를 범했다고 주장한 것은 앞서 「담론이론에 대한 세 편의 문안」에서 분열된 주체를 부정한 것의 반복이다.[96] 알튀세르에게 주체는 탈중심화되고 이데올로기에 종속된 구조 효과에 불과하기 때문에 무의식을 주체로 파악하는 것을 포함한 모든 주체 개념은 해체되어야 한다. 그러므로 이 글은 알튀세르가 라캉의 무의식적 주체 이론을 수용할 수 없었음을 은밀히 드러낸다.

이데올로기와 주체에 대한 알튀세르의 논의는 주체의 문제와 관련해 몇 가지 문제점이 있다. 첫째, 알튀세르는 주체에 대한 이데올로기의 구속성을 강조한 나머지 주체의 범주 자체를 이데올로기적인 것으로 환원했다. 알튀세르의 궁극적인 주장은 이데올로기적 인식은 결국 오인이며 이데올로기적 오인을 파기하는 것은 이데올로기 안에서 불가능하고 오로지 과학적 지식으로만 가능하다는 것이다.[97] 알튀세르의 주장처럼 이데올로기의 오인을 넘어서는 것이 과학이고 과학이 인간의 본질에 기초한 휴머니즘과 결별하는 "주체 없는 담론"이라면 이 과학적 지식은 어떻게 가능한가?[98] 과학적 지식은 어떠한 형태로든 주체를 매개로 형성되

---

95) Louis Althusser, *For Marx*, 243쪽.
96) Louis Althusser, *Writings on Psychoanalysis*, 100쪽.
97) Louis Althusser, *Lenin and Philosophy*, 117쪽.

는 것이 아닌가? 실제로 알튀세르는 「청년 마르크스에 관하여」("On the Young Marx")에서 마르크스가 독일 이데올로기의 두꺼운 벽을 뚫고 과학적 지식에 도달했다는 것을 애써 증명하려 하지 않았던가? 철저하게 종속된 이데올로기적 주체에게서 인식론적 단절이 가능한가? 리쾨르가 지적하듯이 알튀세르의 주장대로 모든 인식이 이데올로기적 오인이라는 생각은 주체를 이데올로기로 환원하는 것에 기인하며 이 환원 때문에 인식의 변증법은 애초에 차단된다.[99] 그가 이데올로기의 구속성을 강조하는 것은 아이러니하게도 마르크스주의 비평가로서 그가 추구하는 "강력한 좌파행동적 안건, 오인에 예속되지 않은 실용적 차원을 요구하는 안건의 이론화"에 기여하지 못한다.[100]

둘째, 알튀세르는 이데올로기의 실패를 설명하지 않는다. 그가 이데올로기의 실패를 전적으로 간과한 것은 아니다. 예컨대 그가 이데올로기를 자발적으로 수행하지 못해서 억압적 국가기구에 통제받아야 하는 "나쁜 주체"를 언급하는 것은 이데올로기가 모든 주체에 완벽한 지배력을 행사할 수 없다는 점을 보여준다.[101] 억압적 국가기구를 동원해서 통제해야 하는 "'나쁜 주체'"는 이데올로기의 관점에서 탈선적이고 저항적인 주체일 수 있다. 이런 주체가 어떻게 출현하는지는 이데올로기 이론에서 매우 중요한 문제다. 그러나 알튀세르는 주체가 어떤 인식 과정을 통해서 이데올로기의 통제력에서 이탈하고 저항하는 "나쁜 주체"가 되는지에 무관심하다.

알튀세르가 이데올로기의 실패 원인을 규명하지 않는 것은 주체가 권

---

98) 같은 곳.
99) Paul Ricoeur, "Althusser's Theory of Ideology," 65쪽.
100) Joseph Valente, "Lacan's Marxism, Marxism's Lacan (from Žižek to Althusser)," *The Cambridge Companion to Lacan*, Jean-Michel Rabaté 엮음 (Cambridge: Cambridge UP, 2003), 165쪽.
101) Louis Althusser, *Lenin and Philosophy*, 123쪽.

력에 예속되는 것을 강조했던 푸코가 후기에 이르러 주체의 저항을 논하면서도 저항의 원천을 밝히지 못하는 것과 유사하다. 예컨대 후기 푸코는 "주체들이 자유롭지 않으면 권력관계도 있을 수 없다"라고 말한다.[102] 『성의 역사』(*The History of Sexuality*) 제2, 제3권은 "윤리적 주체로 자기를 형성하는 것" "자기 자신에게 귀속되는 것" 또는 "자기 자신의 주인"이 되는 자기 수양과 극기에 기초한 그리스와 로마시대의 주체의 윤리학을 제시한다.[103] 푸코는 여기서 기존의 약호(略號)화된 도덕을 넘어서는 주체의 비판적이고 창조적이며 자율적인 성격을 강조한다. 푸코의 관심은 주체가 자신에게 부여된 정체성을 벗어나 스스로를 창조적으로 형성하는 것에 있다.[104] 그러나 그는 주체의 변화와 저항의 동인, 예컨대 현재의 '나'가 실재의 '나'가 아니라는 인식이 어떻게 가능한지를 논하지 않는다. 저항의 정확한 계기가 무엇인지는 설명하지 않고 주체의 저항을 당위로 제시하는 것이다.[105] 이는 밀레와의 대담에서 밀

---

102) Michel Foucault, "The Ethic of Care for the Self as a Practice of Freedom," *The Final Foucault*, James Bernauer & David Rasmussen 공편 (Cambridge, MA: MIT P, 1988), 12쪽.

103) *The Use of Pleasure: The History of Sexuality Volume 2*, Robert Hurley 옮김 (New York: Vintage, 1985), 27쪽; *The Care of the Self: The History of Sexuality Volume 3*, Robert Hurley 옮김 (New York: Vintage, 1986), 65쪽.

104) 이 점에 관해서는 John Rajchman, "Foucault's Art of Seeing," *Michel Foucault: Critical Assessments* Vol. 1, Barry Smart 엮음 (London: Routledge, 1994), 224~250쪽을 참조할 것.

105) 푸코의 저항 이론이 불충분하다는 지적에 대해서는 Jon Simons, *Foucault and the Political* (London: Routledge, 1995), 83쪽을 참조할 것. 푸코의 이론에서 저항의 가능성을 가장 호의적으로 읽어낸 비평가 가운데 한 명은 주디스 버틀러(Judith Butler, 1956~)다. 버틀러는 푸코가 충분히 이론화하지 못했지만 사회적·상징적 규범화의 대행자인 영혼에 저항하는 지점으로 신체를 염두에 두었을 것이라고 해석한다. 버틀러에 따르면 정신분석이 설명하는 저항은 상징계의 실패—또는 결여—를 지적할 뿐 이 상징계의 재구성과 방향수정을 제시하지 못하는 반면 푸코의 이론은 상징계의 단순한 균열이 아니라 상징계의 변화를 설명한다.

레가 "주체 없는 전략"이라는 푸코의 주장에 대해 투쟁과 권력관계에서는 "주체" 또는 "주체들"의 문제를 피할 수 없다고 반박하자 자신도 그 문제를 고심하고 있으며 정확한 답을 할 수 없다고 고백하는 데서 잘 나타난다.[106]

셋째, 알튀세르는 주체의 구성이 "이데올로기적 인식의 끊임없는(영원한) 실천"에 의해 가능하며 이 인식이 곧 현실의 "오인/무시"라고 주장한다.[107] 그러나 문제는 그가 이를 예증하기 위해 제시하는 호명이론과 모세가 신의 부름에 응답하는 기독교 이데올로기는 인식의 메커니즘이지 오인의 메커니즘이 아니라는 점이다. 알튀세르는 라캉의 거울단계 이론을 빌려 이데올로기적 인식이 결국 오인이라는 점을 밝히려고 한다. 하지만 라캉이 거울이미지를 자신으로 착각하는 상상적 동일시가 오인이고 소외라는 점을 강조한 반면 알튀세르는 거울의 복제관계를 강조하면서 주체가 거울이미지를 이데올로기적으로 인식하는 것을 강조한

그러나 버틀러의 이론은 이 변화의 근본 동인을 권력이나 담론의 효과로 보는 시각과 상징적 정체성을 재의미화(resignify)하는 주체의 행위로 보는 시각 사이에서 분열되어 있다. 전자의 시각에서 주체는 권력(관계)의 효과다. 후자의 시각에서는 여전히 자신의 정체성을 재의미화하는 주체의 차원이 무엇인지 설명하지 못한다. 푸코가 저항의 지점을 신체로 여기면서도 아마 신체에 "정신적 의미"(psychic meaning)를 부여했을지도 모른다는 버틀러의 애매한 지적은 이런 모순과 딜레마를 잘 드러낸다. Judith Butler, *The Psychic Life of Power* (Stanford: Stanford UP, 1997), 83~105쪽을 참조할 것.

106) 이 대담은 Michel Foucault, *Power/Knowledge: Selected Interviews & Other Writings 1972-1977*, Colin Gordon 엮음 (New York: Pantheon, 1980), 202~209쪽을 참조할 것. 푸코의 주체 개념의 문제점에 대해서는 졸고 「미셸 푸코 이론에서의 주체와 권력—응시의 개념을 중심으로」, 『비평과 이론』, 8.1 (2003), 29~62쪽을 참조할 것. 라캉이 칸트에게서 자율적 주체의 불가능성을 발견한 반면, 푸코의 주체 개념이 근본적으로 전칸트적이라는 비판에 대해서는 Mladen Dolar, "The Legacy of the Enlightenment: Foucault and Lacan," *New Formations*, 14 (1991), 43~56쪽을 참조할 것.

107) Louis Althusser, *Lenin and Philosophy*, 117, 124쪽.

다.[108] 알튀세르는 이데올로기가 현실의 오인이라는 점을 밝히면서도 이데올로기적 오인의 메커니즘이 아니라 이데올로기적 인식의 메커니즘을 규명하는 데 집중한다. 그 이유는 오인의 메커니즘에서 요청되는 탈이데올로기적 주체의 가능성을 허락하지 않고, 주체를 전적으로 이데올로기로 환원하려는 구조주의적 사유 때문이다. 이와 달리 라캉 이론에서 "주체는 호명에서 자신을 결코 완전히 인식하지 않는다."[109]

---

108) 이 점에 대해서는 Michèle Barrett, *The Politics of Truth*, 103쪽과 David Macey, "Thinking With Borrowed Concepts: Althusser and Lacan," 150쪽을 참조할 것.

109) Slavoj Žižek, *The Indivisible Remainder: On Schelling and Related Matters* (London: Verso, 1996), 165쪽. 이 장(章) 일부가 발표되었을 때 두 학자가 알튀세르의 관점에서 비판을 제기했다. 최원, 「알튀세르의 이데올로기론—양석원과 지젝의 문제제기를 중심으로」, 『진보평론』 8호 (2001), 392~414쪽; 진태원, 「라캉과 알튀세르: '또는' 알튀세르의 유령들 I」, 『라캉의 재탄생』 (창작과 비평사, 2002), 353~413쪽. 최원은 알튀세르가 이데올로기를 상징적 관계가 아닌 상상적 관계로 파악했다고 비판하는 필자와 달리 지젝은 "알튀세르가 이데올로기의 상상적 측면을 충분히 인식하지 못했다고 주장"한다고 말한다(401쪽). 지젝은 이데올로기적 호명/상징적 동일시에서 필연적으로 발생하는 잉여가 "이데올로기적 명령에 주체가 완전히 순종하는 것을 방해하는 것이 아니라 그런 순종의 조건 자체"라고 말한다. Slavoj Žižek, *The Sublime Object of Ideology*, 43쪽. 최원은 여기에서 잉여/대상 *a*를 상상계적인 것으로 보고 그것이 "상징적 질서의 작동에 반해서 기능하는 것이 아니라 오히려 그것의 수행성을 구성"하는 순기능을 한다고 해석한다(399쪽). 그러나 지젝은 주체가 대상 *a*에 포획되는 환상이 이데올로기의 조건이라고 설명할 때, 그것을 이데올로기에 포함된 것이 아니라 이데올로기가 의존하는 조건이라 여긴다. 최원의 주장과 달리 "무의미한 외상의 통합되지 않은 잉여" 때문에 "이 [이데올로기적 호명의] '내재화'가 결코 완전히 성공하지 않는다"는 것을 강조하는 것이다. Slavoj Žižek, *The Sublime Object of Ideology*, 43쪽. 진태원 비판의 문제점은 필자가 라캉 이론에서 허구적인 자아와 달리 "비허구적 동일성"의 주체가 있다고 "생각하는 듯 보인"다는 불확실한 가정과 오해에 기초해서 논의를 전개한다는 것이다(400쪽). 그는 필자가 그렇게 생각하는 이유가 "오이디푸스 단계를 통과하면서 비로소 '정상적인' 비허구적 동일성을 부여받게 된다"라고 주장하는 "1950년대의 구조주의적·오이디푸스적(또는 팔루스 중심적) 라캉"에 의존하기 때문으로 추정한다(401쪽). 이는 아마도 라캉이 거울단계 논문에서 "자연적인 성숙 과정"을 오이디푸스 콤플렉스에 따라 대상을 선택하는 "정상화"(normalization)로 설명하기 때문일 것

넷째, 그러므로 라캉의 무의식적 주체는 알튀세르가 주장하는 것처럼 이데올로기적인 것으로 환원할 수 없다. 무의식이 이데올로기적 언어처럼 구조화되어 있다는 알튀세르의 주장은 무의식이 언어처럼 구조화되어 있다는 라캉의 발언을 이데올로기가 주체를 구속한다는 관점에서 해

이다(E, 79). 그러나 라캉이 거울상과의 상상적 동일시를 "리비도적 정상화를 포함하는 2차적 동일시의 근원"으로 보는 것은 상징적 동일시(의 주체) 역시 허구적임을 주장하는 것이다(E, 76). 진태원 자신도 이 논문을 논하며 라캉이 상징계의 주체의 "동일성 역시 항상 이미 허구적"이며 "자아의 동일성이든 주체의 동일성이든 간에 모든 동일성은 원초적으로 허구적"이라고 주장한다고 설명한다(403~404쪽). 결국 그는 필자가 거울단계를 논할 때에는 라캉이 정상적·비허구적 동일성을 제시했다고 주장했다가, 자신이 논할 때에는 동시기의 라캉이 주체의 허구성을 주장했다는 모순을 범한다. 그는 필자가 상징적 주체를 비허구적 동일성의 주체로 여긴다고 가정하고 오해하기 때문에 필자가 상징적(동일성의) 주체와 "안정된 동일성을 결코 보유하고 있지 못한" 무의식적 주체를 혼동한다고 비판한다(402쪽). 진태원은 또한 알튀세르의 호명이론과 거울구조론이 이데올로기에 대한 "객관적" 설명이 아니라 "이데올로기 내부의 관점을 표현, 또는 '상연'"하는 것이라고 주장하는데(392쪽), 이런 주장은 알튀세르가 호명의 장면 등을 통해 이데올로기 메커니즘을 예시할 때만 타당하다. 앞서 언급했듯이 알튀세르는 자신의 이론이 마르크스주의 이데올로기 이론의 "최초의 매우 체계적인 윤곽"이라고 주장한다. Louis Althusser, *Lenin and Philosophy*, 107쪽. 알튀세르가 마르크스주의적 과학 담론으로 시도한 이데올로기론에서 이데올로기가 실패하는 계기에 대한 설명이 부족하기 때문에, 알튀세르 비판자들이 "이데올로기의 폐쇄적 구조가 완결적일 수 있다고 사고"한다는 진태원의 주장과 반대로(392쪽), 알튀세르 비판자들은 알튀세르가 이데올로기를 폐쇄적 구조로 설명했다고 비판하는 것이다. 이런 논쟁의 핵심은 구조와 주체의 문제로 수렴된다. 알튀세르의 이데올로기론은 이데올로기의 메커니즘을 규명한 탁월한 이론임에 분명하다. 그러나 그가 주체를 이데올로기적인 것으로 환원하는 한 이데올로기의 자동회로에서 벗어나는 가능성을 설명하기 어렵다. 홍준기도 진태원에게 제기한 반론에서 이 점을 지적한다. 「〈주체 없는 과정〉인가, 〈과정으로서의 주체〉인가: 정신분석학과 알튀세르」 『라캉과 현대정신분석』 5.1 (2003), 180쪽을 참조할 것. 알튀세르가 말하듯이 "이데올로기 담론은 호명으로서만 의미가 있다. 그것은 질문을 던지지 않는다." Louis Althusser, *The Humanist Controversy*, 55쪽 알튀세르의 관심이 '이데올로기'의 호명에 집중되는 것과 달리, 라캉의 관심은 호명—상상적·상징적 동일시—을 의문시하고 질문을 던지는 '주체'의 욕망에 있다.

석한 것이다. 무의식에 대한 라캉의 논의에서 더 구체적으로 드러나겠지만, 라캉 이해에 관한 알튀세르의 결정적인 문제점은 상징계의 결여나 비일관성 및 실재계를 간과하고 있다는 점이다.[110] 이 문제점들은 라캉의 주체 개념으로 수렴한다. 왜냐하면 라캉의 주체는 상징계에서 탈존하는 분열된 무의식적 주체이기 때문이다. 그러므로 알튀세르가 정신분석이론을 빌려 설명하고자 한 이데올로기론의 문제점을 밝히기 위해서는 라캉의 주체 개념에 대한 검토가 필요하다.

자아와 상상적 동일시

라캉의 주체 개념에서 먼저 주목할 것은 그가 주체와 자아를 엄격하게 구분하고 있다는 점이다. 많은 비평가가 지적하듯이 라캉에게 자아는 상상계에 속하고 주체는 상징계에 속한다.[111] 라캉은 「정신분석적 경험에서 드러난 '나'의 기능 형성으로서의 거울단계」("The Mirror Stage as Formative of the I Function as Revealed in Psychoanalytic Experience")에서 6개월에서 18개월 사이의 유아가 거울에 비친 자신의 모습을 보고 그 모습에 매료되는 거울상과의 동일시에서 자아가 최초로 형성된다고 주장한다. 아직 자신의 신체를 통제할 수 없어서 파편적인 움직임으로만 자신의 신체를 경험하던 유아는 거울에 비친 자신의 모습에서 자신이 앞으로 성취할 통일성을 발견하고 나르시스적으로 사로잡힘으로써 자신을 통일된 총체로 경험한다. 이 "현상은 개인이 자아가 최초로 형성되는

---

110) Joseph Valente, "Lacan's Marxism, Marxism's Lacan (from Žižek to Althusser)," 168~169쪽을 참조할 것.

111) 예를 들어 Mladen Dolar, "Cogito as the Subject of the Unconscious," *Cogito and the Unconscious*, Slavoj Žižek 엮음 (Durham: Duke UP, 1998), 12쪽; Dylan Evans, *An Introductory Dictionary of Lacanian Psychoanalysis*, 51, 195쪽.

것을 관찰할 수 있는 단계로 이행했음을 증명해준다"("Ego," 14).

앞서 논했듯이 알튀세르는 거울의 복제관계에서 주체의 이데올로기적 인식 메커니즘을 주로 설명한다. 반면 거울단계에 대한 논의에서 라캉이 강조하는 것은 인식이 아니라 오인이다. "자아의 본질적인 기능은 현실에 대한 체계적인 오인이고" 거울상은 "자아를 스스로에게서 소외시킨다"(E, 92). 몸을 가누지 못하는 아이의 신체가 파편화된 현실과 달리 통일성을 지닌 거울상의 형태는 자아를 "허구적인 방향"으로 위치시킨다. 자아는 "주체의 되어감에 점근선의 형태로"만 접근할 수 있을 뿐이다(E, 76). 아무리 자아가 자신의 현실과 "변증법적 종합을 성취하려 해도 자아와 진리의 결합은 기껏해야 점근선 형태 이상이 되지 못한다."[112] 주체가 되어가는 과정에 있는 것과 달리 거울상에 대한 오인으로 발생한 자아는 자신의 이미지에 고착되어 변하지 않으려는 속성을 지닌다. 라캉은 「정신분석에서의 공격성」("Aggressiveness in Psychoanalysis")에서 자아를 주체와 대립시키며 "'자아'는 의식에 주어진 핵…… 그것의 허위와 오인의 환원 불가능한 관성이 주체를 실현하는 구체적인 문제와 대립하는 '나'를 지칭한다"라고 말한다(E, 89). 라캉은 몇 년 후 「정신분석에서 말과 언어의 기능과 영역」("The Function and Field of Speech and Language in Psychoanalysis")에서 "무엇이 나를 주체로 구성하는지가 내 질문이다. ……나는 언어 속에서 나 자신을 확인(동일시)하지만 그것은 언어 속에서 대상인 나를 상실할 때만 그렇다"라고 말한다(E, 247). 이는 그가 후에 아파니시스(aphanisis) 개념으로 설명한 상징계의 기표에 의해 사라지는 분열된 주체를 예고한다.[113]

---

112) Anika Lemaire, *Jacques Lacan*, David Macey 옮김 (London: Routledge, 1977), 178쪽.

113) 대니 노부스(Dany Nobus)는 거울단계 논문에서 주체는 불확실하지만 "비-나"(not-me)의 성격을 지니며 분열된 주체(ჰ)로 발전한다고 지적한다. Dany

그러므로 거울상과의 나르시스적·상상적 동일시에는 자아와 거울상 사이의 근본적인 균열이 내재하고 이는 공격성을 야기한다. 라캉은 공격성이 "나르시스적이라고 부르는 동일시 형태와 관련된 경향", 즉 거울관계에 항상 구조적으로 동반되는 현상으로 파악한다(E, 89). 거울상을 통해 하나의 통일체로 구성된 자아는 거울상과의 동일시를 통해서 거울상의 타자성이나 이질성을 자신에게 종속시켜 항상 동일한 존재로 남으려는 "관성"을 지닌다. 자아의 자기동일성은 거울상과의 근본적인 차이를 억압한 결과이며 자아의 자율성은 타자에 구조적으로 의존하고 있음을 부정하는 과정에서 생긴다.

그러나 차이의 억압을 통해서 형성된 자아는 여전히 자신과 거울상과의 차이를 완전히 제거할 수 없다. 자아는 거울상을 통해서 보는 통일된 총체로서의 자신을 실제로 경험하지 못한다. 거울의 이상적 형상을 나르시스적으로 소유하려는 주체는 "충일함이 아니라 부족을, 총체가 아니라 불일치와 혼란을 경험하며" 이상적 형상과의 환원 불가능한 차이를 파편화된 신체에 대한 환상으로 경험한다.[114] 라캉은 이를 신체의 "거세, 절단, 해체, 탈구, 적출" 이미지 등과 같은 "파편화된 신체의 이마고 (Imago, 주체가 타자와의 관계에서 습득한 무의식적·원형적 모습)들"에 대한 경험이라 명명한다(E, 85). 통일된 거울상이 위장하는 신체의 분열은 "신체적 해체의 환상 속에서 회귀한다. ……이런 환상은 완전하다고 상상하는 타자에 대해 극단적으로 공격적인 감정을 이끌어낸다."[115] 다시 말해서 자아는 자신이 동일시한 통일된 거울상과의 차이를 인식하는 순

Nobus, "Life and Death in the Glass: A New Look at the Mirror Stage," *Key Concepts of Lacanian Psychoanalysis*, Dany Nobus 엮음 (New York: Other Press, 1998), 118~119쪽을 참조할 것.

114) Kaja Silverman, *The Threshold of the Visible World* (New York: Routledge, 1996), 39쪽.

115) 같은 책, 39~40쪽.

간 이 통일된 거울상에 대해 공격적이 되고 이상적인 총체인 거울상의 자리를 차지하려 한다. 새뮤얼 웨버(Samuel Weber, 1940~)의 말을 인용하면 "억압되고, 거부되고, 동일성에 종속된 차이의 빚은, 말하자면 파괴적인 경쟁의 위험한 악순환 속에서 회귀한다."[116]

거울상과의 상상적 동일시와 공격성의 불가분한 관계는 이 동일시의 불안전한 구조를 입증한다. 라캉이 세미나 III 『정신병』(*The Psychoses*)에서 말하듯이 거울상과의 관계에는 항상 '그'(거울상) 아니면 '나'라는 배타적인 관계가 유발하는 공격적인 긴장이 내재되어 있어서 자아는 결코 통일된 정체성 속에 안주할 수 없다. 또한 자아와 "타자의 순수하게 상상적인 균형에는 항상 근본적인 불안정의 표식이 있다"(*SIII*, 93). 나르시시즘과 공격성에 대한 라캉의 논의는 상상적 동일시의 성공 보다는 실패에 초점이 맞추어져 있다. 오인과 소외, 모호성과 불안정성으로 점철된 거울단계 이론은 알튀세르의 이데올로기적 인식의 복제관계에 대한 모델로는 적합하지 않을 만큼 복잡하다.

---

116) Samuel Weber, *Return to Freud: Jacques Lacan's Dislocation of Psychoanalysis*, Michael Levine 옮김 (Cambridge: Cambridge UP, 1991), 106쪽. 프로이트는 이런 타자에 대한 양가적 감정과 공격적 경쟁심을 아버지에 대한 남아의 오이디푸스적 감정으로 이미 이론화했다. 라캉 이론의 공헌은 프로이트가 아버지와의 동일시를 최초의 동일시라고 본 것과 달리 최초의 동일시를 거울상과의 동일시라고 파악하고, 이 자기애적 공격성에 바탕을 둔 거울상과의 최초의 상상적 동일시가 타자와의 오이디푸스적 동일시의 전제조건이 된다는 점을 지적했다는 데에 있다. Malcom Bowie, *Lacan* (Cambridge, MA: Harvard UP, 1991), 32~33쪽; Teresa Brennan, *History After Lacan* (London: Routledge, 1993), 40쪽을 참조할 것.

무의식적 주체

라캉은 「프로이트적 물 혹은 정신분석에서 프로이트로의 회귀의 의미」("The Freudian Thing, or the Meaning of the Return to Freud in Psychoanalysis")에서 "무의식의 참된 주체와 그 핵심에서 일련의 소외적인 동일시에 의해 구성된 자아 사이의 근본적인 구분"을 명확히 제시한다(*E*, 347). 자아는 거울상과의 상상적 동일시에 의해 생긴 이상적인 자기 모습들이 침전된 결정체인 이상적인 '나'의 모습이고 주체는 이 "이상적인 나"(Ideal I)와는 근본적으로 다르다(*E*, 76). 라캉에게 주체는 "언어의 효과"이고 거꾸로 언어는 "주체의 원인"이다(*E*, 708, 704). 라캉 이론에서 언어, 상징계, 이데올로기를 전적으로 동일시할 수 없지만[117] 주체를 언어의 효과로 보는 라캉의 구조주의적 사유는 주체를 이데올로기적 호명에 종속되는 "기능의 담지자"로 여기는 알튀세르의 이론과 밀접한 유사성을 보인다. 앞서 논했듯이 인간이 태어날 때부터 상징적 법에 종속된다는 알튀세르의 주장은 라캉 이론에 기초한다.

라캉은 「정신분석에서 말과 언어의 기능과 영역」에서 기표의 절대적 지배력을 강조한다.

실제로 상징들이 네트워크로 인간의 삶을 전적으로 포위한 나머지 인간이 태어나기도 전에 "살과 뼈로" 그를 낳을 자들을 결합시키고…… 그의 탄생에 그의 운명을 부여하고…… 주체가 죽음을 향한 존

---

117) 라캉은 대타자의 상징계를 "기표의 집합"으로 정의한다("Structure," 193). 언어는 상징계와 상상계를 포함하지만 상상계가 기의의 차원을 나타낸다면, 상징계는 기표의 차원을 나타낸다고 볼 수 있다. Dylan Evans, *An Introductory Dictionary of Lacanian Psychoanalysis*, 98, 187, 202쪽을 참조할 것. 언어와 상징계가 이데올로기로 환원될 수 없다는 주장에 대해서는 Stephen Heath, *Questions of Cinema* (Bloomington: Indiana UP, 1981), 105쪽을 참조할 것.

재의 주체적 실현에 도달하지 못하는 한, 그가 죽은 다음까지도 그를 따라갈 행위의 법을 제공하고…… 최후의 심판에서도 그의 종말이 그 상징들을 통해서 의미를 찾게 된다. (*E*, 231)

그는 「무의식 속 글자의 심급 또는 프로이트 이후의 이성」에서도 "언어와 그 구조는 개별 주체가 정신적 발달의 어느 시점에서 언어로 진입하게 되는 순간 이전에 존재하므로" 언어가 주체의 존재조건이고 주체는 "언어의 노예"라고 말한다(*E*, 413~414). 이런 관점에서 라캉의 주체는 이데올로기에 철저히 구속된 알튀세르의 주체와 동일한 것으로 보인다. 그러나 위 인용문에서 "주체가 죽음을 향한 존재의 주체적 실현에 도달하지 못하는 한"이라는 단서조항에 주목할 필요가 있다. 이는 주체가 언어에 대한 예속에서 벗어날 수 있는 가능성을 암시하는 것이 아닐까? 라캉은 후에 세미나 VII 『정신분석의 윤리』(*The Ethics of Psychoanalysis*)에서 소포클레스의 안티고네를 죽음을 향한 존재를 주체적으로 실현하는 인물로 해석하지 않는가?

프로이트가 무의식의 주체를 언급하지 않았는데도 라캉이 무의식적 주체를 주장한다고 한 알튀세르의 비판과는 정반대로 라캉에게 무의식적 주체는 다름 아닌 프로이트의 발견이었다. 흔히 "무의식은 언어처럼 구조화되어 있다"는 라캉의 유명한 명제는 무의식을 주체가 없는 기표의 사슬과 동일시하는 위험성이 있다. 알튀세르의 오해는 이런 위험성에 연유한다. 라캉은 무의식이 기표로 구성되어 있다고 보고, 프로이트가 말한 무의식의 1차 과정, 즉 압축과 전치를 은유와 환유라는 언어적 차원으로 해석했다. 그러면서도 그는 무의식의 주체를 분명히 밝히고 있을 뿐 아니라 "주체라는 개념이 심지어는 모든 '주관주의'를 배제하는 산술을 지닌 근대적 의미에서의 전략 같은 과학의 작동에조차도 필수불가결하다"라고 선언한다(*E*, 429). 믈라덴 돌라르(Mladen Dolar, 1951~)가

지적하듯이 알튀세르에게 무의식이 주체 없는 과정이라면 "라캉은 무의식을 주체가 있는 구조로 보았으며…… 라캉에게…… 주체 없는 과정이나 구조는 존재하지 않는다. …… '비주체적'인 것으로 여겨진 과정은 라캉에게 본질적으로 이미 항상 '주체화되어 있다.'"[118]

코기토의 전복: 데카르트, 칸트, 라캉

그렇다면 프로이트가 발견했다고 라캉이 주장하는 무의식적 주체는 무엇인가? 라캉에게 주체의 발견은 데카르트에게서 시작되었고 "데카르트적인 주체는 무의식의 전제조건"이다(*E*, 712). 그런데 어떤 면에서 프로이트의 정신분석학적 주체가 데카르트적인가?[119] 라캉은 데카르트의 코기토(*cogito*), 즉 생각하는 주체가 모든 사고의 내용을 의심한 후에 남은 순수 형식으로서의 주체라는 점에서 혁명적이며 이것이 프로이트의 정신분석학적 주체라고 말한다. "데카르트는 의심할 모든 지식을 여전히 간직한 그 진술이 아니라 나는 의심한다는 화행(발화 행위)에서 그의 나는 생각한다를 이해한다"(*SXI*, 44). 코기토는 사고의 내용 일체를 제거한 후에 남아 있는 "화행의 최소한의 제스처에서만 유지될 수 있는, 대응물이 없는 순수한 소실점(vanishing point)"이다.[120]

그러나 데카르트는 코기토가 "나는 생각한다"라는 화행에만 존재한다는 사실을 망각한다. 데카르트의 첫째 오류는 "이 나는 생각한다가 우리에게 그것을 말함으로써만 공식화할 수 있다는 사실에서 분리될 수 없

---

118) Mladen Dolar, "Cogito as the Subject of the Unconscious," 13쪽.

119) 이 질문에 대한 논의는 Colette Soler, "The Subject and the Other (I)," *Reading Seminar XI*, Richard Feldstein, Bruce Fink & Maire Jaanus 공편 (Albany: SUNY P, 1996), 40쪽; Mladen Dolar, "Cogito as the Subject of the Unconscious," 14쪽을 참조할 것.

120) Mladen Dolar, "Cogito as the Subject of the Unconscious," 15쪽.

다는 것"을 "망각"한 것이다(SXI, 36). 그는 "나는 생각한다"에서의 '나'
가 발화 행위에서 순간적으로 존재했다 사라지는 화행의 주체라는 사실
을 망각하고 "나는 존재한다"는 결론을 이끌어냄으로써 화행의 주체를
발화내용, 즉 진술의 주체로 만든다. 이런 망각의 원인은 데카르트가 방
법론적 회의라는 혁명적인 방법을 사용했음에도 생각하는 주체를 실체
화했다는 데 있다. 그는 『방법서설』(Discourse on Method)의 제4방법에서
"나는 생각한다 고로 나는 존재한다"는 명제를 회의의 여지가 없는 확
실하고 명증한 철학의 제1원리로 삼은 후, "내가 생각하기를 단지 그치
기만 해도 나는 내가 존재한다는 것을 믿을 수 있는 어떠한 이유도 없다.
바로 그 점에서 나라는 존재는 그 본질이나 본성이 사유하는 것 이외의
다른 것이 아닌 하나의 실체임을 의식하게 된다"라고 선언한다.[121]

　　라캉에 따르면 데카르트는 방법론적 회의를 통해서 아무것도 확실하
게 알 수 없다는 극단적 회의주의를 논리적으로 추구해서 주체가 사라
지는 지점에 도달했지만 바로 그때 아무것도 알 수 없다는 사실, 모든 것
을 의심하고 있다고 생각하는 사실을 지식으로 여기는 오류를 범한다.
코기토는 "지식의 소멸과 회의주의 사이에 존재하는 비출구(non-exit)
의 점(點)"에 불과하지만 데카르트는 "나는 생각한다를 단지 사라지는 점
으로 여기지 않고" 이 지점에서 "확실성의 개념을 도입한다"(SXI, 224).
데카르트는 주체가 "실체 없는 주체성의 순수한 점(點)"이라는 점을 인
식하지 못하고 "주체가 조그만 존재의 조각을 확보했다고, 즉 '생각하는
실체'(res cogitans)로서의 '나'의 확실성을 획득했다고 가정한다."[122]

121) René Descartes, *Discourse on Method and The Meditations*, F.E. Sutcliffe 옮김
　　　(London: Penguin, 1968), 54쪽. 강조는 필자의 것임. 번역본은 르네 데카르트,
　　　『방법서설/성찰/정념론 외』(김영효 옮김, 삼성출판사, 1990)를 참고했다.
122) Slavoj Žižek, *For They Know Not What They Do: Enjoyment as a Political Factor*
　　　(London, Verso, 1991), 147쪽.

라캉에게 코기토의 전복은 "순수한 주체의 위치"만 남을 때까지 주체의 내용을 모두 제거하여 주체를 "비실체화"하는 것일 뿐 아니라 스스로에게 투명한 주체의 "자기현전"을 문제 삼는 것이다.[123] "나는 생각한다"는 사실에서 '나'의 존재를 확보하는 주체의 "자기현전"이 불가능하다는 점은 정확히 칸트가 『순수이성비판』(*Critique of Pure Reason*)의 변증론에서 증명하는 것이다. 지젝이 지적하듯이 여기에는 "데카르트의 코기토와 칸트의 초월적 통각인 '나' 사이의 단절"이 존재한다.[124] 칸트철학에서 현상세계의 경험은 의식에 주어지는 다양한 감성적 표상들을 종합하는 변하지 않는 자기의식을 필연적으로 전제한다. 다시 말해서 모든 현상의 경험적 표상에는 "나는 생각한다"는 표상이 동반한다. 이 표상은 다른 표상들과 달리 경험 이전에 의식 내부에서 자발적으로 주어지는 자기의식의 산물이다. 따라서 그것은 "경험적 통각"과 구별된 "순수통각" "근원적 통각" 또는 "초월적 통각"(transcendental apperception)이다(*CPUR*, B131~133).[125] 감성적 표상들이 현상계에 속한다면 감성적 표상들을 종합하는 자기의식의 초월적 통각인 "나는 생각한다"는 초월계에 속한다. 그러므로 칸트는 코기토를 순수한 가능성으로만 가정할 뿐 이 명제에 주체의 현존을 부여하지 않는다.

---

123) Jean-Luc Nancy & Phillipe Lacoue-Labarthe, *The Title of the Letter*, 98쪽.

124) Slavoj Žižek, *Tarrying with the Negative: Kant, Hegel, and the Critique of Ideology* (Durham: Duke UP, 1993), 13쪽. 라캉의 주체와 칸트의 초월적 통각의 관계에 대해서는 이 책 12~18쪽을 참조할 것.

125) Immanuel Kant, *Critique of Pure Reason*, Norman Kemp Smith 옮김 (New York: St. Martin's Press, 1965), 152~153쪽. 영역본은 독일어 원본 재판의 번역이지만, 재판에서 생략되거나 수정된 초판의 구절들도 번역하여, 초판을 A로 재판을 B로 병기한다. 앞으로 이 책의 인용은 괄호 안에 약어 *CPUR*과 초판/재판의 쪽수를 병기한다. 이 책의 인용문은 위 영역본을 옮긴 것이며 주요 용어의 번역은 국역본 이마누엘 칸트, 『순수이성비판』(백종현 옮김, 아카넷, 2006) I, II권을 따르고 필요시 수정했다.

"나는 생각한다"는 명제는 여기에서 그것이 (데카르트의 '나는 생각한다 고로 나는 존재한다' 같은) 현존의 지각을 포함할 수 있는 한에서가 아니라 순전히 그것이 지닌 가능성의 관점에서, (그것이 실제로 존재하든 아니든 간에) 그 주체에 적용될 어떤 속성들이 이렇게 간단한 명제에서 유래할 수 있는가를 알기 위해서, 단순히 문제적으로 취해진다. (*CPUR*, A347/B406)

칸트는 데카르트처럼 초월적 통각인 "나"로부터 경험적으로 존재하는 "나"를 추출하는 것을 순수이성의 오류추리(paralogism)라 부른다. 그중 "영혼이 실체다" 또는 "영혼이 실체로 존재한다"는 첫째 명제의 오류추리 비판은 칸트가 데카르트를 비판하는 핵심내용이다. 이 명제는 다음과 같은 이성추리(삼단논법)로 제시된다.

대전제: "그것의 표상이 우리 판단들의 절대적 주체이고 따라서 다른 사물의 규정으로 사용될 수 없는 것은 실체다."
소전제: "생각하는 존재자인 나는 모든 가능한 판단의 절대적 주체이고, 이런 나 자신의 표상은 다른 어떤 사물의 술어로 사용될 수 없다."
결론: "그러므로 생각하는 존재자(영혼)로서의 나는 실체다."
(*CPUR*, A348/B406)

여기에서 소전제의 "생각하는 존재자"는 경험적인 속성을 지닌 것이므로 이것을 대전제의 초월적 "실체"에서 추론할 수 없다. "생각하는 존재자인 나는 독자적으로 계속 존속하고 그러므로 당연히 발생하거나 소멸하지 않는다. 이것은 결코 그것[실체]으로부터 추론할 수 없다"(*CPUR*, A349). 다시 말해서 대전제에서의 실체 개념과 소전제에서의 실체 개념은 다르다. 칸트는 이것을 "매개념(媒槪念) 다의(多義)의 오류"(*sophisma figurae dicionis*)라고 부른다(*CPUR*, A402).[126] 대전제에서의 실체는 초월적인 순수 범주들(pure categories)의 하나로 직관의 다양한 표상을 종합하는 기능을 한다. 하지만 이런 다양한 표상이 주어지지 않을 경우에는 아무런 객관적 의미가 없다. 반대로 소전제에서 실체 개념은 경험적이다.

> 대전제는 조건을 다루면서 범주를 순전히 초월적으로 사용하는 반면 소전제와 결론은 이 조건 아래에 포섭된 영혼을 다루면서 동일한 범주를 경험적으로 사용한다. 예를 들어 실체성의 오류추리에서 실체 개념은 순수한 지성적 개념이다. ……그러나 소전제에서 동일한 개념은 모든 내적 경험의 대상에 적용되며, 그 적용의 구체적인 조건, 즉 이 대상의 영구불변성을 미리 확립하지 않고서 그렇게 한다. (*CPUR*, A402~403)

이런 혼동은 초월계와 현상계, 무조건자인 초월적 통각의 주체와 조건자인 인식대상의 주체를 혼동하는 것이다. 초월적 통각인 주체는 대상의 다양한 표상을 통일하는 인식행위를 위해 가정해야 한다. 따라서 "나는 어떤 대상을 인식하기 위해서 내가 가정해야 하는 것을 대상으로 알 수 없다는 것 그리고 지식이 지식의 대상과 구별되듯이 규정하는 자기(사고작용)가 규정되는 자기(생각하는 주체)에게서 구별되는 것은 매우 자명하다"(*CPUR*, A402). 그렇지만 초월적 통각인 "나"에게서 현존하는 대상인 "나"를 연역하는 것은 "실체화된 의식에 대한 허위진술"(subreption

---

126) 영어로는 "of ambiguous middle"의 의미로 소전제에서 사용된 매개하는 용어의 의미가 모호하다는 뜻이다.

of the hypostatised consciousness)이라고 부를 수 있다(*CPUR*, A402).[127] 인식행위에 가정되는 초월적 주체의 통일성, 즉 "범주들의 기초에 놓여 있는 의식의 통일성이 여기에서 대상인 주체에 대한 직관으로 오인되고 거기에 실체 범주가 적용"된다(*CPUR*, B421). 결코 대상으로 인식될 수 없는 순수 주체에 실체 범주가 잘못 적용된 결과 "의식의 순전한 형식"에 불과한 초월적 통각으로서의 주체가 인식 가능한 대상의 주체로 실체화되는 것이다(*CPUR*, A382).

초월적 통각인 주체가 결코 실체화될 수 없다는 것은 그것에 대해 어떠한 지식도 가능하지 않다는 것을 의미한다. 초월적 주체는 지각들을 통일시켜 "모든 표상을 사고로 만드는" 의식으로서의 '나'다(*CPUR*, A350). "그러나 '나'의 이런 논리적 의미를 넘어서 우리는 다른 모든 사고와 '나'의 기초에 기체로서 놓여 있는 주체 그 자체에 대해서는 아무런 지식이 없다"(*CPUR*, A350). 초월적 통각인 '나'는 "술어들인 생각들을 통해서만 알려질 뿐 그것들과 분리해서는 그것에 대해 아무런 개념도 가질 수 없으므로" '나'=X라는 등식이 성립한다(*CPUR*, A346). 라캉

---

127) 백종현의 번역 "기체(基體)화된 의식(실체적 통각)의 절취"의 난해성을 고려해 좀더 쉬운 용어로 옮겼다. 이는 대전제에서 초월적 개념으로 사용된 실체(로서의 주체) 개념과 소전제에서 경험적으로 사용된 실체(로서의) 주체 개념이 동일하지 않기 때문에 결론이 허위라는 의미다. 최인숙이 지적하듯이 이런 증명은 "순수한 사고(이성)의 산물인 개념(이념)—대전제—에, 직관—소전제—이 잘못 포섭되어 잘못된 선천적 종합판단—결론—을 낳게 되는" 종합적 추론이다. 칸트는 『순수이성비판』의 2(B)판(B410~411)에서는 분석적 추론을 사용하여, 1(A)판에서와 반대로 대전제에서 주체는 직관에 주어질 수 있는 경험 대상으로서의 주체를 뜻하고, 소전제에서 주체는 순수한 사고작용으로 자기의식을 의미한다고 말한다. 그러나 두 경우 모두 칸트의 주장은 동일하다. 이 차이에 대한 상세한 논증은 최인숙, 「칸트의 오류추리론—『순수이성 비판』의 제1판과 제2판에 있어서의 영혼론의 오류추리에 대하여」, 81~113쪽을 참조할 것. 이 오류추리에 대한 백종현의 해설은 A판의 내용에 B판에 관한 설명을 적용한 것으로 보인다. 『순수이성비판 I』, 74쪽을 참조할 것.

은 데카르트가 '나'의 확실성을 지식으로 여긴다고 말한다. "그[데카르트]의 오류는 이것이 지식이라고 믿는 것이다"(SXI, 224). 데카르트가 알 수 없는 '나'를 지식의 대상으로 여기는 오류를 범했다고 주장한다는 점에서 라캉은 칸트적이다.

데카르트의 둘째 오류는 "이 지식의 영역을 더 큰 주체, 알고 있다고 가정된 주체인 신의 차원에 놓은" 것이다(SXI, 224). 모든 것을 의심하는 방법론적 회의에서 시작한 데카르트 사유의 종점은 신이다. 그는 코기토의 명제를 수립한 후 "의심하는 것보다 아는 것이 더 완벽한 것이라는 것을 알기 때문에 나의 존재가 완전하지 않다는 것을 반성한 후에 나는 나보다 더 완벽한 어떤 것에 대해 생각하는 것을 어디에서 배웠는지를 탐구하기로 결심"한다.[128] 그리고 그는 완벽의 개념이 불완전한 존재가 아닌 완전한 본성을 지닌 존재로부터만 유래할 수 있다는 논리적 전개를 통해 신의 존재에 도달한다. "나보다 진실로 더 완전한 어떤 본성이 더 완전한 관념을 내 속에 심었다고 보아야하며, 그리고 그러한 본성은 내가 완성이라는 어떠한 관념을 가질 수 있게 되는 가능성의 원천이다. 한마디로 다시 설명하자면 그것은 곧 신이다."[129] 데카르트는 지식의 진리를 보증하는 "대타자", 즉 "완벽한 신"의 존재를 가정해야 하는 필연성에 봉착한다(SXI, 36).

지젝이 설명하듯이 주체가 초월적 대상으로서의 자신에 대한 지식을 가질 수 없는 것은 라캉의 환상공식($◇a$)에 상응한다. "'나는 생각한다'는 내가 생각하는 예지체적 물(物, Thing)로서의 나에게 접근할 수 없는 한에서 그렇다. 물은 근원적으로 상실되고 환상 대상(a)이 그 공백을 메운다."[130] 칸트처럼 라캉에게도 주체는 결코 '생각하는 것'(res cogitans)

---

128) René Descartes, *Discourse on Method and The Meditations*, 54~55쪽.
129) 같은 책, 55쪽.
130) Slavoj Žižek, *Tarrying with the Negative*, 14쪽.

으로 실체화할 수 없고 근본적으로 분열된 결여의 주체다. 데카르트에게 분열되지 않은 실체로서의 주체를 보증하는 것은 '알고 있다고 가정된' 대타자로서의 신이다. 신의 지식에 의존해서 주체를 생각하는 실체로 확립하려는 것은 주체의 공백을 메워 분열된 주체 S에게서 "사선을 없애려는" 시도다.[131]

무의식적 주체의 윤리성

데카르트와 달리 프로이트는 사유에서 존재가 아닌 "무의식의 확실성"을 이끌어낸다(SXI, 36). "프로이트는 무의식적 생각이 있다는 것을 확신한다. ……프로이트와 데카르트 간의 불균형이 드러나는 것은 바로 이 지점이다. ……이 불균형은 주체가 무의식의 영역에 기거한다는 사실에서 연유한다"(SXI, 36). 주체가 무의식에 기거하기 때문에 사유에서 존재로 이행하는 것은 성립하지 않는다. 오히려 존재와 사유는 상호배타적인 관계를 갖게 된다. 라캉은 "나는 내가 존재하지 않는 곳에서 생각하며 따라서 나는 내가 생각하지 않는 곳에 존재한다"라고 선언하며 데카르트의 공식을 전복한다(E, 430).[132] 사유와 존재 사이에서 주체는 분열된다.

---

131) Mladen Dolar, "Cogito as the Subject of the Unconscious," 17쪽.
132) 무의식적 존재와 의식적 사유의 대립은 세미나 XI 『정신분석의 네 가지 근본개념』(The Four Fundamental Concepts of Psychoanalysis)에서 존재와 의미의 대립으로 반복된다. 그러나 라캉은 이런 용어를 일관성 있게 사용하지 않았다. 라캉의 세미나 XIV 『환상의 논리』(The Logic of Phantasy)에서 주체는 상징계에 들어서면서 (거짓된) 존재를 선택할 수밖에 없고 역으로 무의식적 사유를 상실한다. 즉 존재와 사유는 반대의 의미로 사용된다. 이에 대한 논의는 Slavoj Žižek, For They Know Not What They Do, 147쪽; Mladen Dolar, "Cogito as the Subject of the Unconscious," 25~37쪽; Bruce Fink, The Lacanian Subject, 44~48쪽을 참조할 것.

경험적 주체로 실체화되지 않고 무의식에 기거하는 주체는 어떻게 나타나는가? 라캉은 무의식적 주체가 발화내용이 아닌 발화행위에서 나타난다고 지적하고 화행의 주체와 진술의 주체를 구분한다(E, 677; SXI, 139).[133] 진술의 주체는 발화 내용의 구체적인 문맥에 따라 달라지는 '나'라는 지시사(shifter)이지만 이 '나'라는 지시사는 화행의 주체를 나타내지 못한다. 라캉은 '나는 거짓말을 하고 있다'는 발화를 예로 제시한다. 말하는 주체는 진술의 차원에서 '거짓말을 하고 있다'는 기표에 의해 사후적으로 의미가 결정되어 대타자 속의 기의를 갖게 된다. 즉 진술의 주체는 거짓말을 한다. 그러나 '나는 거짓말을 하고 있다'는 발화행위의 주체는 오히려 '나는 당신을 속이고 있다'는 진실을 말한다. 여기에서 진술의 '나'는 자아이고, 화행의 '나'는 코기토다.

라캉은 여기에서 "문제가 되는 것이 무의식의 주체일 때 '누가 말하는가'라는 질문"을 던진다(E, 677). 화행의 차원에서 진술의 내용과 다른 무엇이 드러난다면 이는 진술의 주체가 알지 못하는 것이며, 그런 이유에서 말하는 주체는 의식적 주체인 자아가 아니라 무의식에 속한다. 의식적 주체가 알지 못하는 "그것이 주체에 대해 말하고 있는 것이다"(E 708). 무의식적 화행의 주체가 말하는 것은 욕망이다. 라캉은 "화행이 말하고 있는 것은 무엇이든 욕망에 속한다"라고 말하는데(SXI, 141), 이는 화행의 차원에서 무의식적 욕망이 드러나는 것을 의미한다.[134] 주체는 자신의 화행에서 드러나는 무의식적 욕망을 알지 못한다. 그러므로 콜

---

133) 화행(énociation)과 진술(énoncé)은 영어로 enunciation과 statement 또는 utterance로 번역된다. 지젝이 지적하듯이 화행의 주체가 사물의 질서에 속할 수 없는 순수한 공백이고 결여인 주체 $라면, 진술의 주체는 이 공백을 메우는 실체다. Slavoj Žižek, *Tarrying with the Negative*, 14~15쪽을 참조할 것.

134) 화행의 주체와 진술의 주체의 차이에 대해서는 Joël Dor, *Introduction to the Reading of Lacan: The Unconscious Structured Like a Language* (London: Jason Aronson, 1997), 147~155쪽을 참조할 것.

레트 솔레(Colette Soler)가 지적하듯이 무의식의 존재를 확신하는 것은 주체(피분석가)가 아니라 타자(분석가)이며 이것이 데카르트와 프로이트의 또 다른 차이점이다.[135) 라캉에게 "정신분석가는 무의식이 말하는 대상이기 때문에 무의식 개념의 핵심이다"(E, 707).

화행의 주체와 진술의 주체의 차이는 기표의 주체와 기의의 주체의 차이와 같다. "내가 기표의 주체로서 차지하는 장소가 내가 기의의 주체로서 차지하는 장소와 동심(同心)적인가 이심(離心)적인가? 이것이 문제다. ······이것은 내가 나에 대해 말할 때 내가 말하는 대상인 자아와 같은지를 아는 문제다"(E, 430). 진술의 주체는 발화내용에서 의미를 부여받는 기의의 주체이고, 화행의 주체는 진술 속에서 실현되지 못하고 말하는 과정에서 명멸하는 주체다. 이 둘은 서로 중심이 다르며 결코 만날 수 없다. 이 둘이 만날 수 있는 가능성은 데카르트의 논리에서처럼 사유에서 존재가 확보될 때다. 그러나 라캉에게 생각하는 주체는 존재를 확보하는 것이 아니라 기표에 종속됨으로써 존재를 상실한다.

"기표는 다른 기표에게 주체를 대표한다"는 라캉의 유명한 명제는 주체가 자신을 나타내는 기표를 찾지 못하고 기표의 사슬에서 끊임없이 미끄러지는 것을 뜻한다. 왜냐하면 "주체는 자신을 '완전히' 대표하는 '적절한' 기표를 갖지 못하고" 모든 기표는 "주체를 이미 항상 전치하고 왜곡하기" 때문이다.[136) 주체의 "존재는 항상 다른 곳에 있다. ······ 주체는 일시적이고 사라지는 것에 불과하다. 왜냐하면 그것은 단지 기표에 의해서 그리고 다른 기표에게만 주체이기 때문이다"(SXX, 142). 기의의 주체가 "언어 속에서 자신을 표현하고자 하는 어떤 의미의 담지자이자 적극적인 행위자"라면 기표의 주체는 언어의 의미 속에 실현되지 못하

---

135) Colette Soler, "The Subject and the Other (I)," 42쪽.
136) Slavoj Žižek, *For They Know Not What They Do*, 24쪽.

는 공백의 주체이고 "불확정의 주체"다(*SXI*, 26). 기표의 사슬인 "S1 → S2는 주체가 기표 속에서 특수한 정체성, 절대적 표상, 자신 고유의 참된 이름을 찾을 수 있다는 것을 의미하지 않는다. 기표의 대타자는 무의식적 주체에게 이름을 제공하지 않는다."[137]

지젝의 표현대로 "기표의 주체는 바로 이 결여, 자신의 고유한 기표를 찾을 수 없는 불가능성이다."[138] 그러므로 무의식의 주체는 기표가 아니라 담론의 흐름을 방해하는 틈, 즉 분석 중에 주체의 말이 끊어지거나 방해받는 지점에서 드러난다. 라캉은 "담론에서의 틈"에 주목하며 "분석시간 동안의 담론은 그것이 실수하거나 심지어 스스로 방해하는 한에서만 가치가 있다"라고 지적한다(*E*, 678). 화행의 주체는 프랑스어의 허사(虛辭)인 *ne* 같은 기표에서 나타나는데, 이 *ne*는 표면적으로는 문장의 의미에 영향을 미치지 않는다. 하지만 그것이 없을 경우 화행의 주체는 단지 진술의 주체가 되어버린다(*E*, 678).[139] 문장 속에서 아무런 의미도 지니지 못하는 허사는 표면적으로 담론의 틈새를 메우는 환상을 불러일으키지만 동시에 담론의 흐름을 방해한다.[140] 예를 들어 프랑스어는 '그가 올까 두렵다'라는 말을 *Je crains qu'il vienne*(I am afraid he may come)이라고 말하지 않고 *Je crains qu'il ne vienne*(I am afraid he may 'not' come)이라고 말한다. 여기에서 "'*ne*'가 삽입되는데 이는 화행의 차원과 진술의 차원 사이의 불일치를 나타낸다. 부정 불변화사 '*ne*'는 내가 무의식의 차원에 있다면 내가 말해지는 순간이 아니라 내가 실제로 말하는 순간에만 출현한다"(*SVII*, 64)는 것을 드러낸다. 라캉은 프로이트의 '부정' 역시 이런 기능을 하는 것으로 본다. 부정은 말하지 않는 것

---

137) Jacques-Alain Miller, "Another Lacan," *Lacan Studies Notes*, 6-9 (1988), 270쪽.
138) Slavoj Žižek, *The Sublime Object of Ideology*, 175쪽.
139) 영어의 예는 Bruce Fink, *The Lacanian Subject*, 39~40쪽을 참조할 것.
140) Samuel Weber, *Return to Freud*, 113쪽을 참조할 것.

(no-saying, *non-dit*) 그리고 금지된 것(interdiction, *interdit*)과 더불어 "억압된 것인 무의식이 본질적으로 자신을 표현하는 형태"이며 일종의 "틈새에서 말하기"(intersaid, *entre dit*)다.[141] 무의식적 주체는 담론의 틈에서 말하는 것이다.

라캉은 이렇게 의미사슬의 균열에서 나타나는 무의식적 주체를 실재의 주체라 부른다. "의미사슬 속의 균열은 실재에서 불연속성인 주체의 구조를 확인하는 유일한 균열이다"(*E*, 678). 상징적 의미사슬의 기표에서 자신을 확보할 수 없는 실재의 무의식적 화행의 주체는 의미사슬의 틈에서 그 존재를 확보한다. 라캉은 「프로이트적 물 혹은 정신분석에서 프로이트로의 회귀의 의미」에서 프로이트의 유명한 명제 "*Wo es war, soll Ich werden*"을 무의식적 주체의 출현으로 해석한다. 그는 이 명제를 이드가 있던 곳에 자아가 들어설 것(Where the id was, there the ego shall be)이라고 해석하여 자아의 강화를 통해 무의식적 이드가 통제되어야 한다고 주장한 자아심리학자들을 비판한다.[142]

라캉은 원문의 *Es*와 *Ich*에 통상 선행하는 정관사가 없다는 점에 주목한다. 프로이트는 "소외시키는 동일시의 연속을 통해 그 핵이 구성된 자아와 무의식의 참된 주체를 근본적으로 구별하기 위해 『자아와 이드』(*Das Ich und das Es, The Ego and the Id*)를 썼다"(*E*, 347). 프로이트에 따르면 인간은 성적 대상을 포기해야 할 때 포기한 대상을 자아 속에 내화시

---

141) 물론 프로이트의 '부정'은 "아니다"(not)라는 부정어의 삽입이 부정된 것에 대한 무의식적 욕망을 드러낸다는 것을 보여주지만, 라캉은 부정어가 없어도 화행과 진술의 분열에 의해 부정의 차원이 도입된다는 점을 보여준다. 이 점에 대해서는 Robert Pfaller, "Negation and Its Reliabilities: An Empty Subject for Ideology?", *Cogito and the Unconscious*, Slavoj Žižek 엮음, 242쪽 미주 11번을 참조할 것. 번역본은 로버트 팔러, 「부정과 그 확실성: 이데올로기를 위한 텅 빈 주체」, 이만우 옮김, 『코기토와 무의식』 슬라보예 지젝 엮음(라깡정신분석연구회 옮김, 인간사랑, 2013), 355~387쪽을 참조할 것.

142) 프로이트의 명제는 *SE* XXII: 80쪽을 참조할 것.

켜 이드에게 그 대상 대신 자신을 사랑하게 한다. 자아는 이렇게 "포기한 대상-카섹시스의 응축물"로서 포기한 대상의 특성들을 지닌다(*SE*XIX: 29). 자아와 달리 정관사가 없는 *Ich*는 무의식적 욕망의 화행적 주체를 의미한다. 정관사 없는 *Es* 역시 *id*를 의미하는 *das Es*와 달리 무의식적 "존재의 장소"를 의미한다(*E*, 347). 라캉은 심지어 *Es*가 영어로 주체를 의미하는 subject의 첫 글자 s와 동음이라는 사실도 유희한다.

soll은 "도덕적 의미에서의 의무"를 함축하고 *werden*은 "된다" 또는 "그것이 존재의 장소인 한에서 바로 이 장소에서 태어난다"는 뜻을 지닌다(*E*, 347). 그러므로 이 명제는 "그것이 그것이었던 곳에서 내가 생겨나는 것이 나의 의무다"를 의미한다(*E*, 347~348). 라캉이 "무의식의 지위는······ 윤리적"이라고 말하듯이(*SXI*, 33), 여기에서 의무는 윤리적 의미다. 프로이트의 명제에서 '그것'이라는 비인칭적, 즉 무의식적 의미사슬의 장소에 '나'가 출현해야 하는 것, 다시 말해서 '그것'이 '나'로 바뀌는 것은 무의식적 주체의 윤리적 당위성을 보여준다. 왜냐하면 이 무의식적 주체는 "무의식에 대한 책임을 떠맡는 나, 주체의 개입 없이 스스로 발생하는 것처럼 보이는 무의식적 사고들의 결합에서 출현하는 나"이기 때문이다.[143] 주체는 무의식적 실언이나 실수의 형태로 나타나는 담론의 "균열이라기보다 그것에 대한 책임을 떠맡는" 주체로서 순간적으로 출현했다 사라진다.[144] 그러므로 라캉의 주체는 무의식적 담론에 의해 결정되는 효과가 아니라 스스로 원인이 되는 주체다. 라캉이 「과학과 진리」("Science and Truth")에서 말하듯이 프로이트의 명제에서 '*soll Ich*'는 "나에게 나 자신의 원인성을 떠맡도록 압박하는 명령의 패러독스를 낳는다"(*E*, 734).

---

143) Bruce Fink, *The Lacanian Subject*, 46쪽.
144) 같은 책, 47쪽.

실재와 (탈)이데올로기

무의식적 주체와 의미사슬인 무의식은 동일하지 않다. 라캉은 프로이 트가 『꿈의 해석』(*The Interpretation of Dreams*)에서 지각과 의식 사이에 서 기억흔적들이 새겨지는 장소로 설명한 무의식이 기표들의 사슬로 이 루어져 있고 "주체가 구성되는 곳"이며 "대타자의 장소가 위치한 곳"이 라고 말한다(*SXI*, 45).[145] "무의식은 대타자의 담론"이라는 명제가 말해 주듯 기표들의 사슬로 정의된 무의식은 전적으로 상징계에 속한다고 여 겨진다.[146] 그러나 찰스 셰퍼드슨(Charles Shepherdson)이 환기하듯이 무의식을 "전적으로 상징계적 현상으로 환원하지 않도록 주의해야 한 다."[147] 라캉은 1976년 5월에 세미나 XI 『정신분석의 네 가지 근본개념』 의 영문판 서문에서 "무의식은······ 실재"라고 선언한다(*SXI*, vii).

무의식의 주체는 의미사슬의 틈새에서 출현하는 실재에 속한다. 주체 는 상징계에서 태어난다는 의미에서 상징계에 속한 기표의 주체이지만 기표에 의해 대표되지 못하는 분열된 주체 $\$$이며, "주체의 '존재'는 배제 된, 즉 '부재하거나' '추방된', 그렇지만 '실재'하는 것으로 남는다"[148] 라캉이 말하듯 "주체는 그것이 있었던 곳인 실재를 되찾으려 한다"(*SXI*, 45) 라캉이 말하는 "존재(being)는 '있다'(to be)라는 동사의 공백 속에 서 일순간에 나타나는 것"이며 "그것이 방금 있었던 곳, 그것이 잠시 있 었던 곳, 아직 타오르는 소멸과 말더듬의 열림 사이에서, '나'는 내 진술 에서 사라짐으로써 출현한다"(*E*, 432, 678). 실재의 무의식적 주체는 의

---

145) 지각, 무의식, 의식에 대한 프로이트 이론에 대해서는 제9장 「쾌락원칙을 넘어 서」를 참조할 것.

146) Dylan Evans, *An Introductory Dictionary of Lacanian Psychoanalysis*, 202쪽.

147) Charles Shepherdson, *Lacan and the Limits of Language* (New York: Fordham UP, 2008), 12쪽.

148) 같은 곳.

미사슬의 틈새에서 순간적으로만 명멸한다.

앞서 언급했듯이 알튀세르는 라캉의 정신분석을 이데올로기 이론에 차용하는 과정에서 라캉의 실재 개념을 간과한다. 알튀세르 이론에서 무의식의 개념은 의미사슬로 구성된 언어의 구조에 한정된다. 그는 이 구조가 근본적으로 결여된 구조이고 실재의 주체가 이 결여의 지점에서 출현한다는 점을 간과한다. 이와 달리 라캉은 욕망의 그래프를 통해서 주체의 결여/욕망이 대타자의 결여/욕망을 통해 태어나는 욕망의 변증법을 설명한다. 알튀세르 이론에서 이데올로기는 질문을 하지 않고 호명할 뿐이다. 라캉에게 주체는 근본적으로 질문하는 욕망의 주체다. 알튀세르의 주체가 이미 항상 상징계의 대타자에 의해 호명된 이데올로기적 주체에 머문다면 라캉의 주체는 대타자의 호명으로 부여받은 상징적 정체성에 부단히 의문을 품고 이를 거부하는 주체다.

라캉에게 "주체는 비인식(non-recognition)의 지점에서만 출현한다. 모든 무의식의 형성물은 이런 공통점, 즉 '이건 내가 아니야'라는 말이 동반된다는 공통점이 있다."[149] 알튀세르 이론에서 호명된 주체가 자신에게 부여된 기표/이름을 자신으로 인식하는 것과 달리 라캉의 주체는 부여된 기표/이름이 자신이 아니라는 의문을 품는다. "주체는 정확히 말해서 주체가 되는 데 실패하는 것이다. 다시 말해 정신분석학적 주체는 알튀세르적 주체가 되는 데 실패하는 것이다."[150] 알튀세르의 이데올로기 이론에서는 대타자인 대문자 주체(S)와 소문자 개별 주체(s)가 포개지는 이데올로기적 효과로 주체가 탄생한다. 반면 라캉 이론에서 주체는 대타자의 결여와 주체의 결여가 포개지는 욕망의 변증법에서 출현하는 분열된 욕망의 주체($)다.

---

149) Mladen Dolar, "Beyond Identification," *Qui Parle*, 6,2 (1993), 80쪽.
150) 같은 글, 77~78쪽.

주체는 기표가 아니라 상징계에서 출현하는 순간 배제되는 실재의 잉여 — 외밀성(extimacy) 또는 대상 a — 에서 자신을 찾는다. 라캉이 환상 공식으로 정립한 분열된 주체와 "실재의 조각"인 대상 a의 관계는 "호명을 넘어선" 차원이다.[151] 왜냐하면 이 "실재의 조각"은 기표화될 수 없고 이데올로기의 지평으로 편입될 수 없기 때문이다. 이데올로기적 호명이 부여하는 기표를 의문시한다는 점에서 라캉의 주체는 히스테리적 주체다. "왜 나는 당신[대타자]이 나라고 말하는 자인가?"라는 히스테리적 질문은 "주체가 상징적 동일시를 수행할 수 없음"을 표시하는 "실패한 호명의 증거"이며, 주체는 상징적 동일시가 아니라 "호명 — 주체의 종속, 주체가 상징적 네트워크에 포함되는 것 — 에 저항하는 주체 안의 대상"에서 자신을 찾는다.[152]

알튀세르주의자인 로버트 팔러(Robert Pfaller, 1962~)는 이데올로기의 실패 역시 이데올로기 밖이 아니라 안에서 작동한다고 주장한다. "이데올로기 자체가 그것을 상상적인 방식으로 위반하는 수단을 제공해야만 우리는 이데올로기에 의해 전적으로 통합될 수 있다. 그러므로 이데올로기가 기능하기 위해서는 때때로 부정의 제스처가 필요한 것처럼 보인다."[153] 이런 관점에서 보면 주체가 상징적 명령과 동일시하지 않고 자기 안의 잉여인 대상 a를 경험하는 것 자체가 "상징적 기구에 대한 상상적 거리의 전형적 형태"이며 이데올로기의 효과다.[154] 팔러는 라캉이 말하는 화행의 주체 역시 "상상적 주체"에 불과하고 "이데올로기는 어떤 이데올로기적 내용과도 전적으로 다른 것으로 보이는 공백의 외양이기도 하며" 따라서 "공백 역시 정체성이고 '영도의 호명'(zero-

151) 같은 글, 91쪽.
152) Slavoj Žižek, *The Sublime Object of Ideology*, 113쪽.
153) Robert Pfaller, "Negation and Its Reliabilities," 236쪽.
154) Slavoj Žižek, *The Indivisible Remainder*, 166쪽.

interpellation) '호명을 넘어선 호명' 역시 호명"이라고 주장한다.[155]

지젝에 따르면 이렇게 "호명의 외적인 과정 이전에 이미 존재했던 주체의 자기경험 자체가 호명의 과정 자체에 의해 발생한 사후적 오인"이라는 알튀세르적 주장은 공백으로서의 주체를 메우는 "환상적 내용"과 공백인 주체를 구분하지 못하는 데에서 기인한다.[156] 다시 말해서 "알튀세르가 '생각하지 못한 것'은 주체화의 제스처에 선행하는 언캐니(uncanny)한 주체가 이미 존재한다는 것", 즉 주체화 과정에서 "사라지는 매개자"인 주체가 존재한다는 점이다.[157] 이데올로기가 주체의 텅 빈 공간까지도 점령했다는 팔러의 주장은 주체를 철저히 이데올로기적인 것으로 파악하는 알튀세르의 주장을 반복하는 것이다. 정신분석의 종점인 환상 가로지르기를 통해 도달한 공백이 이미 이데올로기의 식민지이고 주체는 이 공백의 이름을 부여받은 피지배자일까? 아니면 정신분석학적 주체는 공백이라는 기표/이름을 거부하고 이름 없는 공백으로 다시 출현하는 것일까?

---

155) Robert Pfaller, "Negation and Its Reliabilities," 241쪽.

156) Slavoj Žižek, *The Indivisible Remainder*, 166쪽.

157) Slavoj Žižek, *The Metastases of Enjoyment*, 61쪽. 영어 uncanny의 독일어는 *unheimlich*이다. 프로이트는 「언캐니」("The 'Uncanny'")에서 *heimlich*(familiar)의 사전적 정의가 낯설지 않고 친숙하다는 의미이지만 역설적으로 낯설고 두렵다는 정반대의 의미도 있다는 점을 지적하며, 이런 감정을 유발하는 원인을 거세 콤플렉스, 반복강박, 애니미즘 등으로 추적한다. *SE* XVII: 217~252쪽을 참조할 것. 이 논문의 번역본은 이 용어를 "두려운 낯설음"으로 번역한다. 지그문트 프로이트, 『예술, 문학, 정신분석』(정장진 옮김, 열린책들, 2003), 399~452쪽을 참조할 것. 이 번역은 이 용어를 형용사로 사용할 때 한 단어로 표현하지 못한다는 단점이 있다. 그러므로 '기괴한' '기이한' 등으로 번역하기도 한다. 임진수는 "두려운 낯설음"이라는 번역이 프랑스 정신분석학자들이 이 용어를 *etrangeté inquiétante*로 옮긴 것을 따른 것이라고 설명하고, '섬뜩함'이라는 번역어를 제시한다. 임진수, 『부분 대상에서 대상 *a*로』(파워북, 2011), 263~266쪽을 참조할 것.

라캉 이론에서 실재와 상징계는 불가분의 관계로 연결되어 있지만 배타적인 관계다. 상징계의 출현 자체가 실재를 전제로 하거나 결과로 가정해야 하기 때문이다. 팔러의 지젝 비판은 이 배타성을 부정하고 실재를 상징계의 변두리로 소환한 논리적 결과다. 정신분석은 상징계로 소환된 주체를 다시 실재로 불러낸다. 여기에서 상기해야 할 것은 주체가 상징계에서 태어나고 상징계에 거주하지만 동시에 실재계에서 출현한다는 역설이다. "분석 담론이 관심을 갖는 것은 의미의 효과로서, 실재에 대한(로부터의) 응답인 주체"라는 라캉의 발언은 이런 역설을 표현한다(*LE*, 56).[158] 즉 라캉의 주체는 의미의 효과이지만 실재와의 관계에서 출현한다. 밀레가 말하듯이 정신분석에서 주체는 꿈, 무의식, 실수에서 그리고 "행동화(acting out)의 형태로 실재에서 직접 출현할 수도 있다."[159] 주체는 "실재에서 출현하는 의미작용의 효과"이며 "실재의 응답으로 출현하기 전에 주체는 순전히 비결정적이다."[160] 다음 장에서 자세히 다루겠지만 분석의 끝에서 환상을 가로지른 주체가 경험하는 주체적 궁핍(subjective destitution)은 주체의 실재적 차원을 명명한다.

알튀세르의 호명의 주체가 대타자(의 부름)에 대한 응답이라면 환상을 가로지른 라캉의 주체는 "대타자의 비존재를 발견하고" 그 결과 "이전의 대타자가 만든 대답이 아니라 자신이 만든 대답"을 스스로 제공한다는 의미에서 자율적이고 창조적이다.[161] 주체는 이데올로기적 호명

158) 프랑스어 원문 *réponse du réel*의 전치사 *du*는 '로부터' '에 대한' '의' 등 여러 의미를 포함한다. 그러므로 파울 베르하허(Paul Verhaeghe)는 'answer to/from the real'로 번역한다. Paul Verhaeghe, "Causation and Destitution of a Pre-ontological Non-entity: On the Lacanian Subject," *Key Concepts of Lacanian Psychoanalysis*, Dany Nobus 엮음, 183쪽.

159) Jacques-Alain Miller, "The Responses of the Real," Ellie Ragland 옮김, *(Re)-Turn: A Journal of Lacanian Studies*, 5 (2010), 27~28쪽.

160) 같은 곳.

161) Paul Verhaeghe, "Causation and Destitution of a Pre-ontological Non-entity: On

으로 발생한 '의미의 효과'로서 상징계에서 전적으로 결정되지 않고 실재의 응답으로 출현한다는 점에서 탈이데올로기적이다. 후쿠야마의 탈역사적인 최후의 인간이 자유민주주의 이데올로기에 안주하는 포스트-이데올로기 시대의 산물이고 알튀세르의 주체가 철저히 이데올로기적인 주체인 반면 무의식적 주체는 상징계에 의해 정의되기를 거부하고 부단히 실재계로 탈주하는 탈이데올로기적 주체다.

---

the Lacanian Subject," 183쪽.

제3장 욕망의 변증법*

라캉과 (탈)구조주의

"무의식은 언어처럼 구조화되어 있다"라는 라캉의 유명한 명제가 단적으로 예증하듯이, 그가 페르디낭 드 소쉬르(Ferdinand de Saussure, 1857~1913)의 구조언어학의 관점에서 프로이트의 정신분석학을 다시 읽으면서 발견한 것은 무엇보다도 무의식의 언어적 차원이다. 이 명제는 라캉을 (탈)구조주의자로 해석하기에 충분한 근거를 제공했다. (탈)구조주의적 라캉 해석에서 주체는 대타자/상징계에서 기표의 끊임없는 환유적 이동에 종속된다. 제1장에서 보았듯이 포의 「도둑맞은 편지」를 편지/글자의 순환에 따른 주체의 위치 변화로 읽은 라캉의 세미나는 이런 해석을 뒷받침한다. 탈구조주의적 라캉 해석은 이 세미나에서 라캉이 주체에 대한 기표의 우위를 강조한 것에 기초한다.

예컨대 대표적인 탈구조주의적 라캉 해석자인 웨버는 주체가 기표의 의미사슬 안과 밖에서 차이의 움직임에 종속된다는 점을 강조한다.

---

* 이 장의 144~153쪽, 167~172쪽, 175~176쪽, 182~183쪽은 「욕망의 주체와 윤리적 행위-라깡과 지젝의 주체이론」의 제목으로 『안과 밖』[10 (2001), 269~289쪽]에 수록된 것을 수정한 것이다.

그것[주체]은 지시사(shifter)나 유랑자로 간주된 "나"의 길을 가야 하며 그것의 유일한 "집"은 의미사슬(또는 환유적 사슬)의 레일이다. 주체가 이렇게 재-기입되는 과정에서 혼란스러운 것은 그것의 운명이 기표의 레일을 단순히 따르는 것이 아니라 레일에서 탈선하기 때문이다. 기표의 차이적 성격은 따라서 환유적 운동 자체에 영향을 미친다. 그것은 주체를 단순히 다른 곳으로 데려갈 뿐 아니라 결코 도착하지 못할 곳에 주체를 위치시킨다. 주체의 의미화 구조는 사슬 안에서뿐 아니라 사슬 밖에서도 타자들과의 상대적 위치를 통해서만 가치가 생긴다. 그러므로 주체의 장소를 완전히 구획하는 것은 불가능하다. ……주체는 그것이 소실되는 한에서 나타난다. 주체의 출현은 주체의 페이딩(fading)이다.[1]

의미사슬의 레일을 따르든 그 레일에서 탈선하든 간에 주체의 운명은 차이의 논리에 의해 결정되며 그 결과 주체는 사라진다. 웨버의 해석은 "언어에는 차이밖에 없다"는 소쉬르의 명제에 주체의 끊임없는 자리 이동을 기입한 라캉의 (탈)구조주의적 주체 개념을 명쾌히 설명한다.[2] "타자들과의 상대적 위치를 통해서만 가치가 생긴다"는 웨버의 설명은 "어느 한 요소의 가치는 다른 모든 요소의 동시적 공존에 의존하며" 다른 모든 요소와의 "관계와 차이에 의해서만 결정된다"는 소쉬르의 차이와 가치 개념을 정확히 따르고 있다.[3] 그러므로 웨버에게 "기표들은 그 것들의 차이에 의해서만 '존재'한다. ……주체는 기원적인 현전으로 거

---

1) Samuel Weber, *Return to Freud*, 89~90쪽. 페이딩은 희미해져 사라진다는 의미로서 주체의 소멸을 의미한다.
2) Ferdinand de Saussure, *Course in General Linguistics*, Roy Harris 옮김 (Chicago: Open Court, 1983), 166쪽.
3) 같은 책, 113, 116쪽.

슬러 올라갈 수 없고 대신 환원 불가능한 반복의 움직임에 의해 구성되는 표상의 구조에 새겨진다."[4]

웨버는 상징계에서 탈주하는 라캉의 주체를 탁월하게 설명하지만 그의 해석은 주체의 무한한 이동과 사라짐에 집중된다. 차이의 논리를 강조하는 웨버의 해석에서 주체는 "다른 곳"으로 그리고 "결코 도착하지 못할 곳"으로 끊임없이 이동한다. 그래서 웨버는 라캉이 프로이트의 압축과 전치를 언어학적으로 각각 은유와 환유로 해석할 때, 의미작용이 발생하는 은유보다 기의가 기표 아래로 끊임없이 미끄러져 의미효과가 지연되는 환유를 더 중요하게 여겼다고 주장한다. "우리는 은유와 환유가 '기표의 균일한 운동의 기능들'이라는 결론에 도달한다. ……그렇지만 만일 두 측면이 필요하고 상호의존적이더라도 그것들은 동일한 위상을 갖지 않는다. 기표는 연쇄를 수단으로 할 때만 기표가 되고 이는 은유보다 환유가 우선한다는 것을 암시하는 것처럼 보인다."[5]

그러나 밀레의 표현을 빌리면 차이의 논리가 지배하는 의미사슬을 강조한 라캉과 구분되는 '또 다른 라캉'이 있다. 이 다른 라캉에게 중요한 것은 의미사슬(S1 → S2)이 아니라 환상에서 주체와 대상 a의 관계($§ →$ a)다. 후에 논하겠지만 라캉은 "기표의 유희를 찬양하는" 것이 아니며 기표의 치환 속에서 영원히 자신의 기표를 찾지 못하는 무의식적 욕망의 주체는 대상 a에서 자신의 존재를 확보한다.[6] 밀레의 해석에서 주체

---

4) Samuel Weber, *Return to Freud*, 135쪽.

5) 같은 책, 66~67쪽. 이와 반대로 탈구조주의자인 낭시와 라쿠-라바르트는 라캉이 환유보다 은유를 더 중요시 여겼다고 해석한다. "담론의 고정은 (요컨대 차이에 반대해서 은유에 부여된 특권을 통해서) 언어의 통합적 선형성보다 계열적(수직적) 축을 선호하는 라캉의 체계를 형성한다." Jean-Luc Nancy & Phillipe Lacoue-Labarthe, *The Title of the Letter*, 147쪽. 반면 라캉과 탈구조주의의 차이를 주장한 지젝은 탈구조주의가 은유보다 환유를 더 강조한다는 점을 지적한다. Slavoj Žižek, "Why Lacan is not a Post-structuralist?", *Newsletter of the Freudian Field*, 1-2 (1987), 31쪽과 Slavoj Žižek, *The Sublime Object of Ideology*, 154쪽.

가 향하는 곳은 의미사슬의 안과 밖에서 "결코 도착하지 못할 곳"이 아니라 대상 *a*다. 탈구조주의적 라캉 해석이 무한한 차이와 이동을 강조한다면 밀레가 해석한 '또 다른 라캉'은 주체가 대상 *a*를 향한다는 사실을 더 강조한다. 이 차이는 라캉의 소외와 분리 개념에 상응한다. 의미사슬(S1 → S2)이 소외(alienation)의 구조라면 주체와 대상 *a*의 관계($ → a)는 분리(separation)의 구조다. 앞으로 상세히 서술하겠지만 라캉의 주체는 소외의 주체일 뿐 아니라 분리의 주체이며 엄밀히 말해서 욕망의 주체는 소외가 아닌 분리에서 출현한다.

소외와 분리는 앞 장에서 논한 주체와 이데올로기의 관계에서도 중요한 변별점을 제공한다. 라캉이 탈구조주의자가 아니라는 점을 가장 명확히 주장한 지젝은 『이데올로기의 숭고한 대상』에서 알튀세르와 라캉의 이론적 차이를 "소외의 윤리"와 "분리의 윤리"의 차이로 요약한다.[7] 알튀세르의 주체가 이데올로기 속에서 소외된다면 라캉의 주체는 이데올로기나 상징계에서 분리되어 소외에서 벗어날 가능성을 보여준다. 라캉에게 상징계 밖에 있는 또 다른 세계란 존재하지 않으며 주체는 철저히 상징계의 주민이다. 그럼에도 주체는 상징계에 머무르지 않는 방랑자이며 상징계 안에 존재하는 동시에 탈존하는 역설적 존재다. 라캉이 세미나 V 『무의식의 형성』(*Formations of the Unconscious*)에서 고안하기 시작하여 「주체의 전복과 프로이트적 무의식에서의 욕망의 변증법」("The Subversion of the Subject and the Dialectic of Desire in the Freudian Unconscious")에서 완성한 욕망의 그래프와 세미나 XI 『정신분석의 네 가지 근본개념』에서 제시한 소외와 분리 이론은 주체와 상징계의 역설적 관계를 가시적으로 보여준다.

---

6) Jacques-Alain Miller, "Another Lacan," 270쪽.
7) Slavoj Žižek, *The Sublime Object of Ideology*, 3쪽.

주체화와 소외

라캉의 주체는 상징계에서 출현할 때 불가피하게 기표에 의해 분열되고 자신의 존재를 상실하며 소외된다. 주체화 자체가 상징계의 기표에 의해 주체가 호명되는 것을 뜻한다.[8] 인간이 상징계에서 태어나며 존재를 상실할 때 무의식이 발생한다. 라캉은 주체와 대타자의 관계를 2단계로 설명하는데, 1단계는 그리스어로 소멸을 뜻하는 아파니시스나 페이딩이라고 명명한다. 페이딩은 주체가 기표에 종속되는 것을 의미하는 주체의 소멸이다.

기표가 대타자의 영역에서 출현하는 한 주체는 태어납니다. 그러나 바로 이 사실에 의해서—생겨나는 주체가 아니라면 이전에 무(無)였던—이 주체는 기표로 응고됩니다. ……내가 무의식을 열리고 닫히는 것으로 말했다면 그 이유는 무의식의 본질이 주체가 기표와 함께

---

[8] 탈구조주의적 라캉 해석은 이 점을 강조한다. '주체화'는 영어로 'subjectivation' 또는 'subjectivization'이다. 예컨대 지젝은 주체화(subjectivation)를 주체가 이데올로기적 호명을 받아 "자신의 이데올로기적 입장을 인식하는 것"으로 정의한다. Slavoj Žižek, *The Sublime Object of Ideology*, 43~44쪽. 지젝은 또한 주체가 술어를 갖는 것, 즉 여러 가지 기표로 불리는 것을 'subjectivization'이라 부른다. 주체가 "많은 특수한 술어-결정사"로 불린 후, 즉 "모든 내용이 주체화된 후"에 남아 있는 빈 그릇이 헤겔적·라캉적 주체다. Slavoj Žižek, *Tarrying with the Negative*, 22쪽. 지젝은 주체화를 상징계에서 자신의 운명, 죄를 받아들이는 것으로도 해석한다. 이와 달리 '주체적 궁핍'은 자신의 상징적 정체성을 운명이나 죄로 받아들이지 않고 순전히 우연적인 것으로 보는 것이다. Slavoj Žižek, *The Indivisible Remainder*, 94쪽. 핑크는 주체화(subjectivization)를 자신의 행동과 세계를 주도하는 행위자로 보는 주체 개념과 라캉의 주체 개념의 차이를 메울 수 있는 개념으로 제시한다. 그리고 "어떤 실재의 상징화와 함께 주체가 출현하는 것"으로 정의한다. 이와 달리 주체가 환상 가로지르기를 거쳐 대타자에 의해 결정된다고 여겨지던 자신의 정체성의 원인을 자신의 것으로 만드는 과정은 '주체화하기'(subjectification)다. Bruce Fink, *The Lacanian Subject*, 63~66쪽, 196쪽 미주 44번을 참조할 것.

태어난다는 사실에 의해서 분열되어 태어나는 그 시간을 표시하는 것
이기 때문입니다. 주체는 조금 전에 주체로서 무였지만 나타나자마자
기표로 응고되는 이 출현입니다. (SXI, 199)

근본적으로 라캉의 주체는 말하고, 말해지는, 즉 철저히 기표에 의존
하는 "기표의 효과"다(SXI, 207). "주체는 그가 되어버리는 기표 밑에서
사라지기 전에는 절대적인 무(無)"이므로 기표 이전에는 존재하지 않는
다(SXI, 207).

첫째 욕망의 그래프는 상징계에서 기표에 의해 분열된 주체가 태어나
는 것을 보여준다.

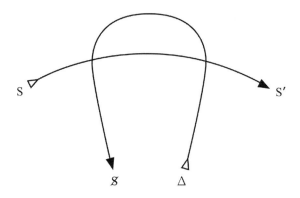

S→S' 벡터는 의미사슬의 대타자이고, △→$ 벡터는 상징계의 대타
자와 만나기 전에 일종의 가설로 상정할 수 있는 존재(△)가 대타자에서
기표에 의해 분열된 주체($)로 태어나는 것을 보여준다. 이는 알튀세르
의 이론에서 호명되기 전의 '개인'(△)이 이데올로기에 호명되어 이데
올로기적 주체가 되는 과정이다.[9]

9) Slavoj Žižek, *The Sublime Object of Ideology*, 101쪽.

주체가 기표에 의해 소외되는 이데올로기적 호명은 주체가 자신의 상징적 정체성을 인식하는 상징적 동일시에 의해 발생하며 이는 라캉의 둘째 욕망의 그래프에서 나타난다. 이 그래프에서 $\mathcal{S} \rightarrow A \rightarrow s(A) \rightarrow I(A)$의 벡터는 주체가 상징계의 의미사슬에 진입하여 상징적 동일시를 이루는 과정이다. 출발점에서 주체가 되기 이전의 개인을 나타내는 △ 대신 $\mathcal{S}$가 있는 것은 주체의 정체성이 대타자에 의존하지 않고 처음부터 존재했었다는 오인에 따른 "사후 효과" 때문이다(E, 684).[10] 주체의 벡터가 의미사슬의 벡터와 만나는 첫 번째 지점 A는 대타자($Autre$, Other)의 의미사슬의 유동이 고정되어 공시적 언어체계가 발생하는 고정점($point\ de\ capiton$)으로서 기표들의 의미가 결정되는 상징적 준거틀의 지점이다. 두 번째 지점 s(A)는 주체의 발화내용이 대타자의 의미의 준거틀에 의해 의미를 부여받아 메시지가 되는 기의를 의미한다. 이때 주체의 벡터 방향이 오른쪽에서 왼쪽으로 되어있는 것은 발화내용이 마지막 단어가 말해지고 구두점이 찍힌 다음 사후적으로 의미가 생성되는 것을 보여준다(E, 682).

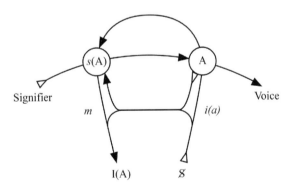

이 그래프에서 $\mathcal{S} \rightarrow I(A)$의 벡터 안에 있는 자아 m(moi, ego)와 이상

---

10) 같은 책, 104쪽을 참조할 것.

자아(Ideal Ego) $i(a)$의 회로는 거울이미지와의 상상적 동일시를 의미한다. 이 동일시가 상징적 동일시 안에 있는 것은 상상적 동일시가 상징적 동일시의 틀 속에서 이루어지고 있음을 보여준다. 라캉은 자아이상(Ego Ideal)과의 상징적 동일시가 거울이미지와의 상상적 동일시를 지탱하고 있다고 말한다(SXI, 144, 267~268). 이는 거울단계에서 이미 최초의 대타자인 어머니가 등장한다는 사실에서도 확인된다. 아이는 거울 속 자기 모습에 도취되어 즐거워하는 순간 거울의 가장자리에서 자신을 지탱하고 있는 어머니의 응시와 마주치고 자신이 동일시한 거울이미지의 모습이 자신의 모습인지를 어머니에게서 확인하려 한다. 거울이미지에 매료되는 나르시스적 동일시의 순간에 "거울 앞의 아이는 자신을 안고 있는 사람을 돌아보며 이 증인에게 호소하는 시선을 던진다. 후자는…… 그 이미지에 대한 아이의 인식을 확인해준다"(E, 568). 아이는 자신의 나르시스적 이미지에 대한 승인을 대타자에게서 구한다. 따라서 아이의 이상적인 모습은 이미 대타자의 관점에서 보았을 때의 이상적인 모습이다.

어머니의 응시와 동일시하는 것이 상징적 동일시다. I(A)는 "자아이상을 형성하는 최초의 동일시 속에서 주체를 소외시키는…… 단일특징"을 통해서 주체가 상징적인 법질서를 내화하는 것을 의미한다(E, 684). '단일특징'은 "나르시스적 동일시의 영역"인 상상적 동일시에 있는 것이 아니라 "대타자의 영역"에서 상징적 동일시의 대상인 "자아이상의 근원이며 핵"이다(SXI, 256). 자아이상은 주체가 이상적인 모델로 삼는 부모나 부모의 사회적 대치물의 모습이 내재화된 것이다. 따라서 자아가 나르시시즘의 대상으로 삼는 이상적인 자기 모습으로서의 이상자아와 다르다.

프로이트는 『자아와 이드』에서 자아이상과 초자아를 거의 동의어로 사용한다(SEXIX: 28~39). 반면 라캉은 자아이상을 주체가 상징질서 안에서 자리매김할 수 있도록 해주는 내재화된 법이라는 이상으로, 초자아를 어머니에 대한 욕망을 금지하고 죄의식을 유발하는 맹목적인 법의 모습을 보여주는 검열과 처벌의 기능으로 구분한다. 자아이상과 초자아는 "정확히 반대되는 방향으로 인도하는 두 개념"으로서 "초자아가 구속적이라면 자아이상은 고무적이다"(SI, 102). 초자아는 근본적으로 "명령"이고 한편으로는 "법의 등록소 및 법 개념과 일치하지만" 다른 한편으로는 "순수 명령과 단순 포학의 무분별하고 맹목적인 성격"을 지닌다 (SI, 102). 그러므로 초자아는 "법이자 동시에 법의 파괴이며…… 결국 흉포한 인물과 동일시된다"(SI, 102).[11]

'단일특징'은 주체가 자아이상과 동일시를 이루게 하는 특징이다. 이용어는 프로이트의 『집단심리학과 자아분석』(Group Psychology and the Analysis of the Ego)에 등장한다. 독일어로는 einziger Zug이고 라캉이 사용하는 프랑스어로는 trait unaire이며 영어로는 single trait이나 unary trait으로 번역된다.[12] 프로이트는 『집단심리학과 자아분석』에서 동일시의 세 가지 유형을 제시한다. 첫째는 사랑하는 대상을 선택하기 이전에 발생하는 아버지와의 직접적인 동일시다. 여기에서 아버지는 자신이 되고 싶은 모델이다. 둘째는 신경증적 증상에서 찾아볼 수 있다. 예컨대 아버지를 사랑하는 여자 아이가 경쟁관계에 있는 어머니의 기침을 모방하면서 어머니의 자리를 차지하고 싶은 욕망을 드러내거나 사랑하는 아버지의 기침을 모방하는 경우다. 이는 사랑의 대상을 선택하는 것

---

11) Slavoj Žižek, *Looking Awry: An Introduction to Jacques Lacan through Popular Culture* (Cambridge, MA: MIT P, 1991), 151~152쪽을 참조할 것.

12) 그밖에 unitary feature, unitary trait, unary feature, unique-unifying trait, single stroke, unbroken line 등으로도 번역된다. 제임스 스트레이치(James Strachey, 1887~1967)가 번역한 영역판 프로이트 전집에는 single trait으로 영역되어 있고 앨런 셰리든(Alan Sheriden, 1934~2015)이 번역한 세미나XI 『정신분석의 네 가지 근본개념』에는 single stroke으로 번역되어 있다. 프로이트 전집 번역판에는 "한 가지 특징"으로 번역되어 있다. 지그문트 프로이트, 『문명 속의 불만』(김석희 옮김, 열린책들, 2003), 123쪽.

에서 그 대상과의 동일시로 퇴행한 경우다. 셋째는 히스테리성 동일시다. 이 경우에는 사랑의 대상에 대한 동일한 감정을 지닌 (그 자체로 사랑의 대상이 아닌) 제3자의 특징을 따라한다. 예컨대 기숙사에서 남몰래 사랑하고 있던 남자로부터 편지를 받은 한 소녀가 질투심으로 인해 히스테리 발작을 일으키면 그 소녀와 사랑의 감정이라는 공통요소를 공유하는 다른 소녀들이 동일한 히스테리 발작을 일으키는 경우다(*SEXVIII*: 106~107).[13] '단일특징'은 둘째의 경우처럼 동일시하고 모방하는 대상의 일부 특징—위의 예에서 기침—이다.

라캉은 세미나 VIII 『전이』(*Transference*)에서 거울 앞의 아이가 거울에 비친 어머니의 응시와 동일시하고 내화하는 것을 '단일특징'의 예로 제시한다. 대타자와의 동일시는 대타자 전부가 아닌 일부—여기에서는 응시—와 동일시하여 내화하는 것으로 가능하다.

> 대타자의 응시를 기호에 의해 내화된 것으로 개념화해야 합니다. 이는 '단일특징'으로 충분하며, 총체적으로 조직화된 영역이나 일종의 대규모 내화는 필요하지 않습니다. ……대문자 I는 '단일특징', 즉 대타자의 동의의 기호를 나타냅니다. ……주체는 대타자와의 관계에서 그것과 일치하여 이 작은 기호, 이 '단일특징'을 사용할 수 있게 되는 것으로 충분합니다. (*SVIII*, 355~356)

상징적 동일시는 거울에 비친 자신의 모습이 자신이라는 것을 승인하는 어머니의 응시와 동일시하고 내화하는 것이다. 이때 내화된 어머니의 응시가 '단일특징'이다. '단일특징'은 기표가 아닌 기호이며 주체는 대

---

13) 프로이트의 동일시에 대한 상세한 설명은 Mikkel Borch-Jacobsen, *The Freudian Subject*, Catherine Porter 옮김 (Stanford: Stanford UP, 1988), 173~194쪽을 참조할 것.

타자의 특징을 동일시하고 내화하는 상징적 동일시를 통해서 대타자를 준거점으로 삼아 자신을 판단한다.

주체의 상실과 죽음

인간은 언어의 세계에서 기표를 부여받고 언어를 말하게 되면서 주체로 태어나지만 기표에 의해 대치되고 소멸된다. "기표는 아직 말하지 못하는 존재를 주체로 출현시킨다. 하지만 기표에 의한 주체의 출현은 주체를 동결시키는 대가를 치른다"(SXI, 207). 이런 주체의 사라짐은 치명적이다. 라캉은 "글자가 살해한다"거나 "기표는…… 죽음의 계기를 체현한다" 또는 "기표는 주체에게 죽음의 의미를 가져온다"라고 표현한다(E, 16, 719). 대타자 속의 주체는 마치 프로이트가 분석하는 꿈에서 자신이 죽은지도 모르고 유령으로 회귀하는 아버지처럼 죽은 상태지만 자신이 죽은 것을 알지 못한다(E, 679).

라캉은 주체가 필연적으로 기표에 의해 대치되고 소외되며 강요받는 선택을 '또는'(or)의 의미를 지닌 라틴어 '벨'(vel)이라 명명하고 마름모꼴의 두 밑변으로 표시한다.[14] 집합이론으로 볼 때 소외는 아래의 벤도식에서 주체의 원과 대타자의 원이 교차하는 합집합으로 나타난다(SXI, 211).[15]

---

14) Bruce Fink, *The Lacanian Subject*, 51쪽을 참조할 것.
15) 핑크는 셰리던이 집합이론적 용어인 *réunion*을 joining으로 오역했음을 지적하며 union(합집합)으로 번역되어야 한다고 지적한다. Bruce Fink, "Alienation and Separation: Logical Moments of Lacan's Dialectic of Desire," *Newsletter of the Freudian Field*, 4.1-2 (1990), 113쪽.

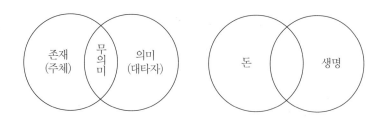

주의해야 할 것은 통상 합집합이 두 원이 교차하는 부분을 포함한 두 원의 합을 의미하는 데 반해, 라캉은 대타자의 원과 주체의 원이 포개지는 부분을 뺀 부분만을 나타내는 것으로 합집합을 재정의한다. "이 합집합은 소외의 벨이 두 항 중에서 자신의 선택과 무관하게 항상 똑같은 항을 배제하는 선택을 강요하는 합집합이다"(E, 713). 소외는 "주체가 한쪽에서 기표에 의해 만들어진 의미로 나타난다면 다른 쪽에서는 소멸로 나타난다고 말함으로써, 내가 방금 전에 표명한 분열 속에서만 나타나도록 운명 지우는…… 벨로 이루어진다"(SXI, 210). 인간이 존재를 선택한다면 주체는 사라지고 무의식인 무의미(non-meaning)로 떨어지며, 의미를 선택할 경우 무의미를 빼앗긴 채로 살아남는다. 주체의 출현이 대타자에서 이루어지므로 주체는 의미를 선택하고 존재를 상실할 수밖에 없다.

라캉은 소외의 과정을 강도가 "당신의 돈 아니면 목숨"을 내놓으라고 강요하는 선택에 비유한다. 주체가 돈을 선택한다면 목숨을 잃을 것이므로 목숨을 선택해야 하는데, 그럴 경우 돈을 빼앗길 것이므로 필연적으로 돈을 상실한 삶을 선택할 수밖에 없다. 이 강요된 선택은 헤겔의 주인과 노예의 변증법에서 유래한다. 주인과 노예의 목숨을 건 투쟁에서 노예가 될 자는 자유와 목숨 가운데 하나를 선택할 수밖에 없는 운명에 처한다. 그는 자유를 선택할 경우 자유와 목숨을 둘 다 잃기 때문에 삶을 선택하지만 그 대가로 자유를 상실한 노예의 삶을 살게 된다. 그러므로 대타자는 "절대적 주인"이고 주체는 "언어의 노예"다(E, 683, 414).

여기에서 라캉은 새로운 두 항으로 또 다른 합집합을 만들어낸다. 논리적 합집합이 ('또는'—or—이 아닌) 두 항의 결합을 뜻하는 '그리고'—and—라면, 소외는 바로 '자유'와 '죽음'의 합집합인 "죽을 수 있는 자유"를 뜻한다(*E*, 714). 노예의 삶은 죽을 수 있는 자유에 불과하다(*SXI*, 213). 이 강요된 선택에서 주체는 대타자의 기표가 부여하는 의미를 취하거나 아니면 하나의 무의미한 기표 속에 "경화"(硬化)된다(*E*, 714). 의미는 최소한 두 개의 기표가 필요하다. 따라서 하나의 기표 속에 고정되어 굳어진다는 것은 의미사슬의 움직임에 접근하지 못하고 자폐증적이 되는 것이다. 그리고 의미를 지니게 되는 것은 "기표는 다른 기표에게 주체를 대표한다"는 명제가 말해주듯이 주체가 자신을 나타내는 기표를 찾지 못하고 기표들의 환유 속에서 표류하는 것을 뜻한다.[16] 이는 다음과 같은 벤도식으로 설명할 수 있다.

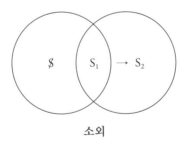

소외

이 도식에서 주체의 원과 대타자의 원이 겹치는 부분이 S1이고 겹치지 않은 대타자의 부분이 S2이므로, 대타자의 원은 결여되지 않은 S1→S2로 나타난다. 이 최초의 기표 한 쌍은 주체가 기표의 자율적 구조에 종속되는 소외의 메커니즘을 보여준다.[17] "소외는 한 쌍으로 이루어진 기표

---

16) Bruce Fink, "Alienation and Separation," 89~90쪽; Colette Soler, "The Subject and the Other (II)," *Reading Seminar XI*, Richard Feldstein 외 공편, 48쪽을 참조할 것.

들의 기능과 본질적으로 연관된다. ……둘만 존재하면 소외 현상이 발생한다. 다시 말해서 기표는 다른 기표에게 주체를 대표한다. 그 결과 다른 기표의 차원에서 주체는 사라진다"(SXI, 236).

표상의 대표자의 원억압

주체가 대타자의 장에서 분열된 주체로 태어나는 것은 프로이트 이론에서 원억압(primal repression)의 결과 무의식이 형성되는 과정에 상응한다. 이는 앞의 벤도식에서 존재의 원과 대타자의 원의 교집합에서 '무의미'가 발생하는 과정이기도 하다. 라캉은 이 과정을 *Vorstellungsrepräsentanz*가 억압되는 것으로 설명한다. 이 용어는 프로이트 이론에서 욕동을 표상적으로 대표하는 것, 즉 욕동의 표상적 대표자(ideational representative)를 의미한다. 프로이트는「욕동과 그 변화」("Instincts and their Vicissitudes")와「억압」("Repression") 및「무의식」("The Unconscious")등의 초심리학 논문에서 이 개념을 설명한다. 욕동은 "정신적인 것과 신체적인 것의 경계에 있는 개념"이고 "유기체 내부에서 발생해 마음에 도달하는 자극의 정신적 대표자"다(SEXIV: 121~122). 욕동은 "그 자체로 의식의 대상이 될 수 없고" 무의식에서도 "표상에 붙거나 정동(affect, 고통, 쾌락 등의 감정적·정서적 상태)적 상태로 표현되지 않으면 우리는 그것에 대해 아무 것도 알 수 없다"(SEXIV: 177). 그러므로 욕동은 항상 표상(idea)과 양적인 요소인 정동의 양(quota of affect)에 의해 대표되며, 정동의 양이 표상과

---

17) 라캉은 프로이트의 손자가 어머니의 존재와 부재를 대신하기 위해 사용한 포르트-다(*fort-da*)라는 한 쌍의 기표가 "최초의 언어 표현"이고 이것이 "욕망의 힘의 영역을 부정적으로 만든다"라고 말한다(*SI*, 173). 기표는 (어머니/대상에 대한 주체의) 욕망을 대체하고 부정하는 것이다. 소외와 분리의 도표는 Éric Laurent, "Alienation and Separation (I)," *Reading Seminar XI*, Richard Feldstein 외 공편, 24~25쪽을 참조할 것.

분리되어 표현될 때 정동으로 경험된다(SEXIV: 152). 요컨대 욕동의 감정적 측면이 정동(의 양)에 의해 대표된다면, 욕동의 관념적 내용은 표상적 대표자에 의해 대표된다.

프로이트는 「무의식」의 제3장 "무의식적 감정들"에서 욕동을 대표하는 표상과 정동의 양 가운데 오로지 표상만이 무의식으로 억압될 수 있다고 설명한다. 그러므로 욕동의 "정동적 또는 감정적 충동"에 상응하는 표상이 억압되면 그 충동은 다른 표상과 (잘못) 연결되어 "의식에 의해 그 표상의 발현으로 간주된다"(SEXIV: 177~178). 이때 정동은 원래의 표상과 무관한 다른 표상의 발현으로 의식된다. 그리고 그 정동이 원래 속했던 표상과의 "올바른 연결"(true connection)을 복구하면 그것을 무의식적 정동이라고 부른다. 그러나 사실 정동이 억압되었던 것이 아니라 그 정동에 상응하는 표상이 억압되었던 것이다. 따라서 "무의식적 표상들이 있는 것처럼 무의식적 정동이 있는 것은 아니다"(SEXIV: 178).

표상이 정신적 에너지에 의해 카섹트되는 것이라면 정동은 방출되는 것이다. "표상들은—기본적으로 기억흔적들의—카섹시스(cathexis, 정신적 에너지가 어떤 대상에 집중하는 것)인 반면[18] 정동과 감정은 방출의 과정으로서 그것의 최종적 형태가 느낌(feeling)으로 경험된다"(SEXIV: 178). 그러므로 프로이트가 "억압은 욕동적 충동이 정동의 발현으로 바뀌는 것을 억제하는 데 성공할 수 있다"라고 말하는 데서 알 수 있듯이(SEXIV: 178~179), 그가 정동과 관련해서 억압이라고 표현한 것은 욕동의 양적인 요소가 방출될 때 그것이 정동이나 불안으로 경험되는 것을 방지한다는 뜻이다. 그러나 억압이 표상을 의식에서 추방하는 것뿐 아니라 "정동의 발달을 방지하는 것"에도 작용한다는 점을 상기한다면 억압

---

18) 카섹시스에 대해서는 제1장 「편지는 왜 어떻게 목적지에 도착하는가」 각주 25번을 참조할 것.

은 표상과 정동 모두에 적용됨을 알 수 있다(*SEXIV*: 178). 표상이 카섹시스라는 프로이트의 발언—그는 「억압」에서 표상이 "정신적 에너지(리비도 혹은 관심)의 일정한 양에 의해 카섹트된다"라고 더 정확히 설명한다(*SEXIV*: 152)—은 표상에 리비도/정동이 투자된다는 의미, 즉 둘이 불가분의 관계에 있음을 보여준다.

프로이트는 원억압을 "욕동의 정신적(표상적) 대표자가 의식에 들어오는 것을 거부하는 것으로 이루어진 억압의 첫 단계"라고 가정한다(*SEXIV*: 148). 이때 욕동이 표상에 들러붙는 고착(fixation)이 발생하고 의식이 거부한 대표자는 무의식에서 "계속 변하지 않고 존속하며 욕동은 그것에 붙어 있는 채로 남는다"(*SEXIV*: 148). 이 표상적 대표자는 원초적으로 억압되어 무의식을 형성한다. 이후 그것과 관계된 다른 표상들을 무의식으로 끌어당겨 억압하는 것이 후압박(after-pressure)으로, 우리는 이를 흔히 억압이라고 부른다. 억압은 (전)의식이 표상에게 투자한 카섹시스를 철회하는 것이다. 그래서 억압의 경우 (전)의식에서 하나의 표상으로부터 카섹시스를 철회하는 힘과 원초적으로 억압된 무의식적 표상이 (전)의식이 거부하는 표상을 끌어당기는 힘이 동시에 작용한다. 그러나 원억압의 경우에는 무의식적 표상이 애초에 (전)의식에 진입한 적이 없으므로 (전)의식이 카섹시스를 철회하는 것으로는 설명되지 않고, (전)의식이 무의식적 표상을 애초에 들어오지 못하도록 방어하는 반카섹시스(anti-cathexis)로만 설명된다(*SEXIV*: 180~181). 프로이트가 욕동이 표상에 고착되는 원억압을 설명하고 (전)의식의 카섹시스가 철회되어 억압되는 표상을 "욕동적 대표자"(instinctual representative)라고 명명하는 것에서 알 수 있듯이 표상적 대표자는 욕동과 분리시켜 생각할 수 없다. *Vorstellungsrepräsentanz*를 '표상적 대표자'로 번역하는 것은 그것이 욕동을 관념적 내용의 차원에서 대표한다는 의미를 표현한다.

*Vorstellungsrepräsentanz*가 억압되어 무의식이 형성되고 주체가 출

현하는 과정은 소외에 해당한다. 라캉은 원초적으로 억압되는 이 *Vorstellungsrepräsentanz*를 이항기표(binary signifier)로 해석하면서 무의식이 기표로 구성되어 있다는 점과 (욕동에 대한) 기표의 자율성을 강조한다. 이런 해석은 라캉의 제자인 장 라플랑슈(Jean Laplanche, 1924~2012)와 세르쥬 르클레르(Serge Leclaire, 1924~94)가 무의식에서 억압되는 것이 욕동의 대표자이며 무의식에서는 이마고가 기표의 기능을 수행한다고 해석하는 것과 다르다. 이들의 해석은 프로이트 이론에 기초한 것이다.[19] 라플랑슈와 르클레르가 1960년에 발표한 「무의식: 정신분석 연구」("The Unconscious: A Psychoanalytic Study")에서 규명하려는 것도 이 개념을 통해 "욕동이 정신적 삶으로 들어오는(정신적 삶에 의해 포획되는) 매개의 성격"이다.[20]

이 글에서 르클레르는 필립(Philippe)의 꿈을 해석한다. 꿈에서는 릴리안(Liliane)이라는 낯선 여자가 등장해 어느 광장(square, *place*)에서 필립에게 모래를 본 적이 없다고 말한다. 이어서 필립은 숲에서 많은 동물을 보는데, 특히 유니콘이 지나가는 것을 목격한다. 르클레르는 필립이 유년기에 숙모 릴리(Lili)와 여름에 바닷가로 휴가를 갔을 때 그녀에게 계속 '나 목말라'라고 말했고, 이후 숙모가 그를 만날 때마다 '필립, 나 목말라'라고 부르며 놀려댄 기억을 찾아낸다. 꿈속의 릴리안은 릴리와 그의 조카딸 앤(Anne)이 결합된 것이고, 모래는 바닷가를 지시한다. 이 꿈은 목마르다는 욕구뿐 아니라 입으로 마시는 행위에 동반된 구강욕동을

---

19) 라플랑슈와 장 베르트랑 퐁탈리스(Jean-Betrand Pontalis, 1924~2013)는 『정신분석 사전』에서 이 용어가 욕동의 대표자(delegate)이며 "프로이트의 개념에 따르면 그것은 다른 어떤 것에 의해 대표되는 표상 자체가 아니라 욕동을 대표하는 표상이고, 프로이트는 이 점에 관해 명확하다"라고 밝힌다. Jean Laplanche & Jean-Betrand Pontalis, *The Language of Psycho-Analysis*, 203~204쪽.

20) Jean Laplanche & Serge Leclaire, "The Unconscious: A Psychoanalytic Study," Patrick Coleman 옮김, *Yale French Studies*, 48 (1973), 144쪽.

표현하고, lili가 젖과 가슴을 의미하는 *lolo* 및 침대를 뜻하는 *lit*와 연결되므로 성적 욕망도 표현한다.

필립의 둘째 꿈에서는 다리를 구멍에 빠뜨린 한 소년이 등장한다. 소년의 비명을 듣고 온 필립과 사람들은 소년의 발꿈치에서 구멍 속에 있는 낫 같은 것에 긁힌 작은 상처를 발견한다. 르클레르는 이 상처가 거세 콤플렉스와 죽음욕동을 의미한다고 해석하면서 이에 대한 방어기재로 첫째 꿈에 등장한 유니콘을 제시한다. 유니콘은 포획하기 어렵고 뿔을 지니고 있어 다치지 않는다는 전설의 동물이기 때문에 죽음욕동에 대한 방어를 의미한다는 것이다. 르클레르의 해석에서 표상적 대표자는 명확히 욕동을 대표하는 기능을 수행한다. 예컨대 필립이 연상 과정에서 떠올린 기억에는 광장의 유니콘 장식을 한 분수에서 손을 컵 모양으로 만들어 물을 퍼 먹는 동작이 나온다. 이는 하나의 이미지이고 '나 목말라'라는 구절은 하나의 표상이다. 구강욕동을 대표하는 표상적 대표자는 이렇게 이미지와 표상을 모두 포함한다.[21]

라플랑슈는 "무의식이 언어의 선조건"이라고 주장하며[22] 그 근거로 프로이트가 「무의식」에서 무의식을 사물표상(*Sachvorstellung*, thing-presentation)으로, (전)의식을 언어표상(*Wortvorstrellung*, word-presentation)으로 구분한 것을 제시한다. "무의식 체계는 최초의 진정한 대상 카섹시스인 대상에 대한 사물 카섹시스를 포함하고, 전의식 체계는 이 사물표상이 그에 상응하는 언어표상과 연결되어 사물표상이 과잉 카섹트되면서 생겨난다"(*SEXIV*: 201~202). 그러므로 무의식에는 사물표상만 존재하고 이 사물표상이 의식에 들어오려면 전의식의 언어표상이 추가되어야 한다. 억압은 사물표상에 언어표상을 부여하기를 거부

---

21) 같은 글, 136~147쪽. 라플랑슈와 르클레르가 이 글을 나누어 집필했으므로 필요 시 저자를 구분하여 밝힌다.
22) 같은 글, 151쪽.

하여 (전)의식에 진입하지 못하게 하는 것이다. 그러므로 라플랑슈는 언어는 2차 과정이 지배하는 (전)의식에 해당하고 1차 과정이 지배하는 무의식의 언어는 엄밀한 의미에서 언어가 아니라 정신병의 언어라고 말한다. 또한 이 언어가 "낱말들을 낱말들이 아니라 사물들이나 꿈속의 이미지들로 간주한다"라고 주장한다.[23] 압축과 전치가 자유로운 1차 과정이 지배하는 정신병의 언어에서는 하나의 낱말이 수많은 사고를 대표할 수 있다. 그래서 무의식이 1차 과정의 전적인 지배에서 벗어날 수 있도록 균형을 맞추는 역할을 하는 것이 "무의식의 사슬의 존재"다.[24]

라플랑슈는 무의식의 사슬을 설명하기 위해 라캉 이론에 근거해서 하나의 기표가 다른 기표를 대신하여 의미를 생산하는 은유가 무의식을 구성한다고 가정하고 라캉의 은유공식을 수정하여 제시한다. 제6장에서 상세히 살펴보겠지만 라캉이 부성적 은유를 설명하며 제시한 은유공식에서 하나의 기호가 다른 하나를 대치할 때, 수학의 곱셈처럼 첫째 기호의 기의(분모)와 둘째 기호의 기표(분자)가 상쇄되어 첫째 기호의 기표가 둘째 기호의 기의를 대표하는 은유적 효과가 발생한다. 다시 말해서 S'는 다른 기표(S)의 기의(s)를 의미하는 은유적 또는 시적 효과를 지닌 기표가 된다.

$$\frac{S'}{S} \times \frac{S}{s} \rightarrow S' \times \frac{1}{s}$$

그러나 라플랑슈가 분수를 사용해 수정한 은유공식에서는 이런 곱셈의 효과가 삭제되고 각 기호의 기표와 기의가 보존된다.

---

23) 같은 곳, 151쪽.
24) 같은 글, 152쪽.

$$\frac{S'}{S} \times \frac{S}{s} \rightarrow \frac{\dfrac{S'}{s}}{\dfrac{S}{S}} \quad \begin{matrix} \text{PCS} \\[1em] \text{UCS} \end{matrix} \qquad \frac{A}{B} \times \frac{C}{D} \rightarrow \frac{\dfrac{A}{D}}{\dfrac{B}{C}}$$

수정된 은유공식은 다음과 같은 세 가지 특징이 있다. 첫째, 억압의 결과로 첫째 기호의 기표(S′)와 둘째 기호의 기의(s)가 분자/분모를 형성하고, 이것 자체가 중앙 가로선 위에서 기표(분자)를 형성한다. 또한 라캉의 은유공식에서 상쇄되어 없어진 기표들(S와 S)이 기표/기의가 되어 중앙 가로선 아래에서 기의(분모)가 된다. (오른쪽의 변형된 공식에서는 A/D와 B/C가 각각 중앙 가로선의 위와 아래에서 기표와 기의의 자리를 차지한다) 둘째, 전의식과 무의식의 구분을 보여준다. 중앙 가로선은 전의식과 무의식을 구분하는 선으로 가로선 위의 S′/s가 전의식에, 가로선 아래의 S/S가 무의식의 사슬을 구성한다는 것을 보여준다.[25] 셋째, 여기에서 중요한 것은 무의식의 사슬을 이루는 기표/기의가 기표(S)/기의(s)로 이루어진 것이 아니라 모두 기표들(S/S)로 구성되었다는 사실이다. 라플랑슈는 그 이유를 사물표상에 언어표상이 추가된 전의식과 달리 무의식은 사물표상들로만 구성된다는 프로이트의 설명에서 찾는다.

전의식의 언어의 차원에서는 기표(낱말들)와 기의(이미지들)가 존재한다. 무의식의 언어 차원에서는 기표와 기의로 동시에 존재하고 불가분하게 작용하는 이미지들만이 존재한다. ……그것은 순수 기표나 순수 무의미 또는 모든 의미에 개방된다. …… '어떤 의미라도'의 가능성이 기표와 기의의 실제 동일성에서 발생한다. 그렇다면 이것은 여기에서 더 이상 미끄러짐이 없다는 것을 의미하는가? 오히려 반대로 여기에서 미끄러지고 전치되는 것은 순수하고 특화되지 않은 상태의 욕

---

25) 같은 글, 156~157쪽.

동의 에너지다.[26]

　무의식의 사슬을 구성하는 요소들은 언어표상을 결여한 것으로서 "상
상계의 영역에서—시각적 상상력에서—끌어와 기표의 위상으로 승격
된 요소들"이며 따라서 이것을 "이마고"라고 부를 수 있다.[27] 프로이트
는 『자아와 이드』에서 사물표상을 시각적인 것으로, 언어표상을 청각적
인 것으로 구분한다(*SEXIX*: 20~21). 라플랑슈가 프로이트 이론에 근거
해서 도출하는 무의식의 특성은 세 가지로 정리할 수 있다. 첫째, 무의식
을 구성하는 표상들은 언어표상이 배제된 이미지로만 구성된 사물표상
이다. 둘째, 이 표상들은 기표와 기의의 구분이 없으므로 모든 해석에 열
려 있다. 셋째, 무의식에서 발생하는 1차 과정, 즉 전치는 기표의 차원이
아니라 순수한 욕동 에너지의 차원에서 발생한다.

　르클레르는 필립의 꿈을 통해 라플랑슈가 이론적으로 설명한 원억압
에 의한 무의식의 형성을 설명한다. 물을 마시고 싶은 욕구에 상응하는
구강욕동은 '나 목말라'라는 표상적 대표자에 고착되면서 무의식에 도
입된다. 이 원억압의 과정이 무의식을 형성한다. 은유공식을 적용해 설
명하면 전의식에서는 기표(S′)의 위치에 광장(플라스, *place*)이, 기의(s)
의 위치에 광장에서 행동이 발생한 장면(scene)이 있고, 억압된 무의식에
서는 기표와 기의의 위치에 모두 바닷가(플라주, *plage*)라는 기표가 존재
한다.

$$\text{억압} \quad \frac{S'}{\frac{s}{\frac{S}{S}}} \quad \updownarrow \quad \text{은유} \qquad \frac{place}{scene} \quad \text{PCS} \\ \frac{plage}{plage} \quad \text{UCS}$$

---

26) 같은 글, 161쪽.
27) 같은 글, 162쪽.

이때 *pla-ge*를 분절하면 뒤의 *ge*가 '나'를 뜻하는 *je*와 연결되므로 무의식의 *plage/plage* 또는 *ge/ge*는 '나 목말라'와 환유관계를 형성하게 되고 결국 '목말라/목말라'로 전치된다. 이런 은유와 환유를 통해서 구강욕동은 '나 목말라'라는 무의식의 핵을 형성하는 표상적 대표자에 고착된다. 그런데 앞서 언급했듯이 원억압은 무의식의 표상이 애초에 의식에 진입하지 못하게 하는 반카섹시스에 의해 이루어진다. 라플랑슈는 이 반카섹시스가 억압된 (무의식의) 표상을 다른 (의식의) 표상으로 치환하는 은유의 과정이라고 해석한다. 그렇다면 반카섹시스의 에너지는 어디에서 유래하는 것일까? 르클레르는 첫째 꿈의 주제인 갈증이 해소되는 충만의 순간에 공백이 환기되고 죽음욕동이 출현하므로 '나 목말라'라는 말은 죽음욕동의 심연을 은폐하는 것이며, 둘째 꿈의 상처는 죽음을 대신한다고 해석한다. 그러므로 갈증이나 상처는 모두 죽음욕동을 대표하는 "원초적인 무의식의 대표자들"이다.[28]

라캉은 라플랑슈와 르클레르의 해석을 몇 가지 점에서 비판한다. 우선 그는 이 용어를 *Vorstellung*과 *repräsentanz*라는 "두 용어"로 이루어진 기표로 파악하고 이들을 구별한다(*SXI*, 216). *repräsentanz*는 마치 외교관들이 "그들 자신의 의미"와 무관하게 국가를 대리하듯이 "기표로서의 순수 기능"을 할 뿐이며, 이와 반대로 "의미는 표상(*Vorstellung*)에서 작동한다"(*SXI*, 220). 그러므로 라캉은 프로이트 이론에서 억압되는 것이 정동이 아니라 *Vorstellungsrepräsentanz*라는 점을 강조하며 이 용어가 표상적 대표자가 아니라 표상의 대표자로 번역되어야 한다고 주장한다. "억압되는 것은 욕망이 대표된 것(represented), 즉 의미가 아니라 문자 그대로 번역해서 표상의 대표자(representative of the representation, *le représentant de la représentation*)다"(*SXI*, 217).

---

28) 같은 글, 171쪽.

이런 점에서 에이드리언 존스턴(Adrian Johnston)이 지적하듯이 표상의 대표자는 자체 내에—억압되지 않은 '대표자'(S2)가 억압된 '표상'(S1)을 대표하는—두 개의 기표로 구성된 이항기표다.[29] 라캉이 이렇게 해석하는 이유는 무의식이 기표로 구성된다고 생각하기 때문이다. 제9장에서 논하겠지만 라캉은 세미나 VII 『정신분석의 윤리』에서 프로이트가 정동(affect)을 "신호"(signal)로, *Vorstellungsrepräsentanz*를 기표로 파악했으며 무의식을 구성하는 표상의 대표자들이 사물표상과 언어표상의 구분과 무관하게 모두 기표의 성격을 지녔다고 주장한다(SVII, 102~103). 표상의 '대표자'가 순수 기표라면 그것은 욕동을 대표하지 못한다는 의미를 함축한다. 그러므로 라플랑슈나 르클레르와 달리 라캉은 표상의 대표자와 정동 사이의 단절, "정동들과 그들의 비대표적 '표상들' 사이의 차이 또는 틈을 만드는 이접적 단절을 주장한다."[30] 이 개념에 대한 라캉의 정의는 프로이트의 정의와 사뭇 다르다. 정동적·리비도적 에너지에 의해 카섹트된 프로이트의 욕동적 대표자는 라캉이 비유하듯이 "합리적이고 냉철한 태도로 다른 대표자들과 협상할 수 있는 침착하고 차분하며 냉혹한 외교관"이 아니다.[31]

---

29) Adrian Johnston & Catherine Malabou, *Self and Emotional life: Philosophy, Psychoanalysis, and Neuroscience* (New York: Columbia UP, 2013), 129~130, 136쪽을 참조할 것. 이 공저에서 두 저자의 집필부분이 다르므로 저자를 따로 표기한다. 존스턴은 프로이트의 독일어 원본에서 억압되는 것은 *Vorstellung* 이 아니라 *Repräsentanz*이므로 억압되지 않은 S2(*Vorstellung*)가 억압된 기표 S1(*Repräsentanz*)를 대표한다고 해석한다. 라캉이 이 용어를 표상의 대표자로 번역하면서 주장하는 바는 억압된 기표들이 억압되지 않은 기표들에 의해 대표된다는 것, 다시 말해서 무의식의 주체가—그가 프로이트의 *Vorstellungsrepräsentanz* 와 동일시하는—S1-S2의 의미사슬을 통해 의식과 자아의 영역에서 자신을 (잘못) 드러낸다는 것이다.

30) 같은 책, 137쪽.

31) 같은 책, 131쪽. 존스턴은 라캉이 정동을 표상보다 부차적인 것으로 간주했다고 비판한다. 프로이트가 무의식에 억압된 *Vorstellungsrepräsentanz*가 정동, 에너지,

또한 라캉은 기표가 자신을 의미할 수 없기 때문에 무의식에서 기표가 기표를 지시한다(S/S)는 라플랑슈의 은유공식과 기표와 기표의 연결은 무한하기 때문에 모든 해석이 가능하다는 라플랑슈의 결론을 정면으로 비판한다. 라캉에게 은유는 하나의 기표가 다른 기표로 대치되어 가로선 밑으로 억압되면서 기의(분모)가 되는 것이고 해석은 이렇게 억압된 기표를 찾아내는 것이다. 즉 해석은 "주체가 어떤 기표—어떤 환원불가능하고 외상적인 무의미—에 종속되는가"를 발견하는 것이다(*SXI*, 251). 예컨대 프로이트가 분석하는 늑대인간의 꿈에 등장하는 늑대들은 "주체의 상실의 대표자로서 *s*의 기능을 수행한다. ……단지 주체가 이 늑대들의 광경에 매료되었다는 것이 아니다. ……그것들의 매료된 응시는 주체 자신이다"(*SXI*, 251). 이 꿈에서 상실된 주체는 늑대들의 응시라는 표상의 대표자에 의해 대표된다.

라캉에게 주체는 이렇게 원초적으로 억압된 기표에 의해 구성된다. "X로서의 주체는 오로지 원억압에서, 즉 최초의 기표가 필연적으로 떨어지는 것으로만 구성될 수 있다. 주체는 원억압을 중심으로 구성되지만 그것 자체를 어떤 것으로도 대치할 수 없다. 왜냐하면 그렇게 하려면 하나의 기표가 다른 기표를 대표해야 하는데 여기에서는 오로지 하나의 최초의 기표만 있기 때문이다"(*SXI*, 251). 최초의 하나의 기표는 의미사슬

리비도로 카섹트되었다고 보았기 때문에, 라캉이 *repräsentanz*를 기표로서의 순수기능을 수행한다고 보는 것은 오독이라는 것이다. 그러나 존스턴은 프로이트 이론에서 정동이 원래 카섹트된 표상이 억압되면 다른 표상과 결합되므로 표상이 정동을 정확히 대표한다고 볼 수 없다는 점을 고려할 때, 정동과 표상의 단절에 대한 라캉의 주장이 오류라고 단정할 수는 없고 라캉이 정동을 완전히 간과하지는 않았다고 본다. 이와 달리 마크 드 케젤(Marc de Kesel)은 "라캉이 프로이트와 다른 의미를 부여함으로써 이 용어를 오로지 자신의 상징계 개념을 확인하는 것으로서 간주한다"라고 지적한다. Marc de Kesel, *Eros and Ethics: Reading Jacques Lacan's Seminar VII*, Sigi Jöttkandt 옮김 (Albany: SUNY P, 2009), 301~302쪽 미주 16번을 참조할 것.

에서 떨어져 나오므로 다른 기표와의 관계에서 발생하는 의미를 지니지 못하고 무의미를 지닌다. 이렇게 주체가 종속된 무의미한(non-sensical) 기표를 찾아내는 것이 해석이다. 밀레가 지적하듯이 원초적으로 억압되는 기표 S2는 다른 기표와 달리 "대체될 수 없는 성격"과 "절대적 의미"를 지니며 주체의 근본환상을 구성한다.[32]

라캉은 최초의 기표의 원억압으로 인해 분열된 주체가 출현하는 것을 아래의 도표로 표시하고(SXI, 198), 다음과 같이 설명한다.

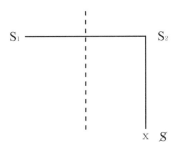

최초의 기표인 '단항기표'(단일기표, unary signifier)가 대타자의 영역에 출현해서 또 다른 기표에게 주체를 대표할 때 주체가 대타자에 최초로 나타납니다. 이 다른 기표는 주체의 아파니시스라는 효과를 낳습니다. 그러므로 주체가 어떤 곳에서 의미로 나타날 때 그는 다른 곳에서 '페이딩'으로서, 즉 사라짐으로서 발현되는 주체의 분열이 발생합니다. 그래서 단항기표와 사라짐의 원인인 이항기표로서의 주체 사이에는 삶과 죽음의 문제가 존재합니다. *Vorstellungsrepräsentanz*는 이항기표입니다. 이 기표는 원억압 즉 무의식의 일부가 되고, 프로이트가 그의 이론에서 지적하듯이 다른 모든 억압들을 가능하게 만드는 끌

---

32) Jacques-Alain Miller, "Duty and the drives," *Newsletter of the Freudian Field*, 6.1-2 (1992), 7쪽.

어당기는 지점이 됩니다. ……이것이 *Vorstellungsrepräsentanz*라는 용어
에 관계된 내용입니다. (*SXI*, 218)

라캉은 프로이트 이론에서 원억압을 형성하는 표상적 대표자가 이항
기표(S2)라고 설명한다. 위 도표는 이항기표인 S2가 억압됨으로써 주체
의 무의식이 형성되고 그 결과 분열된 주체(S̸)가 출현하는 것을 보여준
다. 이것은 주체가 의미사슬의 대타자(S1→S2)에서 기표에 의해 대치
되어 최초로 출현할 때, 다른 곳에서는 x로 사라지는 아파니시스가 발생
함을 보여준다. 로베르토 하라리(Roberto Harari, 1943~2009)가 말하듯
이 "표상의 대표자라는 용어는 어떻게 이 기표 S2가 주체의 분열과 아파
니시스를 통해 주체의 토대를 세우면서 떨어질 때 주체가 구성되는지를
지시한다."[33] 그렇다면 위 도표에서 S1과 S2 사이의 세로 점선은 무엇
을 의미하는 것일까?

대타자의 결여와 분리

도표의 점선은 주체와 기표의 관계가 단순하지 않음을 암시한다. 왜냐
하면 주체는 기표뿐 아니라 점선이 지시하는 기표와 기표 사이의 틈과도
관계하기 때문이다. 앞의 벤도식에서 주체의 원과 대타자의 원이 완전히
포개지지 않듯이, 주체는 대타자에 완전히 흡수되지 않는다. 이데올로기
의 호명에 의해 주체가 대문자 주체와 거울의 복제관계를 갖게 되어 이
데올로기적 주체로 태어나는 과정은 두 원이 완전히 포개지는 것으로
표시할 수 있다. 그러나 주체의 원과 대타자의 원은 무의미라고 표시된

---

33) Roberto Harari, *Lacan's Four Fundamental Concepts of Psychoanalysis: An
Introduction*, Judith Filc 옮김 (New York: Other Press, 2004), 269쪽.

부분만 포개진다. 주체와 대타자와 만남은 둘의 포개짐이 아니라 둘 사이의 '단절'(cut)인 무의식을 발생시킨다(E, 712). "무의식은 주체를 구성하도록 작용하는 것에 의해 남겨진 자취에 근거한 개념이다"(E, 703).

무의식은 주체와 대타자 사이에 위치하여 그 둘이 완전히 일치하는 것을 불가능하게 한다. 알튀세르는 주체와 대타자 사이에 개입하는 무의식을 고려하지 않는다.[34] '무의미'로 나타나는 무의식은 주체가 대타자에서 처음으로 나타나는 기표이며 라캉은 이 기표를 '단항기표'라 부른다.[35] 밀레가 지적하듯이 이 기표는 주체가 대타자의 영역에서 배제되었다는 사실을 대타자 내에서 나타내는 기표다. 그리고 그것이 기표인한 대타자에 포함되지만 동시에 주체와 대타자의 단절, 즉 대타자에 대한 주체의 외재성을 나타내는 기표이기도 하다.[36] 대타자와 주체의 단절과 갈등 관계는 둘째 단계인 '분리'에서 확연히 드러난다. 분리는 주체와 대타자의 관계를 나타내는 마름모꼴에서 밑변인 소외의 반대방향인 윗변으로 표시됨으로써 소외와 반대되는 의미를 지닌다.

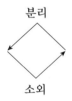

분리

소외

34) Paul Smith, *Discerning the Subject* (Minneapolis: U of Minnesota P, 1988), 72쪽을 참조할 것.

35) 이는 *fort-da* 게임에서 *da*라는 둘째 이항 기표가 들어서기 전에 홀로 존재하는 *fort*로서 (다른 기표와의 관계를 통한 의미를 결여하므로) 그 자체로 무의미한 기표이고, 존재와 의미 사이의 갈등이 새겨진 기표다. Kaja Silverman, *The Subject of Semiotics*, 169~174쪽을 참조할 것.

36) Jacques-Alain Miller, "Suture (elements of the logic of the signifier)," *Screen*, 18.4 (1977~78), 32~33쪽. 앞서 논했듯이 주체와 대타자의 조우에 의한 무의식의 생성은 프로이트의 용어로는 원억압에 해당한다.

주체가 기표의 사슬에서 존재를 상실하는 것이 소외라면 분리는 이 기표의 사슬에서 벗어나는 것이다. 분리는 주체와 대타자의 관계에서 "본질적인 뒤틀기"를 드러내고 이 뒤틀기는 대타자에 대한 "무의식의 침범을 유발하는 뒤틀기"다(*SXI*, 213). 분리는 주체가 대타자 속에서 소외되는 일방통행의 관계가 뒤틀어져 역전이 일어난다는 것을 의미한다.

집합이론의 용어로 소외가 합집합이라면 분리는 두 원이 교차하는 초승달 모양의 영역을 나타내는 교집합(intersection)이다(*E*, 714). 소외에서 주체가 의미사슬의 기표에 의해 소실된다면 분리에서 주체는 "의미사슬의 균열을 공격하고…… 이 균열 속에서 의미의 효과가 아닌 그를 자극하는 어떤 것을 경험한다"(*E*, 715). 기표의 사슬 S1 → S2에서 주체가 사라지는 것이 소외라면 의미사슬의 틈을 공략하면서 의미효과에서 벗어나는 것이 분리다. 주체는 기표에 의해 소외되어 사라지지만 역설적으로 분리를 통해 이 균열의 지점에서 다시 출현한다. 앞의 원억압의 도표에서 "두 기표 사이에 도입된 점선은 S1과 S2 사이에서 [의미]사슬에 공격이 발생한다는 사실을 나타낸다. 이것이 주체가 분리를 얻기 위해 의미사슬로 분출해야 하는 장소다."[37] 소외가 주체를 분열시키고 기표에 종속시키는 불가피한 운명이라면 분리는 근본적으로 주체가 대타자의 의미사슬에서 벗어남으로써 획득하는 자유 또는 그렇게 해야 하는 당위를 의미한다. "주체는 대타자의 영역에 종속될 때에만 주체다. …… 이것이 그가 자신을 [대타자의 의미사슬에서] 벗어나게 해야 하는…… 이유다"(*SXI*, 188).

주체가 대타자의 의미사슬에서 벗어날 수 있는 것은 대타자의 의미사슬에서 균열을 발견하기 때문이다. 소외에서의 대타자가 기표로 충만한 대타자였다면 분리에서의 대타자는 결여된 대타자다. "S1과 S2 사이에

---

37) Roberto Harari, *Lacan's Four Fundamental Concepts of Psychoanalysis*, 261쪽.

균열이 없다"면 대타자는 완전한 것이고 "변증법적 열림"은 허용되지 않는다(*SXI*, 237~238). 그러나 분리의 벤도식에서 대타자는 두 원의 교집합을 제외한 그믐달 모양의 부분(S1→S2)으로서, 완전하지 않고 결여된 대타자(Ⱥ)다.

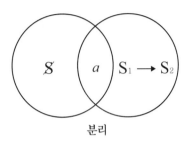

분리

지젝이 지적하듯이 "상징질서 자체도 근본적인 불가능성에 의해 지워져 있다. ……대타자 안의 이 결여가 없다면 대타자는 닫힌 구조가 될 것이고, 주체에게 열린 유일한 가능성은 대타자 속에서 철저히 소외되는 게 될 것이다. 그러므로 주체가 라캉이 '분리'라고 부른 일종의 '탈소외'를 성취할 수 있게 하는 것은 바로 이 대타자 안의 결여다."[38]

대타자가 결여되어 있다는 것은 영어 want('원하다'와 '결여하다')의 이중 의미가 암시하듯이 대타자 역시 욕망한다는 뜻이다. "주체가 인식하도록 요구되는 것은 대타자의 욕망 그 자체"다(*E*, 582). 라캉은 이를 아이가 대타자/어머니의 욕망을 발견하는 과정으로 설명한다. 아이는 어머니의 욕망, 즉 어머니가 남근을 원한다는 사실을 인지하고 그 남근이 '되어서'(to be) 어머니의 욕망을 만족시키려 한다. "만일 어머니의 욕망이 남근을 향한 것이라면 아이는 그녀의 욕망을 만족시키기 위해 남근이 되기를 원한다. 그래서 욕망에 내재한 분열은 대타자의 욕망에서

---

38) Slavoj Žižek, *The Sublime Object of Ideology*, 122쪽.

경험되면서 이미 감지된다"(*E*, 582). 기표에 의해 소외된 주체는 분리를 통해서 기표가 아닌 의미사슬의 균열이나 대타자의 결여와 욕망의 지점에서 자신을 찾는다.

> 주체는 말하자면 분리를 통해서…… 의미화 분절의 원초적 쌍의 취약점을 발견합니다. 이 기표들 사이에 주체가 처음 대하는 최초의 대타자…… 즉 어머니의 담론을 경험할 때 제기되는 욕망이 위치합니다. ……주체의 욕망이 구성되는 것은 이 결여의 지점입니다. 주체는…… 그렇게 그의 결여 자체의 지점인 최초의 지점으로 되돌아옵니다. (*SXI*, 218~219)

라캉의 무의식적 주체는 소외가 아닌 분리에서 출현한다. 소외의 주체가 대타자의 기표에 가려져 소멸되는 기표의 효과라면 분리의 주체는 기표의 균열에서 타자의 욕망을 발견함으로써 탄생하는 욕망의 주체다. 분리의 라틴어 *se parere*는 '자신을 만들어내다' '자신을 확보한다'는 뜻을 지니고 *parere*의 어원이 분만(parturition)인 것에서 알 수 있듯이 (남편을 위해 아이를) 획득한다는 의미도 있다(*SXI*, 214; *E*, 715). 소외가 주체의 상실을 의미한다면 분리는 주체의 탄생과 출현을 의미한다.

어머니가 욕망하는 남근이 자신이 아닌 아버지에게 있다는 사실을 인정하면서 아이는 상징적 거세를 경험하고 오이디푸스 컴플렉스는 해소된다.[39] 이 과정은 제3자(상징적 아버지, 법)의 개입으로 아이가 대타자/어머니의 변덕스러운 욕망에서 벗어나는 과정이다. 상징적 법의 도래로 주체는 전능하고 완전하다고 여긴 어머니 역시 법에 종속되어 있다

---

39) Jöel Dor, *Introduction to the Reading of Lacan*, 97~119쪽을 참조할 것. 이는 엄마의 욕망이 아버지의 이름의 기표로 대치되는 부성적 은유의 과정이다. 이에 대해서는 제6장「욕망의 탄생과 존재의 역설」을 참조할 것.

는 사실, 즉—라캉이 "대타자의 대타자는 없다" 또는 "대타자는 존재하지 않는다"라는 명제로 표현한—대타자의 결여를 발견한다(*E*, 693). 그러므로 "여기에서 법은 '탈소외'와 '해방'의 대리자로 여겨진다. 그것은 우리가 대타자의 변덕스러운 규칙에서 벗어날 수 있게 함으로써 욕망의 문을 연다."[40]

환상과 대상 *a*

셋째 욕망의 그래프는 분리를 통해 욕망의 주체가 출현하는 것을 보여준다. 그래프 하단이 상상적·상징적 동일시를 나타낸다면 그래프 상단은 주체의 벡터가 욕망(*d*)에 의해 의미사슬의 벡터를 가로질러 올라가는 것을 나타낸다. 환상공식이 욕망(*d*)과 마주보고 있는 것은 "환상이 욕망의 지지자"라는 것, 즉 환상을 통해서 주체의 욕망이 지탱되고 있는 것을 나타낸다(*SXI*, 185). 주체의 욕망은 케보이(Che Vuoi?), 즉 "당신은 무엇을 원합니까?"라는 대타자의 욕망의 수수께끼로 나타난다.

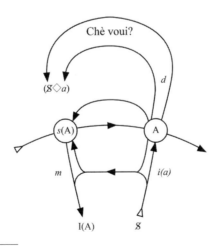

40) Slavoj Žižek, *For They Know Not What They Do*, 265쪽.

대타자 담론의 균열 속에서 아이의 경험 가운데…… '그가 나에게 이런 말을 하는데 그가 원하는 것은 무엇인가?'라는 질문이 출현합니다. ……대타자의 욕망은 작동하지 않는 곳, 즉 대타자의 담론이 결여되는 지점에서 주체에 의해 이해됩니다. 모든 아이의 '왜'라는 말은 이유를 알고자 하는 갈망이라기보다 어른에 대한 시험…… 어른의 욕망에 대한 수수께끼인 '당신은 왜 나에게 이런 말을 합니까'라는 물음입니다. (SXI, 214)

아이(주체)는 어머니(대타자)의 말을 그대로 수용하지 않고 말의 행간에서 어머니의 욕망을 읽어낸다. 이 욕망의 차원은 어머니가 하는 말의 내용, 즉 진술이 아니라 화행에서 드러난다. 아이는 어머니가 이런 말을 하는데 어머니가 정말 원하는 것은 무엇인가라는 의문을 제기하는 것이다.[41] 불가해한 대타자의 욕망의 심연에서 주체는 실재와 대면한다. "대타자의 욕망은 상징화할 수 없는 불가능한 실재의 불투명성으로 나를 대한다."[42]

대타자의 욕망/결여에 대한 물음은 욕망의 변증법을 통해 주체의 욕망/결여에 대한 의문을 낳는다. 라캉은 "하나의 결여가 다른 결여에 포개진다" 또는 "욕망의 대상의 변증법이…… 주체의 욕망과 대타자의 욕망 사이의 연결을 창조한다"라고 말한다(SXI, 215). 무엇인가를 탐구하고 추구하는 것이 욕망의 시작이다. 아이는 수수께끼 같은 어머니의 욕망을 탐구하는 과정에서 스스로 욕망의 주체로 태어난다.

인간의 욕망은 대타자의 욕망이고 여기에서 '의'는 문법학자들이

---

41) Colette Soler, "The Subject and the Other (II)," 50쪽; Slavoj Žižek, The Sublime Object of Ideology, 111쪽을 참조할 것.
42) Slavoj Žižek, The Indivisible Remainder, 168쪽.

'주체적 결정'이라 부른 것을 제공한다. 다시 말해서 인간은 대타자로서 욕망한다. ……이것이 ─주체가 신탁적 대답을 기대하는 곳에서 주체에게 되돌아오는─ "케보이?", 즉 "당신은 무엇을 원합니까?"라는 형태를 취하는 대타자의 질문이 주체를 자기 자신의 욕망의 통로로 인도하는 질문인 이유다. 이때 주체는 심지어 알지도 못하면서 이 질문을 "그가 내게서 무엇을 원하지?"라는 형태의 질문으로 받아들인다고 가정할 수 있다. (*E*, 690)

이 과정에서 욕망이 요구에서 분리된다. "주체는 대타자에게 자신의 요구를 역전된 형태로 돌려받는다."[43] 주체는 "대타자에게 자기 자신의 욕망을 요구하며" 어떤 신탁적인 대답을 기대한다.[44] 하지만 주체는 대타자에게 오히려 '너는 무엇을 원하느냐'는 질문을 돌려받고 "대타자에게서 대답으로 받은 이 질문은 주체를 자기 자신의 욕망의 행위로 인도한다."[45] 그 결과 주체는 "나는 무엇을 원하지?"라고 스스로 묻게 된다. "주체가 욕망의 수수께끼와 대면할 때 그는 자신의 욕망의 참된 원인이 무엇인지에 대한…… 좌표를 고정시키려고 필사적으로 노력하고, 자신이 실제로 원하는 것에 대해 항상 새로운 해석을 생산한다. 이 끊임없는 탐구 자체, 우리가 무엇을 원하는지에 대해 아주 확신하지 못하는 의문의 태도가 간략히 말해서 욕망이다."[46]

아이는 심지어 대타자의 욕망의 대상으로 자신을 설정하고 자신에 대

---

43) Alfredo Ekdelsztein, *The Graph of Desire: Using the Works of Jacques Lacan*, Florencia Shannahan 옮김 (London: Karnac, 2009), 138쪽.
44) 같은 곳.
45) 같은 곳.
46) Slavoj Žižek, *The Indivisible Remainder*, 186쪽. 이 글의 번역본은 믈라덴 돌라르, 「무의식의 주체로서의 코기토」, 이병혁 옮김, 『코기토와 무의식』, 슬라보예 지젝 엮음(라깡정신분석연구회 옮김, 인간사랑, 2013), 25~70쪽을 참조할 것.

한 대타자의 욕망을 시험한다.

대상을 알 수 없는 부모의 욕망에 대해 그가 제시하는 최초의 대상은 자기 자신의 상실—그가 나를 상실할 수 있을까?—입니다. 자신의 죽음, 자신의 사라짐에 대한 환상은 주체가 이 변증법에서 도입하는 최초의 대상입니다. ……자신의 죽음에 대한 환상은 부모와의 사랑 관계에서 아이가 흔히 이용하는 것입니다. (SXI, 214~215)

주체가 "그[대타자]가 나를 상실할 수 있을까?"라고 자문하는 것은 대타자의 욕망의 대상으로 자신을 설정하는 환상적인 시나리오다. 이때 나의 상실로 대타자가 고통을 겪을 것을 가정하는 주체는 "나를 대타자가 욕망하는 대상으로 자리매김하는 데 성공하지만" 다른 한편으로 주체의 사라짐이나 "사멸성과의 조우"도 상연된다.[47] 주체는 대타자가 자신에게서 무엇을 원하는지에 대한 대답으로 자신을 제시하려할 때 과연 대타자가 원하는 것을 자신이 지니고 있는가에 대한 의문에 봉착한다. 대타자의 결여에 대한 대답으로 주체가 자신의 결여를 제시하는 것이 두 결여의 포개짐이다. 이런 의미에서 욕망의 변증법은 "자신이 갖고 있지 않은 것을 주는 것"이라는 라캉의 사랑의 정의에 부합한다.[48] 이런 점에서 두 결여의 포개짐은 존재의 결여와 사멸성을 발견하는 과정이다.

욕망의 변증법에서 주체가 던지는 질문은 자신의 정체성에 대한 의문을 제기한다. 아이들이 던지는 '왜?'라는 질문은 "아이들에게 할 수 있는

---

47) Ed Pluth, *Signifiers and Acts: Freedom in Lacan's Theory of the Subject* (Albany: SUNY P, 2007), 92쪽.

48) Mladen Dolar, "Cogito as the Subject of the Unconscious," 24쪽을 참조할 것. 라캉이 세미나 VIII 『전이』에서 설명하는 "사랑은 갖고 있지 않은 것을 주는 것"이라는 명제를 논한 글로서 졸고, 「에로스의 두 얼굴: 라캉의 『향연』 읽기」[『라깡과 현대정신분석』, 17.1 (2015), 76~109쪽]를 참조할 것.

모든 대답을 순전히 반복해서 부정함으로써만 기능하는 질문"이다.[49] 그것은 주체가 대타자에게 자신이 (상징적 정체성이 아닌) 어떤 존재인지를 끊임없이 묻는 히스테리성 질문이다. 요컨대 그래프 상단의 벡터는 주체가 상징계에서 자신을 (잘못) 대표하는 기표를 넘어선 내 안의 잉여적 대상을 발견하는 과정이다. 내 안의 또 다른 나, 이질적인 나의 발견은 주체가 상징적 동일시를 넘어서게 해준다.[50]

이 잉여의 대상은 상상계적 소타자와 다르다. "나르시스적으로 정의된 대상인 i(a)와 a의 기능 사이에는 본질적인 차이가 있다"(SXI, 272). 상상계적 소타자 i(a)가 그래프 하단의 짧은 회로 속에 자아의 반대항으로 존재하는 반면 대상 a는 그래프 상단의 환상 공식 속에 나타난다. 라캉이 "[자아이상과의 동일시와] 이상하게 다른 종류의 동일시를 구성하는 기능, 분리의 과정에 의해 도입된 다른 기능이 있다. 그것은 이 특권적 대상…… 대상 a의 문제다"라고 말하듯이, 환상은 주체와 대상 a간의 동일시다(SXI, 257). 주체가 욕망하는 이 잉여의 낯선 대상은 "원초적 소외에서 그가 받은 자신의 일부의 소실"이며, "주체가 자신을 구성하기 위해서 스스로를 기관으로서 분리시킨 어떤 것"이다(E, 716; SXI, 103). 대상 a는 "그것이 상실됨으로써 (주체의) 욕망이 시작되는 사물",[51] 즉 주체의 "욕망의 원인"이 되는 대상이다(SXI, 168). 대상 a는 주체뿐 아니라 대타자도 결여한 것이다. 두 결여가 포개진다는 라캉의 발언은 분리의 벤도식에서 대상 a가 위치한 교집합으로 나타난다.

분리는 "아이가 대타자에서 소외된 후 '상실한 존재'를 되찾으려는" 것이자 주체가 존재를 상실하는 외상적 사건으로 상징계에서 배제된 실

---

49) Alfredo Ekdelsztein, *The Graph of Desire*, 139쪽.
50) Slavoj Žižek, *The Sublime Object of Ideology*, 113쪽; Slavoj Žižek, *Looking Awry*, 131쪽 참조.
51) Kaja Silverman, *The Subject of Semiotics*, 183쪽.

재가 "일종의 상징화"를 얻는 것이다.[52] 라캉은 프로이트의 '포르트-다' 놀이를 대상 *a*의 관점에서 재해석한다. 이 놀이에서 아이는 *fort*(가 버렸다)라고 외치며 실패를 던지는 행위로 어머니의 상실을 표현하지만 *da*(저기 있다)라는 말과 함께 실패를 거두어들이는 행위로 어머니의 귀환을 상연함으로써 이 상실에 대한 보상을 얻으려 한다. 프로이트에 따르면 아이는 이 놀이를 통해 어머니를 상실한 수동적 상황을 통제하는 능동적인 입장을 확보한다(*SEXVIII*: 14~17). 그러나 라캉에게 아이가 능동적 행위자가 된다는 사실은 부차적일 뿐이다. 실패는 어머니가 아니라 주체에게서 떨어져나간 대상 *a*이므로 실패를 던졌다가 잡아당기는 놀이는 주체가 대상 *a*를 회복하려는 관계를 재현한다(*SXI*, 62~63). 이 놀이에서 주체(아이)는 상실된 "실재의 물(real thing)을 얻으려는 희망을 가지고 반복해서 부재의 장소로 돌아가지만 영원히 그것을 놓치며" '포르트-다'라는 한 쌍의 기표는 주체와 상실된 대상 *a*의 관계를 대신할 뿐이다.[53] 대립되는 기표의 쌍은 주체가 기표에서 소외되는 것을, 주체와 대상 *a*의 관계는 상실한 것을 되찾으려는 분리를 각각 보여준다.

$$\frac{S_1(fort)}{\$} \quad \rightarrow \quad \frac{S_2(da)}{a} \qquad \frac{\text{소외}}{\text{분리}}$$

에릭 로랑(Éric Laurent, 1947~)이 지적하듯이 라캉이 세미나 XVII 『정신분석의 이면』(*The Other Side of Psychoanalysis*)에서 제시한 기본(주인)담론의 공식은 소외와 분리를 하나의 공식으로 만든 것이다.[54] 분

---

52) Ed Pluth, *Signifiers and Acts*, 91쪽.
53) Bruce Fink, "The Real Cause of Repetition," *Reading Seminar XI*, Richard Feldstein 외 공편, 228쪽.
54) Éric Laurent, "Alienation and Separation (II)," *Reading Seminar XI*, Richard Feldstein 외 공편, 33쪽. 위 도표는 핑크의 도식과 로랑의 도식을 합친 것이다.

열된 주체가 대상 a를 추구하는 분리는 환상공식($\$ \diamond a$)과 같다. 라캉의 담론은 가로선 아래 위와 좌우로 구분된 네 가지 위치 — 행위자, 타자/작업, 진리, 생산(물)으로 구성되며 가로선은 억압을 함축한다. 기본(주인)담론에서는 네 가지 용어 — S1(주인기표), S2(지식), $\$$(분열된 주체), a(잉여 주이상스) — 가 아래와 같이 배치된다. 이 용어들의 위치는 90도 각도로 시계방향이나 시계반대방향으로 이동할 수 있으며, S1, S2(지식), $\$$, a가 행위자의 위치에 있을 때 각각 주인담론, 대학담론, 히스테리(환자) 담론, 분석가 담론이 된다.

$$\frac{\text{행위자(Agent)}}{\text{진리(Truth)}} \rightarrow \frac{\text{타자/작업(Work)}}{\text{생산물(Production)}}$$

주인담론에서 가로선 위 좌우에 각각 S1(주인기표)와 지식(S2)이 있고, 가로선 아래 좌우에 각각 주체와 주이상스가 있다. 가로선 아래의 분열된 주체와 대상 a의 관계는 분리공식과 환상에 상응한다.

$$\frac{\text{주인기표}}{\text{주체}} \rightarrow \frac{\text{지식}}{\text{주이상스}} \qquad \frac{S_1}{\$} \rightarrow \frac{S_2}{a}$$

라캉은 "인간의 욕망은 대타자의 욕망"이라는 명제를 아래와 같이 표시한다(*SXVII*, 93).[55]

$$\frac{\text{욕망}}{\text{진리}} \rightarrow \frac{\text{대타자}}{\text{상실}}$$

환상공식이 주인담론에서 가로선 아래에 위치한다는 사실은 "주인

---

55) 라캉 담론공식의 구성과 네 가지 담론공식에 대해서는 *SXVII*, 54, 169쪽; *SXX*, 16~17쪽을 참조할 것.

담론이 환상을 배제한다"는 것을 의미한다(SXVII, 108). 대상 *a*가 오른쪽 가로선 아래에 위치하는 것은 그것이 상실된 주이상스를 의미한다는 것을 보여준다. 위의 담론공식에서 "대타자 아래는 상실이 생산되는 장소이며, 주이상스의 상실에서 우리는 잉여 주이상스의 기능을 추출한다"(SXVII, 93). 대상 *a*는 영원히 상실한 주이상스를 대신해서 얻을 수 있는 잉여 주이상스를 의미한다. 그러므로 환상은 분열된 주체가 주이상스를 회복하는 장면이 연출되는 무대.

라캉 이론에서 대상 *a* 개념은 긴 세월 동안 발전하고 변화하면서 상상계적 소타자에게서 분리되었다. 핑크는 상상계적 소타자와 다른 대상 *a* 개념이 세미나 VII 『정신분석의 윤리』부터 등장한다고 지적한다.[56] 대상 *a*는 상상계적 함의가 모두 제거될 때 비로소 개념으로 정립된다. 라캉은 상상계적 성격과 실재계적 성격을 정확히 분리하지 않다가 세미나 X 『불안』에서 비로소 이 개념을 온전히 실재계에 속한 것으로 보았다.[57] 밀레가 주장하듯이 "불안에 관한 세미나에서 그 본질, 본성, 구조가 기표의 그것과 구분될 뿐 아니라 환원 불가능한 하나의 대상이 세공된다. 여

---

56) Bruce Fink, *The Lacanian Subject*, 86쪽. *a*는 주로 이탤릭체로 쓰지만, 이탤릭체는 대상 *a*를 상상계적 소타자와 구분하기 위한 것이 아니다. 핑크는 이탤릭체 표기가 상상계적 요소를 표시하기 위한 것이고, 괄호 표기—(a)—가 이 개념이 상상계에서 실재계로 이동한 것을 가장 잘 보여준다고 지적한다. 같은 책, 84, 91쪽을 참조할 것. 밀레도 라캉이 환상 공식에서 *a*를 이탤릭체로 표기한 것은 그것이 상상계적인 것임을 지시하기 위한 것이었다고 밝히며, 대상 *a*와 욕동의 관계를 표시할 때 이탤릭체(a)가 아닌 정자(a)로 표기할 수 있다고 말한다. Jacques-Alain Miller, "The Sinthome, a Mixture of Symptom and Fantasy," *The Later Lacan*, Véronique Voruz 외 공편, 65쪽. 그러나 라캉은 *a*만을 사용하기도 하고 대상이라는 말을 붙여 대상 *a*로 사용하는 반면, 상상계적 소타자는 *i*(a)로 표기한다. 그러므로 '대상'이라는 말로 표시된 번역어들—오브제 *a*, 대상 *a*, 대상소타자, 타대상 등—은 모두 동일한 개념을 지시한다.

57) Marc de Kesel, *Eros and Ethics*, 284~285쪽 미주 65번. 여기에서 케젤은 장 알루슈(Jean Allouch, 1939~)의 견해를 소개하고 있다.

기에서 최초로 정신분석에서 라캉의 대상 a(*objet petit a*)로 남는 것이 출현한다."[58] 이 세미나에서 라캉은 불안의 원인이 대상 a라고 주장하며 상상적 소타자 $i(a)$와 대상 a의 차이를 설명한다. 상상적 소타자가 거울단계에서 자아의 형성에 기여하는 거울이미지라면 대상 a는 마치 태아가 자신을 감싸고 있던 덮개에서 분리되듯이 원초적인 단절(cut)에 의해 잘려나간 대상이다. 그것은 전-거울적이고 전-자아적이다. 그것은 통일된 자아의 모습을 반영하는 거울이미지[$i(a)$]와 달리 파편적이고 자기성애적인 "전-거울적 다발"로서 하나가 아닌 복수의 대상이다(SX, 121).

수학적으로 거울이미지는 거울 앞의 주체와 좌우가 바뀌어야 하지만 대상 a는 연속적인 2차원의 뫼비우스의 띠(Möbius strip)나 3차원의 크로스캡(cross-cap)처럼 면(surface)이 바뀌지 않는다. 라캉은 거울에 반영된 자기 모습이 일순간 자신을 바라보지 않는 언캐니한 응시로 바뀌는 순간이 있으며 이때가 거울이미지가 대상 a로 바뀌는 순간이라고 설명한다. 기 드 모파상(Guy de Maupassant, 1850~93)은 생애 말기에 거울에서 자기 모습을 보지 못하고 뒤돌아 있던 환영이 갑자기 돌아섰을 때 그것이 자신임을 발견한다. 이때 "a는 실재의 세계에 들어서는데 사실은 그 세계로 귀환할 뿐"이다(SX, 96~99). 라캉은 세미나 XX『앙코르』에서 상상계적 소타자를 "욕망의 원인으로서의 대상을 감싸는 자기 이미지의 옷"에 비유한 후, "a가 그것을 감싼 봉투와 갖는 친화성"을 의심해야 한다고 말하며 이 둘을 구분한다(SXX, 92~93).[59]

---

58) Jacques-Alain Miller, "Introduction to Reading Jacques Lacan's Seminar on *Anxiety*," Barbara Fulks 옮김, *Lacanian Ink*, 26 (2005), 47쪽.

59) 그렇지만 대상 a를 상상계에서 완전히 분리하기 어렵다. 라캉은 a와 $S(\text{Ⱥ})$이 모두 성별화 공식에서 오른쪽 여성 편에 위치한 것을 설명하면서, "내 가르침의 목적은······ a를 상상계와 관련된 것으로, A를 상징계와 관련된 것으로 환원하면서 이 둘을 구분하는 것이다. ······그러나 a는 $S(\text{Ⱥ})$와 혼동되도록 허용했다"라고 말한다 (SXX, 83). $S(\text{Ⱥ})$는 대타자의 욕망의 기표다. a가 주체의 욕망의 원인으로 기능할

라캉에게 "환상의 차원이 기능하는 곳은 실재와의 관계다. 실재는 환상을 지탱하고 환상은 실재를 보호한다"(SXI, 41). 그래프 하단이 상상계와 상징계의 차원이라면 대상 a가 속한 그래프 상단은 실재계에 속한다. 상징적 동일시를 넘어선 지점에서 무의식적 욕망의 주체가 출현한다. 이 그래프는 "욕망이 ─ 자아와 신체 이미지와의 관계처럼 ─ 환상에 적응하는 것"을 보여주지만 "자아와 신체 이미지가 기초한 오인의 역전도 보여주고" 이는 분석상황에서 "상상적 통로"가 막히고 무의식적 주체가 출현하는 것을 의미한다(E, 691). 오인에 기초한 상상적 타자인 거울이미지와의 동일시와 달리 환상은 실재와의 조우이고 무의식적 주체가 출현하는 무대다. 이상자아와의 동일시는 주체를 거울이미지에서 소외시킨다. 그리고 "대상 a의 기능을 통해 주체는 자신을 분리시키고, 소외의 본질을 형성하는 존재의 동요에 연결되기를 그친다"(SXI, 258).

대상 a는 기표와 상반된 기능을 수행한다. 기표가 주체를 대표하지 못하여 의미사슬에서 끊임없이 표류하게 한다면 대상 a는 주체에게 기표가 제공하지 못하는 최소한의 존재를 확보해준다. 라캉은 세미나 VIII『전이』에서 대상 a가 환상 속에서 수행하는 역할에 대해 다음과 같이 말한다.

> 그것은 무한한 미끄러짐을 멈추는 특권화된 대상의 가치를 취합니다. 그렇게 하나의 대상은 주체와의 관계에서 근본적인 환상을 구성하

때는 대타자의 욕망의 기표이지만 실재로서의 a는 기표화될 수 없는 대타자의 욕망 자체라고 볼 수 있다. Bruce Fink, *The Lacanian Subject*, 102쪽을 참조할 것. 대타자/어머니가 욕망하는 것은 남근이므로 대타자의 욕망의 기표는 남근이다. 라캉이 세미나 VI에서 『햄릿』을 해석할 때처럼 그는 초기에 대상 a와 남근을 명백히 구분하지 않았다. 야니스 스타브라카키스(Yannis Stavrakakis, 1970~)에 따르면 "남근과 대상은 기표와 대상이라는 상이한 각도에서 본 동일한 영역에 상응하며, 이는 라캉의 관심이 욕망의 상징적 측면에서 실재의 차원으로 이동한 것을 의미한다." Yannis Stavrakakis, *Lacan and the Political* (London: Routledge, 1999), 50쪽.

는 본질적 가치를 취합니다. ……우리는 이 특권화된 기능을 수행하는 대상을 *a*라고 부릅니다. ……그것은 주체를 기표의 무한한 미끄러짐에 종속되는 것이 아닌 다른 어떤 것으로 만듭니다. 그것은 우리를 말의 주체가 아닌 어떤 것, [즉] 고유하고, 소중하며 결국 대체할 수 없는 어떤 것으로 만듭니다. 이것이 내가 주체의 존엄이라고 불렀던 것을 지시할 수 있는 지점입니다. (*S*VIII, 171)

대상 *a*와의 관계를 통해서 주체는 존재를 확보하며 실재와 접한다. 라캉은 세미나 XX 『앙코르』에서 사랑을 논하면서 대상 *a*를 "존재의 유사물"(semblance of being)로 언급한다(*S*XX, 92). 밀레가 지적하듯이 주체가 환상에서 확보하는 대상 *a*는 "존재의 유사물"이지만 이 유사물과 실재는 반대되는 것이 아니다.[60] 왜냐하면 대상 *a*는 상징계의 한복판을 꿰

---

60) Jacques-Alain Miller, "Extimité," Françoise Massardier-Kenney 옮김, *Lacanian Theory of Discourse*, Mark bracher 외 공편, 85쪽. 더 정확히 말해서 유사물(semblance, *semblant*)은 근본적으로 원초적 대상의 상실에 의해 발생한 공백을 메우는 대상으로서, 실재의 물과 유사한 대상이다. 러셀 그릭(Russell Grigg, 1951~)은 이 개념이 그것이 모방하는 실재와 유사하다는 점에서 유혹적이고 기만적이며 위장적이지만 그것이 단지 유사할 뿐이라는 점을 완전히 은폐하지 않고 오히려 공포와 불안을 야기하는 실재의 물을 대신함으로써 만족을 준다는 점을 강조한다. 이런 점에서 유사물은 현실(reality)과 대립되는 개념인 외관(appearance)과는 구분된다. 유사물은 공포와 불안 대신 만족을 준다는 점에서 (여성의 거세가 불러일으키는 거세공포를 완화하는) 페티시즘의 차원에 있다. 이와 달리 아이가 실제로 부재하는 어머니의 음경을 상상함으로써, 즉 무에서 창조한 남근은 부재하는 것을 위장하는 가장(masquerade)의 차원에 있다. 그러나 라캉은 유사물 개념을 일관되게 사용하지 않았다. Russell Grigg, "Semblant, Phallus and Object in Lacan's Teaching," *UMBR(a)*, (2007), 131~137쪽을 참조할 것. 외관(또는 '가상' 假象, *schein*)과 유사물의 차이에 대해서는 Dylan Evans, *An Introductory Dictionary of Lacanian Psychoanalysis*, 174~175쪽도 참조할 것. 번역본인 『라깡 정신분석 사전』에서 이 용어는 "모사"로 번역된다. 121~123쪽을 참조할 것.

뚫는 실재의 구멍, 즉 상징계의 결여 자체를 체현하기 때문이다. 대상 *a*
는 "공허, 공백의 존재"이고(SXI, 180), "분열된 주체인 공백 그리고 대타
자의 한복판에서 입을 벌리고 있는 공백을 체현한다."[61]

환상 가로지르기

그러나 대상 *a*의 기능은 양면적이다. 왜냐하면 대상 *a*는 주체가 대타
자의 결여인 실재를 경험할 수 있게 해주는 동시에 이 공백을 메우는 역
할도 수행하기 때문이다. 분리 개념은 (존재의) 확보, 출현, 분만이라는
의미 이외에 "자신을 방어한다" "치장한다" 또는 "회피한다"는 의미도
포함한다(SXI, 214; *E*, 715). 이는 주체가 분리를 통해 공백으로서의 실
재와 관계하지만 동시에 공백과 부재로부터 거리를 두고 회피한다는 의
미도 있다.[62] 대상 *a*의 이중적 기능은 환상에서 명백히 나타난다.

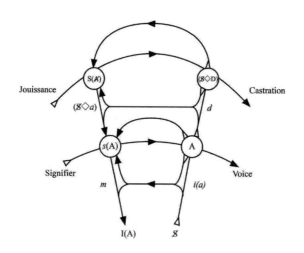

---

61) Slavoj Žižek, *The Metastases of Enjoyment*, 178쪽.
62) Stephen Heath, *Questions of Cinema*, 83쪽; Joan Copjec, "The Anxiety of the
    Influencing Machine," *October*, 23 (1982), 48쪽을 참조할 것. 이런 의미에서 분

완성된 그래프 하단의 상징계 차원에서는 대타자(A)가 결여되어 있지 않은 반면 그래프 상단의 실재계 차원에서는 대타자(Ⱥ)가 결여되어 있다. 상징적 동일시의 차원에서 주체가 대타자의 닫힘을 경험한다면 환상에서 주체는 대타자의 결여/실재를 경험한다. 그러나 환상은 동시에 이 결여를 메움으로써 상징질서의 닫힘에 기여한다. 주체의 벡터는 대타자의 기표의 벡터를 넘어서 주이상스의 벡터와 만난 지점에서 대타자의 결여—S(Ⱥ)—를 경험하고 환상을 통과한다. 그리고 주체의 벡터가 다시 대타자의 기표의 벡터와 만난 지점에서 결여되지 않은 대타자의 의미—s(A)—를 지니게 되는 것은 환상이 대타자의 결여를 메웠기 때문이다. "환상의 기능은 이 [상징질서]의 비일관성을 감추는 스크린의 역할을 하는 것"이고, 주체는 "환상이 지배하는 의미효과 s(A)"를 통해 "세계를 의미 있고 일관성 있는 것으로 경험한다."[63] 이렇게 환상이— "대타자의 욕망의 공백을 메우는 한에서 (거짓) 열림을 유지하는"—대타자의 결여/실재와 맺는 이중적 관계가 "환상의 근본적인 모호성"이다.[64]

환상이 상징계의 닫힘에 기여한다면 정신분석의 종점은 주체가 환상을 가로지르는 것이다. 분석상황에서 주체(피분석가)는 자신을 바라보는 분석가의 시각과 동일시하여 자신을 사랑받는 존재로 만들려는 전이사랑에 빠진다. 정신분석은 이런 동일시를 넘어서야한다. 정신분석이 분석가와의 동일시로 끝난다면 정신분석의 "참된 동력이 삭제되는" 결과가 초래된다(SXI, 271). 그러나 "동일시의 평면을 가로지르는 것은 가능

리와 환상은 모두 상징계와 실재계의 교집합으로 볼 수 있다. Ed Pluth, *Signifiers and Acts*, 93~94쪽을 참조할 것.

63) Slavoj Žižek, *The Sublime Object of Ideology*, 123쪽.

64) Slavoj Žižek, *The Plague of Fantasies* (London: Verso, 1997), 31쪽. 번역본은 슬라보예 지젝, 『환상의 돌림병』(김종주 옮김, 인간사랑, 2002), 66쪽을 참조할 것; Slavoj Žižek, *Looking Awry*, 128쪽.

하다"(*SXI*, 273). 라캉은 '안으로 접힌 8'(interior 8)의 도식을 통해 이를 설명한다.

분석가가 알고 있다고 가정되는 한, 그는 또한 무의식적 욕망을 찾기 위해 출발한다고 가정됩니다. 이 때문에 나는…… 욕망이 축, 중심축, 손잡이, 해머라고 말하는 것입니다. 이것에 의해서, 환자의 담론에서 처음에 요구로 표현되는 것 뒤에 놓여 있는 관성 즉 전이에 힘-요소가 작용합니다. 이 축, 이 양날 도끼의 공통점은 분석가의 욕망입니다. (*SXI*, 235)[65]

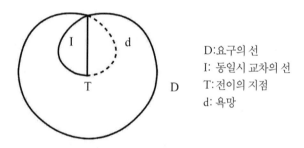

D: 요구의 선
I: 동일시 교차의 선
T: 전이의 지점
d: 욕망

D로 표기된 곡선은 분석 중에 주체(피분석가)가 분석가에게 표현하는 요구(Demand)를 뜻한다. 이 요구를 통해서 주체는 자신의 증상이나 욕망에 대해 알고 있다고 가정된 분석가에게 전이한다. 요구의 선이 시계방향으로 한 바퀴 돌아 원의 상단 꼭지점을 통과하고 수직으로 내려와 전이(T)의 지점에 도달하면 동일시와 욕망의 행로로 갈라진다. 이 지점에서 전이가 발생하면 — 요구는 궁극적으로 사랑에 대한 요구이므로

---

65) 이 부분은 노부스가 수정한 영역본을 번역했다. 노부스의 수정본을 따라야 힘-요소가 관성에 가해진다는 의미, 즉 분석가의 욕망이 전이에 작용한다는 의미가 분명해진다. Dany Nobus, *Jacques Lacan and the Freudian Practice of Psychoanalysis* (London: Routledge, 2000), 131쪽.

주체가 분석가와 전이 사랑에 빠지면──주체는 분석가와 동일시하게 된다. 그러나 분석가는 요구의 선이 동일시의 길 대신 점선으로 표시된 욕망의 길을 통과하게 할 수 있다. 이렇게 주체가 동일시를 우회해서 욕망의 길로 들어설 수 있게 하는 것이 분석가의 욕망이다.[66]

이 과정은 분석가가 동일시의 지점이 아닌 대상 a의 위치를 차지해야 가능하다. 라캉은 프로이트의 동일시이론을 해석하면서 이를 설명한다. 프로이트는 『집단심리학과 자아분석』에서 구성원들이 동일한 외적 대상을 자아이상으로 삼아서 하나의 집단으로 결속되는 메커니즘을 분석했다. "이런 종류의 집단은 동일한 대상을 그들의 자아이상의 위치에 놓음으로써 자신들의 자아에서 서로 동일시하는 다수의 개인이다"(SEXVIII: 116). 아래 도표는 개별 주체들이 공통된 외적 대상을 자아이상으로 삼는 수평적(상징적) 동일시와 하나의 자아이상을 공유하는 개별 주체들의 수직적(상상적) 동일시를 보여준다.

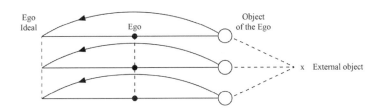

라캉에 따르면 이 도표에서 (외적) 대상은 대상 a이고 곡선은 "a와 자아이상의 결합을 표시하며" 프로이트는 이 결합을 최면에 걸린 상태로 보았다(SXI, 272).[67] 그런데 정신분석에는 "동일시 너머가 존재하고,

---

66) 같은 책, 131~132쪽과 Roberto Harari, *Lacan's Four Fundamental Concepts of Psychoanalysis*, 157~158쪽을 참조할 것.

67) 물론 최면은 두 명이 개입하고 집단적 동일시는 다수가 개입한다는 점에서 다르다. *SEXIX*: 115쪽을 참조할 것.

이 너머는 대상 a와…… 동일시 I 사이의 관계와 거리로 정의된다"(SXI, 271~272). 이렇게 "분석 작업의 근원은 I —동일시— 와 대상 a 사이의 거리를 유지하는 것이다"(SXI, 273). 다시 말해서 분석가는 "알고 있다고 가정된 자"인 자아이상의 위치가 아니라 주체의 욕망을 불러일으키는 대상 a의 위치를 점해야 하며, 그 결과 주체가 동일시에서 벗어나 대상 a를 대면하게 한다.

이 과정을 통해 주체가 대상 a와 맺는 관계인 근본환상이 출현한다. 이 환상을 가로지르는 것이 분석의 종점이다. 환상 가로지르기의 결과는 욕동이다. "전이가 요구를 욕동에서 분리하는 것이라면 분석가의 욕망은 욕동을 다시 가져오는 것이다"(SXI, 273). 분석가는 (대타자의) 요구가 배제한 욕동을 주체가 경험하게 한다. "주체와 a의 관계를 파악한 후 근본환상의 경험은 욕동이 된다"(SXI, 273). 완성된 그래프에서 주이상스의 벡터 오른쪽에 위치한 욕동 공식은 분열된 주체와 대타자의 요구의 관계($\$ \lozenge D$)를 뜻한다. 이는 실재의 (성적) 욕구가 상징계에 의해 절단되어 욕동이 성감대에서만 파편화된 상태로 남게 되는 것을 의미한다. "욕구들이 기표의 효과로서 파편화되고 공포에 질린 어떤 것으로 바뀐 것"이 욕동이다(SVII, 301). 욕동이 파편적일 수밖에 없는 이유는 성 (sexuality)과 기표의 이질성 때문이다. "모든 욕동은 본질적으로 부분욕동이다. 따라서 어떤 욕동도, 생식 기능을 정신 속에 존재하게 하는 것으로 이해된 성적 경향성 전체를 나타낼 수 없다"(SXI, 203~204). 그러므로 기표의 세계에서 성을 대표하는 욕동은 항상 부분욕동이고, 프로이트에게 부분욕동이 성기로 통합되는 성기기가 존재하는 반면, 라캉에게 "성기적 욕동(genital drive)은 존재하지 않는다"(SXI, 189).

라캉은 욕동을 "초현실주의적 콜라주"처럼 이질적인 것들이 뒤섞인 "머리도 꼬리도 없는 것으로 나타난 몽타주"에 비유한다(SXI, 169). 이런 비유는 프로이트가 「욕동과 그 변화」에서 욕동을 네 가지 범주로 설명한 것에서 유래한다. 프로이트는 욕동의 특성으로 압박(*Drang*, pressure), 목표(*Ziel*, aim), 대상(*Objekt*, object), 원천(*Quelle*, source)이 있다고 설명한다(*SE*XIV: 122).[68] 라캉은 "이 네 용어는 탈구된 것으로 볼 수밖에 없다"라고 말한다(*SX*I, 163). 그리고 그가 "프로이트의 욕동 개념의 근본적으로 이질적 성격, 경향과 그 방향 그리고 그 대상 사이의 이론적 괴리"를 언급하는 데서 알 수 있듯이, 욕동은 근본적으로 탈구되어 있고 이질적이다(*E*, 455). 존스턴의 지적대로 라캉의 몽타주 은유는 욕동이 네 가지 특성을 지닌다는 사실과 욕동의 변화가 욕동에 내재한 이질성에 기인한다는 두 가지 의미를 지닌다.[69]

그러나 무엇보다도 몽타주 은유는 성과 대타자 사이의 이질성을 드러낸다. 프로이트는 욕동을 "정신적인 것과 신체적인 것의 경계에 위치한, 유기체 내부에서 발생해 마음에 도달하는 자극의 정신적 대표자"라고 정의하는데 이런 정의 자체가 정신과 신체의 이질성을 암시한다(*SE*XIV: 121~122). 라캉에게 "욕동은 정확히 말해서 성이, 무의식의 구조인 틈과 같은 구조에 부합해야 하는 방식으로, 정신적 삶에 참여하는 몽타주다"(*SX*I, 176). 다시 말해서 욕동은 "대타자 그리고 생식의 욕구로 정의된 성이라는 두 이질적인 것을 연결하기 때문에 몽타주다."[70] 완성된 그래프에서 욕동의 공식 옆에 거세(castration)가 있는 것은 실재의 리비도가 대타자의 기표들에 의해 욕동으로 분해된 상징적 거세를 나타낸다.

---

68) 우리말로 옮긴 프로이트 전집은 Trieb를 "본능"으로, Drang을 "압력"으로, Quelle 을 "근원"으로 옮겼다. 『정신분석학의 근본개념』(윤희기, 박찬부 공역, 열린책들, 1997), 107~108쪽. 라캉의 세미나 XI 번역본은 Trieb를 "충동"으로, Drang을 "추동력"으로 옮겼다. 『정신분석의 네 가지 근본개념』, 245쪽.

69) Adrian Johnston, *Time Driven: Metapsychology and the Splitting of the Drive* (Evanston: Northwestern UP, 2005), 203쪽.

70) Maire-Hélène Brousse, "The Drive (II)," *Reading Seminar XI*, Richard Feldstein 외 공편, 112쪽.

환상 가로지르기의 결과인 욕동은 주이상스의 경험을 의미한다. "주이상스는 그 자체로 말하는 자에게 금지된다. 달리 말하면 그것은 법의 주체에 의해 행간에서 말해질 수 있다"(*E*, 696).[71] 왜냐하면 주이상스는 주체가 기표의 상징계에서 태어나면서 불가피하게 상실하는 것이기 때문이다. 상징계와 주이상스의 배타성 때문에 주이상스의 벡터는 기표의 벡터와 만나지 않고 평행선을 그린다. 욕동의 공식($ \lozenge D$)은 주이상스의 벡터 오른쪽 끝에 위치한다. 라캉은 주이상스를 쾌락원칙을 넘어서는 고통을 동반한 쾌락으로 정의한다. 사디즘이 마조히즘으로 바뀌는 역전의 순간 주체는 타자의 대상이 되며 이 과정은 고통을 동반한다. "여기에서 욕동의 관건이 마침내 드러난다. 욕동의 행로는 쾌락원칙과 관련해서 주체에게 허락된 유일한 형태의 위반이다. ……주체는 쾌락원칙 너머에 주이상스가 있다는 것을 깨달을 것이다"(*SXI*, 183). 욕동의 행로는 대상 *a*를 맴돌고 다시 귀환하는 "순환적 성격"을 지니며, 이 순환운동에서 주체는 조각난 주이상스를 취한다(*SXI*, 178).

환상의 이중성은 주이상스와의 관계에서도 나타난다. "인간이 아는 유일한 주이상스의 순간은 환상이 생산되는 장소에서 발생하며 환상은 우리에게 주이상스에 대한 접근에 관한 한 동일한 장벽을 나타낸다"(*SVII*, 298). 환상은 주이상스에 도달하는 통로이지만 주이상스에 대한 장벽이기도 하다. 그러므로 "환상에 의해 주이상스는 길들여지고 '순화된다.'"[72] 환상은 욕동이 아닌 욕망의 시나리오다. 라캉에 따르면 "욕망은 대타자에게서 오고 주이상스는 물(Thing)쪽에 위치한다"(*E*, 724). 동일시의 차원에 존재하는 욕망이 주체와 대상 *a*의 관계를 오인하는 환상에 사로잡히는 반면 욕동은 주이상스에 관계한다. "동일시는 욕동을 만

---

71) 라캉은 '금지하다'(*interdite*)와 '행간에서 말하다'(*inter-dite*)의 이중 의미를 유희한다.
72) Slavoj Žižek, *The Sublime Object of Ideology*, 123쪽

족시키지 않으면서 욕망에 의해 결정된다. 이는 욕동이 주체와 욕망을 분열시키기 때문에 발생하며 욕망은 이 분열과 그것의 원인이 되는 대상 사이에서 오인하는 관계를 통해서만 스스로를 유지한다. 그것이 환상의 구조다"(E, 724). 다시 말해서 환상은 주체가 대상 a와 맺는 관계인 욕동을 오인한다. 욕망이 추구하는 대상 a는 오로지 욕동의 순환운동으로만 경험할 수 있다. "환상은 욕망을 욕동에서 분리하는 스크린이다. 환상은 주체가 욕동이 순환하는 공백을, 욕망을 구성하는 원초적인 상실이라고 (잘못) 인식할 수 있게 해주는 이야기를 들려준다."[73] 밀레가 말하듯이 대상 a에 대한 욕망을 상연하는 "환상은 욕동을 은폐하며…… 환상을 제거하고 환상이 나타내는 스크린을 가로지르는 것의 문제틀은 주이상스를 드러내는 것을 겨냥한다."[74]

주체적 궁핍

환상의 스크린을 가로질러 주이상스가 드러날 때 주체는 공백과 대면한다. 지젝의 표현대로 "근본환상은 주체에게 최소한의 존재를 제공하고…… 환상을 가로지르면서 주체는 자신의 비존재의 공백을 받아들인다."[75] 정신분석은 주체를 공백으로 인도한다.

전이의 작동과 조작은 주체가 자신을 사랑받을 자로 보는 지점과 주체가 자신을 a에 의한 결여로 생겨난 것으로 보는 지점, 즉 주체의 최

---

73) Slavoj Žižek, *The Plague of Fantasies*, 32쪽.
74) Jacques-Alain Miller, "Commentary on Lacan's Text," *Reading Seminars I and II*, Richard Feldstein 외 공편, 426쪽.
75) Slavoj Žižek, *The Ticklish Subject: The Absent Centre of Political Ontology* (London: Verso, 1999), 281쪽. 번역본은 슬라보예 지젝, 『까다로운 주체: 정치적 존재론의 부재하는 중심』(이성민 옮김, 도서출판b, 2005)을 참조할 것.

초 분열에 의해 구성된 틈을 *a*가 메우는 지점 사이의 거리를 유지하는 방식으로 조절되어야 합니다. *a*는 결코 이 틈을 가로지르지 못합니다. ……주체가 자신을 인식해야 하는 곳은 이 결여의 지점입니다. (*SXI*, 270)

세미나 XVII『정신분석의 이면』의 분석가 담론에서 행위자와 타자의 위치에 각각 대상 *a*와 분열된 주체 $가 있는 것은 이를 명확히 보여준다. 이 관계(*a* → $)는 "전이의 발달의 기초"가 되고, 이를 통해 "주체는 자신의 대상을 맴돌 수 있다. 이것이 정신분석의 목표 가운데 하나인 환상 가로지르기다."[76] 동일시가 아닌 다른 지점은 최초로 분열된 주체가 생겨난 지점이며 대상 *a*가 근본적인 결여인 실재를 메우고 있는 지점이다. 주체는 대상 *a*가 메우고 있었던 근원적인 틈과 결여에서 자신을 인식해야 한다. 요컨대 "분석 과정은 주체의 복구가 아니라 환자가 근본적인 결여를 받아들이는 형태, 즉 주체적 궁핍을 향해야 한다."[77] 자신의 근원적인 결여를 받아들이는 것은 라캉이 말하는 "죽음의 주체화하기"이고 환상을 가로지른 주체는 욕망이 아닌 욕동과 주이상스의 주체이자 "실재의 주체"다(*E*, 289).[78]

---

76) Paul Verhaeghe, *Beyond Gender: From Subject to Drive* (New York: Other Press, 2001), 31쪽.

77) Katrien Libbrecht, "The Original Sin of Psychoanalysis: On the Desire of the Analyst," *Key Concepts of Lacanian Psychoanalysis*, Dany Nobus 엮음, 92쪽.

78) 근원적 결핍을 받아들인다는 점에서 라캉의 "죽음의 주체화하기"는 뒤낭 (Anne Dunand)이 언급하는 "거세의 주체화하기"와 동의어로 볼 수 있다. Anne Dunand, "The End of Analysis (I)," *Reading Seminar XI*, Richard Feldstein 외 공편, 249쪽. 핑크는 라캉의 "주체화하기"를 프로이트의 공식을 적용해서 '욕동이 있었던 곳에서 주체가 출현한다'고 해석한다. 이런 의미에서 주체화하기는 욕동과 주이상스의 주체의 출현이다. Bruce Fink, *A Clinical Introduction to Lacanian Psychoanalysis*, 215쪽.

라캉은 「학회 정신분석가에 관한 1967년 10월 9일 제안」("Proposition of 9 October 1967 on the Psychoanalyst of the School")에서 피분석가가 분석의 끝에서 분석가로 변모하는 통과(pass)를 설명한다. 피분석가는 환상을 가로지를 때 '주체적 궁핍'을 경험한다. 분석의 종점에서 대타자/분석가의 욕망에 의존하는 전이관계가 끝나면 피분석가는 "그를 환상에서 떨어져 나오게 하고 주체로서 궁핍하게 만드는 잔존물을…… 취하길 더 이상 원치 않는다"("Proposition," 8). 다시 말해서 주체는 환상에서 떨어져 나와 자신의 존재를 지탱하던 '잔존물'(즉 대상 *a*)과의 동일시에서 벗어난다. 이때의 대상 *a*는 실재의 공백을 메우고 있었던 상상적 대상이다. 그러므로 환상에서 떨어져 나와 잔존물과의 동일시를 벗어난 주체는 자신의 비존재와 마주친다. "주체가—각 개인에게 실재로 통하는 창문을 구성하는—환상에서 얻는 확신이 전복되는 것을 목격하는 이 방향변경에서 지각되는 것은 욕망의 발판이 비존재(*désêtre*, disbeing)의 그것 [발판]에 불과하다는 것이다"("Proposition," 9).

그러나 라캉은 이때 주체의 경험을 토마스 아퀴나스(St. Thomas Aquinas)가 생애 말기에 말한 '시쿠트 팔레아'(*Sicut Palea*)에 비유한다. 시쿠트 팔레아는 토마스 아퀴나스가 『신학대전』(*Summa Theologica*)을 집필하다가 신의 계시를 받고 갑자기 집필을 멈추며 자신의 글을 겨와 같다고 말한 것을 의미한다. 라캉은 이 용어를 겨가 아닌 "똥과 같다"라고 해석한다("Proposition," 9).[79] 이 때 '겨'나 '똥'은 상상적 대상이 아

---

79) 윌리엄 리차드슨(William Richardson, 1920~2016)은 토마스 아퀴나스의 발언이 라캉이 말하듯 정신분석학적인 주체적 궁핍이 아니라 "'신학적'이나 '존재신학적' 궁핍", 즉 실재의 신에 대해 말하고 쓸 수 있는 상상계적·상징계적 수단의 궁핍을 의미한다고 주장하면서 라캉을 비판한다. William Richardson, " 'Like Straw': Religion and Psychoanalysis," *Eros and Eris: Contributions to a Hermeneutical Phenomenology Liber Amicorum for Adriaan Peperzak*, Paul Tongeren, Paul Sars, Chris Bremmers, & Koen Boey 공편 (Dordrecht: Kluwer

닌 실재의 조각으로서의 대상 *a*다. 그러므로 주체적 궁핍은 역설적으로 분석의 종점에서 자신을 하찮은 실재의 대상(*a*)과 동일시하는 것을 의미한다. 이런 점에서 주체적 궁핍은 순전히 부정적인 경험이 아니라, 분석의 시작에서 비결정적이었던 주체에게 "$\mathcal{S}$와 대상의 등식을 통해서 정체성을 부여하는", 즉 "존재-결여(*manque-à-être*, want-to-be)가 있던 곳에 존재를 생산"함으로써 실재의 주체가 출현하게 하는 긍정적인 과정이다.[80]

라캉은 후에 주체적 궁핍이 "비존재를 구성하는 것이 아니라 반대로 존재를 특이하고 강하게 구성하는 것"이라고 밝힌 바 있다.[81] 베르헤이그가 말하듯 정신분석의 종점에서 "대타자의 결여에 대한 응답으로서, 그[주체] 역시 존재하지 않는다. 이것이 주체에게 실재 존재로의 길을 마련한다."[82] 라캉이 1975년 「증상에 관한 제네바 강연」("Geneva Lecture on the Symptom")에서 밝히듯이 궁핍(destitution)은 프로이트의 명제 '*Soll Ich Werden*'에서 werden이 의미하는 '되어감'(becoming)을 뜻하며 "결과와 같은 것이 아니다"("Geneva," 12). wp2장에서 논했듯이 라

Academic Publishers, 2010), 93~101쪽을 참조할 것.

80) Colette Soler, *Lacan — The Unconscious Reinvented*, Esther Faye & Susan Schwartz 공역 (London: Karnac, 2014), 95쪽. 분석의 종점에서 주체가 지니는 입장에 대해 라캉의 설명은 다양하지만 거세, 주체적 궁핍, 불가능한 관계 등에 대한 운명을 받아들이는 화해를 통해 역설적으로 만족을 얻는 것으로 귀결된다. 이에 대해서는 같은 책, 69~113쪽과 Colette Soler, *Lacanian Affects: The Function of Affect in Lacan's Work* (London: Routledge, 2015), 117~148쪽을 참조할 것. 환상 가로지르기의 결과 상상적인 대상 *a*와의 탈동일시와 실재적 대상 *a*와의 동일시를 통한 존재의 획득을 설명한 글로서 홍준기, 「정신분석의 끝(목표): 환상의 통과, 주체적 궁핍, 증상과의 동일화—역자 해제」, 조엘 도르, 『프로이트·라깡 정신분석임상』(홍준기 옮김, 아난케, 2005), 26~33쪽을 참조할 것.

81) Colette Soler, *Lacanian Affects*, 132쪽에서 재인용.

82) Paul Verhaeghe, "Causation and Destitution of a Pre-ontological Non-entity: On the Lacanian Subject," 183쪽.

192

캉은 werden(*devenir*, become)을 '태어남'(*venir au jour*)의 의미로 해석한다(*E*, 347). 이런 점에서 궁핍은 '궁핍화'의 과정에서 실재의 주체가 출현하는 함의를 지닌다.

제4장 결여와 증환의 정치학*

정신분석과 정치

정신분석과 정치는 만날 수 있는가? 정신분석학적 정치학은 가능한가? 정신분석과 정치를 논할 때 제기되는 문제는 정신분석이 근본적으로 개인 주체의 치료라는 임상적 차원에 속하는 반면 정치는 근본적으로 사회구조라는 집단적 차원에 속한다는 것이다. 정신분석과 정치의 불편한 만남에 대한 비판은 이 상이한 두 차원의 연관성을 충분히 해명하지 못한다는 데 있다. 예컨대 엘리자베스 벨라미(Elizabeth Bellamy)는 지젝이 "진정한 정신분석학적 정치학"이 아니라 정신분석과 정치 — 라캉의 '실재'와 라클라우와 무프의 '적대' — 사이의 유비관계를 제시할 뿐이고 라클라우와 무프는 "개인적 정신이 어떤 방식으로 타협과 매개라는 집단적 과정의 요인으로 포함되는가라는 어려운 문제를 고려하지 않는다"라고 비판한다.[1] 그러므로 정신분석학적 정치학은 개인 주체와 사

---

* 이 장의 199~200쪽, 202쪽은 「욕망의 주체와 윤리적 행위-라깡과 지젝의 주체이론」의 제목으로 『안과밖』[10 (2001), 290~294쪽]에 수록된 것을 수정한 것이다.

1) Elizabeth Bellamy, "Discourses of Impossibility: Can Psychoanalysis be Political?", *diacritics*, 23.1 (1993), 31, 34쪽. 벨라미의 비판은 지젝의 『이데올로기의 숭고한 대상』과 라클라우 및 무프의 『헤게모니와 사회주의 전략』에 관한 것이다. 그녀는 정치와 정신분석의 자율성을 인정하는 동시에 이 두 영역을 매개하는 담론을 요구

회구조 사이에 우연이 아닌 필연적 관계가 존재한다는 점을 적합하고 필수적인 개념을 통해 입증해야 한다. 그래야만 정치를 단순히 심리의 문제로 환원한다는 비판을 피할 수 있다.

그러나 이런 비판은 애초에 정신분석학을 개인에 관한 학문으로 규정하는 데서 출발하는 것이 아닐까? 프로이트의 집단심리학 이론은 정신분석학이 개인과 사회의 유기적 관계를 설명하고 있음을 예증한다. 앞 장에서 보았듯이 프로이트는 자아이상을 공유하는 개별 주체들이 서로 동일시하는 과정을 통해 집단으로 구성되는 것을 보여준다. 또한 밀레가 지적하듯이 "분석적 관점에서 볼 때 윤리학과 대조되는 정치적 문제의 특수성은 집단적 차원, 즉 개인의 사회적 유대가 존재하는 것 자체이며" 동일시이론은 "주체의 대중화 문제(즉 어떻게 주체가 집단 또는 대중이 되는가)에 대한 프로이트의 대답"이다.[2] 지젝은 개인에 관한 개념들이 집단에 적용될 수 있는지에 대해 다음과 같이 응답한다.

정신분석의 초점은 다른 곳에 있다. 사회적인 것, 사회적 실천과 사회적으로 공유되는 신념들의 영역은 단순히 개인적 영역과 다른 차원에 있는 것이 아니다. 그것은 개인 자신이 관계해야 하는 어떤 것, 개인 자신이 최소한 "물화되고" 외화된 질서로 경험해야 하는 어떤 것이다. 그러므로 문제는 "어떻게 개인에게서 사회적 차원으로 비약하는가"가 아니다. 그것은 주체가 자신의 "온전한 정신"과 "정상적" 기능을 보존하려면, 어떤 방식으로 제도화된 실천과 신념들의 외적이고 비인성적인 사회—상

한다. 그리고 알튀세르적 호명이 낳은 라캉의 분열된 주체가 상징적 정체성에 저항하여 정치적 영역에서 '의식적' 주체로서 투쟁하는 모델을 일종의 예로 제시한다. 필자는 지젝과 라클라우 및 무프의 이론이 이런 요구에 어느 정도 부응하고 있다고 생각한다.

2) Jacques-Alain Miller, "Duty and the drives," 8쪽.

징적 질서를 구조화해야 하는가의 문제다. ……다시 말해서 개인과 "비인
성적"인 사회적 차원의 간극은 개인 자신 내부에 다시 새겨져야 한다.
사회적 실체의 "객관적" 질서는 오로지 개인들이 그것을 그렇게 대할 때, 즉
그런 질서로 그것과 관계하는 한에서만 존재한다.[3]

개인과 사회적 질서 사이에는 불가분의 관계가 존재한다. 개인은 사회
와 관계해야 하는 사회적 존재이고 사회-상징적 질서는 개인이 그 질서
와 관계할 때에만 객관적 질서로 존재한다. 사회-상징적 질서는 이미 주
체와의 변증법적 과정을 거친 구조화된 질서다. 그러나 정신분석적 정
치학은 개별 주체들이 집단으로 구성되는 방식뿐 아니라 집단이 와해되
고 재구성되는 방식도 설명해야 한다. 지젝의 발언에는 개인이 사회-상
징적 질서를 그런 질서로 대하지 않을 때 개인과 사회의 관계가 변할 수
있다는 함의가 있다. 정신분석은 이런 변화에 리비도와 욕망이 개입되어
있음을 증명한다. 프로이트는 『집단심리학과 자아분석』에서 개인 주체
들이 자아이상과의 동일시를 통해 집단으로 구성되고 또 그 집단이 해
체되는 과정을 설명했다. 여기에서 중요한 것은 프로이트가 집단의 구성
과 해체를 리비도적 유대의 형성과 파괴로 설명한다는 점이다. 집단의
구성은 공통된 자아이상의 역할을 하는 대상—교회에서는 그리스도,
군대에서는 사령관—에 대한 리비도적 유대 그리고 이 관계를 중심으
로 결합된 구성원들 사이의 리비도적 유대로 이루어진다. 그리고 이 유
대관계가 깨질 때 집단은 와해된다.

집단의 본질은 그 안에 존재하는 리비도적 유대에 있다. ……이런

---

3) Slavoj Žižek, *The Parallax View* (Cambridge, MA: MIT P, 2006), 6쪽. 이 책의 번역
본은 슬라보예 지젝, 『시차적 관점』(김서영 옮김, 마티, 2009)을 참조할 것.

종류의 집단이 와해될 때 공황이 발생한다. 그 특징에는 상관들의 명령이 더 이상 경청되지 않는 것, 각 개인은 다른 사람들을 고려하지 않고 오로지 자기 이익만을 염려한다는 것이 있다. 상호유대는 더 이상 존재하지 않고 거대하고 무분별한 공포가 방출된다. (*SEXVIII*: 95~96)

집단 구성원들 사이의 리비도적 유대는 그들이 자아이상과 맺는 리비도적 유대와 그 성격이 다르다. 밀레가 지적하듯이 구성원들 사이의 상상적 동일시는 나르시스적 사랑에 기초하는 반면 자아이상과의 상징적 동일시는 리비도를 자아가 아니라 (자아이상의 위치를 차지한) 대상에 투자하는 사랑에 기초한다.[4]

공황에 대한 프로이트의 설명은 자아이상과의 리비도적 관계에서 동일시뿐 아니라 탈동일시가 발생하는 것을 보여준다. 그런데 이 탈동일시는 어떻게 발생하는 것일까? '욕망은 대타자의 욕망'이라는 라캉의 명제는 주체와 구조의 불가피한 관계를 욕망이 매개하고 있다는 것을 단적으로 표현한다. 라캉이 제시하는 욕망의 그래프는 리비도적 유대의 형성과 해체를 더 정교하게 설명한다. 예컨대 아래와 위에 각각 동일시와 환상이 위치한 셋째 그래프와 완성된 욕망의 그래프는 리비도적 유대가 구성되고 해체되는 메커니즘을 보여주는 욕망의 지도다. 그리고 환상 가로지르기는 주체가 동일시 및 환상과 맺는 탈구적 관계를 보여준다. 정치적 용어로 환언하면 정신분석의 종점에서 주체가 환상을 가로질러 주체적 궁핍을 경험하고 실재의 주체로 출현하는 것은 탈상징계적이고 탈이데올로기적인 함의를 지닌다. 이런 점에서 환상 가로지르기는 사회변혁을 모색하는 정신분석적 정치학의 모델을 제공한다.

라캉의 완성된 그래프는 주체가 대타자와 관계를 맺을 때 항상 대타

---

4) Jacques-Alain Miller, "Duty and the drives," 9쪽을 참조할 것.

자에게서 배제된 잉여물인 대상 a와 관계를 맺는 것을 보여준다. 상징적 동일시는 환상을 낳고 이 환상에 의존한다. 주체의 차원에서 상징적 동일시는 환상과 구조적으로 맞물려 공존한다. 이와 유사하게 사회적 차원에서 이데올로기는 '이데올로기적 환상'이나 '사회적 환상'에 의해 구조적으로 지탱된다.[5] "물론 이데올로기적 체계는 그 요소들의 상징적·이질적 가치들이 항상 변하기 때문에 부단한 사후적 재구성에 종속된다. 그러나 환상은 상징적 '극복작업'(perlaboration)에 저항한다. 환상은 이데올로기를 "어떤 '실체적' 지점에 정박시키고 상징적 상호작용을 위한 항상적인 틀을 제공하는 단단한 핵이다."[6] 그러므로 이데올로기 비평은 이데올로기와 환상의 두 차원에서 이루어져야 한다.

이데올로기 차원의 분석은 첫째, "어떻게 주어진 이데올로기적 장이

---

5) Slavoj Žižek, *The Sublime Object of Ideology*, 30~33쪽을 참조할 것. 지젝과 라캉의 이데올로기 이론을 바탕으로 국내영화 『쉬리』와 『JSA』의 이데올로기적 환상을 분석한 예로 이수연, 「라깡과 영화비평: 라깡의 이데올로기 개념으로 접근한 한국 정치영화」, 『라깡의 재탄생』, 김상환 외 공편, 638~661쪽을 참조할 것.

6) Slavoj Žižek, *Tarrying with the Negative*, 213쪽. 여기에서 지젝이 사용하는 *perlaboration*은 독일어 *Durcharbeiten(Durcharbeitung)*의 프랑스어 번역이며 영어로는 working-through로 번역한다. 프로이트는 「기억, 반복, 극복작업」("Remembering, Repeating and Working-Through")에서 환자가 분석과정에서 억압되고 망각한 것을 저항 때문에 기억하지 못하고 대신 행동으로 반복하는 것을 발견한다. 분석가는 환자의 무의식적 저항을 발견하고 환자가 저항의 배후에 있는 억압된 본능적 충동들의 존재와 힘을 깨닫고 저항을 극복할 수 있도록 기다려야 한다. 프로이트는 이렇게 환자가 분석과정에서 저항을 극복하는 것을 '극복작업'이라 부른다. *SE* XII, 147~156쪽, 특히 155쪽과 J. Laplanche & J. B. Pontalis, *The Language of Psycho-Analysis*, 488~489쪽을 참조할 것. 이 책의 국역본은 이 용어를 '철저작업' 또는 '훈습'으로 번역하고, (장 라플랑슈·장 베르트랑 퐁탈리스, 『정신분석 사전』, 458~460쪽), 미국정신분석학회(The American Psychoanalytic Association)가 펴낸 *Psychoanalytic Terms and Concepts*(1990)의 국역본은 '극복 과정' 또는 '훈습'으로 옮긴다(『정신분석 용어사전』(이재훈 외 옮김, 한국심리치료 연구소, 2002), 69~70쪽. 여기에서는 이 용어의 의미를 보다 정확히 전달하기 위해 '극복작업'으로 옮긴다.

이질적인 '부유하는 기표들'을 혼합한 결과인가, 둘째, 이 기표들이 어떤 '결절점들'(nodal points)의 개입을 통해 총체화된 결과인가"를 분석하는 '징후적 독해'이고 담론분석이다.[7] 이는 라클라우와 무프가 "헤게모니적 접합"(hegemonic articulation)이라 부른 것을 분석하는 것이다. 안토니오 그람시(Antonio Gramsci, 1891~1937)의 용어인 헤게모니는 이데올로기와 일정한 차이가 있다. 레이몬드 윌리엄스(Raymond Williams, 1921~88)는 의식적 (또는 알튀세르에게처럼 무의식적) 이념체계인 이데올로기가 총체적이고 정적이며 이론적 개념인 반면 헤게모니는 보다 넓은 문화적 삶의 경험을 포괄하고—대안과 저항의 헤게모니를 동반하는—지배와 종속관계의 역동적이고 실천적인 과정을 지칭하는 개념이라고 설명한다. 그리고 이러한 역동적인 변화과정을 표현하기 위해 헤게모니라는 명사보다 "헤게모니적"이라는 형용사를 더 선호한다.[8] '접합'이라는 용어 역시 헤게모니적 질서가 구성되고 재구성되는 과정과 임의성을 함축한다. 헤게모니적 접합은 새로운 결절점을 중심으로 기존 주체들의 입장을 재조직함으로써 새로운 헤게모니적 질서나 담론의 구성요소로 변화시키는 것이다. 헤게모니적 접합을 통해 기존의 요소(element)는 새 질서의 계기(moment)로 변모하며, 헤게모니적 실천으로 구조화된 새 헤게모니적 질서에서 주체는 새로운 정체성을 지닌다. 결절점은 라캉의 고정점(*point de capiton*) 개념과 같고, 헤게모니적 접합은 주체가 구조로 꿰매지는 봉합(suture)의 의미를 포함한다.[9]

'고정점'에 대한 라캉의 설명은 정신분석이 정치담론 분석에 기여하

---

7) Slavoj Žižek, *The Sublime Object of Ideology*, 125쪽.

8) Raymond Williams, *Marxism and Literature* (Oxford: Oxford UP, 1978), 108~114쪽을 참조할 것.

9) Ernesto Laclau & Chantal Mouffe, *Hegemony and Socialist Strategy: Towards a Radical Democratic Politics* (London: Verso, 1985), 105~114쪽.

는 방식을 보여준다. 고정점은 서로 독립적으로 부유하던 기표와 기의가 이어져서 의미효과가 발생하는 지점을 뜻한다. 라캉은 세미나 III 『정신병』에서 이 용어를 상세히 설명한다. 소쉬르는 『일반언어학 강의』(*Course in General Linguistics*)에서 기표의 세계와 기의의 세계가 각각 아무런 구분이 없는 무형의 덩어리에 불과하지만 언어의 효과에 의해 각각의 차원에서 분절(최소의 의미 또는 음운 단위)이 발생하고 동시에 이렇게 분절된 기표와 기의가 서로 연결되는 과정을 신비로운 현상이라고 설명한다. 그것은 마치 바람 같은 공기의 작용으로 파도에 이랑, 즉 단위가 생기는 것과 같다.[10]

　라캉은 소쉬르가 기표와 기의의 결합을 모호하게 설명했다고 비판한다. 그리고 이 결합을 이전에 비결정적이었던 의미들이 기표의 작용에 의해 사후적으로 하나의 기의로 고정되는 과정이라고 설명한다. 예컨대 장 라신(Jean Racine, 1639~99)의 비극 『아탈리』(*Athaliah*)에서 여왕을 따르던 장교가 신전에서 여왕의 권력과 복수에 대한 두려움을 이야기하자, 사제는 자신에게 신에 대한 두려움 이외에 어떤 두려움도 없다고 대답한다. 이후 그 장교는 자신이 섬기던 여왕을 배신하고 저항세력의 일원이 된다. 이때 (신에 대한) '두려움'이란 기표는 "가구업자의 바늘"처럼 이제까지 부유하면서 비결정적이었던 텍스트의 의미를 고정시킨다(*SIII*, 268). 이 지점이 "이 두 인물과 텍스트 사이에서 실제로 순환하고 부유하던 의미의 덩어리들 사이에서 기표와 기의가 결합되는 지점이다"(*SIII*, 268).[11] '(신에 대한) 두려움'이라는 기표는 이 비극의 방향을 결

---

10) Ferdinand de Saussure, *Course in General Linguistics*, 110~112쪽을 참조할 것.

11) *point de capiton*은 '누비점'(quilting point) 또는 '닻 점'(anchoring point)으로도 번역된다. Dylan Evans, *An Introductory Dictionary of Lacanian Psychoanalysis*, 149쪽과 번역본 『라깡 정신분석 사전』, 53~54쪽을 참조할 것. 고정점이 이불이나 소파의 겉감과 내용물을 고정시키기 위해 사용하는 단추처럼 기표와 기의를 이어주는 것이므로 핑크는 외적인 것에 정박시킨다는 함의를 지니는 'anchoring point'보다

정하는 일종의 전환점으로 작용한다. 왜냐하면 이때 장교는 "나는 [신에게] 충성하는 군대에 합류하겠다"라고 말하기 때문이다(SIII, 268). 라캉의 분석은 기표와 기의가 결합되는 고정점이 언어의 중립지대에 있는 것이 아니라 비결정적이었던 등장인물의 행동을 결정한다는 정치적 문맥을 보여준다. '신에 대한 두려움'은 일종의 헤게모니적 접합의 결절점으로 기능한다.

이데올로기 담론분석이 상징계 차원의 분석이라면 이데올로기적 환상의 분석은 실재계 차원의 분석이다. 라클라우와 무프의 이론은 결절점을 중심으로 헤게모니적 접합이 발생하는 것과 더불어 근본적으로 이접합이 왜 불완전하고 불가능한 지를 분석한다는 점에서 라캉의 실재개념에 크게 빚진다. 라캉 이론에서 "(대타자의) 대타자가 존재하지 않는" 것처럼 이들의 이론에서 사회는 존재하지 않는다—또는 "사회는 불가능하다."[12] 모든 사회는 하나의 결절점을 통해 사회의 이질적 요소들 즉 "차이의 흐름을 멈추고 중심을 구축하려는 시도"이지만 이런 시도는 항상 임의적이고 불완전할 수밖에 없다.[13] 사회를 구성하는 이질적 요소는 헤게모니적 실천으로 인해 새로운 질서의 동질적 계기가 되지만 결코 이질성을 완전히 상실하지 않는다. "어떤 담론 형성도 봉합된 총체가 아니고 요소에서 계기로의 변화는 결코 완전하지 않으며" 따라서 "'최종적' 봉합의 순간은 결코 도래하지 않는다."[14]

라클라우와 무프는 이렇게 사회가 스스로 완전한 총체로 구성될 수 없게 하는 것을 '적대'(antagonism)라 부른다. "주어진 질서를 부정하는 적

'button tie'(단추매듭)가 더 적합하다고 여긴다. Bruce Fink, *Lacan to the Letter: Reading Écrits Closely*(Minneapolis: U of Minnesota P, 2004), 113쪽.

12) Ernesto Laclau & Chantal Mouffe, *Hegemony and Socialist Strategy*, 114쪽.
13) 같은 책, 112쪽.
14) 같은 책, 106~107, 86쪽.

대는 간단히 말해서 그 질서의 한계다. ……사회는 결코 완전히 사회가 될 수 없다. 왜냐하면 사회가 자신을 객관적 현실로 구성하지 못하게 하는 한계들이 사회 안에 있는 모든 것을 관통하기 때문이다."[15] 한 사회 구성체가 스스로 완전한 총체가 되지 못하게 하는 한계인 적대는 그 사회의 불가능성이 체현된 것이다. 적대는 "실재의 이 불가능성—부정성—이 존재의 형태를 획득한 것이다."[16] 이 불가능성을 재현하는 기표는 재현 불가능한 대상을 재현하려는 시도다. 이는 "기의 없는 기표"인 "빈 기표"이며 사회구성체를 가능하게 하는 근원적 조건인 "구성적 결여"다.[17] 모든 사회는 이 결여를 메우려는 헤게모니적 실천으로 형성되지만 그것은 궁극적으로 불가능하기에 "헤게모니는 항상 불안정한 구성적 모호성에 의해 관통된다."[18] 상징계의 결여와 실재가 라캉 이론 정치성의 핵심이다. 스타브라카키스가 말하듯이 "정치이론과 정치분석에서 라캉의 중요성은 상징계와 사회정치적 세계 자체의 분열되고 결여된 성격을 강조하는 데 있다."[19] 결여가 있기에 변화가 가능하고 변화를 위한 주체의 행위는 이 결여의 지점으로 향한다.

결여와 행위의 정치성

라캉 이론에서 대타자의 결여와 주체의 결여는 포개지지만 대타자는 주체의 존재에 대한 궁극적인 해답을 제공할 수 없다. 대타자 역시 주체가 결여한 대상 a를 지니지 못한 사선 그어진 결여의 대타자이기 때문이

---

15) 같은 책, 126~127쪽.
16) 같은 책, 129쪽.
17) Ernesto Laclau, *Emancipation(S)* (London: Verso, 1996), 40쪽.
18) 같은 책, 44쪽.
19) Yannis Stavrakakis, *Lacan and the Political*, 75쪽.

다. 그러므로 정치사회적 차원에서 사회적 적대의 불가능성은 주체가 이데올로기적 주체로 환원될 수 없는 분열된 주체의 불가능성과 필연적인 관계를 지닌다. 이데올로기나 헤게모니적 질서의 불가능성은 주체가 배제된 탈구조주의적 담론에서 발생하는 오작동이 아니라 이데올로기적 주체화의 실패를 통해서 경험된다. 라클라우와 무프의 용어로 말하면 요소는 결코 계기로 완전히 변하지 않고 항상 잉여의 차이가 생긴다. 주체가 상징질서에서 완전히 주체화되지 않고 환상 가로지르기를 통해서 이데올로기적 정체성 배후의 공백을 대면하는 행위는 그 정체성을 부여한 상징질서의 근원적 결여 또는 불가능성을 대면하는 것과 같다.

이런 점에서 환상을 가로질러 상징계 내의 실재의 공백과 대면하는 행위는 윤리적 당위성을 지니는 정치적 행위가 될 수 있다. 지젝은 라클라우와 무프가 사회적 적대 개념을 통해 "라캉의 불가능으로서의 실재 개념을 재발명했고" 이에 기초해서 "실재의 윤리, 환상 가로지르기의 윤리, 어떤 이상에 의해 은폐되지 않는 불가능하고 외상적인 핵과 대면하는 윤리에 기초한 정치적 기획"을 제시했다고 평가했다.[20] 이는 환상 가로지르기가 정치적 효과를 지니는 윤리적 행위라고 보기 때문이다. 실재와 적대의 관계에 비춰 좀더 간략하게 말하면 이것을 실재의 정치라 부를 수 있다. 알랭 바디우(Alain Badiou, 1937~) 역시 라캉의 실재 개념에서 해방적 정치의 차원을 발견한다. "내가 라캉에게 특히 관심을 가진 것

---

20) Slavoj Žižek, "Beyond Discourse-Analysis," Ernesto Laclau *New Reflections on the Revolution of Our Time*, (London: Verso, 1990), 249, 259쪽. 그러나 이후 지젝은 주체 개념과 자본주의 비판의 방법론에서 라클라우와 무프의 관점과 큰 차이를 보인다. 이에 관해서는 Judith Butler, Ernesto Laclau & Slavoj Žižek, *Contingency, Hegemony, Universality: Contemporary Dialogues on the Left* (London: Verso, 2000)를 참조할 것. 지젝의 실재 개념의 가변성을 지적하고 실재계와 부정성에 기초한 그의 이론과 정통 마르크스주의의 차이를 비판적으로 검토한 글로서 션 호머「문제는 정치경제학이다」,『라캉과 현대정신분석』, 김서영 옮김, 3.1 (2001), 41~62쪽을 참조할 것.

은 그의 실재 개념이었다. ……특히 어느 상황, 어느 주어진 상징적 영역에서 그것의 실재에 따라 그 상황을 총체로 생각할 수 있게 해주는 난국의 지점이나 불가능의 지점인 실재의 개념 말이다. ……해방적 정치는 항상 그 상황 내에서는 정확히 불가능하다고 선언되는 것을 가능하게끔 보이게 만든다."21) 그러나 지젝은 새로운 헤게모니적 정체성을 취하는 라클라우와 무프적 주체와 진리-사건에 대해 충실한 바디우적 주체를 공백을 메우는 "주체화의 과정"으로 해석하며, 주체화에 앞선 "죽음욕동의 순수 부정성"인 라캉의 주체와 구별한다.22)

---

21) Alain Badiou, *Ethics: An Essay on the Understanding of Evil*, Peter Hallward 옮김 (London: Verso, 2001), 121쪽. 바디우는 실재 개념뿐 아니라 라캉의 주체와 치료 개념에서도 해방적 정치성을 읽을 수 있다고 종종 피력했다. 예컨대 엘리자베트 루디네스코(Élisabeth Roudinesco, 1944~)와의 대담론인 Alain Badiou & Élisabeth Roudinesco, *Jacques Lacan: Past and Present A Dialogue*, Jason Smith 옮김 (New York: Columbia UP, 2014) 특히 20~24, 49~51쪽을 참조할 것.

22) Slavoj Žižek, *The Ticklish Subject*, 159~160쪽. 라클라우와 무프의 주체 개념은 탈구조주의적 '주체입장'과 통일된 초월적 주체 사이에 존재하며 구조로의 최종적 봉합이 불가능한 존재다. Laclau & Mouffe, *Hegemony and Socialist Strategy*, 114~122쪽을 참조할 것. 바디우에게 주체는 희귀하지만(rare) 공백은 아니다. 공백은 존재의 편에 있다. "주체는 공백의 지점이 아니다. 존재의 고유명사인 공백은 비인간적이고 비주체적이다." Alain Badiou, *Being and Event*, Oliver Feltham 옮김 (London: Continuum, 2005), 391쪽. 번역은 알랭 바디우, 『존재와 사건』(조형준 옮김, 새물결, 2013)을 참조했다. 바디우의 주체 개념은 사건에 대한 충실성에서 연유하므로 주체의 원인은 사건이다. 그는 주체를 "사건(따라서 개입)과 충실성의 절차(따라서 그것의 접속의 조작자)를 결합시키는 과정 자체"로 정의한다(239). 주체에게는 상황 속에서 식별 불가능한 진리에 대한 믿음을 가지고—오로지 미래완료 시점에서만 참인지 거짓인지 판명되는—비결정적인 것을 결정하는 능력이 있다. 주체화는 "개입적 명명에 연이은 조작자의 출현", 즉 상황 속에서—상황이 인식하지 못하고 상황을 불안정하게 하는—공백을 호출하여 사건이 출현하도록 개입하는 조작자를 뜻한다(393). 바디우는 라캉이 주체를 공백으로 여긴 것을 데카르트의 유산으로 간주하고, "식별 불가능한 것, 유적 절차, 충실성, 개입 그리고 궁극적으로 사건의 조건 아래" 있는 것으로서의 자신의 주체 개념과 구별한다(434). 바디우의 주체와 주체화에 대한 설명은 같은 책, 391~409쪽; 라캉의 주체 개념에 대한 바디우의 비판은 431~435쪽을 참조할 것. 라캉이

지젝은 궁극적으로 '행위'도 공백을 지향하는 부정적인 것으로 정의한다. 지젝이 해석하는 라캉의 행위는 주체의 결핍을 통해 상징계에서 탈주하며 상징질서의 중단과 와해를 감수하는 것이다. 주체는 이렇게 비워진 공백 자체다. 이 공백을 지향하는 행위야말로 진정한 행위다. 헤게모니적 동일시의 주체와 사건/진리의 주체가 "존재론적 균열을 메우는" 긍정적 행위의 주체라면, 라캉의 주체는 이와 반대로 정체성을 취하는 긍정적 "주체화의 제스처에 의해 메워지는 바로 이 균열"이다.[23] 그러므로 지젝의 '진정한 행위'는 헤게모니적 질서에 대한 전복적 저항과 다르다. 예컨대 버틀러의 이론에서 주체가 상징질서에서 부여받은 입장을 반복하는 과정에서 상징적 존재의 형태를 변화하고 재구성하는 행위는 근본적으로 상징계적이고 국부적인 저항행위로서 라캉 이론에서의 실재의 윤리적 행위와 다르다.[24]

실재의 공백을 지향하는 행위는 새로운 이데올로기적 상징계나 헤게모니적 질서의 출현 이전에 판을 일소하고 비우는 것이다. 따라서 이 행위는 일체의 사회적·상징적 좌표에 의존하지 않는다. "라캉이 말하듯, 행위에서 주체는 **스스로를 자신의 원인으로 상정**하고 더 이상 탈중심화된 대상-원인에 의해 결정되지 않는다."[25] 스스로를 자신의 원인으로 상정

공백으로서의 주체 및 실재와의 만남을 통한 단절을 강조하는 반면 바디우가 단절 이후 주체의 "후-사건적 실천"을 강조한다는 관점에서 지젝의 바디우 비판에 대한 반론을 제기한 글은 서용순, 「바디우 철학에서의 공백(vide)의 문제」, 『라깡과 현대정신분석』, 8.2 (2006), 95~113쪽을 참조할 것.

23) Slavoj Žižek, *The Ticklish Subject*, 158쪽.

24) 같은 책, 247~306쪽을 참조할 것. 버틀러는 지젝이 이데올로기의 구성적 외부 (constitutive outside)를 라캉의 초역사적 실재 개념으로 이해해서 특수한 사회역사적 분석을 배제한다고 비판한 바 있다. Judith Butler, *Bodies That Matter: On the Discursive Limits of "Sex"* (New York: Routledge, 1993), 187~222쪽을 참조할 것. 지젝의 버틀러 비판은 이에 대한 응답이다.

25) Slavoj Žižek, *The Ticklish Subject*, 375쪽.

하는 행위는 절대적 자유의 행위다. 앞서 보았듯이 지젝에게 "실재로서의 자유의 행위는…… 유령적인 대타자에 대한 우리의 원초적 채무 자체를 취소한다."[26] 이 행위는 자유의 심연을 동반하는 이데올로기적 탈동일시이고, 소포클레스의 안티고네가 예시하듯이 죽음을 향한 탈존적 제스처다. 그러나 주체의 공백/죽음을 향한 행위는 상징계의 영도(零度) 즉 무(無)에서의 창조가 가능한 지점을 향한다는 점에서 창조적 파괴의 역설적 행위다. 지젝은 새로운 질서의 창조를 부정하기보다 새로운 질서의 예측 불가능성을 강조한다. 새로운 헤게모니적 질서를 위한 행위는 실재의 제스처가 아닌 상징계적 기획이다. 지젝이 행위의 결과보다 행위 자체의 부정적 차원을 강조하는 것은 행위가 초래할 주체와 사회의 변화는 예측할 수도 기획할 수도 없다고 보기 때문이다.[27]

그러나 지젝이 주장하는 실재의 정치학과 진정한 행위 개념은 밀접하게 연관된 두 가지 비판을 받는다. 첫째, 지젝의 행위(act) 개념은 지나치게 급진적이고 정치적이어서 구체적인 사회에서 실천 가능한 행동(action)의 정치학과 유리되어 있다. 지젝의 진정한 행위 개념은 '전부 아니면 전무'(all or nothing)라는 극단적 설정을 낳는다. 사회의 혁명적 변화를 가져오지 못하는 구체적인 정치적 행동의 기획은 개혁의 차원으로 강등된다. 상징계의 정치적 변화를 간과하는 지젝의 실재의 정치학은 오히려 상상계적인 환상에 빠질 위험이 있다.[28] 이런 맥락에서 사이

---

26) Slavoj Žižek, "Introduction: The Spectre of Ideology," 27~28쪽.

27) Slavoj Žižek, *Enjoy Your Symptom!*, 42~46쪽을 참조할 것.

28) Oliver Marchart, "Acting and the Act: On Slavoj Žižek's Political Ontology," *The Truth of Žižek*, Paul Bowman & Richard Stamp 공편 (London: Continuum, 2007), 99~110쪽을 참조할 것. 올리버 마차트(Oliver Marchart, 1968~)는 지젝이 존재적인(ontic) 현실보다 존재론적인(ontological) 것을, 정치(학)보다 '정치적인 것'(the political)을 지나치게 특권화한다고 비판한다. '정치적인 것'과 '정치(학)'의 개념적 차이에 대한 간략한 설명은 Oliver Marchart, *Post-Foundational Political Thought: Political Difference in Nancy, Lefort, Badiou and Laclau*

먼 크리칠리(Simon Critchley, 1960~)는 지젝이 이데올로기적 환상에 대한 탁월한 분석을 제시하지만 그가 제시하는 뛰어난 통찰력으로 무엇을 어떻게 할 것인지에 대해서는 추상적인 행위 개념이외에 구체적인 답변을 제시하지 못한다고 비판한다.[29] 둘째, 기존 사회질서의 좌표를 완전히 재구성하는 지젝의 혁명적 행위 개념은 기존질서와의 단절이라는 형식적 차원을 강조하지만 행위가 개입할 구체적인 사회질서의 내용과 그 변화에 대한 분석 역시 필수불가결하며, 지젝도 종종 구체적인 사회에 대한 내용적 분석을 제시하지 않을 수 없다. 제이슨 글리노스(Jason Glynos)가 지적하듯이 "행위의 **형식적** 기준이 만족되었는지를 판단하는 것은 행위가 개입할 체제나 실천의 특성 따라서 **내용**에 달려 있다."[30]

(Edinburgh: Edinburgh UP, 2007), 1~10쪽을 참조할 것. '정치(학)'가 제도화된 사회, 즉 "특별한 담론적 정권, 특수한 사회체제"라면, '정치적인 것'은 "사건, 적대, 진리, 실재 또는 자유와 같은" 개념들처럼 "사회의 무-근거(non-ground)"에 기초하여 사회가 궁극적으로 닫히거나 완성되는 것을 불가능하게 한다(8). 국내에서도 이런 비판이 제기된 바 있다. 예컨대 김종갑은 지젝의 정치적·혁명적 '행위'가 라캉의 윤리적 '행위'와 다르고, 지젝이 "윤리를 정치적으로 급진화시키려는 강박관념" 때문에 윤리적 행위를 정치적으로 번역하는 과정에서 (개인의 행위가 정치적 혁명을 낳기 위해 필요한) 사회적 실천의 장이라는 매개를 충분히 고려하지 못하며, 지젝이 말하는 상징계의 혁명적 변화 자체는 주체의 윤리적 행위로 설명되지 않는다고 비판한다. 김종갑, 「행위의 윤리학과 행위의 정치학」, 『철학연구』 33 (2007), 225~252쪽을 참조할 것. 이와 반대로 김용규는 지젝이 급진적 행위 개념을 통해 "모든 정치적 대안이라는 것이 자신의 실재계의 중핵과 대면하기보다 그것을 다른 것으로 전치함으로써 외면하려는, 곧 또 다른 판타지로 전락하기 쉽다는 것을 경계"하는 것이라고 긍정적으로 평가한다. 김용규, 「지젝의 판타지 이론과 윤리적 행위」, 『대동철학』 23 (2003), 17쪽.

29) Simon Critchley, "Foreword: Why Žižek Must be Defended," *The Truth of Žižek*, Paul Bowman 외 공편, xiv~xv쪽.

30) Jason Glynos, "Capitalism and the Act: From content to form and back again," *Lacan, Discourse, Event: New Psychoanalytic Approaches to Textual Indeterminacy*, Ian Parker & David Pavón-Cuéllar 공편 (London: Routeldge, 2014), 155쪽. 이 점에 관해서는 Oliver Marchart, "Acting and the Act: On Slavoj Žižek's Political Ontology," 111~112쪽도 참조할 것.

이런 논의의 핵심은 '행위'를 실재의 공백을 지향하는 부정적인 것으로 정의하는가 아니면 새로운 질서의 창출을 위한 긍정적인 것으로 정의하는가의 문제다. 라캉 이론에서 행위 개념은 복잡하게 변화했고 다양한 의미를 포함한다. 지젝을 비판하는 비평가들은 라캉의 행위 개념이 실재보다는 상징계 안에서 수행되는 창조적 행위에 더 가깝다고 해석한다. 예컨대 에드 플러스(Ed Pluth)는 지젝이 윤리적 행위의 부정성과 주체의 소멸을 지나치게 강조한 나머지 라캉 이론에서 행위가 기표를 통한 의미화의 행위이며 긍정적인 결과를 가져올 수 있다는 점을 간과한다고 비판한다.[31] 캘럼 닐(Calum Neill) 역시 '실재의 윤리'로 통칭되는 지젝의 해석을 비판하면서 라캉에게 "행위는 창조와 이름 짓기, 즉 상징계의 파괴가 아닌 상징계와의 작업에 관계한다. ……그렇다면 윤리적인 것으로서의 행위는 분명히 상징계에 의존한다"라고 주장한다.[32] 이와 달리 존스턴은 라캉의 행위가 상징계적인 것과 실재계적인 이중의 의미를 지닌다고 해석한다. 말하는 행위 또는 상징화나 의미화 행위 (signifying act)로서의 행위는 대타자에게 자신이 보내는 메시지의 해독을 청원하는 '행동화'(acting out)처럼 기존 상징질서의 좌표 내에서 이루어지는 행위다. 그러나 라캉에게는 주체가 "기존 상징질서의 틀"에 개입해 급진적 변화를 추동하는 "실재의 제스처"로서의 행위도 존재한다.[33] 행위의 이중적 의미는 라캉 이론 초기부터 후기까지 공존하지만

---

31) Ed Pluth, *Signifiers and Acts*, 97~137쪽.

32) Calum Neill, "One Among Many: The Ethical Significance of Antigone and the Films of Lars Von Trier," *Interrogating Antigone in Postmodern Philosophy and Criticism*, S.E. Wilmer & Audronė Žukauskaitė 공편 (Oxford: Oxford UP, 2010), 140쪽.

33) Adrian Johnston, "From the Spectacular Act to the Vanishing Act: Badiou, Žižek, and the Politics of Lacanian Theory," *Did Somebody Say Ideology? On Slavoj Žižek and Consequences*, Fabio Vighi & Heiko Feldner 공편 (Newcastle, UK: Cambridge Scholars Publishing, 2007), 58쪽.

세미나 XIV『환상의 논리』(*The Logic of Fantasy*)에서부터 주체와 상징질서의 변화를 초래하는 실재의 행위가 더 부각된다. 지젝이 라캉에게서 차용하는 행위는 이런 실재의 제스처로서의 행위다.[34]

지젝과 스타브라카키스의 논쟁은 이 문제에 대한 첨예한 대립을 보여준다. 지젝에게 이데올로기적 환상 가로지르기는 상징계적 질서의 좌표를 전복적으로 재구성하는 실재 차원의 행위다. 지젝은 정치를 실현 불가능하고 비결정적인 윤리에 항상 미치지 못하는 결정적인 행위의 차원이라고 해석하는 데리다를 비판한다. 지젝이 "윤리와 정치의 거리가 와해되는 라캉적 의미의 행위"를 강조하는 것은 윤리와 정치의 경계가 무너질 때 비로소 윤리적 행위가 근본적인 정치적 효과를 낳고 불가능한 것이 발생한다고 보기 때문이다.[35] 그가 데리다를 비롯한 해체론적 포스트모던 정치학과 반대로 불가능해 보이는 진리-사건, 즉 "기적이 발생한다"라고 주장하는 바디우에 공감하는 것도 이런 맥락에서다.[36] 지젝에게 "라캉의 불가능-실재는 선험적 한계가 아니라 행동의 영역이다. 행위는 가능성의 영역에 대한 개입 그 이상이다. 행위는 가능한 것의 좌표 자체를 바꿔서 사후적으로 가능성의 조건 자체를 창조하는 것이다."[37]

지젝에게 행위는 역설적으로 능동적인 행동이라기보다 행동에 앞서 행동의 조건이 되는 공백을 창조하는 부정적이거나 더 근원적인 제스처다. 허먼 멜빌(Herman Melville, 1819~91)의『필경사 바틀비』("Bartleby, the Scrivener")에 대한 지젝의 해석은 이런 행위의 부정성을 강조한다.

---

34) 같은 글, 57~72쪽을 참조할 것. 라캉의 정신분석적 행위의 정치성에 대한 국내 연구로는 홍준기·박찬부,「라깡의 임상철학과 정신분석의 정치성」,『라깡과 현대 정신분석』9.1 (2007), 56~68쪽을 참조할 것.

35) Slavoj Žižek, "Melancholy and the Act," *Critical Inquiry*, 26.4 (2000), 666쪽.

36) Slavoj Žižek, *The Ticklish Subject*, 134~135쪽.

37) Slavoj Žižek, *Demanding the Impossible* (Cambridge: Polity, 2013), 143쪽.

마이클 하트(Michael Hardt, 1960~)와 안토니오 네그리(Antonio Negri, 1933~)는 바틀비의 "거부의 정치학"— '나는 그렇게 하지 않는 것을 선호합니다'(I would prefer not to).—을 해방적이고 건설적인 창조를 위한 시작에 불과한 것으로 해석한다. "이 거부는 분명 해방적 정치학의 시작이지만 그것은 단지 시작일 뿐이다. ……거부 자체는 일종의 사회적 자살로 이끌 뿐이다. ……우리에게 필요한 것은 새로운 사회 체제를 창조하는 것이고 이는 거부를 크게 넘어서는 기획이다. ……단순한 거부를 넘어서거나 그 거부의 일부로서 우리는 새로운 삶의 양식과 무엇보다도 새로운 공동체를 건설해야 한다."[38] 하트와 네그리가 제국에 대한 논의를 끝내고 제국을 전복시킬 반제국적 주체의 출현을 논하기 직전에 바틀비의 거부를 언급하는 것은 우연이 아니다.

그러나 지젝은 "사회적 참여에서 물러서는 '바틀비'의 태도와 집단적·사회적 행동 사이의 시차적(parallax) 간극"에 주목한다.[39] 그는 하트와 네그리의 해석에 "시차적 전환"을 가하여 바틀비의 거부와 새로운 공동체의 건설 사이의 위계를 전복한다.[40]

바틀비의 태도는 단순히 두 번째의 더 '건설적인' 새로운 대안질서를 형성하는 작업을 위한 첫 번째의 준비단계가 아니다. 그것은 이 질서의 원천 자체이고 배경이며 그것의 영구적인 토대다. ……새로운 질서를 건설하는 열광적이고 참여적인 활동은 그것의 근간을 이루면서 그 안에서 영원히 메아리치는 '나는 그렇게 하지 않는 것을 선호합니다'에 의해 지탱된다.[41]

---

38) Michael Hardt & Antonio Negri, *Empire* (Cambridge, MA: Harvard UP, 2000), 204쪽.
39) Slavoj Žižek, *The Parallax View*, 10쪽.
40) 같은 책, 382쪽.

바틀비의 거부 행위는 지젝의 '감산의 정치학'(politics of subtraction)을 보여준다. 그것은 "순수한 형태의 감산의 제스처로서 모든 질적 차이를 순수하게 형식적인 극소의 차이로 환원하는 것이다."[42] 멜빌의 바틀비는 월스트리트의 한복판에서 법률 서류를 베껴 쓰는 필경사의 작업을 거부하다가 뉴욕의 형무소에서 결국 식음을 전폐하고 쓸쓸하고 외롭게 죽어간다. 일체의 행동을 거부하는 바틀비의 행위는 사회에서 자신을 공제하는 감산의 제스처다. 지젝은 바틀비의 "나는 그렇게 하지 않는 것을 선호합니다"를 "상징질서의 와해를 대표하는 비활성적 얼룩으로 환원된 기표"로 정의한다.[43] 바틀비의 거부 행위는 결국 상징질서의 와해를 체현하는 실재의 제스처다.

이와 달리 스타브라카키스는 라캉의 행위를 실재의 제스처가 아니라 새로운 질서를 창출하는 상징적 제스처로 이해한다. 예컨대 그는 지젝과 클로드 르포르(Claude Lefort, 1924~2010)가 분석하는 (사회적 권력이 일시적으로 중단되고 우연성과 공백이 표출되는) 민주주의의 선거처럼, "사회적 결여를 제도화하는 다시 말해서 사회적 닫힘의 불가능성에 대한 윤리적 인식을 포함하는 상징적 제스처의 가능성"을 제시한다.[44] 그는

---

41) 같은 곳.

42) 같은 곳.

43) 같은 책, 385쪽.

44) Yannis Stavrakakis, *Lacan and the Political*, 35쪽. 르포르에 따르면 군주제에서 권력은 군주에 의해 체현되었지만 민주주의에서 "권력의 장소는 텅 빈 장소다. ······권력의 행사는 주기적인 재분배의 절차에 종속된다. ······이 현상은 갈등의 제도화를 함축한다. 권력의 장소는 텅 빈 장소이고 차지할 수 없으며, ─어떤 개인이나 집단도 그것과 동체일 수 없다─ 그것은 대표될 수 없다." Claude Lefort, *Democracy and Political Theory* (Minneapolis: U of Minnesota P, 1988), 17쪽. 이와 유사한 맥락에서 한국사회의 마르크스주의적 사회개혁 운동의 본질주의를 비판하고 "권력의 '외부'(또는 사회적 적대)를 제도화"하는 민주주의적 정치윤리의 필요성을 주장한 글로서 이만우, 「권력의 '외부', 그 가능성 탐구: 라캉의 '결여' 및 '실재(계)'에 의한 저항의 정치윤리 기획」, 『라캉과 현대정신분석』 6.1

지젝이 안티고네를 "급진적인 윤리-정치적 행동의 모델"로 삼는 것이 라캉의 (그리고 지젝 자신의) "비-주체적 형식적 행위 모델"과 배치된다고 지적한다.[45] 스타브라카키스에 따르면 지젝은 급진적 정치학의 모델로서 능동적이고 실천적이며 기적적인 행위를 강조하기 위해 라캉의 부정적인 '결여' 개념을 오히려 해체론적 개념으로 강등시킨다.[46] 그러므로 그는 "대타자의 결여를 취하고 제도화하는 것을 한계로 보지 말고 행위의 급진적 성격을 윤리적으로 취하는 가능성의 조건이나 중요한 원천으로 볼 것"을 제안한다.[47]

스타브라카키스에 대한 답변에서 지젝은 불가능과 가능의 역설적인 등식을 제시한다. 라캉의 행위에서 무조건적이고 실천 불가능한 윤리적 명령과 능동적인 정치적 행위/개입 사이의 간극은 삭제되어 둘이 일치하는 기적이 발생한다. "정확히 이런 의미에서 행위 개념은 '대타자의 결여'와 모순되지 않을 뿐 아니라…… 그것을 직접적으로 전제한다. 행위를 통해서만 나는 효과적으로 대타자의 비존재를 취한다. 다시 말해서

(2004), 93~130쪽을 참조할 것. 이만우는 또 다른 글에서 개인적·집단적 환상분석과 환상 가로지르기를 통해 이런 정치기획을 정신분석학적으로 구체화하는 방안을 모색한다. 이만우, 「라캉 정신분석과 정치적 주체성: 사회적 실천에서의 '환상(fantasy)'과 '향락(Jouissance)'」, 『라캉과 현대정신분석』, 13.1 (2011), 87~101쪽을 참조할 것. 김정한은 이와 약간 다르게 라캉 이론이 한국의 좌파운동에 기여할 수 있는 부분을 결여의 사회적 제도화가 아니라 환상과의 동일시(화)에서 찾으며, 정치적 차원에서 분석가의 역할을 담당할 수 있는 "정치조직의 구성"의 필요성을 모색한다. 김정한, 「한국 라깡주의 정치의 가능성과 조건: 지젝의 '사회적 환상의 횡단' 개념을 중심으로」, 『라캉과 현대정신분석』, 13.1 (2011), 7~27쪽을 참조할 것.

45) Yannis Stavrakakis, "The Lure of Antigone: Aporias of an Ethics of the Political," *UMBR(a)*, (2003), 122쪽.

46) 같은 글, 123쪽. 스타브라카키스의 비판은 Slavoj Žižek, "From 'Passionate Attachments' to Dis-identification," *Umbr(a)*, (1998), 3~17쪽에 관한 것이다.

47) 같은 글, 125쪽과 이 글의 수정확대판이 수록된 Yannis Stavrakakis, *The Lacanian Left: Psychoanalysis, Theory, Politics* (Albany: SUNY P, 2007), 124쪽을 참조할 것.

불가능한 것, 즉 기존의 사회-상징적 질서의 좌표에서 불가능한 것으로 나타나는 것을 수행한다."[48]

창조적 파괴에 유토피아적인 함의가 있다면 이 유토피아는 주체와 대타자의 근본적 결여인 실재의 불가능성에 대한 인식에 기초한 탈환상적인 역설적 유토피아다.[49] 스타브라카키스는 결여와 불가능성 또는 유한성/한계를 인식하는가의 여부를 "라캉적 좌파와 유토피아적 좌파의 차이"를 결정하는 핵심으로 여긴다.[50] 스타브라카키스의 관점에서 실재의 행위를 강조하는 지젝은 이런 결여와 불가능성을 충분히 견지하지 않는다. 그에게 지젝은 (『이데올로기의 숭고한 대상』에서와 달리) "행위와 상징계의 중요한 연관관계를 무시함으로써 행위의 실재가 상징계 없이 발생한다고 말하는 것처럼 보인다."[51] 지젝의 해석은 "자신의 한계에 대한 인식, 결코 주체성의 완전한 실현으로 인도하지 않을 것이라는 사실에 대한 인식을 가정하는" 라캉의 정신분석 행위와도 배치된다.[52]

스타브라카키스와 지젝의 결정적 차이는 '행위'를 상징계적인 것으로 보는가 아니면 실재적인 것으로 보는가의 여부다. 지젝이 라캉의 행위를 과도하다고 여겨질 만큼 급진적으로 해석하는 것은 상징계와 실재계를 엄밀히 구별하고 실재에 비평적 무게를 싣기 때문이다. 스타브라카키스에게 행위는 "상징적 제스처"인 반면 지젝에게 행위는 실재의 제스처다. 스카브라카키스는 불가능성을 전제할 것을 강조하고, 지젝은 불가능한 것이 발생할 수 있는 가능성을 강조한다. 앞서 언급했듯이 라캉의 행위

---

48) Slavoj Žižek, " 'What Some Would Call … ': A Response to Yannis Stavrakakis," *Umbr(a)*, (2003), 132쪽.
49) 이 점에 대해서는 Yannis Stavrakakis, *Lacan and the Political*, 99~121쪽을 참조할 것.
50) 같은 책, 124쪽.
51) 같은 책, 126쪽.
52) 같은 곳.

는 이 두 차원을 포괄한다고 볼 수 있다. 이 두 차원이 포개지는 지점이 바로 무에서의 창조가 발생하는 지점인 'ex nihilo'가 아닐까? 라캉 정신 분석에 기초한 정치적 비전에서 행위는 불가능성을 인식하는 유토피아 적 행위이고 불가능을 가능하게 하는 행위이며 파괴를 통한 창조의 행 위라는 역설로 점철된다.

증상/증환과의 동일시

결여와 불가능성은 정신분석에 기초한 정치학의 토대를 구성한다. 그 러나 결여를 메우려는 모든 시도가 불가능하다는 인식에 기초한 정신분 석적 정치학의 기획은 주이상스와 정치의 관계에 대한 이론으로 보충 될 필요가 있다. 라캉의 주체는 결여와 욕망의 주체일 뿐 아니라 주이상 스의 주체이기도 하며, 결여를 일시적으로 메운 모든 사회나 헤게모니 적 질서에는 주이상스의 차원이 존재하기 때문이다. 주체와 사회의 변화 는 주이상스의 개입을 요구한다. 도미니크 호엔스(Dominiek Hoens)가 지적하듯이 "주체에게 무엇이 발생하든 향락은 지속적으로 생산된다. ……주체들이 '머리 없이' 향유하는 방식을 다룰 때에만 변화는 발생할 수 있다. ……상징질서의 '합리성'은 '비합리적인 향락에 의해서 지지되 며, 전자의 변화는 후자를 통과할 때에만 발생할 수 있다."[53]

앞서 언급했듯이 라클라우와 무프는 결여, 고정점, 실재 등의 개념을 활용하며 라캉 이론에 의지한다. 그런데도 라클라우는 그의 정치적 기 획에 주이상스의 차원을 고려하지 않는다는 점에서 라캉 및 지젝과 다 르다. 지젝이 이데올로기 담론비평을 넘어서 이데올로기적 환상에서 작

---

53) Dominiek Hoens, "Object *a* and Politics," *Jacques Lacan Between Psychoanalysis and Politics*, Samo Tomšič & Andrea Zevnik 공편 (New York: Routledge, 2016), 109~110쪽.

동하는 주이상스를 분석할 것을 주장하는 것에서 이들의 차이가 분명히 드러난다. 글리노스와 스타브라카키스가 지적하듯이 라클라우가 주이상스를 언급한 적이 없다는 사실은 그가 라캉의 실재 개념을 차용하는 방식이 주이상스가 환기하는 '실체적' 차원이 아니라 구조적 차원에 있음을 방증한다. 주이상스 개념은 "'본질적으로' 재현 불가능하고 항상 사회-담론적 영역과 해소 불가능한 긴장의 상태"에 있기에 라클라우의 정치적 기획에 중요한 통찰력을 제공할 수 있다.[54]

주이상스와 담론의 불가피한 긴장에 관한 글리노스와 스타브라카키스의 논평을 비판적으로 참고한다면 어떻게 결여와 주이상스를 정신분석적 정치학의 기획에 변증법적으로 기입하는가의 문제를 제기하게 된다. 이 문제에 접근하기 위해서는 라캉이 후기에 제시한 증환(*sinthome*) 개념을 검토하는 것이 필요하다. 라캉은 이 개념을 통해서 배타적인 긴장관계에 있었던 기표와 주이상스, 상징계와 실재계를 화해시키려고 시도한다. 또한 이 개념은 결여와 더불어 정신분석과 정치의 접점을 사유하는 계기를 제공한다. 그리고 라캉이 후기에 환상 가로지르기의 결과로 제시한 '증환/증상과의 동일시'를 통해서 주체가 환상을 가로지른 후 욕동과 주이상스를 경험한다는 의미를 더 정확히 이해할 수 있고, 주이상스를 사회적·정치적 차원에 기입하는 가능성을 모색할 수 있다.

증환은 증상의 고어체다.[55] 두 단어는 동일한 의미를 지니지만 라캉

---

54) Jason Glynos & Yannis Stavrakakis, "Encounters of the Real Kind: Sussing out the Limits of Laclau's Embrace of Lacan," *Laclau a Critical Reader*, Simon Critchley & Oliver Marchart 공편 (London: Routledge, 2004), 209쪽.

55) "증환(*sinthome*)은 이후에 증상(*symptôme*)으로 철자화된 것의 옛 철자법이다"(SXXIII, 3). 이 용어에 대해서는 Dylan Evans, *An Introductory Dictionary of Lacanian Psychoanalysis*, 188~190쪽과 번역본 『라캉 정신분석 사전』, 146~149쪽을 참조할 것. 이 용어는 '병증'으로 번역되는데, 라캉이 동음이의어인 holy man(*saint-homme*) 및 Saint-Thom(Thomas Aquinas)의 의미를 포함시키므로 이런 함의를 살려 '생톰'으로 옮기기도 한다. 에런 던랩(Aron Dunlap)은 토마스 아

은 증상을 증환으로 다시 쓰면서 자신의 후기 이론에 맞춰 증상을 다시 정의한다. 라캉은 후기이론에서 상징계의 기표와 실재의 주이상스가 결합할 가능성을 모색한다. 증환 개념은 이런 시도의 결과다. 라캉은 세미나 XXIII 『증환』(*The Sinthome*)에서 아래의 왼쪽 그림과 같이 증상/증환을 상상계, 상징계, 실재계의 고리를 이어주는 네 번째 고리로 설명하며 시그마(Σ)로 표기한다(SXXIII, 12). 밀레는 아래 오른쪽 그림과 같이 증상을 욕망의 그래프에서 기표의 벡터에서 발생하는 기의 s(A)와 환상 $\$\diamondsuit a$을 결합한 시그마(Σ)표시한다. 요컨대 "환상과 의미화가 증상에서 서로 결합한다."[56]

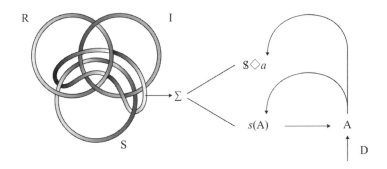

환상 속 대상 *a*가 실재와 주이상스의 차원을 지닌다는 점에서 증상은 상징계와 실재계, 기표와 주이상스의 결합이다. 이런 의미에서 주이상스는 의미를 향유하는 의미-향락(*joui-sens*, enjoy-meant)이다.[57] 지젝의 표

퀴나스가 아리스토텔레스적인 사유와 유대교나 기독교적인 사유를 종합한 것처럼 이 용어의 종교적 함의에 역설적인 요소들을 종합하는 의미가 포함된다고 지적한다. Aron Dunlap, *Lacan and Religion* (London: Routledge, 2014), 78쪽을 참조할 것.

56) Jacques-Alain Miller, "The Sinthome, a Mixture of Symptom and Fantasy," 69쪽.

57) 이 점에 대해서는 Dominiek Hoens & Ed Pluth, "The Sinthome: A New Way of Writing an Old Problem?" *Re-inventing the Symptom: Essays on the Final Lacan*,

현을 빌리면 증환은 상징적 "네크워크에 속박되지 않고 향락으로 침투되고 즉각적으로 채워진 기표"다.[58]

프로이트에게 증상은 의식과 무의식이 타협한 결과 발생한 것으로 해석의 대상이다. 그는 「끝낼 수 있는 분석과 끝낼 수 없는 분석」("Analysis Terminable and Interminable")에서 분석치료에 대한 환자의 저항의 뿌리를 죽음욕동으로 추적하며 정신분석치료의 실패 원인을 논증한다. 유아기에 이루어진 욕동에 대한 원억압은 지속된다. 분석을 통해 원초적으로 억압된 것의 일부가 해소되는 한편, 다른 일부는 "인식되지만 더 견고한 재료로 새롭게 구성된다"(SEXXIII: 227). 그래서 증상은 해석되어 해소될 수 있는 것과 그렇지 못한 것으로 구분된다. 프로이트는 환자가 분석 중에 "가능한 모든 수단을 통해서 회복하는 것에 대해 방어하고 질병과 고통에 절대적으로 집착하려는 힘"을 발견하고 이를 "부정적 치료반응"이라 부른다(SEXXIII: 242~243). 그리고 이것이 부분적으로 초자아에 의한 죄의식 및 죽음/파괴 욕동에 기인한다고 판단한다. 그러므로 "정신적 사건들이 쾌락에 대한 욕망에 의해서만 지배된다는 믿음"을 유지할 수 없다(SEXXIII: 243). 요컨대 증상을 고집하는 것은 쾌락을 넘어선 주이상스의 차원이다. 라캉은 세미나 X『불안』에서 증상을 대타자에게 보여주는 행동화(acting-out)와 구분하며 "증상은 본질적으로 주이상스…… 비밀에 싸인 주이상스이고 당신[분석가]을 필요로 하지 않으며 행동화와 달리 자족적"이라고 말한다(SX, 125).

밀레에 따르면 후기 라캉에게 증상은 "주이상스 때문에 지식, 즉 해독에 저항하는 진리 s(A)다. 그것은 주이상스 편에서 활동하는 진리다."[59] 이렇게 "진리효과인 증상과 주이상스가 맺는 관계인 증상의 혼합"이 바

Luke Thurston 엮음 (New York: Other Press, 2002), 9~14쪽을 참조할 것.

58) Slavoj Žižek, *The Sublime Object of Ideology*, 76쪽.

59) Jacques-Alain Miller, "The Sinthome, a Mixture of Symptom and Fantasy," 70쪽.

로 "증환"이다. 라캉이 이 시기에 끊임없는 환유에 종속되는 기표가 아니라 '기호'라는 용어를 사용하거나 '해석' 대신 암호/암호화(cipher)와 짝을 이루는 '해독'(decipher)이라는 용어를 선호한 것도 "기표와 주이상스를 동시에 사유하려는" 시도다.[60] 자아이상의 대문자 I 또는—S2와 연결되지 않은 따라서 무의미한—주인기표 S1과 대상 a가 혼합된 표지(標識, insignia)라는 용어도 "의미화 기능과 주이상스 기능"을 동시에 지니며 "각 주체에게 특수한 고유명사를 쓸 수 있는" 증상과 같다.[61]

분석의 종점에서 "주체는 증상과의 동일시나 증상에 대한 믿음을 선택할 수 있다. ……그는 새로운 해결방식을 선택하여 증상의 실재와 동일시하든지 아니면 과거의 해결방식을 고수하여 또 다른 히스테리적 동일시를 통해서 또 다른 의미를 찾는다. $\$ \rightarrow S1 \rightarrow S2$."[62] 주체가 증상이 궁극적으로 해석될 수 있다는 과거의 해결방식을 믿는다면 그는 자신이 누구인가라는 히스테리적 질문에 대한 해답을 찾기 위해 끊임없이 새로운 기표(S2)를 추구한다. 이와 달리 그가 증상과 동일시한다면 그는 "자신의 특수하고 특권화된 향유의 방식" 즉 "실재의 정체성"을 얻는다.[63] 첫째 선택이 기표의 주체를 고집하고 대타자/상징계의 차원에 남으려는 것이라면, 둘째 선택은 욕동과 실재/주이상스의 주체로 태어나는 것이다.

그러므로 프로이트가 부정적인 치료반응으로 인식한 증상의 지속은 라캉의 관점에서는 증상과의 동일시를 통해 그것을 향유하는 긍정적인 의미를 지닌다. 정신분석의 종점은 프로이트의 비관적 전망처럼 끝낼 수 없는 것이라기보다 오히려 즐길 수 있는 것이다. 라캉 정신분석의 종점

---

60) 같은 글, 70, 72쪽.
61) 같은 글, 55~56, 72쪽을 참조할 것.
62) Paul Verhaeghe & Frédéric Declercq, "Lacan's Analytic Goal: Le sinthome or the Feminine Way," *Re-inventing the Symptom*, Luke Thurston 엮음, 67~68쪽.
63) 같은 글, 68쪽.

에서 환상을 가로지른 후 욕동과 주이상스를 대면하는 것은 "주체가 증상(의 실재의 핵)이나 대상 *a*와 동일시하기를 선택했"는 것을 의미한다.[64] 라캉은 세미나 XXIV[65]에서 분석의 끝에서 증상과 동일시하는 것이 어떤 의미인지를 밝힌다.

분석의 끝은 분석가와 동일시하는 것이라는 논평이 제기되었죠. 나는 그렇게 생각하지 않습니다. ……그렇다면 분석의 끝에서 무엇과 동일시하는 것일까요? 자신의 무의식과 동일시하기로 되어 있나요? 나는 그렇게 믿지 않습니다. ……왜냐하면 무의식은 대타자로 남기 때문입니다. ……분석이라는 측량은 무엇으로 이루어지나요? 어떤 보장이나 일종의 거리를 취하면서 자신의 증상과 동일시하는 것일까요? 혹은 아닐까요? ……안다는 것은 무엇을 의미하나요? 안다는 것은 증상을 다룰 수 있는 것, 증상을 처리하고 조종하는 것입니다. ……당신의 증상을 다룰 줄 아는 것이 분석의 끝입니다. (SXXIV, 1976.11.16, 3~4)

분석의 끝에서 증상과 동일시하는 것은 자신의 증상을 다루고 조종할 줄 알게 되는 것이다. 여기에서 '아는 것'은 자신에게 불가피하게 부과

---

64) 같은 글, 65쪽. 이런 의미에서 라캉이 후기에 정신분석의 종점으로 제시한 증상과의 동일시는 그 이전에 제시한 환상 가로지르기를 완성한다고 볼 수 있다. Colette Soler, *Lacan — The Unconscious Reinvented*, 101쪽을 참조할 것.

65) 세미나 XXIV의 제목 *L'insu que sait de l'une bévue s'aile à mourre*에는 중의적 언어유희가 포함된다. 갤러거는 *Unbewusst*(unconscious)와 *l'une bévue*에 대한 라캉의 중의적 말장난을 영어로 번역하는 것이 불가능하다고 생각하여 영문제목을 제시하지 않는다. 루크 서스턴(Luke Thurston)은 이 제목에 failure(*l'insuccès*), *linsu que sait*(the unknown that knows), *Unbewusst*(unconscious), *l'une bévue*(of the oversight) 등의 여러 의미가 포함되어 있음을 지적하며, "The Failure of the Unconscious is Love"로 번역한다. Roberto Harari, *How James Joyce Made His Name: A Reading of the Final Lacan*, Luke Thurston 옮김 (New York: Other Press, 2002), 118쪽 역주 5번을 참조할 것.

된 것을 다룰 줄 아는 것을 뜻한다.

> 인간은 이 지식의 일을 거의 피할 수 없습니다. 그것은 기표의 효과에 의해 인간에게 부과됩니다. 그래서 그는 불편합니다. 그는 지식을 어떻게 다루어야 할지(*faire avec*) 알지 못합니다. 이것은 인간이 지닌 정신적 쇠약이며 나도 이 쇠약에서 예외가 아닙니다. 나 역시 다른 사람들과 똑같은 물질(재료)을 다루어야 하기 때문입니다. 이 물질은 우리 안에 있습니다. 인간은 이 물질을 어떻게 다루어야(*y faire*) 할지 알지 못합니다. (*SXXIV*, 1977.1.11, 42)

하라리가 지적하듯이 여기에서 말하는 지식은 대상에 대한 지식(*connaissance*)도 무의식의 지식(*savoir*)도 아닌 "어떻게 대할 지 아는 것"(know-how-with, *savoir-faire*)이다. 그리고 *savoir-y-faire*는 "그것을 제거하는 것" 또는 "그것에서 자신을 풀어내는 것"이라는 함의를 포함한 "그것을 다루는 것"을 뜻한다.[66] 누구나 예외 없이 다루어야 하는 자기 안의 재료는 "증상을 생산한 것" 또는 증상을 생산한 무의식적 지식의 과정이다.[67] "이 지식의 파편으로부터 증상을 결정하는 '재료'를 수단으로 그러나 순화된 형태로 증환이 조금씩 발명되며" 여기에서 분석의 끝에 대한 라캉의 마지막 해석인 증환과의 동일시가 출현한다.[68] 누구나 예외 없이 자기 안에서 발견하는 증상은 피할 수 없는 필연적인 것이며 제거할 것이 아닌 다루어야 할 어떤 것이다.

---

[66] Roberto Harari, *How James Joyce Made His Name*, 121쪽.

[67] 같은 책, 119쪽.

[68] 같은 곳. 증환과의 동일시를 분석의 끝으로 보는 해석은 정신분석이 진리를 추구한다는 라캉 이론에 변화를 가져온다. 라캉에게 증환은 진리를 가로막는 장애물이며, "자신을 쓰기를 멈추지 않는 것"으로 정의되는 증환은 진리가 아니라 "필연적인 것"(the necessary)의 범주와 관련된다. 같은 책, 122쪽을 참조할 것.

라랑그

증환은 누구에게나 필연적일 뿐 아니라 개별적이고 특이하며 라캉의 신조어인 라랑그와 관계된다. 증환으로 새롭게 정의된 증상에 대한 라캉의 설명은 실재와 상징계의 불가분한 역설적 관계를 설명해준다. 라캉이 말하듯 "무의식은 증환과 매듭지어지는데 그것은 각 개인에게 특이한 것이다"("Joyce," 147).[69] 밀레에 따르면 라캉은 증상(증환)을 "각 주체가 무의식이 그를 결정하는 한에서 자신의 무의식을 즐기는 방식"으로 정의한다.[70] 무의식을 즐기는 주이상스는 무의식(의 기표)이 주체를 결정하는 한에서만 가능하다. 증환은 주체가 상징계 바깥에서가 아니라 상징계 안에서 실재의 주이상스를 경험하는 것이다. 그러므로 증환은 라캉이 주이상스를 하이픈을 사용해 분절한 *joui-sens*와 가깝다. "즐기라"(Jouis)는 법의 명령에 대해 주체가 "*J'ouïs*"[I hear]라고 답할 때 "주이상스는 더 이상 이해된 것 이외에 다른 어떤 것이 아니다"라고 라캉이 말하듯(*E*, 696), 주이상스에는 "내가 의미를 (알아)듣는다"(*J'ouïs sens*; I hear sense)는 함의도 있다.[71]

증환과의 동일시는 상징계 내에서 주이상스를 획득하는 방식이다. 라캉이 제임스 조이스(James Joyce, 1882~1941)의 텍스트를 새로운 기표의 창조나 비상징계적인 기표의 유희를 통한 증환의 생성으로 해석하는 것도 기표와 주이상스의 결합을 모색한 결과다.[72] 라캉이 「증상 조

---

69) 이런 점에서 "증상이 분석가들이 치료에서 제거하기 바라는 문제적 행동인 반면, 증환은 이 행동을 그 사람의 본질 자체로 이해하는 관점의 이해이다. 조이스의 증환은 그의 글이고 그의 스타일이며 그가 누구인가의 본질이다." Aron Dunlap, *Lacan and Religion*, 72쪽.

70) Jacques-Alain Miller, "The Sinthome, a Mixture of Symptom and Fantasy," 71쪽.

71) Dominiek Hoens & Ed Pluth, "The Sinthome: A New Way of Writing an Old Problem?", 10쪽; Roberto Harari, *How James Joyce Made His Name*, 113쪽.

이스」("Joyce the Symptom")에서 조이스의 『피네간의 경야』(*Finnegans Wake*)를 굳이 이해하려 하지 않고 읽으면 "그것을 쓴 자의 주이상스의 존재를 감지할 수(sense) 있기 때문에 꽤 읽을 만하다"라고 말하는 것은 이런 의미-향락을 표현한 것이다("Joyce," 144). 조이스의 창작은 언어를 통해 증상을 향유하는 것이다. 이때 언어는 상징계의 언어라기보다 유아기에 인간의 신체에 각인된 최초의 무의미한 소리인 '라랑그'다. 라캉은 「증상에 관한 제네바 강연」에서 라랑그를 증상을 구성하는 물질적 차원의 무의식적 언어라고 설명한다.

주체가…… 말에 의해 스며드는 방식이 무의식이 아니라면 어떻게 무의식 같은 가설을 유지할 수 있겠습니까? ……이 언어는 내가—가능한 'lallation' '옹알이'(babbling)와 가까운 것으로 만들고 싶은 단어를 사용해서—'라랑그'(*lalangue*, llanguage)라 부르는 것의 형태로 항상 개입합니다. 어떤 라랑그의 각인을 받든 간에 단어들은 모호합니다. ……라랑그는 그 자체로 특수하게 말해지고 들려졌기 때문에 무엇인가가 후에 꿈에서, 모든 종류의 실수에서, 모든 종류의 말에서 출

---

72) 조이스를 "문학적 환상 가로지르기"로 규정하고, 조이스의 텍스트를 기표와 기의를 꿰매는 고정점이 부재한 상태에서 동음이의어를 통해 실재를 기입하려는 텍스트로 해석한 글로서 Philip Dravers, "In the Wake of Interpretation: 'The Letter! The Litter!' or 'Where in the Waste is the Wisdom,'" *Re-inventing the Symptom*, Luke Thurston 엮음, 141~175쪽을 참조할 것. 지젝의 증환 개념이 라캉의 조이스 해석과 달리 기표/주체의 창조성을 간과한다고 비판한 글은 김서영, 「라깡의 『세미나 23』을 중심으로 다시 읽는 지젝의 『까다로운 주체』: 조이스 없는 생톰과 외상적 실재 너머의 주체성에 대한 고찰」, 『라캉과 현대정신분석』, 18.1 (2016), 9~43쪽을 참조할 것. 이 문제는 환상 가로지르기의 결과 주체가 공백을 대면하는지 아니면 증환과의 동일시를 통해 새로운 주체/상징계를 창조하는지의 문제와 관계된다. 앞서 논했듯이 지젝처럼 '행위'를 무에서의 창조 이전에 판을 일소하는 부정성의 관점에서 정의하는 견해가 라캉해석의 한 축을 이룬다면 '행위'의 창조성을 강조하는 견해는 다른 한 축을 이룬다.

현한다는 것은 절대적으로 확실합니다. 무의식이 취하는 것은…… 이런 어물론(語物論, moterialism)에서입니다. ……아이가 문장을 구성할 수 있기 전에 '아마도' '아직 아냐' 등을 말한다는 사실은 그에게 모든 것이 걸러지는 무엇이 있다는 것, 그것을 통해 언어의 물(water)이 통과할 때 뒤에 무엇인가를 남긴다는 것, 그가 그것을 갖고 장난치고 그것과 대면하게 강요되는 어떤 찌꺼기가 있다는 것을 증명합니다. 이것이 이 모든 비반성적 행동이 그에게 남기는 것, 잔해입니다. ("Geneva," 13~16)[73]

증상을 구성하는 말은 아이가 언어적 능력을 갖추기 전에 들은 어머니의 소리이며 아이에게 특수한 방식으로 새겨지는 매우 물질적인 자취이고 잔해다.

조이스가 증상과 동일시했다는 것은 이 증상으로 고통받지 않고 그것을 향유할 수 있도록 창작의 방식으로 재창조했다는 것을 의미한다. "증

---

73) 이 글의 번역자 그릭이 설명하듯 moterialism은 *mot*(단어)와 유물론(materialism)을 합한 신조어다. 라랑그는 랑그(*langue*)와 여성관사 *la*를 혼합한 라캉의 신조어로서 "언어의 소리적 차원, 동음이의어의 존재로 인해 다의성이 가능한 차원"을 의미한다. *SXX*, 44쪽 역주 15번을 참조할 것. 핑크는 이 용어를 그릭을 따라 llanguage로 번역한다. 세미나 XXIII 『증환』을 번역한 프라이스(A.R. Price)는 lalingua로 옮긴다. 라캉은 『텔레비지옹』에서 '라랑그'의 다의성을 강조한다. "라랑그의 의미화 목록은 의미의 암호만을 제공할 뿐이다. 문맥에 따라 각 단어는 많은 이질적 의미의 범위, 그 불규칙한 조건이 사전에 의해 종종 증명되는 의미의 범위를 취한다"(*T*, 9). 라캉이 라랑그를 어머니의 소리(*lalangue dite maternelle*, mother tongue)—모국어라기보다 어머니의 말소리라는 뜻의 모성어(母聲語)가 적합하다—와 연결시키듯(*SXX*, 138), 그것은 아기를 재우기 위해 어머니가 라라(la, la)라고 노래하는 것을 의미하는 라틴어 *lallare*에서 유래한 lallation과 밀접하며, 기표/기의의 언어적 차원이전에 아기가 최초로 경험하는 무의미한 실재의 주이상스적 차원의 소리를 지시한다. Colette Soler, *Lacan—The Unconscious Reinvented*, 25~28쪽을 참조할 것.

상은…… 순전히 라랑그에 의해 조건지어진 것이지만 조이스는 일정한 방식으로 그 증상을, 그중 어느 부분도 분석할 수 있게 하지 않으면서, 언어의 힘으로 고양시킨다"("Joyce," 146). 그래서 조이스는 "자신 속에서 증상을 체현하는 극단적인 지점에 도달한 특권을 얻은 자," 즉 증환과의 동일시를 육화한 자다("Joyce," 147). 증환 속에서 의미와 주이상스가 결합되므로 주이상스의 경험은 상징계의 와해와 주체의 해체로 귀결되지 않는다. 증환으로서의 증상은 주체에게 최소한의 존재를 확보해준다. 주체는 환상을 가로지른 후 증상과의 동일시를 통해서 스스로를 원인으로 취하는 주체화하기에 도달한다. "환자가 증상의 실재 속에서 자기 존재의 유일한 지지물을 인식할 수 있을 때 분석은 목적을 성취한다. 이것이 프로이트의 *wo es war, soll ich werden*을 읽어야 하는 방식이다. 그대 주체는 그대의 증상이 이미 있었던 장소와 동일시해야 한다."[74]

분석가 담론의 정치학

사회적 차원에서 증환과의 동일시는 어떤 의미를 지니는가? 라캉이 세미나 XVII 『정신분석의 이면』에서 제시한 분석가 담론은 정신분석적 정치학의 도식으로 기능할 수 있다. 호엔스는 분석가가 대상 *a*의 역할을 함으로써 피분석가가 "환상의 시나리오를 재구성하고…… 욕망의 주체로 출현하게" 하는 분석가 담론이 "대상 *a*의 정치학"의 출발점이 될 수 있다고 주장한다.[75] 다시 말해서 대상 *a*가 행위자의 위치에 있는 분석가 담론은 주체와 사회의 변화를 도식화한다. 라캉의 분석가 담론은 네 가지 담론 가운데 마지막으로서 주인담론이 시계방향으로 90도 각도로 두

---

74) Slavoj Žižek, *The Sublime Object of Ideology*, 75쪽.
75) Dominiek Hoens, "Object *a* and Politics," 110쪽.

번 회전한 것이다.

$$\frac{\text{행위자}}{\text{진리}} \rightarrow \frac{\text{타자}}{\text{생산물}} \qquad \frac{a}{S_2} \rightarrow \frac{\$}{S_1}$$

분석가 담론에서 진리의 위치에 있는 지식(S_2)은 분석을 하는 가운데 피분석가가 말하지만 그 의미를 알지 못하는 무의식적 기표들을 의미한다. 그것은 피분석가의 "무의식적 지식, 즉 기표의 사슬에 사로잡혀 아직 주체화해야 할 지식"이다.[76] 분석가는 이 지식을 해석하여—예컨대 피분석가의 말실수 등을 찾아내어—욕망의 원인인 대상 a의 역할을 함으로써 피분석가를 의식과 무의식 사이에서 분열된 주체($\$$)로 만든다. 그 결과 분열된 주체는 자신이 종속되어 있던 무의미한 주인기표($S1$)를 생산하게 된다. 이 과정을 통해서 분석가는 피분석가가 무의식적으로 종속되어 있었던 주인기표를 다른 기표들($S2$)과 연결시킨다. 핑크의 표현을 따르자면 분석가는 분석 과정에서 생산된 "주인기표들을 변증화"한다.[77] 이 과정을 통해 주체는 자신이 종속되어 있던 자아이상(주인기표)에서 분리될 수 있다.

사회정치적 차원에서 분석가 담론은 "이데올로기가 환상 속에서 구조화된 전이데올로기적 향락을 어떻게 함축하고 조작하며 생산하는"것을 규명하는 이데올로기적 환상 분석에 해당한다.[78] 다시 말해서 그것은 사회의 근원적 불가능성과 적대를 은폐하는 사회적 환상의 핵을 도려내는 것이다. 지젝이 말하듯 분석가 담론에서 분열된 주체가 생산하는 "주인기표는 무의식적 증환, 주체가 자기도 모르게 종속된 향락의 암호"

---

76) Bruce Fink, *The Lacanian Subject*, 136쪽.
77) 같은 책, 35쪽. 이 밖에 분석가 담론에 대해서는 Paul Verhaeghe, *Beyond Gender*, 43쪽을 참조할 것.
78) Slavoj Žižek, *The Sublime Object of Ideology*, 125쪽.

다.[79] 분석가 담론의 목표는 "주체의 (이데올로기적-정치적) 무의식을 구조화한 주인기표를 격리해서 제거하는 것이다."[80] 환상을 가로질러 증환과 동일시하는 것은 이런 은폐된 향락과 대면하는 것이다. 증환과의 동일시는 이데올로기 내부에서 작동하는 실재의 핵과의 거리를 폐지하는 것으로 볼 수 있다. 환상과의 동일시가 증상으로부터 거리를 두는 것이라면, 증상/증환과의 동일시는 반대로 "환상과 거리를 두는 우리의 향락의 일관성이 의존하는 병리적 특이성과 동일시하는 것"이다.[81]

이데올로기적 환상에서 "'증상'은 기존 사회질서의 숨겨진 진리가 분출하는 지점이 아니라 낯설고 교란시키는 침범으로 나타난다."[82] 예컨대 반유대주의 이데올로기의 환상에서 사회의 근원적인 불가능성과 적대는 유대인에게 투사되어 유대인은 무질서와 혼란을 야기하는 침입자로 나타난다. 그래서 유대인은 반유대주의 이데올로기의 증상이다. 반유대주의 이데올로기의 환상을 가로질러 증상과 동일시하는 것은 유대인에게 투사된 속성들이 사실은 우리 자신의 속성이라는 사실과 우리의 향락이 유대인이라는 증상에 의해 구조화되어 있었다는 사실을 깨닫는 것이다.[83] 이때 증환과의 동일시는 핍박받는 유대인들에게 거리를 두고 동정하는 것이 아니라, 은유적인 표현이 아닌 실재의 차원에서 "우리는 모두 유대인들"이라고 선언하는 동일시다.[84]

지젝은 분석가담론에서 생산된 주인기표가 무의식적 증환이며 분석

79) Slavoj Žižek, "Object *a* in Social Link," *Jacques Lacan and the Other Side of Psycho-analysis*, Justin Clemens & Russell Grigg 공편 (Durham: Duke UP, 2006), 116쪽; Slavoj Žižek, *The Parallax View*, 304쪽.

80) Slavoj Žižek, "Object *a* in Social Link," 110쪽; Slavoj Žižek, *The Parallax View*, 298쪽.

81) Slavoj Žižek, *Looking Awry*, 138쪽.

82) 같은 책, 140쪽.

83) Slavoj Žižek, *The Sublime Object of Ideology*, 126~128쪽을 참조할 것.

84) 같은 곳.

은 주체의 정치적 무의식을 구조화한 주인기표의 제거를 목표로 삼는다고 주장한다. 그러나 분석가 담론에서 생산물의 위치에 있는 주인기표를 주체가 종속된 주인기표가 아니라 분리와 환상 가로지르기를 통해 출현한 새로운 주인기표로 이해할 수 있지 않을까? 왜냐하면 라캉은 이 주인기표를 "새로운 주인기표"라고 부르기 때문이다("Analyticon," 1970.6.4, 12). 라캉에 따르면 분석가 담론은 주인기표를 생산하므로 다시 주인담론으로 변하는 순환의 일부다. 그러나 순환 과정에서 변화가 발생한다.

새로운 고리가 시작될 수 있는데 이는 의심의 여지없이 체계 전부를 사라지게 만듦으로써…… 우리가 추정하는 만큼 많은 성과를 이루지는 못하지만 순환 후에는 아마도 어떤 국면의 변화를 얻을 것입니다. 주인기표는 아마도 좀 덜 어리석을지도 모릅니다. ……이는 절대적인 의미의 진보는 아닐 수 있습니다. ("Analyticon," 1970.6.4, 13)

새로 출현하는 주인기표는 기존 체계의 전적인 파괴나 전적인 진보는 아니더라도 유의미한 변화를 가져올 수 있다. 분석가 담론이 생산하는 주인기표는 이전의 주인기표와는 다른 기표다. "그[분석가]가 생산하는 것은 주인담론에 지나지 않는다. 왜냐하면 생산물의 위치를 차지하는 것은 S1이기 때문이다. ……그리고 아마도 분석가 담론을 통해서 또 다른 스타일의 주인기표가 출현할 수 있다"(SXX, 176). 이런 관점에서 마크 브래커(Mark Bracher)는 분석의 종점에서 "이전에 억압된 욕망을 수용하는 새로운 주인기표의 결과 환상에서 체현된 낯선 주이상스에 대한 억압된 욕망이 더 명시적이고 직접적인 표현을 성취한다"라고 주장한다.[85]

---

85) Mark Bracher, *Lacan, Discourse, and Social Change: A Psychoanalytic Cultural*

지젝도 분석가 담론의 결과 새로운 주인기표가 출현한다는 라캉의 주장을 정치적 관점에서 진지하게 검토한다.

분석가 담론이 새로운 주인을 위한 길을 마련한다는 라캉의 주장을 (단순히 냉소적 지혜로서가 아니라) 진지하게 받아들여서, "환상을 가로지르는" 부정적 제스처에서 새로운 주인과 그 이면의 음란한 초자아를 포함한 새로운 질서의 형성으로 이동할 필요를 용감하게 취해야 하는가? 라캉 자신도 그의 후기 세미나에서 "새로운 기표를 위하여"라는 주제를 가지고 이런 방향을 지시하지 않았던가? 그러나 다음과 같은 문제가 남는다. 어떻게 이 새로운 주인이 이전의 타도된 주인과 (그리고 그것의 새로운 환상적 지지물이 기존의 것과) **구조적으로** 다른가? 만일 구조적 차이가 없다면 우리는 우리를 출발점으로 다시 되돌리는 천문학적 순환운동이라는 의미의 회전(revolution), 즉 (정치적) 혁명에 대한 체념적인 보수적 지혜로 복귀한 것이다.[86]

지젝의 발언은 새로운 주인기표를 통한 질서의 출현이 기존의 질서와 어떻게 '구조적으로' 다른 혁명적인 변화를 가져올 것인가에 대한 의문과 사색을 담고 있다. 앞서 인용한 라캉의 발언은 새로운 주인기표의 출현이 혁명적이라기보다 새롭고 다르다는 것을 보여준다. 지젝이 분석가 담론이 "혁명적-해방적 주체성의 출현을 대표한다"라고 주장하면

Criticism (Ithaca: Cornell UP, 1993), 73쪽.

86) Slavoj Žižek, *The Parallax View*, 307쪽. 홍준기에 따르면 여기에서 '새로운 기표'는 상징계의 기표가 아니라 상징계 속 실재의 무의미한 기표를 의미한다. 그것은 "S1과 S2 사이의 단절을 낳는 '백색의 의미'(*sens-blant*)"이고, 이를 달리 읽으면 유사물(가상, *semblant*)을 뜻한다. 홍준기, 「정신분석의 끝(목표): 환상의 통과, 주체적 궁핍, 증상과의 동일화―역자 해제」, 45쪽. 라캉의 「새로운 기표를 향하여」에 대한 설명은 이 글 44~46쪽을 참조할 것.

서도[87] 그 혁명성을 새로운 질서의 창출로 해석하기를 망설이는 이유가 여기에 있다. 라캉의 행위를 새로운 질서를 창조하는 상징적 행위보다 상징질서를 와해시키는 실재의 제스처로 해석하는 지젝에게 분석가 담론과 주인담론의 순환은 문제적이다.

라캉의 발언은 분석가 담론이 가져오는 변화의 가능성을 암시한다. 그러나 그 변화가 반드시 혁명적인 것은 아닐 수 있다. 분석가 담론은 환상 가로지르기를 통해 억압된 욕망과 주이상스를 포용하는 새로운 주인기표의 질서가 출현하여 주체와 사회에 유의미한 변화가 발생할 수 있다는 것을 도식적으로 보여준다. 이런 관점에서 증환과의 동일시도 무의식적으로 자신의 향락을 구조화하고 있었던 증환에 대한 깨달음을 통해 주체와 사회에 변화가 일어나는 과정으로 이해할 수 있다. 반유대주의 이데올로기의 환상을 가로질러 유대인과 동일시한 결과는 적어도 반유대주의 사회와 다르거나 반유대주의에 저항적이고 비판적인 새로운 사회일 것이다.

증환의 정치학

앞서 논했듯이 증상은 부정적 치료반응이 아니라 주체가 수용하고 즐길 수 있는 것이다. 분석가 담론을 새로운 주체와 사회의 출현으로 이해한다면 주체의 무의식을 구성하는 증환 역시 격리하고 제거해야 할 것이 아니라 창조적으로 재구성해야 하는 것이 아닐까? 그렇다면 증환은 새로 출현하는 질서에 어떻게 기입될 수 있는가? 환상을 가로지르고 증상과의 동일시를 통해 주체가 향유하는 의미-향락이 개인의 특수한 차

---

87) Slavoj Žižek, "Object *a* in Social Link," 110쪽; Slavoj Žižek, *The Parallax View*, 298쪽.

원을 넘어서 사회구성원 전체에게 보편성을 획득하는 것이 어떻게 가능한가? 환상 가로지르기와 증환과의 동일시를 통해 구성된 의미-향락의 내용과 방식이 개인마다 다르므로 이런 의미-향락의 특이성이 허용될 수 있는 질서가 창출되어야 한다. 주체의 의미-향락의 특수성이나 특이성(singularity)을 보편적으로 허용하는 새로운 질서를 세우기 위한 정치적 기획을 증환의 정치학이라 부를 수 있다.

그러나 주체의 주이상스를 민주주의적으로 보편화하는 정치학은 자칫 자본주의의 논리를 따를 위험이 있다. 지젝은 자본주의 사회에서 주이상스를 이데올로기적으로 조작하는 것을 "주이상스를 요청하거나 통제하고 규제하는 데 관심을 두는 주이상스의 정치학"이라 부른다.[88] 상품 구매에 대한 욕망을 부추기고 소비를 즐길 것을 강요하는 후기 자본주의 사회는 주이상스의 희생을 요구하는 것이 아니라 주이상스를 의무로 요청한다. 이 사회는 '즐기라'는 초자아의 명령을 통해 주체가 충분히 즐기지 못한다는 죄의식을 낳는다. 토드 맥거윈(Todd McGowan, 1967~)의 표현을 빌리면 주이상스의 희생을 요구하는 '금지의 사회'는 후기 자본주의의 시대에 들어와서 주이상스의 탐닉을 조장하는 '향락의 사회'로 바뀌었다. 그러나 주체에게 허락된 주이상스는 실재의 주이상스가 아니며 이 사회는 주이상스를 향유한다는 상상적 허구를 낳을 뿐이다. 향락을 조장하는 후기 자본주의 사회는 향락을 금지하는 상징질서의 법에서 해방된 것이 아니다. 오히려 주체는 상징질서의 초자아적 명령에 종속되어 자신을 향유할 권리를 박탈당한다. 향락의 사회에서 주체의 향락은 존재하지 않고 대타자의 향락에 대한 요구만 존재할 뿐이다. 맥거윈은 향락의 사회가 유혹하는 충만하고 총체적인 향락의 이미지를 넘어서 주체를 구성하는 불가피한 결여를 수용하고 향유하는 부분적인

---

88) Slavoj Žižek, *The Parallax View*, 309쪽.

향락을 추구할 것을 대안으로 제시한다.[89]

맥거원의 제안에서 주목할 것은 부분 향락의 추구가 고독한 주체의 향락을 추구하는 것이 아니라 타자의 향락에 개방적이고 민주적인 정치적 비전을 포함한다는 사실이다. "엄밀히 말해서 부분 향락은 타자와의 관련성 때문에 정치적 내용이 있다. 부분 향락의 주체는 자신의 향락뿐 아니라 타자의 향락에도 헌신하는 주체다. ……자신의 향락의 부분성을 포용하는 것은 동시에 타자의 향락을 포용하는 것이다."[90] 향락의 부분성을 수용하고 타자의 향락을 포용하는 정치학은 구체적으로 어떤 사회를 지향하는 것일까? 주체의 향락과 타자의 향락은 어떻게 민주적으로 공존할 수 있을까? 옐릿사 슈미치(Jelica Šumič, 1958~)는 이 문제에 대해서 라캉의 비-전체 개념에 기초해 유용한 대안을 제시한다. 슈미치는 자본주의가 욕망과 주이상스를 조장하여 "유아론적 '향락의 민주주의'가 지배하는 담론으로 자신을 제시"하는 상황에서는 주체의 특이한 증상과 주이상스에 기초한 "증상의 정치학"이 "향락의 유아론"으로 전락할 수 있다고 경고한다.[91]

증상의 정치학은 유아론적 향락을 특권화하므로 사회적 유대관계를 형성할 수 없다. 반면 "사랑의 정치학"은 주체와 타자가 동일한 주이상

---

89) Todd McGowan, *The End of Dissatisfaction?: Jacques Lacan and the Emerging Society of Enjoyment* (Albany: SUNY P, 2004), 11~40쪽, 191~196쪽을 참조할 것. 이후 맥거원은 근원적인 결여의 인정에 기초한 부분향락을 지향하는 정치학을 죽음 욕동의 정치학으로 발전시킨다. Todd Mcgowan, *Enjoying What We Don't Have: The Political Project of Psychoanalysis* (Lincoln: U of Nebraska P, 2013), 1~22쪽, 283~286쪽을 참조할 것. 그는 증상/증환의 향유적 성격을 지적하며 "모든 주체에게는 주체성 자체의 토대로 기능하는 근본적인 증상적 교란이 있다"라고 말하지만(56쪽) 증환의 창조적이고 긍정적인 측면보다 주이상스의 근본적인 파편성과 결여를 더 강조한다.

90) Todd McGowan, *The End of Dissatisfaction?*, 195쪽.

91) Jelica Šumič, "Politics and Psychoanalysis in the Times of the Inexistent Other," *Jacques Lacan Between Psychoanalysis and Politics*, Samo Tomšič 외 공편, 32~33쪽.

스를 공유할 수 없다는 사실, 즉 "나와 내 이웃이 공통적으로 지니는 환원 불가능한 특이성으로서의 향락", 즉 각자에게 고유하고 특이하므로 서로 다를 수밖에 없다는 사실을 공유하는 "역설적 동일성"에 기초해서, "이웃에 대한 비상호적 사랑"을 통해 "민주주의에 적합한 주체이론"을 만들 수 있다.[92] 사랑의 정치학은 사회를 동질적인 것으로 묶는 보편성이 아니라 비-전체 개념에 기초해서 이질적 주체들의 "환원 불가능한 특이성"을 무한히 셈하는 정치학이며, 이 정치학은 "무한하고 총체화할 수 없는" 공동체를 지향한다.[93] 슈미치는 '향락의 유아론'에 빠지지 않는 사랑의 정치학의 민주성이 "타자성의 권리를 존중하는" 차원이 아니라 "공동체적 동일성, 집단의 가정된 동질성을 의문시 하는" 차원임을 강조한다.[94] 슈미치는 사랑의 정치학을 증상의 정치학과 구분하지만 그가 우려하는 유아론적 향락을 지양하고 개별 주체의 증환의 특이성을 존중하면서 동시에 비동질적이고 민주적인 사회를 지향하는 정치학은 충분히 증환의 정치학이라 불릴 만하다.

새로운 사회를 생산하는 분석가 담론의 모델이 새로운 지배기표를 중심으로 구성된 동질적 사회를 가정한다면 개별 주체의 증환의 특이성을 존중하는 증환의 정치학은 비동질적인 비-전체적 사회를 가정한다는 점에서 다르다. 이런 점에서 분석가 담론의 정치학과 증환의 정치학은 라캉의 성별화 공식을 통해 구분할 수 있다. 앞서 논했듯이 프로이트의 동일시이론은 나르시스적 사랑과 (자아이상의 위치를 차지한) 대상 사랑에 기초한다. 따라서 하나의 자아이상을 중심으로 조직된 사회를—슈미치가 의도한 것과 다른 의미의—사랑의 정치학으로 부를 수 있다. 자아이상과의 리비도적 유대는 라캉의 용어로 환언하면 주인기표에 대한

---

92) 같은 글, 35쪽.
93) 같은 글, 38~40쪽.
94) 같은 글, 39쪽.

사랑이다. 이 관계는 라캉의 성별화 공식에서 남성 쪽에 있는 유한집합으로 설명할 수 있다.[95] 성별화 공식에서 남성 쪽에는 모든 여성을 향유할 수 있는—남근함수에 종속되지 않은—예외적 존재($\exists x\ \overline{\Phi x}$)와 그 밖의 거세된, 즉 남근함수에 종속된 모든 남성으로 구성된 집합($\forall x\ \Phi x$)이 존재한다. 주인기표(자아이상)는 이 예외적 존재의 위치를 차지하며 개별 주체들은 남근함수에 종속된 거세된 주체들의 집합이다. 남근함수에 종속되지 않은 원초적 아버지의 위치를 차지한 주인기표는 집합의 구성원들과 달리 주이상스를 향유한다. 집합의 구성원들이 상실한 주이상스는 주인기표에 집중되어 있다. 밀레가 말하듯이 "겉으로 보기에 주이상스는 무효화된다. 그러나 실제로 주이상스는 이상들이라 부르는 것에 집중되어 있다. ······주이상스는 희생을 요구하는 바로 그 장소에 축적된다."[96] 이런 점에서 주인기표를 중심으로 조직된 사회는 주이상스를 희생한 주체들의 집합이다.

이와 달리 개별 주체의 주이상스의 특이성을 존중하는 비동질적 보편화는 라캉의 비-전체 개념에 기초한다. 성별화 공식에서 여성 쪽에는 남근함수에 종속되지 않은 예외적 여성은 없으나($\overline{\Phi x}\ \overline{\forall x}$) 그들 모두 전적으로 남근함수에 종속되지 않은($\overline{\forall x}\ \Phi x$) 여성의 비-전체가 존재한다. 남근함수에 종속되지 않은 예외, 즉 대문자 여성(Woman)이 없으므로 여성은 유한집합이 아니라 무한집합으로 이해되어야 한다.[97] 그러므로

---

95) Jacques-Alain Miller, "Duty and the drives," 12쪽을 참조할 것.

96) 같은 글, 13쪽.

97) "여자(woman)가 비-전체이고 그래서 대문자 여성(Woman)이라고 말할 수 없다고 말할 때, 그것은 내가 Φx 함수에서 사용될(포함될) 수 있는 모든 것과 관련해서 무한의 영역에 있는 주이상스의 문제를 제기하기 때문이다"(SXX, 103). 비-전체를 포함한 성별화 공식에 대해서는 SXX, 64~89쪽을 참조할 것. 라캉은 아리스토텔레스의 논리학에서 비-전체가 간과되고 있음을 지적한다. 아리스토텔레스 논리학에서 전칭명제의 부정과 특칭명제의 긍정은 동치이므로, '모든 남성은 남근함수에 종속된다'는 명제의 부정은 남근함수에 예외적인 존재의 긍정과 같다

비-전체의 보편성은 근본적으로 집단적 동질성에 반대되는 보편성이다. 지배기표를 중심으로 구조화된 분석가 담론의 모델이 남근함수에 종속되지 않은 예외적 남성에 기초한 유한집합의 모델이라면 비동질적인 비-전체적 사회는 여성의 무한집합의 모델이라고 볼 수 있다. 분석가 담론이 새로운 주인기표를 중심으로 구성되는 새 질서의 출현을 보여준다면, 증환의 정치학은 주체의 개별적인 의미-향락의 특이성을 강조하는 비동질적 보편화의 가능성을 보여준다.

특이성을 보편화하는 비동질적 보편화는 선이 아닌 욕망과 주이상스의 관점에서 이해해야 한다. 후에 정신분석의 윤리를 다루면서 자세히 논하겠지만 타인의 인권을 존중하는 관용의 차원은 라캉 이론에서 욕망이 아닌 선의 차원일 가능성이 높다. 지젝은 각 주체의 특수한 환상을 존중할 것을 정신분석의 윤리로 제시한 바 있다. 그는 "'당신의 욕망을 양보하지 마시오'라는 라캉의 유명한 준칙에 대한 일종의 상호주체적 보충"의 준칙인 "타자의 환상의 공간에 대한 위반을 가능한 피하라, 다시 말해서 타자의 '특수한 절대', 그가 자신에게 절대적으로 특수한 방식으로 의미의 우주를 조직하는 방식을 최대한 존중하라"는 준칙을 제시한다.[98] 이는 단순히 타자의 상징적 정체성이나 인간존재로서의 품위를

$(\overline{\forall x}\ \Phi x = \exists x\ \overline{\Phi x})$. 그러나 이는 남성처럼 특수한 예외적 존재 때문에 '모든 남성'의 유한집합이 구성되는 경우에만 성립한다. 바디우가 지적하듯이 라캉은 비-전체가 "외연으로 여겨지지 않아야 한다고, 즉 남근함수의 행동에서 제외된 누군가가 존재한다는 의미로 여겨지지 않아야 한다"라고 주장했다. Alain Badiou, *Conditions*, Steven Corcoran 옮김 (London: Continuum International Publishing Group, 2008), 214쪽. 번역본은『조건들』(이종영 옮김, 새물결, 2006)을 참조할 것. 비-전체 개념이 자크 브런쉬빅(Jacques Brunshwig, 1929~2010)의 최대 특칭(maximal particular) 개념에서 비롯되었다는 주장과 이에 대한 상세한 설명은 Jacques-Alain Miller, "A Note Threaded Stitch by Stitch," SXXIII, 184쪽과 Russell Grigg, *Lacan, Language, and Philosophy* (Albany: SUNY P, 2008), 89~93쪽을 참조할 것.

98) Slavoj Žižek, *Looking Awry*, 156쪽.

존중하라는 의미가 아니라 그의 환상의 핵을 차지하는 주이상스의 특수성을 존중하라는 의미다.

환상이나 증환의 이런 특수성 또는 특이성에 대한 존중은 결코 욕망과 배타적인 선의 윤리로 전락하는 것을 의미하지 않는다. 지젝은 자신이 제시한 타자가 지닌 환상의 특수성에 대한 존중의 준칙이 선의 윤리로 전락할 위험에 노출되어 있다고 반성한다. 그리고 "다수의 요구에 부합하는 '공동선'(common Good)과 분배적 정의의 '일반적' 윤리"를 비판하며 라캉이 "그것이 보편화될 수 없다는 것을 알고 있는데도" 자신의 욕망을 포기하지 말라고 주장했다는 것을 강조한다.[99] 지젝의 반성은 주체의 의미-향락의 특이성을 보편화하는 문제가 결코 사회의 공동선이라는 동질적인 보편성의 차원이 아니라는 점을 환기한다. 슈미치와 지젝이 주이상스나 의미-향락의 보편화를 모색하는 방식에서 주목할 것은 보편화의 위험성과 비동질적 보편화의 가능성이다. 공동선 같은 동질적 보편화는 불가피하게 상징적 이데올로기의 체계와 관계된다. 이데올로기적 질서가 무엇을 (공동)선으로 삼는지를 결정하기 때문이다.

여기에서 중요한 질문이 제기된다. 비동질적 증환이 보편성을 획득하는 새로운 질서는 이데올로기에서 자유로운가? 주체가 환상을 가로질러 창조적으로 재구성한 개별적이고 특이한 증환이 보편적으로 보장되는 비동질적 증환의 사회 역시 주체의 반복적인 환상 가로지르기를 요구하지 않는가? 키에사는 환상을 가로지른 후에 새로운 근본환상이 필요한지 묻는다. "증상에 대해 비이데올로기적인 지식을 위한 필수 선조건인 근본환상의 가로지르기 이후에 주체는 새로운 근본환상을 형성하는가? 다시 말해서 증환이 가져온 새로운 욕망의 방식은 새로운 근본환

---

99) Slavoj Žižek, *The Metastases of Enjoyment*, 69~70쪽. 지젝의 자기비판은 같은 책, 84쪽 미주 18번을 참조할 것.

상(의 필연적으로 반복적인 운동)을 포함하는가, 배제하는가?"[100] 키에사는 "만일 증환이 새로운 근본환상의 형성을 포함한다면…… 라캉의 주이-상스(jouis-sans)의 윤리의 유산을 계승한다고 주장할 자격이 있는 정치학의 윤곽을 식별해낼 수 있다"라고 주장한다.[101] 증환과의 동일시를 통한 의미-향락적 주체의 특이성을 보편화하는 비동질적 사회의 출현도 전적으로 탈환상적인 것이 아니고 새로운 근본환상을 포함한다면, 환상 가로지르기는 거듭 요청될 수밖에 없다.

이 반복의 과정에는 불가피하게 결여가 전제된다. 사회적 차원에서는 기존질서와 새 질서 사이에 대타자의 근원적 결여가 존재하고 주체의 차원에서는 환상 가로지르기와 증환과의 동일시 사이에 주체의 근원적 공백의 경험이 존재하기 때문이다. 새로운 주체와 질서의 출현은 '사라지는 매개자'인 결여와 공백을 통과해야 가능하다. 그러므로 증환의 정치학은 결여의 정치학과 분리할 수 없다. 슈미치는 "대타자의 비존재가…… 그 자체로 해방적인 요인이 아니"라고 주장하며 주인기표의 부재가 오히려 주체를 대타자의 비존재의 "죄수"로 만들 수 있다고 주장한다.[102] 그러나 슈미치가 주장하는 비동질적 보편성 자체가 대타자의 궁극적인 비존재를 가정해야 가능할 뿐 아니라 어떤 새로운 질서의 추구도 상징질서의 근원적인 실패, 즉 실재의 결여를 가정하지 않고서는 가능하지 않다. 증환과의 동일시가 새로 출현할 주체와 사회의 중요한 구성요소라면 상징계를 관통하는 실재의 결여는 이 출현을 가능하게 하는 조건이다. 그러므로 정신분석적 정치학은 상징계와 실재계, 결여와 증환을 동시에 사유할 것을 요구한다.

---

100) Lorenzo Chiesa, *Subjectivity and Otherness*, 190쪽.
101) 같은 책, 191쪽.
102) Jelica Šumič, "Politics and Psychoanalysis in the Times of the Inexistent Other," *Jacques Lacan Between Psychoanalysis and Politics*, Samo Tomšič 외 공편, 34쪽.

제5장 『햄릿』의 정신분석
프로이트, 존스, 랑크*

『햄릿』과 정신분석

윌리엄 셰익스피어(William Shakespeare, 1564~1616)의 비극 『햄릿』(Hamlet)만큼 의문과 논란을 일으킨 문제작도 없다. 이 비극에 대한 논란의 핵심은 선왕을 살해하고 어머니인 왕비와 결혼한 삼촌 클로디어스(Claudius)에 대한 복수를 햄릿이 왜 연기(延期)하는가에 있다. 일찍이 요한 볼프강 폰 괴테(Johann Wolfgang von Goethe, 1749~1832)와 새뮤얼 테일러 콜리지(Samuel Taylor Coleridge, 1772~1834)가 햄릿을 행동하지 못하는 인물로 평가한 것은 이를 잘 보여준다.[1] 프로이트가 이 작

---

* 이 장은 『비교문학』[47 (2009), 93~120쪽]에 동명의 제목으로 수록된 글을 수정한 것이다.

1) 괴테는 "셰익스피어가 그것을 행하기에 적합하지 않은 영혼에 부과된 이 커다란 행동의 효과를 나타내려 했다는 것은 분명하다. 내가 보기에 이 극 전체는 이런 관점에서 쓰였다"라고 주장했고 콜리지는 "나는 『햄릿』에서 그[셰익스피어]가 외적인 대상에 대한 우리의 관심과 내적인 사고에 대한 우리의 명상 사이의 적절한 균형의 도덕적 필연성을 보여주고 싶었다고 생각한다. ……햄릿에게는 이 균형이 존재하지 않는다. ……따라서 크고 거대하고 지적인 행위와 결과적으로 이에 상응하는 실제의 행동에 대한 혐오가 존재한다"라고 주장했다. Johann Wolfgang von Goethe, "A Soul Unfit," Thomas Carlyle 옮김, William Shakespeare, *Hamlet* (New York: Norton, 1992), 154쪽; Samuel Taylor Coleridge, "Notes on the Tragedies: Hamlet," 같은 책, 163~164쪽. 정치, 종교, 철학적 관점에서도 햄릿의 복수지연을

품을 오이디푸스 콤플렉스의 관점에서 해석하면서 해결하고자 했던 것도 이 문제였다. 그 결과 정신분석에서『햄릿』을 다룰 때도 이 문제에 천착해왔던 것으로 보인다. 그러나 문제는 그렇게 간단하지 않다. 오히려이 비극을 대표하는 구절은 "존재하느냐 마느냐 그것이 문제로다"라는 햄릿의 독백이 아닌가. 햄릿이 복수를 연기하는 것뿐 아니라 복수를 하고 죽음을 맞는 방식도 중요하다.

프로이트가 단편적으로 제시한『햄릿』의 정신분석은 오토 랑크(Otto Rank, 1884~1939)와 어니스트 존스(Ernest Jones, 1879~1958)에 의해 발전하고 변화했다. 이 과정에서 오이디푸스적 욕망과 복수의 연기 문제뿐 아니라 존재와 죽음의 문제가 중요하게 대두된다.『햄릿』정신분석의 역사는 라캉의 해석에서 절정에 이른다. 라캉은 랑크와 존스를 비판하며 그들과 단절지만 그들이 발전시킨『햄릿』의 정신분석은 라캉의 해석에 간접적으로 영향을 미친다. 그러므로 라캉 해석의 특징과 독창성이 무엇인지를 규명하기 위해서라도 프로이트 및 랑크와 존스의 해석을 정확히 이해할 필요가 있다. 또한 이들의 해석을 검토하는 것은 정신분석과 문학비평의 관계가 발전한 역사적 과정의 단면을 살펴볼 수 있다는점에서도 중요한 의의가 있다.[2]

조명했다. 햄릿의 갈등을 햄릿과 유사한 상황에 처한 (제임스 1세로 등극하기 전) 스코틀랜드 왕 제임스 6세가 직면한 카톨릭 교도와 프로테스탄트 교도 간의 갈등으로 해석한 칼 슈미트(Carl Schmitt, 1888~1985)의 해석을 비롯해, 햄릿이 수학한 비텐베르크대학의 교수였던 종교개혁가 루터가 주장한 '양심'의 가치가 햄릿의 복수지연에 미쳤을 영향, 헤겔의 '불행한 의식'처럼 분열된 햄릿의 내적 갈등 및 햄릿이 자신의 운명과 사명을 저주로 여긴다는 데리다의 해석에 이르기까지 햄릿의 갈등과 복수지연에 대한 심층적인 논의는 임철규,『고전: 인간의 계보학』(한길사, 2016), 411~459쪽을 참조할 것.

2)『햄릿』의 정신분석 역사에 대한 개괄적 논의는 Norman Holland, *Psychoanalysis and Shakespeare* (New York: Octagon, 1979), 163~206쪽을 참조할 것. 여기에서 다루지 않는 카를 융(Gustav Jung, 1875~1961)의 분석심리학과 대인관계이론 등에 기초한 연구는 *New Essays on Hamlet*, Mark Thornton Burnett & John Manning

프로이트부터 존스에 이르는 해석의 차이나 해석의 역사를 살펴보는 작업의 정당성과 의의를 밝히기 위해서 먼저 정신분석적『햄릿』해석에 대한 비판의 문제점을 간단히 검토할 필요가 있다. 『햄릿』을 포함한 셰익스피어 극 전체의 정신분석적 해석에 대한 체계적인 비판은 브라이언 비커스(Brian Vickers, 1937~)의『셰익스피어 전유하기』(*Appropriating Shakespeare*)에서 찾을 수 있다. 비커스는 정신분석적 해석이 "동일한 기본적 패턴을 끊임없이 재생산하며…… 프로이트에 영감을 받은 어떤 비평도 궁극적으로 단조롭다"라고 지적하면서, 최근의 정신분석적 셰익스피어 비평에서 이런 "단일한 인과적 환원주의"를 확인할 수 있다고 주장한다.[3] 비커스에 따르면 정신분석비평은 사회, 역사, 문학 장르, 작가, 문체를 무시한다. 또한 정신분석적 패턴에 맞지 않는 모든 인물, 장면, 구조를 "생략"하고 작품을 "왜곡"하며, 문학텍스트를 정신분석의 "자기 확인적" 담론을 위한 계기로 삼는다.[4] 비커스는 이런 단조로움에 대한 책임이 프로이트에게 있으며, 프로이트적 문학비평은 결국 "그의 이론의 반복성을 재생산"할 뿐이라고 말한다.[5]

문학비평이 사회역사적이고 문화적인 특수성을 고려해야 한다는 주장은 타당하지만 비커스는 두 가지 면에서 정신분석비평에 대한 편견과 오류를 보여준다. 우선 그는 정신분석비평이 현실성을 정신분석적 개념으로 추상화하고 환원한다고 지적한다. 그는 햄릿의 선왕인 유령이 죽

공편 (New York: AMS Press, 1994); Joel Fineman, "Fratricide and Cuckoldry: Shakespeare's Doubles," *Representing Shakespeare: New Psychoanalytic Essays*, Murray M. Schwartz & Coppélia Kahn 공편 (Baltimore: Johns Hopkins UP, 1980), 70~109쪽을 참조할 것.

3) Brian Vickers, *Appropriating Shakespeare: Contemporary Critical Quarrels* (New Haven: Yale UP, 1993), 282, 285쪽.

4) 같은 책, 320, 307쪽.

5) 같은 책, 308쪽.

지 않았으며 햄릿의 아버지가 분열된다는 정신분석적 주장을 반박하고, "햄릿에게는 아버지가 한 명뿐이며 그는 죽었다"라고 단언한다.[6] 그런데 햄릿비평에서 무의식과 분열 등의 정신분석적 자취를 없애고 객관적 현실에 충실하고자 하는 비커스의 이런 주장이 과연 설득력 있는가? 햄릿의 선왕이 유령의 되어 돌아온다는 것 자체가 그가 완전히 죽지 않았다는 것을 객관적으로 입증하는 것이 아닌가? 그리고 햄릿에게 클로디어스라는 또 다른 아버지가 생겼다는 것이 햄릿이 당면한 엄연한 현실이 아닌가? 비커스가 추방하려는 정신분석적 요소는 그의 용어에서도 은밀히 출현한다. 그가 프로이트의 꿈-작업(dream-work) 이론에 등장하는 '생략'(omission)과 '왜곡'(distortion)이라는 용어를 자신도 모르게 사용하고 있다는 사실은 그가 정신분석에 무의식적으로 빚지고 있음을 보여준다.

비커스의 둘째 문제점은 자신이 비판하는 환원주의에 스스로 빠져 있다는 점이다. 그는 프로이트에게서 비롯된 모든 정신분석비평이 결국 동일하다는 결론을 내리면서 정신분석비평 내에 존재하는 차이와 변화를 동일성으로 환원한다. 비커스에 따르면 프로이트에게서 라캉으로 바뀌어도 오히려 정신분석비평의 추상성이 증폭할 뿐이다. 라캉은 프로이트처럼 거세콤플렉스를 운운하고 "행동의 지연이라는 낭만적 개념을 여전히 따르며" 햄릿이 복수를 연기하는 이유를 설명하기 위해 프로이트가 언급한 "나르시스적 연관성"을 동원한다.[7] 라캉의 해석이 가져온 차이

---

6) 같은 책, 307쪽. 여기에서 비커스가 비판하는 정신분석 해석은 마저리 가버 (Marjorie Garber, 1944~)의 해석이다. 가버의 『햄릿』 해석은 프로이트적이라기 보다 라캉적인 해석이다. Marjorie Garber, *Shakespeare's Ghost Writers: Literature as Uncanny Causality* (New York: Methuen, 1987)의 제6장 "Hamlet: Giving up the Ghost"를 참조할 것.

7) Brian Vickers, *Appropriating Shakespeare*, 306쪽. 라캉은 햄릿이 클로디어스가 기도할 때 칼로 내리치지 못하고 복수를 머뭇거리는 것이 프로이트가 「오이디푸스 콤

를 차치하고서라도, 모든 정신분석적 해석이 동일성의 반복이라는 비커스의 환원주의는 프로이트와 랑크 및 존스의 논의 속에 존재하는 차이와 변화를 간과한다.

이런 문제를 보여주는 또 다른 글은 데이나 제이콥슨(Dana Jacobson)의 「햄릿의 다른 자아들」("Hamlet's Other Selves")이다.[8] 제이콥슨은『햄릿』에 관한 존스의 초기 논문에서부터 이 논문을 발전시킨 저서『햄릿과 오이디푸스』(Hamlet and Oedipus)에 이르기까지 존스의 『햄릿』 비평을 비판적으로 검토하면서 존스가 가정하는 표층과 심층, 외현적인 것과 잠재적인 것, 행동과 해석의 구분을 문제 삼는다. 존스는 외현적이고 표층적인 요소의 배후에 숨어 있는 잠재적이고 심층적인 비밀, 즉 작품의 의미를 파헤치는 것이 비평가의 임무라고 주장하며 작중 인물의 행동과 비평가의 해석을 엄밀히 구분한다. 예컨대 존스는『햄릿』에서 국가적이고 정치적인 요소를 표층적인 것으로, 가정적이고 오이디푸스적인 요소를 심층적인 것으로 파악하면서 둘 사이의 위계질서를 확립한다.

그러나 제이콥슨에 따르면『햄릿』처럼 위대한 작품은 오히려 존스가 설정하는 이런 구분을 전복하기 때문에 호소력이 있으며, 작가와 인물은 존스가 가정하는 것처럼 비평가에 의해 해석되는 수동적 대상이 아니다.

제이콥슨은 이를 증명하기 위해 존스가 지적하는 햄릿의 '다른 자아들', 즉 클로디어스, 레어티스(Laertes), 포틴브라스(Fortinbras) 같은 닮은꼴 인물들과의 유사성과 차이를 햄릿이 이미 스스로 인식하고 있음을 지적한다. 햄릿은 단순히 해석의 대상이 아니라 스스로 어머니 거투르드

플렉스의 해소」("The Dissolution of the Oedipus Complex")에서 언급한 "나르시스적 연관성" 때문이라고 지적한다. 상세한 내용은 제6장 「욕망의 탄생과 존재의 역설: 라캉의『햄릿』읽기」를 참조할 것.

8) Dana Jacobson, "Hamlet's Other Selves," *The International Journal of Psycho-Analysis*, 16 (1989), 265~272쪽.

를 비롯해 클로디어스, 로젠크란츠(Rosencrantz), 길든스턴(Gildenstern) 등의 행동을 끊임없이 해석하고 그들의 의중을 탐구할 뿐 아니라 무엇보다도 자신의 망설임과 성급함을 해석하는 행위에서 자신을 드러낸다. 제이콥슨의 존스 비판에서 두드러진 점은 햄릿을 행동의 주체가 아니라 해석의 주체로 본다는 점이다. 이런 관점은 라캉의 『햄릿』 해석과 매우 유사하지만, 제이콥슨은 1959년에 행해지고 영어로 1977년에 번역된 라캉의 『햄릿』 해석을 언급하지 않는다. 라캉의 『햄릿』 분석에서 햄릿을 행동의 주체에서 해석의 주체로 보는 시점 전환이 매우 중요하다는 점을 상기하면 제이콥슨의 비판은 자신의 주장이 이미 정신분석비평에서 이루어졌다는 사실을 간과한 것이다.

　제이콥슨의 글은 라캉뿐 아니라 『햄릿』의 정신분석 해석을 시작한 프로이트도 언급하지 않는다. 따라서 존스 해석의 전과 후를 배제하는 문제점도 있다. 비커스가 현대정신분석을 모두 프로이트의 반복으로 간주하며 정신분석의 역사를 환원하고 결과적으로 '왜곡'한다면 존스만을 고립시켜 비판하는 제이콥스는 정신분석의 역사를 '생략'하는 것이 아닐까? 이런 왜곡과 생략 과정에서 프로이트에서 출발해 랑크와 존스 그리고 라캉을 통해 이루어진 『햄릿』 정신분석비평의 역사는 망각된다. 그러므로 이들의 『햄릿』 해석의 차이와 변화를 밝히는 것은 『햄릿』 정신분석비평의 역사를 되새기는 의의가 있다. 그중 라캉의 『햄릿』 해석은 존스와 랑크의 해석보다 프로이트의 해석에 더 큰 변화를 가져온다. 존스와 랑크가 프로이트의 해석을 계승했다면 라캉은 프로이트의 해석을 계승하는 동시에 전복했다고 평가할 수 있기 때문이다. 존스와 랑크의 해석을 검토하는 것은 이런 계승과 전복을 정확히 진단하고 정신분석적 『햄릿』 해석의 역사에서 프로이트와 라캉 사이의 고리와 괴리를 탐구하는 데 기여할 것이다.

햄릿과 오이디푸스

프로이트가 소포클레스의 『오이디푸스 왕』(Oedipus the king)에서 정신분석의 핵심개념인 오이디푸스 콤플렉스를 발견했을 때 『햄릿』의 정신분석도 시작되었다. 프로이트는 1897년 10월 15일에 빌헬름 플리스(Wilhelm Fliess, 1858~1928)에게 보낸 편지에서 어머니에 대한 사랑과 아버지에 대한 질투심을 모든 사람이 공통적으로 지닐 수 있는 일반적 가치의 개념으로 거론한다. 그는 이런 성향을 『오이디푸스 왕』이 지닌 보편적 호소력의 원인으로 제시하면서 『햄릿』도 이와 같이 설명할 수 있다는 생각이 뇌리를 스쳤다고 고백한다. 프로이트는 햄릿이 삼촌 클로디어스에 대한 복수를 행하지 못하는 것은 그가 아버지와 어머니에 대한 클로디어스의 행위를 마음속에 품었었다는 "희미한 기억" 때문이라고 말한다(CL, 266). 따라서 햄릿이 말하는 "양심"은 바로 이에 대한 죄의식이며 이 죄의식이 그가 "아버지의 복수를 위해 삼촌을 살해하는 것을 망설이는" 이유가 된다(CL, 266).

그는 『꿈의 해석』에서 이런 생각을 더 발전시킨다. 프로이트의 해석에서 가장 중요한 것은 오이디푸스적 감정과 이 감정의 무의식적 성격이다. 많은 비평가가 이 비극의 핵심 문제로 햄릿의 복수연기를 지적하면서도 그 원인을 밝히지 못한 것은 그 원인이 의식이 아닌 무의식에 있기 때문이다. 햄릿이 커튼 뒤에서 엿듣는 폴로니어스(Polonius)를 살해하고, 로젠크란츠와 길든스턴이 처형당하도록 계획하는 것은 그가 "행동할 수 없는 인간"이 아니라는 것을 증명한다(SEIV: 265). 햄릿이 복수를 연기하는 것은 아버지의 유령이 명령한 클로디어스에 대한 복수가 자신의 오이디푸스적 욕망을 환기하기 때문이다. "그를 복수로 몰아갈 [클로디어스에 대한] 혐오는 자신이 처벌하려고 하는 죄인보다 자신이 더 나을 것이 없다는 자기비난, 즉 양심의 가책으로 대치된다"(SEIV: 265). 오이디푸스적 감정과 양심의 가책은 햄릿의 "무의식에 남아 있기" 때문에 햄릿은 스스로 복수를 연기하는 원인을 알지 못한다(*SEIV*: 265).

프로이트는 『오이디푸스 왕』에서 부친살해와 근친상간이 실현되는 것과 달리 『햄릿』에서는 소포클레스시대 이후 진행된 문화적 억압 때문에 오이디푸스적 욕망이 삼촌 클로디어스에 의해 대리로 실행된다고 설명한다. 이 문제는 후에 존스가 『햄릿과 오이디푸스』에서 논하는 『햄릿』의 근대성과 관련된다. 그러나 프로이트는 『햄릿』과 『오이디푸스 왕』의 시대적 차이보다 두 작품이 오이디푸스 콤플렉스를 보여준다는 공통점을 강조한다. 프로이트는 "햄릿에게서 우리가 대면하는 것은 시인의 마음일 뿐"이며 자신은 "창조적 작가의 마음속에서 가장 심층적인 충동들을 해석하려고 시도했을 뿐"이라고 말한다(*SEIV*: 265). 우리는 여기서 그가 햄릿뿐 아니라 작가의 무의식에서도 오이디푸스 콤플렉스를 발견하려 했다는 사실을 알 수 있다. 그는 1919년 『꿈의 해석』에 추가한 각주에서 셰익스피어 희곡의 저자가 실제로는 스트라트포드 출신 인물이 아니라고 주장한다. 그리고 1940년 『정신분석학 개요』(*An Outline of Psycho-Analysis*)에서는 셰익스피어가 옥스퍼드 백작인 에드워드 드 비어(Edward de Vere, 1550~1604)의 필명이며 그는 "소년시절 사랑하고 존경하는 아버지를 잃었고, 남편이 죽은 뒤 곧 재혼한 어머니를 완전히 거부했다"라고 주장한다(*SEXXIII*: 192). 이런 주장은 에드워드 드 비어의 전기적 사실이 오이디푸스 콤플렉스에 부합하는 데서 연유한다.[9]

『햄릿』에서 오이디푸스 콤플렉스는 먼저 주인공이 삼촌 클로디어스와 동일시하는 것에서 나타난다. 자신이 삼촌보다 더 나을 것이 없다는 무의식적 죄의식과 양심의 가책은 클로디어스와 동일시한 결과다.[10] 클

---

9) Philip Armstrong, *Shakespeare in Psychoanalysis* (London: Routledge, 2001), 25쪽을 참조할 것.
10) 애비 얼리치(Avi Erlich)는 햄릿이 클로디어스가 범한 부친살해와 근친상간의 욕

로디어스와 동일시하는 것에는 복잡한 의미가 있다. 클로디어스는 선왕을 죽이고 왕위를 찬탈한 복수의 대상이자, 아버지의 위치를 점하는 아버지의 대리인이며, 햄릿의 욕망을 실현한 닮은꼴이기 때문이다. 클로디어스와 동일시하는 것은 아버지에 대한 증오와 어머니에 대한 근친상간적 욕망을 모두 함축한다. 하지만 『햄릿』에 대한 프로이트의 관심은 아들과 아버지의 관계, 즉 아버지의 복수를 연기하는 데 집중된다. 프로이트가 셰익스피어의 아버지가 죽은 직후 "아버지에 대한 그의 유년시절 감정이 새롭게 되살아났을 때" 『햄릿』을 집필했다는 점과 어려서 죽은 셰익스피어 아들의 이름이 햄릿과 거의 유사한 햄닛(Hamnet)이었다는 점을 언급하는 것은 모두 부자 관계를 강조하는 것이다(*SE*IV: 265~266).

햄릿의 우울증

프로이트가 햄릿과 어머니 거투르드의 관계를 직접 논하지 않는다고 해서 그가 모자관계를 경시했다고 단정할 수는 없다. 모자관계에 대한 프로이트의 생각은 햄릿의 히스테리와 우울증에 대한 언급에서 찾을 수 있다. 그는 『꿈의 해석』에서 햄릿을 "오필리아와의 대화에서 표현하는 성(sexuality)에 대한 혐오감"을 지닌 히스테리적 인물로 분류한다(*SE*IV:

망을 자신도 지녔다는 죄의식을 가졌다면 오히려 클로디어스를 죽임으로써 자신의 무의식적 죄의식을 완화할 수 있었을 것이라고 주장한다. 얼리치에 따르면 햄릿이 복수를 연기하는 것은 클로디어스와 동일시하기 때문이 아니라 아들의 힘을 빌리지 않고 스스로 복수할 수 있는 강한 아버지를 기다리기 때문이다. 강한 아버지와 아버지가 내화된 초자아의 중요성을 강조하는 얼리치의 연구는 자아의 도덕적 건전함과 견고함을 강조한 자아심리학적 연구다. Avi Erlich, *Hamlet's Absent Father* (Princeton, NJ: Princeton UP, 1977), 제2장, 제3장, 제9장을 참조할 것. 후에 논하겠지만 햄릿이 클로디어스를 죽임으로써 죄의식을 완화시킬 수 있었다는 점은 라캉이 세미나 VI에서 이미 지적했다.

265). 햄릿의 억압된 무의식적 감정은 성적인 것이고 프로이트에게 성적 억압은 히스테리의 원인이다. 프로이트는『히스테리 연구』(*Studies on Hysteria*)와『과학적 심리학 초고』에서 히스테리의 메커니즘을 의식에서 불쾌한 감정을 일으키는 성적 표상이 억압되고 신체증상으로 전환되어 나타나는 것으로 설명한다.[11] 프로이트는 햄릿의 무의식에 억압된 근친상간적 성적 욕망을 히스테리의 원인으로 파악했다고 추정할 수 있다.

햄릿과 어머니의 심층적 관계는 햄릿의 우울증에서 추론할 수 있다. 프로이트는 「애도와 우울증」("Mourning and Melancholia")에서 리비도 이론으로 두 질병을 구분한다. 애도는 상실한 대상에 대한 애착(즉 리비도 카섹시스)을 환상 속에서 유지하다가 궁극적으로 상실을 받아들이고 상실한 대상에서 리비도를 회수하는 것이다. 반면 우울증은 상실한 대상에서 리비도를 회수하지 못한다. 또한 애도의 주체에게 대상상실은 의식적이지만 우울증 환자에게 대상상실은 무의식적이다. 그리고 애도의 경우와 달리 우울증은 자기비판과 자기비하가 심해서 자아의 빈곤화가 동반된다. 프로이트는 햄릿을 이렇게 자신을 극단적으로 비하하는 병적인 인물이라고 말한다(*SE* XIV: 246). 우울증 환자의 자기비하는 우울증 형성의 메커니즘에서 발생한다. 우울증 환자는 사랑하는 대상을 상실했을 때 그 대상을 포기할 수 없기 때문에 그 대상과 동일시하고 내화하여 자아의 일부로 삼고, 이렇게 자신의 일부가 된 대상을 가학적으로 비판한다. 이 과정은 상실한 대상에 대한 양가감정의 표현이다. 상실한 대상에 대한 사랑은 그 대상과의 동일시와 내화로 나타나고 이 대상에 대한 증오는 내화된 대상을 가학적으로 비판하는 것으로 나타난다.[12]

---

11) 예컨대『히스테리 연구』에서 엘리자베스(Fräulein Elisabeth von R.)의 히스테리 증상에 대한 설명(*SE* II: 164~166)과『과학적 심리학 초고』에서 에마(Emma)의 히스테리 발작에 대한 설명(*SE* I: 352~356)을 참조할 것.

12) 프로이트는 후에『자아와 이드』에서 이 비판 기능을 아버지와의 동일시와 내화

우울증에 대한 프로이트의 설명에서 햄릿의 심리상태를 재구성해볼 수 있다. 첫째, 우울증 환자는 상실한 대상을 너무나 사랑하기 때문에 이 대상에 강하게 고착한다. 둘째, 이 대상에 대한 사랑은 나르시스적 토대 위에서 이루어진다. 우울증 환자는 자신과 닮은 대상을 사랑했기 때문에 이 대상을 상실했을 때 이 대상과 쉽게 동일시할 수 있다.[13] 셋째, 자신을 이 대상과 동일시하고 내화하며, 이는 이 대상에 대한 사랑을 포기하지 못해 다른 대상으로 전이할 수 없기 때문이다. 넷째, 애도와 달리 우울증에서 대상의 상실은 대상의 죽음 이외에도 사랑하는 대상에게 무시당하거나 이 대상에 실망하는 경우를 포함한다. 다섯째, 상실한 대상에 대한 양가감정은 무의식적인 것으로 남는다. 마지막으로 이 대상에 대한 가학적 증오는 우울증 환자의 자살을 설명해준다(*SE* XIV: 245~253).

이제 햄릿이 상실한 대상은 누구인가라는 질문이 제기된다. 프로이트는 햄릿이 우울증 환자의 "자기비난"과 "자신을 옹졸하고, 이기적이고, 부정직하고, 독립심이 없으며, 자신이 지닌 성격 가운데 약점을 숨기는 것을 유일한 목적으로 삼는 자로 묘사하는 과장된 자기비판"(*SE* XIV: 246)을 가장 잘 보여준다고 말한다. 프로이트가 지적하는 햄릿의 이런 모습은 제2막 제2장의 제2독백에 잘 나타난다. 햄릿은 극중극에서 아킬레스(Achilles)의 아들 피러스(Pyrrhus)가 트로이의 왕 프리암(Priam)을

를 통해 형성된 자아이상 또는 초자아로 명명하고 히스테리 환자의 죄의식이 무의식적이라고 설명한다. "죄의식이 무의식으로 남는 메커니즘은 쉽게 발견할 수 있다. 히스테리적 자아는, 견딜 수 없는 대상-카섹시스를 방어하는 습관을 지니는 것과 같은 방식으로, 즉 억압의 행위로, 초자아가 그것[자아]을 위협하는 괴로운 지각을 피한다. 그러므로 죄의식이 무의식으로 남는 것은 자아 때문이다"(*SE* XIX: 51~52).

13) 자아와 대상이 구분되지 않은 자기성애(auto-eroticism), 자신을 성애의 대상으로 삼는 나르시시즘 그리고 대상 사랑으로 진행되는 성발달 과정의 관점에서 상실한 대상에 대한 사랑이 대상과의 나르시스적 동일시와 내화로 바뀌는 것은 전 단계로의 퇴행을 의미한다.

죽이는 장면과 트로이의 왕비 헤쿠바(Hecuba)가 비탄에 잠겨 울부짖는 장면을 보고, 감정을 몰입해 연기하는 배우와 달리 복수의 감정에 불타오르지 못하는 자신을 악한과 겁쟁이로 비하한다. 이 독백에서 햄릿이 자신의 우울증을 언급하는 것까지 고려하면 햄릿의 자기비하는 선왕의 복수를 행하지 못하는 것에 대한 죄책감에 기인한 우울증적 증세라고 볼 수 있다.

"우울증의 두드러진 정신적 특징은 심각하게 고통스러운 낙담, 외부 세계에 대한 관심의 중단, 사랑하는 능력의 상실, 모든 행동의 억제 그리고 자기비하의 감정인데 이 감정은 너무 심해서 자기책망과 자기비난으로 나타나고 처벌에 대한 망상적 기대를 하는 데서 절정에 이른다" (*SEXIV*: 244). 제2막 제2장에서 배우들과 만나기 전에 자신을 염탐하러 온 길든스턴에게 햄릿이 하는 말은 이런 우울증적 자기비하의 감정과 일치한다.

왠지 모르겠지만 난 최근에 내 모든 즐거움을 다 잃어버리고 모든 수련활동도 다 버렸다네. 그리고 사실은 내 심정이 너무도 울적하여, 이 아름다운 구조물인 지구가 내게는 불모의 땅덩이로 보이고…… 저 창공, 황금 불꽃으로 수놓은 저 장엄한 지붕, 글쎄, 저런 것들이 내게는 더럽고 병균이 우글거리는 증기의 집합체로밖에 보이지 않는다네. ……한데, 내겐 이 무슨 흙 중의 흙이란 말인가? 난 인간이 즐겁지 않아—여자도 마찬가지야. (*H*, 2.2: 282~293)[14]

뒤이은 장면에서 햄릿은 폴로니어스에게 배우들을 잘 대접하라고 말

---

14) William Shakespeare, *Hamlet*, 36쪽. 앞으로 『햄릿』 인용은 이 판본을 따르고 *H* 다음에 막, 장, 행 순으로 표시한다. 『햄릿』의 국문번역은 다음 판본을 따르고 필요할 경우 수정한다. 윌리엄 셰익스피어, 『햄릿』(최종철 옮김, 민음사, 1994).

하고 폴로니어스는 그들의 값어치에 맞게 대접하겠다고 대답한다. 프로이트는 햄릿이 이에 대해 하는 말—"모든 사람을 각자의 값어치대로만 대접하면 태형을 피할 사람이 있겠습니까?"—을 햄릿의 자기비하의 예로 제시한다(*H*, 2.2: 488~489).

햄릿은 제1막 제5장에서 클로디어스가 선왕을 독살했다는 유령의 말을 들은 후 미친척하겠다고 계획하며 제2막 제1장에서는 오필리아가 묘사하는 미치광이의 행동을 보이기도 한다. 그러므로 햄릿이 우울증 증세를 보이는 원인은 유령에게서 클로디어스가 선왕을 죽였다는 사실을 들었기 때문이라고 볼 수 있다. 그가 유령을 만난 후 하는 말—"시간이 탈구되었구나. 아, 저주스런 낭패로다. 그걸 바로잡으려고 내가 태어나다니"(*H*, 1.5: 187~188).—은 분명 그가 유령과 만난 뒤 이 세상을 혐오하게 되었다는 것을 잘 보여준다. 그러나 햄릿의 우울증 증세는 유령을 만나기 전 그가 처음 등장하는 제1막 제2장에서부터 나타난다. 클로디어스는 햄릿에게 왜 아직도 구름에 덮인 표정을 하고 있느냐고 물으면서 모든 아버지는 죽게 마련이라고 위로한다. 이런 점에서 햄릿의 우울증은 아버지의 상실에서 비롯되었다고 볼 수 있다.

그런데 앞서 논한 우울증의 특징들은 여러 가지 면에서 아버지의 상실로는 충분히 설명되지 않는다. 햄릿이 클로디어스와 선왕을 비교하면서 선왕을 예찬하는 것에서 알 수 있듯이 그가 아버지를 사랑했다는 점은 분명하다. 그러나 그가 상실한 아버지와 동일시하고 내화해서 자신의 일부가 된 아버지에게 가하는 가학적인 비판이 우울증 증세로 나타났다고 보기는 어렵다. 이런 설명은 햄릿을 히스테리적 인물로 보는 프로이트의 설명과도 부합하지 않는다. 왜냐하면 여기에는 히스테리의 원인이 되는 성적 욕망이 빠져 있기 때문이다. 오히려 상실한 대상을 어머니로 보면 히스테리의 원인인 성적 욕망과 오이디푸스적인 근친상간의 욕망 그리고 그의 우울증적 증세가 더 잘 설명된다. 클로디어스가 나중에 "그의 어미인 왕비는 그의 얼굴만 보며 살고 있지"라고 말하는 것처럼(*H*, 4.7: 11~12), 햄릿은 어머니와 나르시스적 사랑에 빠져 있다. 우울증의 원인이 대상에게 무시당하거나 버림받는 것일 수도 있다는 점을 상기하면 햄릿의 우울증은 선왕이 죽은 후 자신을 버리고 곧바로 삼촌과 재혼한 어머니의 상실에서 기인했다고 이해할 수 있다. 자신을 버린 대상을 내화하여 가혹하게 비판하는 우울증의 특징도 햄릿이 거투르드에게 가하는 가혹한 비판과 일맥상통한다. 또한 상실한 대상에 대한 애착에서 벗어나지 못하기 때문에 다른 대상을 사랑할 수 없다는 우울증의 특징 역시 햄릿이 오필리아를 사랑하지 못하는 이유를 설명해준다.[15]

유령이 클로디어스와 거투르드의 근친상간적 패륜을 언급하기 전인 제1독백에서 이미 햄릿은 어머니의 재혼 및 성적 관계 자체에 대해 극단적인 혐오감을 표출한다. 그는 "너무나 더럽고 더러운 이 육신이 허물어져 녹아내려 이슬로 화하기"를 바랄 만큼 세상과 자신의 육신을 혐오하고 세상이 모두 "지겹고, 맥 빠지고, 단조롭고, 쓸데없어 보인다"라고 말하며 세상은 마치 "잡초가 무성한 퇴락하는 정원"처럼 타락해 있음을 한탄한다(*H*, 1.2: 129~130, 133~135). 재닛 애들맨(Janet Adelman, 1941~2010)에 따르면 이 독백에서 세상이 타락하는 원인은 클로디어스의 살인이 아니라 거투르드의 성적 나약함으로 나타나며, 카인이 아벨을 죽이는 표층적 이야기 배후에는 이브 때문에 아담이 타락하는 심층적 이야기가 존재한다.[16] 유령의 말은 이런 주장을 뒷받침한다. 유령은 클

---

15) 햄릿과 어머니의 동일시를 햄릿의 여성성과 관련시켜 해석한 예로는 Jacqueline Rose, "Sexuality in the Reading of Shakespeare: *Hamlet and Measure for Measure*," William Shakespeare, *Hamlet*, 277~278쪽을 참조할 것.

16) Janet Adelman, *Suffocating Mothers: Fantasies of Maternal Origin in Shakespeare's Plays, Hamlet to The Tempest* (New York: Routledge, 1992), 11~37쪽을 참조할 것. 애들맨에 따르면 거투르드는 클로디어스뿐 아니라 선왕도 타락시키기 때문에 햄릿이 이상화하는 선왕과 클로디어스의 차이를 없애는 죄도 저지른다. 밸러리 트

로디어스를 "저 근친상간과 간통을 저지른 짐승"이라 부르며 어머니를 해치지 말고 "그녀는 하늘과 가슴에 박혀 자기를 쑤시고 찌르는 가시에 맡겨둬라"라고 말한다(*H*, 1.5: 42, 86~88). 애들맨의 지적대로 여기에서 비난의 화살이 클로디어스에게서 거투르드로 옮겨가는 것은 타락의 원인이 여성의 성욕이라는 점을 시사한다.[17] 이런 점에서 햄릿이 자신의 살이 녹아내리리라는 가혹한 말로 육체를 원망하는 것은 인간에게 육체의 원죄를 유산으로 물려준 여성에 대한 비난일 수 있다. 그러므로 우울증 증세를 통한 『햄릿』 분석의 종점에는 어머니의 성적 타락과 여성의 성욕이 존재한다.

라웁(Valerie Traub, 1958~)도 여성의 신체가 생명이 아니라 죽음을 주는 것으로 비난받는다고 지적한다. Valerie Traub, *Desire and Anxiety: Circulations of Sexuality in Shakespearean Drama* (London: Routledge, 1992), 151쪽. 조엘 파인맨(Joel Fineman, 1947~89)은 형제살해가 『햄릿』의 "근본적인 패러다임"이라고 주장한다. 클로디어스의 선왕살해는 선왕이 포틴브라스의 아버지를 죽인 국가 간의 사건이 가정의 사건으로 반복된 것이지만 선왕의 행위가 국가 간에 발생한 합법적인 살인인 반면, 클로디어스의 형제살해는 국내/가정에서 발생하며 혼돈을 야기한다. 햄릿의 복수는 질서를 회복시키지만 이 역시 국가/가정 내에서 발생하므로 햄릿도 파멸을 맞는다. 그러나 형제간의 차이로 인해 영웅과 악당이 구별되는 형제살해 신화와 달리 『햄릿』에서는 여성의 관능성이 형제간의 차이를 없애는 요소로 등장하며 형제살해가 근친상간과 연결된다. 거투르드가 선왕과 클로디어스 모두와 동침하면서 형제간의 차이를 없앤다는 파인맨의 주장은 애들맨의 논지와 상통한다. Joel Fineman, "Fratricide and Cuckoldry: Shakespeare's Doubles," 75~90쪽.

17) 애들맨은 선왕이 죽으면서 아들이 동일시할 대상을 상실하고 타락의 근원인 어머니의 육체로 돌아가게 되었다고 지적한다. 이때 어머니로의 회귀는 근친상간의 악몽뿐 아니라 어머니에게 잡아먹힌다는 아이의 환상 때문이기도 하다. 이런 점에서 애들맨은 멜러니 클라인(Melanie Klein, 1882~1960)처럼 전오이디푸스 단계의 중요성을 강조한다. Janet Adelman, *Suffocating Mothers*, 28, 247쪽을 참조할 것.

랑크와 근친상간

햄릿과 관련해 프로이트가 제시한 오이디푸스 콤플렉스, 히스테리, 우울증 그리고 성욕에 대한 논의를 종합하면 햄릿은 거투르드에 대한 근친상간적 욕망을 가지고 있었으나 이 욕망의 좌절로 어머니를 비난한다. 그리고 이것이 여성의 성욕에 대한 비난과 여성혐오증을 유발한다고 볼 수 있다. 랑크는 프로이트가 암시한 이런 해석을 구체적으로 발전시킨다. 그는 프로이트 이론에서 모든 사랑이 근본적으로 성적 사랑에서 유래하며 개인의 정신에 가장 결정적인 영향을 미치는 것이 근친상간적 감정이라는 점을 강조한다. 이와 더불어 그는 작가, 특히 극작가가 자신의 유아적인 근친상간적 감정을 창작활동을 통해 해소한다고 주장한다.[18] 그러므로 랑크에게 『햄릿』은 작가 셰익스피어의 무의식적인 근친상간적 욕망이 햄릿이라는 인물의 창조를 통해서 표현된 것이다. 랑크는 프로이트의 해석을 따르면서도 몇 가지 점에서 프로이트의 『햄릿』 해석을 발전시킨다.

첫째, 랑크는 아버지가 여러 인물로 분열되어 있다고 지적한다. 프로이트의 설명대로 햄릿이 클로디어스를 죽이지 못하는 것은 자신의 억압된 소망을 클로디어스가 실현했기 때문이지만 햄릿이 계부인 클로디어스를 둘째 아버지로 여기고 있기 때문이기도 하다.[19] 아버지는 유령과 클로디어스로 분열된다. 프로이트가 클로디어스에게서 햄릿의 분신을 찾은 반면, 랑크는 클로디어스가 분열된 아버지의 모습도 지니고 있다고 지적한다. 아버지의 분열은 여기에서 멈추지 않는다. 햄릿은 계부인 클

---

18) Otto Rank, *The Incest Theme in Literature and Legend: Fundamentals of a Psychology of Literary Creation*, G.C. Richter 옮김 (Baltimore: Johns Hopkins UP, 1992), 제1장을 참조할 것.

19) 같은 책, 37~38쪽.

로디어스를 죽이지 못하고 그의 대리인인 폴로니어스를 죽인다. 그러므로 아버지는 선왕에게서 클로디어스로 그리고 다시 폴로니어스로 전치된다. 햄릿이 폴로니어스를 죽인 후 "왕이 아니었나?"라고 자문하는 것은 폴로니어스가 클로디어스를 대치한 인물임을 보여준다. 또한 랑크는 이 발언에서 "어머니를 향한 사랑의 경쟁자에게 느끼는 햄릿의 강한 증오"가 살인의 동기라는 점이 드러난다고 말한다.[20] 살인의 동기는 아버지에 대한 복수가 아니라 어머니의 사랑을 빼앗겼기 때문이다.

둘째, 랑크는 햄릿이 오필리아와의 대화에서 드러내는 "성에 대한 혐오감"을 어머니의 분열 과정과 연결시켜 설명한다. 이 극에서 어머니는 성욕에 가득 차 간통을 범한 거투르드와 순결하고 정숙한 오필리아의 모습으로 분열된다. 랑크는 오필리아가 어머니의 (분열된) 모습이라는 점에 대한 증거로 햄릿이 오필리아에게 하는 말—"수녀원으로 가시오. 왜 죄인들을 낳는 자가 되려하시오?"(H, 3.2: 110~120)—과 어머니에게 하는 말—"삼촌 침대에 가지 마세요. ……오늘 밤은 자제하세요"(H, 3.4: 163~169).—이 동일하다는 점을 제시한다. 그리고 오필리아에 대한 햄릿의 이해할 수 없는 행동들은 어머니에 대한 상호 모순된 감정, 즉 "어머니에 대한 근친상간적 매료와 이 충동에 대한 방어 사이의 끊임없는 갈등의 표현"이라고 말한다.[21] 랑크가 지적한 어머니 이미지의 분열은 존스를 비롯한 정신분석가들에 의해 발전되고 재해석된다.[22]

---

20) 같은 책, 39쪽.
21) 같은 책, 48쪽.
22) 랑크를 인용하진 않지만 어머니 이미지의 분열에 대한 랑크의 지적을 발전시킨 예로 트라웁의 해석을 들 수 있다. 트라웁은 셰익스피어 시대가 여성의 성욕을 위험한 것으로 보았고 여성의 정조를 지나치게 강조했으며, 햄릿 자신도 선왕처럼 부정한 아내의 남편이 될 것에 대한 두려움뿐 아니라 성행위 자체에 대한 불안을 갖고 있다고 주장한다. 여성은 천사와 창녀의 이미지로 분열되어 상상되지만 이런 구분은 근본적으로 천사 같은 모습의 여성이 실제로는 창녀라는 의구심에 대한 정신적 방어이며 이 방어기제가 와해될 때 억압되었던 여성에 대한 공격

셋째, 랑크는 셰익스피어가 유령의 존재를 믿을 만큼 미신적이었던 것이 아니라고 주장한다. 유령은 햄릿의 내면에 존재하는 부친살해 충동을 방어하기 위한 메커니즘에 의해 이 충동이 밖으로 투사되어 인격화된 것이다. 그러나 이런 투사는 온전히 성공하지 못해서 인간이 아닌 유령으로 나타났다. 그리고 이 유령이 아버지에 대한 복수라는 고결한 명령을 내리게 함으로써 부친살해 충동을 승인한다. 다시 말해서 아버지에 대한 적대감은 계부에 대한 복수의 필요성에 의해 은폐된다. 여기에서도 랑크는 선왕이 유령이 되는 것을 "어머니를 향한 사랑의 경쟁자에 대한 햄릿의 증오가 인격화된 것"으로 해석하면서 햄릿의 근본적인 동기가 근친상간적 욕망임을 강조한다.[23]

선왕의 유령화가 어머니를 향한 사랑의 경쟁자인 아버지의 죽음에 대한 소망의 실현이라면 제3막 제4장에서 햄릿이 어머니의 침실을 방문하는 것은 유아기에 "아버지의 출현으로 인해 방해받아 좌절된 근친상간적 행위"를 나타낸다.[24] 이때 마치 엿듣고 있었던 것처럼 출현하는 유령이 햄릿과 거투르드 사이를 방해하는 것은 침실에서 아버지와 어머니의 비밀스런 행위를 엿듣던 남아가 "제거된 (그러나 다시 나타나는) 아버지의 위치에 자신이 있어보고 싶은" 소망의 환상을 보여준다.[25] 랑크는 햄릿이 어머니에 대해 갖는 근친상간적 욕망을 증명하기 위해 『햄릿』의 초고에서는 거투르드가 훨씬 젊게 나타난다는 사실을 지적한다. 그는 이를

성이 드러난다. 선왕의 유령이 거투르드에 대해 하는 말―"그녀는 하늘과 가슴에 박혀 자기를 쑤시고 찌르는 가시에 맡겨둬라"―은 선왕의 남근이 거투르드의 신체를 침범하는 공격성을 암시한다. 햄릿이 오필리아에게 독설을 내뱉는 것도 선왕의 이런 공격성을 반복하는 것이다. 오필리아는 죽은 뒤에야 창녀와 반대되는 처녀의 위상을 회복한다. Valerie Traub, *Desire and Anxiety*, 25~33쪽.

23) Otto Rank, *The Incest Theme in Literature and Legend*, 46쪽.
24) 같은 책, 50쪽.
25) 같은 책, 182쪽.

토대로 그녀가 클로디어스와 햄릿의 성적 욕망을 자극했을 것이라고 주장한다.[26]

넷째, 랑크는『햄릿』을 이전의 신화나 전설과 비교하여 이들과의 차이점에 주목한다. 일반적인 전설에서 아버지가 두려워하는 아들의 왕위계승은 왕비에 대한 아들의 애정과 관련이 없고 주로 딸이 사위에게 품는 애정을 질투하여 그를 파멸시키려는 아버지의 주제와 연결된다. 또한 삭소(Saxo Grammaticus)의 신화에서는 햄릿이 보이는 광기의 진위를 가리기 위해 왕이 젊은 여성을 보내어 그들의 성행위를 엿보고자 계획하지만 햄릿이 염탐을 피하기 위해 그녀를 먼 곳으로 데려간다. 이와 달리 셰익스피어의 극에서는 이런 염탐장면이 배제되는데 이는 염탐과 관련된 성행위를 억압했기 때문이다.[27] 그러므로 셰익스피어의『햄릿』에서는 어머니에 대한 근친상간적 요소가 첨가되고 성행위에 대한 억압이 이루어진다. 또한 암렛(Amleth) 전설에서 암렛이 자신의 칼을 고정시키고 계부인 팽고(Fengo)의 칼과 바꿔 팽고가 칼을 빼지 못하게 한 후 자신이 팽고의 칼로 그를 죽이는 것과 달리,『햄릿』에서 클로디어스를 죽이지 못하는 원인은 칼이 고정되었다는 외적인 요인에서 내적인 동기로 바뀐다.[28]

다섯째, 랑크는 햄릿이 복수를 하는 과정도 어머니와의 관계에서 해석한다. 프로이트는『꿈의 해석』에서 햄릿이 복수를 연기하는 것만을 설명했고 복수를 실행에 옮긴 뒤 죽음을 선택하는 것은 설명하지 않았다. 프로이트가 「애도와 우울증」에서 우울증 환자의 자살이 자신이 상실한 후 동일시하고 내화한 대상에 대한 가학적 처벌의 결과라는 프로이트의 주장을 햄릿에 적용한다면 햄릿은 상실한 어머니와 동일시하고 내화하여

---

26) 같은 책, 174쪽.
27) 같은 책, 182~183쪽.
28) 같은 책, 184쪽.

자신의 일부로 삼고 이 자신의 일부를 가학적으로 처벌한 결과 자살에 이르게 되었다고 설명할 수 있다. 물론 햄릿이 자살하는 것은 아니지만 레어티즈(Laertes)와 결투에 임하기 전에 "레어티즈, 내 자네를 빛내주지, 내가 미숙하니, 자네의 재주는 칠흑 같은 밤 진짜 별처럼 타오를 거야"라고 말하며(H, 5.2: 253~254), 레어티즈의 검술이 더 뛰어나다는 것을 알면서도 시합에 임하는 것으로 보아 죽음을 스스로 선택했다고 볼 수 있다.

랑크는 햄릿의 죽음에 근친상간적 동기를 부여한다. 그는 셰익스피어의 햄릿이 아버지의 복수를 하는 행위에 어머니에 대한 욕망이 개입되어 있다는 점에서 이전의 햄릿 전설과 다르다고 지적한다. 햄릿이 클로디어스를 죽일 수 있는 것은 왕이 자신이 사랑하는 어머니를 독살했을 때에야 가능하다는 것이다. 이때 비로소 햄릿은 "그[클로디어스]의 침대에서 일어난 근친상간적 쾌락"에 대해 품었던 복수를 행할 수 있으며 이는 "그의 어머니가 없는 삶은 그에게 아무런 가치도 없고 그는…… 적어도 죽음 속에서라도 그녀와 합일하고 싶기 때문이다."[29] 요컨대 햄릿이 클로디어스를 죽이는 것과 자신이 죽는 것은 모두 어머니에 대한 욕망 때문이다.

마지막으로 랑크는 셰익스피어의 아버지와 아들의 죽음이『햄릿』에 미친 영향에 대한 프로이트의 주장을 수정하고 발전시킨다. 랑크에 따르면『햄릿』은 아들의 감정과 아버지의 감정이 교차하는 셰익스피어의 복합적 정서를 반영한다. 1596년에 아들이 죽은 사건보다『햄릿』을 집필할 무렵인 1601년에 아버지가 사망한 사건이 셰익스피어가 유년기에 아버지에 대해 품었던 오이디푸스적 감정뿐 아니라 그가 아들에 대해 품었던 감정도 환기한다. 햄릿의 갈등은 아버지에 대한 적대감과 어머니에

---

29) 같은 책, 182쪽.

대한 애정이라는 오이디푸스적 감정과 이에 대한 방어 메커니즘뿐 아니라 아들에게 사랑과 복종을 바라고 아들이 어머니에게 애정을 느끼는 것을 두려워하는 아버지로서의 감정도 드러내는 것이다.[30] 셰익스피어가 『햄릿』을 공연했을 때 햄릿이 아닌 유령 역할을 했다는 사실은 그가 아버지의 역할과 동일시하고 아버지로서의 감정도 표출했음을 입증한다.[31]

존스와 모친살해

랑크가 근친상간 주제를 부각시켜 프로이트의 해석을 수정하고 발전시켰다면 존스는 랑크보다 더 상세하게 프로이트가 제시한 부친살해와 근친상간이라는 오이디푸스적 감정을 분석한다. 존스는 『햄릿과 오이디푸스』에서 방대한 양의 기존 『햄릿』 연구 자료를 검토하고 그 연구들이 햄릿이 행하는 복수의 원인을 정확히 파악하지 못했다고 주장한다. 프로이트가 제시한 것처럼 햄릿이 복수를 망설이는 근본적인 원인은 복수에 혐오감을 느끼고 있지만 이 혐오감의 성격을 알지 못하는 것, 즉 이 혐오의 성격이 무의식적이라는 점이다.[32]

존스는 이 점을 증명하기 위해서 『햄릿』과 암렛 전설을 비교분석한다. 『햄릿』과 암렛 전설의 결정적인 차이는 복수를 연기하는 원인이 외적인 것에서 내적인 것으로 바뀌었다는 데 있다. 예컨대 삭소의 암렛 전설에

---

30) 같은 책, 181쪽.
31) 같은 책, 186쪽.
32) 존스는 햄릿이 복수를 연기하며 나열하는 이유들—그가 임무를 수행하기에는 겁이 많다거나, 유령이 진실을 말한다고 믿지 못한다거나 또는 클로디어스가 기도할 때가 아니라 사악한 행위를 저지를 때 복수해야 한다—이 모두 설득력이 없다고 지적한다. Ernest Jones, *Hamlet and Oedipus* (New York: Norton, 1976), 53~54쪽.

서 암렛은 형 호르웬딜(Horwendil)을 죽이고 게루타(Gerutha)와 결혼한 펭(Feng)을 죽인다. 그러나 암렛이 복수를 실천하는 데 반해 햄릿은 복수를 망설인다. 이런 망설임은 극중에서 아버지의 복수에 망설이지 않는 레어티즈나 포틴브라스와도 구분된다. 암렛 전설에서 암렛은 자신의 의도를 위장하기 위하여 상대방을 속인다. 그러나 햄릿은 상대방을 속일 뿐 아니라 "자신의 영혼에 담긴 끔찍한 것들을 스스로 알지 못하도록 방해하는" 자기기만의 특징을 드러낸다.[33]

셰익스피어의 극은 13세기의 암렛 전설뿐 아니라 토머스 키드(Thomas Kyd, 1558~94)가 셰익스피어 이전에 써서 영국에서 공연되었다고 알려진 햄릿 연극과도 다르다. 키드는 유령 장면을 등장시키는 등 기존의 암렛 전설과는 다른 변화를 주었지만 키드의 햄릿이 복수에 관하여 한결같은 태도를 보이며 "어떤 자기책망이나 의문, 심리적 문제"도 보이지 않는 반면, 셰익스피어는 햄릿을 "외적인 투쟁에서 내적인 비극으로 변화시켰다."[34] 그러므로 존스는 암렛 전설이나 키드의 햄릿과 달리 셰익스피어의 햄릿은 내적 갈등과 투쟁한다는 점에서 신경증적이고 햄릿의 내면세계를 그렸다는 점에서 셰익스피어가 전통적 햄릿 전설에 커다란 변화를 가져온 최초의 근대인이었다고 결론내린다.[35]

---

33) 같은 책, 149쪽.
34) 같은 책, 153쪽.
35) 『햄릿』에 대한 정신분석학적 접근과 역사주의적 접근에는 공통점과 차이점이 있다. 『햄릿』의 근대성을 주장하는 존스의 해석은 르네상스시대에서 자본주의적 근대의 맹아를 읽어내는 신역사주의적 해석과 일맥상통한다. 예컨대 프랜시스 바커(Francis Barker)는 『햄릿』의 역사적 특수성을 엄밀히 분석할 것을 강조한다. 바커에 따르면 신체와 성을 억압하고 (성애적 또는 고문당하는) 신체를 전시하는 스펙터클을 비하하며 언어적 재현을 특권화하는 근대 부르주아적 세계관을 르네상스 텍스트에 투사하는 것은 탈역사적 비평의 오류다. 그는 『햄릿』의 세계가 공적·국가적 영역과 사적·가정적 영역을 구분하지 않고 비밀이나 신비감 없이 모든 것을 표면에 드러내는 전부르주아적 세계이지만 자신의 영혼을 고백하는 햄릿은 예외적 존재로서 외적 세계와 구분되는 내면의 의식을 갖춘 근대적 주

존스는 프로이트의 이론을 발전시켜 햄릿의 죽음을 설명한다. 햄릿은 자신이 무의식적으로 느끼는 친부에 대한 살인충동을 클로디어스가 실현했기 때문에 쉽게 그를 죽이지 못한다. 그러므로 햄릿은 "스스로를 죽이지 않고는 그를 죽일 수 없다."[36] 존스는 여기에서 햄릿이 프로이트가 말한 우울증 환자의 "자살 동기"와 매우 가까운 동기를 지녔다고 말한다. 햄릿은 클로디어스와 동일시했으므로 자신의 죽음이 임박했을 때 비로소 아버지에 대한 복수를 실현하고 "자신의 다른 자아인 그의 삼촌을 죽일 수 있다."[37]

그러나 존스가 프로이트의 이론을 발전시키고 『햄릿』 해석에 기여한

체의 모습을 보인다고 주장한다. 그러나 바커는 햄릿이 완전히 근대적 주체가 아니라 근대적 주체성을 앞당겨 보여주는 시대착오적 존재이기 때문에 자신의 영혼을 텅 비어 있는 신비로운 공간으로밖에 표현하지 못했다고 지적한다. 바커에 따르면 내면을 고백하는 근대적 주체인 햄릿은 극 후반 해적과 싸우고 죽어서 무대 위에서 시신으로 등장하여 스펙터클의 일부가 되는 전근대적 햄릿으로 바뀐다. Francis Barker, *The Tremulous Private Body: Essays on Subjection* (Ann Arbor: U of Michigan P, 1995), 1~37쪽. 이런 미묘한 차이에도 햄릿을 근대적 주체로 보는 존스의 해석은 정신분석과 역사비평이 만날 수 있는 가능성을 보여준다. 신역사주의 비평가이면서도 정신분석을 포용하는 파인맨이 셰익스피어가 『햄릿』을 쓰면서 공동체적 신화를 개인적 동기를 지닌 주인공의 심리극으로 바꾸었다고 평가하는 것도 이런 접점을 예시한다. Joel Fineman, "Fratricide and Cuckoldry: Shakespeare's Doubles," 89쪽. 라캉정신분석과 역사비평의 화해의 가능성에 대해서는 Philip Armstrong, *Shakespeare in Psychoanalysis*, 94쪽을, 존스와 달리 라캉 이론이 사회적 차원을 포함한다는 주장에 대해서는 Keith Fleming, "*Hamlet and Oedipus Today: Jones and Lacan*," *Hamlet Studies*, 4.1-2 (1982), 54~71쪽을 참조할 것.

36) Ernest Jones, *Hamlet and Oedipus*, 88쪽.

37) 같은 곳. 햄릿의 자살동기가 프로이트가 설명한 우울증 환자의 자살동기와 같으려면 일단 그가 동일시한 대상이 자신이 상실한 대상이어야 하는데 클로디어스는 햄릿이 상실한 대상으로 볼 수 없다. 그러므로 햄릿의 자살 동기가 프로이트가 설명한 우울증 환자의 자살 동기와 "매우 가까운"것이라는 존스의 주장은 정확하지 않다. 앞서 지적한 바와 같이 햄릿이 상실하여, 동일시를 통해 내화한 후 가학적으로 비판할 수 있는 유일한 대상은 어머니다.

것은 햄릿의 부친살해 충동에 대한 설명보다는 어머니에 대한 욕망을 보다 심층적으로 분석한 데 있다. 존스에 따르면 햄릿은 클로디어스가 아버지를 살해했다는 것보다 어머니가 삼촌과 성관계를 맺었다는 사실을 더 혐오한다. 아버지의 죽음과 어머니의 재혼은 햄릿에게 어머니의 애정을 빼앗은 아버지가 죽기를 바라는 유년기의 소망을 다시 환기한다. 표면적으로 무관한 것처럼 보이는 아버지의 죽음과 어머니의 재혼은 햄릿의 무의식적 환상 속에서 밀접히 연관된다. 삼촌이 아버지의 자리를 찬탈한 사건은 유년시절 아버지의 자리를 차지하고 싶었던 햄릿의 무의식적 소망을 환기하는 것이다.

존스는 이런 가설을 바탕으로 햄릿의 유년기를 재구성한다. 햄릿은 유년기에 어머니에 대한 성적인 애정을 경험했다. 이는 거투르드의 관능적인 성격과 그녀가 보이는 햄릿에 대한 사랑에서 확인된다. 햄릿은 어머니에게서 분리되어 오필리아를 사랑하게 되지만 오필리아에 대한 사랑은 어머니에 대한 질투심에서 비롯된 것이다. 존스는 어머니의 이미지가 관능적인 거투르드와 정숙한 오필리아로 분열되었다는 랑크의 해석을 더 발전시킨다. 햄릿이 거투르드와 대조적으로 순수하고 정숙한 오필리아를 선택하는 것은 자신도 "알지 못하는 사이에 그의 어머니를 가장 덜 떠올리게 하는 여인을 선택하게" 되었기 때문이다.[38] 햄릿의 애정행각은 "오필리아에게 직접적으로 매료되었다기보다 실망하거나 화가 난 연인이 흔히 더 의욕적인 경쟁자의 품을 찾는 것처럼 그녀를 그의 어머니와 경쟁하게 하려는 무의식적 욕망 때문이다."[39] 존스는 이에 대한 근거로 제3막 제2장에서 극단이 "곤자고(Gonzago)의 살인"을 공연하려 할 때 옆에 앉으라는 거투르드에게 "아뇨, 어머니, 여기 더 끌리는 물체가 있

---

38) 같은 책, 81쪽.
39) 같은 곳.

습니다"라고 말하며(*H*, 3.2: 110). 오필리아의 발밑에 눕는 장면을 예로 든다.

존스는 햄릿이 어머니에 대한 감정을 오필리아에게 전치한다고 해석한다. 햄릿이 오필리아가 폴로니어스와 레어티즈의 말을 듣고 자신을 멀리하는 것에 대해 분개하는 것은 어머니가 자신이 아닌 다른 남자와 가까이 하는 것에 대해 분개하는 것과 같다. 또한 햄릿은 폴로니어스가 딸을 시켜 자신을 시험하려 한다는 것을 알고 오필리아가 자신의 어머니처럼 자신을 유혹했다가 다른 남자를 위해 자신을 배반할 것이라고 생각한다. 그가 오필리아에게 하는 말—"수녀원(nunnery)에나 가시오"—은 당시에 nunnery가 사창가(brothel)를 의미했다는 점을 고려할 때 매우 심각한 저주라는 것을 알 수 있다. 그러므로 어머니의 이미지는 육체적 욕망이 불가능한 성스럽고 순결한 마돈나의 이미지와 모든 이에게 육체를 허락하는 관능적 여성의 이미지로 분열된다. 햄릿처럼 성적 억압이 매우 강하면 이 두 가지 여성의 유형을 모두—전자는 남자를 거부하기 때문에, 후자는 남자를 유혹해서 죄에 빠뜨리기 때문에—적대적으로 대하는 여성혐오증을 지니게 된다.[40]

존스는 햄릿의 정신세계에서 근친상간적 욕망이 야기하는 갈등과 복수의 관계도 랑크보다 더 자세히 분석한다. 계부를 죽이라는 유령의 명령은 사실상 어머니의 남편을 죽이려는 유아의 무의식적 소망과 연결된다. 당시 이 소망은 억압되었기 때문에 계부를 죽이는 것도 억제된다. 요컨대 삼촌을 죽이지 못하는 것은 아버지를 죽이려는 소망이 억압되었기 때문이다. 그러나 햄릿이 복수를 지연하는 더 큰 원인은 근친상간적 욕망이다. 선왕의 유령이 명령하는 복수는 "(클로디어스를 죽임으로써) 어머니의 근친상간적 행위를 종식시키는 것이다. 하지만 그 상황에서 그의

---

40) 같은 책, 84~86쪽.

무의식은 클로디어스와 동일시하기 때문에 그 행위를 종식시키길 원치 않는다."[41] 근친상간적 욕망을 포기하지 못하는 햄릿은 클로디어스의 복수를 연기함으로써 "근친상간을 대리로 지속하는 수동적인 해결책을 선택하며"[42] 그 결과 그의 내면은 의무와 욕망 사이에서 분열된다.

그러므로 햄릿의 복수는 근친상간적 욕망이 불가능할 때 가능하다. 존스는 극 중 두 장면에서 이 관계를 분석한다. 햄릿이 살인에 가장 근접한 이 두 장면에서 살인충동은 "근친상간이라는 참을 수 없는 생각과 분리되어" 있다.[43] 그중 하나는 햄릿이 클로디어스를 죽이는 마지막 장면이다. 이 장면에서 왕비는 이미 죽어서 영원히 상실되었기 때문에 햄릿의 "양심은 살인의 궁극적인 동기에서 자유롭다."[44] 어머니가 죽어서 근친상간적 욕망의 대리충족이 불가능하기 때문에 역설적으로 근친상간의 죄를 범한 클로디어스의 살인을 망설일 이유가 없는 것이다. 또 다른 장면은 극중극 장면이다. 극중극은 이탈리아의 곤자고 공작이 조카에게 독살되고 조카가 공작부인 밥티스타(Baptista)의 사랑을 얻는 실화에 기초한 것이다. 극 중 왕은 자신이 죽을 때가 가까워지자 자신이 죽으면 아내가 재혼할 것을 염려하지만 극 중 왕비는 이를 강하게 부정하며 정절을 다짐한다. 존스는 극중극이 소망이 성취되는 꿈과 같은 구조를 지니고 있으며 조카가 삼촌을 죽이는 극중극이 클로디어스를 죽이려는 햄릿의 소망이 성취되는 공간이라고 본다. 그런데 더 중요한 것은 이런 소망이 성취되는 이유가 이 극중극에서 살인에 대한 "궁극적인 동기"인 "어머니나 근친상간에 대한 언급"이 없기 때문이다.[45] 이 두 장면에서 모두

---

41) 같은 책, 91쪽.
42) 같은 곳.
43) 같은 책, 89쪽.
44) 같은 곳.
45) 같은 곳.

햄릿이 실제로 또는 대리로 삼촌 클로디어스를 죽일 수 있는 것은 살인의 근본 동기인 어머니에 대한 근친상간적 요인이 제거되었기 때문이다.

햄릿의 근친상간적 욕망에 대한 존스의 해석은 햄릿이 모친살해 충동을 드러낸다는 주장에서 절정에 이른다. 어머니가 남편에게 충실하지 못하거나 아들에게 지나치게 관능적이면 아들은 "어머니에 대한 혐오감 또는 실제적인 적대감"을 만들어 스스로를 보호한다.[46] 한 걸음 더 나아가 거투르드처럼 어머니가 근친상간을 범하면 아들은 실제로 친부살해와 근친상간이라는 오이디푸스적 충동을 느끼며, 이에 대한 공포와 죄의식에서 벗어나기 위해 어머니를 죽이려 한다. 클로디어스와 거투르드 모두 선왕에 대해 죄를 범했지만 햄릿은 클로디어스의 죄보다 거투르드의 죄를 더 혐오한다. 그는 거투르드가 삼촌과 근친상간을 저질렀다고 비난하지만 그를 가장 괴롭히는 것은 자신이 지닌 근친상간에 대한 무의식적 충동이다. 유령은 클로디어스를 죽이고 거투르드를 해치지 말라는 명백한 명령을 내린다. 그러나 햄릿에게는 복수보다 근친상간을 끝내는 것이 더 중요하다. 그래서 그는 모친살해의 충동에 대해 자신을 제어하기 위한 것처럼 어머니를 해치지 말라는 유령의 명령을 끊임없이 상기한다.

햄릿의 모친살해 충동에 대해 존스는 여러 증거를 제시한다. 햄릿이 폴로니어스를 죽였다는 말을 듣고 클로디어스는 거투르드에게 "그를 놓아둠은 모두에게 위협적이오 ─ 당신 자신에게"라고 말하고(H, 4.2: 13~15), 거투르드의 침실을 방문한 햄릿에게 거투르드는 "무슨 짓을 하려고 하는 거지? 나를 죽이려는 것은 아니지?"라고 묻는다(H, 3.4: 20~21). 무엇보다도 햄릿은 거투르드의 침실로 가면서 "자 이제 어머니에게 가야. 오 마음이여 본성을 잃지 말아라. 확고한 이 가슴에 네로의 영혼은 절대로 들지 말게 하라. 잔인하되 본성을 잃진 말아야지. 칼같이

---

46) 같은 책, 93쪽.

말하겠지만 쓰진 말아야지"라고 다짐한다(*H*, 3.2: 355~359). 햄릿이 칼을 운운하는 것뿐 아니라, 어머니와 동침하고 어머니를 죽였다고 알려진 네로를 언급하는 것은 그의 모친살해 충동을 드러낸다.

모친살해 충동은 프레드릭 워섬(Frederic Wertham, 1895~1981)이 오레스테스 콤플렉스(Orestes Complex)라 부른 것이다.[47] 이 충동은 오이디푸스 콤플렉스의 일부일 수도 있고, 아니면 오이디푸스 콤플렉스를 해결하려는 시도일 수도 있다.[48] 선왕을 죽이고 왕위를 찬탈하여 햄릿이 왕위를 계승하지 못하게 한 "클로디어스가 오이디푸스 콤플렉스의 정상적 해소를 가로막은" 상황에서, 햄릿의 모친살해 충동은 오이디푸스 콤플렉스를 해결하려는 시도로 볼 수 있다.[49] 프로이트가 햄릿이 복수를 연기한 이유를 설명하는 데 초점을 맞췄다면, 존스는 햄릿의 최종적 살인과 죽음의 동기를 어머니에 대한 근친상간적 욕망과 모친살해 충동으로 설명하려 시도한다. 프로이트가 오이디푸스 콤플렉스로『햄릿』에 대한 정신분석적 해석을 시작했다면, 존스는 모친살해 충동에 대한 해석을 통해 오이디푸스 콤플렉스의 해결도 논의한다.

랑크와 존스가 발전시킨 프로이트의『햄릿』해석은 세 가지로 요약할 수 있다. 첫째, 프로이트가 오이디푸스 콤플렉스로 햄릿이 복수를 지연하는 이유를 설명하면서 근친상간보다 햄릿과 클로디어스의 무의식적 동일시에 초점을 맞추었다면, 랑크나 존스는 어머니에 대한 근친상간

---

47) 그리스 신화에서 오레스테스는 그리스 연합군을 이끌고 트로이전쟁에 참전한 아가멤논(Agamemnon)과 클리템네스트라(Clytemnestra)의 아들이다. 클리템네스트라는 트로이를 함락시킨 후 귀환한 남편 아가멤논을 죽이고, 오레스테스는 후에 어머니를 죽여 아버지에 대한 복수를 완수한다. 아가멤논 가문의 이야기는 그리스 비극작가 아이스킬로스(Aeschylus)의 3부작『오레스테이아』(*Oresteia*)에서 다루어진다. 이 작품에 대한 상세한 논의는 임철규,『그리스 비극: 인간과 역사에 바치는 애도의 노래』(한길사, 2007), 107~175쪽을 참조할 것.

48) Ernest Jones, *Hamlet and Oedipus*, 97~98쪽.

49) 같은 책, 90쪽.

적 욕망에 더 주목함으로써, 논의의 초점을 아버지에게서 어머니로 이동시켰다. 둘째, 프로이트가 오이디푸스 콤플렉스 이론으로 복수의 지연을 설명한 반면 랑크와 존스는 복수의 지연뿐 아니라 복수의 완성과 햄릿의 죽음도 해석하고자 했다. 마지막으로 랑크와 존스는 햄릿의 복수와 죽음을 해석하면서 오이디푸스 콤플렉스뿐 아니라 이 콤플렉스의 해소에 대한 해석의 실마리를 제공했다. 다음 장에서 상세히 다루겠지만 라캉의 『햄릿』 해석은 어머니의 욕망, 존재와 죽음의 문제 그리고 오이디푸스 콤플렉스의 해소를 핵심 주제로 삼는다. 라캉은 이들의 해석을 비판하지만 랑크와 존스가 발전시킨 이 세 가지 차원의 논의는 라캉의 해석에 적지 않게 기여하고 있다.[50) 이들이 프로이트가 시작한 『햄릿』의 정신분석적 해석의 지평을 넓히고 논의의 중심을 이동시킨 공을 간과할 수는 없을 것이다.

---

50) 타미즈 반 펠트(Tamise Van Pelt)는 존스가 햄릿과 어머니의 관계에 주목하긴 하지만 이를 결국 오이디푸스의 구도에 종속시킨다고 지적한다. 엘리자베스 라이트(Elizabeth Wright)는 존스가 거투르드의 관능적 성격과 아들에 대한 과도한 애정이 햄릿의 갈등에 미치는 영향에 주목함으로써 라캉의 해석을 예견하고 있다고 지적한다. Tamise Van Pelt, *The Other Side of Desire*, 94쪽; Elizabeth Wright, *Speaking Desires can be Dangerous: The Poetics of the Unconscious* (Oxford: Polity, 1999), 78쪽. 이 책의 번역본은 엘리자베스 라이트, 『무의식의 시학』(김종주, 김아영 공역, 인간사랑, 2002)을 참조할 것. 라캉과 존스의 차이를 논하며 욕망의 변증법과 애도의 문제를 중심으로 라캉의 『햄릿』 해석을 다룬 연구로는 김종주, 「라깡과 욕망: 무의식의 시학」, 『시학과 언어학』, 2, (2001), 70~85쪽을 참조할 것.

제6장 욕망의 탄생과 존재의 역설
라캉의 『햄릿』 읽기*

존재하느냐 마느냐 그것이 문제로다

프로이트와 라캉이 상실과 죽음의 장르인 비극에서 인간욕망의 핵심을 찾아낸 것은 정신분석학적 문학비평과 정신분석 이론의 발전에 중요한 이정표가 되었다. 이들의 『햄릿』 해석은 이 비극에 대한 독창적인 해석일 뿐 아니라 인간의 욕망이 상실 및 죽음과 맺는 관계의 본질이 무엇인가에 대한 정신분석적 사유의 정수를 보여준다. 그러나 프로이트와 라캉이 『햄릿』에 접근하는 방식과 결과는 다르다. 프로이트의 관심이 동일시라면 라캉의 관심은 동일시를 넘어선 차원에 있다. 프로이트가 어머니보다 아버지에 집중하는 반면 라캉은 아버지보다 어머니에 집중한다. 그리고 프로이트가 햄릿이 욕망하는 대상을 어머니로 보는 것과 달리 라캉은 햄릿이 욕망하는 대상을 욕망 자체로 본다. 간단히 말하면 이들의 차이는 햄릿이 궁극적으로 원하는 것이 무엇인지에 대한 대답의 차이다. 햄릿은 무엇을 원하는가? 이들은 셰익스피어의 비극적 주인공의 운명에서 인간 욕망의 뿌리를 탐구한다.

---

* 이 장의 269~289쪽, 295~299쪽은 『비평과 이론』[14.1 (2009), 51~83쪽]에 동명의 제목으로 수록된 논문을 수정한 것이다.

라캉은 존스와 랑크를 비판하지만 앞 장에서 논했듯이 어머니의 욕망, 존재와 죽음의 문제, 오이디푸스 콤플렉스의 해소를 『햄릿』 해석의 핵심으로 삼는다는 점에서 이들의 연구는 라캉의 해석에 기여한 면이 있다. 그렇지만 라캉의 해석과 이전의 정신분석적 『햄릿』 해석은 크게 다르다. 햄릿의 제3독백을 여는 대사 "존재하느냐 마느냐 그것이 문제로다"는 『햄릿』을 대표하지만 앞서 보았듯이 이 극의 해석은 존재의 문제가 아니라 햄릿이 왜 복수를 연기하는가에 집중되었다. 이와 달리 라캉은 바로 존재의 문제에서 이 비극의 본질을 찾는다.

라캉은 세미나 II에서 포의 「도둑맞은 편지」를 논하면서 "모든 것은 존재하느냐 마느냐의 문제로 돌아온다"라고 말한다(SII, 192). 여기에서 존재와 비존재 사이에 있는 선택의 문제는 상징계에서 주체의 출현과 연관된다. 라캉은 아무런 규칙이나 차이가 없던 실재계에서 상징적 구조의 법칙이 생겨나면 출현하는 모든 것이 홀짝게임의 홀과 짝처럼 '아무 것'(anything)이 아니라 의미사슬에서의 한 단위가 된다고 설명한다. 홀짝게임을 포함한 모든 "상징의 놀이"는 우연이 아니라 게임의 법칙을 구조적으로 따른다. 인간 주체는 이 게임을 통제하는 것이 아니라 "이 게임 안에서 특정 위치를 차지하며 그 안에서 작은 플러스와 마이너스의 역할을 한다"(SII, 192). 그러므로 존재하느냐 마느냐의 문제는 "출현할 것과 하지 않을 것 사이의 선택" 또는 "플러스와 마이너스의 원초적 짝"의 구조와 같다(SII, 192). 라캉은 이 세미나의 내용을 수정한 「"도둑맞은 편지"에 대한 세미나」에서 이 단편소설이 주체가 상징계의 기표에 구속되는 것을 보여준다고 해석한다.[1] 존재의 문제는 주체가 상징계에서 출현하는 문제이고 주체의 출현은 필연적이기 때문에 여기에서 선택은 강요된 선택이다.[2] 라캉이 「도둑맞은 편지」 해석에서 주체와 기표의 관계를

---

1) 제1장 「편지는 왜 어떻게 목적지에 도착하는가」를 참조할 것.

탐구한다면 『햄릿』 해석에서는 주체가 상징계에서 출현하는 과정에 인간의 욕망과 죽음이 어떻게 관련되는가를 탐구한다. 프로이트가 오이디푸스의 운명이 인간의 보편적 운명임을 발견했듯이 라캉은 햄릿의 운명이 인간의 보편적 운명임을 밝혀낸다.

존재의 문제는 남근의 문제와 직결된다. 라캉은 여성 분석가 엘라 샤프(Ella Sharpe, 1875~1947)의 『햄릿』 해석에 비판적이지만 그녀의 저서 『꿈의 분석』(Dream Analysis)에 등장하는 남근의 문제에 주목한다.[3] 이 책에 등장하는 한 환자는 꿈에서 아내와 함께 세계여행을 다니던 중 체코슬로바키아에서 한 여인을 만나 아내가 보는 앞에서 그 여인과 성관계를 맺는다. 이때 여인의 성기는 마치 두건처럼 환자의 남근을 감싸려한다. 두건은 동굴과 연결되고 이 동굴은 입술 모양과 닮았다. 샤프는 두건이 클리토리스를 의미하고 동굴과 입술 모양은 여성 성기의 다른 부분을 의미한다고 말한다. 그리고 이는 환자가 유년시절 여성의 성기를

---

2) 제3장 「욕망의 변증법」을 참조할 것. 여기에서 존재의 선택은 라캉이 세미나 XI에서 설명하는 무의식적 '존재'와 상징계적 '의미' 중 '의미'를 선택하는 것과 같다.

3) 라캉의 세미나 VI 『욕망과 욕망의 해석』(Desire and its Interpretation) 중 갤러거의 비공식 번역은 강연 연월일 뒤에 갤러거가 표시한 프랑스어원고의 쪽수를 괄호 안에 표기하고, "Desire and the Interpretation of Desire in *Hamlet*"으로 공식번역 출판된 4월 15, 22, 29일의 세미나는 괄호 안에 "Desire"와 쪽수를 표기한다. 1959년 3월 4일 강연에서 라캉은 샤프가 셰익스피어의 극에 대해 도식적 형태를 부여한 것을 비판한다. 여기서 도식적 형태는 샤프가 셰익스피어의 극 전체를 일종의 순환 패턴으로 파악한 것을 의미한다. 라캉은 또한 그녀가 오필리아와 남근의 유사성을 지적하지 않았다고 비판한다("Desire" 20). 샤프는 "햄릿의 연기가 아닌 성급함이 이 극의 핵심문제"라고 파악한다. 그녀에 따르면 우울증이 애도보다 더 긴 시간을 요구하며, 자아를 나타내는 햄릿은 초자아를 나타내는 레어티즈에게 쫓겨 이긴 시간을 견딜 수 없다. 햄릿이 레어티즈와의 결투에 무방비로 임하는 것은 "초자아적 가학성의 절박함"에 의해 파멸되는 것을 극화하고, 극의 마지막에 포틴브라스가 왕위를 계승하는 것은 복종적 아들과 이상적 아버지의 복귀 그리고 초자아적 질서의 회복을 의미한다. Ella Sharpe, *Collected Papers on Psycho-analysis*, Marjorie Brierley 옮김 (New York: Brunner, 1950), 203~213, 242~265쪽을 참조할 것.

본 경험에서 유래한다고 해석한다. 이 꿈은 수음행위의 환상을 나타내며 환자 자신은 여성의 성기에 어울리는 큰 능력을 지닌 자로 의인화된다. 환자가 성관계를 맺는 여인이 흑발인 것은 환자의 어머니가 흑발이었기 때문에 그가 흑발의 여인을 좋아했던 것과 관계된다.[4) 즉 환자는 어머니에게 애정을 느끼고 어머니에 대한 성적 능력을 지닌 사람인 아버지가 되고 싶어 한다. 그런데 정확히 말하면 이 꿈에서 환자는 아버지같이 힘과 성적 능력을 지닌 자가 아니라 남근이 되려고 한다.

라캉은 이 꿈에서 남근의 소재와 상태에 대해 묻는다. "남근은 주체와 타자의 관계에서 기표로서 관련되어 있다"(SVI, 1959.2.4, 15). 남근이 있는 곳은 타자이며 남근의 상태는 기표다. 라캉은 존스가 아파니시스를 성적 욕망의 사라짐으로 정의하고 거세콤플렉스를 아파니시스의 하위 개념으로 해석한 것을 비판하면서 오히려 사라질 것에 대한 불안의 원초적인 대상은 성적 욕망이 아니라 남근이며 거세가 불안의 근본 원인이라고 주장한다(SVI, 1959.2.4, 3~11). 이 꿈에서 소실되는 것, 즉 그곳에 있어야 하지만 없는 것은 바로 남근이다.[5) 남근의 사라짐은 물론 거세를 의미하고 남근의 소재지인 타자는 대타자를 의미한다. 이 꿈에 등장하는 환자, 여인, 아내의 관계와 거울단계에 등장하는 유아, 거울이미지, 어머니의 관계 사이에는 유사성이 존재한다. 꿈속에서 성관계를 거부하는 환자는 실망한 여인에게 수음행위를 하게 해주는데, 샤프가 의아해하듯이 여기에서 수음행위는 환자가 여인에게 하게 해주는 타동사

---

4) Ella Sharpe, *Dream Analysis* (New York: Brunner, 1978), 125~148쪽.
5) 라캉은 아파니시스가 엄밀히 말해서 사라지는 것이 아니라 사라지게 하는 것이라고 말한다. 예컨대 이 꿈을 꾼 환자는 환상 속에서 자신이 있지 말아야할 곳에 있는데, 밖에서 소리가 나자 개가 짖는 소리를 흉내 내어서 밖에 있는 사람들이 안에 개가 있다고 생각하게 하여 들어오지 못하게 한다. 이 경우 환자는 자신을 사라지게 하는 것이다.

로 사용된다.[6] 라캉은 여기에서 환자와 여인의 관계를 유아와 거울이미지 사이의 "나르시스적 동일시"와 같은 관계로 파악한다(SVI, 1959.2.4, 15). 여인은 환자의 거울이미지와 같은 상상적 소타자 $i(a)$인 셈이다. 그런데 꿈속에서 남근을 보고 있는 사람은 환자가 아니고 여인에게도 남근이 없으므로 환자는 그녀에게 수음행위를 하게 해주는 것이다.

환자에게도 여인에게도 없는 이 남근은 제3의 인물인 아내에게 있다. 라캉은 환자가 힘과 능력을 나타내는 남근이 되고 싶어 한다는 점을 샤프가 어렴풋이 파악하고 있었다고 지적하면서 이 꿈에서 환자의 힘 즉 남근이 있는 곳은 아무도 예상하지 못한 곳, 즉 아내라고 말한다. 샤프는 정신분석을 체스게임에 비유한다. 라캉은 이를 높이 평가했는데 체스게임은 기표로 이루어진 것이기 때문이다. 샤프는 기표의 의미작용과 은유라는 언어적 요소를 정신분석에서 찾아냈다. 그러나 여인이 환자의 어머니를 대신한 인물이라고 생각한 샤프와 달리, 라캉은 아내를 어머니와 등치한다.

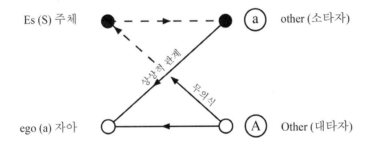

라캉은 L도식으로 이를 설명한다. "주체, 타자, 타자의 이미지로서의 자아, 그리고 대타자의 사각형에서 문제는 기표 자체가 어디에서 나타날 수 있는가다. 결코 우리가 기대했던 곳에 없는 이 남근은 항상 그곳에 있

6) Ella Sharpe, *Dream Analysis*, 133쪽.

다. 그것은 마치 도둑맞은 편지처럼 우리가 가장 예상하지 못한 곳에 있다"(SVI, 1959.2.4, 26). 이 꿈에서 남근은 대타자의 영역에서 기표로 출현하며 주체는 이 남근을 소유한 최초의 대타자인 어머니와의 관계에 있다. 어머니가 남근을 소유하고 있다는 것은 어머니가 힘을 지니고 있으며 "그의 욕망의 모든 경제를 지배하고 있다"는 것을 의미한다(SVI, 1959.2.4, 27).

남근이 대타자에서 기표로 출현한다고 해서 남근이 대타자에 속하는 것은 아니다. 오히려 "만일 남근이 무엇과 관계가 있다면, 그것은 주체의 존재와 더 관계가 있다"(SVI, 1959.2.11, 5). 대타자에서 남근이 기표로 출현한다면 이는 주체가 자신의 존재인 남근을 상실했다는 것을 의미한다.[7] 라캉은 남근의 역설을 다음과 같이 설명한다.

일정한 조건에서 주체에게 기표로서의 남근을 주는 것이 가능하다는 것은 주체가…… 사선 그어진 주체인 한에서입니다. ……이는 그가 말하는 주체인 한에서 그렇습니다. 그(주체)는 남근이면서 남근이 아닙니다. 그가 남근인 이유는 남근이 언어가 그를 지시하는 기표이기 때문이고, 그가 남근이 아닌 이유는 언어가─엄밀히 말하면 다른

---

7) 여기에서 주체가 상실한 것은 대상 *a*인(영어로 o)이며, 이는 대타자 A(또는 O)와 다르다. 그러므로 대상 *a*는 바로 남근이다. 지젝이 지적하듯이 『햄릿』을 분석할 당시에 라캉은 남근과 대상 *a*를 명확히 구분하지 않았으며, 그가 말하는 남근적 사물은 대상 *a*를 의미한다. Slavoj Žižek, *For They Know Not What They Do*, 276쪽. 라캉의 다음과 같은 발언은 이 점을 확인해준다. "타자 *a*에는 그 안에 모든 가치를 다 포함하는 이 기표가 있다. 그리고 이것이 남근이 고려되어야할 장소다"(SVI, 1959.2.11, 28). 그러나 후기 라캉에게서 이 둘은 구분된다. 남근은 "타자의 욕망의 기표"이며, 대상 *a*는 타자의 욕망 그 자체, 또는 주체의 욕망의 원인이 되는 대상이다. 남근이 기표로서 상징계에 속한다면, 대상 *a*는 기표화할 수 없기에 실재에 속한다. Bruce Fink, *The Lacanian Subject*, 102쪽을 참조할 것. 대상 *a* 개념의 변화에 대해서는 제3장 「욕망의 변증법」을 참조할 것.

차원에서의 언어의 법이 ― 남근을 그에게서 빼앗아가기 때문입니다. (SVI, 1959.2.11, 7)

인간은 말하는 언어의 주체가 되기 때문에 남근이면서도 남근이 아닌 역설적 존재가 된다. 이 과정은 주체가 상상계에서 상징계로 이행하는 상징적 거세에 해당한다. 라캉은 후에 「주체의 전복과 프로이트적 무의식에서의 욕망의 변증법」에서 이 과정을 상상적 남근의 상실과 상징적 남근/남근기표의 출현으로 설명한다. 수학적으로 말해서 이것은 "상상계와 상징계의 등식에서 한쪽에서 다른 쪽으로 남근 이미지로서의 소문자 파이가 이동하여" 상상계에서 상상적 남근인 소문자 파이가 음수화(negativized)되고($-\varphi$), 상징계에서 그것이 양수(positive)의 "Φ(대문자 파이), 즉 음수화될 수 없는 상징적 남근"이 되는 과정이다(E, 696).

상상적 남근의 상실/음수화와 상징적 남근의 출현/양수화는 존재(to be)와 소유(to have)의 문제다. 주체는 (상징적) 남근을 소유하기 위해서 (상상적) 남근이 되는 것을 포기해야 한다. "주체가 일정한 조건에서 남근을 소유하기 위해서는 필연적으로 존재를 포기해야 한다"(SVI, 1959.2.11, 6). 이는 오이디푸스적 상황에서 남아가 어머니를 포기하는 과정이다. 어머니의 욕망이 자신이 아닌 남근을 향하고 있음을 알게 된 남아는 그 남근이 되려고 한다. 그러나 남아는 어머니의 욕망의 기표인 남근, 즉 상상적 남근이 되기를 포기해야만 남근기표인 상징적 남근을 소유할 수 있다. 프로이트 이론에서 이 과정은 남아가 거세콤플렉스로 인해 어머니에 대한 욕망을 포기하고 자신이 후에 아버지처럼 될 것을 기대하며 아버지와 동일시함으로써 오이디푸스 콤플렉스가 해소되는 과정에 해당한다. 라캉에게 『햄릿』은 이 과정을 극화한 것이다. 그러므로 라캉은 남근이냐 아니냐(to be or not to be the phallus)의 문제와 『햄릿』의 "존재하느냐 마느냐"의 문제가 같다고 암시한다. 햄릿의 존재 여부는 남근이냐 아니냐의 문제에 달려 있다.

여기에 불가피하게 욕망이 개입한다. 왜냐하면 이 과정은 주체가 상상적 남근을 상실하고 상징계에서 욕망의 주체로 태어나는 과정이기 때문이다. 상실한 남근을 대타자에게서 찾아야할 운명에 놓인 주체는 언어의 세계에서 상실한 대상을 찾는($8◇a$) "욕망의 주체"다(*SVI*, 1959.2.11, 7). 라캉은 이렇게 설명한다.

남근이 기표라는 사실은 주체가 그것에 접근할 곳이 대타자의 장소라는 것을 요구한다. 그러나 이 기표는 단지 베일에 가려진 상태로, 또 대타자의 욕망의 비율로 그곳에 존재하기 때문에, 주체가 인식하도록 요구되는 것은—다른 말로 하면 그 자신이 의미화의 분열에 의해 분열된 주체인 한에서 타자인—대타자의 욕망이다. (*E*, 581~582)

주체가 상실한 남근은 이제 기표로 대타자에 있으며, 이 남근에 접근하기 위해서 주체는 대타자의 욕망을 탐구해야 한다. 그러므로 남근은 대타자의 욕망 자체다. 존재하느냐 마느냐의 문제는 결국 남근을 찾는 문제이고 대타자의 욕망을 탐구하는 문제다. 남근의 상실과 회복 그리고 대타자의 욕망의 탐구가 라캉의『햄릿』해석의 근간을 이룬다.

욕망은 대타자의 욕망이다

라캉은 프로이트의 해석을 검토하면서『햄릿』에 대한 논의를 시작한다. 그는 무의식적 오이디푸스 콤플렉스 때문에 햄릿이 망설인다는 프로이트의 주장에 동의하지만 프로이트와 달리 햄릿과 오이디푸스의 차이에 주목한다. 오이디푸스가 부친살해와 근친상간의 죄를 범했다는 것을 몰랐기 때문에 그의 삶은 유지되고 그가 자신의 죄를 알게 되면서 비극은 극적으로 끝난다. 이와 달리 햄릿의 아버지인 선왕은 클로디어스의 범죄를 알고 있고 햄릿도 유령을 통해 이 죄를 처음부터 알게 된다. 따라서 햄릿은 처음부터 선택의 기로에 놓인다. "『햄릿』의 드라마가 시작되기 전부터 햄릿은 존재의 범죄를 알고 있다. 그는 시작부터 선택해야 한다. 그리고 그에게 처음부터 시작하는 존재의 문제는 그가 한 말, 즉 '존재하느냐 마느냐'의 형태로 제기된다"(SVI, 1959.3.4, 20).

햄릿은 시작부터 존재하느냐 마느냐를 선택해야 하는 문제에 봉착하는 "선택의 희생자"다(SVI, 1959.3.4, 20). 그리고 "그에게 제기된 문제는…… 아버지에 대한 반항이라는 오이디푸스적 행위와 아무 관계가 없다"(SVI, 1959.3.4, 20). 프로이트와 달리 라캉에게 문제는 오이디푸스적 욕망이나 반항이 아니라 존재의 여부다. "아는 자는…… 오이디푸스와 반대로 이 존재의 죄에 대한 값을 치르지 못한 자다"(SVI, 1959.3.4, 20). 오이디푸스의 죄가 부친살해와 근친상간이라면 햄릿의 죄는 "존재의 범죄"다. 앞서 언급했듯이 존재의 문제는 상징계에서 주체가 태어나는 문제다. "그가 어쨌든 기표의 사슬로 포섭되는 것은 이냐/아니냐의 선택이 주어져 있기 때문이다"(SVI, 1959.3.4, 20).

존재의 문제는 남근을 상실하는 거세의 문제다. 『햄릿』의 핵심문제는 많은 인물이 다치고 죽은 후에 그리고 무엇보다 햄릿 자신이 죽음에 임박해서야 클로디어스에 대한 복수를 할 수 있다는 데 있다. 햄릿의 죽음은 거세의 문제와 직결된다. 오이디푸스가 마지막에 자신의 죄를 깨닫고 자신의 눈을 찔러 스스로 거세한다면 햄릿은 "필연적인 거세의 우회로를 거쳐서 천천히 태어나는 것"을 극화한 작품이다(SVI, 1959.3.4, 24). 여기에서 거세는 주체가 상징계에서 기표로 대치되면서 자신의 존재를 상실하는 상징적 거세를 의미한다. 『햄릿』은 거세가 주체의 탄생이자 죽음이라는 역설을 상징적으로 극화한 작품이다. 이 역설은 햄릿의 욕망을 통해 전개된다. 프로이트에게 햄릿이 행동하지 못하는 이유가 오이디푸스적 욕망을 지니고 있기 때문인 반면 라캉에게 그 이유는 자신의 욕망을 지니지 못했기 때문이다. "햄릿의 욕망에 무엇인가 잘못된 것이 있다"(SVI, 1959.3.4, 16). 햄릿은 "자신이 무엇을 원하는지를 모르는 사람"이고 "욕망의 길을 상실한 사람"이다(SVI, 1959.3.18, 16; "Desire" 12). 햄릿의 문제는 "내 욕망을 주시오"로 요약될 수 있다(SVI, 1959.4.8, 1).

라캉은 햄릿의 문제를 클로디어스와의 동일시에서 찾은 존스를 비판한다. 햄릿이 자신의 무의식적 욕망을 실현한 클로디어스를 죽인다면 죄인을 외부에서 찾으면서 죄의식을 완화할 수 있었다. 햄릿이 클로디어스와 동일시하기 때문에 죽일 수 없다는 논리는 "비변증법적"이다(SVI, 1959.3.18, 17). 왜냐하면 두 인물의 욕망이 변증법적 매개 없이 직접적으로 동일시되기 때문이다. '욕망은 대타자의 욕망'이라는 명제가 보여주듯이 라캉에게 욕망은 본질적으로 변증법적이다. 라캉의 『햄릿』 해석은 이 명제를 증명하는 과정이고 그 핵심은 어머니의 욕망이다. 라캉은 유령이 거투르드는 해치지 말라고 말하는 것에 주목하며, 유령이 내리는 명령의 본질이 어머니의 욕망이라고 주장한다.

전통적 해석이 햄릿이 기도하는 클로디어스를 죽이지 않으면서 실현 가능한 복수를 연기하는 제3막 제3장을 중요하게 여긴다면 라캉은 거트루드의 침실에서 햄릿이 그녀와 언쟁을 벌이는 장면을 더 중요하게 여긴다. 왕비의 내실에서 햄릿은 어머니에게 거울을 통해 "자신의 가장 깊은 내면을 볼" 것을 권하고(H, 3.4: 19), 선왕의 이상적인 모습과 대조되는 클로디어스의 모습을 폄하하면서 그와 재혼한 어머니를 강하게 질책한다. 그리고 커튼 뒤에 숨어 엿듣던 폴로니어스를 칼로 찔러 살해한다. 거트루드는 햄릿이 자신을 죽일 것을 두려워하며, 그가 자신의 "가슴을 두 동강 내놓았다"라고 토로한다(H, 3.4: 160). 폴로니어스를 죽인 후 선왕의 유령이 나타나 햄릿에게 "잊지 마라. 이번 방문으로 거의 무뎌진 네 결심을 버리려 할 뿐이다. 한데 봐라, 네 어미가 크게 놀랐구나. 오 자기 영혼과 싸우는 그녀를 말려라"라고 말하며 복수의 대상이 어머니가 아니라 클로디어스임을 상기시킨다(*H*, 3.4: 112~115).

햄릿은 기도하는 클로디어스를 죽이면 그가 천국에 갈 거라고 냉정하고 논리적으로 생각하는 직전 장면과 달리 이 장면에서는 유령이 복수의 목적을 상기시킬 만큼 격앙된 감정을 노출한다. 앞 장에서 실펴본 랑크와 존스의 논리에 따르면 햄릿이 격분하는 이유는 어머니가 클로디어스를 사랑하는 것에 대한 질투와 이 질투 밑에 깔려 있는 근친상간적 욕망일 것이다. 그러나 라캉에게 "햄릿이 씨름하고 있는 것은······ 어머니에 대한 욕망이 아니라 어머니의 욕망"이다(*SVI*, 1959.3.18, 21).

햄릿은 선왕과 자신을 배신하고 클로디어스와 재혼한 어머니를 가혹하게 질책한다. 그는 마음이 두 동강 난 어머니에게 "나쁜 쪽은 내버리고 나머지 반쪽으로 더 순수하게 사시"라고 말하며 회개할 것을 요구한다(*H*, 3.4: 161~162). 그러자 거트루드가 "난 어떡해야 좋으냐?"라고 물으며 햄릿의 요구에 응할 것 같은 순응적 태도를 보인다. 햄릿은 이에 대해 "제가 시킬 다음 일은 절대 하면 안 됩니다"라고 말하면서 삼촌 클로디어스에게서 성적인 만족을 얻은 대가로 자신과의 일을 다 고해바치라고 말한다(*H*, 3.4: 184~185). 이 부분에서 그의 욕망은 어머니가 '아니야'라고 대답하는 것이다. 하지만 그의 요구는 사실 어머니가 클로디어스와 성관계를 맺고 그에게 자신과의 일을 고해바치라는 것이다. 여기에서 그의 욕망과 요구가 분열된다. 클로디어스와 성적 쾌락에 빠지라는 그의 요구는 사실상 어머니의 욕망이다. 라캉은 이 부분에서 어머니에게 회개하라는 그의 호소가 어머니의 욕망에 굴복한다고 말한다. 우리는 "그의 호소가 어머니의 욕망에 대한 동의로 사라지거나 소멸하는 것"을 목격한다(*SVI*, 1959.3.18, 24). 라캉에게 이 장면보다 "인간의 욕망은 (대)타자의 욕망이라는 공식이 더 완벽한 방법으로······ 생생하고 분명하고 완벽한 순간은 없다"(*SVI*, 1959.3.18, 27).

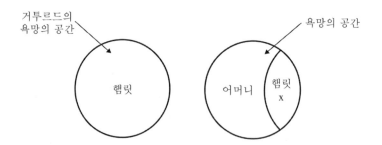

거투르드의
욕망의 공간

욕망의 공간

햄릿

어머니 | 햄릿
x

핑크에 따르면 햄릿이 어머니의 욕망에 굴복했다고 해서 어머니의 욕망을 완전히 독차지하는 어머니-아이의 2자적 관계로 회귀한 것은 아니다. 즉 왼쪽 그림의 상태는 아니다.[8] 라캉은 햄릿의 나이가 약 서른 살이고 "그가 아주 어린 청소년이 아니라는 것을 아는 것이 중요하다"라고 말하는데 이는 핑크의 주장을 뒷받침해준다(SVI, 1959.3.18, 22). 햄릿은 어머니와 합일된 상태에서 벗어나는 소외를 경험했으며 어머니가 자신이 아닌 제3자를 욕망하고 있다는 것을 알고 있다. 오른쪽 그림에서 원 안에 어머니와 햄릿이 선으로 구분된 것은 소외가 발생했음을 보여준다.[9] 그러나 햄릿은 여전히 원 안에 있고 어머니의 욕망에 종속되어 있다.

햄릿이 복수를 하지 못하는 근본적인 원인은 어머니의 욕망에 종속되어 있기 때문이다. "그는 어머니에게 고착되어 있다"(SVI, 1959.3.18, 18). 그가 어머니의 욕망에 종속되어 있기 때문에 "그의 욕망은…… 그의 의지는 항상 시들어버린다. 그의 욕망이 타자의 주체에 의존한다는 것이 햄릿의 드라마의 영구적인 차원을 형성한다"("Desire" 13). 어머니의 욕망에 종속된 햄릿은 그 욕망의 수수께끼를 탐구한다. 오른쪽 그림에서 아이는 어머니의 욕망의 대상 x가 무엇인지를 묻는 것이다. 이 질문은 어머니가 선왕과 클로디어스 가운데 누구를 욕망하는가의 형태로

8) Bruce Fink, "Reading Hamlet with Lacan," *Lacan, Politics, Aesthetics*, Willy Apollon & Richard Feldstein 공편 (Albany, New York: SUNY P, 1996), 186쪽.
9) 같은 글, 186, 192쪽.

제기된다. 그러나 거투르드는 욕망의 대상이 누구인지 분명히 말하지 않는다. 햄릿은 어머니가 혹시 "삼촌과의 더럽고 난잡한 관계를 정말 즐기는 것"은 아닌지 갈등하며 "어떤 끔찍하고 더러운 향락의 심연을 알리는…… 타자의 욕망에 대한 의구심"에 봉착한다.[10] 햄릿은 복수하라는 아버지의 명령과 클로디어스와의 쾌락에 탐닉하는 어머니의 욕망 사이에서 분열된다. "햄릿의 어머니와 선왕 햄릿…… 은 서로 갈등하고 다투면서 서로 상충하는 메시지를 그에게 제시한다."[11]

어머니의 욕망에 굴복하는 햄릿은 자신의 욕망을 찾지 못한다. 햄릿은 "자신의 욕망과 만나는 지점으로 물러서지 않는다. 그는 더 이상의 욕망을 갖고 있지 않다"(SVI, 1959.3.18, 27). 햄릿이 자신의 욕망을 찾지 못하는 이유는 욕망의 변증법이 제대로 작동하지 않기 때문이다. 라캉의 셋째 욕망의 그래프에서 주체가 대타자에게 던지는 "당신은 무엇을 원합니까?"라는 질문에 대해 대타자가 "너는 무엇을 원하니?"라는 질문으로 응답하는 과정에서 주체는 자신의 욕망을 발견한다. 욕망의 변증법은 대타자의 결여/욕망을 탐구하는 과정에서 주체의 욕망이 출현하는 과정이다.[12]

그런데 거트루드는 햄릿이 던지는 질문에 결여를 드러내지 않는다. 핑크가 지적하듯이 햄릿은 당신에게 나는 어떤 존재인가라는 질문을 은밀히 던지지만 거트루드는 이에 대해 "내가 어떻게 아니. 어쨌든 너도 혼자 알아낼 만큼 나이를 먹었잖니"라고 대답하지 않는다.[13] 라캉에 따르면 거트루드의 대답의 의미는 "나는 나다. 내게 어떻게 할 수 있는 것이

---

10) Slavoj Žižek, *The Sublime Object of Ideology*, 120~121쪽. 지젝은 이 비극을 햄릿이 어머니의 욕망의 수수께끼 때문에 선왕이 명령한 임무를 수행하지 못하는 "실패한 [상징적 이데올로기적] 호명의 드라마"로 본다.
11) Tamise Van Pelt, *The Other Side of Desire*, 110쪽.
12) 제3장 「욕망의 변증법」을 참조할 것.
13) Bruce Fink, "Reading Hamlet with Lacan," 190쪽.

없다. 나는 정말 성기적인 인물이고…… 애도는 내게 의미가 없다"는 것이다(SVI, 1959.3.18, 28). 햄릿에게 어머니는 클로디어스와의 성적 쾌락에 탐닉하는 여인이다. 거트루드는 햄릿의 질문에서 욕망과 결여를 삭제하고 단지 어머니의 사랑을 요구하는 것으로만 받아들인다. 욕망의 그래프에서 상단으로 향한 "당신은 무엇을 원합니까?"라는 질문에 해당하는 햄릿의 질문을 다시 그래프의 하단으로 끌어내리는 것이다.[14] 그래프 상단과 하단의 차이는 대타자가 결여되어 있는가($\cancel{A}$) 아닌가(A)의 여부다. 햄릿의 어머니는 결여되어 있지 않은 대타자다.

거투르드는 늘 자신의 성욕을 채우는 창녀 같은 존재다. 햄릿이 가하는 가혹한 비판은 그녀가 클로디어스와의 성관계에서 늘 만족하는 타락한 존재라는 것 아닌가! 그녀는 "한 사람이 가면 다른 사람이 찾아오는", 즉 선왕이 떠나면 클로디어스에게서 자신의 욕정을 채우는, 결여를 모르는 여자다(SVI, 1959.3.18, 28). 장 미셸 라바테(Jean-Michel Rabaté, 1949~)의 주장대로 여기에서 "햄릿은 어머니의 주이상스, 성기적인 사랑의 극단적 쾌락에 압도된다."[15] 그러나 더 중요한 것은 쾌락에 도취한 어머니가 결여를 보이지 않으면서 햄릿이 자신의 욕망을 찾지 못하고 복수하지 못한다는 사실이다. "대타자 어머니는 결여를 보이지 않으며 이것이 햄릿이 행동할 수 없는 본질적 원인이다."[16]

햄릿이 욕망을 찾기 위해서는 요구의 담론에서 벗어나야 한다. 햄릿은 어머니, 즉 "대타자의 변덕…… 대타자의 자의성"에 종속되는 "요구의 담론"에 갇혀 있다(SVI, 1959.3.18, 24). 법의 개입이 있기 전에 주체는 전능하고 완벽한 대타자/어머니의 변덕에 전적으로 의존하고 대타자의 요구에 따르면서 대타자의 사랑을 얻으려 한다. 욕망이 탄생하기 위해서는

---

14) 같은 곳.
15) Jean-Michel Rabaté, *Jacques Lacan*, 64쪽.
16) Elizabeth Wright, *Speaking Desires can be Dangerous*, 84쪽.

주체에게 전능한 지배력을 행사하는 "대타자의 변덕"이 "법에 의해 제
어될 필요"가 있다(*É*, 689). 주체가 상징계에 들어서기 위해서는 대타자
어머니 역시 거세되고 결여된 존재, 즉 법에 종속된 존재임을 깨달아야
한다. 그러나 거트루드는 결여되지 않은 대타자로 나타난다. 햄릿은 어
머니에게서 "상징계에 들어서기 위해서는 거세되거나 희생을 치를 필요
가 없다는 잘못된 메시지를 받는다."[17]

애도와 거세

거투르드가 결여를 보이지 않는 것은 그녀가 애도할 줄 모르는 여자라
는 점에서 확실히 드러난다. "성기적인 인물의 특성은 충분히 애도하지
않는다는 점"이라는 라캉의 발언은 클로디어스와 성적 쾌락에 빠져 선
왕의 상실을 애도하지 않는 거트루드를 묘사한다(*SVI*, 1959.3.18, 28). 애
도는 욕망의 탄생에서 매우 중요한 역할을 한다. 왜냐하면 애도는 상실
을 슬퍼하는 것이고 욕망은 상실을 통해 태어나기 때문이다. 페미니스트
비평가 일레인 쇼월터(Elaine Showalter, 1941~)는 라캉이 『햄릿』 세미
나에서 오필리아를 논하겠다는 약속을 지키지 못하고 결국 그녀를 대상
으로 전락시켰다고 비판했다.[18] 하지만 라캉이 오필리아를 대상으로 여
겼다고 해서 여성을 남근 없는 존재로 폄하한 것은 아니다. 오히려 라캉
에게 "오필리아는 남근"(Ophelia is O *phallos*) 자체다("Desire" 20).[19] 라

---

17) 같은 책, 79쪽.

18) Elaine Showalter, "Representing Ophelia: women, madness, and the responsibilities
of feminist criticism," *Shakespeare and the Question of Theory*, Patricia Parker &
Geoffrey Hartman 공역 (New York: Methuen, 1986), 77쪽.

19) 필립 암스트롱(Philip Armstrong, 1967~)은 쇼월터를 비판하며 라캉이 이 세
미나에서 여성을 대상화하는 것이 아니라 오히려 "가부장적 상징질서를 넘어
서고 그것에 심각히 도전하는 타자성인 여성적 "주이상스"에 접근한다고 주장한

캉은 이미 호메로스(Homer)가 'Ophelio'를 "임신하게 하다" 또는 "생명력 있는 발효"라는 의미를 지닌 것으로 사용한 것처럼 어원상 Ophelia와 phallus는 동일하다고 지적한다(SVI, 1959.4.8, 12). 그러나 이런 어원보다 더 중요한 것은 오필리아가 햄릿의 욕망에서 수행하는 구조적 역할이다.

오필리아의 구조적 역할은 그녀가 햄릿에게 대상 a로 기능하는 것이다. 랑크나 존스는 오필리아를 어머니가 전치된 인물이라고 보았지만 라캉은 오필리아를 거트루드가 수행하지 못한 역할을 수행하는 인물로 보았다. 앞서 논했듯이 거트루드는 성적 쾌락으로 충만한 인물이다. 라캉은 "클로디어스의 실재 남근은 그림 어딘가에 항상 존재한다. 어머니가 그 남근으로 자신을 채운 게 아니라면 왜 햄릿이 어머니를 비난하겠는가?"라고 묻는다("Desire" 50). 실재의 남근이 주는 쾌락으로 충만한 "대타자 어머니는 상징적 결여를 보이지 않는다."[20] 결여를 보이지 않고 애도를 모르는 거트루드와 달리 오필리아는 상실로 점철된 인물이다. 그녀는 햄릿에게서 버림받고 햄릿이 살해한 아버지를 상실하며 스스로 목숨을 끊는 비극적 여인이다.

거트루드가 햄릿을 자신의 욕망에 종속시킨다면 햄릿에게 오필리아는 상실을 경험하고 욕망의 주체로 태어나게 하는 매개의 역할을 한다. 거트루드가 햄릿이 상실과 거세의 필요성을 인식하는 것을 방해한다면 오필리아는 그가 상실, 거세, 죽음을 대면하게 한다. 라캉은 햄릿과 오필

다. Philip Armstrong, *Shakespeare in Psychoanalysis*, 93쪽. 오필리아에 주목하는 라캉을 비판하며 거트루드를 가부장적 남근질서에 도전하는 중요한 인물로 보는 페미니즘적 관점에 대해서는 Debra Bergoffen, "Mourning, Woman, and the Phallus: Lacan's *Hamlet*," *Cultural Semiosis: Tracing the Signifier*, Hugh J. Silverman 엮음 (London: Routledge, 1998), 140~153쪽을 참조할 것.

20) Julia Reinhard Lupton & Kenneth Reinhard, *After Oedipus: Shakespeare in Psychoanalysis* (Ithaca: Cornell UP, 1993), 79쪽.

284

리아의 관계를 세 단계로 설명한다. 제2막 제1장에서 오필리아는 햄릿이 헝클어진 옷매무새와 슬픈 표정으로 갑자기 나타났다가 "절 놔주고, 어깨너머로 머릴 돌려 눈 없이 자기 길을 찾는 듯…… 보지 않고 문 밖으로 나가" 떠나갔다고 말한다(*H*, 2.1: 95~99). 햄릿이 "대상과의 거리"를 취하는 이 장면은 "환상에서 무엇인가가 동요하고…… 주체와 대상의 상상적 한계가 변해서" 환상이 "분해되는" 단계다("Desire" 22). 이 장면 이후의 둘째 단계에서 오필리아는 "사랑의 대상으로 완전히 해체된다"("Desire" 22). 그러므로 "그녀는 더 이상 햄릿이 저주하는 삶의 준거점이 아니다. 간단히 말해서 여기에서 발생하는 것은 대상의 파괴와 상실이다"("Desire" 23). 오필리아는 햄릿의 환상 구조에서 차지하고 있던 대상 *a*의 위치를 박탈당하고 거트루드처럼 죄를 잉태하는 존재로 격하된다. 오필리아는 이 단계에서 주체가 거부하여 외화된 남근이 된다. 셋째 단계는 햄릿이 누이의 죽음을 애도하는 레어티즈와 함께 오필리아의 무덤에 뛰어들어 오필리아를 사랑했다고 절규하는 장면이다. 이때 햄릿은 상실한 대상 오필리아를 되찾으려 한다.

오필리아가 햄릿의 대상 *a*이고 남근이라는 것은 햄릿이 그녀를 통해 분리를 경험한다는 것을 의미한다. 햄릿은 거트루드와의 관계에서 소외를 경험하지만 그녀의 욕망에 사로잡혀 있으므로 그녀에게서 분리되지 못한다. 햄릿이 욕망의 주체로 태어나기 위해서는 자신을 어머니에게서 분리시켜야 한다. 핑크의 도식으로 설명하자면 아래와 같다.[21]

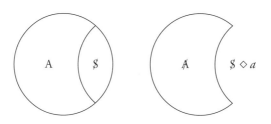

왼쪽 그림에서 주체는 대타자인 어머니(A)에게서 소외되어 어머니가 추구하는 욕망의 대상인 상상적 남근이 되지 못한다는 사실을 깨닫고 분열되어 있다($). 그러나 여전히 어머니의 욕망 안에 포섭되어 있고 어머니도 결여되지 않은 대타자(A)로 나타난다. 그러나 오른쪽 그림에서 분열된 주체는 대타자에게서 분리되어 있고 대타자도 사선 그어진 대타자(Ⱥ)로 바뀐다. 분리는 주체가 대타자에게서 분리되는 것뿐 아니라 대상 a가 대타자에게서 분리됨에 따라 대타자도 결여된 대타자가 되는 것도 의미한다.[22] 그 결과 주체와 대타자 모두 대상 a를 결여하게 된다.

분리를 통해서 주체가 상실한 대상 a를 욕망하는 환상($◇a$)이 발생한다. 오필리아가 햄릿의 환상의 대상이라는 것은 햄릿이 그녀를 통해서 분리를 이룬다는 것을 의미한다. 오필리아가 남근이 되는 이유도 여기에 있다.

> 햄릿의 드라마는 우리가 이 [대상의] 기능의 대표적인 표현에 도달할 수 있게 합니다. ……기표와의 관계에서 주체는 자신의 일부, 자신의 생명 자체를 박탈당합니다. ……남근은 의미작용에서 주체의 소외를 나타내는 기표를 위한 용어입니다. 주체가 이 기표를 박탈당하면, 특별한 대상이 그에게 욕망의 대상이 됩니다. 이것이 $◇a$ 의 의미입니다. ("Desire" 28)

햄릿에게 오필리아는 상실한 대상인 남근이며 대상 a다. 주체가 대상 a를 욕망하는 것은 그가 상징계에서 불가피하게 자신의 존재를 상실하고 사라졌음을 의미한다. "$라는 표식은 정확히 대상 a가 최고의 가치

---

21) Bruce Fink, "Reading Hamlet with Lacan," 192쪽.
22) 같은 글, 193쪽을 참조할 것.

를 지니게 되는 그 순간에 S가 가려져야 할 필연성을 표현한다"("Desire" 28). 그러므로 오필리아는 햄릿이 어머니의 욕망과 변덕에서 벗어나 상실과 거세를 통해 상징계에서 욕망의 주체로 태어나게 해주는 촉매 역할을 한다.

애도는 욕망의 탄생에 필수불가결한 상실과 거세를 인정하는 것이다. 그러나 햄릿의 세계에는 애도가 결여되어 있다. 선왕은 왕비가 재혼하기 때문에 애도를 받지 못하고 햄릿이 죽인 폴로니어스도 애도의 의식을 받지 못한다. 오필리아는 자살한 사람에게 기독교 방식의 장례가 허용되지 않는다는 관례를 깨고 "처녀 화환, 처녀 조화, 조종과 절차에 따라 안식처에 묻히는" 것을 허락받지만 그렇다 하더라도 그녀의 장례는 "불구의 의례"다(H, 5.1: 202~205, 189). 『햄릿』에 등장하는 모든 애도의 사례에서 의례는 단절되고 비밀스럽게 행해진다"("Desire" 40). 라캉은 햄릿의 대사 "시간이 탈구되었구나. 아 저주스러운 낭패로다. 그걸 바로잡으려고 내가 태어나다니"에서 "저주스러운 낭패"(cursed spite)는 주체가 세상에 대해 품는 원한이 아니고 주체와 객체의 중간, 즉 "햄릿이 저주스럽다고 느끼는 것뿐 아니라 시대가 그에게 부당한 형세"를 의미한다고 지적한다("Desire" 45). 햄릿은 애도를 결핍한 세계의 무질서를 바로잡을 운명이다. "애도는 현실에서 생겨난 구멍에 대해 기표의 요소들이 적절히 대처하지 못할 때 발생한 무질서를 만족시키기 위해 일차적으로 수행된다"("Desire" 38). 적절한 애도는 상징계의 질서를 회복하는 방법이다. 라캉은 상실과 애도의 관계를 이렇게 설명한다.

인간의 경험에서 가장 견디기 힘든 차원은 자신의 죽음을 경험하는 것이 아니라…… 다른 사람의 죽음을 경험하는 것입니다. 이 상실에서 유래한, 주체 편에서 애도를 요구하는 구멍, 균열은 어디에 있습니까? 그것은 실재에 있는 구멍이며 이를 통해서 주체는 내가 이전의 세미나에서 폐제라는 이름으로 설명한 것과 반대되는 관계에 들어섭니다. 상 징계에서 거부된 것이 실재계에서 다시 나타나는 것과 같은 방식으로 상실에서 비롯된 실재의 구멍은 기표를 작동시킵니다. 이 구멍은 소실 된 기표가 투사될 장소를 제공합니다. 이 소실된 기표는 대타자의 구 조에서 필수불가결합니다. 이는 그것이 없으면 대타자가 당신의 질문 에 대답할 수 없게 만드는 기표이고, 당신 자신의 살과 당신 자신의 피 로만 살 수 있는 기표이며, 본질적으로 베일에 가려진 남근인 기표입 니다. ("Desire" 37~38)

대상의 상실은 실재에 구멍을 만들어 주체의 애도를 요구한다. 라캉 이론에서 실재는 결여되지 않고 충만한 장소이기 때문에 "실재의 구 멍"은 문제적인 표현이며, "구멍인 실재, 상징질서의 모순, 상징질서 의 잔존물"을 의미한다고 볼 수 있다.[23] 이 구멍을 통해서 주체는 폐제

---

23) Julia Reinhard Lupton & Kenneth Reinhard, *After Oedipus*, 79쪽. 핑크도 이 점 을 지적한다. Bruce Fink, "Reading Hamlet with Lacan," 198쪽. 프로이트는 「신 경증과 정신병」("Neurosis and Psychosis," *SE* IX: 149~153) 그리고 「신경증과 정신병에서의 현실의 상실」("Loss of Reality in Neurosis and Psychoais," *SE* IX: 183~187)에서 신경증은 현실에서 도피하더라도 현실의 일부와 관계를 유지하 는 반면 정신병은 현실과 단절하고 현실을 망상의 세계로 대체하는 것이라고 구 분한다. 그러나 그는 『페티시즘』에서 이 주장의 오류를 지적하며, 현실의 일부 를 망각하더라도 정신병이 발병하지 않는다고 주장한다. 예컨대 아버지의 죽음 을 "안점화"(scotomize)한—시각적인 맹점처럼 그것을 인식하지 못한—자도 정 신병자가 되지 않는다. 어머니도 자신처럼 음경을 갖고 있다고 믿는 남아가 어머 니의 성기를 보고 어머니가 거세되었다는 것을 지각할 때 이 지각과 원래의 믿음 사이에서 타협하여 어머니의 음경을 대신하는 페티시를 만들어내는 것이 페티 시즘이다. 마찬가지로 프로이트는 아버지의 죽음이라는 현실의 일부를 인식하 지 못하는 것과 현실의 인식이 공존하는 것, 즉 인간정신에는 소망과 현실이 공존 할 수 있다는 사실을 발견한다. 그래서 프로이트의 강박신경증 환자는 아버지가 죽었다는 생각과 그렇지 않다는 생각 사이에서 동요한다. 그러나 정신병에서는 소망에 부합하는 기류와 현실에 부합하는 기류 가운데 후자가 부재한다(*SE* XXI:

(*Verwerfung*, foreclosure)와 "반대되는 관계"에 들어서기 때문에 이 구멍은 주체 형성에서 매우 중요하다. 폐제는 '아버지의 이름'이라는 기표가 주체의 무의식에서 거부되어 추방되는 정신병의 원인이다. "정신병에서는 오이디푸스 콤플렉스에서 무엇인가가 기능하지 않고 본질적으로 미완성이다. ……정신병은 기표의 차원에서의 구멍, 결여로 구성된다" (*SIII*, 201). '아버지의 이름'이라는 기표가 폐제되는 정신병과 "반대되는" 정상적 과정에서 이 기표는 주체의 무의식에 새겨진다.

부성적 은유

라캉은 이 과정을 "부성적 은유"(paternal metaphor) 또는 '아버지 이름'의 은유로 설명한다(*É*, 464~465).

$$\frac{S}{S'} \cdot \frac{S'}{x} \rightarrow S\left(\frac{1}{s}\right) \qquad \frac{S_2}{S_1} \cdot \frac{S_1}{x} \rightarrow S_2\left(\frac{U}{x}\right)$$

위의 왼쪽 도식은 기표 S가 다른 기표 S′를 대체하는 은유공식이다. 은유과정을 거쳐서 기표 S′의 기의 x는 대신 들어선 기표 S의 기의 s로 바뀐다. 부성적 은유는 프로이트의 이론에서 원억압과 무의식의 형성에 해당한다. 같은 내용을 도식화한 오른쪽 조엘 도르(Joël Dor)의 도식은 이를 선명히 보여준다. 이 도식에서 기표 S2는 기표 S1을 대체(억압)한 결과 S1의 기의인 x를 대표하게 된다. 이 기의는 무의식(U)에 억압되면서

155~156). 이와 관련해서 라캉은 세미나 III『정신병』에서 프로이트가 정신병에서도 현실의 지각이 완전히 부재하는 것이 아니라 "현실의 일부가 억압되고……현실이 진정한 의미에서 안정화되지 않는다"라고 주장했다고 설명하며, 이렇게 현실의 일부가 인식되지 못하고 억압되는 것을 "상징계의 구멍"으로 표현한다 (*SIII*, 156).

최초로 무의식을 형성한다.[24] 이 공식은 '아버지의 이름'이라는 기표가 어머니의 욕망이라는 기표를 대치함으로써 주체가 어머니의 욕망이라는 기표가 의미했던 남근을 기의로 갖게 되는 것을 보여준다.

$$\frac{\text{아버지의 이름}}{\text{어머니의 욕망}} \cdot \frac{\text{어머니의 욕망}}{\text{주체에 대한 기의}} \rightarrow \text{아버지의 이름}\left(\frac{A}{\text{남근}}\right)$$

라캉이 프랑스어로 동음이의어인 non(no)과 nom(name)을 등치시키는 것에서 알 수 있듯이 이 과정은 아버지의 이름/금기로 인해 아이가 어머니가 욕망하는 남근이 되는 것을 포기하는 과정이다. 프로이트 이론으로 말하면 남아가 아버지를 내화해서 초자아를 형성하면서 어머니에 대한 근친상간적 욕망을 포기하는 오이디푸스 콤플렉스의 해소 과정이다.[25] 이 과정에서 어머니가 결여(욕망)하는 상상적 남근이 되길 원하던 아이는 아버지(법)의 개입으로 이것이 불가능하다는 것을 깨닫고 포기하는 "상상적 남근의 상징적 거세"를 겪는다.[26] 어머니와 2자적 합일 상태에 있던 아이는 어머니와 함께 있지 않을 때 어머니가 자신이 아닌 다른 어떤 것인 x를 원한다는 걸 알게 된다. 이 x, 즉 "어머니가 오고 가는 것의 기의는 남근이다"(SV, 159). 아이는 어머니가 자신과 없을 때 아버지와 함께 있다는 것을 알고 어머니의 욕망의 대상 x인 남근이 (상징적) 아버지라는 것을 깨닫는다. 부성적 은유를 통해서 아이는 언어의 주체로 태어난다. 왜냐하면 아이는 어머니가 무엇을 원하는가라는 질문에 대해

---

24) Joël Dor, *Introduction to the Reading of Lacan*, 115쪽.

25) 이에 대한 상세한 논의는 *SE XIX*: 28~39쪽을 참조할 것. 엘리 래글랜드(Ellie Ragland)가 말하듯 부성적 은유는 "프로이트의 오이디푸스 공식을 다시 쓴 것"이다. "The Relation between the Voice and the Gaze," *Reading Seminar XI*, Richard Feldstein 외 공편, 191쪽.

26) John Muller, "Psychosis and Mourning in Lacan's *Hamlet*," *New Literary History*, 12.1 (1980), 150쪽.

'아버지'라고 답하면서 어머니의 욕망에 이름을 부여하기 때문이다.[27] 다시 말해서 아이는 어머니의 욕망이라는 기표와 아버지라는 기의를 결합하는 의미효과를 생산한다. 아이는 어머니의 욕망의 대상(남근)이 되는 것을 포기하고 이 대상을 '아버지의 이름'이라는 기표로 부르는 언어의 주체가 된다.

부성적 은유에서 남근(기표)의 원억압은 상징질서에 필수적이다. 원초적으로 억압된 이 남근은 "그것의 대체물로 작용하는 다른 기표들을 연상의 사슬로 끌어들이는 기능을 능동적으로 수행한다."[28] 앞의 인용문에서 실재의 구멍이 상징계의 기표를 작동시킨다는 말은 이 최초의 의미작용으로 인해 상징계의 의미사슬이 형성된다는 뜻이다. 이런 과정을 통해 하나의 상징질서가 출현한다. 키에사에 따르면 앞의 첫째 은유공식에서 기표 S가 다른 기표 S′를 대신한 결과 발생한 의미효과에서 가로선 위대타자/무의식의 위치에 숫자 1이 있는 것은 "'아버지의 이름'의 개입과 남근적 의미작용의 출현이 아이에게 대타자를 일자(One), 즉 주인기표와 같이 상징계의 중심이 되게 한다"는 뜻이다.[29] 부성적 은유는 기표의 의미사슬을 가능하게 하는 원초적인 언어효과이고 기표와 기의를 결합하는 고정점으로 작용하여 "근본적이고 견고한 의미를 창조한다."[30] 이

---

27) Bruce Fink, *A Clinical Introduction to Lacanian Psychoanalysis*, 249쪽.

28) John Muller, "Psychosis and Mourning in Lacan's *Hamlet*," 151쪽. 부성적 은유에 대해서는 Joël Dor, *Introduction to the Reading of Lacan*, 111~119쪽과 John Muller & William Richardson, *Lacan and Language: A Reader's Guide to Écrits* (Madison, CT: International Universities Publishers, 1994), 213~214쪽을 참조할 것. 국내 연구로는 박찬부, 『기호, 주체, 욕망: 정신분석학과 텍스트의 문제』(창작과비평사, 2007), 88~98쪽과 김석, 『에크리: 라캉으로 이끄는 마법의 문자들』, 134~138쪽을 참고할 것.

29) Lorenzo Chiesa, *Subjectivity and Otherness*, 91쪽. 여기에서 키에사가 숫자 1로 해석한 것은 도르의 도표에서는 무의식(Unconscious)을 뜻하는 U로 나타난다. 이는 1을 무의식의 프랑스어 *Inconscient*의 첫 글자 I로 해석한 것이다.

30) Bruce Fink, *A Clinical Introduction to Lacanian Psychoanalysis*, 94쪽.

렇게 '아버지의 이름'이 "대타자의 위치"(위 그림에서 A 위치)에 들어서
야 기표와 기의 사이에 정상적인 의미효과가 발생한다(*E*, 481).

'아버지의 이름'이 대타자의 위치를 차지하지 못하는 폐제가 발생하
여 부성적 은유가 실패할 때 정신병이 발생한다. 이때 "기표와 기의는 망
상적 은유에서 안정되게 된다"(*E*, 481). 주체는 이 기표의 부재로 인해
발생한 공백을 "상상적 구성물, 새롭고 자폐적인 기표-기의 관계들로
메우려한다."[31] 그 결과 정신병적 주체는 자신이 자의적으로 만들어낸
망상의 세계에 빠져들게 된다. 아버지의 이름이라는 기표의 부재는 "주
체가 원억압, 아버지와의 상징적 동일시, 사회적 상징적 질서로의 통합
을 성취하지 못한다는 것을 의미한다."[32] 요컨대 부성적 은유가 실패할
때 주체는 상징계에 진입하지 못하고 상상계에 머문다.

이 상황이 주체가 상징적 차원에서 아버지 기표의 실현을 취하지 못
하는 불가능성을 수반한다고 가정합시다. 그에게 무엇이 남을까요?
그에게는 아버지 기능이 환원된 이미지가 남습니다. 그것은 삼각형 형
태의 변증법에서 새겨지지 않는 이미지입니다. 그런데도 이 이미지는
거울적 소외처럼 모델로 기능하면서 주체에게 고정시키는 지점을 부
여하고 주체가 상상적 차원에서 자신을 이해할 수 있게 합니다. (*SIII*,

---

31) John Muller, "Psychosis and Mourning in Lacan's *Hamlet*," 156쪽. 부성적 은유
가 발생한 신경증에서는 기표와 기의가 결합/고정되는 은유 과정이 지속적으
로 발생한다. 과거의 사건은 이후의 사건을 해석하면서 끊임없이 새롭게 해석
된다. 그러나 최초의 은유인 부성적 은유가 발생하지 않는 정신병에서는 이런
은유 과정이 없으므로 사건들(의 의미)은 개별적이고 서로 영향을 미치지 않는
다. Bruce Fink, *Fundamentals of Psychoanalytic Technique: A Lacanian Approach for
Practitioners* (New York: Norton, 2007), 265~272쪽을 참조할 것. 번역본은 브루
스 핑크, 『라깡 정신분석 테크닉』(김종주 옮김, 하나의학사, 2010), 507~518쪽을
참조할 것.
32) John Muller, "Psychosis and Mourning in Lacan's *Hamlet*," 156쪽.

부성적 은유의 결과 욕망의 주체가 탄생한다. 아이는 원초적으로 억압된 어머니의 욕망의 대상을 영원히 상실하고 이 대상을 지시하기 위해 '아버지의 이름'이라는 기표를 사용할 수밖에 없다. " '아버지를 명명하면서' 실제로 아이는 여전히 자신의 욕망의 근본적 대상을 명명한다. 그러나 그 대상이 그에게 무의식적이 되었기 때문에 그는 그것을 은유적으로 명명한다. ……욕망은 언어가 되었기 때문에 영원히 만족되지 못한 채로 남는다."[33] 이는 기표의 환유 S1 →S2가 가로선 위에, $\$$→a가 가로선 아래 위치하는 소외와 분리의 공식으로 표현될 수 있다.[34] 부성적 은유는 아버지가 어머니를 금지하는 첫째 순간과 어머니의 욕망(결여)에 이름을 부여하는 둘째 순간으로 구성된다. 첫째 순간이 소외에 해당한다면 둘째 순간은 분리에 해당한다. 이 둘째 순간이 "욕망하는 주체의 도래를 가져온다."[35] 부성적 은유를 통해서 기표의 상징질서에서 상실한 남근/대상 a를 욕망하는 주체가 태어난다.

기표인 남근이 무의식에 새겨지는 것은 남근이라는 대상(상상적 남근)의 상실을 의미한다. 라캉은 정신병과 애도의 유사성을 기표의 부재에서 찾는다. 부성적 은유가 발생하지 않아서 남근기표가 무의식에 새겨지지 않으면 부재하는 기표의 자리를 이미지들이 쇄도하여 메운다. 라캉은 세미나 III『정신병』에서 이를 "상징질서에서, 폐제된다는 의미에서, 거부된 것은 실재에서 다시 나타난다"라고 표현한다(SIII, 13). 마찬가지로 상실로 인해 실재의 구멍이 발생했을 때 충분히 애도하지 않으면 상상

---

33) Joël Dor, *Introduction to the Reading of Lacan*, 117~118쪽.
34) 제3장「욕망의 변증법」을 참조할 것.
35) Bruce Fink, *A Clinical Introduction to Lacanian Psychoanalysis*, 91~93, 178~179쪽을 참조할 것.

계의 이미지들이 쇄도한다. 실재의 구멍을 메우는 의례는 상징계의 "기표의 총체"에 의해서만 가능하므로 "애도 작업은 로고스의 차원에서 이루어진다"("Desire" 38). 그러나 애도가 충분하지 못해 "누군가가 이 생을 떠날 때 요구되는 의례가 동반되지 않으면" 유령이 출몰한다("Desire" 38). "정신병에서처럼——여기에서 애도와 정신병이 연관 된다——수많은 이미지들이······ 남근의 자리를 취한다"("Desire" 38). 적절한 애도가 이루어지지 않은 『햄릿』에서 유령이 들끓는 것도 이 때문이다.

　정신병적 폐제가 발생하지 않기 위해서 주체는 대타자/어머니의 욕망의 기표인 남근이 되는 것을 포기하고 남근은 기표로서 무의식에 원초적으로 억압되어야 한다. '아버지의 이름'이 어머니의 욕망이라는 기표를 대체하는 부성적 은유는 어머니의 욕망에서 벗어나는 과정에서 성립한다. 이 과정에서 아이는 어머니의 욕망의 대상인 상상적 남근이 되려는 것을 포기하고 상징적 남근을 소유한 상징적 아버지와 동일시한다. 앞서 언급했듯이 이는 상상적 남근의 상실, 즉 음수화(-φ)와 상징적 남근(Φ)의 양수화의 발생이다. 그러므로 햄릿이 어머니의 욕망에 종속되어 있는 것은 그가 동일시할 상징적 아버지가 없다는 사실과 직결된다. 앞서 논했듯이 제3자(상징적 아버지, 법)의 개입으로 아이는 대타자/어머니의 변덕스런 욕망에서 벗어날 수 있는데 햄릿에게는 어머니의 욕망을 통제할 법적 권위를 행사하는 강력한 상징적 아버지가 존재하지 않는다. "햄릿은 세 아버지——선왕 햄릿, 클로디어스, 폴로니어스——로 분열된 쇠약하고 허약한 부정적 은유와 대면한다. ······파편화되고 무력해진 부성적 은유의 결과 햄릿은 상징질서 안에서 확고한 입장 또는 정체성을 확립하지 못하고 그 질서의 가장자리에서 흔들린다."[36] 라캉이 말

36) Stefan Polatinsky & Derek Hook, "On the Ghostly Father: Lacan on Hamlet," *Psychoanalytic Review*, 95.3 (2008), 364~365쪽.

하듯 속죄하지 못하고 죽은 선왕은 "처음부터 사선 그어진 대타자로 자신을 드러내고"("Desire" 44), 클로디어스는 불법적인 왕위찬탈자이며, 폴로니어스는 시종일관 경멸의 대상이다.

상징적 죽음

선왕과 클로디어스는 부성적 은유를 작동시킬 상징적 아버지의 역할을 수행하지 못한다. 따라서 햄릿은 오랫동안 어머니의 욕망의 대상인 상상적 남근을 포기하지 않으며 그 결과 욕망의 주체로 태어나지 못한다. 앞서 논했듯이 햄릿을 어머니의 욕망의 감옥에서 해방시켜줄 상징적 아버지가 부재하는 상황에서 그를 욕망의 주체로 태어나게 하는 역할을 수행하는 것은 죽은 오필리아다. 애도는 주체가 남근을 상실하는 적법한 절차다. 햄릿은 오필리아의 상실을 슬퍼하면서 상상적 남근에 대한 "나르시스적 애착"을 포기하는 애도를 수행한다("Desire" 51).

제4막 제1장의 무덤 장면은 햄릿이 애도를 수행하는 것을 보여준다. 햄릿은 오필리아의 무덤에서 슬퍼하는 레어티즈와 싸우며 자신이 오필리아를 누구보다도 사랑했다고 말한다. 햄릿과 레어티즈의 관계는 욕망의 그래프 하단에 있는 자아(m)와 거울이미지 $i(a)$ 사이의 상상적 동일시 및 경쟁적 관계와 같다("Desire" 34). 그러나 이 경쟁관계에서 오필리아가 대상 a로 출현한다. 그 이유는 햄릿이 누이의 상실을 슬퍼하고 애도하는 레어티즈와 동일시하면서 오필리아가 햄릿의 상실한 대상 a로 다시 자리 잡기 때문이다. 요컨대 "햄릿의 애도는 주체와 대상의 열정적 관계에 대한 레어티즈의 표현에 의해 야기된다. 레어티즈와의 동일시를 통해서 햄릿은 자신의 사랑, 상실 그리고 슬픔을 찾을 수 있다."[37]

---

37) Ari Hirvonen, "The Truth of Desire: Lack, law and phallus," *Jacques Lacan Between*

햄릿이 갑자기 오필리아를 애도하는 것은 오필리아가 죽어서 영원히 상실되었기 때문이다. "햄릿이 욕망하는 대상이 불가능한 대상이 되어서야 그것은 다시 한번 그가 욕망하는 대상이 될 수 있다"("Desire" 36). 햄릿은 오필리아가 죽어서 영원히 상실된 후에야 그녀를 욕망을 불러일으키는 대상 *a* 또는 남근으로 복구시킨다. 오필리아를 애도하는 햄릿은 대상 *a*/남근의 결여, 즉 거세를 받아들이고 대상 *a*를 욕망한다. 그러므로 이 장면은 "그[햄릿]가 다시 자신의 욕망을 붙잡을 수 있는 순간"이다(*SVI*, 1959.3.18, 32). 라캉은 후에 세미나 X『불안』에서 애도를 "욕망 구성의 근본구조"의 관점에서 파악하고 주체가 대상 *a*를 회복하려는 시도로 해석한다(*SX*, 333). "애도의 작업은…… 관계의 참된 대상, 위장된 대상, 대상 *a*와의 유대를 회복하려는 목적으로 [기억을 통해 상실한 대상과의] 이 모든 고된 연결을 유지하려고 수행하는 노동이라는 인상을 준다"(*SX*, 335). 남근의 상실은 욕망하는 주체의 탄생과 대상 *a*를 회복하려는 애도를 초래한다.

레어티즈와의 결투는 이 과정의 완성을 보여준다. 햄릿은 클로디어스가 햄릿을 죽이기 위해 독을 묻힌 레어티즈의 칼에 맞아 죽음에 이른다. 라캉은 햄릿이 결투에 임하기 전 레어티즈에게 하는 말—"내가 자네의 펜싱검(foil)이 되어주지"(*H*, 5.2: 229)—에 주목한다. foil은 펜싱검 이외에도 "보석함처럼 귀중한 것을 담는 함"도 의미한다.[38] 따라서 햄릿의 발언은 검술이 자신보다 뛰어난 레어티즈와 결투함으로써 레어티즈의 검술을 돋보이게 해주겠다는 의미도 있다. 그러므로 햄릿은 한편으로는 자신이 독이 묻은 칼이 되어 레어티즈(그리고 클로디어스)를 죽일 것

Psychoanalysis and Politics, Samo Tomšič 외 공편, 213쪽.

38) 핑크는 라캉이『햄릿』프랑스어판에 의존했기 때문에 'foil'의 의미를 보석함으로 오인했다고 지적한다. 'foil'은 보석함이 아니라 보석을 담는 판, 즉 금속박편을 의미한다. Bruce Fink, "Reading Hamlet with Lacan," 198쪽.

을, 다른 한편으로는 레어티즈보다 검술이 뛰어나지 못하므로 살해될 것을 암시하는 것이다. 이 "중의적 말놀이에는 궁극적으로 [햄릿의] 치명적인 남근과의 동일시가 놓여 있다"("Desire" 34).

라캉은 세미나 X 『불안』에서 햄릿의 "거울이미지"인 레어티즈와의 상상적 동일시보다 대상 *a*와의 "더 신비로운 동일시"가 훨씬 중요하다고 강조한다(SX, 36~37). 세미나 VI에서 아직 대상 *a*와 남근은 완전히 구분되지 않았기 때문에 남근과의 동일시는 대상 *a*와의 동일시를 의미한다. 치명적인 남근과의 동일시는 단순히 햄릿의 물리적인 죽음이 아니라 주체가 상징계에서 불가피하게 존재를 상실하고 거세되는 상징적 죽음을 의미한다. 남근은 "주체 자신이 사라질 때에만 나타날 수 있다"("Desire" 34). 햄릿은 마지막 장면에서야 비로소 자신이 남근을 상실했고 남근기표가 이 상실을 나타내는 기표임을 깨닫는다. 주체에게 "남근의 상실은 극단적 상실로 발생하고 그렇게 느껴진다"("Desire" 48). 남근의 상실을 받아들이고 남근을 애도하는 행위에 의해 주체는 결여된 욕망의 주체로 태어난다.

그러나 앞서 언급했듯이 대타자도 이 남근을 갖고 있지 않다.

대타자가 갖고 있지 않은 이 기표⋯⋯ 숨겨진 기표⋯⋯ 즉 육체적으로가 아니라⋯⋯ 상징적으로 희생된 당신의 일부⋯⋯ 의미작용의 기능을 떠맡게 된 당신의 일부⋯⋯ 그것은 정확히 우리가 남근이라 부르는 수수께끼 같은 기능입니다. ⋯⋯달리 말하면 그것이 희생된다 하더라도 이 생명은 대타자가 돌려주지 않습니다. (SVI, 1959.4.8, 15~16)

대타자는 주체가 희생한 자신의 일부인 남근을 되돌려주지 못한다. 대타자 역시 결여되어 있기 때문에 "대타자에게는 내가 누구인지에 대해 대답할 수 있는 기표가 없다"(SVI, 1959.4.8, 14). 라캉은 이를 "대타자의 대타자는 없다"는 명제로 표현하며 이것이 정신분석이 밝혀준 "큰 비밀"이라고 말한다(SVI, 1959.4.8, 13).

남근은 대타자의 결여(욕망)를 나타내는 기표다. 앞의 인용문에서 실재의 구멍이 "소실된 기표가 투영될 장소"를 제공한다는 것, 즉 실재의 구멍에 남근이 투영된다는 말은 남근이 대타자의 결여를 대표하고 또 은폐하는 기표라는 것을 의미한다. 오필리아의 죽음에 의해 생긴 구멍은 햄릿이 대타자의 결여를 경험하게 하고, 남근은 이 대타자의 결여를 나타내는 기표로 출현한다. "Φ(상징적 남근)은 햄릿에게 결여된 대타자의 기표로 나타나 그가 왕 너머에서 남근을 찾고 행동하게 해준다."[39] 햄릿은 상상적 남근을 애도하고 상징적 남근이 대타자의 결여를 나타내는 기표임을 알게 될 때 비로소 클로디어스가 상징적 남근이 아님을 깨닫고 그를 죽일 수 있다. 원초적으로 억압된 남근은 "항상 베일에 가려 있고 일순간 갑작스러운 현현으로만 나타난다"("Desire" 48). 라캉은 남근의 이런 상태를 남근(phallus)과 현현(epiphany)의 결합어인 phallophany로 표현한다.

햄릿이 "시간이 탈구되었다"라고 한탄하는 덴마크의 무질서와 혼돈은 선왕을 살해하고 왕위를 찬탈한 클로디어스가 선왕의 부재로 비어 있는 상징적 남근의 자리를 차지하고 있는 데서 비롯된다.

불쌍한 햄릿이 대면하는 '썩은 무엇'은 남근에 관한 주체의 위치와 밀접히 연관됩니다.[40] 그리고 남근은 무질서에서 어디에나 존재합니다. ……오이디푸스의 비극과 달리 햄릿의 비극에서는 아버지의 살

---

39) Bruce Fink, "Reading Hamlet with Lacan," 195쪽.
40) 라캉이 언급하는 "썩은 무엇"은 『햄릿』 제1막 제4장(90행)에서 햄릿과 호레시오(Horatio)와 함께 유령을 목격한 마셀러스(Marcellus)의 대사―"덴마크엔 무엇인가가 썩어 있다."(Something is rotten in the state of Denmark.)―에서 유래한다.

해 후에도 남근은 여전히 거기에 있습니다. 그것은 정말로 그곳에 있으며 그것을 체현하도록 요구받는 것은 정확히 클로디어스입니다. ("Desire" 49~50)

햄릿이 기도하고 있는 클로디어스를 죽이지 못하는 것은 클로디어스가 상징적 남근을 체현하는 인물로 보이기 때문이다. "여기에서 남근은 오이디푸스 콤플렉스에서의 남근의 위치와 비교해보면 전혀 잘못된 곳에 있다. 여기에서 내려칠 남근은 정말 실재하는 것이다"("Desire" 50). 그러나 기표로서의 남근은 개인이 체현할 수 있는 것이 아니라 형체가 없는 무(無)다. 클로디어스라는 실재의 남근이 선왕이 있어야 할 상징적 남근의 자리를 차지하고 있기 때문에 햄릿은 클로디어스를 내려치지 못한다. 기표인 상징적 남근과 실재의 남근을 혼동하는 한 햄릿은 클로디어스를 죽일 수 없다. 라캉은 제4막 제2장에서 햄릿이 길든스턴에게 하는 말—"육신은 왕과 함께 있으나, 왕은 육신과 함께 있지 않네"(The body is with the king, but the king is not with the body), "왕은 아무것도 아니지"(The king is a thing of nothing)(*H*, 4.2: 24~26).—에서 '왕'을 '남근'으로 대치하면 정확한 의미가 성립된다고 말한다("Desire" 52).

햄릿은 "모든 나르시스적 애착을 완전히 희생할 때, 즉 그가 치명적인 상처를 입고 이 사실을 알게 되는 순간까지" 남근을 내리칠 수 없다("Desire" 51). 햄릿은 죽음에 임박해서 남근에 대한 모든 애착을 버리고 남근을 애도할 때야 비로소 결여된 욕망의 주체로 태어날 수 있다. 햄릿이 결여된 대타자의 상징질서에서 남근을 애도하면서 결여된 욕망의 주체로 태어난다는 것이 라캉이 해석한 『햄릿』의 결론이다. 간단히 요약하면 햄릿은 $\$$로 $A̶$에 태어나서 a를 추구하게 된다. 이렇게 자신의 존재 일부인 남근을 상실하고 애도해야 하는 것이 상징계에서 살아가야 하는 모든 주체의 근원적 경험이라면 『햄릿』은 바로 이런 "근원적 경험"

(Ur-experience)을 극화한 "근원적 드라마"(Ur-drama)다.[41] 또한 모든 인간이 기표의 언어세계에서 불가피하게 존재를 상실하는 상징적 죽음을 겪는다는 점에서 "햄릿의 운명은 언어적 동물의 일반적인 운명"이다.[42]

앞서 언급했듯이 상실한 남근을 애도하는 것은 오이디푸스 콤플렉스의 해소를 의미한다. "오이디푸스 콤플렉스는 주체가 남근을 애도해야 하는 한에서 쇠퇴한다"("Desire" 46). 『햄릿』은 "오이디푸스적 상황의 쇠락한 형태인 쇠퇴", 즉 프로이트가 "각 개인의 삶에서의 오이디푸스 콤플렉스의 쇠퇴 또는 해소"라고 명명한 것을 극화한다("Desire" 45). 오이디푸스 콤플렉스의 해소는 라캉이 제시하는 비극의 두 단계 가운데 둘째에 해당한다고 볼 수 있다. 첫째 단계는 범죄의 단계다. 『토템과 터부』(*Totem and Taboo*)에 등장하는 원초적 무리의 신화에서 아들들이 원초적 아버지를 살해하는 것이 대표적인 예다. 그러나 원초적 아버지의 살해 이후에 형제들은 법을 제정한다. 범죄와 법의 연관성이 개인의 차원에서 의례적으로 재생산되는 것이 둘째 단계에 속한다.

둘째 단계는 "비극적 주인공이 ─ 오이디푸스와 잠재적으로는 우리 각자도 우리 존재의 일정한 시점에 ─ 비극의 차원에서 법을 재생하고 일종의 세례 속에서 법의 재생을 보장하는 것"이다("Desire" 42). 라캉은 둘째 단계를 강조한다. 왜냐하면 그것은 주체가 대타자의 질서에서 태어나며 상징적으로 거세되는 과정이기 때문이다. 부친을 살해한 아들들이 스스로 아버지가 향유했던 (여성을 독점하는) 특권을 포기하고 법을 제정해서 거세되는 것처럼 모든 개별 주체는 이 과정을 거쳐야 한다. 오이디푸스가 자기도 모르게 부친을 살해하는 것은 첫째 단계이고 자신의

---

41) Ellie Ragland-Sullivan, "Hamlet, Logical Time and the Structure of Obsession," *Newsletter of the Freudian Field*, 2.2 (1988), 36쪽.

42) Tamise Van Pelt, *The Other Side of Desire*, 112쪽.

눈을 찌르는 자기처벌을 통해 질서를 회복하는 것은 둘째 단계다. "그는 자신을 처벌하고 결국 우리에게 거세된 것으로 나타난다. 이는 우리가 원초적 살해라는 첫째 단계에 국한된다면 은폐된 채로 남을 요소다. 실제로 가장 중요한 것은 처벌, 제재, 거세다"("Desire" 43).

『오이디푸스 왕』처럼 비극의 시초에, 즉 "애도의 근원에" 범죄가 있었다는 점에서 『햄릿』은 "오이디푸스적 드라마"다("Desire" 41). 그러나 『햄릿』은 오이디푸스적 상황이 쇠퇴한 형식을 보여준다. 왜냐하면 그것은 오이디푸스 콤플렉스의 해소에 해당하는 둘째 단계에서 남근을 애도하는 거세 과정을 극화하기 때문이다. 프로이트가 오이디푸스에게서 인간의 보편적 운명을 발견한 것처럼 라캉은 햄릿에게서 상실과 거세의 상징적 죽음을 통해 욕망의 주체로 태어나는 인간의 보편적 운명을 발견한다. "햄릿의 드라마는 죽음과의 조우"라는 라캉의 발언이 보여주듯이, 햄릿은 기표의 세계에서 살해되는 인간의 사멸성을 극화한 작품이다 (SVI,1959.4.8, 1).

『오이디푸스 왕』과 『햄릿』 사이에는 또 다른 중요한 차이가 존재한다. 『오이디푸스 왕』에서와 달리 『햄릿』에서 범죄는 주인공의 세대가 아닌 이전 세대에서 발생하며, 오이디푸스가 자신이 저지른 범죄의 성격을 알지 못했던 것과 달리 클로디어스의 "범죄는 고의적으로 수행된다"("Desire" 43). 오이디푸스가 자신의 범죄를 알지 못한 것과 달리 선왕과 햄릿은 처음부터 범죄를 안다. 이 차이는 단순히 두 비극의 차이가 아니라 라캉 정신분석 이론의 전개 과정에서 발생한 큰 변화를 암시한다. 햄릿이 처음부터 알게 되는 것은 단순히 클로디어스가 선왕을 죽였다는 사실이 아니라 선왕이 자신의 죄값을 치를 기회도 없이 갑자기 살해되었다는 사실이다. "오이디푸스는 갚았다 ……반대로 햄릿의 부친에게는…… 죄값을 치를 가능성이 영원히 차단된다"("Desire" 44). 자신의 죄를 스스로 처벌한 오이디푸스와 달리 햄릿의 아버지는 처음부터 죄값을 치르지 못할 운명에 처한다. "대타자는 처음부터 사선 그어진 대타자로 자신을 드러낸다. 그는 살아 있는 자들의 세계에서뿐 아니라 자신이 정당하게 죄값을 치를 수 있는 기회마저도 봉쇄된다"("Desire" 44).

사선 그어진 대타자는 '대타자의 대타자는 없다'는 명제가 보여주는 상징계의 근본적인 결핍을 의미한다. 라캉에게 "『햄릿』의 가치는 바로 S(Å)의 의미에 접근하도록 허락한 데 있다"(SVI, 1959.4.8, 11). 아무것도 아닌 무로서의 남근, 오필리아의 애도에서 드러나는 실재의 구멍 그리고 사선 그어진 불완전하고 결핍된 대타자에 대한 라캉의 관심은 그의 이론이 상징계에서의 주체의 운명을 넘어서 실재계로 향하고 있음을 보여준다.[43] 라캉이 세미나 VII 『정신분석의 윤리』에서 해석하는 안티고네의 비극은 실재를 향한 욕망에서 비롯된다. 이런 점에서 라캉의 『햄릿』 읽기는 오이디푸스를 넘어서 안티고네로 그리고 상징계를 넘어서 실재계로 향하는 그의 이론적 발전의 중요한 이정표다. 라캉의 해석 이후에 우리는 더 이상 햄릿을 오이디푸스의 후예로만 여기지 않는다. 햄릿의 드라마는 이제 오이디푸스와 다른 관점에서 인간의 존재조건을 탐구한 비극으로 기억될 것이기 때문이다.

---

43) Philip Armstrong, *Shakespeare in Psychoanalysis*, 70~71, 90~91쪽을 참조할 것.

제7장 거울과 창문
벨라스케스의 「궁정의 시녀들」에 대한 푸코와 라캉
의 주체와 재현 이론*

무엇의 재현인가?

서양미술사에서 디에고 벨라스케스(Diego Velázquez, 1599~1660)의 「궁정의 시녀들」만큼 걸작으로 인정받은 작품도 흔하지 않다. 동시대 화가였던 루카 지오다노(Luca Giordano, 1634~1705)는 이 그림을 "회화의 신학"이라고 불렀고, 벨라스케스의 전기작가인 안토니오 팔로미노(Antonio Palomino, 1655~1726)는 "이 작품의 취향과 기법은 아무리 높이 칭찬해도 과하지 않다"라고 격찬했다.[1] 그리고 서구 미술사를 대표하는 프란시스코 고야(Francisco Goya, 1746~1828), 에드거 드가(Edgar Degas, 1834~1917), 에두아르 마네(Edouard Manet, 1832~83), 살바도르 달리(Salvador Dali, 1904~89) 그리고 파블로 피카소(Pablo Picasso, 1881~1973) 등의 화가들이 이 그림을 해석하거나 다시 그렸을 만큼 이 작품은 후대 예술가에게도 지대한 영향을 미쳤다. 이 작품은 예술가뿐

---

* 이 장의 303~316쪽, 324~330쪽, 336~341쪽은 『비평과 이론』[12.2 (2007), 141~167쪽]에 동명의 제목으로 수록된 논문을, 다른 일부(318~323쪽)는 『안과 밖』[15 (2003), 55~76쪽]에 수록된 「응시의 저편─자크 라캉 이론에서의 주체와 욕망」의 일부(69~76쪽)를 수정한 것이다.

1) Jonathan Brown, *Velázquez: Painter and Courtier* (New Haven: Yale UP, 1986), 260~261쪽.

디에고 벨라스케스, 「궁정의 시녀들」, 1656, 프라도 미술관.

아니라 비평가에게도 비상한 관심을 받아서, 기호학적·구조주의적·정신분석학적·탈구조주의적 그리고 마르크스주의적인 분석에 이르기까지 다양한 해석과 논쟁의 대상이 되어왔다.

　이 그림에 대한 다양한 해석과 논쟁의 출발점은 이 그림이 누가 무엇을 재현하는가다. 즉 이 그림에 대한 논쟁의 한복판에는 주체와 재현의 문제가 존재한다. 이 그림에 대한 푸코와 라캉의 논쟁도 이 문제에 집중되어 있다. 이들의 논의를 본격적으로 다루기 전에 먼저 이 그림에 대한 예술사가들의 논의를 간단히 살펴볼 필요가 있다. 예술사가들의 논의와 푸코의 논의를 차례로 살펴본 후 라캉의 해석을 검토한다면 이 명화의 의미와 매력뿐 아니라 정신분석학이 이 작품의 해석에 어떻게 공헌했는지 알 수 있기 때문이다. 또한 정신분석학적 관점에서 그림을 보는 행위가 주체와 재현의 문제와 어떻게 관련되는지도 가늠할 수 있다.

　대체적으로 이 그림을 위대하다고 평가하는 것은 이 그림이 현실을 사실적으로 모사했기 때문이다. 조너선 브라운(Jonathan Brown, 1939~)은 이 작품의 매력이 놀라운 기교와 예술성으로 마치 스냅사진을 찍은 것처럼 장면을 표현한 데 있다고 평가한 바 있다. 인상주의가 지배하던 19세기 말 이 작품을 "현실의 충실한 모사"로 평가한 이후, 이런 스냅사진 같은 현실모사는 이 작품의 위대함을 보여주는 요인으로 꼽혀왔다.[2] 그러나 최근에 존 설(John Searle, 1932~)은 이 그림이 "고전적인 회화적 재현"의 원칙을 파기했다고 지적했다.[3] 설에 따르면 이 그림은 화가의 위치를 화가가 아닌 모델이 차지하고 있기 때문에 화가가 불가능한 시점을 차지하는 역설을 보여준다. 이런 역설을 만들어내는 중요한 요인은 거울이다. 왜냐하면 화가가 있을 자리에 왕과 왕비가 있다는 것을 거울이 말해주기 때문이다. 설은 관객이 볼 수 없는 그림 속 그림은 다름 아닌 「궁정의 시녀들」이라는 결론을 내린다. 이 그림은 그림 밖의 세계를 재현하는 것이 아니라 자기반영적이다.

　스나이더(John Snyder)와 코헨(Ted Cohen)은 설의 주장을 일축하면서 그의 가설은 이 그림의 원근법을 오해한 것에서 비롯한다고 주장했다. 이들에 따르면 이 그림의 소실점은 거울에 있지 않다. 그림 속 천정과 오

---

2) Jonathan Brown, *Images and Ideas in Seventeenth-century Spanish Painting* (Princeton, NJ: Princeton UP, 1978), 87~88쪽.

3) John R. Searle, "*Las Meninas* and the Paradoxes of Pictorial Representation," *Critical Inquiry*, 6.3 (1980), 477~488쪽.

른 쪽 벽 사이의 사선을 토대로 볼 때 소실점은 그림의 배경에서 문을 나서려는 사람의 팔꿈치 근처에 있다. 그러므로 거울은 왕과 왕비의 실물을 반영하는 것이 아니라 그림 속에서 벨라스케스가 그리고 있는 왕과 왕비의 그림을 반영한다. 따라서 이 그림은 "엄격하게 원근법 구성의 규칙에 따라 그려진 그림"이 되고 설의 역설은 해소된다.[4] 거울이 왕과 왕비의 실물이 아니라 그림 속 그림을 반영한다는 주장은 오래전에 팔로미노가 처음 제시한 이후 20세기에도 종종 제기되었다.[5] 이 그림의 원근법을 재구성하고 소실점의 위치를 정확히 찾아내는 것은 단순히 거울이 무엇을 반영하느냐의 문제를 넘어서 이 그림이 사실주의적 기법으로 정확하게 현실을 재현했다는 주장을 뒷받침해준다는 점에서 중요하다. 왜냐하면 원근법은 3차원적의 입체적 현실을 2차원적의 평면위에 사실적으로 재현해내는 것을 가능하게 하는 기법이기 때문이다.

존 모핏(John Moffitt)은 이 그림이 이런 원근법을 충실하게 따르면서 현실을 재현했다는 점을 가장 세밀하고도 정확하게 검증했다. 모핏에 따르면 벨라스케스는 이 그림이 그려진 알카사 궁전의 방인 피에사 프린스팔(Pieza Principal)의 건축가로서 이 방의 크기와 구조에 대해서 매우 상세히 알고 있었다. 또한 레온 바티스타 알베르티(Leon Battista Alberti, 1404~72)가 『회화론』(Della Pittura)에서 자세히 묘사한 실물을 정확히 계산할 수 있는 벨로(velo) 같은 장치를 이용해 대상의 크기와 원근법을

---

4) John Snyder & Ted Cohen, "Reflections on Las Meninas: Paradox Lost," Critical Inquiry, 7.2 (1980), 445~446쪽.

5) Jonathan Brown, Velázquez: Painter and Courtier, 257쪽. 라캉의 관점에서 푸코의 해석을 비판적으로 보는 캐서린 벨지(Catherine Belsey, 1940~) 역시 이런 해석을 따른다. Catherine Belsey, Culture and the Real (London: Routledge, 2005), 116쪽. 캔버스의 그림이 「궁정의 시녀들」이나 왕과 왕비라는 설 이외에도 마가리타 공주라는 의견도 제기되었다. George Kubler, "Three Remarks on the Meninas," The Art Bulletin, 48.2 (1966), 213쪽; Jonathan Brown, Images and Ideas in Seventeenth-century Spanish Painting, 101쪽을 참조할 것.

계산하거나 '어두운 방'이라는 뜻으로 현대 사진기의 전신이 되는 카메라 옵스큐라(camera obscura)를 사용했을 가능성도 있다. 그러므로 "이그림 속 재현의 절대적인 정확성은 정당하게 '사진적'이라고 묘사될 수 있으며, 우리는 이 그림을 예술사에서 최초로 알려진 '사진'이라고 부를 수 있다."[6] 모핏은 팔로미노가 처음 제기하고, 스나이더와 코헨이 원근법의 법칙으로 설명한 것을 더욱 치밀하고 구체적으로 증명한다. 이를 통해 그는 이 그림이 "자연 앞에 놓인" 듯, 현실을 사진처럼 정확하게 모사했다는 것을 입증하려고 시도한다.[7]

그러나 스나이더, 코헨 그리고 모핏이 주장한 것처럼 이 그림의 소실점이 원근법으로 완전히 밝혀진다고 확신할 수 없다. 에이미 쉬미터(Amy Schmitter)에 따르면 「궁정의 시녀들」은 하나의 소실점으로 구성된 원근법을 사용하지만 그림 속의 사선들은 결코 직선이 아니고 게다가 왼쪽 아래 부분에서는 사선을 찾을 수 없기 때문에 정확한 소실점을 찾는 것은 불가능하다. 기껏해야 소실점이 위치한 대강의 영역을 찾을 수 있을 뿐이다.[8] 또한 1984년에 이 그림의 청소작업이 이루어졌을 때 오른쪽 벽의 배내기 부분이 원래 몇 센티미터 더 높았고, 벨라스케스는 작품의 원근법을 모두 수정하기보다 이 부분만을 고쳤다는 사실이 밝혀졌다. 이는 이 그림이 정밀한 원근법을 따르지 않았을 가능성도 보여준다. 벨라스케스가 "직관과 기하학"을 혼용했거나 이 그림의 구도에 대한 다양한 해석이 나오도록 원근법을 의도적으로 모호하게 사용했을 가능

---

6) John F. Moffitt, "Velázquez in the Alcázar Palace in 1656: The Meaning of the Mise-en-Scene of *Las Meninas*," *Art History*, 6.3 (1983), 287쪽.

7) 같은 곳. 모핏은 그림 속 캔버스의 크기를 계산한 결과 「궁정의 시녀들」의 크기와 다르므로 이 그림이 「궁정의 시녀들」이 아니라 지금은 실종된 「스페인 국왕 펠리페 4세와 마리아나 왕비」의 이중 초상화일 것이라고 추정한다.

8) Amy M. Schmitter, "Picturing Power: Representation and *Las Meninas*," *The Journal of Aesthetics and Art Criticism*, 54.3 (1996), 259쪽.

성도 있다.[9]

이 그림의 원근법이 정확한 것이 아니라면 현실을 사진처럼 모사한 작품일 수 없다. 이 그림을 보는 관객이 거울 맞은편에 서 있는 것, 즉 이 그림의 소실점이 거울이라고 느끼게 하는 이유도 이 그림이 현실을 완벽하게 사진처럼 모사한 것은 아니라는 것을 반증한다. 이 그림이 현실의 재현이 아니라면 무엇을 재현한 것일까? 많은 예술사가는 이 그림의 현실재현적 성격을 강조하면서도 벨라스케스가 이 그림을 통해 개인적·사회적 야망을 표현했다고 주장한다. 벨라스케스는 이 그림에서 스페인에서도 최고위층 귀족들만이 가입할 수 있었던 성야고보 기사단(Order of Santiago)의 일원이 되려는 개인적 야망을 드러낸다. 또한 당대에 손으로 작업하는 기계적 공예로 여겨졌던 미술이 사실은 교양학문(liberal arts)에 속하는 정신적 예술임을 입증하려는 사회적 야망도 표현한다. 벨라스케스가 원근법을 사용한 이유도 당시에 과학적인 방법으로 인정되었던 원근법을 사용하여 회화예술을 교양학문의 하나로 승격시키고자 했기 때문이다.[10]

이런 해석에 따르면 그림 속의 벨라스케스가 그림을 그리지 않고 멈춰 서 있는 것은 그림을 그리는 기계적이고 물리적인 행동이 아니라 그림의 주제에 대해 생각하는 지적인 행위를 강조하기 위해서다.[11] 붓과 팔레트를 들고 서 있는 순간을 예술의 창조적 순간으로 숭고하게 표현한

---

9) Jonathan Brown, *Velázquez: Painter and Courtier*, 259쪽. 베로니크 포티(Véronique Fóti)는 한걸음 더 나아가 벨라스케스가 모호성과 비결정성을 허용할 뿐 아니라 능동적으로 상연하고 있으며 이 그림이 포스트모던적으로 재현을 문제화한다고 본다. Véronique M. Fóti, "Representation Represented: Foucault, Velázquez, Descartes," *Postmodern Culture*, 7.1 (1996), 23문단을 참조할 것.

10) 이 점에 대한 가장 상세한 논의는 Mary Crawford Volk, "On Velázquez and the Liberal Arts," *The Art Bulletin*, 60.1 (1978), 69~86쪽을 참조할 것.

11) John F. Moffitt, "Velázquez in the Alcázar Palace in 1656," 289~291쪽.

것일 수도 있다.[12] 벨라스케스가 왕과 왕비 그리고 공주와 함께 그려져 있다는 사실은 자신을 왕족의 일부로 승격시키고 미술을 교양학문으로 고양시키려는 그의 야망을 드러낸다.[13] 벨라스케스의 허리춤에 달린 열쇠는 아포센타도(aposentador)라는 고위직책을 맡은 벨라스케스가 왕궁의 모든 곳을 출입할 수 있다는 걸 보여준다. 이를 그려 넣은 것 자체가 자신의 신분을 과시하고 자신이 왕과 절친한 관계라는 자부심의 표현이다.[14] 그의 가슴에 새겨진 십자가는 성야고보 기사작위의 표시다. 기사작위는 이 그림이 완성된 후 3년 뒤인 1659년에 수여되었으므로 이후에 그려 넣은 것이다.[15] 이 그림을 그린 시점에서 벨라스케스는 아직 기사작위를 받지 못했다. 따라서 이 열쇠를 그린 것은 자신을 공식적인 귀족으로 인정해주지 않은 왕에 대한 분노와 신하로서 왕에게 가졌던 존경의 양가감정을 표현한 것이다. 또한 거울 속에 비친 왕은 작고 흐릿한 반면 벨라스케스는 크고 또렷하게 그려져 있고, 높이로 보아도 벨라스케스가 거울 속의 왕보다 조금 더 위에 그려져 있다는 사실은 왕에 대한 그의 오이디푸스적 경쟁 심리를 드러낸다. 뒷벽에 걸린 그림들의 내용이 신에 대한 인간의 오이디푸스적 위반과 처벌이라는 주제를 다루고 있다는 사

---

12) Meissner Bettina, "*Las Meninas of Velazquez: Pater semper incertus*," *Psychoanalysis and Art: The Artistic Representation of the Parent/Child Relationship*, Elsa Blum, Harold P. Blum & Jacqueline Amati-Mehler 공편 (Madison: International Universities Press, 2003), 252쪽.

13) Svetlana Alpers, "Interpretation without Representation or The Viewing of *Las Meninas*," *Representations*, 1.1 (1983), 33쪽.

14) Jonathan Brown, *Images and Ideas in Seventeenth-century Spanish Painting*, 96쪽.

15) 팔로미노의 전기에 따르면 이 십자가는 이듬해 벨라스케스가 사망한 뒤 펠리페 4세의 명으로 추가되었다. 그러나 1984년의 청소작업 후에 십자가를 그린 붓질이 다른 부분과 동일하다는 것으로 드러났고, 벨라스케스가 기사작위를 받은 후에 십자가를 그려 넣은 것일 수도 있다는 의견이 제기되었다. 각각 Jonathan Brown, *Images and Ideas in Seventeenth-century Spanish Painting*, 109~110쪽; Jonathan Brown, *Velázquez: Painter and Courtier*, 257쪽을 참조할 것.

실도 이런 해석을 뒷받침한다.[16] 이렇게 보면 「궁정의 시녀들」은 객관적 현실의 재현이기보다 벨라스케스의 내면세계가 오이디푸스적 욕망의 형태로 재현된 작품이다.

재현의 재현

그런데 이 그림의 의미를 벨라스케스의 내적인 욕망에서 찾는 것과 이 그림의 재현을 현실의 사실적 모사라고 보는 것은 하나의 주장 속에서 혼재한다. 작품의 의미와 현실모사의 문제, 주체와 재현의 문제가 유기적으로 연결되지 않은 것이다. 스베틀라나 앨퍼스(Svetlana Alpers, 1936~)는 이렇게 「궁정의 시녀들」의 의미와 재현의 문제를 분리시키는 경향이 예술사가들의 해석에서 두드러지는 문제점이라고 지적했다.[17] 이와 달리 「궁정의 시녀들」에 대한 푸코의 해석은 이 그림에 나타난 주체와 재현의 관계를 이론적으로 조명하는 미덕을 보여준다. 푸코는 『말과 사물』(The Order of Things)에서 이 그림에 관한 모든 역사적 문맥을 배제하고 오로지 "주체와 그 재현"의 문제에만 집중한다.[18] 더 정확히 말하면

---

16) 이 그림들에 대한 오이디푸스적 해석은 Laurie Schneider Adams, *Art and Psychoanalysis* (New York: Westview, 1993), 279~283쪽과 Laurie Schneider Adams, "The Myth of Athena and Arachne: Some Oedipal and Pre-Oedipal Aspects of Creative Challenge in Women and Their Implications For the Interpretation of *Las Meninas* by Velazquez," *International Journal of Psycho-Analysis*, 71 (1990), 597~608쪽을 참조할 것. 국내연구로는 정은경, 『벨라스케스 프로이트를 만나다: '시녀들 속 감춰진 이야기, 정신분석으로 풀어내다』(한길사, 2012), 139~149쪽을 참조할 것.

17) Svetlana Alpers, "Interpretation without Representation or The Viewing of *Las Meninas*," 34쪽.

18) James Byrnes, "Viewing Foucault Viewing Velázquez's *Las Meninas*," *Contextualizing the Renaissance Returns to History*, Albert H. Tricombi 엮음 (Binghamton, NY: Brepols, 1999), 159쪽. 푸코의 책 제목은 프랑스어 원제 *Les*

푸코의 관심은 주체와 재현의 배타적인 관계, 즉 주체가 배제된 재현에 있다.

푸코의 「궁정의 시녀들」 해석은 "가시적인 것과 비가시적인 것 사이의 관계에 대한 지속적 명상"[19]이며, 이는 주체와 재현의 관계에 상응한다. 푸코에 따르면 이 그림에서 주체는 보이지 않고 오직 재현만 보인다. 이 그림에서 화가가 그리고 있는 그림, 화가가 보고 있는 모델, 이 그림을 보는 관객, 이 그림을 그리고 있는 화가 자신은 보이지 않는다. 이와 반대로 그림 속 거울은 "그림 속에서는 불가피하게 이중으로 비가시적인 것을 우리가 캔버스의 중앙에서 볼 수 있게 한다."[20] 다시 말해서 거울은 실제 모델로도, 그림 속 벨라스케스가 그리고 있는 그림 속에서도, 이중으로 "보이지 않는" 왕과 왕비를 "보여주는" 치환의 기능을 수행한다.[21]

거울 속 왕과 왕비는 매우 흐릿하게 그려져 있고 누구의 주목도 받지 못한다. 그러나 왕과 왕비가 그림 밖에 있을 때에는 딸 마가리타 (Margarita) 공주와 화가 벨라스케스를 비롯한 그림 속 인물들에게 주목받고 있으며, 이 그림의 "모든 재현이 질서화되는 중심", 즉 이 작품의 "구도의 참된 중심"이 된다.[22] 이들이 중심인 까닭은 왕과 왕비이어서가 아니다. 푸코는 이미 왕과 왕비를 비롯한 그림 속 인물들의 모든 고유

---

*Mots et Les Choses*를 따랐다. 푸코는 영역본 제목을 의뢰받았을 때 *The Order of Things*를 제시했다. Alan Sheridan, *Michel Foucault: The Will to Truth* (London: Tavistock, 1980), 47쪽을 참조할 것.

19) Gary Shapiro, *Archaeologies of Vision: Foucault and Nietzsche on Seeing and Saying* (Chicago: U of Chicago P, 2003), 260쪽.

20) Michel Foucault, *The Order of Things: An Archaeology of the Human Sciences* (New York: Vintage, 1973), 8쪽.

21) 푸코는 거울이 그림 밖의 왕과 왕비를 반영한다고 보기 때문에 앞서 소개한 견해에 따르면 이 그림의 원근법을 오해하고 있다.

22) Michel Foucault, *The Order of Things*, 14쪽.

명사와 역사적·문화적 문맥을 삭제했다. 이들이 그림의 중심인 것은 모델의 응시, 관객의 응시, 이 그림을 그리는 화가의 응시가 이들의 위치에 포개지기 때문이다. 모델, 화가, 관객의 관찰적 기능은 그림에서 보이지 않는 왕과 왕비가 서 있는 곳에서 수렴한다. 이곳이 바로 이 그림이라는 재현을 가능하게 하는 "출발점"이고 "이상적 지점"이며 "실제의 지점"이다.[23] 그러나 이 그림의 중심은 보이지 않는 영역에 있으며 이 지점은 그림 속에 재현의 세 가지 기능—그림을 그리는 화가, 그림의 모델인 왕과 왕비가 거울에 비친 모습, 관객의 대리인으로서 뒷문을 나서는 사람—으로 분산되어 있다.

이 그림에는 재현을 가능하게 하는 중심 위치에 놓인 세 주체—화가, 관객, 모델—가 부재하며 재현하는 행위도 일체 재현되지 않는다. 우선 그림 속 화가는 재현하는 행위, 즉 그림을 그리는 것이 아니라 멈춰서 있는 것으로 재현된다. 모델인 왕과 왕비의 역할 역시 그림 속에서 배제된다. 만일 그들이 그림 속에 포함된다면 그들이 작품의 전경을 채우게 되고 이 작품의 원근법은 와해될 것이다. 관객이 보는 행위 역시 재현되지 않는다. 만일 거울 속에 관객이 반영된다면 그들이 보는 행위가 재현되겠지만 거울에는 관객이 아니라 왕과 왕비가 반영된다. 관객은 배경의 문가에 서 있는 벨라스케스와 동명인인 니에토 벨라스케스(Nieto Velázquez)로 대신 나타나지만 그는 이미 보는 관객이 아니라 보이는 대상일 뿐이다.[24]

푸코는 보이지 않는 것과 보이는 것, 즉 주체와 재현을 대조한다. 그리고 이 그림이 결국 보이는 재현의 근원인 보이지 않는 주체에게서 해방된 재현의 세계를 보여주는 표본이라고 결론 내린다. 이 그림에는 "본질

---

23) 같은 책, 15쪽.

24) Hubert L. Dreyfus & Paul Rabinow, *Michel Foucault: Beyond Structuralism and Hermeneutics* (Chicago: U of Chicago P, 1982), 25~26쪽.

적인 공백이 존재한다. 이 재현의 근원, 즉…… 인간의 필연적인 사라짐이 존재하는 것이다. 이 주체는 생략되었다. 그리고 재현은 자신을 방해하던 관계에서 마침내 해방되어 순수한 형태의 재현으로 스스로를 제공한다."[25] 거울은 보이지 않는 세계에서 해방된 재현된 세계를 대표한다. 거울은 보이지 않는 것을 보이는 것으로 치환하는 능력을 지녔기 때문이다. 푸코의 해석에서 재현은 거울이며, 주체 없는 공간이다.

재현의 근원인 주체가 빠진 이 그림은 "순수한 형태의 재현", 즉 "고전주의 재현의 재현"이다.[26] 푸코에 따르면 고전주의에서 인간의 존재는 신이 창조한 피조물, 즉 사물의 질서 가운데 하나였다. 인간은 이 존재의 장에 있는 사물들을 개념적 도구인 말을 이용해 정렬하는 자에 불과했으며 이 존재의 장 밖에서 사물의 질서와 의미를 부여하는 특권적 존재가 아니었다. 재현에는 인간의 능동적·구성적 개입이 필요하지 않았다. 「궁정의 시녀들」은 재현하는 주체와 재현하는 행위가 배제된 순수한 재현이며 이런 점에서 고전주의 에피스테메를 보여준다. 이 그림에서 "재현되는 것은 재현의 (세 가지) 기능이다. 재현되지 않는 것은 이 재현을 상정하고 이를 자신의 대상으로 삼는 통일되고 통일시키는 주체"다.[27] 이 그림의 주제는 재현이고 재현되는 것은 재현의 세 가지 기능일 뿐이기에 이 그림은 재현의 재현이다. 이 그림의 "역설은 재현하는 행위를 재현하는 것의 불가능성에" 있다.[28]

사물의 세계 밖에서 "통일시키는 주체는" 18세기 말과 19세기 초에 발생한 근대 인본주의 에피스테메에서 탄생한다. 이때에 이르러서야 인간은 사물의 세계에 질서를 부여하는 특권적이고 초월적인 주체로 태어

---

25) Michel Foucault, *The Order of Things*, 16쪽.
26) 같은 곳.
27) Hubert L Dreyfus & Paul Rabinow, *Michel Foucault*, 25쪽.
28) 같은 곳.

나고 스스로를 유한한 경험적 대상으로 연구한다. 그 결과 고전주의 시대에 불가능했던 인문과학이 출현한다. 푸코는 이런 에피스테메의 변화를 설명하면서 「궁정의 시녀들」에서 모든 인물의 시선이 집중되었으나 보이지 않았던, 또는 거울 속에서 우연히 반영된 것으로만 존재했던 그림자 같은 존재가 "하나의 실체적 인물"로 육화되어 모든 재현의 공간이 자신의 "신체적인 응시"에 종속될 것을 요구하는 근대적 주체로 태어났다고 주장한다.[29]

푸코의 논의에서 흥미로운 것은 그가 사물의 세계에 질서를 부여하는 초월적인 주체인 인간과 경험 대상인 인간 사이에 모순이 있다는 사실에 관심을 기울이면서 초월적 주체의 한계에 주목한다는 점이다. 이 한계 가운데 하나는 인간이 자신을 지식의 대상으로 삼으면서 자신의 의식 저편에 있는 "생각되지 않은 것"(unthought), 즉 무의식을 발견했지만 19세기 이래로 인문과학은 이 "타자이자 그림자"인 무의식을 정복해 의식적인 것으로 만들고자 했다는 점이다. 이렇게 푸코는 무의식을 다룰 수 있는 능력을 결여한 인문과학을 비판하며 "무의식에 등을 돌리면서 항상 재현 가능한 것의 공간에 머무는 인문과학과 달리 정신분석은 진일보해 재현을 뛰어넘는다"라고 평가한다.[30] "재현이 멈추는 이 영역"에는 인간의 삶을 구성하는 세 가지 요소인 죽음, 법 그리고 욕망이 존재한다.[31]

정신분석이 탐구하는 욕망의 차원이 의식과 재현의 영역을 넘어선다는 푸코의 통찰력에도 그의 「궁정의 시녀들」 분석에서 주체는 배제되어 있고 욕망과 무의식은 존재하지 않는다. 그의 분석에서 가시적인 것과 비가시적인 것의 관계는 거울을 통한 반영관계로만 존재하며, 주체가 어

---

29) Michel Foucault, *The Order of Things*, 312쪽.
30) 같은 책, 374쪽.
31) 같은 곳.

떻게 재현의 장에서 근원이 되는가, 무의식과 욕망이 어떻게 관계되는가에 대한 심층적인 탐색은 결여되어 있다. 푸코가 예술의 고결함과 예술가의 개인적 욕망을 많이 드러내는, "즉 예술가의 표현력을 웅변적으로 선언하는" 이 그림을 주체가 부재하는 재현의 "익명의 장"의 대표적인 예로 삼았다는 사실은 놀라운 일이다.[32]

　푸코는 기존의 비평가들과 달리 「궁정의 시녀들」의 수수께끼가 "가시적인 것과 비가시적인 것 사이의 본질적 유희"에 있다는 점에 주목했지만, "회화적 재현이 비가시성에 의해…… 구성된다는 것이 무엇을 의미하는지는 묻지 않았다."[33] 이는 푸코가 이 그림을 고전주의 에피스테메의 산물로 보았다는 점과도 관련된다. 마틴 제이(Martin Jay, 1944~)는 예술사에서 「궁정의 시녀들」이 주로 고전주의 예술이 아니라 바로크 예술로 해석되고 있으며, 벨라스케스는 현상세계의 객관성보다 주관적 관점을 더 중요하게 여긴 것으로 이해되고 있다고 지적한다.[34] 앨퍼스 역시 푸코가 이 그림을 고전주의적 재현이라는 단일한 재현 개념의 예로 파악한 것을 비판한다. 앨퍼스는 벨라스케스가 회화에 대한 두 가지 견해를 공유했다고 지적한다. 첫째는 화가가 마치 창문을 통해서 보듯이 세계를 보며 그가 본 세계를 원근법을 사용해 화면에 재구성한다는 견

---

32) Anthony Close, "Centering the De-centers: Foucault and *Las Meninas*," *Philosophy and Literature*, 11.1, (1987), 35쪽.

33) Kevin Bongiorni, "Velazquez, *Las Meninas*: Painting the reader," *Semiotica*, 144.1/4, (2003), 94쪽. 케빈 본조르니(Kevin Bongiorni)는 가시성과 비가시성의 관계를 단순히 시각예술적인 것이 아니라 기호학적이고 텍스트적인 것으로 보아야 한다고 주장한다. 예를 들어 그림 속 그림의 뒤만 보이고 앞이 보이지 않는 것은 기의와 기표의 불투명한 관계와 같다. 앞으로 논하겠지만 가시성이 비가시성에 의해, 재현이 주체에 의해 구성된다는 점은 정신분석학적으로 더 정교하게 분석될 수 있다.

34) Martin Jay, *Downcast Eyes: The Denigration of Vision in Twentieth-Century French Thought* (Berkeley: U of California P, 1993), 405쪽.

해다. 둘째는 렌즈를 통과한 빛이 눈에 피사체의 모습을 남기듯 화가의 개입 없이 세계가 화면 위에 재생되는 것이라는 묘사적 견해다. 「궁정의 시녀들」은 세계의 객관적 묘사일 뿐 아니라 화가가 세계를 구성하는 재현의 특징을 동시에 포함한다는 것이다.[35]

이런 지적은 「궁정의 시녀들」이 그림 밖 세계의 객관적이고 거울적인 반영이 아니라 주체가 개입된 재현임을 보여준다. 적어도 주체는 그 자체로 재현에는 개입하지 않고 다만 현실을 투명하게 재현하는 데 기여하는 촉매제가 아니라 재현 속에 어떤 식으로든 표식을 남긴다. 이 주체는 화가뿐 아니라 그림을 보는 주체도 포함한다. 관객은 그림 밖에 있지만 이 그림은 관객을 "끌어들이고 소환한다."[36] 관객이 이 소환을 받아들이면 그림은 주체와 재현의 "만남을 창조한다."[37] 레오 스타인버그(Leo Steinberg, 1920~2011)에 따르면 주체와 그림 사이에는 "나는 너가 나를 보는 것을 보고…… [나는] 너가 너 자신이 보이는 모습을 보는 것을 보는" 상호관계가 성립하며 그림은 주체의 심리가 반영되는 "의식의 거울"이 된다.[38]

눈과 응시

그림이 현실의 거울적 반영이 아니라 주체가 재현되는 공간이라면 어떤 주체가 어떻게 재현되는가? 스타인버그의 말대로 「궁정의 시녀들」은 주체의 의식만을 비추는 거울인가? 라캉은 「궁정의 시녀들」을 고전주의

---

35) Svetlana Alpers, "Interpretation without Representation or The Viewing of *Las Meninas*," 36~39쪽.
36) Gary Shapiro, *Archaeologies of Vision*, 260쪽.
37) Leo Steinberg, "Velázquez' *Las Meninas*," *October*, 19 (1981), 54쪽.
38) 같은 곳.

적 '순수한 형태의 재현'으로 파악한 푸코를 비판한다. 그리고 이 명화는 주체를 제거한 것이 아니라 오히려 새겨 넣으며, 의식적 주체가 아니라 분열된 주체를 이중으로 새겨 넣는다고 주장한다. 라캉 해석의 독창성은 재현에는 불가피하게 주체가 개입되어 있고 주체는 그 자체로 분열된 주체이기에 이 분열된 모습이 재현에 드러난다는 점을 지적했다는 데 있다. 라캉 해석의 한복판에는 주체의 분열과 분열의 필연적인 파생물인 대상 a가 존재한다. 그는 1966년 5월과 6월에 진행한 몇 차례의 세미나에서 「궁정의 시녀들」을 분석했는데 이를 포함한 13번째 세미나의 제목이 '정신분석의 대상'이다. 여기서 라캉이 의미하는 대상은 대상 a다. 그렇다면 주체의 분열과 대상 a 그리고 재현은 어떤 관계를 갖는가?

라캉은 세미나 XI 『정신분석의 네 가지 근본개념』에서 자기동일적인 의식적 주체와 무의식적 주체의 분열이 시각적 영역에서 눈(eye)과 응시(gaze)의 분열로 나타난다고 설명한다. "나는 생각한다 고로 나는 존재한다"라는 데카르트의 명제는 시각적 영역에서 "나는 나 자신을 바라보는 나를 본다"는 명제로 번역된다(SXI, 80). 생각하는 주체가 자신을 객관적 존재로 확보할 수 있듯이, 바라보는 주체는 자신을 바라보면서 자신을 객관적 존재로 확인할 수 있다. 사유와 존재 사이에 단절이 존재하지 않듯이 바라봄과 보임 사이에도 단절이 존재하지 않는다. 그러나 이는 주체가 스스로를 바라볼 수 있는 지점을 점유할 수 없다는 사실, 즉 응시가 존재한다는 사실을 간과한다.

주체가 응시의 지점을 점유할 수 없는 것은 칸트철학에서 주체가 초월적 통각인 '나'를 직관의 대상으로 삼을 수 없다는 사실, 즉 '나'에 대한 지성적 직관(intellectual intuition)이 불가능하다는 사실과 관련된다. 칸트는 『순수이성비판』의 "초월적 영혼론의 셋째 오류추리에 관한 비판"에서 나의 의식 속 시간에서 동일하게 존재하는 '수적 동일성'(numerical identity)인 '나'는 결코 타자가 관찰하는 대상인 '나'와 같지 않음을 지적한다. 지성적 직관은 불가능하다. 따라서 "물 자체(초월적 대상)"인 나는 "완전히 알려져 있지 않지만" '나'의 인격(personality) 그리고 그 동일성이나 불변성은 "주체의 통일성"이라는 "실천적 사용"을 위해 필요하다(*CPUR*, A361~366). 그러므로 주체의 자기인식은 이미 항상 초월적 대상인 '나'의 상실을 동반한다. 제2장에서 본 것처럼 이는 라캉 이론에서 분열된 주체 §와 상실된 주체를 메우는 대상 *a*의 관계에 해당한다. 알렌카 주판치치(Alenka Zupančič, 1966~)가 지적하듯이 칸트가 제시하는 인격(성)의 오류추리 비판은 타자가 나를 보듯이 내가 나를 보는 필연적 착각을 설명해준다. 이런 착각이 기능하기 위해서 "주체는 자신의 주체적 정체성/동일성의 핵에 존재하는 대상에 눈멀어야 한다."[39]

눈은 보는 주체의 시점이고 응시는 주체를 보는 타자의 시점이자 주체가 보이는 시점이다. 주체는 응시의 지점을 차지할 수 없기에 주체의 시야에서 응시는 맹점(blind spot), 얼룩 또는 스크린으로 나타난다(*SXI*, 96~97). 응시의 지점은 "나는 나를 보는 나를 본다"는 데카르트적 주체가 오인임을 드러내며 주체에게 "너는 내가 너를 보는 위치에서 나를 볼수 없다"라고 말하는 것과 같다(*SXI*, 103). "얼룩과 응시의 기능은……자신을 의식으로 상상하는 데 만족하는 시각의 형태에 대한 이해에서 항상 빠져 있다"(*SXI*, 74). 거울에 나타난 자신의 모습에 매료되는 나르시스적 상상적 동일시에는 "응시 기능의 회피가 작용한다"(*SXI*, 74). 다음 도식으로 설명하자면 기하학적 광학은 오른쪽에 나타나는 역삼각형을 간과한다.

---

39) Alenka Zupančič, "Philosophers' Blind Man's Buff," *Gaze and Voice as Love Objects*, Renata Salecl & Slavoj Žižek 공편 (Durham: Duke UP, 1996), 56쪽을 참조할 것. 이글의 번역본은 알렌카 주판치치, 「철학자들의 맹인 벽(癖)」, 이병혁 옮김, 『사랑의 대상으로서의 시선과 목소리』, 슬라보예 지젝 외 공편(라깡정신분석연구회 옮김, 인간사랑, 2010), 67~108쪽을 참조할 것.

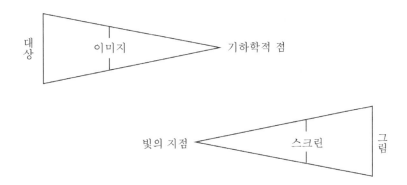

두 삼각형은 눈과 응시의 분열을 나타낸다. 왼쪽 삼각형에서 기하학적 점(geometral point)은 데카르트적 주체의 눈이 위치한 지점이다. 이 지점에서 바라보았을 때 대상은 주체의 시야에 이미지로 나타난다. 오른쪽 삼각형에서는 이 관계가 역전되어 주체는 그림의 위치에 있고 앞서 대상이 위치했던 곳에는 빛의 지점이 들어선다. 이 빛의 지점에 주체를 바라보는 응시가 위치한다. 주체는 빛의 지점을 바라볼 때 시야의 한가운데에 불투명한 스크린이나 얼룩을 보게 된다. 다시 말해서 광선이 주체의 눈에 비칠 때 이 광선은 한가운데에 스크린을 만들어 광선이 밝혀주는 것을 주체가 보지 못하게 한다. 주체의 시야를 원으로 나타낸다면 그 원 속에는 작은 동심원 모양의 스크린이 존재한다(*SXI*, 107~108). 눈과 응시의 삼각형을 포개놓으면 다음과 같은 도식이 성립한다.

위 도식에서 데카르트적 재현의 주체가 바라보는 시야의 한복판에 스크린이 얼룩으로 나타나고 이 얼룩이 주체가 점유할 수 없는 지점이다.

두 삼각형이 교차하는 한복판에 이미지와 스크린이 중복되는 것은 기하학적 광학에서 주체의 눈에 이미지로 나타나던 대상이 이제는 무엇인가를 가리는 스크린으로 나타난다는 것을 의미한다.

이렇게 얼룩 또는 스크린으로서의 응시는 상징계에서 실재의 존재를 상실한 주체의 결여와 소멸을 나타내는 지점이자 상실한 존재를 욕망하는 욕망의 주체, 즉 "욕망의 기능에서 스스로를 유지하는 주체"를 나타낸다(SXI, 100). 요컨대 응시는 주체가 상징계에서 태어날 때 원초적으로 상실한 대상 a가 시각적 영역에서 나타난 것이다. 라캉이 응시를 대상 a로 보는 것은 응시를 주체와의 관계에서 파악하기 때문이다. 푸코 및 장 폴 사르트르(Jean Paul Sartre, 1905~80)의 응시 개념과는 이런 점에서 반대된다. 제러미 벤담(Jeremy Bentham, 1748~1832)의 원형감옥에 대한 푸코의 설명이 보여주듯이 푸코의 응시 개념은 거의 절대적으로 주체를 속박하여 굴복시키는 권력 메커니즘의 작용이다.

원형감옥은 주체를 보이지 않는 권력의 응시에 노출시켜서, 주체가 "권력의 구속력을 자신 스스로에게 자발적으로 작동하게 만들어" 항상 감시당한다고 느끼도록 만드는 데 있다.[40] 원형감옥의 원리는 주체가 "스스로의 감시자가 될 정도까지 [권력을] 내재화시키는 응시"의 원리다.[41] 푸코의 응시개념에서 주체는 대상일 뿐이다. 마찬가지로 사르트르도 응시를 주체가 아닌 대상의 관점에서 파악한다. 사르트르는 열쇠구멍을 통해서 무언가를 엿보던 관음증 환자가 발자국 소리나 낙엽 바스락거리는 소리를 들을 때 타자의 응시에 노출되는 상황을 제시한다. 이때 관음증 환자가 자신을 바라보는 타자의 눈을 보지 못하는 한 그는 전적으로 타자가 응시하는 대상으로 전락한다. 라캉은 주체가 타자의 눈을

---

40) Michel Foucault, *Discipline and Punish: The Birth of the Prison*, Alan Sheridan 옮김 (New York: Vintage, 1977), 202~203쪽.

41) Michel Foucault, *Power/Knowledge*, 155쪽.

본다면 응시가 사라진다는 사르트르의 발언을 비판하며 주체가 타자의 응시에 노출되어 있다고 하더라도 그것을 응시로서 보지 못하는 것이 아니라고 주장한다(SXI, 84). 실버만이 지적하듯이 사르트르는 응시를 "대상성"과 관련해서만 파악하여 응시와 "주체성"과의 연관성을 간과하고, 주체가 응시에서 자신의 결여를 인식하고 이를 통해 욕망의 주체로 태어날 수 있다는 사실을 인식하지 못한다.[42)]

라캉에게 응시는 주체의 욕망을 불러일으키는 대상 a다. "대상 a로서의 응시는 거세의 현상 속에 표현된 이 중심적 결여를 상징하며…… 주체가 외양 뒤에 무엇이 있는지 알지 못하게 한다"(SXI, 77). 응시는 주체에게 무엇인가를 은폐하는 스크린으로 작용하고 주체가 스크린 배후를 보고자하는 욕망을 낳는다. 스크린이 "유혹의 기능"을 하는 것이다(SXI, 100). 그림은 응시를 새겨 넣으면서 대상 a에 대한 주체의 욕망을 불러일으킨다. 모든 그림에는 주체의 욕망, 결핍, 부재인 구멍, 스크린인 응시가 존재한다.

라캉은 한스 홀바인(Hans Holbein, 1497~1543)의 명화 「대사들」(The Ambassadors)을 예로 제시한다. 이 그림의 배경에 인간의 "예술과 과학의 허영"을 나타내는 사물들이 존재한다면 이 그림의 전경에 왜상으로 그려져서 삐딱한 각도로 볼 때 해골로 나타나는 커다란 얼룩은 주체의 거세와 죽음 그리고 무(無)를 나타낸다. 이 그림은 "응시에 대한 함정"이다(SXI, 88). 이 얼룩은 "관찰자 다시 말해서 우리를 그 함정에 포획하기 위해" 존재한다(SXI, 92). 콥젝이 지적하듯이 이 말은 주체의 관심을 사로잡아 주체가 재현의 영역 바깥에 있는 응시를 상상하게 만든다는 의미다.[43)]

---

42) Kaja Silverman, *The Threshold of the Visible World*, 166~167쪽.

43) Joan Copjec, *Read My Desire: Lacan Against the Historicism* (Cambridge, MA: MIT P, 1994), 34~35쪽.

한스 홀바인, 「대사들」, 1533, 런던 내셔널 갤러리.

　주체가 자신의 이상적인 모습을 발견하는 상상계적 거울상과 반대로
응시는 주체가 재현의 영역에 무엇인가가 결여되어 있다고 여기게 만들
어 그 영역 너머를 보고자하는 욕망을 불러일으킨다. 라캉이 트롱프뢰
유(*trompe-l'oeil*)를 예로 드는 것도 바로 이 때문이다. 트롱프뢰유는 "외
양과 경쟁하는 것이 아니라 플라톤이 외양을 넘어서는 것이라고 지적한
것과 경쟁한다. ……이 다른 것은 바로 대상 *a*다(*SXI*, 112). 벽 위에 너무
사실과 닮은 베일을 그려서 친구에게 베일 뒤에 무엇이 있는가라는 질
문을 이끌어낸 파라시오스(Parrhasios)의 예는 "눈에 대한 응시의 승리"
를 예증한다(*SXI*, 103). 파라시오스의 트롱프뢰유는 베일 뒤에 무엇이

있는가라는 의문과 이 의문을 풀고자하는 욕망을 불러일으킨다. 라캉이 말하듯이 외양 뒤에는 아무것도 없다. 그러나 무엇인가가 결여되고 은폐되고 있다는 사실 자체는 단순한 인식상의 오류가 아니라 욕망의 주체를 생겨나게 하는 원인이다.[44)]

라캉은 대상 *a*에 대한 이 주체의 눈길을 '사악한 눈'(evil eye)이라 부르고 성 아우구스티누스(Saint Augustine, 345~430)의 『고백록』(*Confessiones*)에서 어머니의 젖을 먹고 있는 동생의 모습을 바라보는 아이의 눈길을 예로 제시한다. 이때 아이는 동생을 단순히 질투하는 것이 아니라 자신에게서 떨어져 나간 대상 *a*──여기에서는 어머니의 젖──가 동생에게 만족을 주는 "완전함의 이미지" 앞에서 창백해진다(*SXI*, 116). 아이의 눈에 젖을 먹고 있는 동생은 "그것, 즉 대상 *a*를 갖고 있다"고 보이기에 그는 동생에게 시기에 찬 적개심을 느낀다.[45)] 라캉에 따르면 예술에는 주체의 눈에 볼거리를 제공하여 그림을 보는 주체가 무기를 내려놓듯이 응시를 내려놓게 하는 승화와 위로의 기능, 즉 "달래고 문명화하고 매료시키는 힘"이 있다(*SXI*, 116). 그러나 더 근본적으로 "그림의 기능은…… 응시와 관계를 갖는다"(*SXI*, 100). 예술은 주체의 눈을 충족시키면서도 주체의 "응시를 간청한다."[46)]

---

44) 같은 책, 35쪽.

45) 라캉이 '사악한 눈'을 논할 때 응시가 불러일으킨 상실한 대상 *a*에 대하여 "절박해진" 것으로 표현함으로써 응시와 눈의 분열이 아니라 접합을 시도한다는 주장에 대해서는 Hanjo Berressem, "The 'Evil Eye' of Painting: Jacques Lacan and Witold Gombrowicz on the Gaze," *Reading Seminar XI*, Richard Feldstein 외 공편, 175~179쪽을 참조할 것. 라캉은 세미나 XX 『앙코르』에서 이 시기심을 자신이 세미나 VII 『정신분석의 윤리』에서 분석한 이웃이 향유하는 주이상스에 대한 시기심과 연결해 설명하며 이를 '시기심에 찬'이란 의미의 jealous와 jouissance를 혼합한 신조어 '젤러이상스'(Jealouissance)라 명명한다(*SXX*, 100). 이웃의 주이상스에 대해서는 제11장 「도덕법칙과 주이상스」를 참조할 것.

46) Stuart Schneiderman, "Art According to Lacan," *Newsletter of the Freudian Field*, 2.1 (1988), 21쪽.

사영기하학

로버트 새뮤얼스(Robert Samuels)는 주체가 사라지는 지점인 대상 a 는 주체의 시야에서 지평선 위에 존재하는 소실점과 유사하다고 지적한 다.[47] 그러나 라캉의 세미나 XIII에 따르면 이런 유추관계는 성립하지 않는다. 라캉은 세미나 XI에서 얼룩이나 스크린, 즉 대상 a로서의 응시를 세미나 XIII에서 더 정교한 방식으로 다룬다. 여기에서 라캉이 새롭게 소개하는 것은 유클리드 기하학에 원근법을 적용한 지라르 데자르그 (Girard Desargues, 1591~1661)의 사영기하학(projective geometry)이다. "유클리드 기하학이 모든 점이 균등한 동질적 공간을 상정한다면……반대로 데자르그의 기하학은 [유클리드적 공간의] 임의적인 다양성에 질서를 부여하는 하나의 시점에 의해 조직화된 공간"을 상정한다.[48] 이 시점은 바로 주체의 시점이며 그림에서는 소실점으로 나타난다. 다시 말해서 사영기하학은 "화면(picture plane) 바깥에 존재하는 점", 즉 "가정된 외적인 관찰자의 눈"에 의존하지 않고 "그림 내부에 존재하는 점을 중심으로 시각적 영역이 조직된다"는 사실과 이 점이 "보는 주체의 눈이 시각적 영역으로…… 투사된 것"을 나타내는 소실점이라는 사실을 밝혀 낸 것이다.[49]

사영기하학이 라캉의 논의에서 중요한 것은 주체의 눈에 보이는 세계가 단순히 재현되는 것이 아니라 시각적 영역에 보는 주체가 육화되어 나타난다는 사실을 밝혀주기 때문이다. 보는 주체인 관찰자는 "가시적

---

47) Robert Samuels, "Art and the Position of the Analyst," *Reading Seminar XI*, Richard Feldstein 외 공편, 184쪽.
48) Hubert Damisch, *The Origin of Perspective*, John Goodman 옮김 (Cambridge, MA: MIT P, 1994), 49쪽.
49) Joan Copjec, *Imagine There's No Woman: Ethics and Sublimation* (Cambridge, MA: MIT P, 2002), 188~189쪽.

세계를 보는 추상적인 입장이 아니라 시야에 대한 육화된 입장"이다.[50] 라캉은 세로 평행선들이 지평선에서 만나는 점이 존재한다는 사실을 밝혀낸 것이 사영기하학의 공헌이라고 밝힌다. 또한 이 세로 평행선들이 만나는 지점인 지평선 위의 소실점이 "고전적 지식의 주체인 동일시의 이상적 주체"를 나타내는 "눈"의 지점이라고 지적한다(SXIII, 1966.5.4, 6). 보는 주체는 화면에서 소실점으로 나타나는 것이다.

그런데 더 중요한 것은 주체가 분열된 상태로 화면에 나타난다는 사실이다. 주체의 분열은 눈과 응시의 분열이다. 따라서 화면에는 눈과 더불어 응시도 나타난다. 라캉은 세미나 XI에서 「대사들」의 전경에 나타난 얼룩을 응시로 설명하지만 원근법을 적용하지는 않았다. 반면에 그는 세미나 XIII에서 사영기하학을 적용해 벨라스케스의 「궁정의 시녀들」을 세밀히 분석하며 눈과 응시의 분열을 찾아낸다. 응시는 사영기하학에서 거리지점(distance point)이라 명명한 것으로 나타난다.[51]

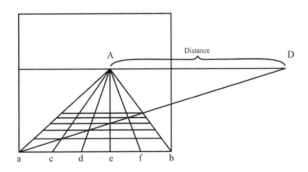

거리지점은 그림에서 지평선을 연장한 선과 지평면에 원근법으로 그려진 동일한 크기의 사각형의 꼭짓점들을 연결한 사선이 만나는 지점이

---

50) 같은 책, 189쪽.
51) 같은 책, 195쪽.

다. 소실점과 이 지점 사이의 거리가 보는 주체와 화면의 거리를 나타낸다. 앞의 그림에서 A는 소실점을 D는 거리지점을 나타내며, 이 두 점 사이의 거리가 주체와 화면 사이의 거리다.[52]

이 거리지점은 지평면 위의 사각형의 높이를 결정하는 데 필요하다. 라캉은 다음과 같이 말한다.

화면에 무한으로 향하는 선과 그림 평면이 지평면과 만나는 선이 교차하는 지점으로 구성된 또 다른 눈의 지점이 있습니다. ……이 차이는 한 점으로만 나타나는데 이 점은 지평선의 소실점을 가리키듯이 우리가 가리킬 수 없기 때문에 전적으로 숨겨진 점입니다. ……두 평행선 사이의 차이에 놓인…… 이 상실된 점이…… 바로 응시의 주체의 점입니다. 그러므로 우리는 보는(*voyant*) 주체의 점인 소실점과 주체와 화면 사이의 차이에 해당하는 점, 즉 내가 응시하는(*regardant*) 주체의 점이라고 부른 점을 지니게 됩니다. ……많은 고전 그림에서 위장된 형태로 작은 얼룩 또는 때로 아주 단순하게 하나의 눈을 발견할 수 있습니다. (*SXIII*, 1966.5.4, 10~12)

그림 안에는 보는 주체뿐 아니라 응시의 주체도 숨겨지거나 상실된 점 또는 얼룩이나 눈으로 나타난다. 즉 응시의 주체는 화가가 "부재의 상태로 그림 속에 존재하는 점"으로 나타나는 것이다(*SXIII*, 1966.5.18, 15).

그림 속 소실점과 거리지점은 분열된 주체를 나타낸다. 라캉은 거리지점을 "2차 소실점"이라 부른다(*SXIII*, 1966.5.11, 13). 이 점은 주체가 그림과 어떤 거리를 취하든 간에 반드시 존재하기 때문에 "2차적인 것이

---

52) 그림의 출처는 Erwin Panofsky, *Perspective as Symbolic Form* (New York: Zone Books, 1991), 132쪽.

아니라 구조적인"것이다(SXIII, 1966.5.11, 13). 주체와 그림 사이의 거리를 나타내는 이 점은 단순히 "이 거리의 측량적 가치" 때문에 중요한 것이 아니라 이 거리 자체가 그림의 구조 속에 새겨진다는 점에서 중요하다. 이 점은 원근법을 연구한 예술가들이 부른 것처럼 "다른 눈"이 아니라 "다른 주체"로 불러야 한다(SXIII, 1966.5.11, 13). 소실점이 "나는 존재한다"는 데카르트적 주체를 의미한다면, 이 다른 주체는 데카르트적 주체가 "알지 못하는 방식으로 생각하는 주체", 즉 무의식적 실재의 주체를 의미한다(SXIII, 1966.5.11, 5). 소실점이 데카르트적 지식의 주체를 나타낸다면, 이 2차 소실점은 (정신분석학적) "진리의 주체"다.[53]

환상의 창문

그렇다면 눈과 응시는 벨라스케스의 「궁정의 시녀들」에서 어떻게 나타나는가? 라캉은 이 그림에서 벨라스케스가 그리고 있는 그림의 캔버스가 관객에게 등을 돌리고 있다는 사실이 관객에게 이 그림을 보고자 하는 욕망을 불러일으킨다고 말한다.[54] 그러나 그림은 이미 그려졌기에 관객은 화가가 무엇을 그리고 있는지가 아니라 그가 우리에게 어떤 생각을 하게 하려고 했는지를 궁금해한다. 이 의문은 관객이 타자인 화가

---

53) 라캉은 1966년 5월 18일 강연에서 시각욕동이 "진리의 주체"와 관계된다고 밝힌다. 휴버트 다미시(Hubert Damisch, 1928~2017)도 주체의 시점(point of view)과 응시의 시점이 주체의 분열을 나타내며 각각 지식과 진리를 나타낸다고 지적한다. Hubert Damisch, *The Origin of Perspective*, 54~55쪽. 소실점, 거리지점과 분열된 주체의 관계 및 「궁정의 시녀들」에 대한 라캉의 세미나를 다룬 글로서 Sigi Jöttkandt, "The Cornered Object of Psychoanalysis: *Las Meninas*, Jacques Lacan and Henry James," *Continental Philosophy Review*, 46.2 (2013), 291~303쪽도 참조할 것.

54) 라캉은 그림 속의 그림이 다름 아닌 「궁정의 시녀들」이라고 말한다(SXIII, 1966. 5.11, 26).

의 욕망이 무엇인지 알고 싶어하는 욕망의 표현이며 주체가 타자의 욕
망을 매개로 태어난다는 "주체의 변증법"을 보여준다(SXIII, 1966.5.11,
25). 주체는 자신이 차지할 수 없는 타자의 지점에서 자신을 보고 싶은
욕망을 갖게 되는 것이다.

그렇다면 이 그림에서 주체가 차지할 수 없는 타자의 지점에서 주체
를 바라보며 주체의 욕망을 불러일으키는 지점은 어디인가? 이 "구조적
이고 재현된 점"인 2차 소실점은 캔버스 앞에 서서 관객을 바라보고 있
는 "응시의 주체"(*sujet regardant*)인 벨라스케스 또는 그의 응시다(SXIII,
1966.5.11, 31). 벨라스케스는 이 응시의 지점에서 관객의 위치에 있던
자신을 바라본다. 이 응시의 지점은 주체가 차지할 수 없는 불가능한 지
점이다. 따라서 이를 차지한 벨라스케스는 "유령-같은 형태"이며 "환상
적인 존재"다(SXIII, 1966.5.11, 33). 응시의 지점에서 대상 *a*로 육화된 주
체는 유령 같고 환상적인 존재이기에 그의 눈빛은 "부재하고 꿈을 꾸는
것처럼" 보인다(SXIII, 1966.5.11, 30).

라캉에 따르면 소실점과 거리지점은 이미 사영기하학에 의해 밝혀진
것이라서 새로울 것이 없다. "새로운 것은 이 속에서 $[분열된 주체]의
지형학을 찾았다는 데 있다. 이 지형학과 관련해서 이제 이 두 점 사이의
분열을 결정하는 *a*를 어디에 위치시킬지 알아야 한다"(SXIII, 1966.5.4,
26). 2차 소실점인 대상 *a*는 그림 속의 벨라스케스로 나타난다. 반면 소
실점, 즉 눈의 지점은 열린 문가에 서서 떠나려는 사람, 즉 벨라스케스와
동명인인 니에토 벨라스케스에 위치한다. 이 인물은 벨라스케스를 왕의
아포센타도로 추천한 장본인이며 "그[벨라스케스]를 복제한 인물"이다
(SXIII, 1966.5.11, 29). 이 그림의 소실점은 정확히 이 인물의 팔꿈치에
위치한다. 그러므로 동명인인 니에토 벨라스케스는 보는 주체인 눈을 나
타낸다. 거리지점은 소실점이 위치한 지평선상의 또 다른 점이므로 니에
토 벨라스케스와 같은 높이에 있는 화가 벨라스케스는 거리지점인 응시

의 주체를 나타낸다. 이렇게 이 그림에서 두 벨라스케스는 눈과 응시로 나타난 주체의 분열을 체현한다.

그러나 콥젝의 지적대로 제2의 점인 응시가 그림 속에서 간격과 거리로 나타난다고 볼 수도 있다. "보는 주체를 바라보는 제2의 점인 응시는 정확히 점으로 지시할 수 없다. 왜냐하면 이는 그것을 (소실점 또는 우리가 보는 위치처럼) 그림으로 환원하는 효과를 지니기 때문이다. 이 두 점 (지시할 수 있는 점과 그럴 수 없는 다른 점) 사이의 틈은 그림 속에서 작은 틈이나 간격으로만 증명할 수 있다."[55] 「궁정의 시녀들」에서 이 거리는 화가 벨라스케스와 캔버스 사이의 거리에서 찾을 수 있으며 이 거리는 주체와 그림 사이의 거리를 나타낸다.

그림 속에서 마가리트 공주와 그녀 앞에서 무릎을 꿇고 빨간색 병을 권하고 있는 사르미엔토(María Augustina Sarmiento)는 벨라스케스의 앞쪽에 있고 다른 사람들은 벨라스케스보다 뒤에 있다. 이 두 그룹을 구분

---

55) Joan Copjec, *Imagine There's No Woman*, 195쪽. 콥젝은 벨라스케스의 그림을 논하지 않지만 그녀가 말하는 간격과 틈은 「궁정의 시녀들」속의 벨라스케스와 캔버스 사이의 거리에 대한 라캉의 지적과 밀접히 관련된다. 제2의 점을 그림 속에서 정확히 지시할 수 없다는 라캉의 지적을 콥젝이 강조하는 것은 이 그림 속에서 응시의 점이 벨라스케스(의 응시)라는 라캉의 또 다른 지적과 모순되는 것처럼 여겨질 수 있다. 그러나 라캉은 벨라스케스의 응시를 제2의 구조적 점으로 지적하는 동시에 벨라스케스와 캔버스 사이의 거리를 언급하므로 두 해석 모두 가능하다고 볼 수 있다. 스튜어트 슈나이더만(Stuart Schneiderman)은 이 그림에서 응시의 지점은 캔버스의 뒷면 가운데에서 발견할 수 있는 얼룩이며 이 얼룩이 눈과 코의 형상을 갖춘 유령 같은 모습이라고 지적한다. Stuart Schneiderman, "Art According to Lacan," 22쪽. 라캉은 이를 지적하지는 않지만 얼룩에 대한 라캉의 언급을 상기하면 이런 해석도 가능하다. 그렇지만 제프리 웨이트(Geoffrey Waite)에 따르면 1984년 청소작업 후에 이 해골형상은 캔버스 뒷면 가운데 패널에서 사라졌으므로 벨라스케스가 의도적으로 그려 넣은 것으로 보기 어렵다. 그러나 놀랍게도 이 해골형상은 청소작업 후 캔버스 뒷면의 가운데 패널이 아닌 위 패널에 나타났다. Geoffrey Waite, "Lenin in *Las Meninas*: An Essay in Historical-Materialist Vision," *History and Theory*, 25.3 (1986), 277쪽.

하는 공간은 벨라스케스가 만들어놓은 것이다. 라캉은 벨라스케스가 관객의 위치에서 공주의 오른편에서 인사를 하고 있는 벨라스코(Isabel de Velasco)의 앞을 가로질러 현재의 위치로 들어갔으며 벨라스케스의 이런 움직임이 벨라스코의 치마 앞부분의 흔적으로 나타난다고 말한다. 이 그림에는 그가 지나간 자국이 존재하는 것이다. 벨라스케스와 캔버스 사이의 공간 그리고 벨라스케스가 관객의 위치에서 그림 속 현재의 위치로 들어간 통로로서의 공간은 벨라스케스가 보는 주체인 눈의 위치에서 주체가 차지할 수 없는 응시의 위치로 이동했음을 보여준다. 눈과 응시의 사이를 나타내는 화면은 창문의 역할을 한다.[56] 벨라스케스가 창문을 가로질러 그림 속으로 들어간 거리는 벨라스케스와 캔버스 사이의 거리로 나타난다. 이렇게 이 그림은 "자신을 우연이나 자의적이지 않은 방식으로 [그림 속에] 자신이 차지한 위치에 넣은 자, 즉 벨라스케스의 응시"를 새겨 넣고, 이것이 바로 관객을 사로잡는 "포획의 점이며 이 그림이 우리에게 행사하는 특수한 행동이다"(SXIII, 1966.5.11, 32).

실재와 표상의 대표자

라캉은 푸코가 참석한 5월 18일 세미나에서 「궁정의 시녀들」에 대한 푸코의 주장을 두 가지 점에서 반박한다. 우선 푸코는 이 그림이 고전주

---

56) 토머스 브로클먼(Thomas Brokelman)은 「궁정의 시녀들」이 창문 밖 풍경을 그린 그림을 창문 앞에 두고 그 그림과 창문 밖 풍경 전체를 그려서 실제의 창문 밖 풍경과 그림 속 창문 밖 풍경이 겹치도록 한 르네 마그리트(René Magritte, 1898~1967)의 「인간의 조건」(The Human Condition)과 유사하게 그림이 현실의 재현이 아니라 그림 자체를 보게 만들며 이런 점에서 '표상의 대표자'라고 해석한다. Thomas Brokelman, "The Other Side of the Canvas: Lacan Flips Foucault over Velázquez," *Continental Philosophy Review*, 46.2 (2013), 278~280쪽을 참조할 것.

의라는 특정한 역사적 시기의 에피스테메를 나타낸다고 주장한다. 그러나 라캉은 시대를 불문하고 모든 '말하는 주체'에게 동일한 구조적 문제가 제기되었다고 주장한다. 그림이 주체가 대상 *a*와 맺는 환상의 구조를 보여준다면 이는 시대를 초월한 초역사적인 현상이다. 라캉이 푸코를 비판하는 둘째 사항은 벨라스케스의 명화가 푸코의 말대로 "재현의 재현"(representation of representation)이 아니라 '표상의 대표자'라는 점이다.[57]

라캉은 세미나 XI 『정신분석의 네 가지 근본개념』에서 프로이트가 『꿈의 해석』에서 예시하는 꿈 해석을 통해 표상의 대표자를 설명한다. 죽어가는 아들을 간호하던 아버지는 아들이 죽자 아들의 시신을 볼 수 있도록 문을 살짝 열어 두고 옆방에서 잠이 든다. 아버지는 살아 있는 아들이 침대 곁에서 "아버지 제가 타고 있는 것을 보지 못하세요?"라고 묻는 꿈을 꾼다. 잠이 깬 아버지는 옆방에서 간병인이 잠든 사이 아들의 팔에 촛불이 옮겨붙어 타버린 것을 발견한다. 프로이트는 이 꿈이 문틈으로 불빛이 들어왔다는 사실, 간병인이 간병을 잘하지 못할 것이라는 아버지의 염려 그리고 생시에 열병에 시달리던 아들이 실제로 "제가 불타고 있어요"와 "보지 못하세요?"라고 말했을 가능성 등 여러 요소에 의해 중층결정된 것으로 파악한다. 그는 아들이 살아서 아버지를 깨우는 이 꿈이 아들이 살아 있기를 바라는 아버지의 소망 성취를 보여주고, 아버지가 잠에서 깨지 않는 것은 이 소망을 연장하기 위한 것이라고 해석한다(*SEV*: 509~510). 그러나 라캉은 이 꿈이 실재와의 '어긋난 만남'

---

57) representation은 '표상' 또는 '재현'으로 번역될 수 있다. 이광래의 『말과 사물』 국역본은 영문 "representation of Classical representation"을 고전주의 시대의 표현법에 대한 표상"으로, 같은 책을 최근에 새로 옮긴 이규현의 번역본은 "고전주의적 재현의 재현"으로 옮겼다. 미셸 푸코, 『말과 사물』(이광래 옮김, 민음사, 1987), 40쪽; 미셸 푸코, 『말과 사물』(이규현 옮김, 민음사, 2012), 43쪽을 참조할 것.

(missed encounter)을 예시하며 아버지가 꿈에서 깨어나게 하는 것이 소음 등의 현실적 요소가 아니라 실재라고 해석한다.

이 꿈은 아이가 살아 있는 꿈을 계속 꾸길 원하는 아버지의 소망성취가 아니라 아이의 죽음이라는 외상적 실재와의 어긋난 만남을 보여준다.

영원할 어긋난 만남이 꿈과 깨어남 사이에서 발생합니다. ……그 꿈은 소망을 충족시키는 환상이 아닙니다. ……왜냐하면 그는 꿈속에서 아들이 아직 살아 있다고 스스로 설득하는 것이 아니기 때문입니다. 그러나 아들이 아버지의 팔을 잡는 끔찍한 장면은 꿈속에서 듣게 만드는 저 너머를 지시합니다. 욕망은 대상이 가장 잔인한 시점의 이미지에서 표현된 상실을 통해서 꿈속에서 자신을 표현합니다. 끊임없이 반복되는 행위라는 의례만이 이 과히 기억할 만하지 않은 만남을 기념합니다. 왜냐하면 아버지로서의 아버지를 제외하고 어느 누구도, 즉 어떤 의식적 존재도 아이의 죽음이 무엇인지를 말할 수 없기 때문입니다. ……아버지 제가 타고 있는 것을 보지 못하세요? 이 문장은 그 자체로 불타는 장작이며—그것은 자체로 떨어지는 곳을 불타게 한다—우리는 무엇이 타는지 알 수 없습니다. 왜냐하면 불길은 불이 *Unterlegt, Untertragen*[아래에 놓인 것], 즉 실재에 관여한다는 사실에 눈멀게 하기 때문입니다. (*SXI*, 59)

꿈속에서 아들이 말하는 문장은 불이 실재에 관계한다는 사실에 눈멀게 한다. 이런 점에서 라캉은 이 문장을 "꿈속에서 표상의 상관물"로 보고, 꿈 자체도 "표상의 대응물" 즉 "표상을 대신하는 것"(표상의 대표자)으로 간주한다(*SXI*, 60). "우리를 깨우는 것은 표상을 대신하는 것의 결여 배후에 숨어 있는 다른 현실이다. 프로이트는 이것이 욕동이라고 말한다. ……실재는 꿈 너머에서, 꿈이 감싸서 우리에게 숨긴 것에서, 하나의 대표자밖에 갖지 못하는 표상의 결여 뒤에서 찾아야 한다"(SXI, 60). 요컨대 꿈은 실재, 욕동, 아이의 죽음이라는 외상적 현실을 대신하여 그것에 눈멀게 하는 표상의 대표자다.

제3장에서 논했듯이 라캉은 *Vorstellung*을 의미로, *repräsentanz*를 순수기표로 파악한다. 핑크는 *Vorstellung*을 실재로, *repräsentanz*를 상징계로 보고 이 둘 사이에는 대표의 관계뿐 아니라 단절의 관계도 존재한다고 해석한다. 그러므로 "꿈에서조차 실재와의 직접적인 조우는 없다. 실재의 표상은 결여되어 있고 우리가 꿈에서 발견하는 것은 그것의 위치를 차지하는 것, 그것을 대신하는 것이다."[58] 상징계가 대표하는데 실패하는 실재와의 어긋난 만남은 반복을 야기한다. 라캉이 강조하듯이 "끊임없이 반복되는 행위라는 의례만이" 실재와의 어긋난 만남을 기념할 뿐이다. (표상의) 대표자의 지시대상은 "대표(represent)되지 결코 현시(present)되지 않는다."[59] "기표가 다른 기표에게 주체를 대표한다"라는 라캉의 명제는 기표가 실재의 주체를 거듭해서 대표하는 데 실패하는 반복을 보여준다. 마찬가지로 주체가 상실한 대상 *a*를 회복하려는 포르트-다 게임 역시 실재를 현시하지 못하고 대표하는 표상의 대표자다. *fort*와 *da*라는 기표가 반복해서 교체되는 이 게임에는 그것이 대표하는 것이 빠져 있다. 이 게임은 "본질적으로 대표된 것으로서 그곳에 없는 것을 겨냥한다. 왜냐하면 표상(*Vorstellung*)의 대표자(*repräsentanz*)는 이 게임 자체이기 때문이다"(SXI, 63). 제3장에서 소개한 도표가 보여주듯이 *fort*와 *da*라는 기표들은 가로선 아래에 억압된 주체와 대상 *a*의 관계($ \$ \rightarrow a $)가 아니라 서로를 지시할 뿐이다(*fort* → *da*).

이 용어가 실재를 대표하면서 대표하지 못하는 역설은 물(*das Ding*)과

---

58) Bruce Fink, "The Real Cause of Repetition," 227쪽.
59) 같은 곳.

기표 그리고 이미지의 관계를 심층적으로 분석한 세미나 VII『정신분석의 윤리』에서 잘 드러난다. 여기에서도 라캉은 표상의 대표자가 지닌 이원적 구조를 설명하며 그것이 물을 표상한다고 설명한다. 그는 주체 안의 낯설고 이질적인 것인 '물'을 "무의식의 차원에서 단지 표상만이 대표할 수 있는 어떤 것"으로 정의하면서, "그것을 단순한 용어구로 생각하지 말라. *Vorstellungsrepräsentanz*라는 용어가 지시하듯이 여기에서 '대표하다'와 '표상'은 두개의 다른 것이기 때문이다"라고 말한다(*SVII*, 71). 리차드 부스비(Richard Boothby, 1954~)에 따르면 사물을 대신하는—따라서 사물의 부재를 뜻하는—기표는 그 자체로 사물의 부재를 대신하는 존재로서 "존재와 부재의 교체"라는 이항구조를 지닌다.[60] 이런 이항구조 때문에 역설적으로 대표될 수 없는 물을 대표할 수 있다. "기표의 구조 자체가 부재에 기초하기 때문에 기표는 대표되지 않은 것의 장소를 표시할 수 있고, '물'—일종의 부재—의 장소를 차지할 수 있다. ……만일 기표가 *Vorstellungsrepräsentanz*로서 대표되지 않는 것을 대표하는 기능을 한다면, 그것은 그 자체의 이항구조를 구성하는 부재의 기능 때문이다."[61]

라캉은 세미나 XVI『대타자에서 소타자로』(*From an Other to the other*)에서 여성과 궁정풍 사랑을 논하면서 표상의 대표자와 물의 관계를 설명한다. 라캉이 세미나 XVIII『유사물이 아닐 담론에 관하여』(*On a*

---

[60] Richard Boothby, *Freud as Philosopher: Metapsychology After Lacan* (New York: Routledge, 2001), 220쪽.

[61] 같은 책, 219쪽. 박찬부가 지적하듯이 *Vorstellung*을 실재로 보는 핑크의 해석에 문제점이 없지 않지만, 핑크와 부스비의 메시지는 공통적으로 "상징적 기표[가] 재현 불가능한 실재를 재현의 가능성으로 끌어들이려는 한 시도"라는 것이다. 박찬부,『기호, 주체, 욕망』, 161쪽. 표상의 대표자에 대한 국내 연구로는 이 책 156~168쪽과 최원,『라캉 또는 알튀세르: 이데올로기적 반역과 반폭력의 정치를 위하여』(난장, 2016), 127~141쪽을 참조할 것.

Discourse that Might Not Be A Semblance)에서 정식화하기 시작하여 세미나 XX 『앙코르』에서 완성한 성별화 공식에서 논하는 대문자 여성(Woman)은 기표로 대표될 수 없는 실재에 속한다. 남근기표를 중심으로 구조화된 상징계에서 여성을 대표할 수 있는 "성적 기표"는 존재하지 않으며 "그녀의 표상의 대표자가 상실되었다는 사실 때문에 우리는 그녀가 무엇인지 알 수 없다"(SXVI, 1969.3.12, 12~13). 라캉은 여성적 주이상스에 관해 "여기에서 무엇인가가 물(Thing)을 닮아 있다"라고 말한다(SXVI, 1969.3.12, 16). 궁정풍 사랑은 여성적 주이상스에 도달하려는 부질없는 시도다. 라캉이 세미나 VII에서 정의했듯이 승화는 대상을 물의 위치로 고양시키는 것이고 궁정풍 사랑에서 여인은 물의 위치로 고양된다. 궁정풍 사랑을 노래한 음유시인들이 예찬한 여인들은 "공통된 특징"을 지니고 있는데 그것은 다름 아닌 "표상의 대표자"라는 사실이다(SXVI, 1969.3.12, 17). 궁정풍 사랑에서 물의 위치로 고양된 여인들은 접근 불가능한 실재의 대문자 여성과 여성적 주이상스를 대신하는 표상의 대표자인 것이다.

이런 관점에서 「궁정의 시녀들」이 표상의 대표자라는 라캉의 발언은 이 그림이 실재의 욕동(의 주체)을 대표하면서 동시에 대표하지 못한다는 뜻을 함축한다. 늑대인간의 꿈에서 상실된 주체가 늑대들의 응시라는 표상의 대표자로 대신 대표되듯이, 이 그림에서 욕동의 주체는 직접 그려질 수 없다. "그림에서 무엇인가가 추방되는데 이는 바로 욕동의 주체다."[62] 그림 속의 화가 벨라스케스는 욕동의 주체를 대표하는 응시로서 "주체가 자신의 바깥에서 자신을 보는 신기루"이며 "그의 이미지가 대표될 수 없는 것을 보여주는 방식"을 보여준다.[63] 표상의 대표자는 역설

---

[62] Pierre-Gilles Guéguen, "Foucault and Lacan on Velázquez: The Status of the Subject of Representation," *Newsletter of the Freudian Field*, 3.1-2 (1989), 55쪽.
[63] Efrat Biberman, "On Narrativity in the Visual Field: A Psychoanalytic View of

적으로 결코 대표할 수 없는 실재를 드러낸다.

벨라스케스의 명화가 표상의 대표자라는 것은 실재의 욕동(의 주체)을 은폐하면서 동시에 지시하는 대표자의 기능을 수행한다는 것을 뜻한다.

> 우리는 무엇보다도 스크린이 대표하는 이 문제적 관계를 다루어야 합니다. 이 스크린은 실재를 숨기는 것이지만 단순히 실재를 숨기는 것이 아니라 동시에 실재를 지시하기도 합니다. ……우리는 단순히 은폐기억(screen memory)을 다루는 것이 아니라 환상이라 불리는 것을 다루며 프로이트가 표상이라 부르지 않고 표상의 대표자라 부른 것을 다루어야 합니다. (SXIII, 1966.5.18, 34)

표상이란 말은 주체가 "잘려나감"(cutting out), 즉 분열된 주체를 나타내지 못한다(SXIII, 1966.6.1, 2). 환상으로서의 그림은 표상이 아니라 분열된 주체를 대리하여 대표하는, "주체의 어떤 가능한 표상의 대표자"다(SXIII, 1966.6.1, 4).

시각욕동의 예술

벨라스케스가 불가능한 응시의 지점으로 들어갔다가 다시 나오는 움직임은 "욕동 행로의 순환적 성격"을 보여준다(SXI, 177~178). 욕동은

Velázquez's *Las Meninas*," *Narrative*, 14.3 (2006), 251쪽. 남인숙은 라캉이 그림 속 거울을 거울이 아닌 초상화로 추정하며, 이 초상화의 국왕부처가 표상의 대표자라고 주장한다. 남인숙, 「정신분석학에 나타난 이미지의 구조와 의미—표상의 대표자, 이미지, 스크린, S1을 중심으로」, 『라깡과 현대정신분석』, 12.1 (2010), 48~49쪽을 참조할 것.

"영원히 상실한 대상을 우회하는", 즉 대상 *a*를 순환하여 귀환하는 운동을 통해서 만족을 얻는다(*SXI*, 180). 시각욕동(scopic drive)의 경우 이 순환운동은 "나를 보이게 하는 것"(making oneself seen, *se faire voir*)이라는 재귀적 용법을 의미한다(*SXI*, 195). 프로이트는 「욕동과 그 변화」에서 욕동이 반대되는 것으로 바뀌는 예로 관음증이 노출증으로 변하는 과정을 설명한다. 이 과정은 첫째, 외적 대상을 바라보는 행위, 둘째, 대상을 포기하고 관음욕동이 주체 자신의 신체 일부를 향하는 과정, 셋째, 자신을 보여주기 위해서 자신을 바라보는 새로운 주체의 도입이라는 세 단계로 이루어진다(*SEXV*: 129).[64] 여기에서 "새로운 것은 하나의 주체가 출현한다는 점이다. 즉 타자인 이 주체는 욕동이 그 순환적 행로를 보일수 있는 한에서 출현한다. 타자의 차원에서 이 주체가 출현하는 것에 의해서만 욕동의 기능은 실현될 수 있다"(*SXI*, 178~179). 타자의 지점에서 주체가 출현하는 것은 주체가 스스로 응시의 지점에서 응시되는 것을 가능하게 한다. 타자의 위치는 주체에게 불가능한 지점이기 때문에 주체는 이 타자의 위치에 머무를 수 없고 반드시 자신의 위치로 돌아와야 한다. 라캉은 이 시각욕동이 "순환하는 이 무엇은 바로 내가 대상 *a*라 부른 것"이라고 말한다(*SXIII*, 1966.5.18, 24).

그림은 분열된 주체가 원초적으로 상실한 대상 *a*를 체현하는 응시의 점을 순환하고 돌아오는 시각욕동의 움직임을 보여준다. 이렇게 분열된 주체가 대상 *a*와 맺는 관계는 다름 아닌 환상이다. "당신과 이 그림의 관계, 이 그림이 환상과 맺는 관계…… 대상 *a*와 $[분열된 주체]의 관계를 보여준다"(*SXIII*, 1966.5.4, 31). 그러나 라캉은 이 그림 속에서 벨라스

---

64) 번역본에는 "새로운 주체"가 "새로운 대상"으로 오역되어 있다. 이는 주체가 스스로 대상이 되고 타자가 바라보는 주체가 된다는 프로이트의 주장을 오해하는 결과를 낳는다. 『정신분석학의 근본 개념』(윤희기, 박찬부 옮김, 열린책들, 2003), 117쪽.

케스의 응시 이외에 다른 대상 a도 있음을 지적한다. 이 그림에서 벨라스케스의 응시 이외에 관객을 사로잡는 것은 한가운데 있는 마가리타 공주다. 마가리타 공주는 "아름다우며 사로잡는다"(SXIII, 1966.5.25, 23). 화려한 옷을 입고 그림 한복판에 서 있는 마가리타 공주는 벨라스케스처럼 캔버스의 그림을 '보여줘'(show me, *fais voir*)라고 말하는 것처럼 보이며 관객의 시각적 욕망을 불러일으키는 대상 a의 역할을 한다. 그림은 관객이 지니는 '보여줘'라는 욕망에 대해 "너는 내가 너를 보는 곳에서 나를 볼 수 없어"라고 말한다(SXIII, 1966.5.25, 10). 이는 물론 시각욕동의 구조를 보여주는 것이며 주체가 응시의 불가능한 지점을 차지할 수 없다는 점을 상기시킨다.

라캉은 대상 a인 마가리타를 통해서 주체의 소멸과 거세가 나타난다고 지적한다. "이 그림의 한복판에 숨겨진 대상이 있다. ……이는 틈(slit)이라고 불리는 것이다"(SXIII, 1966.5.25, 24). "이 중심 대상, 이 분열, 이 어린 소녀는…… 남근이다"(SXIII, 1966.5.25, 28). 다시 말해서 이 그림의 한복판에는 마가리타 공주의 스커트에 숨겨진 여성의 성기가 있고 그것은 거세와 결여를 나타내는 남근을 의미한다. 왜냐하면 "대상 a가 도입하는 결정적인 것은…… 거세콤플렉스"이기 때문이다(SXIII, 1966.6.15, 14). 홀바인의 「대사들」에 나타나는 해골이 거세되고 소멸된 주체를 나타내듯이 이 그림 한복판에는 거세를 나타내는 여성의 성기가 스커트에 가려진 채로 숨겨져 있다.[65]

그런데 라캉에 따르면 이 그림에서는 벨라스케스와 마가리타 공주 이외의 다른 모든 인물도 동일한 역할을 한다. 이 인물들은 정지된 형태로 마치 포즈를 취하듯 스스로를 드러내는 활인화(*tableau vivant*)처럼 자신

---

65) 이런 점에서 마가리타 공주가 관객의 눈에 만족을 줌으로써 이 그림에 나타난 응시로부터 관객의 시선을 빼앗는 기능을 한다는 슈나이더만의 지적은 정확하지 않다. Stuart Schneiderman, "Art According to Lacan," 26쪽.

을 드러낸다. 이 그림이 관객을 사로잡아 그림 속으로 들어오라고 소환하는 이유는 이 인물들이 그림 속에 단순히 "재현되는 것이 아니라 드러내 보이고(showing off, *en representation*) 있기" 때문이다(SXIII, 1966.5.25, 15). 이 그림 속의 모든 인물은 관객에게 '보여줘'라는 욕망을 불러일으키므로 "이 그림 속의 모든 것은 더 이상 재현되는 것이 아니라 표상의 대표자다"(SXIII, 1966.5.25, 10). 이런 이유 때문에 라캉은 그림 속의 인물들이 "하나의 동일한 문제"에 관련되며 "그 속에서 삭제되었으나 그럼에도 여전히 존재하는 것", 즉 대상 *a*가 "한 가지 이상의 형태"로 나타난다고 말하는 것이다(SXIII, 1966.5.11, 18).[66]

벨라스케스의 「궁정의 시녀들」을 사영기하학의 논의를 빌려 분석함으로써 라캉은 이 그림 속에 분열된 주체가 응시라는 대상 *a*로 육화되어 있음을 증명한다. 인간이 상징계에서 분열된 주체로 태어나고 상실한 존재의 일부를 대상 *a*에서 대리로 추구하는 욕망의 주체인 한, 주체가 눈으로 보는 모든 것에는 응시의 요소가 개입되어 있다. 따라서 모든 그림은 재현이 아니라 "응시를 위한 함정"이다(SXIII, 1966.5.25, 12). 그러나 벨라스케스의 「궁정의 시녀들」이 지난 수백 년 동안 관객의 시선을 사로잡아왔다면 이는 이 명화가 눈을 만족시키는 예술의 기능을 넘어 응시의 욕망을 불러일으키는 대상 *a*로서의 예술의 기능을 더 크게 수행하는 작품이기 때문일 것이다. 라캉의 표현대로 "대타자의 영역에서 우리가 이미 그것이 거기에 있는 한 우리 자신의 신체를 회복하려 한다"면(SXIII, 1966.6.8, 14), 「궁정의 시녀들」은 주체가 대타자에서 상실한 자신의 파편을 되찾고자하는 시각욕동을 강렬하게 자극하는 환상의 공간이다.

푸코가 이 그림을 주체가 배제된 순수한 재현이라고 본 반면 라캉은

---

66) 그림 속의 "많은 응시"에 대한 라캉의 지적을 논한 글로서 신명아, 「라캉과 미술비평: 라캉의 실재와 숭고한 대상물의 관계」, 『라캉의 재탄생』, 681쪽을 참조할 것.

이 그림에서 배제된 주체가 응시라는 숨겨진 형태로 드러나는 시각욕동의 필연적 구조를 발견한다. 이 응시는 주체가 거울을 통해 자신을 보는 거울이미지가 아니다. 거울에는 시각욕동을 가능하게 하는 원근법이 존재하지 않는다(SXIII, 1966.5.25, 6). 이 그림은 거울이 아닌 창문이다. 거울은 자신이 보고 싶은 자신의 모습, 주체가 스스로를 생각하는 모습을 반영한다. 이에 반해 창문은 "자신이 보는 위치가 아닌 곳에서 자신이 보이는 모습"으로 그림에 그려진다.[67) 그림은 관객의 모습을 투사하는 거울이 아니라, "표상 속에서…… 항상 사라지는 것…… 그림 속 표상의 대표자인 대상 *a*"를 지닌 채 관객을 "함정에 빠트리는 것"이다(SXIII, 1966.5.18, 46). 이 "대상 *a*는 특히 거울에서는 결코 포착할 수 없다. 왜냐하면 대상 *a*는 우리가 단순히 눈을 뜸으로써 스스로 구성하는 창문이기 때문이다"(SXIII, 1966.5.18, 46).

응시와 마주치면 불안이 일어난다. "당신이 다른 장소에서 당신의 응시를 볼 때 불안이 발생한다. 이는 당신이 당신의 상실을 깨닫는 순간이기 때문이다."[68) 라캉에게 그림을 본다는 것은 상실한 자신을 되찾으려는 욕망을 불러일으키는 일이다. 하지만 상실한 대상은 불가능한 실재의 대상이기 때문에 불안을 느끼는 역설적인 경험이 되기도 한다. 푸코가 「궁정의 시녀들」에서 주체 없는 재현과 거울의 메커니즘을 찾았다면 라캉은 이 명화에서 상실한 실재의 주체가 유령처럼 회귀해 주체를 대면하는 환상의 창문을 찾는다.

벨라스케스의 명화에 대한 푸코와 라캉의 논의는 주체와 예술적 재현이 어떤 관계를 갖는지에 대한 대조적인 사유를 보여준다. 관점의 차이

---

67) Joan Copjec, *Imagine There's No Woman*, 184쪽.
68) Stuart Schneiderman, "Art According to Lacan," 20쪽. 라캉은 세미나 X 『불안』에서 대상 *a*를 불안의 원인으로 설명한다. 이에 관해서는 제12장 「선악의 경계: 루터, 스피노자와 함께 칸트를」 각주 73번을 참조할 것.

에 따라 그림은 재현일 수도 있고 재현을 가능하게 하는 주체의 체현일 수도 있다. 이들의 논의는 분명 「궁정의 시녀들」의 예술적 의미에 철학적 사유의 깊이를 더해주었다. 더 나아가 이들의 논의는 이 명화에 국한된 것이 아니라 인간이 세계나 구조와 맺는 관계에 대한 철학적 사유의 차이도 보여준다. 「궁정의 시녀들」에 대한 푸코의 논의가 고전주의라는 역사적 시기의 예술에 대한 사색이긴 하지만 이 그림이 순수 재현으로서 푸코에게 매력적으로 보일 수 있었던 것은 그가 주체를 추방한 (탈)구조주의적 관점에서 이 그림을 바라보았기 때문이 아닐까? 이와 달리 그림 속에서 숨겨진 주체의 흔적을 찾아내는 라캉은 억압된 주체의 회귀라는 프로이트의 정신분석학을 새로 쓰면서 주체가 추방된 탈구조주의의 공간에 분열된 주체를 다시 새겨 넣는다.

제2부 정신분석의 윤리

제8장 선과 쾌락의 윤리
아리스토텔레스와 프로이트

윤리의 척도: 욕망과 위반

라캉은 세미나 XX『앙코르』에서 세미나 VII『정신분석의 윤리』에 대해 "내가 스스로 다시 써서 텍스트로 만들고 싶은 유일한" 세미나라고 말했다(SXX, 53). 라캉이 이 세미나에 대해 가졌던 애착은 이 세미나가 여러 가지 면에서 그의 정신분석 이론 발달에 중대한 전환점이 되었기 때문일 것이다. 정신분석의 윤리를 다룬 이 세미나는 칸트의 도덕적 정언명령과 사드적인 도착성의 복잡한 관계를 규명하고, 소포클레스의 『안티고네』를 미학적·윤리적 주인공의 척도로 삼으며 욕망의 윤리학을 펼치는 데서 절정에 이른다. 그러나 이 세미나에서 칸트와『안티고네』 논의만큼 중요한 것은 아리스토텔레스와 프로이트에 대한 라캉의 해석이다. 그의 칸트와 안티고네 해석은 이 두 사상가를 비교하며 정립하는 실재와 주이상스의 이론을 토대로 이루어지기 때문이다.

아리스토텔레스와 프로이트 사이의 거리에서 라캉적 윤리의 윤곽이 드러난다. 이 거리를 나타내는 용어는 위반이다. 전통적인 도덕관념과 달리 도덕과 윤리는 명령을 어기는 것이다. "도덕적 경험 자체, 다시 말해서 법적 제재를 참조하는 것은 인간이 ─ 명시된 법뿐 아니라 어떤 방향과 궤도, 즉 그가 호소하는 어떤 선과 관계된 ─ 자신의 행위와 일정한 관계를 맺게 함으로써 행위의 이상(理想)을 낳는다. 정확히 말해서 그 모든 것이 윤리의 차원을 구성한다. 이는 명령의 개념 너머에, 책무감 (sense of obligation)으로 제시되는 것 너머에 놓여 있다"(SVII, 3).[1) 라 캉은 처음부터 위반을 강조하며 윤리는 단순한 책무감보다 위반에 가깝 다고 암시한다. "우리가 다루는 것은 다름 아닌 위반의 매력이다"(SVII, 2). 그는 두 가지 위반을 말한다. 첫째는 프로이트가 "문명 발달의 기원" 에서 찾은 아버지의 살해를 뜻한다(SVII, 6). "이 경우에 위반은 형식적 인 방식으로 우리에게 부과된 어떤 것이 아니다. 그것은 우리가 칭찬할 만한 것, 즉 복된 타락(felix culpa)이다. 왜냐하면 그것은 더 복잡한 것, 즉 문명의 발달에 기여한 것의 기원에 있기 때문이다"(SVII, 6). 이 위반이 복된 타락인 이유는 『토템과 터부』에서 모든 여성을 향유할 수 있는 절 대적 권위를 지닌 원초적 아버지를 죽인 아들들이 스스로 법을 제정하 여 도덕과 문명이 시작되었기 때문이다.

둘째 위반은 프로이트가 "죽음욕동"이라 부른 것으로 "더 모호하고 기원적인 위반"이다(SVII, 2). 인간은 이 죽음욕동의 "가공할 만한 변증 법에 깊숙이 정박되어 있다"(SVII, 2). 그런데 왜 죽음욕동이 원초적 아 버지의 살해보다 더 모호한 위반일까? 라캉이 말하는 "가공할 만한 변 증법"은 무엇을 뜻하는 것일까? 둘째 위반의 출처인 『문명과 그 불만』 (Civilization and Its Discontent)에서 프로이트는 에로스를 개인과 가족 그 리고 인종과 민족 및 국가를 결합하는 문명의 추진력으로 규정했다. 이

---

1) 라캉은 '도덕'과 '윤리'를 구분하는 것처럼 보인다. 그는 이 세미나를 시작하면서 "정신분석의 윤리에 대해 말하면서, 나는 내 생각에 우연이 아닌 단어를 선택했다. 나는 '도덕성'이라고도 말할 수 있었다. 내가 '윤리'라고 말한다면 여러분은 그 이 유를 알 것이다. 그것은 내가 일상적으로 더 적게 쓰이는 용어를 사용하는 것을 즐 기기 때문이 아니다"라고 말한다(SVII, 2). 그러나 위 인용문에서처럼 실제로 라캉 은 도덕과 윤리를 명확히 구분해서 사용하지 않는다. 케젤도 이를 지적한다. Marc de Kesel, *Eros and Ethics*, 286쪽.

와 반대로 그는 죽음욕동의 파생물인 공격적이고 파괴적인 욕동을 문명을 파괴하는 힘으로 규정하고, 문명의 발달을 "에로스와 죽음, 생명욕동과 죽음욕동 사이의 투쟁"으로 묘사했다(*SEXXI*: 122). 발달한 문명일수록 타자에 대한 공격성을 내화해서 자기 자신에게 향하게 하는 방식으로 인간의 공격욕동을 순화하고 통제한다.

그의 공격성은 내입(內入)되고 내면화된다. 공격성은 사실상 그것이 발생한 지점으로 되돌아간다. 즉 자신의 자아로 향한다. 그곳에서 자아의 일부가 그 공격성을 담당하여 초자아로서 자아의 나머지 부분에 반대하게 된다. 이제 그것은 '양심'의 형태로 드러난다. 양심은 자아가 다른 외부 개인들을 통해 만족하려 했던 것과 동일한 가혹한 공격성을 자아에게 행사하려 한다. ……권위가 초자아의 생성을 통해 내면화될 때 위대한 변화가 발생한다. 이때 양심의 현상이 더 고차원적인 단계에 이른다. 이 지점에서…… 나쁜 일을 하는 것과 그것을 하고 싶어 하는 것 사이의 구분은 완전히 사라진다. 어떤 것도, 심지어 생각조차도 초자아로부터 숨을 수 없기 때문이다. ……이 둘째 발달 단계에서 양심은 최초의 단계에서 없었던 그리고 더 이상 설명이 쉽지 않은 특성을 보인다. 왜냐하면 인간이 더 큰 덕을 지닐수록, 양심의 행위는 더 가혹하고 더 의심하게 되어, 궁극적으로 자신이 가장 죄가 크다고 스스로를 책망하는 자가 바로 가장 성자처럼 행동한 자들이기 때문이다. (*SEXXI*: 123~124)

초자아는 공격성의 내면화이고 죽음욕동에서 파생된 것이다. 이런 점에서 초자아는 죽음욕동의 자기파괴적 성향을 대변한다고 볼 수 있다. 그렇다면 라캉이 말하는 죽음욕동의 "가공할 만한 변증법"은 죽음욕동이 초자아로 탈바꿈해서 양심과 죄의식으로 인간 주체를 가혹하게 대하는 것을 의미하는 것이 아닐까?

그런데 문제는 더 복잡하다. 라캉이 "도덕적 경험은 단순히 프로이트가 초자아라는 용어로 규정하고 자율적인 것으로 만든 기능에 대한 점차적인 인식과 연관된 것이 아니다. 그리고 내가 불렀던 것처럼 초자아의 역설에 대한 탐구, 즉 우리가 그것을 뿌리에서 찾을 때 그 도덕적 기능이 취하는 음란하고 무서운 형상과 연관된 것도 아니다"라고 말하기 때문이다(SVII, 7). 그러면 라캉이 의미하는 도덕적 경험은 무엇이고, 죽음욕동이 "더 모호한 위반"인 이유는 무엇일까? "정신분석에 관련된 도덕적 경험은 프로이트적인 금욕적 경험이라 부를 수 있는 것, 즉 프로이트가 『새로운 정신분석강의』(New Introductory Lectures on Psychoanalysis) 둘째 부분의 결론으로 삼은 Wo es war, soll Ich werden에 제시된 독창적 명령에 요약되어 있다"(SVII, 7).[2] 이 명제가 도덕적인 이유는 정신분석학적인 당위와 의무의 의미가 있기 때문이다. 제2장에서 논했듯이 라캉은 「프로이트적 물 혹은 정신분석에서 프로이트로의 회귀의 의미」에서, 이 명제를 "이드가 있었던 곳에 자아가 있게 될 것"이라는 의미로 해석하여 자아의 강화를 정신분석치료의 척도로 삼은 자아심리학자들을 비판한다. 이들과 달리 그는 이 명제를 자아와 다른 "무의식의 주체"가 "존재의 장소"에 태어나야 한다는 의미로 해석한다(E, 347). 여기에서 독일어 soll은 영어 must로서 당위의 의미를 지니며 이 명제는 "도덕적 의미에서의 의무"를 뜻한다(E, 347).

이 무의식적 주체가 태어나야 하는 당위를 구성하는 동력은 무엇이고 무의식적 주체는 왜 그곳에서 태어나야하는가?

　"그것"이 있었던 곳에 오게 되어 있는 "나"는…… 그 뿌리에서 우리

---

2) 이 명제의 출처는 『새로운 정신분석강의』 31강, SEXXII: 80쪽을 참조할 것.

가 그것이 스스로에게 원하는 것이 무엇인지를 묻는 "나"에게서 이미 발견한 것과 다르지 않습니다. 그것[나, 주체]은 질문을 받을 뿐 아니라 경험이 진행될수록 스스로에게 그 질문을 던집니다. 그것도 낯설고 역설적이고 잔인한 명령들이 그것의 병적 경험들에 의해 제시되는 바로 그곳에서 그 질문을 던집니다. 그것은 마치 이방인처럼 자기 안에서, 저 너머에서, 또 다른 차원에서, 느끼는 의무에 복종해야 할까요 아닐까요? 초자아의 절반쯤 무의식적이고 역설적이며 병적인 명령에 복종해야 할까요 아닐까요? ……그 명령에 반대하는 것이 참된 의무가 아닐까요?(SVII, 7)

그것이 있었던 "존재의 장소"에 태어나야 하는 "나"인 무의식적 주체는 자신에게 이방인같이 낯설고 잔인한 초자아의 명령에 복종해야 하는 가라고 스스로 묻는다. 라캉의 대답은 무의식적 주체의 도덕적 의무가 초자아의 "병적인 명령"에 반대하는 것이 아닐까라는 수사학적 질문 속에서 제시된다. 라캉이 말하는 죽음욕동의 모호한 위반은 역설적이게도 초자아에 대한 위반이다. 라캉이 이 개념을 "매우 문제적인 개념"이라고 말하는 것은 이런 역설적인 상황 때문이다(SVII, 6). 즉 도덕적 경험은 초자아의 명령을 위반하는 것이다.

이 위반의 동력은 욕망이다. 왜냐하면 주체가 스스로에게 던지는 질문은 자신이 무엇을 원하는가이기 때문이다. 주체는 초자아의 명령을 위반하는 것이 내가 원하는 게 아닐까라고 묻는다. 라캉은 초자아를 위반하는 욕망이 더 도덕적이거나 윤리적인 것일 수 있다고 암시하는 것이다. "프로이트의 이론적 역작에서 도덕적 차원의 발생은 다름 아닌 욕망 그 자체에 있다. 발달의 종점에서 검열자의 형태를 취하게 될 그 기능은 욕망의 에너지에서 분리되어 나온 것이다"(SVII, 3). 케젤이 설명하듯 "따라서 무의식적 욕망을 통제하는 '검열' 역시 욕망 안에 근거한다. 더 이상 '윤리적'이라는 용어는 욕망을 경계 안에서 구속하는 모든 것을 배타적으로 지시하는 것이 아니라 그 경계들을 명백히 넘어서거나 심지어 아주 단순히 그 경계들에 반대되는 것도 지시한다. …… 초자아의 도덕적 '당위' 너머에 위치한, 초자아의 당위에 완전히 반대되면서도 여전히 윤리적인 것으로 여겨질 수 있는 '당위'가 존재하는 것이다."[3]

아리스토텔레스의 선의 윤리학

위반의 욕망에 기초한 정신분석적 윤리의 관점에서 라캉의 비판 대상은 위반이 아닌 중용을 윤리의 척도로 삼은 아리스토텔레스다. 아리스토텔레스 윤리의 핵심은 선 개념이다. "아리스토텔레스에게서 문제는 선, 최고선의 문제다"(SVII, 11). 아리스토텔레스의 선 개념은 『니코마코스 윤리학』(*Nicomachean Ethics*)에 집약되어 있다. 이 고전적인 저서에서 아리스토텔레스는 인간행동이 지향해야 할 궁극적 목적을 다른 것이 아닌 그 자체가 목적이 되는 것으로 설명하고 이를 최고선이라 명명한다. "만일 그 자체 때문에 우리가 바라는 우리 행동의 어떤 목적이 있다면 우리는 이 목적 때문에 다른 모든 것을 바라게 되는 것이고, 우리가 다른 것 때문에 모든 것을 선택하지 않는다면 …… 틀림없이 이것이 선, 즉 최고선일 것이다."[4] 그 자체로 행동의 목적이 되는 최고선은 따라서 완전하

---

3) Marc de Kesel, *Eros and Ethics*, 50~51쪽.
4) Aristotle, *Aristotle's Nicomachean Ethics*, Robert Bartelett & Susan Collins 공역 (Chicago: U of Chicago P), 2쪽. 1094a 18~22. 이 책의 인용문은 위 영역본을 옮긴 것이며 주요 용어의 번역은 국역본 아리스토텔레스, 『니코마코스 윤리학』(이창우, 김재홍, 강상진 공역, 이제이북스, 2006)을 참고하고 필요시 수정했다. 앞으로 이 책의 인용은 괄호 안에 약어 *NE*와 영역본 쪽수 및 보편적으로 통용되는 아우구스트 이마누엘 베커(August Immanuell Bekker, 1785~1871)의 1831년 독일어 판본의 네 자리 쪽수를 병기한다.

고 자족적이다. "그 자체로 추구되는 것은 다른 것 때문에 추구되는 것보다 더 완전하고" 또한 "완전한 선은 자족적이라 여겨지기" 때문이다 (*NE*, 11; 1097a 31~32, 1097b 9).

아리스토텔레스에 따르면 이 세 가지 조건을 충족하는 최고선은 행복이다. "행복은 그 자체로 우리 행동의 목적이 되는, 완전하고 자족적인 것으로 보인다"(*NE*, 12; 1097b 23~24). 아리스토텔레스는 먼저 선을 외적인 선, 영혼에 좋은 선, 신체에 좋은 선으로 구분하고 이 중에서 영혼에 관계된 선을 가장 중요한 것으로 여긴다. 그리고 그는 어떤 것을 소유하거나 사용하는 것, 즉 품성을 행위와 구분하여, 선은 어떤 품성의 상태가 아닌 행위에 존재한다고 말한다. 이런 구분에 따라 "인간의 선은 덕에 따른 영혼의 행위가 된다"(*NE*, 13; 1098a 16~17). 이제 덕이 무엇인가의 문제가 발생한다. "행복이 완전한 덕에 따른 영혼의 일정한 행위이기 때문에, 무엇이 덕에 관계된 것인지가 검토되어야 한다"(*NE*, 23; 1102a 5~6).

아리스토텔레스는 이를 논하기 전에 먼저 영혼의 구성요소를 세 가지로 구분한다. 영혼은 비이성적인 부분과 이성적인 부분으로 나뉜다. 비이성적인 부분은 다시 둘로 나뉘는데, 그중 첫째는 영양과 성장에 관계된 식물적인 것으로서 "공통적인 것이고 인간을 구분하는 것은 아니다" (*NE*, 24; 1102b4). 식물적인 부분이 "이성과 공통점이 없는" 부분이라면 영혼의 또 다른 비이성적인 부분은 이성에 반대되는 부분으로서 "욕망(desire) 그리고 일반적으로 갈망(longing)"의 특성을 지닌다(*NE*, 24; 1102b 30~31). 이 욕망과 갈망이라는 비이성적인 부분 역시 이성의 명령에 따른다. 단지 그것은 이성과 달리 마치 아버지의 말을 듣는 것처럼 이성의 충고와 비판을 받는 것이다(*NE*, 25; 1103a 3~4).

덕은 지혜나 이해력 또는 신중함 같은 지적 덕과 관대함과 절제 같은 도덕적 덕으로 구분된다. 지적 덕은 가르침의 결과이고 도덕적 덕은 습관의 결과다. 도덕적 덕의 이름(ēthikē)은 습관(ethos)이 변형된 것이며, "어떤 도덕적 덕도 본성적으로 우리에게 존재하지 않는다"(NE, 26; 1103a 14~19). 다시 말해서 덕은 타고 나는 것이 아니라 배움과 습관으로 형성되며, 이때 배움은 행위의 반복으로 이루어진다. 그러므로 덕을 습득할 때는 어떻게 행동할 것인지가 관건이고, 이에 대한 아리스토텔레스의 대답은 과잉과 결핍이 아닌 중용이다(NE, 26~29; 1103a 31~1104a 26). "도덕적 덕은 중용이다. ……그것은 하나는 과잉에 속하고 다른 하나는 결핍에 속하는 두 악덕 사이의 중용이다"(N 40; 1109a 20~21). 중용을 지키는 거듭된 행위의 반복으로 만들어진 습관이 덕을 가져온다. 라캉은 이 점을 강조한다. "아리스토텔레스에게 윤리는 성격의 학문, 즉 성격 형성과 습관의 역학이고 습관, 훈련, 교육과 관계된 행동이다"(SVII, 10). 라캉은 아리스토텔레스가 ἔθος(habit)와 ἤθος(character) 사이에서 말장난을 했다고 말한다. 후자가 습관을 형성하는 능동적 능력을 의미한다면 전자는 수동적인 상태를 의미하지만 둘 다 "반복하다"라는 어원에서 유래했기 때문이다.[5] 아리스토텔레스의 윤리는 반복을 통한 습관과 훈련으로 획득되는 성격형성이다.

라캉이 아리스토텔레스의 윤리학에서 주목하는 또 다른 중요한 요소는 쾌락이다. 아리스토텔레스에게 쾌락과 고통은 덕과 밀접한 관계가 있다. "도덕적 덕은 쾌락과 고통에 관계한다"(NE, 29; 1104b 9). 왜냐하면 모든 행동에는 고통과 쾌락이 동반되기 때문이다. "따라서 덕은 쾌락과 고통과의 관계에서 최상의 행동을 생산하는 것이고 악덕은 그 반대다"(NE, 30; 1104b 27~29). 아리스토텔레스는 인간이 취해야 할 것을 고귀한 것, 유익한 것 그리고 즐거운 것으로, 또한 피해야 할 것을 수치스러운 것, 해로운 것 그리고 고통스러운 것으로 나누면서, 이 중에서 가장

---

5) SVII, 10, 역주 2번을 참조할 것.

중요한 것으로 쾌락을 꼽는다(*NE*, 30; 1104b 30~34).

아리스토텔레스는 중용을 논하면서 특히 경계해야 할 것으로 쾌락을 강조한다. 이는 인간이 원래 쾌락에 빠지기 쉬운 본성을 지녔기 때문이다. "모든 것에서 우리는 즐거운 것과 쾌락을 특히 경계해야 한다. 왜냐하면 우리는 그것을 공정하게 판단하지 못하기 때문이다"(*NE*, 41; 1109b 8~9). 마치 호메로스의『일리아스』(*Iliad*)에서 트로이전쟁의 원인이 된 헬레네의 아름다움에 도취되지 말고 그녀를 보내라고 경고하는 트로이의 장로들처럼 쾌락을 경계해야하는 것이다(*NE*, 41; 1109b 9~12). 하지만 아리스토텔레스가 모든 쾌락을 경계하는 것은 아니다. 그는『니코마코스 윤리학』제7권과 제10권에서 쾌락과 선 그리고 행복의 함수관계를 매우 복잡하고 조심스럽게 검토하면서 쾌락의 좋고 나쁜 점을 모두 논한다. 이 논의는 과연 쾌락이 선인가 또는 선이 아닌가의 문제로 귀착된다. 쾌락은 한편으로 "선이 아니며 선한 것과 형태에서 다르지만"(*NE*, 217; 11743b 35~36), 다른 한편으로 인간 삶의 목적과 불가분한 관계에 있다. 인간은 "살아 있음을 목적으로 삼기 때문에 모두 쾌락을 추구한다. ……쾌락이 각자에게 살아 있는 것을 완성시키며 이것이 선택할 만한 것이기 때문에 사람들이 쾌락을 목적으로 삼는 것도 타당하다"(*NE*, 218; 1175a 13~17).

쾌락이 인간의 삶을 완성한다는 생각은 아리스토텔레스 윤리학이 궁극적으로 삶을 완성되는 것으로 보았다는 것을 의미한다. 쾌락은 인간이 자신의 삶을 완성하는 데 필수불가결한 것이다. 물론 모든 쾌락이 좋은 것은 아니다. "모든 것, 짐승과 인간 모두 쾌락을 추구한다는 사실이 쾌락이 최고의 것이라는 신호"지만 모든 쾌락이 동일한 것은 아니며, 사람들은 "신체적 쾌락"만을 "지향하고 공유하기" 때문에 "이런 쾌락만이 존재한다"라고 생각한다(*NE*, 159~160; 1153b 26~36). 쾌락이 고통을 없애기 때문에 사람들은 쾌락을 추구하며 그 결과 "음탕하고 저열해진다"

(*NE*, 161; 1154b 16). 그러나 "고통이 동반되지 않는 쾌락에는 과잉이 없으며" 이런 종류의 쾌락 중에서도 우연한 성격의 쾌락이 아닌 "본성적으로 즐거운 것들은 건강한 본성에 속하는 행위를 자극한다"(*NE*, 161; 1154b 17~20). 이런 종류의 쾌락은 신이 즐기는 것으로서 단순하고 운동이 없는 상태의 행위다. 그러므로 이런 "쾌락은 운동보다 정지에 더 많다"(*NE*, 162; 1154b 28). 아리스토텔레스가 『니코마코스 윤리학』의 결론에서 말하는 행복은 바로 이런 종류의 쾌락과 관계된다.

앞서 논했듯이 아리스토텔레스는 최고선인 행복을 덕에 따른 영혼의 행위로 정의했다. 이제 그는 인간의 행복을 구성하는 이 영혼의 행위가 지성을 발휘하는 관조행위라고 말한다. 관조행위는 다른 어떤 목적이 아닌 그 자체의 목적을 위한 지성의 행위로서 인간이 지향해야 할 최고의 행위다. 관조행위는 그 자체로 목적이 되고 가장 자족적이며 가장 지속적인 행위로서 완전한 행복을 가져다준다. 그것은 심지어 인간적이지 않고 신성한 면이 있다. 좀더 정확히 말하면 "신의 행위는 그 복됨에서 우월하기 때문에 관조적이다. 그래서 인간행위의 경우 이와 가장 유사한 행위가 가장 행복한 것이다"(*NE*, 227; 1178b 22~24). 이 신성한 관조행위가 "가장 탁월하고 가장 즐거운" 행위다(*NE*, 226; 1178a 6). 본성에 가까운 신성한 쾌락이 운동보다 정지에 가까운 것 처럼 "행복은 여가에 있다고 여겨진다"(*NE*, 224; 1177b 4). 장군이나 정치인보다 철학가의 삶이 더 우월한 것도 여가에 따른 관조적 삶이 가능하기 때문이다. 지성으로 행하는 관조행위를 통해서 인간은 최상의 쾌락을 얻을 뿐 아니라 인간의 본성 자체를 완성할 수 있다는 것이 아리스토텔레스 윤리학의 결론이다.

이상(理想)의 윤리학과 주인 담론

아리스토텔레스는 중용을 지키는 반복적 훈련과 습관을 통해 영혼의 행위를 수행하는 자기실현의 모델로서 관조적 삶을 제시한다. 이를 통해 윤리학은 최고선이라는 이상을 지향한다. 라캉은 아리스토텔레스의 윤리학과 정신분석적 윤리의 차이를 이상과 실재의 차이로 규정한다. "윤리에 대한 탐구가…… 이상의 영역에 관한 것이어야 한다고 가정하는 피상적 견해로는 이상하게 보이겠지만 나는 반대로 실재의 개념을 좀더 깊이 탐구함으로써 다른 방향에서 진행한다. 여기에서 프로이트의 입장이 진보적인 한, 윤리의 문제는 실재에 관한 인간 위치의 관점에서 표현되어야 한다"(SVII, 11). 이런 차이는 아리스토텔레스와 프로이트 사이의 역사적 거리를 보여준다. 라캉은 이 차이의 결정적 계기를 19세기 초 공리주의의 출현에서 찾는다. "공리주의적 반전" 다시 말해서 "명백히 아리스토텔레스의 모든 사상을 지배하고 수세기에 걸쳐 이 사상의 존속을 결정하는 기능, 즉 주인기능의 급진적 쇠퇴"가 발생한 것이다(SVII, 11).

아리스토텔레스의 윤리학이 주인기능을 대표하는 철학인 이유는 질서와 규범을 지향하기 때문이다. 아리스토텔레스의 윤리에서 주체는 이상으로 제시된 질서와 규범에 자신을 종속시키면서 자신을 실현한다.

> 그 저서(『니코마코스 윤리학』)는…… 하나의 질서를 참조하는 경향이 있습니다. 이 질서는 무엇보다도 자신을 하나의 학문, 하나의 에피스테메(ἐπιστήμη, episteme), 수행해야 하는 것의 학문, 어떤 성격, 에토스(ἔθος, ēthos)의 규범을 정의하는 확고한 질서로서 자신을 제시합니다. 그래서 그 질서가 주체 안에서 확립되는 방법에 관한 문제가 제기됩니다. 어떻게 주체가 그 질서에 들어서서 그 질서에 자신을 종속시키도록 주체 안에서 적응의 형태가 만들어질 수 있을까요? 에토스

($\hat{\eta}\theta o\varsigma$, ethos)의 확립은 살아 있는 존재를 무생물과 구별하는 것으로 상정됩니다. 아리스토텔레스가 지적하듯이, 아무리 자주 하늘에 돌을 던져도 그 돌은 탄도의 습관을 결코 얻지 못합니다. 이와 달리 인간은 습관을 습득합니다. 이것이 에토스($\hat{\eta}\theta o\varsigma$)가 의미하는 바입니다. 그리고 이 에토스($\hat{\eta}\theta o\varsigma$)는 에토스($\hat{\eta}\theta o\varsigma$)에, 즉 아리스토텔레스 논리학의 관점에서 최고선, 즉 삽입, 접합 또는 수렴의 지점에서 결집되는 질서에 부합해야 합니다. 이 지점에서 특수한 질서가 윤리학이 정치학이 되는 보다 보편적인 지식과 결합되고, 그것을 넘어 우주적 질서의 모방과 결합됩니다. 대우주와 소우주 개념은 아리스토텔레스의 사상에서 처음부터 전제됩니다. (SVII, 22)

아리스토텔레스에게 습관을 통한 주체의 성격형성은 개인의 자발적인 노력에 의한 것이지만 이 노력 자체는 보다 더 큰 질서에 자신을 편입시키고 부합시키려는 행위로서 이미 담론의 차원에 속한다. "문제의 담론, 오르토스 로고스($\dot{o}\rho\theta\dot{o}\varsigma\sigma\ \lambda\dot{o}\gamma o\varsigma$), 올바른 담론, 적절한 담론은 따라서 윤리적 문제가 제기된다는 사실 자체에 의해 이미 도입된다"(SVII, 22). 습관을 통한 개인의 성격 형성에서 소우주는 대우주와 만나게 된다.
　이 질서의 담론은 주인 담론이다. "아리스토텔레스에게 문제는 내가 …… 주인의 이상이라고 언급했던, 어떤 인간 이상에 의해 부과된 조건에 의해 제한된다. 아리스토텔레스에게 그것은 아콜라시아($\dot{\alpha}\kappa o\lambda\alpha\sigma\alpha$, intemperance), 무절제와 주인의 본질적 덕과 비교해 드러난 결함 사이의 관계를 밝히는 문제다"(SVII, 23). 주인의 덕이라는 이상을 기준으로 보았을 때 자신을 통제하지 못하는 무절제는 결함이다. 아리스토텔레스의 윤리학은 주체가 주인 담론의 질서에 맞게 자신을 길들이는 것이다. 최고선을 향한 습관과 훈련은 개인의 차원에서만 이루어지는 것이 아니다. 그것은 "합리적 원칙, 로고스, 에피스테메 또는 신중한 자의 조언에 따라 결정되어야 한다. ……그를 인도해야 하는 것은 주인의 목소리다. 욕망은 질서에 부응해야 한다."[6]

　라캉은 세미나 XVII 『정신분석의 이면』에서 주인 담론을 설명하면서 S1을 "기표, 즉 주인의 본질이 의존하는 기표 기능"으로 설명하고 "노예의 고유 영역은 지식, 즉 S2"로 설명한다(SXVII, 21). 이런 점에서 "아리스토텔레스적 윤리학은 주인기표를 중심으로 그리고 주인기표를 지향하여 조직되고 기획된다."[7] 아리스토텔레스 윤리학에서 주인기표는 최고선이다. 라캉은 아리스토텔레스가 "노예가 지식을 지지하는 자의 특징을 지니"는 것을 보여주며, [아리스토텔레스의] 철학은 "주인의 지식으로 바꾸기 위해 노예의 지식을 추출하는 것"이라고 비판한다(SXVII, 21~22). 아리스토텔레스의 철학은 노예에게서 빼앗은 지식을 자신의 것으로 삼은 철학이고, 주인 담론은 주인기표 S1을 통해 지배하는 담론이다. 그러나 아리스토텔레스는 헤겔처럼 주인을 비판적으로 보지 않았다. 대신 노예에게 노동을 맡기고 주인 자신은 여가시간을 통해 관조의 삶에 집중해야 된다고 주장한 것이다(SVII, 23). 그래서 아리스토텔레스의 도덕은 "그의 시대의 정치"에 뿌리를 두고 있고, "그의 도덕성은 주인의 덕을 위해 창조되고 권력의 질서와 연관된, 주인의 도덕이다"(SVII, 315).

　주인담론의 도식은 아리스토텔레스의 윤리가 욕망의 차원을 억압하는 것을 명료하게 보여준다.

$$\frac{S_1}{\$} \;\rightarrow\; \frac{S_2}{a}$$

아리스토텔레스 윤리학에서 주인기표인 최고선은 이 최고선이라는

---

6) Charles Freeland, *Antigone, in Her Unbearable Splendor: New Essays on Jacques Lacan's The Ethics of Psychoanalysis* (Albany: SUNY P, 2013), 199쪽.
7) 같은 책, 225쪽.

이상에 도달하기 위한 여러 가지 실천덕목에 관한 지식을 낳는다(S1→ S2). 그 결과 욕망이 억압되어 잉여 주이상스인 대상 a가 생산된다(S2→ a). 여기에서 S2가 가로선 위에, 대상 a가 가로선 아래에 있는 것은 습관과 훈련을 통해 담론의 질서에 복종하는 아리스토텔레스의 윤리학이 불가피하게 욕망의 차원을 배제한다는 것을 보여준다. 가로선 아래에 분열된 주체와 대상 a의 관계가 환상공식($8\diamond a$)을 구성하는 것에서 알 수 있듯이 주인담론은 환상을 억압한다. 지젝이 말하듯이 주인은 말하는 행위인 화행의 주체와 말해진 내용인 진술의 주체가 동일하다는 착각에 사로잡힌다. 그래서 주인은 "나는 내가 말하는 것(I am what I say), 다시 말해서 완전히 실현된 자족적인 수행적" 주체라 생각한다.[8] 그러나 환상이 억압된 형태로 지속된다는 점은 "궁극적으로 주인담론의 불가피한 실패"를 보여준다.[9] 제3장에서 논했듯이 환상에서 주체는 상징계에서 부여받은 자신의 정체성, 즉 진술의 주체인 자신에게 의문을 품고 내 안에 있는 잉여의 나인 대상 a를 욕망한다. 아리스토텔레스 윤리학에서 욕망은 억압된 환상 속에서 유지될 뿐이다.

아리스토텔레스의 윤리는 궁극적으로 최고선과 이로운 것들(goods)[10]

---

8) Slavoj Žižek, "Four Discourses, Four Subjects," *Cogito and the Unconscious*, Slavoj Žižek 엮음, 76쪽.

9) 같은 곳.

10) 그리스 원어 '아가톤'(*agathon*)은 영어로 'good'으로 번역된다. 이 용어는 추상명사로 사용될 경우 주로 '선'으로 번역된다. 예를 들어 『서양사상에 큰 영향을 준 니코마코스 윤리학』(최명관 옮김, 훈복문화사, 2005)에서 그렇게 옮긴다. 그러나 이 용어는 다른 번역본 『니코마코스 윤리학』(이창우, 김재홍, 강상진 공역, 길, 2011)에서처럼 '좋음'으로 번역하기도 한다. 이 번역본의 용어 해설에 따르면 "아리스토텔레스의 '아가톤'은 한 사물을 한 사물이게끔 해주는 기능이나 본성의 완성을 중심적으로 뜻하며, 기능 또는 본성의 완성이라는 면에서 '뛰어난' 또는 '탁월한'이라고 번역할 수 있다"(455). 복수인 'goods'도 각각 '선들'이나 '좋음들'로 번역된다. 아리스토텔레스는 "goods pertaining to soul"처럼 이 개념을 정신적으로 사용하기도 하고, "external goods"처럼 물질적인 것에도 사용한다. 이

의 서비스에 기여하는 윤리이며, 이 선을 넘어선 욕망은 억압된다. 라캉은 아리스토텔레스의 선의 윤리학에 대해 이렇게 말한다. "권력의 도덕성, 이로운 것들의 서비스에 기여하는 도덕성은 다음과 같다. '욕망에 관한 한 나중에 다시 오시오. 욕망에게 기다리라고 하시오.'"(SVII, 315).

욕망과 쾌락

라캉이 아리스토텔레스 윤리학에서 문제 삼는 것은 욕망의 배제와 억압이다.

> 욕망들의 일정한 범주가 관련될 때, 실제로 아리스토텔레스에게는 어떤 윤리적 문제도 존재하지 않습니다. 그러나 이 욕망들은 우리 경험의 최전선에 위치한 개념들입니다. 우리에게 성적 욕망의 영역을 구성하는 전 분야가 아리스토텔레스에게서는 단순히 기괴한 변형으로 분류됩니다. 그는 그것들을 가리키기 위해 "짐승적인 품성"이라는 용어를 사용합니다. (SVII, 5)

아리스토텔레스는 『니코마코스 윤리학』 제7권 제5장에서 짐승의 품성을 인간의 본성에 어긋나는 것으로 규정한다. "어떤 것들은 본성상 즐겁다. ……반대로 어떤 것들은 본성상 즐거운 것이 아니다. 일부는 사람들의 장애 때문에 일부는 습관 때문에 그리고 또 다른 일부는 사람들의 타락한 본성 때문에 즐거운 것이 된다. 따라서 이들 각각의 경우에 그것들과 닮

두 가지 의미를 완전히 분리하는 것은 어렵지만 앞으로 단수 명사 'the good'이나 정신적 품성의 상태를 의미할 때는 '선'으로 번역하고, 라캉이 사용하는 "service of goods"에서처럼 물질성과 실용성을 뜻하는 경향이 더 짙을 때는 "이로운 것들"로 번역한다.

은 특성, 즉 짐승적인 품성을 발견할 수 있다"(*NE*, 145; 1148b 15~20).

아리스토텔레스가 예로 드는 경우는 식인 등의 야만행위이지만 광기와 질병에서 비롯된 짐승적인 품성도 포함한다. 라캉이 주목하는 것은 바로 이런 특성이다. 왜냐하면 아리스토텔레스가 짐승적인 품성으로 분류하고 배제한 질병과 광기는 정신분석에서 말하는 신경증적 증상에 해당하기 때문이다. 앞서 논했듯이 아리스토텔레스는 모든 욕망을 배제하지 않으며 욕망도 이성의 명령에 복종한다고 본다. 그러나 라캉은 아리스토텔레스가 욕망의 차원을 배제하며 이렇게 배제된 욕망이 정확히 정신분석의 영역이라고 주장한다. 정신분석의 윤리에서는 아리스토텔레스가 인간본성을 실현하지 못하기 때문에 배제한 짐승 같은 욕망들이 "존재의 자기실현에 맞지 않더라도 그들의 윤리적 차원에서 긍정되어야 할 뿐 아니라 '존재할 권리'를 부여받아야 한다."[11]

여기에서 아리스토텔레스가 쾌락과 욕망을 구분하고 있다는 점을 상기할 필요가 있다. 앞서 논했듯이 아리스토텔레스에게 쾌락은 인간본성을 완성하는 행위다. 그에게 쾌락은 행위에 가깝고 욕망은 행위를 유발하는 동기다. 고결한 행위가 있고 저열한 행위가 있듯이 고결한 쾌락과 저열한 쾌락이 있고, 욕망 역시 고결한 욕망과 저열한 욕망이 있다. 그런데 "행위 자체에 존재하는 쾌락들은 [문제의 행위들이 발생하는] 갈망들보다 그 행위들에 더 고유하다. 왜냐하면 관련된 갈망들은 시간과 본성에서 그 행위들과 구분되는 반면, 쾌락은 그 행위들과 밀접하고 사실상 구분할 수 없어서 그 행위와 쾌락이 동일한 것인가에 대한 논쟁이 있을 정도이기 때문이다"(*NE*, 220; 1175b 29~34). 쾌락은 인간행위와 구분되지 않으며 인간의 본성을 완성시킨다. 반면 욕망은 인간행위의 동기다. "아리스토텔레스에게서 '열망' 또는 '욕망'(ὄρεξις, orexis)은 존재가 그

---

11) Marc de Kesel, *Eros and Ethics*, 64쪽.

(존재론적) 목적을 아직 완전히 실현하지 못한 상태에서 존재를 특징짓는 긴장으로 정의된다."[12] 라캉은 이 점을 강조한다.

쾌락의 주제에 관한 아리스토텔레스의 사상은 쾌락에 거부할 수 없는 면이 있다는 생각, 인간에게 신성한 어떤 것이 있다면 그것이 본성과의 유대에 있는 것처럼 쾌락이 인간완성의 길잡이 역할을 하는 팻말의 위치에 있다는 생각을 체현합니다. 여러분은 이런 본성 개념이 우리의 개념과 얼마나 다른지 고려해야 합니다. 왜냐하면 그것은 정확히 말해 인간완성에서 모든 짐승적인 욕망의 배제를 포함하기 때문입니다. 아리스토텔레스 이후에 우리는 관점의 완전한 역전을 경험했습니다. 프로이트에 관해 말하자면 현실을 향해 움직이는 모든 것은 정확히 말해 쾌락 에너지의 일정한 경감과 완화를 요구합니다. (SVII, 13)

아리스토텔레스의 윤리학에서 쾌락은 인간본성을 완성하는 길잡이 역할을 한다. 그런 기능을 수행하기 위해서는 짐승적인 욕망을 배제해야 한다. 아리스토텔레스 윤리학은 인간의 삶을 완성하는 목적론적 기획이다. 여기에서 "윤리의 역할은 인간의 노력이 인간의 최대 잠재력과 관련해 올바른 방향으로 나아갈 수 있도록 하는 것이다. 따라서 이런 존재의 목적론적 방향에 응답하지 않는 욕망은 아리스토텔레스의 윤리학의 밖으로 추방된다. 인간존재의 특수한 실현에서 아무 역할을 하지 못하는 모든 것은 '짐승적인' 것으로의 회귀로 평가된다."[13] 그러므로 라캉은 "아리스토텔레스의 저서에서 욕망의 전 영역이 문자 그대로 도덕성의 분야 바깥에 위치"한다고 말하는 것이다(SVII, 5).

---

12) 같은 책, 289쪽. 미주 14번.
13) 같은 책, 63쪽.

이와 달리 쾌락은 아리스토텔레스의 "윤리적 가르침의 중심"에 위치한다(SVII, 27). 『니코마코스 윤리학』의 논의 가운데 상당 부분은 쾌락의 참된 기능을 본래의 위치로 복원시키려는 의도로 이루어진 것이다. ……아리스토텔레스에게 쾌락은 청춘 행위로 피어난 꽃에 비교될 수 있는 행위다"(SVII, 27). 그것은 "그 자체의 목적을 포함하는 참된 실천을 표현하는 단어인 에네르게이아($\acute{\epsilon}\nu\acute{\epsilon}\rho\gamma\epsilon\iota\alpha$, energeia, actuality)를 문자 그대로 해석한 의미에서 행동의 피어남"을 뜻한다(SVII, 27). 꽃이 피는 것이 식물의 본성을 완성하는 행위이듯이, 에너지, 즉 행위로서의 쾌락은 인간의 본성을 완성한다. 라캉은 세미나 XX 『앙코르』에서도 아리스토텔레스가 『니코마코스 윤리학』 제7권에서 욕구와 쾌락을 각각 운동(movement)과 행위(activity)와 관계된 것으로 구분한 것에 주목한다. "욕구들은 운동과 관계된다. ……욕구들은 운동에 의해 만족된다. ……만일 아리스토텔레스가 쾌락의 상태를 어떤 것과 연관시킨다면, 그것은 그가 에네르게이아($\acute{\epsilon}\nu\acute{\epsilon}\rho\gamma\epsilon\iota\alpha$), 행위라고 부른 것과 연관될 뿐이다"(SXX, 62).

아리스토텔레스와 프로이트

아리스토텔레스가 논하는 쾌락에 라캉이 주목하는 궁극적인 이유는 쾌락이 프로이트 정신분석의 핵심개념이기 때문이다. "우리는 왜 그[아리스토텔레스]가 처음부터 쾌락의 문제와 윤리의 정신적 경제에서 쾌락의 기능을 강조했는지 고려해야 한다. 우리는 그것을 피할 수 없다. 왜냐하면 그것은 φ와 ψ라는 두 체계, 프로이트가 1차 과정과 2차 과정이라고 부른 두 정신기능에 관한 프로이트 이론의 준거점이기 때문이다"(SVII, 11). 프로이트는 1차 과정과 쾌락원칙이 지배하는 것이 무의식이라고 말했고 2차 과정과 현실원칙이 지배하는 것을 의식이라고 말하면서 둘을 구별한다.[14] 라캉에 따르면 "프로이트 사상의 견고한 중추"는 "1차 과정과 2차 과정, 쾌락원칙과 현실원칙 사이의 긴장 또는…… 대립이다"(SVII, 25~26).

아리스토텔레스에게 쾌락은 꽃이 피어나듯이 목적을 위해 완성되는 행위다. 반면 프로이트에게 쾌락원칙은 근본적으로 긴장을 해소하기 위한 것, 즉 "주어진 양이 소모되게 하는 방출의 근본적 경향"을 의미한다(SVII, 27). 아리스토텔레스 철학에서 운동에 의해 만족되는 욕구는 프로이트 이론에서 쾌락원칙으로 나타난다. "프로이트에 따르면 쾌락원칙은 오로지 자극에 의해서만 발생하며, 이 자극은 그 자극에서 벗어나기 위한 운동을 자극한다. 아리스토텔레스의 저서에서 그것은 분명 쾌락이 아닌 고통의 경감으로 간주될 뿐인데 프로이트가 이것을 쾌락원칙으로 표현하는 것은 이상한 일이다"(SXX, 62). 프로이트 이론에서 인간은 긴장 해소에서 비롯되는 쾌락을 추구하기 위해 환각을 통한 만족을 우선 추구하는데, 그것이 실패하여 현실에서 만족을 추구하게 될 때 현실원칙이 도입된다. 현실원칙은 단순히 정신적 대상이 현실에 존재하느냐의 여부를 판단하는 수동적인 현실성 검사에 국한되지 않고, 현실의 기준에 맞추어 정신적 내용을 수정하고 제어하는 적극적인 기능을 담당한다. 쾌락을 추구하는 쾌락원칙과 쾌락의 만족을 제어하고 통제하는 현실원칙은 갈등한다. 프로이트는 인간의 정신체계에서 이 두 원칙 사이의 "과격한

---

14) 프로이트가 제시한 무의식의 특징은 다음과 같다. 1) 모순되는 욕동의 대표자들(표상들)이 서로 영향을 주지 않고 공존할 수 있다. 2) 욕동의 대표자들의 카섹시스가 유동적이어서 압축과 전치가 자유로운 1차 과정이 지배적이다. 3) 시간적 질서에 무관하다. 4) 외적 현실에 무관심해서 외적 현실을 정신적 현실로 대치하고 쾌락원칙을 따른다. 이와 반대로 (전)의식에서는 1) 표상들의 카섹시스가 방출되는 것을 억제하는 경향이 있어 압축과 전치가 자유롭지 못하다. 2) 표상들이 서로 소통하며 영향을 주고받는다. 3) 시간의 질서에 종속되고 검열을 만든다. 4) 현실원칙을 따르고 기억을 관장한다(SEXIV: 186~189).

불일치"와 "근본적인 갈등적 성격"에 주목했다(*SVII*, 28).

아리스토텔레스 역시 『니코마코스 윤리학』에서 인간의 자제력을 길게 논했다.[15] 라캉은 현실원칙에 대한 프로이트의 논의가 자제력에 대한 아리스토텔레스의 논의와 닮아 있음을 지적한다. 그렇다면 아리스토텔레스와 프로이트의 차이는 무엇일까? 라캉은 『니코마코스 윤리학』제7권 제3장에 등장하는 삼단논법을 예로 들어 설명한다.[16]

누군가는 자연의 관점에서 자제력 결여의 원인을 다음과 같이 살펴볼 수 있을 것이다. 보편명제는 하나의 의견(*doxa*, opinion)이고, 다른 명제는 특수에 관계된 것으로서 여기에는 처음부터 지각이 지배한다. 보편명제와 특수명제에서 하나의 결론이 도출될 때마다 영혼은 반드시 그것을 선언해야 한다. 그러나 행동과 관련된 결론의 경우 영혼은 이를 즉각 행동으로 옮겨야 한다. 예를 들어 단 것을 모두 맛보아야 한다면 그리고 여기에 있는 이것이 달다면(그것이 하나의 특수한 것일 때), 그렇게 할 능력이 있고 그렇게 하는 데 방해받지 않는 자는 반드시 동시에 이 행동을 수행해야 한다. 단 것을 맛보는 행동을 금지하는 보편명제와 모든 단 것은 즐겁다는 또 다른 보편명제가 동시에 존재하고, 여기에 있는 이것이 달다고(그리고 이 [소]전제가 능동적이라고) 가정해보자. 그리고 우연히 단것을 먹고 싶은 욕망이 우리에게 존재한다면, 하나의 명제는 이것을 피하라고 말하겠지만, 그것에 대한 욕망은 단것을 먹도록 주도할 것이다. 왜냐하면 그 욕망은 [신체]의 각 부분을 움직이게 할 수 있기 때문이다. 그 결과 그 사람은 이를테면 합리적 추리(reasoned account, *logos*)에 의해, 즉 그 자체가 아니라 우연히 올바

---

15) 제7권 제1~10장을 참조할 것.
16) 라캉은 제7권 제5장이 모두 읽을 가치가 있다고 말하며 이 삼단논법을 논하지만 이 예는 사실 제3장에 포함되어 있다.

른 이성(correct reason)과 반대되는 하나의 의견에 의해 자제력을 잃게 된다. 왜냐하면 그 의견이 아니라 연루된 욕망이 올바른 이성과 반대되기 때문이다. (*NE* ,141~142; 1147a 24~1147b 4)

라캉은 이 예가 "아는 자가 무절제할 수 있는 것이 어떻게 가능한가"라는 문제에 관한 것이라고 말한다(*SVII*, 29). 이는 아리스토텔레스가 "자제력 없이 행동하는 사람이 알면서 그렇게 하는가 아니면 알지 못하면서 그렇게 하는가, 그리고 어떻게 그들이 알면서 그렇게 행동할 수 있는가의 문제"를 검토하기 때문이다(*NE*, 139; 1146b 8~9). 아리스토텔레스는 여기에서 소크라테스가 인간이 잘못된 행동인 줄 알면서도 "자제력 결여"때문에 그렇게 행하는 경우는 없으며 단지 "무지" 때문에 그럴 뿐이라고 주장한 것을 반박한다(*NE*, 137; 1145b 11~13). 위의 삼단논법에는 단 것을 금지하는 보편명제와 '모든 단 것은 즐겁다'는 또 다른 보편명제, 그리고 '여기 단 것이 있다'는 하나의 특수명제 및 단 것을 먹고 싶어하는 욕망이 존재한다. 이때 욕망을 자제하지 못해서 첫째 보편명제를 어기고 단 것을 먹는다면 그것은 '모든 단 것은 즐겁다'는 둘째 보편명제의 추론에 따라 행동하는 것이다. 이 행동은 욕망으로 인해 이성과 어긋나게 된 하나의 의견에 따르는 자제력이 결여된 행위다.

위의 인용문에서 '모든 단 것은 즐겁다'라는 보편명제는 단 것을 맛보는 것을 금지하는 올바른 이성에 우연히 반대되는 하나의 의견이고 "합리적 추리"다. 라캉은 여기에서 "정확히 소전제에 있는 욕망이…… 단 것의 현실에 대해 내릴 잘못된 판단을 야기하는 상황"(*SVII*, 29~ 30)에 오류가 있다고 지적한다. 라캉은 프로이트가 1887년에 아리스토텔레스에 관한 프란츠 브렌타노(Franz Brentano, 1838~1917)의 강연에 참석했을 가능성을 언급하며 프로이트가 "이 문제에 대한 정확한 윤리적 표현을 가설적이고 기계론적인 관점으로 옮겨놓았다"라고 지적하는데(*SVII*,

30), 이는 프로이트가 1895년에 작성한『과학적 심리학 초고』에서 인간의 심리를 정신적 기구의 형태로 제시한 것을 의미한다. 케젤이 지적하듯이 "아리스토텔레스에게는 잘못된 윤리적 판단 역시 논리적 판단의 결과일 수 있다. ……라캉에 따르면 프로이트도 정신적 기구를 유사하게 '논리적 삼단논법' 방식으로 작용하는 '판단기구'로 생각한다. ……차이는 여기에서 사고가 기억흔적의 영역에서 고유의 논리에 따라 작동하는 무의식적 과정이라는 점이다."[17] 라캉의 설명은 다음과 같다.

> 만일 프로이트가 윤리철학자들이 그들의 영역에서 항상 사용했던 논리적 삼단논법 표현으로 되돌아간다면, 그것은 그 표현에 아주 다른 의미를 부여하기 위해서입니다. ……여기에서 우리의 관심사인 오르토스 로고스($\dot{o}\rho\theta\dot{o}\varsigma\sigma\ \lambda\dot{o}\gamma o\varsigma$)는 단순히 대명제들이 아닙니다. 이런 대명제들은 내가 무의식에서 발생한다고 말하도록 여러분에게 가르친 방식과 관련되고, 쾌락원칙의 차원에서 사용되는 담론에 관련됩니다. (*SVII*, 30)

아리스토텔레스에게 단 것을 먹는 행동은 나름대로의 합리적 추리에 따른 잘못된 판단이지만 프로이트의 논리에서 그것은 무의식적 쾌락원칙에 따른, 즉 욕망에 충실한 판단이다. 그러므로 아리스토텔레스와 프로이트의 차이는 보편명제와 욕망의 차이라고 할 수 있다.

아리스토텔레스의 윤리는 최고선이라는 주인기표가 지배하는 보편적 담론을 규범으로 삼는다. 반면 무의식적 쾌락과 욕망에 따른 판단은 개별적이고 특수하다. 프로이트가 말한 소망(*Wunsch*)은 "특수하고 환원 불가능한 성격"을 지니며 "쾌락과 고통의 경험…… 이외에 다른 어떤 규

---

17) Marc de Kesel, *Eros and Ethics*, 75쪽.

범화의 형태도 전제하지 않는다"(SVII, 24).[18]

> 소망은 보편적인 법의 성격이 아니라 가장 특수한 법의 성격을 지닙
> 니다. 비록 이 특수성이 모든 인간에게 발견되는 것은 보편적이지만
> 말입니다. 우리는 그것을 욕망, 현실로 여겨지는 욕망에 던져진 사고
> 의 특성을 지닌, 퇴행적이고, 유아적이며, 비실재적인 단계로 범주화
> 환 형태에서 발견합니다. (SVII, 24)

프로이트가 말하는 '소망'은 개별주체에게 특수한 쾌락과 욕망의 논
리를 추구한다. 라캉은 이 특수한 욕망에서 정신분석의 윤리를 찾는다.
라캉에게 1차 과정과 2차 과정, 쾌락과 현실의 차이는 윤리의 문제와 관
계된다. "일반적인 의견과 반대로…… 쾌락원칙과 현실원칙, 또는 1차
과정과 2차 과정의 대립은 엄밀히 말해서 심리학의 영역이 아니라 윤리
의 영역에 관계된다"(SVII, 35).
어떤 의미에서 이 대립이 윤리적 영역과 관계되는 것일까? 보편원칙이
아닌 개인의 쾌락원칙에 충실한 것이 정신분석의 윤리인가? 라캉은 프로
이트의『과학적 심리학 초고』를 철저히 해부함으로써 이런 의문에 답한
다. 그가『정신분석의 윤리』에서 프로이트를 논하기 전에 아리스토텔레
스의『니코마코스 윤리학』을 검토하는 것은 아리스토텔레스 윤리학에
존재하지만 그 존재이유를 박탈당한 욕망 위에 새로운 윤리를 정초하기
위한 것이다. 아리스토텔레스의 윤리학은 양립 불가능해 보이는 욕망과
윤리를 함께 사유하기 위해 반드시 통과해야 할 철학적 전통이다. 라캉은

---

18) 독일어 *wunsch*는 프로이트 영문판 전집에 wish로 번역되어 있고, 국내 전집에는
　　'소원'으로 번역되어 있다. 라캉은 이 용어를 프랑스어 *désir*로 옮기므로 욕망을
　　의미한다. 프로이트 전집 영문판에 wish와 desire가 구분되어 사용되므로 편의상
　　wunsch/wish는 모두 '소망'으로 옮겼다.

아리스토텔레스를 비판하고 극복해야 할 출발점으로 삼아 프로이트를
다시 읽으며 정신분석의 관점에서 윤리의 새로운 지평을 연다.

.

제9장 쾌락원칙을 넘어서
경계의 윤리인가 위반의 윤리인가

무의식과 쾌락원칙

라캉은 세미나 VII『정신분석의 윤리』에서 프로이트의 실재와 물(物, *das Ding*) 개념을 토대로 독창적인 정신분석적 윤리 이론을 펼친다. 아리스토텔레스의 윤리가 선과 중용에 기초한다면 정신분석적 윤리는 이 두 개념에 천착한다. 이 두 개념이 궁극적으로 쾌락원칙을 넘어선다는 점에서 라캉의 이론은 파격적이다. 왜냐하면 쾌락원칙을 넘어선 곳에는 고통과 죽음욕동이 존재하기 때문이다. 라캉은 프로이트의『과학적 심리학 초고』를 상세히 해석하며 쾌락과 윤리의 문제를 탐구한다. 이 글은 신경학적 관점에서 인간의 정신구조를 외적·내적 자극이 수용되고 기록되는 체계로 기술하고, 그 과정에서 프로이트가 후에 정립할 지각, 무의식, 전의식, 의식 개념들을 논리정연하게 서술한다. 이 내용은 프로이트가 1896년 12월 6일에 플리스에게 보낸 편지와『꿈의 해석』제7장에서 반복된다.

제1장에서 보았듯이 프로이트는 투과성 뉴런과 비투과성 뉴런으로 지각, 무의식, 의식을 설명한다. 지각은 외부 자극을 수용하는 기능을 담당하는 뉴런들로 구성된다. 여러 자극을 동시에 수용해야 하는 지각 뉴런은 이 자극들을 기록할 수 없어서 아무런 흔적도 남기지 못하고 통과시

킨다. 프로이트는 지각을 "(저항하지 않고 아무것도 보유하지 않는) 투과성 뉴런들"의 체계라 부르고 φ로 표기한다(SEI: 299~300). 이와 반대로 자극의 양을 통과시키지 않는 저항은 뉴런과 뉴런 사이의 '접촉점'에 존재하며, 이 접촉점은 장벽의 성격을 지닌다. 이 '접촉 장벽'을 작동시켜 유입된 자극의 양을 보존하는 '비투과성 뉴런들'이 기억을 만들어내며 프로이트는 이를 ψ로 표기한다. 프로이트는 이 ψ체계를 기억흔적이 새겨지는 무의식의 장소로 여긴다. 1896년 12월 6일의 편지에서 프로이트는 유입된 지각들이 ψ보다 먼저 연상의 원칙에 따라 동시에 기록되는 부분을 Wz라 부른다. 무의식은 유입된 지각들이 연상의 원칙과 "다른 (아마도 인과적) 관계에 따라 정돈된 두 번째 기록이다"(SEI: 234).[1] Wz이나 ψ는 기억흔적을 남긴다는 점에서 기억체계이다. Wz은 외부자극을 수용하는 체계이고 무의식은 외부뿐 아니라 내부 자극도 수용하는 체계라는 것이 이들의 차이다. 지각이 세 번째로 새겨지는 곳은 전의식인데 이는 언어표상과 관계되고 자아에 상응한다. 이 전의식에서 발생하는 카섹시스가 일정한 규칙에 따라 의식이 된다. 그러므로 전의식 뒤에 의식이 존재한다(SEI: 235). 의식은 ω로 표시된다.

φ뉴런과 ψ뉴런의 차이는 본래 존재하는 것이 아니다. 저항을 불러일으킬 정도의 자극의 양은 ψ뉴런을 만들고 저항을 만들 수 없을 만큼 큰 자극은 φ뉴런을 만든다(SEI: 304). φ뉴런과 ψ뉴런은 양에 관계하고 이들의 작용은 (지각의) 재생과 기억의 생산에 기여하며 무의식적으로 이루어진다. 지각과 무의식이 자극의 양과 관련된다면 의식은 지각들에 외부세계와의 관계에 따라 상이하고 다양한 감각들, 즉 질을 부여하는 기능을 담당한다. 의식은 (지각)의 양과는 관계가 적을뿐더러 지각의 양이

---

1) 『꿈의 해석』에서는 첫째 기억체계가 시간적 동시성에 의한 연상의 기록이라면, 둘째 체계는 유사성의 관계 등을 기록한다고 설명된다(SEV: 539).

작다하더라도 가변적이고 일시적인 의식의 속성상 이 양적 요소를 쉽게 통과시킨다. 그러므로 의식에 관계하는 ω뉴런은 φ뉴런과 같이 투과성 뉴런이며 기억을 남기지 않는다(*SEI*: 309).[2] 프로이트는 『꿈의 해석』에서 이 정신 기구를 다음과 같은 그림으로 표시했다.

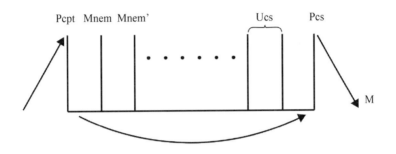

이 그림은 왼쪽 끝의 지각(Pcpt)에서 시작해 오른쪽 끝의 전의식(Pcs) 그리고 M(Motor)으로 표시된 운동을 관장하는 의식(Cs)으로 끝난다. 지각과 의식 사이에 기억 이미지들(mnemic images)이 존재한다. 구조언어학적 관점에서 프로이트를 재해석한 라캉은 이 기억 이미지들 또는 기억흔적들을 기표로 간주한다. 예컨대 그는 지각들이 최초로 새겨지는 *Wz*을 "최초의 기표들의 체계"로 명명한다.[3] "지각과 의식 사이에서 발

---

2) ω뉴런은 자극의 양과 완전히 무관한 것이 아니라 아주 소량의 자극과만 관계한다. 프로이트는 자극의 양이 적을수록 저항의 가능성이 많아져 비투과적이 되는데, 이는 ω뉴런이 기억에 관계되지 않는 투과성 뉴런이라는 사실과 모순된다는 점을 지적한다. 이를 해결하기 위해 자극의 양이 한 뉴런에서 다른 뉴런으로 통과할 뿐 아니라 이 통과에는 통과의 기간(period)이 존재한다고 가정한다. ω뉴런은 최소한의 자극의 양으로 채워지는─즉 카섹트되는─동안 자극의 기간을 흡수하는 뉴런으로서 이것이 의식의 기초가 된다(*SEI*: 309~310). 이렇듯 프로이트는 자극의 양이 아닌 시간성으로 ω뉴런을 설명한다.

3) 프로이트 전집에 'indication of perception'으로 번역된 *Warhnehumngszeichen*은 라캉의 세미나 VII의 영역본에는 'signs of perception'으로 번역되어 있다. 각각 *SEI*: 234쪽과 *SVII*, 65쪽을 참조할 것.

생하는 것은 결국 무의식과 관계된다"(*SVII*, 51). 라캉은 무의식의 체계에 대해 이렇게 설명한다.

> 쾌락원칙의 차원에서 기능하는 것이 삽입되는 곳은 지각과 의식 사이입니다. 기능하는 이것은 정확히 무엇인가요? 그것은 쾌락원칙의 수단을 통해 표상들(*Vorstellungen*)의 투자를 조절하는 한에서의 사고 과정이며, 무의식이 조직되는 구조, 저변의 무의식적 메커니즘이 응집되는 구조입니다. 이것은 표상(representation)의 작은 덩어리들, 즉…… 기표와 동일한 구조를 지닌 것입니다. 이것은 단순한 표상(*Vorstellung*)이 아니라…… 표상의 대표자(*Vorstellungsrepräsentanz*)입니다. 그[프로이트]는 표상을 계열적이고 통합적인 요소로 전환합니다. 그런 방식으로 표상의 세계는 이미 기표 자체의 가능성에 따라 조직됩니다. 이미 무의식의 차원에는 프로이트가 말한 대로 반드시 모순의 조직이나 문법의 조직은 아니더라도 압축과 전치의 법칙, 즉 내가 은유와 환유의 법칙이라 부른 조직이 존재합니다. (*SVII*, 61)

프로이트는 여러 곳에서 무의식이 압축과 전치가 자유로운 1차 과정을 따른다고 주장했다.[4] 특히 그는 『꿈의 해석』에서 무의식의 잠재적 꿈-사고(latent dream-thought)를 의식의 외현적 '꿈-내용'(manifest dream-content)으로 바꾸는 네 가지 '꿈-작업'(dream-work)의 요소 가운데 가장 중요한 것으로서 압축과 전치를 설명한다(*SEIV*: 279~309). 라캉은 「무의식 속 글자의 심급 또는 프로이트 이후의 이성」에서 압축과 전치가 구조언어학적으로 기표들의 은유와 환유에 해당한다고 해석하

---

4) 대표적으로 『과학적 심리학 초고』(*SEI*: 324~327)와 「무의식」(*SEXIV*: 186~189)을 참조할 것.

며 은유공식과 환유공식을 제시한다.[5] 라캉의 설명은 무의식에 새겨진 기억흔적들이 표상의 대표자로서 기표의 성격을 지니고, 압축과 전치, 즉 언어학적인 계열과 통합에 해당하는 은유와 환유의 법칙에 따라 조직된다는 것으로 요약된다. 요컨대 무의식의 표상들은 "의미 사슬의 근본법칙에 따라 구심화된다"(SVII, 62).

무의식은 쾌락원칙에 의해 지배되므로 기표들의 의미사슬을 구성하는 과정은 쾌락원칙을 따르는 것이다. 그런데 무의식적 기표들의 의미사슬은 물(das Ding)이라는 원초적인 기능을 중심으로 조직된다. "물은 무의식적 표상들의 최초의 구심화가 확립되는 차원에 놓여 있는 원초적 기능이다"(SVII, 62). 라캉은 물 개념을 도입하면서 프로이트가 「무의식」에서 무의식을 사물표상으로, (전)의식을 사물표상과 언어표상의 결합으로 구분한 것을 논한다. 프로이트에 따르면 "무의식 체계는 최초의 진정한 대상 카섹시스인, 대상들에 대한 사물 카섹시스를 보존하고, 전의식 체계는 이 사물표상이 그에 상응하는 언어표상과 연결되어 사물표상이 과잉 카섹트됨으로써 생겨난다"(SEXIV: 201~202). 제3장에서 보았듯이 무의식에는 사물표상만 존재하고 이 사물표상이 의식에 들어오려면 전의식의 언어표상이 보태져야 한다. 억압은 바로 의식이 무의식의 사물표상에 언어표상을 주는 것을 거부하는 것이다.

라캉은 사물표상과 언어표상의 대립이 프로이트에게 일종의 딜레마였고 그 이유가 당시 언어학의 수준 때문이라고 본다. 소쉬르는 언어를

---

5) 아래 왼쪽의 환유공식에서 기표(S)와 다른 기표(S′)가 수평적으로 연결되는 함수 $f(\mathrm{S}\ldots\mathrm{S}')\mathrm{S}$는 기표(S)가 기의(s)에 도달하지 못하고 기표와 기의 사이에 가로선 (—)이 유지되는 것을 보여준다. 오른쪽의 은유공식에서 기표는 다른 기표로 치환되는데, 이는 기표가 가로선을 가로질러 (+) 의미가 발생하는 것이다(E, 428~429).

$$f(\mathrm{S}\ldots\mathrm{S}')\mathrm{S} \cong \mathrm{S}(-)s \qquad\qquad f\left(\frac{\mathrm{S}'}{\mathrm{S}}\right)\mathrm{S} \cong \mathrm{S}(+)s$$

$$\text{환유} \qquad\qquad\qquad\qquad\qquad\qquad \text{은유}$$

사물과의 관계가 아닌 자율적이고 공시적인 구조로 인식하고 언어의 구성요소인 기호를 기표와 기의의 임의적인 결합으로 파악했다. 프로이트는 이런 소쉬르의 구조언어학적 지식을 접하지 못했기 때문에 사물표상과 언어표상의 대립을 가정했다는 것이다. "그럼에도 프로이트는 기능의 역할을 하는 언어의 작동—즉 언어가 발음되어 실제로 전의식에서 필수역할을 하는 순간—과 무의식에서 작용하는 요소들을 조직하는 언어구조 사이의 차이를 탁월하게 이해하고 공식화했다. 그 사이에 그 경제 전체를 지배하는 결합, 소통, 연쇄가 만들어진다"(SVII, 45).

라캉은 기표가 압축과 전치, 은유와 환유의 법칙을 따라 결합되는 1차 과정을 프로이트가 『과학적 심리학 초고』에서 도입한 *Bahnung*, 즉 소통과 동일시한다(SVII, 36). 제1장에서 논했듯이 프로이트는 지각에서 유입된 자극의 양이 통과하지 못하게 방해하는 접촉 장벽의 개념을 가정했다. 이때 자극의 양을 통과시킬 수 있는 정도인 소통이 독일어로 *Bahnung*이다. 그래서 "기억은 ψ뉴런들 사이에 존재하는 소통으로 표시된다"(SEI: 300). 무의식에서 이 소통의 정도가 모두 같다면 유입된 자극의 양이 일정한 통로를 통과하도록 결정하는 기억의 작용을 설명할 수 없다. 엄밀히 말해서 "기억은 ψ뉴런들 사이에 존재하는 소통의 차이로 표시된다"(SEI: 300). 라캉은 이 뉴런들 사이의 소통, 즉 *Bahnung*이 영어번역어 facilitation과 오히려 반대의 의미인 "지속적인 길, 사슬"의 의미를 지니며, 프로이트가 무의식, 즉 "ψ기구의 발달이 단순한 양 대신 양에 *Bahnung*을 추가한 것으로, 즉 그것의 결합으로 대치한다고 말하는 한, 그것은 의미사슬과 관계될 수 있다"라고 주장한다(SVII, 39). 라캉에게 무의식은 기표의 사슬이며 *Bahnung*은 자극의 양을 통과시키는 "facilitator", 즉 촉진제이기도 하지만 "concatenation", 즉 연쇄의 의미가 더 강하다(SVII, 58).

무의식을 사물표상으로 부르고 (전)의식을 언어표상이라 부르면서 이 둘을 대립시키는 것은 무의식이 언어처럼 구조화되어 있다는 주장과 모순되는 것처럼 보인다. 하지만 이 둘 모두 기표나 표상의 체계라는 점에서 같다. 무의식은 억압이 행사되는 곳이고, "억압은 다름 아닌 기표들에 작용한다"(SVII, 44). 라캉은 사물표상이 언어표상과 연결되어 의식에 진입한다는 프로이트의 주장을 강조하면서 사물표상과 언어표상의 대립보다 이 둘이 모두 기표의 차원이라는 점을 강조한다. 그러나 물은 전혀 다른 차원에 존재한다. "사물(*Sache*)과 언어(*Wort*)는 따라서 긴밀히 연결된다. 그들은 한 쌍을 이룬다. 물은 다른 곳에서 발견된다"(SVII, 45).

물과 실재

물 개념은 『과학적 심리학 초고』에서 무의식이 아닌 의식의 사고 과정을 설명하는 가운데 도입된다. 자아가 "소망 상태"에 도달하면, 즉 욕망을 지니게 되면 욕망을 만족시킬 수 있는 대상의 기억에 카섹트한다(SEI: 325). 그러나 이 기억은 현실이 아니기 때문에 끝내 만족에 실패하는데, 이때 그것이 현실이 아니라는 것, 즉 "지각과 표상을 구분하는" 기능을 담당하는 것이 의식이다(SEI: 325). 현실과 환각을 구분하지 못하는 무의식과 달리 의식은 "지각과 기억을 구분하는 기준을 가능하게 하는 자아의 억제력"으로 인해 "특수한 행동"을 통해 현실에 개입해서 만족을 줄 수 있는 대상을 찾는다(SEI: 326). 욕망의 대상을 찾는 과정에서 자아는 외적 대상이 무의식에 저장된 만족을 주는 대상의 기억과 일치하는지의 여부를 인지하고 판단한다. 프로이트는 기억과 대상의 뉴런을 복합체로 본다. 그리고 그 부분적 구성요소들의 일치 여부로 기억의 대상과 외적 대상이 부분적으로 일치하는 경우를 설명한다.

예를 들어 욕망하는 대상의 기억에 관계된 뉴런이 변하지 않는 a와

변하는 b로 구성되고, 지각된 대상이 뉴런 a와 c로 구성되면 이 둘은 a
만 일치하는 것이다. "언어는 후에 이 분해에 판단이라는 용어를 적용
한다. 이후 자아의 핵과 불변하는 지각의 구성요소 사이에 그리고 외투
(pallium)[6] 속의 변하는 카섹시스와 변동적인 구성요소 사이에 실제
로 존재하는 유사성을 발견할 것이다. 그것[언어]은 뉴런 a를 (사)물(the
thing, *das Ding*)로, 뉴런 b를 그것의 행위나 특성, 간단히 말해서 그것의
속성(predicate)이라 부를 것이다"(*SEI*: 328). 자아의 핵을 구성하는 a뉴
런과 외적 지각에서 불변하는 뉴런인 a 사이에 그리고 자아의 밖을 구성
하는 변동적인 b뉴런과 지각되는 대상에서 변동적인 c뉴런 사이에 유사
성이 존재한다. 그런데 b와 c가 일치하지 않으므로 c가 지각되면 자아의
사고는 욕망하는 뉴런 b를 찾아 카섹트하려고 한다. 즉 욕망으로 발생한
내적인 정신적 양인 Qή은 "필요하지 않는[원하지 않는] 지각을 떠나 상
실된 뉴런의 카섹시스로 되돌아가려는" 목적을 지닌다(*SEI*: 330).[7] 이
때 b와 c가 일치하지 않으므로 c라는 "일치하지 않는 부분은 '관심을 불
러일으킨다'"(*SEI*: 330). 이는 b와 c 사이의 유사성이 아닌 차이에 기초
해 b를 기억하는 행위와 c에 대한 판단 행위를 유발한다. 이 판단 행위에
서 대상은 알려진 부분과 알 수 없는 부분으로 분해된다. 여기에서 대상
의 변하지 않고 알 수 없는 부분이 바로 물이다. 프로이트는 판단이 적용
되는 대상이 인간일 경우를 다음과 같이 설명한다.

지각을 제공하는 대상이 주체와 닮았다고, 즉 **동료인간**이라고 가정

---

6) 무의식 ψ는 외적 지각뿐 아니라 신체 내부에서도 카섹시스를 받기 때문에 ψ뉴런
   은 지각 φ에서 카섹트되는 외피 뉴런들과 내부에서 카섹트되는 핵 뉴런들로 나뉜
   다. 외투(pallium, mantle)는 19세기 중엽에 대뇌피질의 바깥 부분을 지칭하기 위
   해 조직학자들이 사용한 용어다. *SEI*: 315쪽을 참조할 것.
7) 프로이트는 외적 자극의 양을 Q로 내적 자극의 양을 Qή으로 구분한다.

하자. 그렇다면 [그에 대한] 이론적 관심은 이와 같은 대상이 그의 유일한 조력자였을 뿐 아니라 [주체에게] 최초로 만족을 주었던 대상이자 동시에 최초의 적대적 대상이었다는 사실로도 설명된다. 이런 이유 때문에 인간은 동료인간과의 관계에서 인지하는 방법을 배운다. 그러면 이 동료인간에게서 나오는 지각 복합체는——예를 들어 시각 영역에서 그의 **특징들**처럼——부분적으로 새롭고 비교할 수 없다. 그러나——그의 손동작에 대한 지각 같은——다른 시각적 지각들은 주체 내부에서 자신, 자신의 신체에 대한 아주 유사한 시각 인상들에 대한 기억들, 자신이 경험한 운동에 대한 기억들과 연관된 [기억들]과 일치한다. ……그러므로 동료인간이라는 복합체는 두 구성요소로 분해된다. 그 가운데 하나는 불변하는 구조에 의한 인상을 만들어 물로 남고, 다른 부분은 기억행위에 의해 이해할 수 있다. 즉 [주체] 자신의 신체에서 나온 정보로 추적할 수 있다. 지각 복합체의 이런 분해는 그것을 인지하는 것으로 묘사된다. 그것은 **판단**을 포함하고, 이 최종 목적이 달성되면 끝난다. (*SEI*: 331)

동료인간에게는 나의 신체적 행위에 대한 기억과 일치하기에 나와 유사하다고 판단하는 부분이 존재하고, 어떤 기억표상과도 일치하지 않기에 알 수 없는 것으로 남는 물의 부분이 존재한다. "판단의 주체, 판단되는 '물'은 그 자체로 알거나 이름 붙일 수 없다."[8] 다시 말해서 "물은 주체가 동료인간을 본성상 낯선(alien, *Fremde*) 것으로 경험할 때 최초로 분리되는 요소다"(*SVII*, 52).

대상은 모두 속성을 지니고 있고 이 속성은 쾌락과 불쾌의 원칙에 따라 표상들이 통제되는 무의식에 속한다. 하지만 "물은 전혀 다른 것이

---

8) Marc de Kesel, *Eros and Ethics*, 86쪽.

다"(SVII, 52). 대상의 속성은 이미 무의식에 알려진 표상들을 통해 이해될 수 있지만 대상의 물은 이 표상들을 통해 알려지지 않은 것이다. 이는 "현실경험의 원초적 분열"을 보여준다(SVII, 52). 이 분열은 프로이트가 「부정」("Negation")에서 설명하는 속성판단과 현실성 검사의 구분과 관련된다. 대상판단은 사물이 특수한 속성을 지녔는가에 대한 속성판단과 어떤 표상이 현실에 존재하는지에 대한 현실성 검사로 나뉜다. 속성판단은 근본적으로 좋고 나쁜 것에 대한 판단이며 좋은 것을 먹고 나쁜 것을 내뱉는 쾌락자아에서 유래한다. 반대로 현실자아가 담당하는 현실성 검사는 대상을 자아로 내화할 것인지의 여부가 아니라 만족을 준 대상을 외부에서 찾는 것과 관계된다. "그러므로 현실성 검사의 최초의 즉각적 목적은 표상된 대상에 상응하는 대상을 실재 지각에서 찾는 것이 아니라 그것이 여전히 존재한다는 것을 확신하기 위해 그런 대상을 다시 찾는 것이다"(SEXIX: 236~237). 속성판단과 현실성 검사는 각각 쾌락원칙과 현실원칙에 해당한다.

그러나 라캉은 현실성 검사가 단순히 만족을 준 대상을 찾는 것이 아니라 원초적으로 상실된 대상을 찾는 것이라고 해석한다.

주체의 전 과정은 낯설고 심지어 때로는 적대적인, 또는 어떤 경우에는 최초의 외부인 물을 향합니다. 그것은 분명 준거점을 찾는 탐구적 형태의 진행입니다. 그러나 무엇에 관한 것인가요? 욕망의 세계와 관련된 것입니다. 그것은 결국 무엇인가가 그곳에 있고 그것이 어느 정도 유용할 수 있다는 것을 증명합니다. 그러나 무엇을 위해 유용한 것일까요? 다름 아닌 소망과 기대의 세계와 관련된 준거점의 역할을 하기 위한 것입니다. 그것은 일정한 경우에 물에 도달하는 것을 도와주는 것을 향합니다. 그 대상은 결국 모든 조건이 충족되었을 때 그곳에 있을 것입니다. 물론 발견되리라 여겨지는 것이 다시 발견될 수 없다는 것은 명백합니다. 그 대상 자체가 상실되었다는 것이 그것의 본성입니다. 그것은 다시 발견될 수 없습니다. ……우리 경험의 세계, 프로이트적 세계는 다시 찾을 거라 여기는 것이 이 대상, 즉 주체의 절대적 대타자로서의 물이라고 가정합니다. 그것은 기껏해야 상실된 것으로서만 발견되기로 되어 있습니다. 그것은 발견할 수 없고 그것의 즐거운 연상들만 발견할 수 있을 뿐입니다. (SVII, 52)

라캉의 해석과 달리 프로이트는 사실 "무의식적 표상들은 대상과의 최초의 만족스러운 만남에서 기원한다"라고 주장한다.[9] 왜냐하면 프로이트에게 "현실성 검사를 만드는 선제 조건은 한때 실재 만족을 주었던 대상들이 상실되었다는 것"이기 때문이다(SEXIX: 236~237). 최초의 만족을 준 이 원초적 대상은 어머니의 신체다. 그러나 라캉의 해석에서 물 개념은 이런 경험적 대상과 결별한다. 그릭이 말하듯이 "물은 상실 자체와 관계한다. 그것은 말하자면 상실한 것보다 앞선 상실, 즉 상실한 대상보다 앞선 상실이다. 라캉의 논지는 욕망이 의미사슬 안에서의 환유적 치환의 원칙을 따르지만 이는 어떤 종류의 원초적 대상이 상실되었기 때문이 아니라 기원적 상실 자체 때문이라는 것이다. 경험적인 것과 대조하기 위해 우리는 이것을 순수 상실이라 부를 수 있다."[10]

라캉은 물 개념을 해석하면서 자신이 정신분석의 윤리에 관해 말하고자 한 것을 선명하게 보여준다. 그것은 바로 이 "낯설고 심지어 때로는 적대적인" 대상인 물이 주체의 욕망의 궁극적 준거점이라는 점이다. 주체의 욕망은 "물에 도달하는" 것을 지향하고 이 물을 중심으로 구조화된다. 욕망이 환각을 통해 만족되지 않아서 주체가 특수한 행동을 통해 현

---

9) 같은 책, 88쪽.
10) Russell Grigg, "Ethics of Desire," *Analysis*, 3(1991), 33쪽.

실에 개입해서 찾으려는 것이 바로 이 물로서의 대상이다. "물은 프로이트가 보기에 그 대상에 대한 주체의 방향성을 확립하는 것을 다시 찾으려는 충동과 동일시되어야 한다"(*SVII*, 58).

이제 라캉이 언급한 "현실경험의 기원적 분열"이 무엇을 의미하는지 알 수 있다. 주체가 욕망의 대상을 찾기 위해 현실을 탐구할 때 현실에는 근본적으로 그 대상이 없고 기껏해야 그것과 유사한 대상만 있을 뿐이므로 현실은 있음과 없음 사이에서 분열한다. 이는 『과학적 심리학 초고』에서 설명한 복합체인 대상이 욕망의 대상과 일치하는 부분과 그렇지 못한 부분으로 분리되는 것을 경험하는 것이다. 주체는 쾌락원칙이 지배하는 무의식적 표상들의 사슬에서 결코 발견될 수 없는 이 물을 추구한다. 그러나 주체가 찾는 것은 무의식적 표상들과 일치하지 않는 상실한 대상인 물이다. 따라서 물은 쾌락원칙의 절대적 준거점이 된다. "주체가 찾는 것은 쾌락원칙의 기능이 관계하는 대상이다. 이 기능은 모든 실제 경험이 준거로 삼는 질료, 그물망, 매개체에 있다"(*SVII*, 53).

이 물은 언어표상과 연결되는 사물표상의 사물과 다르다. 앞서 살펴보았듯이 사물표상이 언어적 차원에 속하는 기표적 속성을 지닌다면 물은 무의식적 표상의 차원에서 전적으로 배제된 것이다. "표상들(*Vorstellungen*)의 차원에서 물은 무(無)는 아니다. 그러나 문자 그대로 없다. 그것에는 그것의 부재, 낯설음이라는 특징이 있다"(*SVII*, 63). 이 물은 쾌락원칙의 준거점이 되지만 쾌락원칙에 종속되지 않으며 좋고 나쁨의 범주를 넘어선다.

좋은 대상과 나쁜 대상이 있는 것이 아닙니다. 좋음과 나쁨이 있고 그리고 물이 있는 것입니다. 좋음과 나쁨은 표상의 질서에 속합니다. 그것들은 쾌락원칙에 따라, 표상 이상이 되지 않을 것과의 관계에서 주체의 방향을 정하는 단서들로 존재합니다. 그리고 저기 너머에 존재하는 물에 의해 통제되기는 하지만 항상 그 물과 일정한 거리를 유지하는 어떤 것에 대한 기대, 특권화된 상태, 욕망되는 상태를 추구합니다. (SVII, 63)

주체의 입장을 통제하는 궁극적 준거점은 물이지만 주체는 쾌락원칙에 의해 이 "물과 일정한 거리"를 유지하며 물이 아닌 표상의 세계에 머무를 뿐이다.

실재의 윤리

라캉은 『과학적 심리학 초고』를 논하기에 앞서 현실원칙이 주체에게 어떤 의미를 지니는가라는 질문을 던진다. "쾌락이 주체의 행위를 통제하는 한 그 행위를 유지하는 것은 선, 선의 개념이다. ……그러나 이와 반대되는 것으로서 주체가 행위하는 현실의 토대를 어떻게 특징지을 것인가? ……프로이트는 현실과의 적합성을 특수한 선과 동일시할 것을 한순간도 고려하지 않는다"(SVII, 34). 주체의 차원에서 쾌락원칙은 선을 지향하지만 현실원칙은 선을 지향하지 않는다. 현실원칙이 지향하는 또는 현실원칙에서 프로이트가 도입하는 새로운 요소는 바로 실재의 물이다.

물 개념은 정신분석 윤리의 척도가 된다. 왜냐하면 주체의 모든 행위는 궁극적으로 이 물을 향하기 때문이다. 라캉은 프로이트가 윤리문제에서 이전과 다른 지점까지 나아간 것은 쾌락과 선에 기초한 기존의 윤리학과 달리 현실개념을 새롭게 해석했기 때문이라고 말한다. "프로이트 개념이 지닌 힘은―우리가 그렇게 부주의하게 사용하는 용어이자― 진정한 의미에서의 현실이라는 용어를 중심에 둔다"(SVII, 36). "현실이라는 용어"의 진정한 의미는 앞서 논의한 "현실경험의 기원적 분열"과

관계된다. 현실은 무의식적 표상들에 상응하는 대상들이 발견되는 영역과 발견될 수 없는 영역이 대립하는 곳, 즉 "대상화 또는 대상의 차원에서 알려진 것과 알려지지 않은 것이 대립하는" 곳이다(SVII, 33). 현실은 단순히 프로이트가 "ω체계 또는 지각-의식체계"라 부른 것이 아니다(SVII, 74). "현실은 이미 구조화된 것과 인간의 경험에서 항상 제자리로 돌아오는 것으로 나타나는 것, 두 가지로 인간을 대면한다"(SVII, 74~75).

　현실은 단순히 바깥에 있는 외부세계가 아니다. 프로이트는 『꿈의 해석』 결론에서 "정신적 현실(psychic reality)은 물적 현실(material reality)과 혼동되지 말아야 할 특수한 형태의 존재"라고 지적했다(SEV: 620). 라캉은 이 점을 강조한다. 현실은 이미 "외부세계의 깊은 주체화"를 통과한 것이다(SVII, 47). "무엇인가가 가려내고 거르기 때문에, 현실은 적어도 인간의 자연적·자발적 상태에서 인간에게 과격하게 선택된 것으로 지각된다. 인간은 선택된 현실의 조각들을 다룬다"(SVII, 47). 아무리 생경한 상태의 외부세계도 이미 기표에 의해 기록되어 구조화된 현실이다. 그러나 이와 반대로 기표화 또는 주체화에 의해 변하지 않고 항상 제자리에 있는 현실이 실재다. "실재는…… 항상 제자리에 있는 것이다" (SVII, 70). 라캉은 현실개념에서 물의 장소인 실재를 분리한다. 현실은 한편으로 "무의식에서 취해져 쾌락 과정에 '실체적 토대'를 주는 기억흔적과 표상의 총체"를 의미하지만 다른 한편으로 "무의식의 "표상적 (즉 상징적) 힘에 저항하는 '실재의' 현실"을 의미한다.[11] 라캉이 프로이트가 『과학적 심리학 초고』에서 "그 현실의 참된 차원, 심오하게 의미 있는 삶을 발견"했다고 말하는 것은 바로 이 실재의 차원이다(SVII, 37).

　이런 점에서 라캉이 프로이트와 아리스토텔레스의 역사적 거리를 언

---

11) Marc de Kesel, *Eros and Ethics*, 80~81쪽.

급하면서 프로이트가 벤담의 시대에 속한다고 말한 것은 중요하다. 왜냐하면 벤담은 현실개념에 중요한 변화를 가져온 인물이기 때문이다. 앞장에서 언급했듯이 라캉은 주인담론의 쇠퇴를 알리는 신호를 공리주의의 출현으로 보았다. 공리주의를 대표하는 벤담의 중요성은 그가 외적현실과 구분되는 허구의 개념을 도입했다는 데 있다. 여기에서 "허구적"(fictitious)은 "모든 진리가 허구의 구조를 지닌다"는 것을 뜻한다(SVII, 12). "벤담의 노력은 언어와 실재의 변증법적 관계를 통해 선─이 경우 쾌락……─이 실재 쪽에 위치하게 한 것이다"(SVII, 12). 프로이트 이론은 이렇게 허구와 현실의 대립구도 안에 위치한다. 그리고 "프로이트에게 쾌락의 특징은…… 허구적인 것 쪽에서 찾을 수 있다. 허구적인 것은 사실 본질상 속이는 것이 아니라 정확히 말해서 내가 상징계라고 부르는 것이다"(SVII, 12). 허구는 꾸며내거나 가공할 수 있는 성격을 지닌 것이 아니라 현실이 기표에 의해 걸러지고 대체된 것을 뜻한다. 벤담의 중요성은 허구와 현실을 구분한 데 있고 프로이트의 중요성은 아리스토텔레스나 벤담과 달리 쾌락을 현실이 아닌 허구, 즉 상징계에 속한 것으로 본 데 있다.

무의식적 표상들을 관장하는 쾌락원칙은 상징계에 속한다. 그리고 쾌락원칙의 준거점이 되면서 쾌락원칙에 종속되지 않는 물은 실재에 속하며 언어의 상징계와 배타적이다. 그런데 주체의 욕망은 궁극적으로 상실되어 다시 찾을 수 없는 물을 향하며 동시에 이 물과 거리를 둔다.

　　쾌락원칙은 대상의 추구를 관장하고 그것이 추구하는 목표와의 관계에서 거리를 유지하며 우회하게 합니다. ……**표상**(*Vorstellung*)에서 표상으로 양이 전이되는 과정은 항상 그것이 맴도는 것과 일정한 거리를 두고 그것을 추구합니다. 찾는 대상은 보이지 않는 법을 그 '추구'에 부여합니다. 그러나 그 법은 추구의 운동을 통제하는 것이 아닙니다. 이 운동들을 고정시키는 요소, 귀환의 모델이 되는 것은——이 귀환은 거리를 유지합니다——쾌락원칙입니다. 쾌락원칙은 그렇게 추구한 결과 주체가 단지 삶의 욕구(*Not des Lebens*)만을 만족하게 합니다. (*SVII*, 58)

쾌락원칙은 자극의 해소라는 고유의 법칙을 따라 표상에서 표상으로 움직이며 욕구를 만족시키지만 물과의 거리를 유지한다. 즉 쾌락원칙은 욕구는 만족시키지만 욕망은 만족시키지 못한다. 왜냐하면 욕망의 대상은 기표의 사슬에서 만날 수 없기 때문이다. 주체가 상실한 원초적 대상을 찾을 때마다 "그 대상이 있어야 할 곳에 기표가 나타나고 그 기표는 변함없이 다른 기표를 지시한다. 이렇게 하면서 기표는 주체와 그 대상(물) 사이의 간격을 유지한다. 정신적 에너지가 펼쳐지는 무의식적 기표의 장은 접근할 수 없는 대상을 맴돈다."[12]

쾌락원칙을 따라 기표에서 기표로 이동하는 과정에서 주체는 반복적으로 물과의 만남을 놓친다. 그런데도 주체가 이 물을 지향하는 것은 물의 "보이지 않는 법"이 주체의 궁극적 삶의 좌표를 제시하기 때문이다. 그것은 주체가 기표의 세계인 상징계를 넘어서는 차원을 지향하는 것을 의미한다. "나는 물을 기의너머(beyond-of-the signified)라고 부를 것이다. 주체가 물과의 거리를 유지하고 어떤 억압보다도 앞선 원초적 정동의 특징을 지니는 관계 속에서 구성되는 것은 이 기의너머의 기능과 주체가 물과 정서적으로 관계 맺는 기능 때문이다"(*SVII*, 55). 여기에서 물은 "대타자 내에서 의미화되지 않고 기표화할 수 없는 것으로서 대타자 안에 있지만, 대타자 이상으로 대타자를 넘어서 나타난다. 물은 주체가 너무 가깝지도 멀지도 않은 거리를 유지하는 대상이다. 주체는 그것

---

12) 같은 책, 93쪽.

에 대한 방어, 그것과 연관된 쾌락/고통의 원초적 경험에 대한 방어로서 출현한다."[13]

물을 지향하지만 물과 거리를 취하는 것은 정신분석의 윤리와 어떤 관계가 있을까? 이 물이 현실에서 찾을 수 없는 대상이라면 주체는 이 대상을 어디에서 찾아야 하는 것일까? 라캉의 관심은 죽음욕동으로 향한다. 그는 "프로이트가 현실이라는 용어로 상정한 것의 문제적 성격"에 주목하며 그것이 "정신적 현실이라는 특수한 영역"이라고 말한다(SVII, 21). "프로이트의 경험은 자신의 내부 어딘가에 있는 현실의 추구로 시작한다. 이것이 그의 출발점의 독창성을 구성한다"(SVII, 26). 라캉이 프로이트의 현실개념에서 독창적으로 해석해낸 실재개념은 "프로이트가 사용한 '정신적 현실'이란 구절과 비견된다. 이는 꿈의 내적 세계가 아니라…… 상징계에 '이질적'이고 '저항적인' 더 깊은 내적 핵을 지시한다."[14] 그래서 실재의 물은 안과 밖의 경계로 파악할 수 없다. 라캉은 "내부에서 배제되어 있는" 물의 이런 속성을 지칭하기 위해 '안'(intimate)과 '밖'(external)을 조합한 "내적인 외부성 또는 '외밀성'(extimacy)"이라는 용어를 사용한다(SVII, 101, 139). 물은 주체 밖에 있으면서 동시에 주체의 한복판에 있다.[15]

물은 그것이 배제된다는 의미에서만 중심에 있습니다. 다시 말해 현실에서 물은 외적인 것으로, 망각하는 것이 불가능한 선사(先史)적 대

---

13) Bruce Fink, *The Lacanian Subject*, 95쪽. 라캉은 이런 원초적인 경험의 종류에 따라 신경증의 종류가 결정된다고 본다. "원초적 물과의 관계에서 최초의 방향성, 최초의 선택, 주체적 방향성의 최초의 자리가 발생한다. 나는 때로 그것을 신경증의 선택이라 부를 것이다"(SVII, 54). 프로이트는 이 원초적 경험을 히스테리의 경우 성적경험에서 유발된 불쾌로, 강박신경증의 경우 쾌락으로 설명한다. *SEI*: 235~236쪽을 참조할 것.
14) Charles Freeland, *Antigone, in Her Unbearable Splendor*, 205쪽.

타자로 상정됩니다. 프로이트는 이 대타자의 우선적 위치를, 비록 그
것이 나의 심부에 있지만 낯선(*entfremdet*) 어떤 것, 내게 낯선 어떤 것
그리고 무의식의 차원에서 단지 표상만이 표상할 수 있는 어떤 것의
형태로 확언합니다. (*SVII*, 71).

정신분석의 윤리는 내 안에 있는 이 낯선 대상을 향한 욕망에 따라 상
징계가 아닌 실재로 향하는 실재의 윤리이고, 윤리적 행위는 이 외밀성
을 추구하는 주체의 몸짓이다.

도덕법은 쾌락에 반대해서 자신을 긍정합니다. ……실재라는 용어
에 주어진 의미…… 이 의미는 프로이트 사상 전체를 가로지르는 운동
과 어떤 관계를 맺고 있음이 분명합니다. 이 운동으로 프로이트는 현
실원칙과 쾌락원칙 사이에 최초로 발생한 대립에서 시작해서…… 쾌
락원칙을 넘어선 어떤 것을 상정함으로써 결론에 도달합니다. 쾌락원
칙을 넘어서 우리는…… 죽음욕동으로 알려진 표면과 만납니다. ……
도덕적 행동은 요컨대 실재에 이식됩니다. 그것은 실재에 새로운 것을
도입하고 그렇게 함으로써 우리[분석가]가 존재하는 목적이 합법화
되는 길을 엽니다. ……임상은 도덕적 행동 그 자체의 예비에 불과함

---

15) 밀레는 라캉이 "상징계 안에 있는 실재"를 지칭하기 위해 이 용어를 사용한다고
지적한다. 밀레는 주체 내부의 타자성과 대타자 안의 (실재의 조각인) 대상 *a*를
다음과 같은 그림으로 표시한다. Jacques-Alain Miller, "Extimité," 75~78쪽을 참
조할 것.

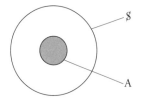 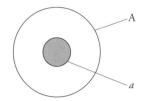

니다. 그 행동을 통해 우리는 실재로 들어갑니다. (SVII, 20~22)

라캉의 발언은 실재와 윤리의 관계를 분명히 보여준다. 정신분석의 도덕 또는 윤리는 프로이트 이론의 종점에서 쾌락원칙과 반대되는 것으로 출현하는 실재의 죽음욕동과 대면하는 것이다. 분석가의 존재이유는 주체를 쾌락원칙의 법에 따라 움직이는 무의식적 표상의 회로에서 벗어나게 하고 기표화될 수 없는 실재로 인도하는 것이다. 그러나 정신분석의 역할은 "입구에서 멈추는" 인도의 차원에서 끝난다(SVII, 21). 실재와 대면해서 주체가 어떤 윤리적 행동을 하는가는 오로지 주체의 몫이기 때문이다.

근접성의 거리

라캉은 하마르티아(ἁμαρτία, hamartia), 즉 죄는 그리스어로 "물에 대한 비참여"라는 의미이고, 죽음은 "인간적 조건의 현실"이며, "욕망의 기능은 죽음과의 근본적인 관계 속에 남아야 한다"라고 말한다(SVII, 84, 303). 정신분석 훈련의 종점에서 주체는 "절대적 혼란의 경험"에 도달한다(SVII, 304). 이 경험은 프로이트가 말한 *Hilflosigkeit*(무력한 상태) 또는 고난, 인간이 자신의 죽음이라는 자신과의 관계에 처한 상태"를 체험하는 것이다(SVII, 303~304). 정신분석의 윤리는 이 절대적 죽음의 경험을 명하는 것일까? 정신분석적 윤리가 "이로운 것들의 서비스를 위한 처방"과 무관하고 "삶의 비극적 의미"와 관계한다는 라캉의 발언은 이런 해석을 가능하게 한다(SVII, 313).

욕망은 궁극적으로 물과 죽음을 향한다. 안티고네의 비극이 보여주듯이 욕망에 따라 행동하는 것은 결국 죽음을 향하는 것으로 해석할 수 있다. 정신분석적 윤리의 기준은 "그대는 그대 안의 욕망에 따라 행동했는가?"라는 "최후의 심판"의 성격을 지닌다(SVII, 314). 프로이트에게 쾌락원칙의 지배를 받는 무의식의 표상들은 궁극적으로 물, 즉 상실한 대상을 중심으로 작동한다. 마찬가지로 라캉에게도 기표의 환유에 따라 움직이는 욕망은 기표의 연쇄를 넘어선 물을 중심으로 작동한다. "욕망이 위치하는 경로는 단순히 의미사슬이 조절하는 경로가 아니라 의미사슬 밑에 흐르는 것이기도 하다. 정확히 말하면 그것은 우리가 아닌 것이면서 우리인 것, 우리의 존재와 비존재다"(SVII, 321~322).

그렇다면 정신분석의 윤리는 의미사슬의 상징계를 벗어나 물과의 직접적인 대면을 명령하는 것일까? 욕망이 주이상스로 통과해갔을 때 욕망의 주체는 존재할 수 없는 것이 아닐까? 요컨대 주체는 물과 얼마나 거리를 둬야 하는가? 이 질문들에 답하기 전에 더 근본적인 질문을 제기할 필요가 있다. 왜 애초에 물과 거리를 둬야 하는 것일까? 그것은 쾌락원칙을 넘어선 곳에서 죽음욕동과 주이상스를 만나기 때문이다. 라캉은 이 실재의 대상을 클라인 이론의 좋은 대상/나쁜 대상과 연결시킨다.

> 쾌락원칙 너머에 *Gut*, 물이 출현합니다. ……그것은 또한 심층적으로는 클라인 이론이 관심을 보이는 나쁜 대상이기도 합니다. 그러나 이 차원에서 물은 나쁜 것으로 구분되지 않습니다. 주체는 이미 좋은 대상과 거리를 유지하기 때문에 나쁜 대상에 결코 접근하지 않습니다. 그는 물이 가져다줄 극단적 선을 견딜 수 없기에 더더욱 나쁜 것과 관계할 수 없습니다. (SVII, 73)[16]

클라인에 따르면 유아에게 최초의 대상인 어머니의 젖은 좋은 대상이

---

16) 칸트에게 실천이성의 대상은 선과 악이며, 이때 선은 *das Gute*(the good)로서 *das Wohl*(well-being)과 구분된다. 이에 대해서는 제10장 「칸트와 라캉」을 참조할 것.

면서 나쁜 대상이다. "처음부터 자아는 '좋은' 대상과 '나쁜' 대상을 내입한다. 어머니의 젖은 좋고 나쁜 대상의 원형이다. 왜냐하면 아이가 그것을 가질 수 있으면 좋은 것이지만, 그렇게 하지 못하면 나쁜 것이기 때문이다."[17] 원초적 대상에 좋고 나쁨의 구분은 적용되지 않는다. 유아가 가질 수 있어서 좋고 가질 수 없어서 나쁜 이 대상은 쾌락원칙에 따라 좋고 나쁜 것으로 구별된다. 그러나 궁극적으로 이 구분을 넘어서는 물은 어머니라는 원초적 대상이다. 주체는 "물이 가져다줄 극단적 선을 견딜 수 없기" 때문에 절대적인 대상이고 물로서의 어머니와 근친상간은 금지된다.

어머니/아이의 상호심리 차원에서 모든 발달은…… 모성적 물, 어머니의 본질적 성격의 큰 발전과 같습니다. 어머니가 그것, 즉 물의 위치를 차지하는 한에서 말입니다. ……어머니에 대한 욕망은 만족될 수 없습니다. 왜냐하면 그것은 가장 심층적 차원에서 인간의 무의식을 구조화하는 요구의 모든 세계의 종말, 종점, 폐기이기 때문입니다. 쾌락원칙의 기능이 인간이 항상 다시 찾게 하지만 결코 얻을 수 없게 한다는 점에서 우리는 그 본질, 즉 근친상간 금지의 법으로 알려진 영역이나 관계에 도달합니다. (SVII, 67~68)

주체에게 가장 근원적인 법은 근친상간을 금지하는 법이다. "십계명 어디에도 자신의 어머니와 동침하지 말아야 한다고 규정되어 있지 않다"(SVII, 69). 그러나 십계명과 근친상간 금지의 법은 말의 차원에 있다는 점에서 공통된다. 야훼 신의 목소리인 십계명은 "말의 명령"이다

---

17) Melanie Klein, *The Selected Melanie Klein*, Juliet Mitchell 엮음, (New York: The Free Press, 1986), 116쪽.

(SVII, 68~69). 그리고 "십계명을 주체가 어떤 형태의 근친상간에도 관계하지 못하게 하는 의도를 지닌 것으로 해석할 수 있다면 그것은 한 가지 조건, 즉 근친상간의 금지가 말의 필수조건이라는 점을 인식할 때에만 가능하다"(SVII, 69). 근친상간의 금지가 말의 필수 조건인 이유는 근친상간이라는 실재가 금지되고 배제되어야 말과 법의 상징계가 가능해지기 때문이다. 십계명은 "주체와 물 사이의 거리를 조절하는 것과 가장 심오한 방식으로 연결되어 있다. 그 거리가 정확히 말해서 말의 조건인 한에서 말이다"(SVII, 69).

말의 조건인 상징계의 법을 통해서 물과의 거리가 확보된다. 그렇다면 정신분석의 윤리는 법을 지킴으로써 물과의 거리를 유지하는 것일까? 앞 장에서 논했듯이 정신분석의 윤리는 위반에 있지 않은가? 더구나 법은 욕망을 한계 내에 머물게 하지 않고 오히려 욕망을 자극한다. 라캉은 「로마서」 7장 7절에 나오는 죄와 법의 관계에 관한 내용을 인용하면서 죄를 물로 바꾸어 다음과 같이 말한다.

> 법이 물인가요? 확실히 아닙니다. 그러나 나는 법을 통해 물을 알 수 있을 뿐입니다. 실제로 법이 "그대는 그것을 탐하지 말라"라고 말하지 않았다면 나는 그것을 탐하지 않았을 것입니다. 그러나 물은 계명 덕분에 내 안에 모든 종류의 탐욕을 만들어냄으로써 그 방법을 찾습니다. 왜냐하면 법이 없으면 물은 죽은 것이기 때문입니다. 그러나 심지어 나는 법 없이도 한때 살아 있었습니다. 그러나 계명이 나타나자, 물이 타올라 다시 돌아왔고 나는 죽었습니다. 그래서 나를 생명으로 인도해야 할 계명은 나를 죽음으로 인도했습니다. 왜냐하면 물이 방법을 찾았고 계명 덕에 나를 유혹했기 때문입니다. 물을 통해서 나는 죽음을 욕망하게 되었습니다. (SVII, 83)[18]

위 인용문은 법과 물의 변증법적 관계를 보여준다. 주체는 법 없이는 결코 물에 다가갈 수 없다. 왜냐하면 법이 없다면 물은 죽은 것이고 존재하지 않기 때문이다. 그런데 법 때문에 물이 돌아오고, 주체는 물 때문에 죽음을 욕망하게 된다. 바오로의 편지에서 죄는 (율)법 때문에 발생한다. 법이 금지를 통해서 위반을 자극하는 변증법 때문이다. 마찬가지로 죄를 물로 대신한 라캉의 논리에서 법은 물에 대한 금지이자, 동시에 이 금지를 위반하고 물 또는 주이상스에 접근하도록 유인한다.

욕망 한가운데 물이 존재한다. 물은 마치 욕망의 에너지를 빨아들이는 블랙홀처럼 욕망의 구심점을 형성한다. "물의 문제는 우리 욕망의 중심에 열려 있고 동시에 결여되어 있으며 입을 벌리고 있는 것에 여전히 밀착되어 있다"(SVII, 84). 법과 욕망의 변증법에 의해 주체는 법을 위반하고 물/주이상스에 접근하려는 욕망을 갖게 된다. 위반의 욕망은 곧 물에 대한 욕망이다. 라캉은 "이 모든 것이 법을 넘어선 어딘가에 있는 물과의 관계를 재발견하는 방법 이외에 무엇이란 말인가?"라고 묻는다(SVII, 84). 그렇다면 법을 넘어선 지점에서 물과의 관계를 규정하는 적절하고 올바른 거리는 무엇일까?

만일 프로이트적 탐구가 근친상간의 욕망으로 발견한 최종적 욕망을 주체가 즉각 발견하지 못한다면, 그는 자신이 욕망하는 대상이 항

---

18) 「로마서」 7장 7절의 말씀은 다음과 같다. "그러면 율법이 곧 죄라고 말할 수 있겠습니까? 절대로 그럴 수 없습니다. 그러나 율법이 없었다면 나는 죄를 몰랐을 것입니다. 탐내지 말라는 율법이 없었더라면 탐욕이 죄라는 것을 나는 몰랐을 것입니다. 죄는 이 계명을 기회로 내 속에 온갖 탐욕을 일으켰습니다. 율법이 없다면 죄는 죽은 것이나 다름없습니다. 나는 전에 율법이 없을 때에는 살았는데 계명이 들어오자 죄는 살아나고 나는 죽었습니다. 그래서 생명을 가져다주어야 할 그 계명이 나에게 오히려 죽음을 가져왔다는 것을 깨달았습니다. 다시 말하면 죄가 계명을 기회로 나를 속이고 그 계명으로 나를 죽인 것입니다." 『성서』, 국제가톨릭성서공회 편찬(일과놀이, 1995), 323쪽.

상 일정한 거리를 유지하도록 자신의 행동을 표현하는 것을 발견합니다. 그러나 이 거리는 완전하지 않고 근접성(proximity)이라고 불립니다. 그 거리는 주체와 동일하지 않지만 프로이트가 물의 근원이라고 말한 동료인간이 그의 이웃이라고 말할 수 있을 정도의 거리이며, 주체에게 문자 그대로 가까운 거리입니다. (*SVII*, 76)

실재의 물과 취해야 할 '근접성'의 거리는 가깝지만 아주 가깝지 않은 거리다. 주체는 실재의 물과 가깝지만 아주 가깝지는 않은 거리를 취해야 한다. 근친상간적 대상은 욕망이 불가피하게 접근하려 하는 대상이지만 결코 접근이 허락되지 않는 대상이기 때문이다. 욕망의 종점인 근친상간의 주이상스와 가까우면서도 최소한의 거리가 유지되어야 욕망이 욕망으로 존재할 수 있다.

이웃을 사랑하라

"물의 근원"인 이웃과의 관계에서 근접성의 거리를 유지할 수 있을까? 우리는 이웃에 가깝지만 아주 가깝지 않게 다가갈 수 있을까? 이웃과의 관계는 근본적으로 이웃의 물과 맺는 관계다. 라캉은 십계명 가운데 이웃의 집과 아내를 탐하지 말라는 명령을 해석하며, "문제의 탐욕은 내가 욕망하는 어떤 것으로 향한 것이 아니라 내 이웃의 물로 향한다"라고 말한다(*SVII*, 83). 이웃을 사랑하라는 명령은 근접성의 윤리가 시험에 부쳐지는 대표적인 경우다. 근친상간의 터부와 십계명이 각각 어머니와 이웃의 물을 금지하여 거리를 두라고 명령하는 반면, 이웃사랑은 오히려 물에 무한히 접근하라는 불가능한 과제를 요구하기 때문이다.

프로이트는『문명과 그 불만』에서 이웃사랑의 명령이 역사상 처음 등장했을 때 발생했을 "놀라움과 당황의 감정"을 상상하며, 사랑은 받을

만한 자격이 있는 자가 받아야 한다는 합리적 태도의 타당성을 주장한
다(*SEXXI*: 109). 사랑받을 자격의 예 가운데 하나는 이웃에게서 자신의
모습을 발견할 수 있을 때다. "그가 중요한 점에서 나와 너무 같아서 내
가 그 안에서 나 자신을 사랑할 수 있다면 그리고 그가 나보다 훨씬 더
완벽해서 내가 그 안에서 나 자신의 이상을 사랑할 수 있다면, 그는 사랑
받을 자격이 있다"(*SEXXI*: 109). 이웃사랑의 명령은 이런 합리성을 파괴
한다. 프로이트는 이방인 심지어 원수를 사랑하라는 이 명령을 크레도
퀴아 압수르둠(*Credo quia absurdum*, 그것이 불합리하기에 믿는다)의 역설
로 옹호하는 견해가 인간에게 원초적으로 존재하는 공격성을 부인한다
고 비판한다.

앞서 보았듯이 프로이트에게 이웃은 알 수 있는 부분과 알 수 없는 부
분인 물로 나뉜다. 이웃을 자신처럼 사랑하라는 이 명령을 실천하기 위
해서는 불가피하게 이웃의 알 수 없는 물에 접근해야 하기 때문에 이 명
령은 문제적이고 충격적이다. 프로이트는 자신과 마찬가지로 이웃도 위
협적이고 공격적인 존재라는 점을 강조한다.

나는 그가 내 적대감을 심지어는 증오를 받아야만 한다고 솔직히 고
백한다. 그는 나를 사랑하는 최소한의 흔적도 지니고 있지 않으며, 내
게 최소한의 배려도 하지 않는다. 만일 그에게 좋다면 그는 주저하지
않고 나를 해칠 것이다. ……만일 그가 어떤 종류의 욕망을 만족시킬
수 있다면 그는 나를 조롱하고 모욕하고 비방하며 자신의 월등한 힘을
과시하는 것을 대수롭지 않게 생각할 것이다. ……그들의 이웃은 그들
에게 단지 잠재적 조력자나 성적 대상일 뿐 아니라 그에 대한 그들의
공격성을 만족시키고, 보상 없이 그의 노동력을 착취하며, 동의 없이
성적으로 이용하고, 그를 모욕하고 고통을 주고 죽이도록 유혹하는 자
이기도 하다. (*SEXXI*: 110)

이웃은 조력자나 성적 대상일 뿐 아니라 자신의 욕망을 만족시키기 위해 무슨 짓도 할 수 있는 적대적인 존재다. 공격적이고 적대적인 이웃을 피하는 것은 고통을 피하는 쾌락원칙의 논리를 따르는 것이다. 그러나 라캉은 프로이트가 이웃의 공격성과 이웃사랑의 고통을 쾌락원칙의 관점에서 논할 뿐, 이웃사랑과 주이상스의 관계를 간과한다고 지적한다.

프로이트는 사랑받을 자격이라는 주제에 대해 아주 정당하고 감동적으로 논평합니다. ……아리스토텔레스의 선 개념 전체가 이 진실한 자에게 살아 있습니다. ……그러나 그[프로이트]가 간과한 것은, 아마도 정확히 말해서 우리가 그런 길을 택하기 때문에 주이상스로 열리는 길을 놓친다는 사실입니다. 이타적인 것은 선의 본성에 존재합니다. 그러나 그것은 당신 이웃에 대한 사랑은 아닙니다. 프로이트는 이 점을 충분히 표현하지 않지만 우리가 이점을 느끼게 합니다. (SVII, 186)

사랑받을 자격이 있는 자를 사랑해야 한다는 주장은 선 개념에 입각한다. 따라서 프로이트는 아리스토텔레스주의자다. 프로이트는 선을 택함으로써 "주이상스로 열리는 길을 놓친다"는 점을 인식하지 못한다. "프로이트가 선을 사용하는 방식은 선이 우리의 주이상스에서 우리를 멀찌감치 떨어뜨려 지켜준다는 개념으로 요약될 수 있다"(SVII, 185). 주판치치가 지적하듯이 라캉은 여기에서 "이웃이 반드시 프로이트가 말하듯 나쁘지 않다"거나 이웃이 적대적인데도 그를 사랑해야 한다"라고 말하는 것이 아니다.[19] 라캉은 오히려 "프로이트가 이 공격성을 지적하면서도 그것을 외면하는 바로 그 점에서 '전통윤리'의 지평 안에 머문다고" 주

---

19) Alenka Zupančič, "The Subject of the Law," *Cogito and the Unconscious*, Slavoj Žižek 엮음, 42쪽.

장하는 것이다.[20)

"주이상스를 향해 최초의 반쯤 심각한 발을 내딛었을 때 쾌락의 이름으로 약해지지 않는 자가 누가 있습니까?"(SVII, 185) 라캉의 질문은 쾌락원칙과 주이상스의 양립 불가능성을 표현한다. 이웃사랑은 쾌락원칙에서 멀어지고 주이상스에 다가가는 발걸음이다. 아이러니하게도 쾌락원칙의 관점에서 이웃사랑을 비판하는 프로이트의 논의는 주이상스의 문제를 생생하게 표현한다. 라캉은 프로이트를 단순히 비판하지 않는다. 오히려 그는 프로이트의 논리를 따라가 그 종점에서 주체가 알 수 없는 이웃의 물, 이웃의 주이상스가 악이라는 결론에 도달한다. "우리가『문명과 그 불만』같은 텍스트에서 프로이트를 계속 따라간다면 우리는 주이상스가 악이라는 공식을 피할 수 없다. ……그것[주이상스]은 내 이웃을 위한 고통을 포함하기 때문에 고통이다"(SVII, 184). 이웃사랑은 쾌락원칙을 벗어나며 고통을 자초하는 피학적인 것이다. 폴 무아예르(Paul Moyaert)가 말하듯 "이웃사랑은 악을 견딜 뿐 아니라 인내 속에서 타자가 유발하는 고통과 거리를 두어야 하고 용서해야 한다. 궁극적으로 마조히즘이 이웃사랑의 진리다."[21)

선의 윤리는 이타주의를 함양한다. 내가 이웃보다 더 능률적이라면 나는 이웃을 위해 대신 일할 수 있고 그를 쉽게 할 수 있다. 즉 공리주의의 논리에서 나의 효용성은 이웃을 위해 쓰일 수 있다. 그러나 이타주의 역시 이기주의와 양립할 수 있으며 주이상스를 회피하기 위한 것에 불과하다. "내 이기주의는 일정한 이타주의, 즉 유용성의 차원에 위치한 이타주의에 아주 만족한다. 그것은 심지어 내가 욕망하고 내 이웃도 욕망하

---

20) 같은 글, 43쪽.

21) Paul Moyaert, "Lacan on Neighborly Love: The Relation to the Thing in the Other Who is My Neighbor," Jeff Bloechl & Michael Newman 공역, *Epoché: A Journal for the History of Philosophy*, 4.1 (1996), 31쪽.

는 악의 문제를 내가 취하는 것을 피할 수 있는 평계가 된다"(SVII, 187). 이웃사랑은 선과 이타주의가 아니라 악과 주이상스를 향한다.

이웃사랑은 선을 넘어서 나와 이웃이 욕망하는 악을 대면하라는 명령이다. 문제는 악이 이웃뿐 아니라 내게도 존재한다는 사실이다.

> 프로이트가 이웃을 사랑하라는 명령의 결과에 대해 경악하며 멈출 때마다 우리는 이 이웃 속에 존재하는 근본적인 악의 존재가 환기되는 것을 봅니다. 그러나 그렇다면 그 악은 내 안에도 존재합니다. 내 주이상스의 악이 존재하는 이 마음, 내가 감히 가까이 가지 못하는 이 마음보다 내게 무엇이 더 이웃이겠습니까? 왜냐하면『문명과 그 불만』이 명확히 표현 하듯이 내가 그것에 가까이 가자마자 헤아릴 수 없는 공격성이 출현하기 때문입니다. 나는 그 공격성에서 도망치고…… 그것은 사라진 법의 장소에서 내가 물의 한계점에 있는 어느 전선을 건너지 못하게 하는 것을 강화합니다. (SVII, 186)

자신을 해하려는 공격성을 지닌 이웃의 주이상스는 내 안에도 존재한다. 프로이트가 두려워하는 이웃의 잔인하고 공격적인 모습은 곧 나의 모습이다. 이웃의 주이상스만큼이나 나의 주이상스에 접근하는 것도 위험한 일이다. 또는 "내 이웃에 대한 두려움은 내 자신의 내밀한 자아에 대한 더 근본적인 두려움을 숨긴다."[22]

이웃사랑의 의미는 타자의 위협적인 주이상스를 어떻게 대면하는가의 문제로 귀결된다. "내게 올바른 방향을 제시할 수 있는 이웃사랑의 의미를 여기에서 발견할 수 있을지도 모른다. 그러나 그 목적을 위해서는 내 이웃의 주이상스, 그의 해롭고 악의적인 주이상스가 내 사랑에 문제를

---

22) Marc de Kesel, *Eros and Ethics*, 147쪽.

제기한다는 사실을 어떻게 대면해야 할지 알아야 한다"(*SVII*, 187). 이웃 사랑에 대한 명령을 실천하고자 이웃에 가까이 다가갔을 때, 주체는 이웃의 물/주이상스로 인해 외상의 위협을 느끼며 물러설 수밖에 없다. 지젝의 표현대로 "실재와의 이런 만남은 항상 외상적이고 그것에는 적어도 최소한 음란한 것이 있다. 나는 단순히 그것을 내 우주로 통합할 수 없다. 나와 그것을 분리하는 간극이 항상 존재한다."[23]

그러나 역설적이게도 주체는 역겹고 음란한 타자의 주이상스에 매료된다. 물/주이상스를 추구하는 위반의 윤리 역시 "도덕성보다 높은 에로틱스"다(*SVII*, 84). 케젤이 지적하듯이 이웃사랑 역시 사랑이고 에로스이며 다른 모든 사랑처럼 이것도 "정신분석적 관점에서는 법의 위반에서만 만족을 찾을 수 있는 향락에 대한 욕망으로 해석할 수 있다."[24] 타자의 주이상스에 대한 주체의 욕망은 시기심으로 나타난다. 이 시기심은 인간욕망의 신비다. "선한 의지를 지닌 인간의 욕망은 선을 행하려 하고 올바른 일을 하려 하며 …… 어떤 규범과 동일시하거나 일치하려 한다. ……자신의 선의 한계에서뿐 아니라 환원 불가능한 가장자리에서 주체는 결코 완전히 해결하지 못한 자신의 욕망의 신비로운 본성에 노출된다"(*SVII*, 237).

이 신비는 바로 주체가 타자를 "마치 조화롭게 살고 있고 어쨌든 피분석가보다 더 행복한 자인 것처럼" 여긴다는 것이다(*SVII*, 237). 타자의 주이상스는 주체에게 타자에게만 허락된 무한한 행복감으로 다가온다. "타자만 접근 가능한 이런 주이상스"는 독일어로 *Lebensneid*(life envy)라 불리는 시기심이다(*SVII*, 237). 이는 "일반적인 시기심이 아니다. 그것은 주체가 가장 기본적인 정동적 운동을 통해서도 이해할 수 없는 어떤

---

23) Slavoj Žižek, *The Abyss of Freedom* (Ann Arbor: U of Michigan P, 1997), 25쪽.
24) Marc de Kesel, *Eros and Ethics*, 148쪽.

것으로 지각하는, 어떤 형태의 주이상스 또는 여분의 생기를 타자가 즐긴
다고 여겨지는 한에서 주체와 타자와의 관계에서 태어난 시기심이다"
(SVII, 237).

인간욕망의 가장자리에서 출현하는 타자의 주이상스에 대한 시기심
은 인종적인 타자와의 관계에서 쉽게 목격된다. 타자를 타자로 만드는
결정적 요인이 바로 주이상스이기 때문이다. 밀레가 말하듯이 "인종차
별주의는 대타자의 주이상스를 상상하는 것에 기초한다. 그것은 대타자
가 주이상스를 경험하는 독자적이고 특수한 방식에 대한 증오다. ……그
[타자]는 가질 자격이 없는 주이상스를 항상 지니고 있다. 그래서 진짜 관
용을 베풀지 않는 것은 대타자의 주이상스에 대해서다."25) 또는 지젝이
말하듯 인종차별주의는 "타자가 우리에게서 그것을 훔쳐서 그 대상-보
물을 소유하거나(그래서 우리에게 그것이 없는 것이다) 또는 우리가 그
대상을 소유하는 데 위협을 가한다"는 인식에 기초한다.26) 타자가 나의
주이상스를 빼앗았다는 인식은 내가 거세된 원인을 타자에게 돌리는 것
이다. 주이상스를 향유하는 인종적 타자는 나를 거세시킨 장본인이므로
증오의 대상이 된다. 그러나 이렇게 "대타자에게 향락을 훔쳤다는 죄를
지움으로써 우리는 훔쳐간 것으로 여겨지는 것을 결코 소유한 적이 없다는 외
상적 사실을 은폐한다."27) 주이상스의 결여는 상징적 거세를 당한 주체
의 원초적 상실이기 때문이다.

25) Jacques-Alain Miller, "Extimité," 79쪽.
26) Slavoj Žižek, The Metastases of Enjoyment, 71쪽.
27) Slavoj Žižek, Tarrying with the Negative, 203쪽.

법과 초자아를 넘어서

앞서 논했듯이 법은 위반을 자극하면서 금지와 더불어 위반을 즐기라고 명령한다. 향락에 대한 이런 명령은 법의 이면에 존재하는 초자아의 음산한 얼굴이다. "금지가 법을 위반하라는 음란한 명령으로 전복되는 것"은 법의 이면에 향락을 조장하는 초자아가 도사리고 있음을 보여준다.[28] 이웃사랑의 명령은 초자아의 가혹성을 극대화시킨다. 이타주의와 달리 이웃사랑의 명령은 주체가 감당할 수 없는 공격성을 동반한다. 라캉은 프로이트가 논한 초자아의 무제한적이고 잔인한 공격성에 주목한다.

거기에는 한계가 없습니다. 그것은 자아 안에 항상 더 강한 공격성을 생산합니다. 그것은 한계의 지점에서, 다시 말해 법의 중재가 결여되는 곳에서 공격성을 낳습니다. 이는 법의 보증자, 법의 보증을 제공하는 자인 신이 결여된 상태입니다. ……내가 나 자신처럼 이웃사랑에서 물러서는 것은 거기에 어떤 형태의 견딜 수 없는 잔인성에 관여된 것이 있기 때문입니다. (SVII, 194)

이웃사랑의 명령에서 목격되는 공격성은 법의 보증자인 신이 부재하는 영역에서 발생한다. 이 공격성은 법의 한계를 넘어선 무법적인 것이다. 무아예르는 이 점을 탁월하게 설명한다.

신의 죽음은 인간의 책임에 말할 수 없는 부담을 지운다. ……이전

---

28) Slavoj Žižek, *The Puppet and the Dwarf: The Perverse Core of Christianity* (Cambridge, MA: MIT P, 2003), 104쪽.

에는 사람이 용서할 수 없는 것은 궁극적으로 신이 용서할 수 있었다. ……이제 반대로 내가 타자를 용서할 수 없을 때 나는 그에게 지옥형을 선고한다. ……이웃사랑이 법의 원칙을 따르지 않기 때문에 그런 사랑은 항상…… 허용과 불허, 적절과 부적절, 수용가능과 불가능의 구별이 극히 모호하고 불안한 지점에 가까워진다. 한계초과의 동력을 진정시키는 대신 이웃사랑은 실제로 초과를 자극한다.[29]

그렇다면 법과 초자아의 변증법에서 벗어나는 길은 없는 것일까? 라캉은 이렇게 묻는다. "욕망과 법의 변증법적 관계는 우리의 욕망이 법과 관계 맺을 때만 불타오르게 하며, 법을 통해서 우리의 욕망은 죽음을 위한 욕망이 된다. ……프로이트의 발견—정신분석의 윤리—은 우리가 이 변증법에 매달리게 내버려두는가?"(SVII, 83~84) 지젝은 라캉의 질문을 부정적인 답을 함축하는 수사학적 질문으로 파악하며 "정신분석 윤리의 요점은 '병적인' 죄의 향락에 책임이 있는 초자아적 비난의 함정을 피하는 관계의 가능성을 공식화하는 것"이라고 해석한다.[30] 라캉이 제시하는 "법을 넘어선 곳에서 물과의 관계를 재발견하는 길"은 무엇일까?(SVII, 84) 지젝은 바오로가 「로마서」에서 말한 법과 죄에 대한 발언을 「고린도전서」의 사랑에 대한 메시지와 같이 읽을 것을 제안하며, 죄와 법의 회로에서 벗어날 수 있는 사랑의 가능성을 모색한다.

바오로석인 비상사태가 중단하는 것은 우리의 일상적 삶을 조절하는 명시적 법이 아니라 정확히 말해서 그 법의 음란한 불문율적 이면이다. ……사랑과 법의 대립은 그것의 "진리", 즉 법 자체의 내부에 존

---

29) Paul Moyaert, "Lacan on Neighborly Love," 17쪽.
30) Slavoj Žižek, *The Ticklish Subject*, 153쪽.

재하는 규정적 실증법과 과잉의 초자아 명령 사이의 대립으로 환원되어야 하는가? ……아니면 법의 영역 안에서 법을 넘어선 차원이 나타나는 방식이 과잉적 초자아의 법이기 때문에…… 과잉적 법에서 사랑으로, 즉 사랑이 법의 영역 안에서 나타나는 방식에서 법을 넘어선 사랑으로 나아가는 중대한 조치를 취해야 하는가? 라캉 자신도 이와 동일한 바오로적인 문제, 즉 법 바깥에 사랑이 있는가의 문제와 씨름했다.[31]

지젝의 해석대로 죄를 동반하지 않는 사랑, 음란한 초자아의 향락에 대한 명령을 넘어서고 금지와 위반의 악순환에서 벗어나는 사랑이 라캉이 말하는 욕망과 법의 변증법을 넘어서는 길인지는 분명하지 않다. 그러나 라캉이 정신분석의 윤리를 위반의 윤리로 보면서 동시에 위반이 동반하는 죄의식에서 벗어난 것으로 파악했음은 분명하다. 그가 칸트의 『실천이성비판』(*Critique of Practical Reason*)을 해부하면서 정언명령을 초

---

31) Slavoj Žižek, *The Puppet and the Dwarf*, 113~114쪽. 지젝은 유태교 법이 이미 향락을 명하는 음란한 초자아적 요소를 배제한 법이므로 유태교 법의 초자아적 이면을 제거하려는 바오로의 주장에는 아이러니가 존재한다고 말한다. 지젝은 후에 이 아이러니를 바오로의 오류라고 지적한다. "바오로는 스스로를 위반할 것을 요청하는 것으로 법을 묘사할 때, 이런 법의 개념을 유태인들에게 적용하는 한에서, 오류를 범한다. 유태인의 금지의 기적은 어떤 음란한 메시지도 행간에 포함하지 않는 금지다." Slavoj Žižek, "Neighbors and Other Monsters: A Plea for Ethical Violence," Slavoj Žižek, Eric Santner & Kenneth Reinhard, *The Neighbor: Three Inquiries in Political Theology* (Chicago: U of Chicago P, 2005), 151~152쪽. 매슈 샤프(Matthew Sharpe, 1962~)와 제프 부셰(Geoff Boucher)는 지젝의 정치적 비전이 신학적인 사랑으로 귀착된다는 점을 비판한다. "지젝이 제안하는 이웃 사이의 만남에 대한 유일한 해결은 그들이…… 명확한 윤리적 또는 정치적 내용 없이 '사랑'에 기초한 새로운 믿음으로 개종하는 것이다." Matthew Sharpe & Geoff Boucher, *Žižek and Politics: A Critical Introduction* (Edinburgh: Edinburgh UP, 2010), 217쪽.

자아적 가혹성과 엄밀히 구별하는 것은 죄의식에서 벗어난 윤리의 차원을 밝히고자 하기 때문이다.

제10장 칸트와 라캉
초월철학과 욕망의 윤리

순수이성의 초월적 요구

라캉은 세미나 VII『정신분석의 윤리』6강「도덕법칙에 관하여」에서 칸트의『실천이성비판』에 대해 "이 책을 준거점으로 삼지 않는다면 정신분석의 윤리가 제기하는 질문들에 관한 이 세미나에서 우리가 어떤 진척을 이루는 것은 불가능하다"라고 선언한다(SVII, 72). 그렇다면 칸트의 실천이성은 정신분석의 윤리와 어떤 관계가 있을까? 우리는 이 물음에 대한 단서를 "실재가 물(物)의 보증자일 수 있는 한에서 도덕법칙은 실재 그 자체와의 관계로 표현된다"는 라캉의 발언에서 찾을 수 있다(SVII, 76). 도덕법칙이 실재/물과의 관계에서 발생한다는 사실에서 칸트 철학과 라캉 정신분석의 윤리가 만난다. 앞 장에서 보았듯이 욕망도 실재/물과의 관계에서 이해될 수 있기 때문이다. 칸트철학에서 도덕법칙은 주체의 자유의지에 의해 수행된다. 따라서 도덕법칙은 물과 관계될 뿐 아니라 필연적으로 자유의 문제를 동반한다. 칸트가『실천이성비판』에서 다루는 도덕법칙과 물 그리고 자유의 문제는 이미『순수이성비판』에서 제기된 것이다. 그러므로『실천이성비판』에 대한 라캉의 해석과 비판의 논의를 이해하기 위해서는 칸트의『순수이성비판』에서 물과 자유의 문제가 제기되는 맥락을 이해해야 한다.

칸트가 자신의 철학을 코페르니쿠스적 전환에 비유한 것은 유명하다. 천체가 관찰자를 중심으로 회전한다는 가정으로 천체의 운동을 설명하는 데 실패할 때 관찰자가 천체를 중심으로 회전한다고 발상을 전환한 코페르니쿠스처럼, 칸트는 "우리의 모든 지식이 대상들을 따라야 한다"는 생각이 대상에 대한 개념적 지식을 설명하지 못할 때 역으로 "대상들이 우리의 지식을 따라야 한다"라고 생각할 것을 주장한다(CPUR, Bxvii). 그는 "새로운 사고의 방법, 즉 우리는 사물들에 대해 우리 자신이 그것들 안에 집어넣은 것만을 알 수 있다"라고 주장함으로써 대상에 앞선 선험적 개념들을 통해서만 경험대상에 대한 지식이 가능하다는 것을 밝혀낸다(CPUR, Bxvii). 칸트철학의 코페르니쿠스적 혁명성은 개념의 선험적 필연성을 지식의 근본으로 삼았다는 점에 있다. 『순수이성비판』은 경험과 선험의 역학적 관계를 출발점으로 삼아 현상계와 초험적 예지계라는 두 이질적인 세계의 관계를 인식론적 관점에서 논리적으로 설명하려 한다. 이런 시도는 현상계에서 경험세계를 넘어선 예지계를 추론하려는 이성의 요구를 따라 진행된다. 그러나 현상계에서 예지계로 향하는 순수이성의 탐구에서 칸트는 이성의 불가피한 자기모순, 즉 이율배반을 발견하고 이를 초월적 관념론으로 해결한다. 여기에서 정신분석의 윤리에 중요한 역할을 하는 칸트의 자유론이 등장한다.

『순수이성비판』의 '초월적 분석학'은 인간의 직관(intuition), 감성(sensibility), 상상력(imagination), 지성(understanding)[1]의 능력이 현상인 자연대상을 어떻게 인식하는가에 한정된다. 칸트는 이 책의 서문에

---

[1] 백종현은 독일어 *verstand*(understanding)의 번역어가 판단하고 이해하는 능력을 의미하므로 '깨닫다'의 의미를 지닌 '오성'(悟性)보다 '지성'으로 번역하는 것이 더 정확하고, 이 독일어에 해당하는 라틴어 *intellectus* 역시 지성으로 번역된다고 지적한다. 백종현, 「부록 1: 칸트철학 중 용어의 해설 및 번역어 선택의 문제」, 이마누엘 칸트, 『실천이성비판』(백종현 옮김, 아카넷, 2009), 416~417쪽을 참조할 것.

서 "사변이성으로 경험의 한계를 넘어서 탐험하는 것에 대해 경고한다"(*CPUR*, Bxxiv). 순수사변이성은 경험대상을 현상으로 인식할 뿐이며 이 현상을 가능하게 하지만 현상 너머에 있는 물 자체에 대한 어떤 지식도 주장할 수 없다. "감성의 참된 상관물인 물자체는 이 표상들을 통해서는 알려져 있지 않고 알 수도 없다"(*CPUR*, A30/B45). 그러나 우리는 물 자체를 당위로 가정해야 한다. "비록 우리가 이 대상들을 물 자체로 알 수 없지만 우리는 적어도 그것들을 물 자체로 생각해야 한다. 그렇지 않다면 우리는 현상하는 것 없이 현상이 있을 수 있다는 불합리한 결론에 도달하기 때문이다"(*CPUR*, Bxxvi~xxvii). 요컨대 우리가 경험하는 감각대상이라는 현상이 표상하는 물 자체를 가정하지 않으면 현상의 존재근거자체가 부정된다. 현상에 상응하는 비감성적 존재는 예지체(*noumenon*)라 불린다. "그 자체로 현상이 아닌 어떤 것이 그 현상에 상응해야 한다. ……현상이라는 용어는 무엇과의 관계를 지시한다. 이것의 직접적 표상은 실제로 감성적이지만 이것은 우리 감성의 구성과 별개로…… 그 자체로 무엇이어야 한다. 즉 감성과 독립된 대상이어야 한다. 따라서 예지체 개념이 생겨난다"(*CPUR*, A251~252).[2]

---

2) 칸트는 물 자체와 예지체 그리고 물 자체와 초월적 대상을 때때로 동의어로 사용하지만 예지체와 초월적 대상은 대체로 구분한다. "내가 현상 일반과 관련시키는 대상은 초월적 대상, 즉 무엇 일반에 대한 완전히 비규정적(undetermined) 사고다. 이것은 예지체라 불릴 수 없다. 왜냐하면 나는 그것이 그 자체로 무엇인지 전혀 알 수 없기 때문이다."(*CPUR*, A252~253). 이 발언은 마치 예지체를 알 수 있다는 함의를 지닌다는 점에서 문제적이지만, 현상과 반대개념인 예지체가 규정적일 수 있는 것과 달리 ─ 예컨대 신은 예지체다 ─ 초월적 대상은 규정되지 않은 대상인 '무엇 일반' x라는 차이가 있다. 초월적 대상은 경험대상과 다른 별개의 대상이 아니라 '초월적으로' 본 대상, 즉 초월적 통각의 상관물이다. 그러므로 초월적 대상은 항상 단수로 쓰이고 초월적인 인식의 조건과 관계된다. 이에 대한 상세한 설명은 Henry E. Allison, *Kant's Transcendental Idealism* (New Haven: Yale UP, 2004), 57~64쪽을 참조할 것. 지젝은 칸트의 물 자체와 초월적 대상이 각각 라캉의 실재/물과 대상 *a*에 상응한다고 해석한다. 대상 일반인 초월적 대상은 순수 형식인 선험

칸트는 예지계의 물 자체가 사변이성의 지식의 대상이 될 수 없지만 존재의 당위성을 지니는 것으로 가정한다. 칸트철학은 이렇게 현상계와 예지계를 엄격히 구분하면서도 예지계의 필연적 당위성을 가정하고 이를 탐구한다는 점에서 초월철학이라 불린다. 백종현에 따르면 칸트철학을 초월철학이라고 할 때 '초월'에는 모든 경험에 앞선다는 선험의 의미와 경험인식을 가능하게 만드는, 즉 경험을 규정한다는 보다 적극적인 의미가 중첩된다. 칸트의 초월철학은 경험 일반을 가능하게 하는 초월적 조건들에 관한 것이며, 이때 "〈초월적〉은 단지 인식론적일 뿐만 아니라, '존재론적'인 의미를 갖는 것이다. ……즉 초월철학은 대상인식에 관한 직접적 관심을 갖는 과학이 아니라, 그런 인식의 가능원리에 관한 학문이자, 그런 인식에서 인식되는 존재자의 존재원리에 대해 반성하는 학문, 즉 철학이다."[3]

『순수이성비판』은 감성과 상상력과 지성을 통한 경험 일반의 인식 과정뿐 아니라, 궁극적으로 이런 인식을 가능하게 하고 이런 인식작용 너머에 존재하는 순수이성의 원칙도 탐구한다. 칸트의 '초월적 분석학'은 "지식의 순전히 논리적인 형식이 일체의 경험에 앞서 대상들을 표상하는…… 순수 선험적 개념들", 즉 선험적 범주들(categories)을 낳는 것을 보여준다(*CPUR*, A321/ B377~378). 이와 같이 경험에 앞서 존재하는 지

적 범주들이 경험 대상들에 대한 감성적 직관에 관계하게 하는 역할을 한다. 무엇 일반이라는 비규정적 대상인 초월적 대상을 가정하지 않으면 "선험적 범주들의 표는 '객관적 현실'을 구성하는 초월적 능력을 잃은 채 단순한 형식-논리적 네트워크로 남을 것이다. 초월적 대상은 선험적 범주들이 감성적 직관들을 하나의 통일된 대상의 표상으로 종합하기 위해 참조하는 대상 일반의 형식이다. …… 그것은 초월적 범주들이 모든 가능한 미래의 대상들을 지시하도록 보장한다. 물자체와 초월적 대상의 이런 구분은 라캉이 물로서의 실재와 대상 *a*를 구분하는 것에 완벽히 상응한다." Slavoj Žižek, *Tarrying with the Negative*, 17~18쪽.

3) 백종현, 「부록 1: 칸트철학 중 용어의 해설 및 번역어 선택의 문제」, 528~531쪽을 참조할 것.

성의 선험적 범주들을 통해 경험대상의 인식이 가능하다는 것을 입증하는 것이 칸트의 코페르니쿠스적 전환이다.

초월적 분석학이 지성의 선험적 범주의 산출과 사용을 설명한다면, '초월적 변증학'은 이성의 이념들의 산출과 사용을 설명한다. 지성이 "규칙(rules)을 수단으로 현상들의 통일을 확보하는 능력"이라면, 이성은 "원리들(principles)하에 지성의 규칙들의 통일을 확보하는 능력"이다 (*CPUR*, B359). 다시 말해서 지성은 상상력에 의해 종합된 감성적 직관들에 범주를 적용해서 경험대상에 대한 인식론적 판단을 수행한다. 그리고 이성은 경험이나 대상과 직접 관계하지 않고 오로지 지성의 개념과 판단에만 관여한다. "순수이성은 모든 것을 지성에 위임하며, 지성만이 직접 직관의 대상들 또는 상상력에서의 그 대상들의 종합에 관계한다. 이성은 오로지 지성개념들의 사용에서 절대적 전체와 관계하며, 범주에서 사고된 종합적 통일을 완전한 무조건자까지 끌고 가려 노력한다" (*CPUR*, A326/B382~383). 그러므로 이성의 원리는 "모든 현상에 대해 초험적이며, 이 원리의 어떤 적합한 경험적 활용도 있을 수 없다"(*CPUR*, B365).

지성과 이성의 논리적 사용은 지성추리와 이성추리로 구별된다. 모든 추리는 기초명제(fundamental proposition)와 그것에서 추론되는 결론(conclusion) 그리고 기초명제의 진리에서 결론의 진리를 도출하는 추리 과정(inference)으로 구성된다. 이때 추론된 판단이 이전의 판단에 포함되어서 제3의 매개항이 필요하지 않은 직접적인 추리가 지성추리이고, 제3의 매개항이 필요한 것이 이성추리다. 예컨대 '모든 사람은 죽는다'는 기초명제에서 '약간의 사람은 죽는다'는 결론을 도출하는 것은 지성추리이고, '모든 학자는 죽는다'는 결론을 도출하는 것은 — '학자는 사람이다'는 — 제3의 매개항을 필요로 하므로 이성추리다. 그래서 이성추리는 먼저 지성을 통한 하나의 규칙을 지니고(대전제), 둘째, 판단력을 통해 이 규칙의 조건에 어떤 인식을 포섭하며(소전제), 마지막으로 규칙의 술어를 통해서 그 인식을 이성에 의해 선험적으로 규정한다(결론)(*CPUR*, A303~305/B360~361).

그러나 더 중요한 이성추리의 특징은 "지성으로 얻은 다양하고 잡다한 지식을 최소수의 원리들(보편적 조건들)로 환원함으로써 가능한 최고의 통일을 성취하려 한다"라는 것이다(*CPUR*, A305/B361). 그러므로 이성추리는 일반적인 삼단논법의 방향을 뒤집어 결론의 조건이 되는 대전제를 찾는다. 예컨대 '모든 인간은 죽는다'(대전제), '가이우스는 인간이다'(소전제), 그러므로 '가이우스는 죽는다'(결론)라는 삼단논법에서, 이성은 '가이우스는 죽는다'는 결론을 산출한 조건인 소전제의 매개념 '인간'을 통해 '모든 인간은 죽는다'는 대전제를 추리한다. 이런 추리는 무한히 지속될 수 있다. 가령 '모든 인간은 죽는다'는 명제가 결론인 삼단논법에서 '동물'이라는 매개념을 포함한 소전제— '인간은 동물이다'—를 통해 더 상위의 대전제인 '모든 동물은 죽는다'를 추리할 수 있다.[4]

이와 같이 이성추리는 조건에서 조건이 낳은 결론으로 내려가는 후기 삼단논법(episyllogism)이 아니다. 그것은 주어진 명제에서 그것의 근거나 조건을 찾아 올라가는 전기 삼단논법(prosyllogism)을 통해 더 이상 선행하는 조건이 없는 무조건자(무조건적인 것, the unconditioned)를 찾는다. 이렇게 무조건자를 절대적으로 끝까지 추구한다는 점에서 이성은 지성과 다르다. "초월적 이성개념은 항상 조건들의 종합에서 절대적인 전체만을 향해 나아간다. 이는 절대적으로, 즉 모든 관계에서 무조건자가 아니라면 결코 끝나지 않는다"(*CPUR*, A326/B382). 이성추리는 "지

---

4) Michael Rohlf, "The Ideas of Pure Reason," *The Cambridge Companion to Kant's Critique of Pure Reason* (Cambridge: Cambridge UP, 2010), 196~197쪽을 참조할 것.

성이 항상 제약받는 조건적 종합에서 지성이 결코 도달하지 못하는 무조건자로 상승하는 것"이다(CPUR, A333/B390).

무조건자는 조건적인 것(the conditioned)에 앞선 조건들의 계열을 완성하는 것이므로 앞선 조건들 전체와 같다. "이성의 초월적 개념은 어느 주어진 조건적인 것의 조건들 전체의 개념과 같다. 이제 조건들 전체를 가능하게 하는 것은 무조건자뿐이다. 역으로 조건들 전체는 항상 그 자체로 무조건자이기 때문에 순수이성개념은 일반적으로 조건적인 것을 종합하는 근거를 포함하고 있다고 여겨지는 무조건자의 개념에 의해 설명된다"(CPUR, A322/B378~379). 이렇게 "조건 일반의 무조건적 종합적 통일"에 관계된 순수이성개념들 또는 초월적 이념들은 이성추리에 의해 도달한다. 초월적 이념은 첫째, "생각하는 주체의 절대적(무조건적) 통일"인 "영혼," 둘째, "현상의 조건들의 계열의 절대적 통일"인 "세계," 셋째, "사고의 모든 대상일반의 조건의 절대적 통일"인 "신"이다(CPUR, A334~335/B391~392). 영혼은 심리학(psychology)의 대상이고 세계는 우주론(cosmology)의 대상이며 신은 신학(theology)의 대상이다.

순수이성의 이율배반과 초월적 관념론

이성추리에 의해 도달한 초월적 이념들은 경험과 무관하며 오로지 "초월적(주관적) 실재성"을 지닐 뿐이다(CPUR, A339/B397). 그러나 우리는 '초월적 가상'(transcendental illusion) 때문에 이 이념들에 "객관적 실재성을 부여하는" 오류를 범한다(CPUR, A339/B397). 이런 결론을 도출하는 추리는 "이성적이라기보다 궤변적(pseudo-rational)"이지만 그것은 "불가피한 가상"이다(CPUR, A339/B397). 왜냐하면 무조건자를 요구하는 "이성의 본성 자체"에 의해 도달한 결과이기 때문이다(CPUR, A339/B397). 칸트는 초월적 이념이 "문제적 개념"이라고 말한다(CPUR,

A339/B397). 여기서 '문제적'은 "그것의 객관적 실재성이 아직 확증되지 않았다는 점에서 '문제'가 있지만 논리적으로는 '생각하는 것이 불가능하지 않은'이라는 뜻을 갖는다."[5] 칸트는 이런 문제적인 초월적 개념들을 도출하는 변증 추리(dialectical syllogism) 세 가지를 제시한다. 첫째는 초월적 주체개념에서 주체의 절대적 통일성을 추론하는 순수이성의 오류추리(paralogism)다. 둘째는 주어진 현상을 위한 조건의 계열 전체라는 초월적 개념을 추론하는 순수이성의 이율배반(antinomy)이다. 셋째는 사물 일반을 가능하게 하는 모든 조건의 절대적·종합적 통일을 추론하는 순수이성의 이상(ideal)이다. 초월적 자유의 문제는 순수이성의 이율배반을 논의할 때 등장한다.

순수이성의 이율배반은 이성이 현상의 조건계열의 절대적 통일을 요구할 때, 다시 말해서 하나의 주어진 조건적인 것의 원인이 되는 이전의 조건들 전체를 요구할 때 발생한다. 이성은 "조건적인 것이 주어지면, 조건들 전체 그러니까 (그것을 통해서만 그 조건적인 것이 가능해진) 절대적인 무조건자 역시 주어진다"는 가상적 원칙을 낳는다(CPUR, A409/B436). 이 원칙은 지성의 열두 범주 가운데 조건적인 것의 조건들 전체를 구하는 배진(背進)적 종합(regressive synthesis)이 적용되는 네 가지 범주인 우주론적 이념들에 국한된다(CPUR, A408~415/B435~443). 헨리 앨리슨(Henry Allison, 1937~)이 설명하듯이 "그런 조건들의 완전한 합이 그 자체로 무조건적인 최초의 항에 구속된다는 것과 그런 조건들의 합이 무한하다는 것이 동등한 설득력을 가질 때 이율배반이 발생한다."[6] 첫째 주장이 조건들의 무한한 계열을 멈추는 조건들의 궁극적 원인인 무조건자를 상정하는 유한론자적 관점이라면, 둘째 주장은 조건들

---

5) 이마누엘 칸트, 『실천이성비판』, 52쪽 역주 5번.
6) Henry Allison, *Kant's Theory of Freedom*(Cambridge: Cambridge UP), 1990, 13쪽.

의 무한한 계열을 상정하는 무한론자적 관점이다. 이들은 각각의 이율배반에서 정립과 반정립으로 표현된다.[7]

이 무조건자는 두 가지 방식으로 생각할 수 있다. 그것은 전체 계열로 구성되며 그 계열 안의 모든 항이 예외 없이 조건지어져 있고, 오직 그 항들 전체만이 절대적으로 무조건적인 것이라고 생각할 수 있다. 이 배진은 무한하다고 할 수 있다. 또는 그렇지 않으면 절대적 무조건자는 다른 항들이 종속된 계열의 한 부분뿐이며 그 자체는 어떤 조건 아래에도 있지 않다고 생각할 수 있다. (*CPUR*, A417/B445)

무한론자적 관점에서 조건들의 배진은 무한하므로 무조건자는 조건들의 무한한 계열 전체를 의미한다. 반면 유한론자적 관점에서는 조건들의 계열이 시작되고 그 자체로 앞선 조건에 의해 규정되지 않는 최초의 항인 무조건자가 존재한다.

왜 이런 모순이 발생하는 것일까? 이런 이율배반이 발생하는 원인은 근본적으로 물 자체와 현상을 구분하지 못하기 때문이다. 칸트에 따르면 "순수이성의 이율배반 전체는 다음과 같은 변증적 논증에 의존한다. 즉 만일 조건적인 것이 주어져 있으면 그것의 모든 조건의 계열 전체도 주어져 있다. 감관의 대상들은 조건적인 것으로 주어져 있다. 그러므

---

7) 이율배반은 다음과 같이 네 가지로 요약할 수 있다. 1) 세계는 시간상 시초가 있고 공간적으로 한계가 있다. ↔ 세계는 시초나 한계가 없고 무한하다. 2) 세계 안의 모든 실체는 단순한 부분들 또는 그것들이 합성된 것으로 구성된다. ↔ 단순한 것은 실존하지 않으며 합성된 것도 단순한 부분들로 구성되어 있지 않다. 3) 세계의 현상을 설명하기 위해서는 자연법칙에 따르는 인과성 이외에 자유의 인과성을 가정해야 한다. ↔ 자유는 없고 세계의 모든 것은 오로지 자연법칙에 따라서 발생한다. 4) 세계에는 세계의 부분이나 원인인 절대적으로 필연적인 존재자가 있다. ↔ 세계 안이나 밖에 세계의 원인인 절대적으로 필연적인 존재자는 없다.

로 감관대상의 모든 조건들의 전체 계열이 주어져 있다"(*CPUR*, A497/
B525).[8] 여기에서 '조건적인 것'과 '조건들'이 (사)물들 자체와 현상의
의미로 사용될 때 전혀 다른 결과가 발생한다.

조건뿐 아니라 조건적인 것이 사물들 자체라면 조건적인 것이 주어
질 때, 조건으로의 배진은 단지 과제로 부과되어 있는 것이 아니라 이미
그것과 함께 주어져 있다. 이는 계열의 모든 항들에 타당하기 때문에 조
건들의 완전한 계열, 따라서 무조건자 역시 주어져 있다. ……여기에
서 조건적인 것과 조건의 종합은 사물들을 있는 그대로 표상하는 순전
한 지성의 종합이고 이때 지성은 그 사물들에 대한 지식을 얻을 수 있
는지와 어떻게 얻는지를 고려하지 않는다. 그러나 만일 우리가 다루
는 것이 현상들이라면…… 조건적인 것이 주어지면 (현상인) 그것의
모든 조건 역시 주어져 있다고 말할 수 없고, 따라서 그것의 조건들의
계열의 절대적 전체를 결코 추론할 수 없다. 현상들은 그것들을 포착할
때 그 자체로 공간과 시간에서의 경험적 종합이며 이 [경험적] 종합에서
만 주어져 있다. ……우리들이 말할 수 있는 것은 조건들로의 배진, 즉
조건들 쪽으로 지속되는 경험적 종합은 과제(문제)로 부과되어 있다는
것이다. (*CPUR*, A497~499/B526~527)[9]

'조건적인 것이 있다면 조건들의 계열 역시 주어져 있다'는 명제는
"사물들을 있는 그대로 표상하는 순전한 지성의 종합"에 의해 성립한다.

---

8) 여기에서 "그러므로" 이후의 문장—"감관대상의 모든 조건의 전체 계열이 주어져
있다"—은 백종현의 번역본 각주에서 설명된 것이고 원문에는 "기타 등등"으로
생략되어 있다.
9) 영역본에서 '과제'(task)로 번역된 단어는 앨리슨의 인용문에서 '문제'(problem)
로 번역되어 있어 둘을 병기한다. Henry Allison, *Kant's Transcendental Idealism*, 386
쪽. 번역본에는 이런 단어 없이 "부과되어 있다"로 번역된다.

이것은 경험과 무관한 순전히 초월적이고 지성적인 범주의 논리적 사용에 따른 결과다. 앨리슨이 지적하듯이 "그것은 범주들의 순수한, 또는 초월적 사용을 수반한다. 이런 사용은 그 범주들을 적용할 때 감성적 조건들(초월적 도식)을 도외시함으로써 단지 '대상 일반'에 대한 사고의 규칙만을 산출할 뿐이다."[10] 여기에서 지성은 있는 그대로의 사물에 대한 지식에 무관심하다. 그러므로 "그런 [지성적] 종합이 '있는 그대로의 사물들을 표상한다'는 주장을 있는 그대로의 사물들에 대한 지식의 제공을 암시하는 것이라고 여겨서는 안 된다. 오히려 그것은 초월적 실재론이 '그 사물들에 대한 지식을 얻을 수 있는가와 어떻게 얻는가'라는 질문을 무시한다. 따라서 그것을 그런 식으로 여기도록 강요한다는 의미다."[11]

이와 달리 현상들을 다루는 경험적 종합에서는 조건적인 것에서 그것의 조건들의 계열 전체를 추론할 수 없다. 그것은 단지 과제(문제)로 주어질 뿐이다. 왜냐하면 경험에서 조건들의 무한한 계열 전체 또는 무조건자를 찾을 수 없기 때문이다. 그러므로 칸트는 이율배반이 발생하는 정확한 원인을 이성추리(삼단논법)의 대전제와 소전제에서 '조건적인 것'과 '조건'이 상이한 의미로 사용된다는 사실에서 찾는다. 이성추리의 대전제 ─ '만일 조건적인 것이 주어져 있으면, 그것의 모든 조건의 계열 전체도 주어져 있다' ─ 에서 '조건적인 것'이 "순수범주의 초월적 의미"로 사용된다면, 소전제 ─ '감관의 대상들은 조건적인 것으로 주어져 있다' ─ 에서 '조건적인 것'은 "순전한 현상들에 적용된 지성개념의 경험적 의미"로 사용된다(*CPUR*, A499/B527).

그러므로 여기에서 이율배반은 "매개념(媒槪念) 다의(多義)의 오류"

---

10) Henry Allison, *Kant's Transcendental Idealism*, 386쪽.
11) 같은 곳.

(*sophisma figurae dicionis*), 즉 대전제와 소전제를 매개하는 '조건적인 것'이라는 개념이 두 가지 상이한 의미로 사용되는 오류에 의해 발생한다. 대전제에서 조건적인 것과 조건의 (지성적) 종합은 "시간의 제약이나 어떠한 연속의 개념도 수반하지 않으므로" 조건적인 것에서 조건들 계열 전체와 무조건자를 추론할 수 있다(*CPUR*, A500/B528). 이와 달리 "소전제에서 포섭되는 현상에서 조건들의 계열은 필연적으로 연속적이다. 계열의 항들은 오직 시간상에서 서로를 잇따르는 것으로만 주어진다. 따라서 나는 이 경우에는 종합에 의해 표상된 계열의 절대적 전체성을 전제할 권리가 없다"(*CPUR*, A500/B528). 그러므로 대전제에서 조건적인 것에서 조건들 계열의 전체 또는 무조건자를 찾는 권리를 (오로지 현상들에 대한) 소전제에서도 주장하는 오류를 범할 때 유한론자적 관점과 무한론자적 관점이 상충하는 이율배반이 발생한다.

그러나 이런 상충은 현상들을 물 자체로 여기는 초월적 실재론자들에게만 발생한다. 초월적 관념론의 관점에서 정립과 반정립은 둘 다 거짓일 수 있다. 즉 세계는 무한도 유한도 아닐 수 있다. 칸트는 두 대립하는 명제 가운데 하나가 참이면 다른 하나는 반드시 거짓이 되는 모순 대당(contradictory opposition)을 분석적(analytical) 대당이라 부른다. 그리고 대립하는 명제들이 기초하는 전제가 성립하지 않아서 두 명제 모두 거짓일 수 있는 대당을 변증적 대당(dialectical opposition)이라 부른다. 예컨대 대립 명제 '모든 물체는 좋은 냄새가 난다'와 '모든 물체는 좋지 않은 냄새가 난다'는 '물체는 냄새가 없다'는 명제가 가능하므로 둘 다 거짓일 수 있다. 이 경우 대립 명제들은 '모든 물체는 냄새가 난다'는 받아들일 수 없는 조건에 기초하므로 거짓이 되는 것이다.

'세계가 유한하다'와 '세계가 무한하다'는 두 대립 명제가 기초하는 "받아들일 수 없는 조건은 세계(현상들 전체)가 물 자체로 주어져 있다는 것이다. …… 따라서 칸트는 세계가 크기를 부여할 수 있는 그런 종류의 '사물'이 아니라는, 또는 더 정확히 말해서 그것은 아예 사물이 아니라는 단순한 이유 때문에, 세계의 크기가 유한하지도 무한하지도 않다고 주장할 수 있다."[12]

만일 우리가 세계가 크기에서 무한하다 그리고 세계가 크기에서 유한하다는 두 명제를 모순 대당으로 간주한다면, 우리는 현상들의 완전한 계열인 세계를, 그 현상들의 계열에서 무한하거나 유한한 배진을 중단하더라도 남아 있는 사물 자체라고 가정하는 것이다. 그러나 내가 이 가정 또는 이렇게 수반되는 초월적 가상을 거부하고 세계가 사물 자체라는 것을 부정하면, 두 주장의 모순적인 상충은 단순히 변증적인 상충으로 바뀐다. 세계는 내 표상들의 배진적 계열과 독립해서 그 자체로 존재하지 않는다. 따라서 그것은 그 자체로 무한한 전체로서도 유한한 전체로서도 실존하지 않는다. 그것은 단지 현상들의 계열의 경험적 배진에서만 실존하며 그 자체로는 어떤 것으로서 만날 수 없다. 그러므로 만일 이 계열이 항상 조건적이라서 결코 완전한 것으로 주어지지 않는다면 세계는 무조건적 전체가 아니고 무한하거나 유한한 크기를 지닌 전체로 실존하지 않는다. (*CPUR*, A504~505/B532~533)

칸트는 "현상에서 크기의 절대적 전체인 세계라는 첫째 우주론적 이념"에 대한 이런 주장—"조건들의 계열은 오직 배진적 종합(regressive synthesis)에서만 만날 수 있고, 모든 배진에 앞서 그 자체로 주어진 사물로 간주된 현상[의 영역]에서는 만날 수 없다"—이 다른 우주론적 이념들에도 동일하게 타당하다고 밝힌다(*CPUR*, A505/B533).

칸트는 이렇게 사물들 자체와 현상들을 엄밀히 구분하는 '초월적 관

---

12) 같은 책, 387쪽.

념론'(transcendental idealism)으로 순수이성의 이율배반을 해결한다. 초월적 관념론은 "우리에게 가능한 경험의 모든 대상은 현상들, 다시 말해 순전한 표상들 외에 아무것도 아니다. 그렇게 표상되는 대로 이것들은 연장적 존재자들로서 또는 변화들의 계열들로서 우리의 사유 밖에서는 독립된 실존을 갖지 못한다"는 것이다(*CPUR*, A491/B519). 그러므로 표상들을 물자체로 여기는 초월적 실재론(transcendental realism)과 달리, 초월적 관념론은 "어느 주어진 현상에 대한 조건들 전체가 이미 주어져 있다는 가상적 전제에 말려들지 않는다."[13]

초월적 관념론은 이율배반의 대립하는 명제들이 기초한 허용될 수 없는 조건을 밝힘으로써 둘 다 거짓이거나 둘 다 참이라는 결론을 내린다. 정립/반정립이 둘 다 거짓이냐 참이냐의 여부는 이율배반이 수학적인(mathematical) 것인지 역학적인(dynamical) 것인지에 따라 구별된다. 칸트가 세계와 자연을 구분하는 것은 이런 차이에 따르는 것이다. 세계는 "모든 현상의 수학적 전체와 그것들의 종합의 전체성"을 의미하고, 자연은 세계를 시간과 공간의 크기의 관점에서 보는 것이 아니라 "역학적 전체"로, 즉 "현상들의 현존에서의 통일성"으로 보고 원인과 결과, 우연과 필연을 파악한다. 현상에서 발생하는 것의 원인이 조건적인 것이면 "자연적 원인"이고 무조건적인 것이면 자유라고 불리며, 현존하는 것이 조건적인 것이면 우연적인 것이고 무조건적인 것이면 필연적인 것이다(*CPUR*, A418~419/B446~447).

수학적 이율배반은 세계와 관계하며 여기에서 조건의 계열은 감성적인 조건들만 포함하기 때문에 동종(同種)적인 종합이고, 역학적 이율배반은 자연과 관계하며 감성적 조건 이외에 비감성적 조건도 포함하는, 즉 감성과 비감성이라는 이질성이 존재하는 이종(異種)적인 종합이다.

---

13) 같은 책, 386쪽.

"현상들의 계열이 수학적으로 연결될 때는 감성적 조건이 아닌 것, 즉 계열의 부분이 아닌 어떤 것도 들어올 수 없다. 이와 반대로 감성적 조건들의 역학적 계열에서는 그 자체로 계열의 부분이 아닌 순수하게 예지적인 그리고 계열 밖에 있는 이질적 조건이 허용된다"(*CPUR*, A530/B558). 셋째 이율배반은 '초월적' 자유라는 예지계적 원인이 포함된 이종적 종합을 다루는 역학적 이율배반이다.

초월적 자유의 필연성

칸트는 『실천이성비판』의 서문에서 "사변이성이 자유를 모순 없이 생각할 수 있었지만 그것[자유]에 객관적 실재성을 보장할 수 없었던" 것과 달리, "이성의 순수 실천능력은 초월적 자유의 실재성을 확립한다"라고 밝힌다.[14] "이 자유는 이성이 인과결합의 계열에서 무조건자를 생각하고자 할 때 불가피하게 빠지는 이율배반에 대항하여 자신을 구출하기 위해서 요구되었던" 것이다(*CPRR*, 3/51~52). 이는 물론 순수이성의 셋째 이율배반에 해당한다. 이 이율배반은 다음과 같은 정립과 반정립으로 구성된다.

> 정립: "자연법칙에 따른 인과성은 세계의 현상들이 모두 유래하는 유일한 인과성이 아니다. 이 현상들을 설명하기 위해서는 또 다른 인과성, 즉 자유의 인과성을 가정하는 것이 필요하다."

---

14) Immanuel Kant, *Critique of Practical Reason*, Lewis White Beck 옮김 (New York: MacMillan, 1993), 3쪽; 이마누엘 칸트, 『실천이성비판』(백종현 옮김, 아카넷, 2009), 51~52쪽. 이 책의 인용문은 위 영역본을 옮긴 것이며 주요 용어의 번역은 백종현의 국역본을 따르고 필요시 수정했다. 앞으로 이 책의 인용은 괄호 안에 약어 *CPRR*과 영역본/국역본의 쪽수를 병기한다.

반정립: "자유는 존재하지 않는다. 세계의 모든 것은 오로지 자연법칙에 따라 발생한다." (*CPUR*, A444~445/B472~473)

그러므로 이 이율배반의 핵심문제는 인간이 자연의 인과성에 절대적으로 종속되는지 아니면 자연법칙을 넘어선 인과성인 자유가 존재하는지의 여부다.

여기에서 초월적 관념론은 "반정립의 주장을 (단순히 거부하지 않고) 제한하는 전망을 창조하고 이를 통해 비경험적 양태의 원인성인 초월적 자유를 생각할 수 있는 개념적 공간을 창조한다."[15] 요컨대 초월적 관념론은 하나의 사건을 한편으로는 경험적 현상으로 설명하고, 다른 한편으로는 초험적 물 자체로 설명한다. 그러므로 하나의 주체는 현상으로서는 자연의 인과성에 종속된 "경험적 성격"을 지니지만, 물 자체로서는 자연의 인과성에서 벗어난 "예지적 성격"을 지닌다(*CPUR*, A539/B567). 따라서 하나의 행위는 자연의 필연성에 종속되면서도 그것에서 벗어날 수 있다. "자유와 필연은…… 동일한 행위에 대해 그 행위를 예지적 원인에서 기인한 것으로 보느냐 감각적 원인에서 기인한 것으로 보느냐에 따라 모순 없이 공존할 수 있다"(*CPUR*, A541/B569).[16] 이 원칙은 인간에게도 적용된다.

자연의 다른 모든 사물과 마찬가지로 인간은 경험적 성격을 지닌다. ……그러나 인간은 자연의 다른 모든 것을 오직 감관을 통해서 알지만

---

15) Henry Allison, *Kant's Transcendental Idealism*, 388쪽. 셋째 이율배반과 그 해결에 대한 비평의 역사 등 상세한 내용은 같은 책, 376~388쪽과 Henry Allison, *Kant's Theory of Freedom*, 11~28쪽을 참조할 것.
16) 앞으로 논하겠지만 칸트는 『실천이성비판』에서 실천이성의 이율배반을 해결할 때와 『이성의 한계 안에서의 종교』에서 구원신앙의 이율배반을 해결할 때에도 예지계와 현상계를 엄밀하게 구분하는 방식을 사용한다.

자기 자신은 순전한 통각을 통해서도 알 수 있다. 그것도 감관의 인상들로 간주할 수 없는 작용들과 내적 규정들 속에서 그러하다. 그래서 인간은 자신에게 현상이지만, 그 작용을 감성의 수용성으로 귀속시킬 수 없는 어떤 능력들의 관점에서는 순전히 예지적 대상이다. (*CPUR*, A546~547/B574~575)

감성에 귀속되지 않는 이 능력들은 지성과 이성인데 특히 이성은 "모든 경험적으로 조건 지어진 힘들과 구별"되며, 이성이 자연의 인과성과 다른 인과성을 지니고 있다는 사실은 "우리가 모든 행동의 문제에서 우리의 실행적 힘들에 규칙들로 부과하는 **명령들**로 볼 때 명백하다" (*CPUR*, A547/B575). 인간의 자유는 이런 이성 고유의 인과성에서 유래한다. 칸트의 표현대로 이성은 "그것의 경험적 사용에서 가는 길과 그것의 초월적 사용에서 가는 길이 다르다"(*CPUR*, A563/B591). 초월적 사용에서 이성은 자연의 인과성에서 자유로워 시간의 제약을 받지 않는다. 그리고 이성의 이런 자유는 "경험적 조건으로부터의 독립성"이라는 소극적인 의미뿐 아니라 새로운 "사건들의 계열의 기원이 되는 힘"이라는 적극적인 의미도 포함한다(*CPUR*, A553/B581). 다시 말해서 인간은 자연적 인과성에 의해 규정되는 사건들의 계열에 속하지 않고 그 원인이 전적으로 자신에게 속하는 행위를 시작할 수 있다.

칸트는 의도적인 행동의 예를 들어 이를 보여준다. 어떤 사람이 악의적인 거짓말을 해서 사회에 문제를 일으켰을 때 우리는 우선 자연적인 인과관계를 통해서 그런 행동의 원인을 규명하려고 할 수 있다. 예컨대 잘못된 교육을 받았거나 나쁜 친구를 사귄 것, 아니면 경솔과 무분별 등의 원인을 추적할 수 있다. 이런 식으로 "우리는 하나의 주어진 자연적 결과에 대해서 그것을 규정하는 원인들의 계열"을 찾으려 한다(*CPUR*, A554/B582).[17] 그러면서도 우리는 그 거짓말을 행한 행위자를 비난한다. 이는 우리가 "마치 행위자가 스스로 이 행위에서 완전히 새로운 결과들의 계열을 시작한 것인 양, 과거의 조건들의 계열을 발생하지 않은 것으로 간주하고 그 행위를 이전 상태에 의해 전혀 조건지어지지 않은 것으로 간주할 수 있기" 때문이다(*CPUR*, A555/B583). 다시 말해서 "그 행위의 원인을 행위자의 예지적 성격 탓으로 돌리는 것이다"(*CPUR*, A555/ B583). 따라서 이 행위자는 자연의 인과법칙에 종속되면서도 자신의 행위에 대해 전적으로 책임이 있는 자유로운 존재가 된다.

그러나 『순수이성비판』에서 칸트의 설명은 '초월적 관념론'이지 초월적 실재론이 아니라는 사실을 환기해야 한다. 그는 "우리의 의도는 우리 감성세계의 현상들을 일으키는 원인을 포함하는 능력의 하나로 자유의 현실성을 확립하려는 것이 아니었고" 심지어는 "자유의 가능성을 입증하려는 것도 아니었다"라고 단언한다(*CPUR*, A557~558/B585~586). 예지계에 속한 인간의 행위는 알 수 없으므로 칸트는 "우리가 자유롭다는 것을 이론적으로 증명할 수 있거나 우리의 자유로운 행위에 대한 실제적 인식을 얻을 수 있다고 생각하지 않는다."[18]

자유의 인과성은 사변이성이 아닌 실천이성의 관점에서 확인할 수 있다. 칸트는 『순수이성비판』 서문에서 이미 "순수이성이 불가피하게 감성의 한계를 넘어서는 순수이성의 절대적으로 필연적인 실천적 사용—즉 도덕—이 있다는 것을 확신한다"라고 피력한다(*CPUR*, Bxxv). 우리가 인

---

17) 칸트는 『실천이성비판』에서 이보다 더 심각한 예를 제시한다. 어떤 사람들은 남들에게 이로운 결과를 낳은 교육을 받고도 타락한다. 이들은 어른이 된 후에도 비행을 저질러서 타고난 악한으로 간주된다. 그러나 교육이 아닌 선천적인 타락이 원인으로 여겨지는 경우에도 그에게 책임을 묻는 것은 "인간의 선택에서 발생하는 것이 모두 자유의 원인성에 근거한다"는 것을 입증한다(*CPRR*, 104/188).

18) Allen Wood, "The Antinomies of Pure Reason," *The Cambridge Companion to Kant's Critique of Pure Reason*, Paul Guyer 옮김 (Cambridge: Cambridge UP, 2010), 263쪽. 그러나 우드는 칸트철학이 이런 경계를 분명히 하고 있으나, 칸트 스스로는 인간을 초험적 존재로 간주하려는 경향이 있었다고 평가한다.

간의 행위를 "이성과의 관계에서 고려하면 — 우리가 이 행위 작용들이 생겨나는 것을 설명하는 수단으로 삼는 사변이성이 아니라, 그 자체로 이 행위 작용들을 생산하는 원인인 이성을 의미한다 — 다시 말해서 우리가 행위 작용들을 실천적 관점에서의 이성[의 기준]과 비교하면, 우리는 자연의 질서와는 전혀 다른 규칙과 질서를 발견한다"(*CPUR*, A550/B 578). 순수사변이성이 초험적 세계를 탐구할 때 그것은 초월적 실재론이 아닌 초월적 관념론이 될 수밖에 없다. 하지만 순수이성의 실천적 사용은 자연의 인과법칙을 넘어선 초험적 세계를 탐구하는 정당성을 확보한다. 자유개념은 이런 실천이성의 핵심이며 도덕법칙의 조건이다.

『실천이성비판』과 정언명령

칸트는 『순수이성비판』에서 자유의 가능성을 모색했으나 자유의 실재성을 입증하지 못했다. 『실천이성비판』은 자유의 실재성을 입증하려는 시도다. 칸트는 이 책 서문에서 이렇게 말한다.

자유개념은 그것의 실재성이 실천이성의 명증한 법에 의해 증명되는 한에서 순수이성, 심지어 사변이성까지도 포함한 체계 전체의 이맛돌을 이룬다. 그리고 아무런 받침대도 없이 순전한 이념들로 사변이성에 남아 있는 (신과 [영혼의] 불멸성의) 다른 모든 개념은 자유개념에 연결되어 이 개념과 함께 그리고 이 개념을 통해서 안전성과 객관적 실재성을 얻는다. 다시 말해서 이 개념들의 **가능성**은 자유가 현실적으로 있다는 사실에 의해 증명된다. ……우리는 그것[자유]을 우리가 아는 도덕법칙의 조건으로서 안다. 반대로 신과 불멸성 이념들은 도덕법칙의 조건이 아니라 단지 이 법칙에 의해 규정되는 의지의 필연적인 대상의 조건들이다. 이 의지는 단지 우리 순수이성의 실천적 사용일 뿐이다. 따라서 우리는 이 [두] 이념들의 현실성이나 가능성을 알거나 이해한다고 말할 수 없다. 그렇지만 이 이념들은 도덕적으로 규정된 의지를 그것에 선험적으로 주어진 대상(최고선)에 적용하는 조건들이다. (*CPRR*, 3~4/52~53)

자유는 도덕법칙의 조건이고 신과 영혼의 불멸성은 의지를 최고선이라는 대상에 적용하는 조건들이다. "이 개념들은 이성의 도덕적 사용에 기초한다"(*CPRR*, 5/44). 다시 말해서 자유와 마찬가지로 이 이념들에 대해서도 사변이성으로는 지식을 얻을 수 없다. 이 이념들의 정당성은 오로지 "이성의 실천적 사용"인 의지를 최고선이라는 선험적 대상에 사용할 때에만 확보된다. 사변이성에서 생각될 수 있으나 실재성을 부여받지 못한 자유는 이제 실천이성에서 실재성을 부여받는다. "실천이성은 그 자체로 사변이성과 협의하지 않고 인과성 범주의 초험적 대상 곧 자유에 실재성을 부여한다. 이것은 실천적 개념이고 따라서 실천적 사용에만 종속된다. 그러나 사변적 비판에서는 생각할 수만 있었던 것이 이제 사실에 의해 확인된다"(*CPRR*, 6/55).

『실천이성비판』의 전개는 『순수이성비판』의 전개와 역방향으로 이루어진다. 『순수이성비판』이 "감관[감각기능]에서 시작해서 원칙들로 끝난 것"과 달리, 『실천이성비판』은 "원칙들에서 시작해서 개념들로 나아가고 그다음에 가능하다면 감관[감각기능]으로 나아간다"(*CPRR*, 16/69 ~70). 왜냐하면 "자유에 의한 인과성의 법, 즉 순수 실천원칙이 불가피한 시작이고, 그것만이 적용될 수 있는 대상들을 결정하기" 때문이다 (*CPRR*, 16/70). 이 "실천원칙들은 의지의 보편적 규정을 포함하는 명제들이고 그 아래에 다수의 실천규칙을" 가진다. 이 규칙들은 주관적으로는 준칙들(maxims)이고 "그 조건이 객관적인 것으로, 다시 말해서 모든 이성적 존재자의 의지에 타당한 것으로 인식되면 객관적·실천적

법칙들이다"(*CPRR*, 17/73). 칸트는 이 객관적인 실천법칙들을 명령들 (imperatives)이라 부른다. 그리고 명령은 다시 가언적(hypothetical) 명령 과 정언적(categorical) 명령으로 구분된다. "가언적 명령들"이 "욕망된 결과의 관점에서만 결정"되는 조건에 종속된다면 정언적 "법칙들은 내 가 욕망된 결과를 성취할 수 있는 능력을 지녔는지를 묻거나 그 결과를 위해 무엇을 해야 하는지를 묻기 전에, 의지를 의지로서 완전히 규정해 야 한다"(*CPRR* 18/75). 다시 말해서 정언명령은 행위의 결과와 무관하 며 그 자체로 자율적인 명령이다.

이 법칙들은 "실천적이 되기 위해 정념적인(pathological) 조건들, 즉 의지와 우연적으로만 관계된 조건들로부터 완전히 독립해야 하는 필연 성"을 지닌다(*CPRR*, 18/75).[19] 정언명령이 갖추어야 할 필연성은 훈계 의 필연성과 다르다. 예컨대 노년에 궁핍하지 않기 위해 젊어서 일하고 절약해야 한다는 실천적 훈계도 필연성을 지니지만 이 훈계는 그가 주 관적으로 욕망하는 어떤 상태와 관계되므로 객관적 보편성을 결여한다. 노년에 풍요로울 필요가 없다고 생각하거나 구태여 오래 살 필요가 없 다고 생각하는 자도 있기 때문이다. 그러므로 정언명령이 객관적 보편성 을 확보하기 위해서 이성은 모든 주관적·감정적 조건에서 독립되어 "순 전히 자기 자신만을 전제하는 것이 필요하다"(*CPRR*, 19/76).

이성이 자기 자신만을 전제하는 것은 이성의 자율성을 뜻한다. 칸트는 정리(theorem) 1과 2에서 오로지 순수이성만을 남기고 불순물을 제거하 는 과정을 설명한다. 정리 1은 "욕망 능력의 대상(질료)을 의지의 규정

---

19) 'pathological'은 비정상적이거나 병리적이라는 의미가 아니라 "감정과 열정"에 관계되어 있다는 것을 의미한다. *CPRR*, 78쪽 역주를 참조할 것. 오히려 주판치치 가 말하듯 "칸트의 견해에 따르면 항상 다소간 정념적인 것은 우리의 '정상적인' 일상적 행동들이다." Alenka Zupančič, *Ethics of the Real: Kant, Lacan* (London: Verso, 2000), 7쪽.

근거로 전제하는 모든 실천원리는 예외 없이 경험적인 것이며 어떤 실천법칙도 제공할 수 없다"라는 것이다(19/76). 정리 2는 경험적·질료적 실천원칙에 관하여 "모든 질료적 실천원리들은 그 자체로 모두 동일한 종류이며 자기사랑(self-love)과 자기행복이라는 보편적 원리에 속한다"라는 것이다(*CPRR*, 20/77). 쾌락원칙은 이런 질료적 실천원칙에 속하는 것으로서 배제된다. "선택의 규정근거가 대상의 현실에 기인하는 쾌락이나 불쾌에 있는 모든 질료적 원칙은…… 예외 없이 자기사랑 또는 자기행복의 원리에 속하기" 때문이다(*CPRR*, 21/78). 정리 3은 정리 1과 2의 결과로서 모든 대상(질료)을 제거한 후에 남는 형식을 실천법칙의 근거로 제시한다. "법칙에서 모든 질료, 즉 의지의 규정근거로서 모든 대상을 떼어내면 보편적 법칙을 부여하는 순전한 형식 이외에 아무것도 남지 않는다"(*CPRR*, 26/85). 법칙의 순수 형식은 이성에 의해서만 생각될 수 있다. 따라서 "의지의 규정근거인 형식"은 자연현상들을 규정하는 인과법칙에서 독립되어 있고 "가장 엄밀한, 다시 말해서 초월적 의미에서의 자유"에 의해서만 가능하다(*CPRR*, 28/88). 그러므로 "준칙의 순전한 입법적 형식이 그에 대해 오로지 법칙으로 쓰일 수 있는 의지는 자유의 지다"(*CPRR*, 28/88).

여기에서 중요한 것은 칸트가 자유와 실천법칙의 관계를 엄밀하게 설명한다는 점이다. 실천법칙의 유일한 근거는 모든 자연적 인과관계로부터 독립된 자유(의지)다. 그런 점에서 법칙의 순전한 입법 형식은 자유라고 볼 수 있다. 그러나 인간의 도덕적 행위의 토대가 되는 것, 즉 인간이 행위할 때 즉각적으로 의식해야 하는 것은 자유가 아니라 실천법칙인 도덕법칙이다. 순전한 형식인 도덕법칙만이 인간에게 보편적인 필연성을 부과하기 때문이다.

그러므로 자유와 무조건적인 실천법칙은 서로를 함축한다. 나는 여기서…… 그것들이 실제로 다른가를 묻는 것이 아니다. 지금 문제는 무조건적으로 실천적인 것에 대한 우리의 지식이 자유에서 출발하는가 실천법칙에서 출발하는가다. 그것은 자유에서 출발할 수 없다. 왜냐하면 자유의 최초 개념은 소극[부정]적이라서 우리가 자유를 직접적으로 의식할 수 없고, 경험은 현상들의 법칙만을 그러니까 자유와 정반대되는 자연의 기계성만을 드러내기 때문에 경험으로부터 자유를 추리할 수 없기 때문이다. 그래서 우리가 의지의 준칙을 만들자마자 즉각 의식하게 되는 것은 도덕법칙이다. (*CPRR*, 29/89)

도덕법칙은 보편적으로 적용되는 필연성을 부과하기 때문에 우리는 도덕적 행위를 할 때 즉각적으로 도덕법칙을 의식할 수 있고 그에 따라 행동해야 한다. 자유의지가 인간이 자연의 인과성에서 자유로울 수 있다는 것을 보여준다면 도덕법칙은 인간이 자유의지를 행해야 하는 필연성을 강제하는 것이다. 그러므로 "순수 실천이성의 근본법칙"은 "그대의 의지의 준칙이 항상 동시에 보편적 법칙수립의 원칙으로 타당할 수 있도록 그렇게 행위하라"는 것이다(*CPRR*, 30/91).

정리 1~3에서 "순수이성은 그 자체만으로 실천적이고, 우리가 도덕법칙이라 부르는 보편적 법칙을 (인간에게) 준다"라는 결과가 도출된다(*CPRR*, 32/93). 순수이성을 실천적으로 사용하는 절대적 명령의 기준은 보편적 법칙인 도덕법칙이다. 정리 4는 도덕법칙에 따라 순수이성을 실천적으로 사용하기 위해서는 의지의 타율성이 아니라 자율성에 기초해야한다는 것이다. "의지의 **자율**은 모든 도덕법칙과 그에 따른 의무들의 유일한 원리다. 이에 반해 선택의 **타율**은 책무를 정초하지 못할 뿐 아니라 책무의 원칙과 의지의 도덕성에 반대된다"(*CPRR*, 33/95). 그러므로 "도덕법칙은 다름이 아니라 순수 실천이성의 자율, 즉 자유를 표현한다"(*CPRR*, 34/95). 자율이 의지의 자유를 의미한다면 타율은 "어떤 충동이나 경향성에 따르는, 자연법칙에 대한 의존"을 의미한다(*CPRR*, 34/96).

순수이성의 실천적 사용은 모든 경험적 자연법칙의 인과성에서 절대적으로 독립된 자유의지의 행사다. 이것이 도덕법칙으로서 보편적 객관성을 확보하기 위해서는 모든 경험적 질료를 배제한 법칙의 순수 형식에 의거해야 한다. 아무리 좋은 목적도 그것이 질료인 한 보편적 법칙의 규정근거가 될 수 없다. "실천 규칙들의 모든 질료는 주관적 조건들에만 의존하며, 그 조건들은 그 규칙들에 이성적 존재자들을 위한 보편성을 주지 못한다. …… 그 규칙들은 예외 없이 자기행복의 원리 주위를 맴돈다. 이제 모든 의욕이 대상과 질료를 가져야 한다는 것은 부정할 수 없지만, 질료는 이런 이유 때문에 준칙의 규정근거와 조건으로 여겨질 수 없다"(*CPRR*, 34~35/96). 예를 들어 나의 행복을 내 준칙의 질료적 내용으로 삼는다면 이 준칙이 보편적인 법칙이 되기 위해서는 이를 모든 유한한 존재자에게 적용해 그 안에 타인의 행복을 포함해야 한다. 그러므로 "타인의 행복을 촉진하라는 법칙은 모든 사람이 이 법칙을 선택할 것이라고 여겨진다는 전제에서 발생하는 것이 아니다. 그것은 이성이 자기사랑이라는 준칙에 법칙의 객관적 타당성을 부여하는 조건으로 요구하는 보편성의 형식이 의지의 규정근거라는 사실에서 발생한다"(*CPRR* 35/97). 요컨대 이 법칙을 보편법칙으로 규정하는 근거는 타인의 행복이라는 질료가 아니라 "오직 법칙적 형식"이다(*CPRR*, 35/97).

칸트의 도덕법칙은 질료의 내용과 무관하며 오로지 법칙의 형식이 요구하는 보편성을 요구할 뿐이다. 이런 의미에서 칸트의 도덕법칙은 순수 형식의 법칙이다. 모든 질료를 제거하고 남은 순수 형식인 도덕법칙은 의무를 부과한다. 이 의무는 유한자인 인간의 행복이 아닌 초험적 존재인 인간의 자유에 관한 것이다. 칸트가 "그대 숭고하고 위대한 이름이여"라고 찬탄하는 의무의 뿌리는 "감성세계의 일부인 자신으로부터 인간을 고양시키는 어떤 것"인 "인격성 즉 자유와 자연의 기계성으로부터의 독립"이다(*CPRR*, 90/170~171). 인간이 자유를 지닌 초험적 존재라는 사실에서 인간을 수단이 아닌 목적으로 여겨야 한다는 칸트의 유명한 명제가 도출된다. "오로지 인간 그리고 그와 더불어 모든 이성적 피조물은 목적 그 자체다. 그는 곧 그가 지닌 자유의 자율성으로 인해 신성한 도덕법칙의 주체다. …… 따라서 이런 조건은 그 사람이 결코 수단으로 사용되지 말고 동시에 목적 자체로 여겨질 것을 요구한다"(*CPRR*, 91/172).

도덕법칙 실천의 필연성

그런데 정언명령이 보편성을 확보하기 위해서 인간에게 강제적으로 작용해야 하는 이유는 무엇일까? 다시 말해서 왜 정언명령은 정언적이어야 하는가? 그것은 인간이 이성이 요구하는 실천적이고 선험적인 원칙에 따라 행동할 수 있는 능력인 의지를 지니고 있지만 여전히 "필요[욕구]와 감성적 동인들에 영향을 받기" 때문이다(*CPRR*, 32/94).[20] 인간에게는 "도덕법칙과 모순되는 어떤 준칙들도 가질 수 없는 의지인 신성한 의지"가 없다(*CPRR*, 32/94). 이 신성한 의지는 "최상의 예지자인 무한한 존재자"만이 소유한다(*CPRR*, 32/94). 나의 의지가 도덕법칙과 완전히 일치하는 무한한 존재자와 달리, 정념적인 요인들에 영향을 받는 인간에게 도덕법칙은 강제로 작용해야 하는 것이다. 그래서 "도덕법칙은 …… 무조건적이기 때문에 정언적으로 명하는 명령이다"(*CPRR*, 32/94). 칸트는 인간의 의지를 도덕법칙에 종속시키는 것을 '책무' (obligation)이라 부르고 이 책무로 행한 행동을 '의무'(duty)라 부른다.

---

20) 백종현은 『실천이성비판』(2002)에서 need(s)를 '필요'로 옮겼으나 2009년 개정판에서는 '필요욕구'로 옮기고 때에 따라서 '필요'로 옮기기도 한다. 앞으로 칸트가 사용하는 이 용어는 '필요[욕구]'로 표기한다.

그런데 이 도덕법칙은 보편적으로 적용되므로 "모든 사람에게 가장 망설임 없는 복종을 명한다"(*CPRR*, 38/100).

의무에 대한 망설임 없는 복종에는 매우 엄정한 의미가 있다. 왜냐하면 그것은 도덕법칙을 단순히 준수하는 것이 아니기 때문이다. 칸트는 『실천이성비판』 제1권 제3장 「순수 실천이성의 동기들」에서 인간의 행위가 도덕적 행위가 되기 위해서는 의지가 도덕법칙에 맞게 규정되어야 한다고 말한다. "어떤 종류의 것이든 감정"이 개입된 결과 "그 행위가 법칙을 위해서 일어나는 것이 아니라면 그것은 적법성을 포함하지만 도덕성을 포함하지는 않는다"(*CPRR*, 75/151). 다시 말해서 "인간 의지의 (그리고 창조된 모든 이성적 존재자의) [도덕적] 동기는 도덕법칙 이외의 다른 것일 수 없다"(*CPRR*, 75/151). 주판치치가 주장하듯이 칸트의 정언명령에서 적법성과 도덕성의 구분은 형식과 질료의 구분보다 "심지어 더 근본적인 구분"이다.[21] 왜냐하면 도덕법칙만이 행위의 동기가 되는 데서 도덕성이 확보되기 때문이다. 따라서 "칸트적 윤리의 핵심문제는 '우리가 어떻게 의지에서 모든 정념적 요소를 제거해서 오로지 의무의 순수 형식만 남게 할 수 있는가'가 아니다. '어떻게 의무의 순수 형식 자체가 정념적 요소로, 다시 말해서, 우리 행동의 동력 또는 동기로 기능할 수 있는가'이다."[22]

의무의 순수 형식이 내적인 동기로 작용해야 하기 때문에 도덕법칙은 단순히 외적인 강요가 아니다. 칸트는 도덕법칙에서 행복이나 쾌락 같은 모든 정념적 요소, 즉 감정을 배제했다. 그러나 그는 단순히 법을 준수하는 적법성보다 한 차원 높은 도덕성을 위해서 도덕법칙을 존중하는 감정을 요구한다. "도덕법칙에 대한 존경은 하나의 지성적 원인에 의해 생

---

21) Alenka Zupančič, *Ethics of the Real*, 12쪽.
22) 같은 책, 15~16쪽.

긴 감정이다. 이 감정은 우리가 완전히 선험적으로 인식하는 그리고 그것의 필연성을 우리가 통찰할 수 있는 유일한 감정이다"(*CPRR*, 77/154). 법칙에 대한 존경의 감정, 즉 '도덕 감정'은 윤리적 행위의 동기로 작용한다. "감성적 감정"은 이 도덕 감정의 조건이긴 하지만 "이 [도덕]감정을 규정하는 원인은 순수 실천이성이고 따라서 이런 기원 때문에 이 특별한 감정은 정념적인 영향을 받는다고 말할 수 없으며 오히려 실천적으로 작동된 것이다"(*CPRR*, 79/156). 객관적으로 도덕법칙이 명하는 의무에 대한 복종이 소극적이고 심지어 강제적이라면 법칙에 대한 존경인 도덕 감정은 정언명령을 주관적이고 또 적극적으로 수행할 수 있는 동기로 작용한다.

그러므로 의무개념은 행위에서는 객관적으로 법칙과 일치할 것을 요구하고 행위의 준칙에서는 주관적으로 법칙에 의해 의지를 규정하는 유일한 방식인 법칙에 대한 존경을 요구한다. 바로 이 점에서 의무에 맞게 행동했다는 의식과 **의무로부터**, 즉 법칙에 대한 존경으로부터 행동했다는 의식 사이의 구분이 생긴다. 전자인 적법성은 경향성들만이 이 의지의 규정근거라 하더라도 가능하지만 후자인 도덕성 또는 도덕적 가치는 오로지 행위가 의무, 즉 순전히 법칙을 위해 일어나야만 인정될 수 있다. (*CPRR*, 84/163~164)

객관적 실천법칙의 외적 강요가 아닌 법칙에 대한 존경이라는 내적 도덕 감정의 동기를 지닌 행위야말로 정언명령을 실천하는 진정한 윤리적 행위다.

여기에서 주목해야 할 것은 법칙에 대한 존경이라는 도덕 감정은 엄밀한 의미에서 감정이 아니라는 점이다. 모든 감정은 감성적이기 때문이다. 순수 실천이성에 의해 결정된 행위가 즐거운 감정 심지어 숭고한 감정을 불러일으킨다 해도 "도덕적 동기를 감각적 충동으로" 여기는 것은 "감관의 착각"이다(CPRR, 123/211).

우리는 도덕적 동기를 마치 그것이 특수한 기쁨의 감정들에 기초한 것처럼 거짓으로 칭찬하면서⋯⋯ 실제의 진정한 동기, 즉 법칙 자체를 훼손하고 왜곡되게 변형시키는 것을 경계해야 한다. 왜냐하면 그런 기쁨들은 그것의 결과일 뿐이기 때문이다. 행복을 향유하거나 만족시키는 것과 반대로 존경은 그것에 대해 이성의 기초에 있거나 이성보다 앞선 어떤 감정도 있을 수 없다. 왜냐하면 그런 감정은 감성적이고 정념적이기 때문이다. 법칙을 통한 의지의 직접적인 압박에 대한 의식인 존경은 쾌감과 유사한 것이 아니다. (CPRR, 123~124/211~212)

법칙에 대한 존경이 동기로 작용한 행위가 주는 만족은 감성적 쾌감이 아니라 "자기만족"(self-contentment) 또는 감정이 배제된 "지성적 만족" (intellectual contentment)이라 부를 수 있다(CPRR, 124/212). 그러나 칸트에게 중요한 것은 윤리적 행위의 결과가 아니라 원인인 동기다. 윤리적 행위의 결과로 느끼는 지성적 만족은 도덕법칙의 명령이 낳은 결과일 뿐이다. 그리고 이 도덕적 동기는 도덕법칙과 별개가 아니라 법칙 자체가 행위를 위한 동기로서 주관적으로 작용한 것이다. 이 "법칙에 대한 존경은 도덕(윤리)을 위한 동기가 아니라 주관적으로 동기로 여겨진 도덕(윤리) 자체다"(CPRR, 79/156).[23]

---

23) 여기에서 '도덕'은 '윤리'로 번역된다. 백종현은 독일어 *Moralität*를 도덕(성)으로 *Sittlichkeit*를 윤리(성)으로 옮긴다. 칸트는 *Ethik, ethisch*라는 용어도 사용한다. 이 용어들의 번역에 대해서는 백종현의『실천이성비판』「부록」, 414~415쪽을 참조할 것.『실천이성비판』에서 '동기'로 번역한 영어단어는 drive(욕동)이고 독일어는 *triebfeder*이다. 주판치치는 법칙에 대한 존경이 도덕을 위한 동기(욕동)가 아니라 도덕 자체라는 칸트의 주장이 대상을 얻는 것이 아니라 대상 *a*를 순

실천이성의 이율배반과 불가능의 윤리

앞서 논했듯이 이성은 조건적인 것에 대한 조건의 총체인 무조건자를 요구한다. 하지만 이것을 현상의 차원에서 찾을 수 없기 때문에 이율배반이 생긴다. 『실천이성비판』에서도 이런 이율배반이 발생한다. 이 이율배반은 실천이성이 무조건적인 동기뿐 아니라 무조건적인 대상도 요구할 때 발생한다. 실천이성의 무조건적 동기가 도덕법칙이라면 실천이성의 무조건적 대상은 최고선이다.

> 순수 실천이성으로서의 이성은 (경향성과 자연적인 필요[욕구]에 의존하는) 실천적으로 조건 지어진 것에 대해서도 무조건자를 찾는다. [이성은] 이 무조건자를 의지의 규정근거로 찾을 뿐 아니라, 이 근거가 (도덕법칙으로) 주어질 때에도, 최고선이라 불리는 순수 실천이성의 대상의 무조건적 총체로도 찾는다. (*CPRR*, 114/199)

이성은 도덕법칙과 더불어 또 다른 무조건자인 최고선을 요구한다. 도덕법칙이 실천이성(의지)의 동기라면 최고선은 실천이성의 대상이다. 이 최고선은 덕과 행복으로 구성된다. 칸트가 최고선을 이 둘의 합으로 정의하는 이유는 '최고'의 의미가 '최상'(*supremum*)과 '완벽'(*consummatum*)의 의미를 포함하기 때문이다. 덕이 최상의 선이라는 데는 이의가 없지만 "이성적 유한 존재자의 욕망 능력의 대상인 전체적이

환하는 운동에서 만족을 얻는 라캉의 욕동과 동일한 특성을 지닌다고 지적한다. 이 존경은 주체에게서 출현하는 "정동의 양"이며, 정념적인 것의 최후의 잔존물 같은 것으로서 말하자면 "(법칙의) 형식이 욕동으로 전환된 것, '윤리적 성체화'(ethical transubstantiation')"다. Alenka Zupančič, *Ethics of the Real*, 142~143쪽을 참조할 것.

고 완벽한 선"이 되기 위해서는 행복이 또한 요구된다(*CPRR*, 116/203). "최고선은 전체, 완전한 선을 의미한다. 여기에서 덕은 항상 그것보다 상위의 조건을 갖지 않은 조건인 최상의 선이다. 행복은 그것을 소유한 자에게는 항상 즐거운 것이지만 모든 면에서 그 자체로 절대적으로 좋은 것은 아니다. 그것은 항상 그 조건인 도덕법칙에 따른 행동을 전제한다"(*CPRR*, 117/204).

칸트는 "어떻게 최고선이 실천적으로 가능한가"라는 문제를 제기한다(*CPRR*, 119/206). 칸트의 실천이성비판이 성립하려면 이성에 의해 규정된 자유의지가 도덕법칙의 명령을 수행한 결과 최고선이라는 대상을 성취할 수 있어야 하기 때문이다. 요컨대 도덕법칙이라는 동기가 작용해 정언명령이 수행되면 최고선은 성취되어야 한다. "최고선을 의지의 자유에서 산출하는 것은 선험적으로 (도덕적으로) 필연적이다"(*CPRR*, 119/206). 그런데 최고선은 덕과 행복의 합으로 구성된다. 그리고 이 둘 사이에는 인과관계가 존재하지 않는다. "행복과 도덕성(윤리성)은 종적으로 전혀 다른 최고선의 요소들이다. 따라서 이들의 결합은…… 분석적으로 인식될 수 없다. 최고선은 개념들의 종합이다"(*CPRR*, 119/206).[24] 덕과 행복은 분석적 관계에 있지 않으므로 하나에서 다른 하나를 도출할 수 없는 이질적인 요소들이다. 행복을 추구한다고 덕을 갖춘다는 보장이 없고, 덕을 추구할 때 반드시 행복한 것도 아니기 때문이다. 그런데 이 둘의 결합은 "선험적이고 따라서 실천적으로 필연적이다"(*CPRR*, 119/206). 실천이성(자유의지)이 최고선을 필연적으로 산출해야 하고 최고선은 이 둘의 결합이기 때문이다. 그러나 이 둘의 관계가 분석적이

---

24) 분석판단은 술어가 주어에서 자동적으로 도출될 수 있는 판단이며, 종합판단은 술어가 주어에 포함되어 있지 않은 판단이다. 즉 A개념에 B개념이 포함되어 있다면, A와 B의 관계는 분석적이고, 그렇지 않을 경우 이 둘의 관계는 종합적이다(*CPUR*, A6~10/B10~14).

라서 둘 사이에 어떤 필연적 연관이 없다면 "도덕법칙을 가장 정확하게 준수하는 것에서 최고선을 산출할 수 있는 행복과 덕, 이 둘 사이의 필연적 연관은 이 세계에서 기대할 수 없다"(*CPRR*, 120/207). 그리고 그 결과 "그 개념 속에 이 연관을 포함한 최고선의 촉진이…… 우리 의지의 선험적인 필연적 대상이고 도덕법칙과 불가분하게 연관되어 있으므로 최고선의 불가능성은 도덕법칙의 허위 역시 증명한다"(*CPRR*, 120/207). 덕과 행복 사이에 필연적인 연관이 없어서 최고선이라는 실천이성의 대상을 성취하는 것이 불가능하다면 그것을 성취할 수 있도록 촉진하는 실천이성의 동기인 도덕법칙도 불가능한 것이 된다.

칸트는 이를 실천이성의 이율배반이라 부른다. 실천이성의 이율배반을 해결하는 방식은 순수이성의 이율배반을 해결하는 방식과 같다. 순수이성에서 동일한 존재가 현상에서는 자연의 인과성에 종속되지만 예지체로는 자연의 인과성에서 독립된 자유의 인과성을 지닐 수 있는 것처럼, 실천이성에서도 인간을 현상인 존재와 예지체인 존재로 구분함으로써 이율배반은 해결된다. 행복이 "덕의 성향"의 근거가 된다는 것은 절대적인 거짓이지만 역으로 덕의 성향이 필연적으로 행복을 낳는다는 것은 "내가 이 (감성) 세계에서의 현존을 이성적 존재자의 유일한 현존 방식으로" 여길 경우에만 거짓이다(*CPRR*, 121/208). 인간은 예지체로도 현존하기 때문이다. 그러므로 "나는 나의 현존을 예지세계 내의 예지체의 현존으로 생각할 수 있을 뿐 아니라, 도덕법칙에서 (감성세계 안에서의) 나의 원인성의 순수 지성적 규정근거를 지닐 수 있기 때문에 성향의 도덕성(윤리성)이 감성세계에서 결과인 행복에 대한 원인으로 필연적 관계를 갖는다는 것은 불가능한 것이 아니다"(*CPRR*, 121/208~209). 그러나 인간이 자연에 속하기 때문에 "이 관계는 자연의 예지적 창시자에 의해 매개된, 간접적인 것"이고 "이 결합은 우연적으로만 발생할 수 있다"(*CPRR*, 121/209). 현상의 차원에서 덕과 행복의 관계는 분석적이므로 이 둘 사이에 인과관계는 없다. 그러나 예지체인 인간 성향의 도덕성, 즉 덕의 성향과 감성 세계에서의 행복 사이에는 필연적 인과관계가 가능하다. 이는 실천적으로 이들의 관계가 필연적이라는 점과 이들의 필연적 결합인 최고선을 입증하고, 나아가 최고선의 궁극적 원인인 도덕법칙을 입증한다.

실천이성의 이율배반이 해결되어 도덕법칙이라는 원인이 최고선을 산출할 수 있다는 것이 입증되면서 "어떻게 최고선이 실천적으로 가능한가"라는 질문에 대한 긍정적 답변이 이루어진다. 그러나 순수 실천이성(자유의지)에 의해 규정된 도덕법칙이 최고선이라는 실천이성의 대상을 낳을 수 있다는 것이 가능하다 하더라도 과연 이것이 성취되는지는 별개의 문제다. 앞서 지적했듯이 칸트는 이런 주관과 객관의 일치의 중요성을 강조하면서도 이것이 궁극적으로 불가능하다는 것을 인정한다. 왜냐하면 객관적인 도덕법칙과 주관적인 의지가 완전히 일치하는 '신성한 의지'는 인간에게 불가능하기 때문이다.

> 이 세계에서 최고선의 실현은 도덕법칙에 의해 규정될 수 있는 의지의 필연적 대상이다. ……그러나 의지와 도덕법칙과의 완전한 부합은 신성성이며 이는 감성세계의 이성적 존재자가 어느 시점에서도 이룰 수 없는 완전함이다. 그러나 그것이 실천적으로 필연적인 것으로 요구되므로 그것은 그 완전한 부합을 향한 무한한 전진에서만 발견될 수 있다. (*CPRR*, 128~129/217)

이 무한한 전진은 오로지 "동일한 존재자의 무한히 지속적인 실존과 인격성"에 의해 가능하므로 "영혼의 불멸성"이 요청된다(*CPRR*, 129/218).
"최고선의 첫째 주요 부분인 도덕성(윤리성)의 완성이라는 과제"는 오로지 영원에서만 실행 가능하다(*CPRR*, 130/220). 따라서 영혼의 불멸성을 전제해야 한다. 그리고 "최고선의 둘째 요소, 즉 도덕성(윤리성)에 비례하는 행복의 가능성"이라는 "결과에 합치하는 원인인 현존", 즉 "최고선의 가능성에 필연적으로 속하는 신의 현존"도 전제해야 한다(*CPRR*, 131/220). 행복은 "모든 것을 자기 소망과 의지대로 하는 상태" 다시 말해서 "자연이 그의 전 목적 및 그의 의지의 본질적 규정근거와 합치하는 데 의거한다"(*CPRR*, 131/220). 앞서 논했듯이 최고선의 가능성은 최고선의 두 요소인 도덕적 (덕의) 성향과 행복 사이에 필연적 연관성을 전제해야 입증할 수 있다. 그런데 인간의 행복과 도덕성(윤리성) 사이에는 필연적 연관성이 없다. 자연의 원인이 아닌 인간은 자연을 자신의 실천원칙과 완전히 일치하게 만들 수 없기 때문이다. 실천이성비판의 이율배반을 해결할 때 도덕적 성향(도덕성)과 행복 사이의 필연적 연관성이 가능하다는 점을 입증했지만, 그 연관성은 '자연의 창시자'인 신을 매개로 한 간접적인 것이고 그 둘의 결합은 우연적인 것이다. 그러므로 최고선의 가능성을 위해 요구되는 "행복과 도덕성(윤리성) 사이의 정확한 합치의 근거를 포함하는" 존재가 요청된다(*CPRR*, 131/221). "최고의 파생적 선(최선의 세계)의 가능성에 대한 요청은 동시에 최고의 근원적인 선의 현실성, 곧 신의 실존에 대한 요청이다"(*CPRR*, 132/221). 칸트는 "도덕법칙에 대한 존경으로 말미암은 최고선을 향한 지향과 여기에서 나온 최고선의 객관적 실재성의 전제"는 『순수이성비판』에서 해결할 수 없는 문제로만 제시할 수 있었던 초월적 이념들, 즉 신, 영혼(불멸) 그리고 자유를 요청한다고 말한다(*CPRR*, 139/230). 『실천이성비판』의 과제는 이 초월적 이념들에 대한 지식이 불가능하지만 이것들이 불가피하게 요청된다는 점을 밝히는 것이다.

칸트철학과 라캉의 정신분석적 윤리의 정확한 관계를 이해하기 위해 주목해야 할 것은 도덕법칙의 실현가능성이다. 『실천이성비판』은 도덕법칙이 현상세계에서 실현 가능하다는 것을 입증하려는 시도다. 그러나 아이러니하게도 도덕법칙의 실현은 인간의 한계를 넘어서는 것으로 드러난다. 도덕법칙은 자연세계의 경험적·정념적 요소가 완전히 삭제된 형식이며 예지계에 속한다. 칸트는 『순수이성비판』에서 이성의 요구에 따라 조건적인 것의 조건, 즉 앞선 조건을 무한히 소급해가며 절대적인 무조건자를 찾는다. 그러나 이 무조건자에 대한 어떤 지식도 사변이성으로는 파악할 수 없기 때문에 그 무조건자의 "자리를 공허한 것, 즉 예지적인 것"으로 둔다(*CPRR*, 50/117). 『실천이성비판』에서 이 빈자리는 도덕법칙으로 채워진다. "이제 순수 실천이성은 이 공허한 자리를 예지계에 속한 일정한 인과성의 법칙(자유에 의한 인과성)으로, 즉 도덕법칙으로 메운다."(*CPRR*, 50~51/118). 예지계에 속하는 도덕법칙의 실현을 명하는 정언명령은 오로지 영혼불멸과 신의 현존만이 가능성을 입증할 수 있으며 인간은 성취할 수 없는 명령이다. 칸트의 윤리는 도덕법칙의 완전한 구현이 이 세계에서 인간에게 불가능하다는 점을 인정하면서도 그 가능성과 필연성을 입증하려한다는 점에서 아리스토텔레스가 제시한 중용의 윤리와는 다른 불가능의 윤리다.

칸트에 따르면 인간은 순수 실천이성의 명령에 따라 행동했을 때 "경향성을 지배했다는, 따라서 경향성에서 독립해 있다는 의식"이 발생해 "부정[소극]적 만족"을 느낄 수 있다(*CPRR*, 125/213). "자유 자체는 이런 간접적인 방식으로 향유할 수 있다"(*CPRR*, 125/213). 그러나 이때 인간이 느끼는 것은 "감정의 적극적인 참여에 의존하지 않으므로 행복이라 부를 수 없고 경향성과 욕망에서 완전히 독립되지 않으므로 정복(淨福, bliss)이라 부를 수도 없지만" 정복과 유사하다(*CPRR*, 125/213). 그 이유는 이때 의지의 규정이 "적어도 근원상으로는 오로지 최고 존재자에게나 부여될 수 있는 자족과 유사하기" 때문이다(*CPRR*, 125/213). 실천이성의 실현을 통해 인간은 자연의 경향성, 즉 모든 정념적인 것에서 자유로운 신과 유사한 자족을 발휘했다는 점에서 정복과 유사한 만족을 느낄 수 있는 것이다. 이런 의미에서 칸트의 정언명령은 인간이 신과 같은 경지에 도달할 것을 명하는 것과 다를 바 없다.

칸트와 라캉: 도덕과 욕망의 부기(附記)

칸트의 정언명령은 라캉 정신분석의 윤리와 어떤 관계가 있을까? 앞장에서 논했듯이 라캉은 칸트를 논하기 전에 프로이트의 물 개념을 쾌락원칙의 준거점으로 설명했다. 무의식적 표상들은 쾌락원칙을 따라 움직이지만 이것이 궁극적으로 지향하는 것은 최초의 만족을 준 대상인 물이다. 마찬가지로 칸트의 물 개념은 현상 너머에 존재하기 때문에 지식의 대상이 될 수 없으나 현상인식을 위해 그 존재를 가정해야 한다는 당위성을 지니며 이때 현상의 원인으로 작용한다. 케젤이 설명하듯이 라캉이 프로이트의 정신분석과 칸트철학에서 공통적으로 주목하는 개념은 궁극적 원인으로서의 물이다.

도덕적 이성에서 '사실'로 증명된 자유는 이론적으로 알 수 없고 알려져 있지 않은 물 자체로 남는다. 그러나…… 이 '물'이 칸트 윤리학의 배경에서 끊임없이 역할을 수행하며, 결국 윤리의 알 수 없고 무의식적인 '비중'을 차지한다. ……라캉에게 칸트적 윤리가 관심을 끄는 것은 바로 이 지점이다. 라캉의 눈에는 칸트적 윤리가 '물의 비중'을 출발점으로 삼은 최초의 윤리다.[25]

『실천이성비판』은 『순수이성비판』에서 순수이성 지식의 대상일 수 없어 공허한 자리로 비워두었던 예지계/물 자체의 자리에 도덕법칙을 놓

---

25) Marc de Kesel, *Eros and Ethics*, 108~109쪽.

고 궁극적으로 실천 불가능해 보이는 도덕법칙을 현상계에서 실현할 수 있는 가능성과 당위성을 탐구한다. 프로이트에게 물이 쾌락원칙의 준거점이 되는 것처럼 칸트에게 예지계의 도덕법칙은 인간행위의 준거점이 된다. 라캉은 칸트의 『실천이성비판』에서 쾌락원칙과 물의 관계와 유사한 구조를 다음과 같이 설명한다.

> 문제의 선을 지시하기 위해서 내가 제시하는 것은 칸트의 복(福, *Wohl*, Well-being)이란 용어입니다. 주체가 물(*das Ding*)을 자신의 지평으로 지시할 때마다 그에게 기능하는 것이 쾌락원칙인 한, 이 복은 주체의 편의와 관계합니다. ……주체는 이런 방식으로 물과 최초의 거리를 조절합니다. 이 물은 쾌락원칙의 차원에 있는 모든 복의 원천이고 이미 한복판에서 우리가 좋은 대상(*das Gut des Objeckts*, good object)이라 부르는 것의 근원입니다. ……쾌락원칙을 넘어선 지평에서 *Gut*, 물이 생겨나서 무의식적 차원에서 무엇인가를 도입하는데, 이것은 우리가 예지원인(叡智原因, *causa noumenon*)이라는 칸트적 질문을 다시 묻게 합니다. 물은 무의식적 경험의 차원에서 이미 법을 만드는 것으로 자신을 제시합니다. (*SVII*, 72~73)

라캉은 여기에서 칸트가 구분한 독일어 *das Wohl*과 *das Gut*의 차이를 지적한다. 쾌락원칙이 주체의 복지와 편의를 추구하는 것과 반대로, 물은 쾌락원칙이 맴도는 절대적 준거점으로서 쾌락원칙을 넘어선 지평에 존재한다. 프로이트에게서 쾌락원칙에 의해 작동하는 기표의 상징계와 물의 실재계가 대립되듯이, 칸트철학에서도 복지와 물 자체는 대립된다. 프로이트에게서 쾌락원칙이 물을 준거점으로 삼듯이, 칸트철학에서도 복의 세계의 궁극적 준거점은 물 자체다.

칸트는 독일어에서는 라틴어 *bonum*은 *das Gute*(the good, 선)와 *das*

Wohl(well~being, 복)로, 라틴어 *malum*은 *das Böse*(the evil, wicked, 악) 와 *das Übel*(the bad, ill, 악) 또는 *das Weh*(woe, 화)로 각각 분리되는 장점 이 있다고 지적한다. 이 때문에 "보눔의 이유에서가 아니면 우리는 아무 것도 욕망하지 않고, 말룸의 이유에서가 아니면 우리는 아무것도 회피 하지 않는다"(*Nihil appetimus, nisi sub ratione boni; nihil aversamur, nisi sub ratione mali*)라는 명제는 "우리는 복이나 화를 고려해서가 아니면 아무 것도 욕망하지 않는다"가 아니라, "우리는 이성의 지시에 따라 오로지 우리가 무엇인가를 선하거나 악하다고 간주하는 한이 아니면 아무것도 욕망하지 않는다"라고 번역할 수 있다(*CPRR*, 61~62/132~134). 칸트가 선과 악을 복과 화로부터 구분하는 이유는 복과 화는 주체의 쾌락과 고 통과 관계하지만, 선과 악은 이성에 기초한 의지에 의해 결정되기 때문 이다.

"복"이나 "화"는 우리의 유쾌함이나 불쾌함, 즐거움이나 고통의 상 태에 대한 관계만을 의미한다. 만일 이런 이유 때문에 우리가 대상을 욕망하거나 회피한다면 우리는 그것이 우리의 감성과 그것이 야기한 쾌락과 불쾌의 감정과 관계되는 한에서만 그렇게 하는 것이다. 그러나 선과 악은 항상 의지가 이성의 법에 의해 어떤 것을 그것의 대상으로 삼는 한에서 의지와의 관계를 지시한다. 왜냐하면 의지는 결코 대상이 나 대상에 대한 우리의 표상에 의해 직접 결정되는 것이 아니라, 이성 의 규칙을―대상을 실재로 만들 수 있는―행동의 동기로 만드는 능 력이기 때문이다. (*CPRR*, 62/134)

칸트가 복과 화가 아니라 선과 악을 유일한 실천이성의 대상으로 삼는 것은 인간의 도덕적 행위의 근거에서 행복과 쾌락을 포함한 모든 감정 적이고 정념적인 것을 배제하기 때문이다. 도덕법칙은 자연의 인과성에서 절대적으로 독립된 순수이성에 의해 규정된 자유의지만이 실현할 수 있는 예지원인이다. 칸트가 도덕원칙의 근거에서 배제하는 복과 화의 차원, 즉 쾌락과 행복의 차원이 쾌락원칙에 상응한다면, 예지원인인 도덕법칙은 프로이트의 물에 상응한다.

행복과 쾌락 등의 모든 정념적 요소를 배제하고 도덕법칙의 순수 형식에 따라 행동하라는 칸트의 정언명령은 정신분석적 윤리의 명령에 좌표를 제시한다. 라캉은 칸트의 정언명령의 순수 형식에 욕망을 삽입하면서 정신분석적 윤리의 명령을 완성한다.

전통적 도덕성은, 우리가 말하거나 말하도록 강요받듯이, "그것이 가능한 한" 우리가 하는 것으로 가정되는 것에 관심을 보입니다. 여기에서 드러낼 필요가 있는 것은 도덕성이 의거하는 지점입니다. 그것은 다름 아닌 불가능성입니다. 이 불가능성에서 우리는 우리 욕망의 위상(位相, topology)을 인식할 수 있습니다. 칸트는 도덕명령이 무엇이 되거나 될 수 없는 것에 관련하지 않는다고 단정할 때 획기적인 돌파구를 엽니다. 도덕명령이 실천이성의 필연성을 부과할 때, 책무는 무조건적인 "그대는 할지어다"(Thou shalt)를 긍정합니다. 이 영역의 중요성은 칸트적 정의(定議)의 엄격한 적용이 남겨두는 빈자리에서 유래합니다. 이제 우리 분석가들은 그 자리를 욕망이 차지하는 자리로 인식할 수 있습니다. 우리의 경험은 한복판에서 욕망이라 불리는 비교불가능한 척도, 무한한 척도를 찾는 반전을 낳습니다. (SVII, 315~316)

칸트의 정언명령이 남겨둔 빈자리는 "그대는 할지어다"에서 삭제된 목적어다. 칸트의 정언명령은 무엇을 하라는 내용이 없는 순수 형식인 도덕법칙이다. 라캉은 이 빈자리를 욕망으로 채우면서 칸트의 정언 명령을 "그대는 욕망을 행하라"라는 정신분석의 명령으로 바꾸는 "반전"을 이룬다.

　라캉이 단순히 욕망을 실천하라고 말하지 않고 칸트의 정언명령에 욕망을 삽입하여 정식화하는 이유는 무엇일까? 그것은 칸트의 명령이 정언적이기 때문이다. 내용이 삭제된 순수 형식인 "그대의 의무를 다하라"는 칸트의 정언명령과 마찬가지로 "그대의 욕망에 대해 양보하지 말라"는 라캉의 윤리적 명령은 무엇에 대한 욕망인지를 말하지 않는다는 점에서 동어 반복적이다. 지젝이 말하듯이 이 명령은 "우리 욕망에 대한 어떤 긍정적 보증이나 지원을 제공하지 않는다. ……주체는 그녀 또는 그가 욕망하는 것에 대해 완전히 책임을 진다. 이런 이유 때문에 '그대의 욕망을 훼손하지 말라'는 명령은 공허하고 완전히 따르는 것이 불가능하다. 다시 말해서 그것은 실재에 닿는다."[26] 전통적 윤리와 달리 칸트의 윤리는 불가능한 것을 명령한다는 점에서 획기적이다. 마찬가지로 욕망에 따라 행동하라는 정신분석의 윤리는 상징계의 질서를 넘어서는 불가능한 실재의 윤리다.

　정신분석에서 욕망의 실천은 절대적인 명령이며 이 명령의 불이행은 필연적인 죄를 낳는다. 그러므로 "분석적 관점에서 유일한 죄는 자신의 욕망에 대해 양보하는 것이다"(SVII, 319). 욕망을 실천하지 않는 것은 죄를 낳을 뿐 아니라 빚도 낳는다. 욕망의 불이행은 주체에게 욕망을 실천해야 할 채무를 안기기 때문이다. 앞서 살펴보았듯이 칸트철학에서 경향성의 지배를 받고 감성세계에 존재하는 인간의 의지는 도덕법칙과 완전히 일치하는 신성한 의지가 아니다. 따라서 도덕법칙의 완전한 실천을 위해 인간의 무한한 지속, 즉 영혼불멸이 요청된다. 마찬가지로 정신분석의 윤리에서도 욕망의 영구적 실천이 요청된다.

---

26) Slavoj Žižek, *The Indivisible Remainder*, 172쪽.

칸트는 지상에서 어떤 것도 도덕적 행동의 요구를 만족시킬 수 없다는 사실에서 영혼불멸에 대한 새로운 증거를 찾는다고 주장합니다. 영혼은 무엇인가에 더 배고픈 채로[영혼불멸의 요청이 필요한 채로] 남기 때문에 실현되지 않은 조화(調和, harmony)가 어떤 다른 곳에서 성취될 수 있도록 내세를 필요로 합니다. ……인간욕망이 존재하는 이유, 그 영역이 존재하는 이유는 발생하는 모든 실재적인 것이 어떤 다른 곳에서 정산된다는 전제에 의존합니다. 칸트는 도덕적 영역의 본질을 순수한 어떤 것으로 환원하려 했습니다. 그런데도 그 중심에는 회계가 이루어지는 공간의 필요가 남습니다. 이것이 바로 그의 영혼불멸이 표상하는 지평이 의미하는 바입니다. 마치 지상에서 우리가 욕망에 충분히 시달리지 않은 것처럼 영원의 일부가 회계를 하는 데 할당됩니다. 내가 그래프에서 기표의 선으로 지시하려 했던 구조적 관계가 이 환상에 투사되어 있는 것을 발견합니다. 욕망의 긴장이 발견되는 지점에서 주체에게 단절, 분열 또는 양가성이 생산되는 것은 주체가 기표와 관계를 맺고 구성되는 한에서 그렇습니다. ……이는, 죄가 욕망의 영역을 차지하는 한에서, 죄의 끝자락에 영원한 부기(簿記, bookkeeping)의 속박이 있다는 것을 보여줍니다. (SVII, 316~318)

주판치치가 "순수 실천이성의 환상"이라고 명명한 칸트의 영혼불멸에 대한 요청은 유한한 존재자에게 도덕법칙의 완성에 대한 무한한 진전을 요구하므로 그 자체로 모순이고 역설이다.[27] 이런 역설은 만족되지 않는 욕망의 속성을 설명해준다. "지상에서 어떤 것도 도덕적 행동의 요구를 만족시킬 수 없다는 사실"은 도덕법칙을 완벽히 이행하려는 욕망의 지속을 의미한다. 칸트가 영혼불멸의 필요성을 가정하는 것은 영혼

---

27) Alenka Zupančič, *Ethics of the Real*, 79~80쪽.

의 배고픔, 즉 욕망 때문이다.

라캉은 세미나 XI『정신분석의 네 가지 근본개념』의 결론에서 정념적 대상을 완전히 희생하는 칸트의 도덕법칙이 "순수한 상태의 욕망"이라고 말한다(SXI, 275). 주체가 기표에 의해 절단되어 "욕망의 긴장"이 존재하는 한 욕망은 무한한 지속을 요청한다. 마치 주체가 이 지상에서 욕망에 충분히 시달리지 않는 것처럼 영혼은 욕망을 실현하기 위한 내세, 즉 불멸을 필요로 한다. 욕망의 빚이 청산될 수 있는 또 다른 공간인 영원이 필요한 것이다. 실현되지 못한 욕망에 대한 장부는 언젠가 실현될 수 있도록 기록된다. 이 세상은 "계속 일합시다. 그리고 욕망에 관한 한 나중에 다시 오시오"라고 말하며 이로운 것들의 서비스를 지향하고 욕망의 실현을 거부한다(SVII, 318). 이렇게 욕망의 실현을 연기하는 것은 욕망의 회계장부를 늘리고 그 결과 죄를 더할 뿐이다. "결국 주체가 심부에 있는 죄를 드러낼 때 정말로 죄가 있다고 느끼는 것은…… 그가 자신의 욕망에 관해서 양보한 정도다"(SVII, 319). 자신의 욕망을 양보하여 욕망의 회계장부에 빚이 늘어날수록 죄는 증가한다. 정신분석적 윤리의 차원에서 최후의 심판은 욕망의 부기를 토대로 내려진다.

제11장 도덕법칙과 주이상스
사드와 함께 칸트를

고통의 에로틱스

라캉이 정신분석적 윤리의 준거점으로 삼는 칸트의 『실천이성비판』은 실재의 불가능한 도덕법칙의 가능성과 필연성에 대한 탐구다. 모든 정념적 요소를 철저히 배제한 정언명령의 절대적 순수성은 정신분석의 윤리에 어떤 결과를 초래할까? 라캉의 칸트해석 한가운데 이런 질문이 존재한다. 라캉은 이 질문을 탐구하면서 칸트와 사드 그리고 소포클레스의 『안티고네』를 차례로 논한다. 왜 라캉은 칸트와 사드라는 양립 불가능해 보이는 두 철학자를 한 쌍으로 묶어 설명하고 비극의 여주인공인 안티고네를 정신분석적 윤리의 모델로 삼았을까? 이들에게 어떤 공통분모가 있어서 정신분석적 윤리의 무대에 함께 등장하는 것일까? 이런 문제에 대한 해답의 실마리는 라캉이 칸트의 도덕철학을 분석하며 주이상스를 발견하는 데서 찾을 수 있다. 칸트의 정언명령의 절대적 순수성이 주이상스라는 잉여를 낳는다는 점에서 칸트철학은 라캉의 표현대로 이미 '에로틱스'의 철학이다. 라캉의 칸트해석은 고통과 쾌락을 동반한 주이상스의 프리즘으로 정언명령을 읽는다.

라캉이 말하듯이 칸트의 정언명령은 모든 정념적 요소를 제거한 보편적 준칙의 순수한 적용이다.

그것은…… 칸트가 정념적 대상이라 부른 것에 대한 참조와 의도적으로 단절하는 도덕성입니다. 어떤 복(福)도, 그것이 우리의 것이든 이웃의 것이든, 도덕적 행동의 합목적성이 되지 말아야 합니다. 가능한 도덕적 행동의 유일한 정의는 칸트의 유명한 공식으로 표현되었습니다. ……"그대의 의지의 준칙이 모두에게 타당한 법칙의 원리로 여겨질 수 있도록, 그렇게 행동하라." 여러분이 알고 있듯 칸트는 칸트 윤리의 핵심인 이 공식을 그 결과의 한계까지 추구합니다. 심지어 그의 급진성은, 결국 선한 의지는 어떤 이로운 행동과도 구분될 수 있는 것으로 상정되는 역설을 낳습니다. ……물론 아무도 그런 도덕적 준칙을 실천에 옮길 수 없었다 하더라도―칸트 자신도 그것이 가능하다고 믿지 않았습니다―어느 정도까지 갔는지를 아는 것은 유용합니다. ……이 모든 것은 최고선으로 알려진 것과…… 분리된 방향으로 우리를 데려갑니다. (SVII, 76~77)

칸트의 윤리는 정념적인 것과 완전히 단절한 도덕법칙을 극한까지 몰고 가며 칸트 자신도 실현 가능하다고 믿지 못하는 불가능의 윤리다. 더구나 보편성을 극단적으로 추구하는 이 정언명령은 행위의 결과가 반드시 이로운 것이 아니라는 역설을 낳는다. 이런 극단적 추구는 도덕법칙의 궁극적 목표인 최고선과 다른 결과를 도출한다. 라캉은 칸트의 명령이 "극단적이고 거의 광적인 성격"을 지닌다고 말한다(SVII, 77).

이런 극단적 성격은 고통의 문제를 동반한다. 도덕법칙은 일체의 정념적 요소와 단절하므로 쾌락이나 불쾌와 무관하지만 이런 단절은 고통을 초래한다. "우리는 의지의 규정근거인 도덕법칙이 우리의 모든 경향성을 좌절시키므로 고통이라 불릴 수 있는 감정을 생산한다는 사실을 선험적으로 알 수 있다"(CPRR, 76/153). 따라서 이 고통은 "선험적으로 인식(여기에서는 순수 실천이성에 대한 인식)이 쾌락과 불쾌와 맺는 관계를 규정할 수 있는 최초의 그리고 아마도 유일한 경우"다(*CPRR*, 76/153). 감정을 배제하는 것 자체가 부정적 감정을 낳는 역설이 발생한다. 감정과 경향성을 포기해야 하는 것이 고통을 낳는다면 그것을 포기하지 못해 도덕법칙을 완전히 수행하지 못하는 것은 굴욕이라는 또 다른 부정적 감정을 낳는다. "감정에 대한 부정적 효과(불편함)는 감정에 대한 모든 영향이나 감정 자체와 마찬가지로 정념적이다. ……최상의 법칙 수립자인 순수 실천이성의 주체와 맺는 관계에서 경향성의 영향을 받은 이성적 주체의 감정은 굴욕(humiliation, 지성적 비하, intellectual contempt)이라 불린다"(*CPRR*, 76/153).[1]

그러나 도덕법칙이 반드시 부정적 감정만 생산하는 것은 아니다. 도덕법칙은 "인간이 자기본성의 감성적 성벽과 법칙을 비교할 때 불가피하게 모든 인간을 겸허하게 만들고" 인간의 "자만심"을 제어한다(*CPRR*, 77~78/155). 그러므로 자연적 경향성 때문에 지성적 비하를 경험하는 이성적 주체가 느끼는 감정은 경험에서 비롯된 정념적 감정이 아니라 "지성적 원인성"에서 비롯된 "적극적 감정"이고 "그것의 적극적 근거인 법칙과 관련해서는 동시에 법칙에 대한 존경"이다(*CPRR*, 77~78/153~156). 도덕법칙에 대한 존경심은 순수 실천이성의 동기로 작용할 수 있다.

그러나 더 중요한 것은 칸트가 초월적 변증론에서 논하는 '자기만족' 또는 '지성적 만족'이다. 앞 장에서 살펴본 대로 자유의지의 실천은 "경향성을 지배했다는, 따라서 경향성에서 독립해 있다는 의식"인 "부정적 만족"(negative satisfaction)을 생산한다. 이 만족은 도덕법칙의 실천이 낳은 감정 아닌 감정이다. 정념적 요소의 배제가 낳은 고통을 동반한 자기

---

1) 백종현이 '겸허'로 옮긴 humiliation은 '굴욕'으로 옮기고 동사 humble은 '겸허하게 만들다'로 옮긴다.

만족은 주이상스의 정의에 부합한다.

　　도덕법칙의 이름으로 포기하는 행위 그 자체에 고통과 굴욕과 더불어 어떤 비밀스럽고 비감성적인("경험에서 유래하지 않은") 만족의 원천이 또한 존재한다는 것을 발견하는 것은 놀라운 일이 아닌가? ……칸트에 따르면 욕망의 목표인 것처럼 보이는 쾌락 너머에 쾌락의 희생에서 발생하는 만족이 놓여 있고 우리의 모든 행동의 원천으로 보이는 복 너머에 우리 욕망을 희생한 산물인 "자기만족"이 있다. 이것이 라캉이 궁극적으로 칸트의 도덕법칙에 관심을 보이는 지점이다. 쾌락의 포기, 도덕법칙 자체를 위해 도덕법칙에 따라 행동하는 것 자체가 쾌락을 "덜 존경스럽게" 만드는 동시에 만족의 잉여를 생산한다. 칸트도 인식했듯이 이 만족의 잉여는 쾌락과 구분되며 라캉은 그것을 주이상스, 향락이라 부른다.[2]

　　그릭은 칸트의 "자기만족"을 주이상스로 해석한다. 이 해석이 타당한 이유는 칸트가 이 만족을 "경향성과 욕망에서 완전히 독립되지 않기 때문에 정복(淨福, bliss)이라고 부를 수는 없지만" 신의 자족과 유사하기 때문에 정복에 가까운 것으로 설명한다는 데 있다. 도덕법칙의 실천이 낳는 정복과 유사한 감정은 고통과 혼합된 감정이다. 고통과 더불어 존재하는 정복과 유사한 개념, 이것이 정확히 주이상스가 아닌가?

　　여기에서 또 다른 의문이 제기된다. 경향성과 욕망에서 독립했다는 의식이 부정적 만족이라는 감정 아닌 감정을 낳는다는 사실은 여전히 도덕법칙이 불가피하게 욕망의 불순물을 내포한다는 의미가 아닐까? 정념적 요소를 제거하려는 극단적 처방의 결과에 고통과 정복 그리고 욕망이 불

---

2) Russell Grigg, "Ethics of Desire," 32쪽.

가피하게 결부된다는 것이 칸트 도덕철학의 역설은 아닐까? 그러나 칸트 도덕법칙의 역설은 쾌락원칙과의 단절이 충분하지 않아서 쾌락이 뒷문으로 슬그머니 들어온다는 것이 아니다. 그것은 이 단절이 철저히 이루어진 곳, 즉 쾌락원칙을 넘어선 곳에서 주이상스가 출현한다는 사실이다. 지젝은 라캉이 칸트의 도덕법칙에 정념적 요소가 불가피하게 동반된다고 주장하는 것이 아니라고 지적한다. "라캉은 모든 윤리적 행위가, 순수하고 사심 없이 보이더라도 항상 (행위자 자신의 장기적 이익, 동료들의 존경 그리고 윤리적 행위가 요구하는 고통과 강요가 제공하는 '부정적' 만족에 이르기까지) 어떤 '정념적' 동기에 근거한다는 일상적인 '환원론적' 주장을 하는 것이 아니다."[3] 도덕법칙이 생산하는 주이상스는 쾌락의 차원 너머에서 발생한다. 엄밀히 말해서 주이상스는 최소한의 긴장을 유지하려는 쾌락의 항상성 원칙을 위반하면서 발생하기 때문이다.

도덕법칙과 주이상스

도덕법칙과 주이상스의 관계는 칸트가 제시하는 예에서 발견된다. 칸트는 인간에게 자연의 인과성에서 벗어난 자유가 가능하다는 점을 증명하기 위해 두 가지 가설을 제시한다.

누군가가 욕망의 대상과 기회가 있을 때 자신의 성적 열정을 거역할 수 없다고 말한다고 가정해보자. 만일 그가 이런 기회를 얻은 집 앞에, 그가 그런 성적 열정을 만족시킨 즉시 처형될 교수대가 세워져 있

---

3) Slavoj Žižek, "Kant with (or Against) Sade?", *New Formations*, 3.5 (1998), 96쪽. 지젝이 여기에서 언급하는 '부정적 만족'은 엄밀히 말해서 경향성을 극복했다는 의식에서 유래하는 부정적 만족이라기보다 고통에 가깝다. 지젝은 또한 칸트가 언급한 자족이 낳는 정복과 유사한 감정을 언급하지 않는다.

다면, 그의 성적 열정을 통제하지 못할 것인지 그에게 물어보라. 그가 어떤 대답을 할지 오래 추측할 필요가 없다. 그러나 만일 그의 군주가 그럴듯한 거짓 구실을 핑계로 파멸시키고 싶은 한 명예로운 사람에 대해 위증을 하지 않는다면 즉시 사형에 처하겠다고 위협하는 상황을 가정해보자. 그의 목숨에 대한 사랑이 아무리 크더라도 그가 그런 사랑을 극복하고 위증하지 않는 것이 가능한지 물어보라. 그는 어떻게 할지 감히 말하지 못할 것이다. 그러나 그는 그것이 가능하다는 것은 주저하지 않고 인정할 것이다. (*CPRR*, 30/90~91)

칸트는 첫째 예에서 교수대를 눈앞에 두고 여인과 동침하는 것이 불가능하다고 단정한다. 그러나 라캉에 따르면 칸트는 "여성적 대상의 승화라는 조건에서는…… 그런 조치를 취하는 것이 가능하다는 것을 생각하지 못한 것처럼 보인다. ……남자가 나가는 길에 죽임을 당할 것을 잘 알면서도 여인과 동침하는 것은 불가능하지 않다"(*SVII*, 109).

칸트가 고려하지 못한 두 가지 위반의 형태인 승화와 도착증은 "현실원칙과 반대되는 또 다른 도덕성", 즉 물(*das Ding*)의 차원에 있는 도덕성과 관련된다(*SVII*, 109). "물의 차원에서 발견되는 것에서 방향을 취하는 도덕성의 다른 등록소가 있다. 그것은 도착적이건 승화되었건 간에 욕망의 장소인 물을 거역해서 거짓 증언을 하려는 순간 주체가 망설이게 하는 등록소다"(*SVII*, 109). 물에 대해 거짓 증언을 망설이게 하는 도덕은 주이상스와 관계된 도덕이다. 칸트는 첫째 예에서 여인과의 동침이 가져올 쾌락과 그에 대한 처벌을 쾌락과 고통의 산술로 설명하지만 이 예를 쾌락에 관한 것이 아니라고 본다면 이 예의 효력은 성립하지 않을 수 있다.

첫째 예의 놀라운 중요성은 여인과 보내는 밤이 역설적으로 감수할 처벌을 상대로 저울질하는 쾌락으로 우리에게 제시된다는 사실에 있습니다. 쾌락의 관점에서 더하기와 빼기가 있는 것입니다. ……그러나 우리는 여인과 보내는 밤을 쾌락의 범주에서 주이상스의 범주로 개념적으로 이동하기만 하면 된다는 것에 주목해야 합니다. 여기에서 주이상스는 정확히 죽음의 수용을 함축하며 그 결과 이 예는 무너집니다. ……주이상스가 악의 한 형식이라는 것은 도덕법칙 자체의 의미를 완전히 변화시키기에 충분합니다. 우리는 사실상 여기에서 도덕법칙의 역할, 즉 정확히 말해서 관련된 주이상스를 지탱하는 역할을 할 수 있다는 것을 알 수 있습니다. 그렇게 해서 죄는 바오로 성인이 엄청난 죄라 부른 것이 됩니다. 이것이 칸트가 간과하는 것입니다. (SVII, 189)

칸트가 첫째 예에서 쾌락과 목숨을 바꿀 자가 없다고 판단하는 것은 주이상스와 욕망의 차원을 고려하지 못했기 때문이다. 어느 누구도 자신의 생명과 쾌락을 맞바꾸려 하지 않을 것이라는 칸트의 주장은 라캉에게 "순진한 핑계"에 불과하다(SVII, 189). 칸트는 쾌락의 관점에서 마이너스인 죽음의 무게가 여인과의 동침이 가져다줄 쾌락의 무게보다 훨씬 더 크기 때문에 이 예의 가설적 주인공이 여인과 동침하지 않을 것이라 단정한다. 그러나 라캉이 「사드와 함께 칸트를」("Kant with Sade")에서 말하듯 "욕정을 명예의 문제와 혼합할 정도로 맹목적인 욕정"을 지닌 자들은 "교수대에 대한 반항 또는 심지어 경멸"을 보일 수 있다(E, 660). 이런 자들은 쾌락원칙을 넘어서는 욕망의 존재를 입증하며 그 결과 칸트의 예는 성립하지 않는다. 칸트는 인간이 쾌락원칙을 넘어서 도덕법칙의 명령에 따라 행동하는 자유를 지닌 존재라는 점을 증명하고자 한다. 하지만 라캉은 "욕망도 도덕법칙처럼 자기이익을 뒤엎을 수 있다"라고 주장한다.[4] 자기이익을 넘어서는 차원은 윤리적 차원이다. 지젝이 말하듯이 이 예에서 "라캉의 요지는 만일 성적 열정을 만족시키는 것이 심지어 가장 기본적으로 여겨지는 '이기적' 이익들도 중단시킨다면, 그리고 이 만족이 분명히 '쾌락원칙 너머에' 있다면, 정반대로 보일지라도 우리는 윤리적 행위를 다루고 있으며 주체의 '열정'은 엄밀히 말해서 윤리적이라는 것이다."[5]

라캉은 칸트의 둘째 예도 욕망의 차원에서 해석한다. 라캉에게 "철학의 관점에서 인간권리"의 문제는 "헛되이 욕망하는 자유로 수렴되며" 이 욕망의 자유는 "충동적 자유"이고 "분명히 죽을 자유"다(*E*, 661). 자신의 목숨을 걸고 폭군에게 죄 없는 이웃을 고발하지 않는 것은 도덕법칙 때문만이 아니라 욕망 때문일 수도 있다. 폭군의 욕망에 반대하는 욕망을 의무로 삼아 증언을 거부할 수 있는 것이다.

> 만일 폭군이 대타자의 욕망을 노예화하는 힘을 전용하는 자라면 우리는 폭군의 욕망에 반대해야 한다는 준칙을 의무로 만들 수 있다. 그래서 생명에 대한 사랑은 말할 것도 없고 쾌락, 고통, 행복 심지어 비천한 빈곤의 짐보다, 다시 말해서 모든 정념적인 것보다 법칙이 저울에서 더 무겁다는 것을 보여주기 위한 지렛대로 칸트가 사용하는 두 가지 예와 관련해서, 욕망도 똑같이 성공할 수 있을 뿐 아니라 더 합법적으로 성공을 거둘 수 있다고 판명된다. (*E*, 662)

욕망이 "더 합법적으로" 성공을 거둔다는 것은 정념적인 것을 폐기하는 칸트 도덕법칙의 절대기준을 더 잘 충족한다는 뜻이다. 주체는 정언

---

4) Russell Grigg, "Ethics of Desire," 30쪽.

5) Slavoj Žižek, "Kant with (or Against) Sade?", 96쪽. 주판치치도 자신의 생명이라는 정념적 이익을 제쳐두고 죽음을 감수하게 하는 것이 도덕법칙이므로 칸트의 예에서 죽음을 감수하고 여인과 동침하는 행위는 "도덕법칙의 사례"라고 해석한다. Alenka Zupančič, *Ethics of the Real*, 100쪽.

명령을 따를 때 쾌락원칙을 넘어서지만 욕망을 따를 때에도 쾌락원칙을 넘어설 수 있다.

　라캉의 칸트비판은 쾌락의 범주에서 주이상스의 범주로 이동하면서 이루어진다. 이런 이동을 통해서 라캉은 도덕법칙이 주이상스를 지탱한다고 주장한다. "율법이 없었던들 나는 죄를 몰랐을 것입니다"라는 바오로의 말에서 '죄'를 '물'로 바꾼 "나는 법을 통해 물을 알 수 있을 뿐"이라는 라캉의 발언은 주이상스와 도덕법칙의 불가피한 관계를 명확히 보여준다.[6] 칸트의 예는 도덕법칙으로 인해 주이상스를 욕망하게 되는 것을 예증한다. 라캉의 요지는 "주이상스를 법에 대립할 수 있는 어떤 악마적 힘으로 상정하지 않고…… 주이상스 안에서 법칙의 핵 자체를 인식"하는 것에 있다.[7] 칸트는 이 예에서 누구도 죽기를 원하지 않을 것이라고 생각한다. 그러나 주판치치가 말하듯 "라캉의 대답은 누구도 죽기를 원하지 않는데도 그런 것을 상상할 수 있거나 심지어 그런 극단적인 경우들이 존재한다는 것이 아니라, 어떤 차원에서 모든 주체 심지어 보통 사람이라도 원하든 원하지 않든 자신의 파괴를 원한다"는 것이다.[8] "주이상스는 어떤 목적에도 봉사하지 않는 것"이라는 라캉의 정의는 주이상스의 맹목적 특성을 잘 묘사한다(SXX, 3). 경계를 알고 균형을 지향하는 쾌락원칙과 달리 주이상스는 경계를 넘은 곳에서 출현한다. 주체가 경계를 넘어 주이상스를 향해 질주하도록 만드는 동인이 죽음욕동이다.

---

6) 이 점에 관해서는 제9장 「쾌락원칙을 넘어서」를 참조할 것.
7) Alenka Zupančič, *Ethics of the Real*, 99쪽.
8) 같은 책, 100쪽.

도덕법칙과 사디즘

도덕법칙과 주이상스의 역설적 관계에서 도덕법칙과 초자아의 관계가 드러난다. 왜냐하면 "초자아는 '즐기라!'는 주이상스의 명령"이기 때문이다(*SXX*, 3). 도덕법칙에 대한 칸트의 묘사는 도덕법칙의 초자아적 측면을 잘 보여준다. "실천이성이 우리가 복종하도록 제시하는 일체의 이익에서 벗어난 순수한 도덕법칙의 목소리는 가장 대담한 죄인도 떨게 만들고 그 응시에서 숨게 만든다"(*CPRR*, 83/162).[9] 칸트는 도덕법칙에 대한 존경인 도덕 감정이 순수 형식인 법칙에 관련된 것으로 정념적이지 않다는 점을 강조한다. 그러나 도덕법칙의 응시와 목소리가 유발하는 공포는 정념적인 것이다. 또한 말하고 응시하는 도덕법칙은 초자아의 모습이다. 주판치치가 지적하듯이 우리는 여기에서 "어떻게 도덕법칙이 초자아의 법칙으로 탈바꿈하는지를 명확히 목격한다."[10]

도덕법칙에 목소리와 응시를 부여하는 것은 "대타자에게 대타자가 결여하는 대상을 보충해서 대타자(법칙)의 구멍을 메우려는 것"이다.[11] 대타자의 결여가 불러일으키는 불안을 막기 위해 대타자의 구멍을 응시와 목소리로 메워 대타자를 완전한 것으로 만든다. 이 부분에서 칸트는 "(우리가 도덕법칙에 의해 굴욕을 당하는 자신을 목격하는) 환상의 양식인 존경"을 보여준다.[12] 즉 칸트는 주체가 법칙 앞에서 스스로 관찰되고 떨며 굴욕을 당하는 장면을 연출한다. 대타자의 결여를 메우는 것은 대타자의 대타자를 가정하는 것이다. 그런데 대타자의 결여를 메우려는 것은

---

9) 여기에서 '응시'(雄視, gaze)는 필자가 본 영역본에는 'it'인데, 국내에는 '시선'으로 번역되어 있다. 초자아의 목소리와 응시를 논하는 주판치치는 영역본을 수정하여 이를 '응시'로 명시한다. 같은 책, 146쪽을 참조할 것.

10) 같은 책, 147쪽.

11) 같은 곳.

12) 같은 곳.

도착증의 징후다. 바로 이 지점에서 칸트와 사드의 유사성이 드러난다.

밀레에 따르면 라캉의 「사드와 함께 칸트를」은 프로이트의 「마조히즘의 경제적 문제」("The Economic Problem of Masochism")를 다시 쓴 것이며 라캉은 칸트를 사드와 함께 논하면서 "사디스트적 초자아"의 문제를 극화한다.[13] 프로이트는 이 글에서 마조히즘을 성감 발생적(erotogenic), 여성적·도덕적 마조히즘으로 구분한다. 초자아와 관련된 것은 도덕적 마조히즘이다. 프로이트는 마조히즘을 죽음욕동과 성적 욕동의 원초적 혼합으로 파악한다. 성적 욕동인 리비도가 죽음욕동의 일부인 파괴욕동을 외부로 향하게 해서 파괴욕동을 순화하는 것이 사디즘이고, 파괴욕동 가운데 유기체에 남아서 성적 자극과 결합된 것이 성감 발생적 마조히즘이다. 프로이트는 칸트의 정언명령의 가혹성을 초자아의 생성 과정 가운데 하나로 설명한다. 이드의 대상선택인 부모 특히 아버지가 내화되어 초자아가 생성되는 과정에서 대상과의 리비도적 관계가 탈성화(脫性化)된다. 이렇게 성적 욕동과 파괴욕동이 분리됨으로써 초자아는 "자아에 가혹하고 잔인하며 냉혹해진다. 칸트의 정언명령은 따라서 오이디푸스 콤플렉스의 직접적 후손이다"(SEXIX: 167).

남아가 오이디푸스 콤플렉스를 극복하기 위해 아버지와 동일시하고 내화하는 과정에서 탈성화된 양심인 초자아는 도덕적 마조히즘을 통해 다시 성화된다. 도덕적 마조히즘의 무의식적 죄의식이 의미하는 "처벌과 고통에 의해 만족되는 욕구"는 아이가 부모에게 처벌받으려는 욕구다(SEXIX: 169). 이는 아버지와 "수동적 (여성적) 성적 관계를 가지려는 욕구"로서 오이디푸스 콤플렉스의 단계로 퇴행한 것을 보여준다(SEXIX: 169). 이렇게 도덕적 마조히즘은 "주체의 자기파괴마저도 리비

---

13) Jacques-Alain Miller, "A Discussion of Lacan's 'Kant with Sade'," *Reading Seminars I and II*, Richard Feldstein 외 공편, 212쪽.

도적 만족 없이 발생할 수 없다"는 것을 입증한다(*SEXIX*: 170). 주체는 초자아와의 피학적 관계를 통해서 처벌과 고통을 통한 주이상스를 즐기는 것이다.

'매맞는 환상'이 예시하는 수동적·피학적 환상은 대타자의 성적 대상이 되려는 도착적 속성을 증언한다.[14] 라캉은 『실천이성비판』보다 8년 후에 출판된 사드의 『규방철학』(*Philosophy in the Bedroom*)이 『실천이성비판』을 "완성시키며" 그것의 "진리를 밝혀준다"라고 말한다(*E*, 646). 그 이유는 무엇일까? 앞서 논했듯이 칸트철학의 역설은 모든 정념적 대상을 완전히 제거했을 때 비로소 도덕법칙의 목소리가 출현한다는 데 있다. "주체가 더 이상 자신 앞에 어떠한 대상도 갖지 않는 그 순간에 비로소 그가, 이미 의미를 지닌 어떤 것 이외에 다른 현상을 지니지 않는, 법칙과 만난다는 역설을 생각해보자. 이 어떤 것은 양심의 목소리에서 얻을 수 있으며 양심 안에서 준칙의 형태로 표현되는 이 목소리는 순수 실천이성 또는 의지의 질서를 제시한다"(*E*, 647). 이 양심의 목소리는 주체에게 가학적으로 명령하는 초자아다.

칸트철학에서 이 양심의 목소리는 누구의 목소리인가? 라캉은 이 문제를 제기하고 그에 대한 숨은 해답을 사드에게서 찾는다. 라캉은 『규방철학』 제5대화에 등장하는 「프랑스인들이여, 공화주의자가 되려면 좀더 노력하라」는 소책자에서 칸트의 정언명령과 유사한 보편적 준칙을 발견한다. 규방대화에서 슈발리에(Chevalier)는 돌망스(Dolmance)가 산 소책자를 읽는다. 그 내용은 프랑스혁명으로 설립된 공화국이 다시 과거로 회귀하지 않도록 "공화국적 성격에 맞는 신조"를 선포하고 그것의 실천을 권고하는 내용이다.[15] 이 신조의 핵심은 인간의 본성을 억압한 모든

---

14) '매맞는 환상'에 대한 프로이트의 분석에 대해서는 「아이가 매 맞고 있다」("A Child is being Beaten"), *SEXVII*: 175~204쪽을 참조할 것.

15) Marquis de Sade, *Justine, Philosophy in the Bedroom, & Other Writings*, Richard

관습, 법, 종교의 굴레를 벗어던지고 자연의 가르침에 따르라는 것이다. "우리가 최근에 수많은 편견을 제거함으로써 자연에 가까워졌으므로 우리는 오로지 자연의 목소리를 듣는다"라는 원칙에 의거해서 "성적 열정이 억압되어서도 안 되고, 그것을 금지하는 법을 제정하지도 말아야 하며…… 그것은 오히려 성적 열정이 평화롭게 만족될 수 있는 수단을 준비하는 문제다."[16] 자연의 목소리를 듣는 것은 살인, 도둑질, 중상, 강간, 간음, 근친상간, 수간, 동성애 등 인간이 타고난 모든 충동을 허용하는 것이다.

여기에서 주목해야 할 것은 사드가 단순한 방종과 타락이 아니라 성적 자유의 보편성과 평등의 합리성을 논리적으로 주장한다는 것이다.

> 모든 인간은 자유롭게 태어났고 모두가 동등한 권리를 지닌다. 우리는 이 원칙을 잊지 말아야 한다. 이 원칙에 따르면 하나의 성에 다른 성을 독점할 수 있는 합법적 권리가 허락될 수 없다. 이 성 또는 계급 가운데 어느 하나가 다른 쪽을 결코 자의적으로 소유할 수 없다. …… 여자들이 우리에게 주어지는 것은 모든 사람의 행복을 위한 것이지 자기중심적이고 특권화된 행복을 위한 것이 아니다. ……그러므로 여자나 소녀를 즐기고 싶은 남자는…… 누구라도 소환할 수 있을 것이고…… 그녀는 그에게 그가 그녀와 탐닉하고 싶어 하는 모든 환상을, 그것이 아무리 이상하고 변칙적이라도, 겸허히 순종적으로 만족시킬 것이다. 왜냐하면 자연에는 그녀가 자신의 것으로 인정하지 않는 어떤 무절제도 없기 때문이다.[17]

Seaver & Austryn Wainhouse 공역 (New York: Grove Press, 1990), 296쪽.
16) 같은 책, 316쪽.
17) 같은 책, 318~320쪽.

남자가 모든 여자에 대해 성적 권리를 행사하는 보편성은 여자에게 아무런 문제가 되지 않는다. 왜냐하면 여자도 남자가 추구하는 성적 욕망을 자연에게서 부여받았기 때문이다. 정부는 남자가 모든 여자를 즐길 수 있는 공공장소를 마련하는 것처럼 여자가 모든 남자뿐 아니라 여자와도 즐길 수 있는 공공장소를 마련해야 한다. 사드는 여성에게 "오 매혹적인 성이여, 그대는 자유로울 것이다. 남자들처럼 그대들도 자연이 의무로 삼는 모든 쾌락을 즐길 것이고, 그 쾌락 가운데 어느 것에 대해서도 보류되지 않으리라. ……왜냐하면…… 그대의 욕망만이 법이며, 자연의 도덕만이 도덕이기 때문이다"라고 선포한다.[18]

칸트의 정언명령이 오로지 도덕법칙의 순수 형식에서 유래하듯이 사드의 정언명령도 오로지 자연법칙의 순수 형식에서 유래한다. 라캉은 사드의 논리를 "누구든 다른 사람을 우리 쾌락의 도구로 향유할 권리를 우리 행동의 보편적 준칙으로 삼자"는 명제로 정리한다(SVII, 79). 라캉이 정리한 사드의 준칙은 누구에게나 자신의 성적 욕망을 무제한으로 추구할 권리가 있다는 것을 선언하는 욕망 보편화의 명제다. 그러므로 칸트의 명령과 사드의 준칙은 보편성이라는 공통성을 지닌다.

사드는 이 법이 일단 보편화되면, 여자들이 좋아하든 아니든 간에, 난봉꾼에게 모든 여자들에 대한 무차별적이고 완전한 권력을 주지만 역으로 문명사회가 혼인과 결혼 및 그 밖의 관계로 그들에게 가한 모든 의무에서 여자들을 해방시킨다고 일관성 있게 증명합니다. ……만일 도덕에서 모든 감정의 요소를 제거한다면…… 결국 사드의 세계는, 역전되고 희화화된 것이긴 하지만, 급진적 윤리, 칸트적 윤리가 지배하는 세계의 가능한 형태 가운데 하나로 생각할 수 있습니다. (SVII, 79)

---

18) 같은 책, 322~323쪽.

사드의 세계가 희화화된 방식으로라도 칸트의 윤리적 세계와 닮은 점은 첫째, 모든 정념적 요소를 제거한다는 것, 둘째, 그 결과 오로지 형식적 보편성만 남는다는 것이다. 사드가 선언한 준칙은 "정념적인 것(즉 이로운 것들, 열정, 심지어 동정)의 급진적 거부(다시 말해서 칸트가 도덕 법칙의 판을 일소했던 그 거부)와 의지가 의지의 실천에서 준칙 자체에 기초하지 않은 모든 이유를 제거하고 이를 통해서만 법에 종속되는 한 이 법칙의 형식을 설정하는 덕을 지닌다"(*E*, 649)라는 것이다. 사드가 칸트처럼 정념적 요소를 배제했다는 것은 그 역시 감정이 아닌 이성을 따르고 있다는 것을 의미한다. "사드에게 인간은 자신의 감정을 완전히 처분할 수 있어야 위대한 난봉꾼이 될 수 있다. ……사드에게 그것은 자신의 이성을 철저히 따르고 자신의 행동을 강력히 신봉하는 준칙에 정초하는 문제다."[19] 칸트의 명령처럼 사드의 명령도 어떤 개인적 이익과 무관한 순수 형식인 당위다. 칸트의 도덕법칙처럼 쾌락추구에 대한 사드의 명령도 보편적 당위성과 강제성을 지닌다. 이런 점에서 "칸트와 사드는 주체에게 모든 우연한 '정념적' 대상들에 대한 애착을 희생하라고 강요하는 '그대의 의무를 행하라!' 또는 '즐기라!'라는 무조건적 명령의 냉혹함을 공유한다."[20]

사드: 칸트의 진리

칸트의 도덕법칙의 준수와 사드적 준칙의 이행은 엄밀한 의미에서 고통의 주이상스를 공유한다. 극단적으로 추구할 때 고통을 낳는 칸트의 도덕법칙의 이면에서 희생자에게 극단적인 고통을 가하는 사드적 고문

---

19) Marc de Kesel, *Eros and Ethics*, 133쪽.
20) Slavoj Žižek, "Kant with (or Against) Sade?", 102쪽.

집행인의 모습을 발견할 수 있다. 칸트의 정언명령과 사드의 준칙은 모두 실재인 물/주이상스에 대한 명령이기에 고통을 동반한다.

칸트도 사드와 같은 의견입니다. 물(*das Ding*)에 절대적으로 도달하기 위해서, 욕망의 수문을 열기 위해서, 사드가 가시적으로 보여주는 것은 무엇입니까? 그것은 본질적으로 고통입니다. 그것은 주체 자신의 고통일 뿐 아니라 타자의 고통이기도 합니다. 왜냐하면 때로 그들은 동일하기 때문입니다. 고통이 물에 대한 접근을 강요하는 한 쾌락의 외적 극한은 우리가 견딜 수 없는 것입니다. (SVII, 80)

칸트가 사드와 공유하는 정념적 요소의 배제와 고통은 주이상스의 경험으로 수렴된다. 그런데 엄밀히 말해서 주이상스를 절대적으로 향유하는 것은 불가능하다. 칸트가 도덕법칙의 완전한 수행을 위해서 영혼불멸에 대한 당위적 요청을 가정해야 하는 역설에 봉착하듯이, 사드 역시 이와 동일한 난관에 봉착한다.[21] 사드적 도착증 환자도 희생자에게 죽음을 넘어서 무한히 고통을 가하려는 욕망에 사로잡히기 때문이다. 『줄리엣』(*Juliette*)에서 줄리엣의 친구 클레어윌(Clairwil)이 생퐁(Saint-Fond)에게 희생자들을 죽이기 직전에 그들에게 무엇을 하느냐고 묻자, 그는 그들의 항문에 종이를 밀어 넣어 고통을 주며 "내가 내 야망을 따르든 음탕함을 따르든 대상을 희생시킬 때마다 내 욕망은 그 대상의 고통이 무한한 세월을 넘어 지속되게 하려는 것입니다. ……그의 고뇌는…… 영

---

21) 주판치치에 따르면 시공간을 넘어선 영혼은 도덕법칙과의 일치가 즉각적으로 가능하므로 무한한 진전이 필요하지 않다. 필요한 것은 "불멸의 영혼이 아니라 불멸의 파괴할 수 없는 **숭고한 신체**"이며, 라캉은 「사드와 함께 칸트를」에서 이 영혼불멸의 문제를 제기하지 않지만 "'칸트가 사드와 함께 읽혀야 한다'는 그의 주장이 가장 설득력 있는 경우는 정확히 이 요청과 관련해서다." Alenka Zupančič, *Ethics of the Real*, 80쪽.

원할 것이고 당신의 즐거움도 영원의 한계를 넘어서 그의 고뇌를 연장하는 말할 수 없는 즐거움일 것입니다"라고 답한다.[22]

고문집행인이 희생자에게 고통을 가하는 쾌락을 영원히 향유하려면 희생자의 신체가 영원히 살아 있어야 한다는 역설이 발생한다. 그래서 사드의 환상은 "영원한 고통"의 환상이고 희생자는 "파괴될 수 없는 자신의 분신"을 지닌다(SVII, 261). 그러므로 "전형적인 사드적 시나리오에서 고통은 희생자를 절단하고 파괴되는 지점으로 몰고 가는 것이 아니다. 오히려 모든 고문의 대상은 파괴될 수 없는 지지자의 능력을 간직하는 것으로 보인다"(SVII, 261). 사드적 희생자가 신체적으로 당면하는 죽음과 이를 넘어선 제2의 죽음 사이의 공간은 아이러니하게도 희생자가 영원히 고문당하는 고통의 공간이면서 동시에 아름다움의 공간이다. 이 공간에서 "고통의 유희와 아름다움의 현상이 결합한다"(SVII, 261). 사드의 텍스트에서 "희생자들은 항상…… 아름다움의 가장 아름다운 꽃인 우아함으로 장식된다"(SVII, 261).[23]

이런 공통점이 있지만 칸트에게 명령하는 자와 고통받는 자가 동일한 주체인 것과 달리 사디즘에서 고통은 타자에게 가해진다는 차이가 존재한다. 사드의 준칙에서 정념적 요소의 배제와 법칙의 형식이라는 "두 명령은…… 사드의 패러독스에 의해 마치 우리가 아닌 대타자에게 부과되는 것처럼 우리에게 부과된다."(E, 649) 명령이 대타자에게 부과되므로

---

22) Marquis de Sade, *Juliette*, Austryn Wainhouse 옮김(New York: Grove Press, 1968), 369~370쪽.

23) 케젤은 자연적 죽음을 넘어선 희생자의 생존을 기표로서 생존하는 것으로 해석한다. "그녀가 항상 뺨에 동일한 처녀다운 홍조를 띠고 난봉꾼의 욕구를 다시 자극하는 것은 사드적 환상 속에서 그녀가 기표로 기능한다는 것을 보여준다. 그리고 사디스트는 그녀를 기표로 취급함으로써 그녀를 다시 그녀가 나온 무—*ex nihilo*—로 되돌아가게 하려한다. 물론 이것은 순전히 기표의 힘에 의해 추동된 상상적 시나리오에서만 환상적으로 일어날 수 있을 뿐이다." Marc de Kesel, *Eros and Ethics*, 233쪽.

"상실과 주체의 분열(거세)은 대타자에게 강요되고 주체는 완전한 총체로 남는다."[24] 그러나 사실 칸트에게도 이 차이가 존재한다. "도덕 명령도 잠재적으로는 마찬가지다. 왜냐하면 그 명령은 우리를 대타자로 요구하기 때문이다"(E, 650). 칸트에게는 주체와 타자의 분리, 더 정확히 말해서, 주체의 분열이 은폐되어 있을 뿐이다.

도덕법칙이 근거한 양극성은 기표의 개입이 초래한 주체 내부의 분열, 즉 화행의 주체와 진술의 주체 사이의 분열과 같다. ……사드의 준칙은 대타자의 입에서 나오기 때문에 내부의 목소리에 호소하는 칸트보다 더 정직하다. 왜냐하면 그것은 일반적으로 은폐되어 있는 주체의 분열을 드러내기 때문이다. ……주이상스의 권리에 대한 담론은 분명히 자유로운 자인 대타자—대타자의 자유—를 화행의 주체로 상정하며, 이렇게 하는 방식은 모든 명령의 치명적 심층에서 환기되는 그대는…… 이다(Tu es)와 다르지 않다. (E, 650)

칸트에게 정언명령이 주체 내부에서 울리는 양심의 목소리인 반면 사드에게 명령은 대타자에게서 나온다. 칸트에게 양심의 목소리는 듣는 주체와 구분되지 않으며 주체의 분열은 존재하지 않는다. "칸트에게 그 목소리는 주체의 자동감응이다. 말하는 자는 밖에 있는 누군가가 아니다. 그는 자신이 지닌 정체성의 핵에서 이 목소리를 듣는다."[25] 사드가 칸트보다 더 정직한 이유는 이 양심의 목소리가 도덕법칙이 내재화된 것으

---

24) Bruce Fink, *Against Understanding Volume 2: Cases and Commentary in a Lacanian Key* (London: Routledge, 2014), 129쪽.

25) Jacques-Alain Miller, "A Discussion of Lacan's 'Kant with Sade,'" 230쪽. 밀레는 분열되지 않은 주체(S)가 자신에게 나와서 목소리(V)의 형태로 다시 돌아오는 것을 V ⊂ S로 표기한다.

462

로서 "동화되고 통합된 대타자의 표현이고…… 법칙을 선언하는 것이 대타자이지 주체(또는 심지어 주체의 일부)가 아님을 사드는 처음부터 인정하기" 때문이다.[26]

라캉이 「사드와 함께 칸트를」에서 정식화한 사드의 준칙은 앞서 세미나 VII『정신분석의 윤리』에서 인용한 것보다 더 분명하게 주체와 타자의 관계를 보여준다. "누구라도 나에게 '나는 당신의 신체를 즐길 권리가 있고 당신의 신체를 가지고 만족하고 싶은 요구의 변덕에 아무런 제한 없이 이 권리를 행사할 것이다'라고 말할 수 있다"(E, 648). 타자가 "나는 당신의 신체를……"이라고 말할 때 "나"는 진술의 주체가 아니라 화행의 주체다. 그리고 "누구라도 나에게…… 말할 수 있다"에서 목적격 "나"는 진술의 주체다. 타자는 화행의 주체이고 주체는 진술의 주체다. "사드의 준칙은 주체의 두 입장 즉 '화행'의 근본적 주체와 진술의 주체의 차이를 보여준다."[27] 또한 이 관계는 법과 초자아 및 주이상스의 관계를 보여준다. "나는…… 이다"라고 선언하는 화행의 주체는 법의 주체이고 이 법으로 고통을 당하는 주체는 진술의 주체다. "발화행위에 주이상스가 포함되므로 법칙을 발화하는 행위는 이론적으로 주이상스와 분리될 수 없다. 법칙의 화행이…… 초자아와 연결되는 한 우리는 초자아가

---

26) Bruce Fink, *Against Understanding Volume* 2, 115쪽.

27) Jacques-Alain Miller, "A Discussion of Lacan's 'Kant with Sade,'" 234~235쪽. 알렉산드르 스티븐스(Alexandre Stevens)는 이와 달리 "누구라도 나에게 말할 수 있다"에서 말하는 "누구"가 화행의 주체이고 발화된 진술, 즉 인용문―"나는 당신의 신체를 즐길 권리를 갖고 있다"―에서 "나"가 진술의 주체인 도착적 주체라고 설명한다. Alexandre Stevens, "The Paradox of the Universal," *Kant with Sade: Fantasy and the Limits of Enjoyment, NLS Seminar 2003~2004,* London Society of the New Lacanian School 엮음, http://londonsociety-nls.org.uk/LibraryLS/Seminars-of-the-London-Society-of-the-NLS/Kant-with-Sade.pdf, 21쪽. 이는 라캉이 "나는 거짓말을 하고 있다"라는 발화내용의 "나"를 진술의 주체로 보는 것과 맥을 같이한다. 그러나 밀레가 말하듯이 이 진술은 "어느 누구"라는 화행의 주체, 즉 대타자의 발화행위를 소급적으로 인용하는 것이다.

이미 구성되고 소외된 그리고 진술 속에서 말해진 주체의 어떤 다른 면에…… 주이상스의 희생을 부과함으로써, 주이상스를 얻을 수 있다는 것을 안다."[28]

칸트에게서 정언명령을 말하는 내적 목소리의 초자아적 모습은 사드에게서 타자에게 고통을 가하는 고문집행인의 모습으로 선명히 나타난다. "그대의 의무를 다하라"라고 말하는 칸트의 정언명령과 이를 통해 고통과 굴욕을 경험하는 주체는 사드에게서 고문집행인과 희생자로 양분되어 나타난다. 지젝이 말하듯이 "도덕적 명령의 '화행의 주체'는 사드적 집행자의 구체적인 모습을 취한다."[29] 이는 법칙의 선포행위 자체가 (초자아의) 주이상스라는 역설을 보여준다. 사드가 칸트철학에 은폐된 주체의 분열을 보여주고 법칙에 존재하는 초자아적 주이상스를 드러낸다는 점에서 사드는 칸트의 진리다.

칸트는 왜 이 양심의 목소리를 대상으로 보지 못하고 주체의 자동감응으로만 이해했을까? 라캉은 칸트가 "직관이 도덕법칙의 경험에서 현상적 대상을 제공하지 않는다는 유감"을 표현했다고 말한다(*E*, 647). 앞 장에서 논했듯이 현상계와 초험계를 엄격히 구분하는 칸트철학에서 도덕법칙은 어떤 현상적 대상으로도 표상할 수 없는 초험계의 물이다. 인간에게 직관은 오로지 감성적이며 초험적 물을 직관할 수 있는 '지성적 직관'은 불가능하다.

만일 '예지체'가 우리의 감성적 직관의 대상이 아니기 때문에 우리가 그것을 직관하는 방식이 없다고 여기는 사물을 의미한다면 이것은 소극적 의미에서의 예지체다. 그러나 예지체를 비감성적 직관의 대상으로

---

28) Bruce Fink, *Against Understanding Volume 2*, 116쪽.
29) Slavoj Žižek, "Kant with (or Against) Sade?" 98쪽.

이해한다면 우리는 특별한 형태의 직관, 즉 지성적 직관을 가정하는 것인데, 이것은 우리가 갖고 있지 못하고 그 가능성조차 알 수 없는 것이다. (*CPUR*, B307)

칸트에게 물의 위치에 있는 도덕법칙은 대상으로 현상할 수 없다. 이 대상은 "법칙을 실행할 때 그것을 의지에게 보장하기 위해서 칸트가 물 자체의 생각 불가능성으로 밀어낼 수밖에 없었던 대상"이다(*E*, 651).

그러나 라캉은 칸트가 물 자체의 생각 불가능성으로 밀어낸 이 대상이 "사드적인 경험에서 우리가 발견하는 바로 그 대상, 즉 더 이상 접근이 불가능하지 않은 고문집행인의 현존재로 드러난 것이 아닌가"라고 묻는다(*E*, 651). 칸트가 대상으로 생각할 수 없던 도덕법칙이 사드에게서 고문집행인으로 나타나거나 명령을 가하는 목소리라는 대상으로 나타나는 것이다. 이런 점에서 칸트가 대상으로 생각하지 못한 물은 라캉에겐 대상 *a*로서의 목소리다. 칸트의 순수의지는 "그것을 지탱하는 목소리, 모든 대상이 사라진 후 남은 잔존물인 목소리 이외에 아무것도 아니다."[30] 그것은 "주체에게서 이상하게 분리된 대상"이기 때문이다(*E*, 651).

라캉은 이 목소리의 대상성을 강조하면서 "정신병에서 발견되는 것 같은 목소리와 관계된 현상이 진실로 대상처럼 나타나며, 초기에 정신분석이 양심의 목소리를 정신병과 관련시켰다"라고 지적한다(*E*, 651). 그리고 칸트가 양심의 목소리라는 대상을 "초월적 미학의 모든 규정을 피하는 것으로 간주한" 이유는 "목소리가—심지어 비정상인 목소리라도—(우리에게) 주체개념을 강요하며 법칙의 대상은 실재 신의 악의를

---

30) Jacques-Alain Miller, "A Discussion of Lacan's 'Kant with Sade,'" 236쪽. 이 점에 대한 국내의 논의로는 맹정현, 「라깡과 사드: 전복을 위한 몇 가지 연산」, 『라깡의 재탄생』, 181~184쪽을 참조할 것.

함축하지 않아야 하기 때문이다"(E, 651). 칸트에게 목소리는 주체에 속한 것이고 도덕법칙은 결코 악이 아니다. 사드는 이런 공식을 완전히 뒤엎는다. 목소리는 대상에 속하고 그가 선포하는 준칙은 선이 아닌 악이기 때문이다. 이런 점에서 사드가 칸트의 진리인 이유는 주체의 자기감응에 감춰진 목소리의 타자성(대상성)과 법칙의 악의적 요소다.[31]

사드적 환상

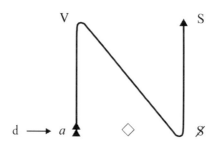

라캉이 「사드와 함께 칸트를」에서 도표로 설명하는 사드적 환상은 칸트철학에 은폐된 대상과 주이상스(에 대한 의지)를 숨김없이 드러낸다. 화살표는 왼쪽 하단의 욕망(d)을 추동하는 "원인의 위치에 놓인 대상 a"에서 시작해 오른쪽 상단의 분열되지 않은 "쾌락의 욕정적 주체('정념적 주체')" 또는 라캉이 세미나 X『불안』에서 말하는 "주이상스의 주체" S로 향한다(E, 654; SX, 173). 왼쪽 하단의 대상 a를 통해 사드적 환상은 "칸트의 윤리학에 경험의 대상은 아니지만 대상이 존재한다"는 것을 보여

---

31) 케네스 레이너드(Kenneth Reinhard)는 "사드와 칸트를 병치시킴으로써 사드에게 존재하는 칸트적 보편성과 칸트에게 존재하는 사드적인 타율성이 드러난다"라고 간략히 설명한다. Kenneth Reinhard, "Kant with Sade, Lacan with Levinas," *Modern Language Notes*, 110.4 (1995), 799쪽.

준다.[32] 밀레가 지적하듯이 V는 양심의 목소리(voice)일 뿐 아니라[33] 칸트의 "의지"(*volonté*, will)를 나타내며 주이상스의 주체를 향하므로 "주이상스를 향한 의지"를 뜻한다(*E*, 654).

"실천 이성의 주체 $\$$"가 주이상스의 주체 S에 도달하는 것은 칸트철학에서 도덕법칙을 완벽히 수행하여 정복과 같은 만족감을 느끼는 상태(결여되지 않은 주체가 되는 상태)로, 사실상 불가능하다고 볼 수 있다. 다시 말해서 주이상스의 주체는 환상에서만 가능하다. 실천이성의 주체는 "주이상스의 도구에 불과하다는 대가를 치르고 소외를 통해 재구성되는 주체다. 그래서 칸트는 '사드와 함께' 질문을 받을 때 …… '그가 무엇을 원하는가?'라는 질문에서 명백한 것을 선언한다"(*E*, 654). 사드와 함께 읽을 때 칸트가 원하는 것은 명백히 주이상스이며 이런 의미에서 그 역시 "주이상스의 도구"다.

사드적 환상의 도표를 통해 읽은 칸트는 주이상스를 추구하며 그의 철학은 더 이상 순수하지 않다. 라캉은 이 도표에서 대상 *a*가 "인과성의 범주와 맺는 관계의 보편성이 칸트의 초월적 연역(演繹, deduction)으로 난입하며 새로운 이성비판을 불순의 핵심에 정초할 것"이라고 말한다(*E*, 654). 사드적 환상을 통해 굴절된 새로운 이성비판은 특수한 대상 *a*가 원인의 위치에서 보편성을 행사한다.[34] 칸트가 초월적 연역을 통해 모

---

32) Vincente Palomera, "The Sadean Fantasy," *Kant with Sade: Fantasy and the Limits of Enjoyment*, *NLS Seminar 2003~2004*, London Society of the New Lacanian School 엮음, 33쪽.

33) Jacques-Alain Miller, "A Discussion of Lacan's 'Kant with Sade,'" 236쪽. 핑크는 이것이 목소리(voice, *voix*)뿐 아니라 공백(void, *vide*)을 뜻할 수도 있다고 주장한다. Bruce Fink, *Against Understanding Volume 2*, 121쪽.

34) 피에르질 게겡(Pierre-Gilles Guéguen)은 대상 *a*가 보편적 원인으로 작용하는 사드적 환상이 도착증의 현상이며 이 점에서 칸트와 사드는 구별된다고 주장한다. 항상 동일한 대상을 찾는 페티시즘 환자처럼, "도착증환자에게 대상 *a*는 보편적 가치의 대상으로 취급된다. …… 칸트의 이성의 준칙이 완전히 순수한 반면,

든 대상과 질료 및 결과를 제거하고 순수이성의 형식만을 남겨둔 텅 빈 원인의 위치에 대상 a가 침범하여 보편성의 준칙을 세우는 새로운 이성 비판은 따라서 '불순'하다. 순수이성의 형식 이외에 모든 대상을 제거한 칸트의 초월철학의 관점에서 보면, 대상 a는 아무리 비정념적 대상이라 하더라도 원인의 위치를 차지할 수 없는 불순한 것이기 때문이다.[35] 칸트철학은 사드와 함께 읽을 때 초자아의 목소리라는 대상에 의해 추동되어 주이상스를 추구하는 불순한 이성비판이 된다. 원인의 위치에서 초자아의 목소리는 '즐기라'고 명령하고 주체는 이 명령에 따라 주이상스의 도구로 기능한다.

앞서 논했듯이 라캉은 사드가 칸트에게서 은폐된 주체와 대타자의 관계를 보여준다고 주장한다. 사드적 환상의 도표는 대상과 주이상스뿐 아니라 주체와 대타자의 관계도 보여준다. 라캉은 "그 명백한 행위자는 대타자 속에 완전히 반영된 주체를 분열시키기 위해 경직성을 지닌 대상이 된다"라고 말한다(E, 653). 이 발언은 도표의 아래 부분에 있는 도착증의 공식 $a \lozenge \$$에 대한 설명이다. 사디즘의 주체인 고문집행인은 왼쪽의 대상 a가 되어 대타자의 위치에 있는 희생자를 분열된 주체($\$$)로 만듦으로써 주이상스를 얻으려 한다. 라캉은 세미나 X 『불안』에서 사디스트의 욕망에 관한 도표를 새롭게 도입하며 주체와 대타자의 위치를 더 분명히 밝힌다(SX, 104).

사드의 준칙은 완전히 불순한 이성의 준칙이다." Pierre-Gilles Guéguen, "Desire and Jouissance," *Kant with Sade: Fantasy and the Limits of Enjoyment, NLS Seminar 2003-2004*, London Society of the New Lacanian School 엮음, 51쪽.

35) 맹정현은 "욕망의 원인은 욕망 자체를 추동하는 것이지만, 그럼에도 욕망의 질서로 환원되지 않는다는 점에서 '불순한' 것이라 할 수 있다"라고 해석한다. 맹정현, 『리비돌로지: 라캉 정신분석의 쟁점들』(문학과지성사, 2009), 326쪽.

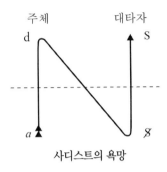

사디스트의 욕망

라캉은 S와 $의 있는 오른쪽을 대타자 편으로 d와 a가 있는 왼쪽을 주체 편으로 구분하고 왼쪽을 "아직 구성되어야 할 나(I)"라고 부른다(SX, 103). 핑크에 따르면 아직 구성되지 않은 주체의 차원은 "욕동들"의 차원이다.[36] 왼쪽 하단은 '원인의 위치'이므로 a → d는 대상 a가 욕망의 원인이 된다는 것을 의미한다. "대상 a는…… 욕망의 원인으로 여겨져야 한다. ……대상은 욕망 뒤에 존재한다"(SX, 101). 대상 a와 분열된 주체 $의 관계(a ◇ $)가 환상공식($ ◇ a)의 역전인 것은 도착증이 신경증과 반대되는 구조라는 것을 보여준다. 도착증 환자는 대상의 기능을 수행하여 대타자의 위치에 있는 희생자를 분열시킴으로써 주이상스를 얻는다. 다시 말해서 그는 스스로 대상 a가 되어 희생자를 분열된 주체($)로 만드는 과정을 통해서 주이상스의 주체(S)가 되려 한다. 그러므로 사디스트가 희생자에게 불러일으키는 것은 고통이라기보다 불안이다. 라캉은 세미나 X『불안』에서 대상 a를 불안의 원인으로 파악한다. 고문집행인은 자신이 가하는 고통에 대해 불안해하는 희생자를 보고 쾌락을 느낀다.

사디스트의 욕망은, 상대방 주체 내부에서 주체의 존재와 그의 신체

---

36) Bruce Fink, *Against Understanding Volume 2*, 121쪽.

적 고통 사이에 분열과 간극이 발생할 때까지, 상대방에게 참을 수 없는 것을 가해서 상대방 주체에게 도입하려는 분열과 분리에 기초해서만 공식화될 수 있습니다. 사디스트가 의도적으로 추구하는 것은 상대방의 고통이라기보다 불안입니다. (SX, 104)

그런데 사디스트가 상대방을 불안하게 만들려는 궁극적인 이유는 상대방의 불안을 일으키는 신 같은 대타자의 (욕망의) 존재를 확인하기 위해서다. "라캉에 따르면 사디스트에 의해 파트너에게서 유발된 불안은 대타자의 욕망의 존재를 지시하고 따라서 (거세의 처벌을 암시함으로써 근친상간을 금지하는) 대타자가 존재한다는 것을 증명한다. ······ 사디스트의 목적은 불안 자체가 아니라 불안이 그에게 증명하는 것, 즉 법칙이 적용되는 대상 및 입법자의 존재다."[37] 사디스트가 대타자인 입법자의 존재를 필요로 한다는 점이 칸트와 사드가 만나는 지점이다.

사디스트에게 대타자가 존재한다는 것은 아주 분명합니다. ······대타자는 절대적으로 필수적입니다. 이것이 내가 윤리에 대한 세미나에서 사드와 칸트를 한데 묶어 사드가 대타자를 고문하는 본질적 행위가 도덕법칙의 긴급사태를 모방하는 정도에까지 이른다는 것을 보여줌으로써, 내가 명확히 표현하고자 했던 것입니다. 도덕법칙의 긴급사태는 대타자 자체에 대한 지시가 그의 목적의 요체라는 것을 보여줍니다. (SX, 164)

칸트에게 도덕법칙이 필요한 것처럼 사디스트에게는 대타자의 존재가 필요하다. 사드적 환상은 대타자의 존재에 대한 의존을 보여준다. 핑

---

37) 같은 책, 122~123쪽.

크는 노출증 환자를 예로 설명한다. 노출증 환자는 자신의 몸을 드러냄으로써 상대방에게 보려는 무의식적 욕망과 도덕적 혐오(자아, 초자아) 사이의 분열과 불안을 초래한다. 이를 통해 그는 상대방을 불안하게 만드는 처벌적인 대타자의 존재를 확인하려 한다. 이는 간단히 말해서 "만일 내 파트너가 불안하면, 신은 존재한다"로 표현할 수 있다.[38] 그리고 사드적 도착증 환자는 궁극적으로 대타자의 존재를 통해서 분열되지 않은 완전한 주체성, 즉 사드적 환상의 도표에서 화살표의 끝에 위치한 사선 없는 S에 도달하려 한다. 이는 "만일 대타자가 존재한다면, 나는 완전하다"로 표현할 수 있다.[39]

마조히즘의 도표는 사디스트의 욕망의 도표를 시계방향으로 90도 회전시킨 것이다. 이 도표는 사드의 책에 등장하는 사디스트들과 달리 사드가 장모를 비롯한 타자의 희생자가 되는 것을 보여준다.

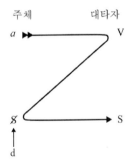

사디즘의 경우 초자아의 목소리 또는 "주이상스에 대한 의지"인 V가 주체 편에 있었던 것과 달리 마조히즘의 경우 V는 오른쪽 대타자 편에

---

38) 같은 책, 122쪽.
39) 같은 책, 118쪽. 그러므로 핑크는 앞의 도표에서 분열된 주체($)와 '쾌락의 육욕적 주체'(S)가 오른쪽 대타자의 장소에 있는 것이 신 또는 자연 같은 "대타자에 대한 종속이나 의존"을 뜻한다고 해석한다. 같은 책, 121쪽.

있다. 도표의 왼쪽에 있는 분열된 주체 $ \ $는 사드 자신이고 주이상스에 대한 의지는 "[사드의 장모인] 몽트뢰유레이유의 원장이 주체에게 가차 없이 행사하는 도덕적 힘"이다(E, 657). 사드를 투옥시킨 장본인인 그의 장모가 주이상스에 대한 의지가 있는 화행의 주체의 위치를 차지하고, 사드는 왼쪽의 분열된 주체 $ \ $인 진술의 주체의 위치를 차지한다. 요컨대 V의 위치에 있는 파트너는 "나는 당신을 즐길 권리가 있어"라고 말하는 화행의 주체이고, 분열된 주체($ \ $)의 위치에 있는 마조히스트는 "당신은 나를 사용할 모든 권리가 있어"라고 말하는 입장에 있는 진술의 주체다.[40] 화행의 주체와 진술의 주체를 주체와 대타자의 편으로 나눈 이 도표는 사드의 준칙에 나타나는 주체와 대타자의 분리 및 초자아의 목소리(V)가 외부에서 온다는 사실을 명확하게 보여준다. 그러나 마조히스트는 대타자를 자유로운 화행의 주체로 상정하지만 사실 "명시적으로 자유로운 행위자—대타자인 파트너—는 마조히스트의 시나리오에서 꼭두각시에 불과하다. ……그것[마조히즘의 담론]은 그나 그녀에게 어떤 구속이나 책임—당신은 자유로우니까 당신은…… 해야 한다—의 짐을 지운다."[41]

마조히스트는 파트너가 자신을 즐기겠다고 선언하도록 만들어 파트너의 대상이 되려한다. 사디스트처럼 마조히스트에게도 "자신을 대상으로 체현하는 것이 공언된 목표다. ……요컨대 그가 추구하는 것은 일반적인 대상, 교환의 대상과의 동일시다"(SX, 105). 라캉에 따르면 사디즘은 명시적으로 대타자의 불안을 추구하지만 실제로는 대타자의 주이상스를 추구한다. 반면 마조히즘은 반대로 대타자의 주이상스를 목적으로 삼지만 사실은 대타자의 불안을 목적으로 삼는다. 하지만 두 도표가 보

---

40) 같은 책, 125쪽을 참고할 것. 사드의 일대기에 대해서는 Marquis de Sade, *Justine, Philosophy in the Bedroom, & Other Writings*, 73~119쪽을 참조할 것.
41) Bruce Fink, *Against Understanding Volume 2*, 126쪽.

여주듯이 이 둘의 차이는 "어떤 대칭이나 전도가 아니라 90도 회전함으로써 한편에서 다른 편으로 이동하는 것"이다(*SX*, 177).

도착증과 대타자의 주이상스

중요한 것은 이들이 모두 대타자의 존재를 통해서 주이상스를 얻으려 하는 도착증이라는 점이다. 사디즘과 마조히즘의 도표가 보여주듯이 "사디즘의 주체와 마찬가지로 마조히즘의 주체도…… 대타자 안에서 S(즉 분열되지 않은 주체)로서 주이상스를 성취하려 한다."[42] 그러나 주이상스에 대한 도착증 환자의 의지는 실패하며 그는 결국 대타자의 주이상스에 봉사한다.

> 욕망은 법칙입니다. ……우리가 도착증 환자에 대해 아는 것이 있다면, 그것은 겉으로 보기에 무한한 만족으로 나타나는 것이…… 실제로는 법칙의 방어이고 실행이라는 점입니다. ……도착증 환자는 자신의 행위가 어떤 주이상스에 봉사하는지 알지 못합니다. 어쨌든 그것은 자신의 주이상스에 대한 봉사는 아닙니다. (*SX*, 150)

사드는 자연의 이름으로 살인과 간음 및 모든 범죄를 허용한다. 그러나 도착증 환자의 자유는 결국 법칙을 배경으로 이루어지는 환상에 불과하다. 라캉이 "난봉꾼적 사유"(libertine thought)를 언급하며 "욕망의 자연주의적 해방은 역사적으로 실패했다"라고 선언하는 이유는 쾌락을 무한히 추구하는 난봉꾼이 실제로는 법칙의 신봉자이기 때문이다(*SVII*, 4). 『줄리엣』에서 도착적 인물인 돌망스 선생은 소녀 외제니(Eugenie)

---

42) 같은 곳.

를 찾으러온 어머니 마담 드 미스티발(Madame de Mistival)에게 온갖 잔혹한 고문을 가하고 음부를 바늘로 꿰매게 한다. 라캉은 이 장면을 "*Noli tangere matrem*"(Touch not Mother)을 의미하는 것으로 해석한다. 돌망스는 어머니와의 성관계를 불가능하게 만들어서 어머니를 탐하는 것을 금지하는 법칙을 지키는 것이다. 라캉은 "겁탈되고 꿰매진 어머니는 금지된 채로 남는다. 사드가 법칙에 복종한다는 내 판결이 확인된다"라고 선언한다(*E*, 667).[43] 도착증 환자는 법칙을 파괴하는 데서 쾌락을 느끼지만 그의 위반은 위선에 불과하다. 그가 법칙을 위반하는 목적은 "법칙을 위반해서 자신의 자율적 법칙으로 대체하려는 것이 아니라 그것을 더 잘 존중하기 위한" 것이기 때문이다.[44]

라캉이 칸트를 사드와 함께 읽을 때 궁극적으로 봉착하는 지점은 악의 문제다. 사드적 조명을 받은 도덕법칙의 순수한 명령은 불순한 대상에 의해 추동된 초자아의 주이상스에 대한 명령이며, 주이상스는 곧 악으로 드러나기 때문이다. 라캉은 「사드와 함께 칸트를」에서 "악의 즐거움"이라는 사드의 전복적 주제의 전환점이 칸트라고 말하며 칸트가 『실천이성비판』에서 복(福, *wohl*)과 선(*Guten*)을 구분하면서 이 전복의 전환점을 만들었다고 평가한다(*E*, 645).

선과 쾌락이 모두 *bien*으로 표현되는 프랑스어에서 "선을 행하는 것이 기분이 좋다"는 전통적 윤리의 명제는 "*qu'on est bien dans le bien*"이라는 동어반복으로 표현된다(*E*, 645). 그러나 이 두 단어가 구분되는 독일어에서는 "*Man fühlt sich wohl im Guten*"으로 표현된다(*E*, 645). 칸트는

---

43) 이 장면에 대한 상세한 해설은 Pierre Naveau, "'The Mother-Daughter Relationship': Thread and Needle," *Kant with Sade: Fantasy and the Limits of Enjoyment*, NLS Seminar 2003~2004 London Society of the New Lacanian School 엮음, 64~69쪽을 참조할 것.

44) Joan Copjec, *Imagine There's No Woman*, 229쪽.

선과 쾌락을 구분하여 쾌락을 주는 정념적 대상을 선의 차원에서 배제하면서 도덕법칙을 수립한다. 선악의 도덕적 차원과 쾌락의 차원이 분리되는 칸트적 전환은 사드에게서 전복적 결과를 낳는다. 왜냐하면 사드는 주이상스/악을 선의 위치에 올려놓음으로써 "악을 행하는 것이 기분이 좋다"(qu'on est bien dans le mal)라는 명제를 만들기 때문이다(E, 646). 칸트가 추방한 쾌락과 만족은 초자아적 정언명령의 주이상스로 회귀한다. 장루이 골트(Jean-Louis Gault)의 표현을 빌리면 "칸트 『실천이성비판』의 상징계에서 거부된 것이 사드의 실천의 실재로 돌아온" 셈이다.[45] 사드가 칸트의 진리인 이유는 칸트가 은폐하는 것, 즉 "우리의 가장 윤리적인 욕망이 궁극적으로 목표하는 악"을 사드가 보여주기 때문이다.[46]

칸트에게 도덕법칙이 필요한 것처럼 도착증 환자도 대타자를 필요로 한다. 그러나 칸트와 달리 사드의 대타자는 선이 아닌 악의 신이다. 라캉은 사드가 "파괴의 주이상스, 범죄의 특수한 덕, 악을 위해 추구하는 악 그리고 마지막으로 악의-최고 존재"를 표현하며, 『줄리엣』의 생퐁이 이 최고 존재를 언급한다고 말한다(SVII, 197). 기독교의 '지옥의 교리'에 대한 논쟁에서 클레어윌은 희생자에게 영원한 고통을 가하려는 욕망을 가진 생퐁이 기독교의 영혼불멸 교리를 믿는다고 비난한다. 희생자를 영원히 고문하려면 영혼불멸이 가정되어야 하기 때문이다.

클레어윌은 인간에게 죄를 범하려는 열정과 성향을 주고 죄를 지은 인간을 지옥에서 고통받도록 처벌하는 신은 사악하고 잔인하다고 논리적으로 비판하며 결국 영혼불멸과 지옥의 교리는 교부들이 꾸며낸 거짓말에 불과하다고 주장한다.[47] 이에 대해 생퐁은 클레어윌이 마치 자신이

---

45) Jean-Louis Gault, "The 'Truth' of Kant's Moral Law," *Kant with Sade: Fantasy and the Limits of Enjoyment, NLS Seminar 2003-2004* London Society of the New Lacanian School 엮음, 12쪽.

46) Marc de Kesel, *Eros and Ethics*, 135쪽.

선한 신을 믿는 것처럼 논리를 펼치는 오류를 범한다고 지적한다. 그는 최고 존재와 영혼불멸을 믿지만 그의 신은 순수 악의 신이다. 생퐁에 따르면 신과 신이 창조한 모든 피조물은 악한 존재이고 피조물이 죽으면 "악한 분자(分子)들"(maleficent molecules)로서 서로 하나가 된다.[48] "확신하건대 악 또는 적어도 그 이름으로 통하는 것은 이 우울한 우주의 사악한 조직에 절대적으로 유용합니다. 그것을 표현한 신은 매우 복수심이 강한 존재이고 매우 야만적이고 매우 사악하며 매우 불공정하고 매우 잔인합니다."[49]

인간은 더 큰 악과 범죄를 저지를수록 자신의 본성에 충실한 것이고, 덕은 이 본성에서 벗어나는 것이다. 최후의 심판에서 "악의 최고 존재는 그들에게 '왜 그대는 덕의 길로 빠져들었는가? ……내가 우주에 범람하게 한 영원한 재난들이 내가 무질서만을 사랑한다는 것과 나를 즐겁게 하기 위해서는 나를 모방해야 한다는 것을 그대가 확신하게 하지 않았단 말인가? 내가 그대 앞에 매일 장엄하게 파괴의 모범을 펼치지 않았단 말인가?'라고 말할 것입니다."[50]

사드적인 도착증 환자는 이렇게 악을 명하는 사악한 신의 주이상스를 위해 악행을 일삼는 도구적 대상에 불과하다. 도착증 환자가 대타자에게 전적으로 의존한다는 것은 줄리엣이 선생 돌망스의 의지에 따르는 것에서도 나타난다. 15세 소녀 줄리엣에게 죽음에 이르게 할 정도로 극한의 고문과 성적 쾌락을 가르치는 과정에서 줄리엣은 항상 선생 돌망스의 의

47) Marquis de Sade, *Juliette*, 370~395쪽을 참조할 것. 클레어윌은 모든 것은 흙에서 나와 흙으로 간다는 「코헬렛」(「전도서」) 3장 18~20절의 말씀을 인용하며, "무엇이 이보다 영혼불멸을 부정하고 모든 터무니없는 지옥의 교리를 의문시하는 견해를 더 크게 북돋는단 말인가?"라고 묻는다. 같은 책, 380쪽.
48) 같은 책, 398쪽.
49) 같은 책, 397쪽.
50) 같은 책, 399쪽.

지에 따라 행동한다.[51] 사드에게서 실현되는 의지는 주체가 아닌 대타자의 의지이고 사악한 존재의 의지다.

---

51) 이 점에 관해서는 Jean-Louis Gault, "The 'Truth' of Kant's Moral Law," 8~9쪽을 참조할 것.

제12장 선악의 경계
루터, 스피노자와 함께 칸트를

근본악과 악마적 악

라캉은 사드와 함께 칸트를 읽으면서 도덕법칙에서 초자아의 주이상스를 발견하고 칸트적 도덕 주체의 이면에서 대타자에게 의존하는 도착증 환자의 모습을 발견한다. 그렇다면 칸트의 초월철학은 결국 사드의 도착증으로 환원되는 것일까? 악을 신봉하는 사드의 도착증 환자와 최고선의 실현을 위해 정언명령을 요구하는 칸트 사이의 경계는 불확실한 것일까? 라캉은 사드와 칸트를 함께 읽으면서 선과 악의 경계에 도달한다. 라캉이 소포클레스의 『안티고네』를 논하기 전에 칸트철학뿐 아니라 루터의 신학을 논하는 것은 그가 악의 문제를 심각히 다루고 있다는 것을 보여준다. 그렇다면 선악의 문제와 『안티고네』는 어떤 관계가 있을까? 이 문제와 관련해서 라캉이 논하는 루터와 스피노자를 칸트와 함께 읽을 필요가 있다. 왜냐하면 이들의 신학과 철학에 대한 라캉의 논의는 그가 『안티고네』를 해석하며 제시하는 정신분석의 윤리와 밀접한 연관이 있기 때문이다. 라캉이 신과 악의 문제에 관한 루터, 스피노자, 칸트의 사상을 어떻게 생각했는지를 가늠하는 과정은 칸트의 철학과 라캉의 정신분석적 윤리의 접점을 좀더 정확히 진단하는 계기를 제공한다. 이를 통해 궁극적으로는 안티고네가 정신분석적 윤리의 주인공으로 등장하는 철학적 배경이 완성될 것이다.

사드가 주장하는 "악을 위해 추구하는 악"은 칸트가 『이성의 한계 안에서의 종교』(*Religion within the Boundaries of Mere Reason*)에서 '악마적 악'이라고 명명한 것이다. 칸트가 '악마적 악'을 결코 용인하지 않았다는 사실은 사드와 칸트의 결정적인 차이다. 칸트는 악을 단순히 부정하지 않는다. 오히려 그는 인간이 본성상 타고나는 '근본악'(radical evil)의 존재를 인정한다. 그러나 칸트에게 이 악은 또한 자유롭게 선택할 수 있는 것이다. 콥잭이 지적하듯이 칸트 이전에 "선악의 투쟁이 의지와 감각적 동기들 사이에 발생하는 것"으로 여겨진 것과 달리 칸트에게 이 투쟁은 선한 준칙과 악한 준칙을 자유롭게 선택하는 문제로 다시 정의된다.[1] 여기에는 언뜻 모순이 있어 보인다. 왜냐하면 본성상 타고난 것은 선택의 여지가 없는 것으로 보이기 때문이다. 그러나 칸트에게 선악이 경험적으로 결정된다면 이는 자연적 인과성에 종속되는 것이기 때문에 인간의 자유와 무관하므로 도덕적인 것이 될 수 없다. 선악이 도덕적인 범주에 속하려면 인간에게 그것을 선택할 수 있는 자유가 있어야 한다. 그러므로 악하거나 선한 성격은 자연에 탓이 있거나 공이 있는 것이 아니다. "인간만이 그것의 창시자다"(RBM, 47/6:22).[2]

악은 선과 마찬가지로 경험 이전, 즉 모든 악한 행위 이전에 "선험적으로" 존재하는 것이며 인간이 자유롭게 선택하는 준칙의 차원—칸트가

---

1) Joan Copjec, "Introduction: Evil in the Time of the Finite World," *Radical Evil*, Joan Copjec 엮음 (London: Verso, 1996), xi쪽.

2) Immanuel Kant, *Religion within the Boundaries of Mere Reason*, Allen Wood & George di Giovanni 공역 (Cambridge: Cambridge UP, 1998), 47쪽. 이 책의 인용문은 위 영역본을 옮긴 것이며 주요 용어의 번역은 국역본 이마누엘 칸트, 『이성의 한계 안에서의 종교』(백종현 옮김, 아카넷, 2012)를 따르고 필요시 수정했다. 앞으로 이 책의 인용은 괄호 안에 약어 *RBM*과 영역본 쪽수 및 (영역본과 국역본이 공통으로 표기한) 베를린 학술원판 전집(*Kant's Gesammelte Schriften*)의 권호(6)와 쪽수를 병기한다.

말하는 "인간이 자유를 행사하는 주관적 근거"의 차원—에서만 고려될 수 있다(*RBM*, 46/6:21).

그 자체가 선택하는 자유로운 힘에 있는 준칙들을 채택하는 첫째 근거—이것 자체가 선택의 자유로운 힘에 있다—가 경험에서 주어질 수 없기 때문에, 인간의 선이나 악은 그것이—출생이 원인이 아니라—(유년시절부터 출생까지) 경험에서 주어진 모든 자유의 행사에 선행하는 근거로 전제된다. 따라서 출생했을 때 인간에게 현전하는 것으로 표상된다는 의미에서만 (도덕법칙과의 관계에서 이러저런 준칙들을 채택하는 첫째 근거로서) 선천적이다. (*RBM*, 47/6:22)

선악은 도덕법칙을 준칙으로 삼는지 아닌지의 여부에 달려있다. "도덕법칙은 그 자체로 이성의 판단에서 동기가 되고 누구나 도덕법칙을 준칙으로 삼는 자는 **도덕적으로 선하다**"(*RBM*, 49/6:24). 반대로 "도덕법칙에 반대되는 동기"와 "도덕법칙에서의 이탈"을 준칙으로 삼는 자는 "악한 인간"이다(*RBM*, 49/6:24). 그러나 악은 개인에 따라 가변적인 것이 아니라 하나의 종인 인간에게 보편적이고 인간본성에 내재한다. 근본악은 인간이 자유롭게 선택할 수 있어 책임을 지는 것이지만 동시에 인간본성에 깊이 정박한 보편적인 것이라는 두 가지 요건을 충족시킨다. 여기에서 '근본적'의 의미는 자코브 로고진스키(Jacob Rogozinski, 1953~)가 말하듯 "절대적으로 본래적"(absolutely originary)이라는 의미를 지닌다.[3]

앞서 언급했듯이 인간이 선악을 선택할 자유가 없다면 그에게 악에 대

---

3) Jacob Rogozinski, "It Makes Us Wrong: Kant and Radical Evil," Debra Keates 옮김, *Radical Evil*, Joan Copjec 엮음, 33쪽.

한 어떤 책임도 물을 수 없다. 따라서 악은 선험적 선택의 자유에 의해 정의될 때 비로소 '도덕적' 악이다. 그러므로 칸트가 근본악을 "악으로의 자연본성적인 성벽(性癖, propensity, *propensio*)"으로 설명할 때에도 도덕과 자유의 개념이 포함된다(*RBM*, 53/6:29). 성벽은 자연적 존재자인 인간이 선택하는 물리적인 것과 도덕적 존재자인 인간이 선택하는 도덕적인 것으로 분류되고, "악에 대한 성벽은 선택의 도덕적 능력에만 속한다"(*RBM*, 54/6:31). 이런 의미에서 "성벽의 개념은 모든 행실(deed)에 선행하는 선택하는 힘의 주관적인 규정근거로 이해되고 따라서 아직 행실이 아니다"(*RBM*, 55/6:31). 말하자면 성벽은 준칙의 선택이라는 선험적 행실일 뿐이다. 반대로 선택한 준칙에 따라 수행된 행실은 경험적인 것이다. 칸트는 "악으로의 성벽"을 선험적인 행위, 즉 "원죄(근본적 죄악, *peccatum originarium*)"로, "법칙에 저항하는" 경험적 행위를 "패악(파생적 죄악, *peccatum derivativum*)"으로 구분하며, 원죄만이 "근절될 수 없는 것이기에 선천적인 것"이라고 설명한다(*RBM*, 55/6:31). 근본악은 이렇게 인간이 선택할 자유가 선험적으로 부여된 원초적인 죄다.

우리는 악을 모든 인간에게 심지어는 가장 선한 인간에게조차 주관적으로 필연적인 것으로 가정할 수 있다. 이제, 이 성벽은 도덕적으로 악한 것, 즉 자연본성적인 소질(predisposition)이 아니라 인간이 책임을 질 수 있는 어떤 것으로 간주되어야 한다. 그 결과 법칙에 반대되는 선택하는 힘의 준칙으로 구성되어야 한다. 그러나 자유 때문에 그런 준칙들은 우연한(accidental) 것으로 여겨져야 하며 이는 그 준칙들의 최고의 주관적 근거가 모든 경우에 인간성 자체와 어떻게든 얽혀 있는, 즉 인간성에 뿌리를 둔 것이 아니라면 악의 보편성과 일치하지 않는 상황이다. 그래서 우리는 이 근거를 악으로의 자연본성적인 성벽(natural propensity to evil)이라 부른다. 그렇지만 그것이 항상 자신의 과오를 통해서 발생하기 때문에 우리는 그것을 심지어 인간본성 속의 (그렇지만 여전히 우리 자신에 의해 우리에게 초래된) 근본적인 선천적 악이라 부를 수 있다. (*RBM*, 56/6:32)

그렇다면 칸트에게 인간은 근본적으로 악한 존재인가? 칸트는 악의 근원성을 가정하면서도 이 악을 극복할 수 있는 인간의 도덕적 잠재력을 규명하고자 한다. 그는 근본악을 설명하기에 앞서 먼저 "인간본성 안에 있는 선의 근원적인 소질(original predisposition)"을 첫째, 자기보존 같은 자기사랑의 범주에 속한 "인간존재가 지닌 동물성의 소질," 둘째, 타인과 비교할 때 발생하는 자기사랑의 범주(예컨대 질투나 경쟁심)에 속한 "인간성의 소질," 셋째, 그리고 "그 자체가 선택의 힘에 대한 **충분한 동기인 것처럼 도덕법칙의 존경에 대한 감수성**"인 "인격성의 소질"로 구분한다(*RBM*, 51~52/6:27). 그 가운데 인격성의 소질은 인간의 근원적인 속성이다.

도덕법칙을 존경하는 도덕 감정은 "선한 성격"에서 비롯된 것이고 이 선한 성격은 습득될 수 있다(*RBM*, 52/6:27). 하지만 "그것의 가능성을 위해서는 우리 본성에 어떤 악한 것과도 접목될 수 없는 소질이 존재해야 한다. 도덕법칙의 이념은 그것과 분리될 수 없는 존경과 함께, 정확히 말해서 인격성의 소질이라기보다는 인격성 자체(전적으로 지성적으로 고찰된 인간성 이념)다"(*RBM*, 52/6:27~28). 동물성의 소질이 "전혀 이성에 뿌리를 둔 것이 아니고" 인간성의 소질이 이성에 토대를 두고 있지만 "다른 동기에 종속된" 것이라면, 인격성의 소질은 "실천이성 자체에 뿌리를 둔 것"이다(*RBM*, 52/6:28). 그러나 이 세 소질은 모두 "(도덕법칙에 저항하지 않는다는 의미에서) 단순히 (소극적으로) 선할 뿐 아니라, [적극적으로][4] 선을 향한 소질이기도 하다(도덕법칙에 부응할 것을 요구한다). 이 소질들은 인간본성에 속하기 때문에 근원적이다"(*RBM*, 52/6:28).

칸트는 '근원적'(original)을 인간 "존재자의 가능성에 필연적으로 속하는" 것으로 정의하고 이와 반대로 인간이 "그것 없이도 가능한" 것을 "우연적인"(contingent) 것으로 정의한다(*RBM*, 52/6:28). 소질이 인간본성에 필연적이고 본래적인 것이라면 성벽은 우연적인 것이다. 성벽은 "이 가능성이 인류 일반에게 우연적인 한에서 경향성(습관적 욕망, 욕정⁵⁾)을 가능하게 하는 주관적 근거"를 의미한다(*RBM*, 52/6:29). 칸트가 근본악을 소질이 아닌 성벽으로 정의하는 것은 근본악을 극복할 수 있는 근거를 마련하기 위한 것으로 보인다.

앞선 인용문이 보여주듯이 그는 악을 도덕법칙의 위반으로 정의한다. 도덕법칙을 준칙으로 삼지 않는 "악으로의 자연본성적 성벽"은 세 가지로 분류된다. 첫째는 채택한 도덕법칙에 부응하지 못하는 "인간본성의 허약성(frailty, *fragilitas*)"이고 둘째는 도덕적 동기만으로 충분하지 않고 비도덕적 동기가 개입된 "불순성(impurity, *impuritas*)"이며 셋째는 "악한 준칙을 채택하려는 성벽, 즉 인간본성 또는 인간심정의 악의성(depravity, *vitiositas*)"이다(*RBM*, 53~54/6:29~30). 이 악의성은 "도덕법칙의 동기를 다른 동기들(도덕적이 아닌 동기들)에 종속시키는 준칙을 선택하는 힘의 성벽"으로서, "자유로운 선택의 힘의 동기들에 관한 한 윤리적 질서를 역전시키기 때문에 전도성(perversity)으로도 불릴 수 있다"(*RBM*, 54/6:30).⁶⁾

---

4) [적극적으로]는 영역판에 없으나 문맥상 정확한 의미 전달을 위해 백종현의 번역을 따른다.

5) 여기에서 원어 *concupiscentia*는 백종현의 번역을 따라 "욕정"으로 옮긴다. 『이성의 한계 안에서의 종교』, 193쪽 역주 50번을 참조할 것.

6) 바디우는 그의 저서 『윤리학』(*Ethics*)에서 칸트의 근본악을 직접 다루지는 않지만, 서구의 윤리적 이데올로기가 윤리를 근본적으로 악에 대한 방어적이고 수동적인 것으로 규정하기 때문에 선/진리를 향한 능동적 주체성을 사유하지 못한다고 비판하며 이 이데올로기가 칸트의 근본악 개념에 빚지고 있다고 평가한다. 바디우에 따르면 근본악은 "전적인 타자"(Altogether-Other)의 개념처럼 종교에 속하는 것

이런 역전에도 근본악, 즉 "악으로의 자연본성적 성벽"은 도덕법칙을 완전히 배제하지 못하고 비도덕적인 동기에 종속시킬 뿐이다. 반면에 칸트는 도덕법칙에 반대되는 동기만을 준칙으로 삼는 경우를 '악마적 악'으로 정의하면서 이를 인간성에 배타적인 것으로 보고 배격한다. 근본악은 자연적 경향성인 인간의 동물적 속성에 기인하는 것이 아니다. 그러나 "마치 이성이 자신에게서 법칙 자체의 권위를 제거할 수 있는 것처럼 이 악의 근거를 도덕법칙을 수립하는 이성의 부패에 둘 수도 없다. 왜냐하면 그것은 절대적으로 불가능하기 때문이다. 자신이 자유롭게 행동하는 존재자이지만 그런 존재자에게 알맞는 법칙(도덕법칙)에서 면제되었다고 생각하는 것은 일체의 법칙 없이 작동하는 원인을 생각하는 것이다"(*RBM*, 58/6:35). 악의 근거를 자연적 경향성에 두는 것은 인간을 자유가 없는 동물적 존재로 파악하며 이는 "도덕적 악의 근거를 너무 적게 제시하는 것이다"(*RBM*, 58/6:35). 반대로 악의 근거를 이성의 부패에 두는 것, 즉 "도덕법칙에서 해방된 이성, 달리 말하자면 사악한 이성(절대적으로 악한 의지)은 그 근거를 너무 과하게 제시하는 것이다. 왜냐하면 법칙에 대한 저항은 그 자체로 (동기가 없다면 선택의 힘은 규정될 수 없

─────

이며 선악을 정치적 실천의 차원에서 다루기 위해서는 "근본악의 주제를 명확히 포기해야 한다"(63). 바디우의 "진리들의 윤리학"(ethics of truths)에서 악은 선에 선행하는 것이 아니라 "선 자체의 (가능한) 효과로서 발생한다."(61) 바디우가 분류하는 세 가지 악의 종류 즉 진리(과정)로 가장한 시뮬라크르, 진리 과정에 들어선 자가 이 과정에 의해 진리의 주체로 구성되지 못하고 기존 상황의 의견들(opinions)로 후퇴하는 진리에 대한 배반(betrayal) 그리고 진리의 힘이 명명될 수 없는 것(unnameable, 라캉의 실재)에게까지 이름을 부여하는 강제(forcing)를 행사하여 절대화되는 테러(terror)는 모두 선/진리에 대한 반작용/효과이다. 그래서 "악은 선과의 조우를 통해서만 가능하다"(91). 바디우가 칸트를 비판함에도 악을 근본적으로 선/진리(과정)에 대한 효과로 본다는 점에서 그는 악을 도덕법칙에 대한 반작용(허약성, 불순성, 악의성)으로 보는 칸트와 유사하다. 악에 대한 바디우의 논의는 Alain Badiou, *Ethics*, 58~91쪽을 참조할 것. '강제'는 '촉성'(促成, *forçage*)으로도 번역된다. 알랭 바디우, 『윤리학』(이종영 옮김, 동문선, 2001)을 참조할 것.

으므로) 동기로 고양되며 주체는 악마적 존재자가 되기 때문이다"(*RBM*, 58/6:35).

근본악의 부패성이나 전도성이 도덕법칙을 다른 동기에 종속시키는 것이라면 악마적 악은 도덕법칙에 대한 저항 자체를 유일한 동기로 고양시킨다. 요컨대 근본악은 도덕법칙에 대한 부분적인 저항과 위반이고 악마적 악은 도덕법칙의 전면적인 부정이다. 칸트는 '인간성의 소질'을 논할 때 타인에게 우위를 점하려는 경향성에서 유래한 악을 "문화의 패악"이라 부른다(*RBM*, 51/6:27). 그중에서도 "시기, 배은망덕, 타인의 불행을 즐기기 등처럼 악의 극에 이르는 것을 (인간성을 초과하는 악의 최대한의 이념들이 될 때) 악마적 패악(diabolical vice)이라 부른다"(*RBM*, 51/6:27). 도덕법칙에 반대되는 준칙을 유일한 동기로 삼는 악마적 악은 "인간성을 초과하는 악의 최대한"으로서 인간에게 불가능한 것으로 규정된다. 칸트가 근본악에서 가능한 부패성/전도성을 악마성과 엄밀하게 구분하는 것도 근본악이 인간성의 범위에서 가능한 것이라면 악마성은 인간성을 초과하는 것으로 보기 때문이다.

칸트에게 도덕법칙을 전면 부정하는 이성의 부패는 인간성에 위배된다. 왜냐하면 인간에게는 도덕법칙을 전면적으로 부정할 수 없는 근본적인 도덕적 소질이 있기 때문이다. 악보다 더 근원적인 인간의 도덕적 소질이 인간을 악의 굴레에서 벗어날 수 있는 가능성과 필연성을 제공한다.

인간은 (심지어 가장 악한 인간이라도) 자신의 준칙이 무엇이든지 간에 반역적 태도를 지닌 채 (도덕법칙에 대한 복종을 취소함으로써) 도덕법칙을 거부하지 않는다. 법칙은 그의 도덕적 소질 때문에 불가항력으로 그에게 육박한다. 그리고 그것에 반하는 다른 동기가 없다면 그는 법칙을 자신이 선택하는 힘에 대한 충분한 규정인 자신의 최고 준

칙으로 삼을 것이다. 즉 그는 도덕적으로 선할 것이다. (*RBM*, 58/6:36)

로고진스키는 칸트가 도덕법칙에 정면으로 배치되는 악마적 악을 인간성의 경계 밖으로 추방하면서 표상 불가능한 악을 이성의 체계에서 표상 가능한 악으로 대체하고 순화한다고 평가한다. "이 비인간적 악이 직접적으로 현시되지 않도록 순수이성은 그것을 적절한—다시 말해서 동화할 수 있는—대체물의 형태로, 즉 인간적 얼굴을 보존하고 적절히 인간적인 것으로 남는 악으로 자신에게 표상한다."[7] 칸트는 악마성을 인간성의 경계 안에 있는 전도성으로 환원하려 한다.

그러므로 인간본성의 악의성은 악성(malice)…… 즉 악으로서의 악이라는 동기를 자신의 준칙으로 삼는(이것은 악마적인 것이기에) 성향(주관적인 준칙들의 원칙)이라 이름 붙일 수 없고 심정의 전도성이라고 불려야 한다. 이 심정은 그것의 결과 때문에 악하다고 불리는 것이다. 악한 심정은 일반적으로 선한 의지와 양립할 수 있다. (*RBM*, 60/6:37)

"가장 선한 인간에게도" 근본악이 존재한다면 "가장 악한 인간이라도" 도덕법칙에 완전히 저항할 수 없으며 그의 악은 "선한 의지"와 양립 가능한 것이다.

지젝은 악마적 악을 도덕법칙의 순수 형식을 지향한 칸트철학이 억압한 불가능한 실재, 즉 "순수 형식인 도덕법칙의 불가능한 내용"으로 해석한다.[8] 순수 형식에 의해 억압된 도덕법칙의 내용이 악마적 악으로 회귀하는 것이다. 이 회귀는 무엇을 의미하는 것일까? 칸트의 정의에 따

---

7) Jacob Rogozinski, "It Makes Us Wrong: Kant and Radical Evil," 43쪽.
8) Slavoj Žižek, *The Plague of Fantasies*, 229쪽.

르면 악마적 악은 도덕법칙에 대한 반대를 유일한 준칙으로 고양시키며 인간성에서 벗어나는, 불가능한 것이다. 악마적 악은 바로 이 불가능성 자체를 체현한다. 모든 정념적인 요소를 배제하고 도덕법칙에 대한 저항 자체를 준칙으로 고양시키는 악마적 악은 "어떤 '정념적 원칙'을 위한 것이 아니라 '의무를 위해서' 수행된 악"이다.[9] 그것은 정념적 요소의 배제와 형식의 보편성이라는 도덕법칙의 요건을 만족시키므로 "윤리적 선과 악을 구분할 수 없게 만드는" 것, 요컨대 "선과 악이 교차하는 불가능한 지점"이다.[10]

루터와 숨은 신

선과 악의 경계가 무너지고 이성이 부패하거나 사악한 이성이 지배하는 세계에서 도덕법칙은 붕괴된다. 로고진스키는 "규범을 제시하는 목소리가─바로 그 부름에서─스스로를 배신할" 가능성과 "실천이성이 그것의 한계에 부딪히는" 이성의 마비를 겪을 때, 즉 도덕법칙의 "얼굴이 일그러져 찡그린 모습으로 나타나 굳어지고" 선악의 구별이 불가능해질 때, 칸트는 "도덕법칙의 심연에서 갑자기 물러서서" 이성의 권위를 회복시킨다고 주장한다.[11] 선과 악의 경계가 허물어지는 지점은 칸트와 사드의 차이가 소멸되는 지점이다. 칸트가 악마적 악을 용인하지 않은 것은 그와 사드의 차이가 소멸하는 차원, 선과 악을 넘어선 물의 차원을

---

9) 같은 책, 233쪽.
10) 같은 책, 229쪽.
11) Jacob Rogozinski, "It Makes Us Wrong: Kant and Radical Evil," 40~41쪽. 이성이 마비되는 예로서 로고진스키는 『이성의 한계 안에서의 종교』에서 칸트가 언급하는 아브라함에게 아들을 번제물로 바치라는 신의 명령을 제시한다(*RBM*, 100, 180/6:87, 187).

철저히 사유할 용기가 없었기 때문이 아닐까?[12] 그리고 라캉은 바로 이 점을 통찰했기에 사드가 칸트의 은폐된 진리이며 칸트의 윤리를 "악의 즐거움"이라는 사드적 전복의 전환점으로 여기지 않았을까? 라캉은 사드와 함께 칸트를 읽으면서 칸트의 도덕법칙에 은폐된 초자아의 주이상스를 드러내고 실천이성의 주체가 이 주이상스의 도구라고 말하지 않는가? 그렇다면 자연의 인과성에서 벗어난 초험적 인과성인 자유를 입증하려는 칸트의 초월철학은 주체가 대타자의 주이상스에 대한 희생을 강요당하는 예속에 대한 증언으로 귀결되는 것일까?

이런 일련의 질문은 신과 악이라는 신학적 문제와 관계된다. 이제 칸트철학에도 "악의 즐거움"이 존재한다면 칸트 역시 사드 같은 사악한 신의 신봉자인가라는 질문이 제기된다. 라캉은 「사드와 함께 칸트를」에서 칸트에게 "법칙의 대상이 실재 신의 악의를 암시하지 않아야 하는" 이유가 기독교의 영향 때문이라고 진단한다.

기독교는 확실히 신의 주이상스에 대해 관심을 기울이지 않도록 가르쳤다. 그렇게 함으로서 칸트는 이를테면 스토아학파의 평온(*ataraxia*)을 과장하는 방식으로 법칙을 위한 법칙의 주의설(主意說, voluntarism)에 구미가 당기게 한다. 우리는 여기에서 칸트가 너무 가까이에서, 사드에게서가 아니라 어떤 가까운 신비주의자에게서, 들은 것에 압박을

---

12) 지젝은 칸트가 악마적 악에서 뒷걸음쳤다는 로고진스키의 평가에 동의한다. 반대로 콥젝은 법칙에 대한 저항 자체를 준칙으로 고양시키는 악마적 악은 현상화될 수 없는 초월적·초감성적 법칙을 현상화하며, 순전히 악을 위해 행동하는 악마적 악의 개념은 인간의 의지가 (도덕법칙에 의거한 초월적 의지와 정념적 이익에 따르는 의지로) 분열되어 있다는 사실을 간과한다고 비판한다. Joan Copjec, "Introduction: Evil in the Time of the Finite World," xv~xvi쪽. 이에 대해 지젝은 콥젝의 주장처럼 악마적 악이 현상화된 것이 아니라고 반박한다. Slavoj Žižek, *The Plague of Fantasies*, 228~229쪽을 참조할 것.

느낀다고 생각할 수 있다. 즉 칸트는 그 신비주의자의 신은 얼굴이 없다는 것—분노한 것(*Grimmigkeit*)인가?—을 보고 이 사실 너머에서 얼핏 본 것을 덮어버리는 한숨 속에서 들은 것에 압박을 느낀 것이다. 사드는 그 신을 악의 최고 존재라고 말한다. (*E*, 651~652)

라캉에 따르면 칸트가 신비주의자를 통해서 엿볼 수 있었던 "얼굴이 없는", 즉 알 수 없고 분노한 신에 눈을 감고, 이 사악한 신 대신 법칙을 위한 법칙이라는 도덕법칙의 정언명령을 수립한 것은 기독교의 영향 때문이다.[13] 칸트가 일별했으나 눈을 감은 분노의 신은 종교개혁가 루터가 깊이 파헤친 주제다.

라캉은 "근대인의 해방"이 시작되기 전에 과학과 신학이 "악마" (*Diabolus*)의 문제에 집착했다고 말하며 루터가 정신분석에 근접했다고 평가한다(*SVII*, 92). 악마의 문제는 결국 악의 문제이고 루터는 악을 근원적인 것으로 파악하면서 데시데리위스 에라스무스(Desiderius Erasmus, 1466~1536)의 전통신학을 근본적으로 수정했다. 악과 악마에 대한 루터의 사상은 신의 증오에 대한 성찰에서 나타난다. 라캉은 신의

---

13) *Grimmigkeit*는 분노를 의미하며 여기에서 신비주의자는 16~17세기의 독일 신비가인 야콥 뵘(Jacob Böhme, 1575~1624)을 지칭한다. James B. Swenson, Jr. "Annotations to 'Kant with Sade,'" *October*, 51 (1989), 83쪽과 Bruce Fink, "Translater's Endnotes," *É*, 832쪽을 참조할 것. 라캉은 세미나 VII『정신분석의 윤리』에서 "뵘의 신의 분노—최고의 삶의 차원 중 하나인 근본적인 악—는 이 차원이 단지 난봉꾼적이고 비종교적인 사유에서만 환기되는 것이 아님을 증명한다"라고 말한다(*SVII*, 215). 그러나 허먼 웨스터링크(Herman Westerink)는 라캉이 말하는 신비주의자가 18세기 스웨덴의 신비주의자였던 엠마누엘 스웨덴보르그(Emanuel Swedenborg, 1688~1772)라고 주장한다. Herman Westerink, *The Heart of Man's Destiny: Lacanian Psychoanalysis and Early Reformation Thought* (London: Routledge, 2012), 36쪽. 라캉이 이 신비주의자를 칸트와 매우 가까운 자로 묘사했다는 점에서 뵘보다 동시대의 인물인 스웨덴보르그를 의미했을 가능성도 있다.

증오와 프로이트의 물(das Ding)과의 연관성을 포착한다.

에라스무스는 마침내 『자유의지론』(De Libero Arbitrio)을 출판하여 비텐베르그의 발끈하는 광인에게…… 권위적인 기독교 전통이 행동, 즉 선행이 무용지물이 아니라고 믿게 했다는 것을 상기시켰습니다. …… 루터는 인간관계에 근본적으로 나쁜 성격과 인간운명의 핵심에 물(Ding), 원인(causa)…… 가장 근본적인 인간열정의 원인이 있다는 사실을 강조하기 위해 『노예의지론』(De Servo Arbitrio)을 출판했습니다. 루터는 인간에 대한 신의 영원한 증오, 단지 인간의 실패와 자유의지로 행동하는 것에 대한 증오뿐 아니라 심지어는 세상이 창조되기 이전부터 존재했던 증오에 대해 말합니다. ……[이] 증오는 법칙 자체의 일정한 영향과 근본적인 문제, 다시 말하면 악의 문제인 물의 일정한 개념 사이에 존재하는 관계의 상관물입니다. ……그것은 정확히 말해서 프로이트가 아버지에 관해 던진 질문을 통해 그 아버지가 원시적 무리의 독재자, 즉 원초적 범죄의 대상이 되고 그로 인해 질서와 본질 그리고 법칙의 영역의 수립이 도입된다고 지적하게 될 때 다룬 것입니다. 프로이트와 새로운 사유의 방향 사이에…… 존재하는 친족관계 또는 문화적 부자관계를 인식하지 못하는 것은 프로이트의 지적인 기획이 지시하는 문제들을 근본적으로 오해하는 것입니다. (SVII, 97)

루터의 분노와 증오의 신은 프로이트가 『토템과 터부』에서 가설로 제시한 원초적 무리에서 전권을 행사하는 독재적인 원초적 아버지다. 또한 이 신은 "인간운명의 핵심"에 존재하는 인간열정의 근본적인 원인이며 물이다. 원초적 아버지의 살해가 살해를 범한 형제들에게 상호 적대적인 감정을 극복하고 승화시켜 상징질서와 법을 제정하게 만든 실재의 원인으로 작용한 것처럼 루터의 증오의 신은 인간운명의 핵심에서 원인으로 작용하는 실재의 물이다. 이런 점에서 프로이트 이론의 문화적 아버지는 루터다. "악의 즐거움"이라는 사드적 전복의 전환점이 칸트라면 그 이전에 악의 근원적인 속성을 신학적으로 파헤쳐 "새로운 사유의 방향"을 제시한 장본인은 루터다.

루터가 주도한 "새로운 사유의 방향"은 중세 스콜라철학과의 단절 및 근대적인 분열된 주체의 탄생과 관련된다. 아리스토텔레스의 사상을 토대로 신학을 구축한 아퀴나스의 스콜라철학은 인간을 악을 피하고 선을 추구하며 성서에 계시된 신의 뜻을 이해하여 최고선에 도달하려는 존재로 가정한다. 악을 피하고 선을 추구하는 인간의 자연적 질서는 초자연적인 신의 질서에 동참한다. 아퀴나스에게 악은 선의 부재일 뿐이고 신은 악을 의도하는 것이 아니라 단지 허용할 뿐이다. 반면 루터에게 신의 의지는 근본적으로 알 수 없고 인간은 원죄 때문에 근원적으로 타락한 존재다. 따라서 인간이 행하는 악의 원인은 신의 증오에 있다. 요컨대 루터의 기본 사상은 "인간이 악(죄)을 행하려는 성벽은 신이 행한 악한 의도(증오)의 효과"라고 요약할 수 있다.[14] 라캉이 루터를 "새로운 사유의 방향"을 제시한 자로 여기고 신의 증오를 악의 근본적 원인인 물로 해석하는 것은 우연이 아니다. 앞서 논했듯이 라캉은 율법이 죄의 원인이라는 바오로의 「로마서」 말씀을 토대로 법칙이 물/주이상스의 원인이 되는 변증법적 관계를 정립한다. 마찬가지로 율법의 업무가 "무지한 자와 눈먼 자에게 빛이 되어 그들에게 병, 죄, 악, 죽음, 지옥, 신의 분노를 밝혀주는 것"[15]이라는 루터의 발언은 "법칙의 원인인 악(신의 증오)과 법칙의 효과인 악(죄) 사이의 연관성"을 보여준다.[16]

---

14) Herman Westerink, *The Heart of Man's Destiny*, 27쪽.

15) Martin Luther, *The Bondage of the Will*, Henry Cole 옮김 (Grand Rapids, MI: Baker Book, 1976), 345쪽.

16) Herman Westerink, *The Heart of Man's Destiny*, 34쪽. 이상 간단히 요약한 악에 대

루터에게 분노와 증오의 신은 그 의중을 파악할 수 없는 숨은 신이다. 숨은 신은 신의 의지가 드러난 계시로서의 말씀, 즉 성서와 반대된다. 루터는 인간의 자유의지에 대한 에라스무스의 주장을 성서의 여러 구절을 해석하면서 반박한다. 그리고 그는 왜 어떤 인간은 신의 은총을 받아들이고 다른 인간은 그것을 경멸하는가의 질문을 제기하며, 인간에게 설교되고 계시된 말씀인 신과 계시되지 않은 신 자체, 즉 숨은 신을 구분한다.

> [에라스무스의] 『자유의지론』은 설교된 신과 숨은 신, 즉 신의 말씀과 신 자체를 구분하지 않는 자신의 무지에 의해 속는다. 신은 우리에게 말씀으로 알려주지 않은 많은 일을 한다. 신은 또한 우리에게 말씀으로 알려주지 않은 많은 일을 의도한다. 그래서 신은 말씀 속에서 '죄인의 죽음을 의도'하지 않지만 불가해한 의지에 의해 그것을 의도한다. 그러나 지금 우리는 불가해한 의지가 아닌 말씀의 인도를 받아야 하기 때문에 그의 말씀만을 고려해야 하고 이 의지를 불가해한 것으로 남겨두어야 한다. 신에게는 어떤 불가해한 의지가 있다는 것만을 아는 것으로 충분하다. 그 의지가 무엇을 왜 얼마나 의도하는지를 탐구하거나 알려고 하거나 관심을 보이거나 도달하려 하는 것은 적법하지 않다. 그것은 오로지 두려워하고 흠모해야 할 뿐이다![17]

인간은 숨은 신의 의도를 숨겨진 채로 남겨두고 계시된 신의 말씀을 따라야 한다. 신의 불가해한 의지를 탐구하려 할 때 인간은 파멸을 맞이

한 루터의 사상과 그 역사적 배경 및 라캉의 해석과의 관계에 대해서는 같은 책, 7~38쪽을 참조할 것.

17) Martin Luther, *The Bondage of the Will*, 172~173쪽. 루터가 여기에서 논하는 것은 「에제키엘」 18장 23절의 말씀—"그가 못된 행실을 한 자라고 해서 사람이 죽는 것을 내가 기뻐하겠느냐? 주 야훼가 하는 말이다. 그런 사람이라도 그 가던 길에서 발길을 돌려 살게 되는 것이 어찌 내 기쁨이 되지 않겠느냐?"—이다.

한다. 계시의 신인 성서와 숨은 신은 각각 라캉의 상징계 및 실재계와 상응한다.[18] 인간은 숨은 신의 의중을 파악하려 할 때 실재의 심연으로 추락한다. 웨스터링크가 말하듯이 "이 심연의 가장자리에서 인간은 쓰러져 무릎을 꿇거나 아니면 단순히 추락한다. 그러므로 신앙은 루터 사상의 무게 중심인 숨은 신, 즉 물의 심연 같은 공백을 피하는 것이다."[19]

의중을 파악할 수 없는 숨은 신은 악마적 속성을 드러낸다. 좀더 정확히 말하면 숨은 신은 악마를 자신의 불가해한 의지의 도구로 사용한다. 루터에 따르면 "간단히 말해서 신이 먼저 악마가 되지 않는다면 신이 아니다."[20] 라캉이 루터를 악의 문제에 대한 새로운 사유의 출발점으로 삼은 것은 이렇게 루터가 그 근원에서 신의 악마적 속성을 포착하기 때문이다. "당신은 악마의 항문에서 세계로 떨어진 노폐물"이라는 인간의 타락에 관한 루터의 발언은 인간이 "세상의 모든 선에서 망명한 형태"를 보여준다(SVII, 93). 웨스터링크는 항문에서 대상이 분리된다는 루터의 비유와 또 다른 구멍인 입에서 신의 말씀이 나오는 것의 유사성을 발견한다. 그는 입에서 나온 말씀에 관심을 보이지 않고 입 자체, 즉 말씀의 근원인 숨은 신의 불가해한 의지에 관심을 보이는 것을 신앙을 상실하고 악의 문제에 사로잡혀 공포와 절망에 빠지는 것으로 해석한다. 이런 교만한 지식은 악마의 항문에서 나온 배설물과 같은 것이다. "이 신체적 이미지 군(群)은 신의 악마적 성격을 반영한다."[21] 악마는 이 위반적인

---

18) 말씀과 상징계, 숨은 신과 실재계의 상응관계에 대해서는 Herman Westerink, *The Heart of Man's Destiny*, 69쪽을 참조할 것. 강응섭은 라캉이론과 루터의 신학을 비교분석하면서 에라스무스의 자유의지를 지닌 인간과 상상적 주체, 루터의 노예의지 인간과 상징적 주체, 계시된 신과 대타자, 숨은 신과 실재/물이 각각 상응하는 것으로 설정한다. 강응섭, 『동일시와 노예의지: 프로이트와 라깡의 동일시이론과 에라스무스와 루터의 논쟁』(백의, 1999), 187~264쪽을 참조할 것.

19) Herman Westerink, *The Heart of Man's Destiny*, 55쪽.

20) 같은 책, 58쪽에서 재인용.

21) 같은 책, 60쪽.

탐구욕을 자극한다. 악마는 "신의 행위와 말씀과 그것들의 숨은 원인(이 자 본질) 사이의 경계를 위반하라고 자극"하는 것이다.[22]

스피노자와 악

악마를 도구로 사용하여 인간에게 신의 불가해한 의지에 대한 위반적 욕망을 자극하는 루터의 숨은 신은 주이상스에 대한 초자아의 명령과 유사하다. 칸트 실천이성의 의지가 주이상스에 대한 의지라면 칸트 역시 사악한 숨은 신에 대해 통찰한 것이 아닐까? 이에 대한 간접적인 대답은 라캉이 악과 사랑의 문제와 관련하여 스피노자에 대해 내린 평가를 경 유할 때 찾을 수 있다. 그는 세미나 XI에서 나치즘이 범한 홀로코스트를 "검은 신"(dark God)에 바치는 희생으로 해석한다.

> 우리가 경험한 역사의 비판에서 심오하게 은폐된 것이 있습니다. 홀 로코스트의 가장 기괴하고 이미 폐기된 형태를 재연하는 이것은 나치 즘의 드라마입니다. 역사에 주어진 어떤 의미도…… 이런 재출현을 설 명할 수 없습니다. 이는 단지 마치 어떤 기괴한 주문에 걸린 것처럼 어 두운 신들에게 희생의 대상을 바치는 것에 저항할 수 있는 주체가 거 의 없다는 것을 보여줍니다. ……이 현상을 용감하게 응시할 수 있는 자에게 그 희생은…… 우리가 우리 욕망의 대상 안에서 내가 검은 신이 라 부르는 이 대타자의 욕망의 존재를 위한 증거를 발견하려고 노력한 다는 것을 의미합니다. (SXI, 275)

검은 신/대타자의 욕망이 불러일으키는 불안을 잠재우기 위해 나치즘

---

22) 같은 책, 64쪽.

은 유태인을 제물로 바치는 홀로코스트를 저지른다.[23] 나치즘의 이런 끔찍한 행위는 인류역사에서 자행된 유사한 행위를 재연하는 것이다. 이렇게 검은 신에게 제물을 바치는 사악한 행위의 유혹에서 자유로운 인간이 드문 것은 인간에게 근본적으로 내재하는 악을 증명한다. 그러므로 라캉은 스피노자의 '신에 대한 지적인 사랑'(*Amor intellectualis Dei*) 개념이 악의 문제를 충분히 설명해주지 못한다고 평가한다.

스피노자가 범신론으로 아주 잘못 사유한 것은 단순하게 신의 영역을 기표의 보편성으로 환원한 것입니다. 이는 인간욕망과 냉정하고 예외적으로 거리를 두게 만듭니다. 스피노자가 욕망은 인간의 본질이라 말하고 이 욕망이 신적인 속성들이 지닌 보편성에 근원적으로 의존한다고 설정하는 한…… 그는 철학자가 초월적 사랑과 혼동할 수 있는 유일한 관점을 갖게 됩니다. 우리는 이런 관점을 지지할 수 없습니다. (*SXI*, 275)

---

23) 루스 골란(Ruth Golan)은 홀로코스트의 생존자 프리모 레비(Primo Levi, 1919~87)의 증언과 자살을 중심으로 증언이라는 상징계적 기록과 홀로코스트라는 실재의 괴리에 초점을 맞추어 이 점을 논한다. Ruth Golan, *Loving Psychoanalysis: Looking at Culture with Freud and Lacan* (London: Karnac, 2006), 101~124쪽, 특히 115쪽을 참조할 것. 주지하다시피 홀로코스트(holocaust)는 '완전히 탄'의 의미를 지닌 그리스어 *holocaustos*에서 유래한 말로, 신에게 바치는 희생 번제물의 의미를 지닌다. 조르오 아감벤(Giorgio Agamben, 1942~)은 이 용어가 "원인이 없는 죽음을 정당화하고, 이해할 수 없는 것으로 보이는 것에 의미를 되돌려주려는 무의식적 요구"에서 발생한 "불행한 용어"로 간주한다. 그리고 이 용어의 최초의 용례가 1189년 영국왕의 즉위식 날 런던에서 유태인들을 불태워 죽인 반유태주의 사건과 연관되므로 이 용어의 사용을 거부한다. 유태인들은 이 용어 대신 파괴 또는 재앙을 뜻하는 '쇼아'(*shoah, so'ah*)라는 말을 사용한다. 레비도 홀로코스트라는 말을 좋아하지 않았고 이 말의 사용을 망설였다고 증언한다. Giorgio Agamben, *Remnants of Auschwitz: The Witness and the Archive*, Daniel Heller-Roazen 옮김 (New York: Zone Books, 2002), 28~31쪽.

신이라는 하나의 실체만을 가정하는 스피노자의 일원론에 따르면 모든 사물은 신, 자연, 실체가 지닌 무한한 힘의 유한하고 부분적인 양태다. 신의 두 가지 속성인 사유(thought)와 연장(延長, extension)은 인간에게 각각 정신과 신체로 표현된다.

개별적 사물들은 신의 속성들이 일정하게 결정된 방식으로 표현되는 양태다. 즉 그 사물들은 신이 존재하고 활동하는 힘을 일정하게 결정된 방식으로 표현하며, 어떤 사물도 자신을 파괴하는, 다시 말해서 자신의 존재를 제거하는 것을 자체 내에 지나지 않는다. 반대로 그 사물은 자신의 존재를 제거할 수 있는 모든 것에 대항한다. 그러므로 그 사물은 할 수 있는 한 그리고 그 자체로 존재하는 한 자신의 고유한 존재 안에서 존속하려 한다.[24]

신의 속성이 일정한 방식으로 표현된 각 사물은 고유하고 유한한 코나투스(conatus), 즉 자신의 존재를 보존하려는 힘, 노력 또는 성향을 지닌다.[25]

스피노자의 『에티카』 제3부 정리 7에 따르면 "각 사물이 자신의 고유한 존재 안에서 존속하려는 코나투스는 그 사물 자체의 현실적인 본질일 뿐이다"(ET, 108). 인간이 자신의 코나투스를 의식할 때 그것은 욕망

---

24) Baruch Spinoza, *Ethics, Treatise on the Emendation of the Intellect and Selected Letters*, Samuel Shirley 옮김 (Indianapolis: Hackett Publishing, 1992), 108쪽. 이 책의 인용문은 위 영역본을 옮긴 것이며 주요 용어의 번역은 국역본 B. 스피노자, 『에티카』(강영계 옮김, 서광사, 2007)를 참고하고 필요시 수정했다. 앞으로 이 책의 인용은 괄호 안에 약어 *ET*와 영역본 쪽수를 표기한다.

25) 코나투스는 영어로는 "striving, tendency, endeavour"으로 번역한다. Steven Nadler, *Spinoza's Ethics: An Introduction* (Cambridge: Cambridge UP, 2006), 195쪽을 참조할 것. 우리말로는 '힘' 또는 '노력'으로 번역한다.

이라 불린다.

이 코나투스가 정신에만 관계될 때 그것은 의지(*voluntas*, will)라 불리고 그것이 정신과 신체에 동시에 관계될 때 충동(*appetitus*, appetite)이라고 불린다. 그러므로 충동은 다름 아닌 인간의 본질이다. 이 본질에서 자신을 보존하는 것들이 유래하며 인간은 그것들을 행한다. 인간이 자신의 충동을 의식하는 한, 욕망이 주로 인간과 관계된다는 점을 제외하면, 충동과 욕망(*cupiditas*, desire) 사이에는 아무런 차이가 없다. 따라서 욕망은 '그것에 대한 의식이 동반된 충동'으로 정의될 수 있다. (*ET*, 109).

욕망은 이렇게 자신의 본질을 보존하려는 인간의 근원적인 힘이다. "욕망은 인간의 본질이다. 다시 말해서 인간이 자신의 존재를 지속하려고 노력하는 코나투스다"(*ET*, 163).

모든 사물은 신이 지닌 속성의 일부이며 각각에 고유한 코나투스에 따라 작동한다는 스피노자의 철학에 따르면 선악의 개념은 성립하지 않는다. 사물에 부여된 본질은 그 자체로 완전하고 사물은 자신의 본질을 보존하려는 코나투스에 따라 행동하는 법칙을 따르기 때문이다. 자신의 보존에 유익한 것은 선한 것이고 해로운 것은 악한 것으로 보일 뿐이다. 어떤 사물이 완전하거나 불완전한 것은 그 사물에 대한 관념과의 일치 여부로 결정된다. "완전과 불완전은 실제로 사유의 양태, 즉 같은 종(種, species)이나 유(類, genus)에 속하는 개체들과의 비교를 통해 형성하는 개념에 불과하다"(*ET*, 153). 모든 사물은 그 자체의 본질에 따라 필연적으로 존재하기 때문에 어떤 사물이 불완전한 것은 그것에 대해 우리가 형성한 개념과 일치하지 않기 때문이지, "그 자체로 어떤 것을 결여하거나 자연이 오류를 범했기 때문이 아니다"(*ET*, 153).

마찬가지로 선악도 사물과 우리 개념과의 일치 여부로 결정된다. "'선'과 '악'에 대해 말하자면 그것들 역시 그 자체로 고려될 때는 어떤 적극적인 것도 지시하지 않으며, 사유의 양태 또는 우리가 사물들을 비교하면서 형성하는 개념일 뿐이다. 왜냐하면 동일한 사물이 동시에 선하고 악하며 또 무관할 수 있기 때문이다"(*ET*, 153). 또는 거꾸로 "각 인간은 자신의 본성의 법칙에서 자신이 선하거나 악하다고 판단하는 것을 필연적으로 추구하거나 회피한다"(*ET*, 165). 요컨대 선악은 개인의 복지에 이로운 것인지 해로운 것인지, 또는 개인이 그것을 욕망하는지 아닌지에 의해 좌우된다. 개인은 자신에게 이로운 것을 욕망하기 때문이다.[26]

악에 대한 스피노자의 견해는 빌렘 반 블레이은베르흐(Willem van Blyenbergh, 1632~96)와의 서신에서 보다 구체적으로 확인할 수 있다. 블레이은베르흐는 스피노자의 이론에서 신이 인간의 정신과 의지를 포함한 만물의 궁극적인 원인이므로 악이 존재하지 않거나 아니면 신이 악의 원인이라는 결론을 피할 수 없다는 의문을 제기한다. "아담의 금지된 행위는 신 자신이 그의 의지를 움직였을 뿐 아니라 그 의지를 특수한 방식으로 움직인 한, 그 자체로 악이 아니거나 아니면 신 자신이 우리가 악이라 일컫는 것을 야기한 것으로 보입니다. ……아담이 명령을 어기고 사과를 먹는 것은 악이 아니거나 아니면 신 자신이 그 악을 야기한 것입니다."[27] 이에 대해 스피노자는 다음과 같이 대답한다.

죄와 악이 어떤 적극적인(positive) 것이라거나 어떤 것이 신의 의지에 반하여 발생할 수 있다고 인정할 수 없습니다. ……존재하는 것

---

26) 이점을 포함한 스피노자의 선악에 대한 설명으로는 Steven Nadler, *Spinoza's Ethics*, 215~221쪽을 참조할 것.

27) Baruch Spinoza, *Spinoza: The Letters*, Samuel Shirley 옮김 (Indianapolis: Hackett Publishing, 1995), 130~131쪽.

은 무엇이든 그 사물의 본질과 동연적(同然的, co-extensive)인 완전을 소유합니다. 왜냐하면 본질은 완전과 같은 것이기 때문입니다. 아담이 금지된 과일을 먹겠다는 결단 또는 결정적 의지를 예로 들어봅시다. 이 결단 또는 결정적 의지는…… 그 자체 안에 완전을 포함합니다. ……이런 이유 때문에 우리는 아담의 결단을 더 완전하거나 더 완전한 상태를 드러내는 다른 것들과 비교하지 않고 고려할 때, 그 안에서 어떤 불완전도 찾을 수 없습니다. ……그러므로 죄는 오로지 불완전을 지시하기 때문에 아담의 결단이나 그 실행처럼 실재성을 표현하는 어떤 것에 존재하지 않습니다. ……아담의 의지 또는 결단은 그 자체로 볼 때 악도 아니고 정확히 말해서 신의 의지에 반하는 것도 아닙니다. 그 결과 신은…… 그것의 원인일 수 있습니다. 그러나 그것이 악인한 그렇지는 않습니다. 왜냐하면 그 안에 존재하는 악은 아담이 자신의 행위 때문에 상실하게 될 더 완전한 상태의 결핍일 뿐이기 때문입니다. 결핍은 적극적인 어떤 것이 아니며, 신의 지성이 아니라 우리의 지성이 그렇게 부릅니다. ……그러므로 아담에게 주어진 명령은, 신이 우리의 자연적인 이해를 통해서 독이 치명적이라는 사실을 드러내는 것과 같은 방식으로, 아담에게 그 나무를 먹는 것이 죽음을 가져온다는 사실을 드러냈다는 것에 있습니다. 만일 신이 어떤 목적으로 이것을 드러냈느냐고 물으면, 저는 그의 목적이 아담이 더 완전한 지식을 가질 수 있게 하는 데 있다고 대답합니다. 그래서 신에게 왜 아담에게 더 완전한 의지를 주지 않았느냐고 묻는 것은 왜 원(圓, circle)에 구(球 sphere)의 특성을 주지 않았느냐고 묻는 것만큼 불합리한 것입니다. ……실제로 악한 자는, 신을 알지 못하면서, 주님의 손에 쥐어진 도구일 뿐이며 무의식적으로 [신에] 봉사하고 그런 봉사에서 사용됩니다. 반면 선한 자는 의식적으로 봉사하고 그렇게 봉사하면서 더 완전해집니다.[28]

악과 죄는 적극적인 것이 아니며 신의 의지에 반대되는 어떤 것도 존재할 수 없다. 악은 "더 완전한 상태의 결핍(privation)"이므로 그 자체로 악한 것이 아니라 더 완전한 것과 비교할 때에만 불완전한 것이다. 사물은 다른 것과 비교하지 않을 때 그 자체로 완전하다. 사과를 먹으려는 욕망과 사과를 먹는 행위는 아담에게 애초에 존재하지 않았던 더 완전한 욕망과 비교했을 때 불완전하거나 결핍된 것이므로, 아담 자신은 아무것도 결핍된 것이 없고 완전하다. 아담이 왜 사과를 먹으려는 욕망보다 더 좋은 욕망을 가지지 못했는가는 왜 원이 구가 아닌가와 유사한 우문일 뿐이다. 한 사물에게 주어진 본질은 다른 사물의 본질과 비교 불가능한 완전한 것이기 때문이다.

블레이은베르흐의 답장에 대한 회신에서 스피노자는 결핍과 부정(否定, negation)을 구분하여 사과를 먹고 싶은 아담의 욕망을 설명한다. 눈먼 자에게 눈먼 상태가 결핍인 것은 볼 수 있었던 과거와 비교할 때에만 성립한다. 이런 비교로 드러나는 결핍의 개념은 인간의 지성에서만 가능하다. 신의 관점에서는 돌에 시력이 없다고 말할 수 없는 것처럼 눈먼 자에게 시력이 없다고 말할 수 없다. 이는 결핍이 아닌 "순수한 부정"이기 때문이다.[29] 아담이 사과를 먹고 싶은 욕망보다 더 좋은 욕망을 갖고 있지 않은 것은 결핍이 아니라 부정이다.

이런 관점에서 더 좋은 욕망은 결핍이 아니라 부정입니다. 그래서 결핍은 한 사물에 대해서 우리가 그것의 본성에 속한다고 판단하는 어떤 것이 거부된 것이고, 부정은 한 사물에 대해서 그것의 본성에 속하지 않은 어떤 것이 거부된 것입니다. ……세속적인 것들에 대한 아담

---

28) 같은 책, 133~136쪽.
29) 같은 책, 153쪽.

의 욕망은 신의 지성이 아니라 오로지 우리의 지성에 관해서만 악입니다. 왜냐하면 신이 아담의 과거와 현재 상태를 안다고 해도, 그가 아담이 과거 상태를 결핍했다고, 즉 과거 상태가 그의 본성에 속했다고 이해하는 것은 아니기 때문입니다.[30]

신의 관점에서 아담이 사과를 먹으려는 욕망과 행위는 결코 악하지 않고 완전하다. 그것은 더 완전한 것의 결핍이 아니라 그것의 본성에 속하지 않은 것의 부정일 뿐이기 때문이다.

그렇다면 도둑질이나 살인처럼 더 명백히 사악한 욕망이 본질인 경우에도 그것을 자체로 완전하다고 말할 수 있을까? 블레이은베르흐는 본성적으로 사악한 것을 역겹게 여기는 자는 사악한 것을 피함으로써 자신의 덕을 자랑스럽게 여길 수 있지만 본성적으로 "쾌락의 추구나 악행이 역겹지 않고 즐거운" 자의 경우 그런 본성이 신에게 부여받은 것이므로 본성과 반대되는 덕을 추구할 수 있느냐는 질문을 제기한다.[31] 이에 대해 스피노자는 악행이 본성인 자는 그 본성에 따라야 한다고 대답한다. "덕을 추구하는 것보다 악행을 저지를 때 더 완전하고 좋은 삶 또는 본질을 누릴 수 있다는 것을 명백히 알 수 있는 자는 그렇게 하지 않으면 바보입니다. 왜냐하면 그렇게 타락한 본성에 악행은 덕이기 때문입니다."[32] 본질은 그 자체로 완전하므로 설령 그것이 악행을 범하는 것이라 하더라도 그 본질에 충실한 것이 덕이다.

그렇다면 본질에 부여된 완전에서 불완전으로 변모한 경우를 악이라고 부를 수 있을까? 블레이은베르흐는 인간이 자신의 과오로 불완전해져서 더 나쁜 상태로 빠질 때―스피노자는 이를 악이 아니라 더 작은

---

30) 같은 책, 154쪽.
31) 같은 책, 163쪽.
32) 같은 책, 168쪽.

선이라고 말하겠지만—이것이 "절대 악"은 아니더라도 "악한 상태"가 아니냐고 묻는다.[33] 아담의 본질에 원래 속하지 않은 완전이 결핍되었다는 이유로 악이라고 할 수 없지만 아담의 본질 내에서 발생한 불완전은 악이라고 부를 수 있지 않겠느냐는 것이다. 질 들뢰즈(Gilles Deleuze, 1925~95)가 설명하듯이 블레이엔베르흐의 질문은 상이한 두 본질을 비교하는 것이 아니다. 그것은 "내가 하나의 상태에서 다른 상태로 실재적으로 이동해서 내가 이전에 지녔던 힘이 감소하거나 사라지는 동일한 본질의 다른 두 상태를 비교할 때"의 경우에 해당한다.[34]

스피노자에 따르면 불변하는 신과 달리 인간은 코나투스에 의해 생존하는 지속의 과정에서 더 완전하거나 덜 완전한 상태로 변할 수 있다. 인간의 정신은 (내적·외적 원인에 대해) 적절하고 타당한 관념(adequate ideas)을 가질 때—"오로지 우리 본성으로 명석판명하게 이해될 수 있는 어떤 것이" 발생할 때—능동적이다(ET, 103). 그리고 타당하지 않은, 즉 "단편적이고 혼란스러운" 관념을 가질 때—즉 "우리가 오로지 부분적인 원인인 어떤 것이" 발생할 때—수동적이다(ET, 103). 타당한 관념을 더 많이 가질수록 인간의 정신은 능동적이 되고 행위의 능력이 증가하며, 그 결과 더 큰 자유와 자율성을 갖게 된다.[35] 반대로 인간은 타당하지 않은 관념을 더 많이 갖게 될수록 더 수동적이고 타율적이 된다. 능동성은 인간의 행위능력을 증가시킨다. 인간의 (신체와 사유의) 행위능력이 증가해서 정신이 더 완전한 상태로 이행하면 기쁨과 쾌감을 누리고, 더 불완전한 상태로 이행하면 슬픔과 고통을 겪는다(ET, 110).[36]

---

33) 같은 책, 139쪽.
34) Gilles Deleuze, *Spinoza: Practical Philosophy*, Robert Hurley 옮김 (San Francisco: City Lights Books, 1988), 38쪽.
35) Steven Nadler, *Spinoza's Ethics*, 194쪽을 참조할 것.
36) 여기에서 기쁨의 원어는 *laetitia*이고 슬픔은 *tristitia*다. 쾌감은 기쁨이 정신과 신체에 동시에 관계할 때의 정서이고, 우울은 고통이 정신과 신체에 관계할 때의 정

슬픔, 고통, 불행 등은 악이라고 부를 수 있지 않을까? 들뢰즈는 스피노자의 서신을 면밀히 검토하면서 스피노자의 이론에서 악이 발생하는 위치를 정확히 짚어낸다. 스피노자 철학에는 인간의 세 가지 구성요소가 존재한다. 첫째는 "개별적인 영원한 본질"이고, 둘째는 개별적 사물에 특수한 "(운동과 정지의) 관계 또는 작용을 받는 능력"이며, 셋째는 "지속(duration)에서 우리의 존재를 정의하고 우리의 다양한 관계를 실현시키는 한 우리의 본질에 속한 연장적 부분들"이다.[37] 본질과 고유한 관계는 영원한 것인 반면 연장적 부분들은 가변적이다. 악의 차원은 이 연장적 부분의 차원에서 발생한다. "하나의 관계에서 우리에게 속하는 연장적 부분들이 외적 요인들의 원인에 의해 다른 관계를 맺거나 우리가 우리의 변용능력을 초과하는 정서를 만날 때" 악이 발생한다.[38] 왜냐하면 이때 "우리의 관계는 분해되거나 우리의 변용능력이 파괴되기" 때문이다.[39]

서다. 이 용어들의 번역은 스티븐 내들러(Steven Nadler, 1958~)가 인용한 영역본과 국역본을 따른다.

[37] Gilles Deleuze, *Spinoza: Practical Philosophy*, 41쪽. 여기에서 번역본을 따라 정서로 번역한 *affectus*는 emotion 또는 affect로 영역되며 "신체의 행위능력을 증가시키거나 감소시키고, 촉진하거나 저해하는 신체의 변용(affections) 및 이런 변용의 관념(idea)"으로 정의된다(*ET*, 103). 내들러가 지적하듯이 스피노자는 이 개념을 '이동'(passage, transition)으로 간주하므로 "변화의 원인이 아니라 한 상태에서 다른 상태로의 이동 자체다." 그것은 더 좋은 상태에서 더 나쁜 상태로 또는 그 반대로 움직이는 것이지 "그런 움직임의 결과는 아니다." Stephen Nadler, *Spinoza's* Ethics, 200쪽. 이런 함의를 살려 (정신분석에서 affect의 번역어인) '정동'으로 번역하기도 한다. 최근 이 용어를 '정동'으로 번역하는 것에 대한 비판이 국내에서 제기된 바 있다. 이 논쟁에 대해서는 조강석, 「정동적 동요와 시 이미지」, 『현대 시학』 560호(2016년 1월), 43~47쪽과 진태원 「정동인가 정서인가? 스피노자 철학에 대한 초보적 논의 」, 『현대 시학』 563호(2016년 4월), 37~48쪽을 참조할 것.

[38] Gilles Deleuze, *Spinoza: Practical Philosophy*, 41쪽.

[39] 같은 곳.

본질이나 개체에 고유한 관계는 영원하고 파괴되지 않는다. 오로지 연장적 부분들이 외적 요인에 의해 파괴되거나 분해된다. 그러므로 "우리가 나쁘다고 부르는 모든 것은 절대적으로 필연적이지만 외부에서 온다. 즉 그것은 사건들의 필연성이다."[40] 악은 내부가 아닌 외부에서 침입하는 것이다. 들뢰즈가 지적하듯이 스피노자에게 독이 악에 대한 보편적인 모델이 되는 이유가 여기에 있다. 왜냐하면 독은 외부에서 침입하여 내부의 관계를 교란시키기 때문이다. 예를 들어 자기면역 질환은 "일군의 세포들의 관계가 대표적으로 바이러스 같은 외적 동인에 의해 교란되어 우리의 특징적 (면역)체계가 파괴되는" 것이다.[41]

"신은 불변한다"(*ET*, 47). 그러나 인간은 무한하고 불변하는 신의 유한한 양태로서 존재의 지속에서 더 완전하거나 불완전한 상태로 바뀔 수 있다. 인간이 자연의 일부인 한 외적인 영향에서 벗어날 수 없기 때문이다. "인간이 자연의 일부가 아니라는 것은 불가능하다. 또한 오로지 자신의 본성을 통해서 이해할 수 있고 자신이 타당한 원인이 되는 변화들 이외에 다른 변화를 겪지 않는다는 것도 불가능하다"(*ET*, 156). 인간은 항상 자기의 원인이 될 수 없고 외적 원인에 종속된다. 그래서 "정신은 큰 변화를 겪을 수 있고 때로는 더 큰 완전의 상태로, 때로는 더 작은 완전의 상태로 이행할 수 있다"(*ET*, 110). 스피노자의 윤리학은 자신의 본질을 능동적으로 실현하는 행위능력을 키워서 수동적 예속에서 벗어나 자유로운 존재가 되는 완전의 상태를 지향한다. 능동성과 완전성은 상호적이다. "사물이 더 완전해질수록 더 능동적이고 덜 수동적이 된다. 거꾸로 그것이 더 능동적일수록 더 완전해진다"(*ET*, 221).

완전을 향한 노력은 "이성의 명령"을 따를 때 가능하다(*ET*, 164). "이

---

40) 같은 책, 42쪽.
41) 같은 곳. 스피노자의 악에 대한 들뢰즈의 더 상세한 논의는 같은 책, 30~43쪽을 참조할 것.

성은 본성에 반대되는 어떤 것도 요구하지 않는다. 따라서 모든 인간이 자신을 사랑하고 자신의 이득(자신에게 진실로 이득이 되는 것)을 추구하며 인간을 더 큰 완전으로 인도하는 것을 목표로 삼을 것을 요구한다. 요약하자면 각 인간이 자기 안에 있는 한 자기 자신의 존재를 보존하려고 노력할 것을 요구한다"(*ET*, 164). 이성의 명령에 따라 자신의 본질을 실현시키는 힘이 덕(virtue)이다. "덕과 능력은 동일하다. 다시 말해서 인간이 자신이 지닌 본성의 법칙을 통해서만 이해할 수 있는 것을 행하는 능력을 가졌을 때, 우리는 인간과 관계된 덕을 인간의 본질 자체 또는 본성이라 부른다"(*ET*, 155). 이성의 명령에 따라 본질을 실현하는 덕의 실천은 지식을 갖추는 것, 즉 타당한 관념을 통해 이해하는 것이다. "인간이 타당하지 않은 관념을 가짐으로써 어떤 행동을 하겠다고 결정하는 한 그는 덕에 따라 행동한다고 무조건적으로 말할 수 없고, 그가 이해함으로써 그렇게 결정하는 한 덕에 따라 행동한다고 말할 수 있다"(*ET*, 166).[42] 이성에 따라 덕을 행하는 것은 타당한 관념을 통해 지식을 갖추는 것이다. "우리가 이성에 따라 노력하는 것은 이해하는 것일 뿐이다. 그리고 정신은 이성을 사용하는 한 이해에 도움이 되는 것을 제외하고 어떤 것도 이득이 된다고 판단하지 않는다"(*ET*, 167).

앞서 논했듯이 인간은 타당하지 않은 관념을 지녔을 때 수동적이 되고, 타당한 관념을 지닐 때 능동적이고 자율적이 된다. 그런데 무엇에 대한 타당한 관념이고 지식인가? 이 지식은 사물의 필연적인 인과관계를 명확히 인식하는 것이다. 이런 지식을 통해서 인간은 정서를 제어할 수 있는 더 큰 능력을 지니게 되고 더 능동적이 된다. "정신은 모든 것이 필연성의 지배를 받는다는 것을 이해하는 한 정서에 대해 더 큰 힘을 갖게

---

42) 내들러는 스피노자의 용어들 사이의 등식으로 덕과 지식을 통해 완전에 이르는 과정을 일목요연하게 표현한다. 덕=지식=행위=자유=능력=완전. Steven Nadler, *Spinoza's Ethics*, 256쪽.

된다. 다시 말해서 정서에 관해서 덜 수동적이 된다"(*ET*, 205). 모든 것이 "필연에 의해 존재하고 무한한 원인의 연쇄에 따라 행동하도록 결정된다"는 것을 인식하면 개별적 원인에 의해 발생하는 정서의 영향을 더 적게 받는다(*ET*, 206). 왜냐하면 "여러 원인과 관계된 정서는…… 덜 해롭기 때문이다"(*ET*, 207). 지식은 사물을 자연의 인과관계 속에서 파악할 수 있는 능력을 통해서 개별적 원인에 의해 발생하는 정서에서 해방될 수 있게 해준다.

스피노자의 일원론 세계에서 지식의 대상은 신 또는 자연의 유한한 양태인 모든 사물이지만 궁극적인 지식의 대상은 신이다. 스피노자는 인간에게 가능한 지식을 세 가지로 분류한다. 첫째 종류의 지식은 "어떤 지적인 질서 없이 단편적이고 혼란스러운 방식으로 감각을 통해 우리에게 제시된 개별 대상"에서 오는 개념이다(*ET*, 90). 즉 "임시적인 경험에서 오는 지식" 또는 우리가 경험한 것을 토대로 상상하고 형성하는 개념을 통틀어 "의견"(opinion)이나 "상상"이라 부른다(*ET*, 90). 둘째 종류의 지식은 "사물에 대한 공통 개념과 타당한 관념"으로서 이는 "이성"에 해당한다(*ET*, 90). 셋째 종류의 지식은 "직관적" 지식으로서 "신에게 있는 일정한 속성들의 형식적 본질에 대한 타당한 관념에서 사물의 본질에 대한 타당한 지식으로 나아가는" 지식이다(*ET*, 90).[43]

셋째 종류의 지식은 신에 대한 이해를 통해서 사물의 본질을 통찰할 수 있음을 보여준다. 그러므로 인간에게 가능하고 필요한 최고의 지식은 신에 대한 지식이다. "정신의 최고선은 신에 대한 지식이고 정신의 최고덕은 신을 아는 것이다."(*ET*, 168) 능동성과 자율성을 주는 타당한 관념은 기쁨을 가져온다. 따라서 신에 대한 지식은 인간에게 최고의 기쁨과 행복을 준다. "자신과 자신의 정서를 명석판명하게 이해하는 자는 신의

---

43) 영역본의 '상상'(imagination)을 국역본에서는 '표상'으로 옮긴다.

관념이 동반되는 기쁨을 느낀다. 그래서 그는 신을 사랑하며 같은 이유로 자신과 자신의 정서를 이해할 수 있도록 신을 더욱더 사랑한다"(*ET*, 210). 스피노자는 신의 관념이 동반된 셋째 종류의 직관적 지식이 인간의 정신에 가능한 최고의 만족을 준다고 말한다. 요컨대 이런 직관적 지식에서 '신에 대한 지적인 사랑'이 발생한다.

셋째 종류의 지식에서 신에 대한 지적인 사랑이 필연적으로 발생한다. 왜냐하면 이런 종류의 지식에서 원인으로서의 신의 관념이 동반된 기쁨, 즉 신을 현존하는 것으로 상상하는 한에서가 아니라 신을 영원하다고 이해하는 한에서 신에 대한 사랑이 발생한다. 이것을 나는 신에 대한 지적인 사랑이라고 부른다. (*ET*, 217)

스피노자에게 욕망은 자신의 본질을 실현하는 코나투스다. 이 욕망의 실현은 신에 대한 지적인 사랑에서 완성된다. 앞서 스피노자의 편지에서 보았듯이 이 과정에서 악은 신에게 무의식적으로 봉사하는 도구에 불과하다. 라캉이 홀로코스트를 논하면서 스피노자의 '신에 대한 지적인 사랑' 이론을 지지할 수 없다고 평가하는 것은 스피노자가 욕망이 희생과 살인을 야기할 수 있고 "무의식의 핵심에 악의 문제가 놓여 있다는 사실을 간과"하기 때문이다.[44]

---

44) Herman Westerink, *The Heart of Man's Destiny*, 103쪽. Herman Westerink, "Spinoza with Luther? Desire and the Problem of Evil in Lacan's Seminar on the Ethics of Psychoanalysis," *European Journal of Psychoanalysis*, 1 (2014), http://www.journal-psychoanalysis.eu/spinoza-with-luther-desire-and-the-problem-of-evil-in-lacans-seminar-on-the-ethics-of-psychoanalysis/, 네 번째 단원 "Spinoza"도 참조할 것. 웨스터링크는 스피노자의 윤리학과 라캉의 유사성에 대해서도 지적한다. 예를 들어 신을 대타자로 보았을 때 '욕망은 대타자의 욕망' 또는 '무의식은 대타자의 담론'이라는 라캉의 명제는 인간이 신의 유한한 일부라는 스피노자의 사상과 유사하다.

스피노자와 칸트: 존재론과 의무론

스피노자를 우회한 결과 칸트에 대한 라캉의 견해는 더 분명해진다. 스피노자의 욕망이론과 신에 대한 지적인 사랑을 지지할 수 없는 것과 달리 "경험은 칸트가 더 참되다는 것을 보여준다. ……도덕법칙은 자세히 보면 순수상태의 욕망이다. 엄밀히 말해서 그것은 모든 사랑의 대상을 희생하는, 즉 정념적 대상을 거부할 뿐 아니라 그것을 희생하고 살해하게 되는 욕망이다. 이것이 내가 「사드와 함께 칸트를」을 쓴 이유다"(SXI, 275~276). 앞서 보았듯이 사드와 함께 칸트를 읽을 때 순수욕망으로서의 도덕법칙은 정념적 대상의 희생과 살해를 초래하고 쾌락원칙을 넘어 주이상스와 악을 향하는 것으로 드러난다. 스피노자에게 인간의 본질은 그 자체로 완전하므로 악은 결코 인간의 본질에 존재하지 않고 외부에서 침입하는 것이다. 반면 칸트는 인간에게 내재하는 근본악의 존재를 인정한다. 스피노자와 칸트에 대한 라캉의 평가는 칸트가 스피노자와 달리 악의 문제를 근원적인 것으로 다루고 있다는 인식을 반영한다.

그렇다면 라캉은 칸트의 윤리적 주체가 검은 신의 욕망에 굴복한다고 보는 것일까? 앞서 보았듯이 라캉에게 스피노자의 범신론은 "신의 영역을 기표의 보편성으로 환원한 것"이다. 스피노자는 인간의 "욕망이 신적인 속성들이 지닌 보편성에 근원적으로 의존한다고 설정"한다. 스피노자에게 인간의 욕망은 자신의 본질을 실현하려는 코나투스이고 그 본질은 무한한 신의 속성의 유한한 양태에 불과하다. 따라서 인간욕망의 실현은 보편적인 신의 속성에 의존한다. 스피노자의 범신론적 사유가 신의 영역을 기표의 보편성으로 환원시키는 것은 신의 속성이 유한한 양태인 만물 속에 편재한다고 이해하기 때문이다. 요컨대 이 발언은 신과 자연이 동일하다는 스피노자의 명제를 신은 곧 기표의 대타자라는 라캉의 용어로 표현한 것이다.[45]

지젝은 이 발언을 주인기표 S1이 없는 기표들의 집합 S2로 해석한다. "라캉의 용어로 말하면 스피노자는 일종의 의미화 사슬의 평준화를 성취한다. 그는 지식의 사슬인 S2를 명령, 금지, '안 돼'의 기표인 S1에서 분리시키는 간극을 없앤다. 스피노자적 실체는 보편적 지식을 주인기표에 의지할 필요가 없는 것으로, 즉 부성적 은유의 부정화 단절이 개입하기 이전의 '순수 적극성'의 환유적 우주로 지시한다."[46] 스피노자의 윤리학은 자연의 인과관계에 대한 지식을 통해서 외적 요인의 영향을 받는 수동성에서 벗어나 스스로 능동성을 증가시켜 궁극적으로 신에 대한 지식과 사랑에 도달하는 것이다. 신과 자연은 동일하므로 신에 대한 지식과 사랑은 어떤 초월적이고 목적론적인 종점이 아니다. 스피노자가 『에티카』 마지막에서 "구원"(salvation)과 "지복"(至福 blessedness) 그리고 "인간에 대한 신의 사랑"을 운운할 때, 이 말들은 신의 구원과 사랑이라는 종교적 의미를 내포하지 않는다(*ET*, 219).[47] 왜냐하면 신에 대한 인간의 사랑은 신에 대한 인간의 지적인 사랑이외에는 아무것도 아니기 때문이다. 스피노자에게 "신에 대한 정신의 지적인 사랑은 신의 무한성에서가 아니라 영원의 한 형태로 고찰된 인간정신의 본질을 통해 설명될 수 있는 한에서 신이 자기 자신을 사랑하는 신의 사랑이다"(*ET*,

---

45) 신과 자연을 동일시하는 스피노자의 주장은 신이 자연의 원인이라는 뜻과 신이 자연의 만물과 동일하다는 이중 의미를 포함한다. 전자는 능동적이고 생성적인 '능산적 자연'(*Natura naturans*)을, 후자는 창조로 생성된 '소산적 자연'(*Natura naturata*)를 의미한다. 내들러에 따르면 스피노자는 신을 이 두 가지 개념으로 설명하므로, 신=자연의 등식에서의 신은 단순히 자연의 원인으로서의 신이 아닌 자연 자체와 동일한 신으로 이해해야 한다. 또한 범신론이 무신론과 달리 신을 경배의 대상으로 삼는다는 점에서 신을 자연의 인과관계의 필연성을 넘어선 초월적 존재로서 여기지 않는 스피노자는 범신론자가 아니라 무신론자다. Steven Nadler, *Spinoza's* Ethics, 81~83, 112~121쪽을 참조할 것. '능산적 자연'과 '소산적 자연'은 강영계의 번역을 따른 것이다. 강영계, 「해설: 스피노자의 합리주의 철학」, 『에티카』, 374쪽.
46) Slavoj Žižek, *Tarrying with the Negative*, 217쪽.
47) 이 점에 대해서는 Steven Nadler, *Spinoza's Ethics*, 272~274쪽을 참조할 것.

218~219).

스피노자가 말하는 신에 대한 사랑은 철저히 지적인 사랑이다. 따라서 이 사랑에 기초한 윤리학은 지식과 인식의 범주에서 분리되지 않는다. 그러므로 지젝은 스피노자가 "의무론(deontology)을 존재론(ontology)으로 환원"하며 그의 윤리는 "당위(ought)가 없는 존재의 윤리"라고 평가한다.[48] 왜냐하면 그의 논의에서 인간이 수행해야 할 덕은 자연의 인과법칙을 통찰하는 지식의 문제이기 때문이다. 여기에서 라캉이 악의 문제에 관해서 스피노자보다 칸트를 더 높이 평가한 또 다른 이유를 추론할 수 있다. 스피노자가 아담이 선악과를 먹은 행위를 독이 해롭다는 자연법칙을 깨닫는 과정으로 설명하는 데서 알 수 있듯이, 스피노자에게 선악은 주체가 선택하는 행위의 문제가 아니라 자연의 필연적 법칙에 대한 지식을 갖추는 인식의 문제다. 요컨대 스피노자에게 선악과를 따먹지 말라는 명령은 "지식의 나무를 먹는 것은 그대의 건강에 해롭다"는 지식을 인식하는 문제로 환원된다.[49] 지젝에 따르면 "이렇게 명령이 인식적 진술로 완전히 바뀌는 것은 우주를 탈주체화하며, 참된 자유가 선택의 자유가 아니라 우리를 결정하는 필연성에 대한 정확한 통찰이라는 함의를 지닌다."[50]

지젝은 칸트와 스피노자의 윤리학의 차이를 다음과 같이 요약한다.

이와 반대로 칸트는 이론적 이성에 대한 실천이성의 우선성을 확인한다. 이는 명령의 사실이 환원 불가능하다는 것을 의미한다. ……아무것도 처벌되지 않고 오로지 인과적 고리만이 파악되어야 하는 순수

48) Slavoj Žižek, *Organs Without Bodies: On Deleuze and Consequences* (New York: Routledge, 2004), 41쪽.
49) 같은 책, 39쪽.
50) 같은 책, 39~40쪽.

적극성의 우주와 대조적으로 칸트는 주체의 근원적인 책임을 도입한다. 나는 궁극적으로 모든 것에 책임이 있다. 심지어 내가 물려받은 본성의 일부로 보이는 특성조차도 무시간적이고 초월적인 행위 안에서 내가 선택한 것이다.[51]

스피노자의 주체는 자신이 자연의 인과법칙에 철저히 종속된다는 것을 통찰해서 정서를 통제하고 능동성을 확보하는 인식의 주체다. 이와 달리 칸트의 주체는 자연의 인과법칙을 통찰하는 이론적 이성, 즉 사변이성을 넘어서 자연의 인과성에 대한 속박에서 벗어나 새로운 인과관계를 창출하는 자유를 지닌 실천이성의 주체다. 이런 차이는 선악의 문제에서 분명히 나타난다. 스피노자에게 선악은 자연법칙에 대한 지식과 무지의 문제인 반면 칸트에게 선악은 도덕법칙의 정언명령에 따라 선택하고 책임을 지는 문제다.[52] 스피노자에게 자유가 자연의 인과법칙에 대한 지식을 획득하는 문제라면 칸트에게 자유는 자연의 인과법칙을 넘어

---

51) Slavoj Žižek, *Tarrying with the Negative*, 218쪽.
52) 이와 달리 웨스터링크는 스피노자의 철학에서 인간이 자신이 종속된 자연의 인과법칙의 필연성을 깨닫는 과정이 라캉이론에서 주체가 "주체성의 무의식적 원인"을 "자신의 것으로 취하는" 책임을 지는 것 또는 주체가 무의식/대타자의 기표의 사슬에 종속되어 있음을 깨닫는 과정과 유사하다고 해석한다. Herman Westerink, *The Heart of Man's Destiny*, 100쪽과 Herman Westerink, "Spinoza with Luther? Desire and the Problem of Evil in Lacan's Seminar on the Ethics of Psychoanalysis"의 네 번째 단원 "Spinoza"를 참조할 것. 애글레야 코델라(Aglaia Kordela, 1963~)도 라캉과 스피노자의 유사성을 강조하며 지젝을 비판한다. 코델라에 따르면 주인기표가 없는 체계로서의 "신의 속성의 보편성"—라캉의 용어로 "기표의 보편성"—은 라캉의 언어개념의 기초를 이루며, 라캉은 정신분석의 윤리에서 "보편성을 정확히 지젝이 비판한 측면, 즉 도덕적 명령 또는 주인기표라는 예외에 기초하지 않은 따라서 선악을 넘어설 수 있는 것으로 여긴다." 예를 들어 안티고네에게 폴리네이케스(Polynices)라는 이름은 생시에 폴리네이케스가 행한 선악을 넘어서는 "순수 기표의 보편성의 영역"에 속한다. A. Kiarina Kordela, *Surplus: Spinoza, Lacan* (Albany: SUNY P, 2007), 14~15쪽.

서 도덕법칙의 명령을 수행하는 선택과 행위의 문제다.

칸트와 은총의 신

신의 문제에서는 어떤가? 스피노자의 신은 자연의 인과법칙과 다르지 않기에 처벌도 구원도 하지 않는다. 그렇다면 칸트의 신은 도덕법칙의 명령을 위반했을 때 끝없이 죄를 묻는 동시에 위반의 주이상스를 자극하는 초자아적인 처벌의 신인가? 라캉은 사드와 함께 칸트를 읽으면서 도덕법칙의 초자아적 요소를 지적하지만 칸트의 초월철학과 사드의 도착증 사이에 등식을 만들지 않는다. 앞서 논했듯이 라캉은 칸트가 기독교의 영향으로 도덕법칙에서 '신의 악의'를 배제했다고 진단한다. 그러나 라캉이 악에 대한 칸트의 철학을 단순히 비판했다고 단정할 수는 없다. 밀레가 라캉이 「사드와 함께 칸트를」에서 칸트의 『이성의 한계 안에서의 종교』를 언급하지 않은 것을 의아해하듯이 악에 대한 라캉의 발언은 근본악과 악마적 악에 대한 칸트의 사색과 밀접히 관계된다.[53] 라캉은 칸트가 신의 악의가 존재할 수 없다고 본 이유를 기독교적 영향이라고 말하는 것 이외에 신에 대한 칸트의 사색을 구체적으로 논하지 않는다. 이런 사실은 칸트의 윤리와 라캉의 윤리에 존재하는 접점에 대한 의구심을 불러일으킨다. 그러나 이 접점을 간과하면 라캉이 칸트를 사드와 함께 읽으라고 강조한 것만 부각하는 결과를 낳는다.

『이성의 한계 안에서의 종교』에서 칸트가 제시하는 신은 사드적인 초자아적 악의 신과 거리가 멀다. 사드의 신은 악을 위한 악을 추구하라는 명령을 내리는 신이다. 반면 칸트의 신은 불가능한 도덕법칙을 실현하

---

53) Jacques-Alain Miller, "A Discussion of Lacan's 'Kant with Sade,'" 215쪽. 그러나 밀레는 여기에서 근본악과 악마적 악을 엄밀히 구분하지 않는다.

지 못했을 때 무서운 형벌을 내리는 처벌적인 초자아의 신이 아니라 은총으로 죄를 용서하는 신이다. 그러나 신의 은총에 대한 칸트의 사유는 인간의 자유를 훼손하지 않는다. 오히려 신의 은총은 인간의 실천이성의 자율적 수행에 대한 증거다. 악에 대한 칸트의 논의는 그의 관심이 기적 같은 초자연적 신의 개입이 아니라 인간의 도덕적 성향의 실현에 있음을 보여준다. 근본악에 대한 그의 성찰은 궁극적으로 인간이 어떻게 근본악을 극복할 수 있는가 즉 "우리 안에 있는 선이 지닌 근원적인 소질의 회복"에 대한 탐구로 향한다(RBM, 67/6:46).

이런 탐구는 칸트가 『실천이성비판』에서 도덕법칙과 완전히 일치하는 '신성한 의지'를 지니지 못하므로 영원불멸을 요청하는 것과 맥을 같이한다. "근원적인 선은 자신의 의무에 부합하는 따라서 순전히 의무에 따른 준칙들의 신성성이다. 이 의무로 인해 이 순수성을 자신의 준칙으로 통합하는 인간은 아직 신성하진 않지만(왜냐하면 준칙과 행실 사이에 여전히 간극이 있으므로) 그럼에도 신성성을 향해 끝없이 진전하는 길에 들어선다"(RBM, 67/6:46). 도덕법칙만을 유일한 준칙으로 삼는 순수한 상태에 도달하기 위해서는 끝없는 진전이 필요하다. 그러나 악의 극복은 의무에 따라 행동하는 습관을 익혀가는 "경험적인 성격의 적법성이라는 면에서" 덕의 습득을 통한 점진적 개혁에 의해서 아니라 혁명적인 변화를 통해 가능하다(RBM, 67/6:46).

인간은 법칙[률]적으로 선할 뿐 아니라 도덕적으로 선해야(신에게 흡족해야) 한다. 즉 [덕의] 예지적 성격에 따라 덕을 갖춰야 하며 의무 자체의 표상 이외에 의무를 인식할 다른 어떤 동기도 필요하지 않아야 한다. 인간의 준칙들의 토대가 불순한 것으로 남아 있는 한, 이것은 점진적 개혁을 통해 성취될 수 없고 인간의 성향(disposition)의 혁명(성향의 신성성의 준칙으로의 이행)을 통해서 이루어져야한다. (RBM,

68/6:47)

이 혁명은 이를테면 "새로운 창조"로서 "심정의 변화"를 통해 "새로운 인간"이 되는 것이다(*RBM*, 68/6:47). 이 혁명적인 변화는 물론 인간의 삶에서 완성될 수 없다. 인간이 도덕법칙만을 자신의 준칙으로 삼겠다고 결단해도 그는 "부단한 활동과 생성 과정에 있는 자"일 뿐이기 때문이다(*RBM*, 68/6:48). 도덕법칙에 완전히 부합하는 신성성을 지니지 못한 인간에게 자신의 혁명적 변화는 "악으로의 성벽을 점진적으로 개혁"하는 것으로만 여겨질 뿐이다(*RBM*, 68/6:48). 그러나 "심정의 예지적 근거(선택하는 힘의 모든 준칙들의 근거)를 꿰뚫어 볼 수 있는 자, 이 무한한 진전에 통일성을 지닌 자, 다시 말해서 신에게는 이것이 (신에게 흡족한) 선한 인간이 되는 것과 동일하며 그런 한에서 이 변화는 혁명으로 여겨질 수 있다"(*RBM*, 68/6:48).

인간이 성취해야 할 선과 인간에게 내재한 악 사이의 간극이 메워질 수 있는 가능성은 인간의 도덕적 성향에 있고, 이 성향은 예지계에 속하므로 오로지 신만이 볼 수 있다.

행실은…… 항상 부족한 상태로 남는다. 따라서 우리는 선을 ……우리의 행실에 따라 나타나는 상태로, 즉 매 순간 신성한 법에 부족한 것으로 여기게 된다. 그러나 행실의 근원이자 감각을 초월하는 **성향**을 지니고 있기 때문에 심정을(그의 순수한 지성적 직관을 통해서) 살펴보는 신은 법칙과의 일치를 향한 선의 무한한 진전을 행실(삶의 품행)의 차원에서도 [이미] 완성된 전체로 판단할 수 있다고 우리는 생각할 수 있다. 그래서 인간은 영원히 결함을 지니지만 자신의 현존재가 언제 끝나더라도 일반적으로 신이 보기에는 흡족하다고 여전히 기대할 수 있다."(*RBM*, 85/6:67)

인간의 행위는 항상 불완전하기 때문에 인간 자신에게 인간의 선 역시 항상 부족한 것으로 나타난다. 그러나 인간에게 불가능한 지성적 직관을 가진 신은 인간의 선한 도덕적 성향을 통찰할 수 있기에 인간의 행위마저도 이미 완성된 총체로 파악할 수 있는 것이다.

기독교의 관점에서 이는 구원에 대한 신앙으로 이어진다. 칸트는 인간에게 선한 소질이 있다고 해도 여전히 근본악이라는 "근원적인 채무"가 있고 도덕법칙과 신의 명령을 위반하는 죄가 점점 더 커지므로 신에게 무한한 처벌을 받아야 하지 않느냐고 묻는다(*RBM*, 89/6:72). 죄의 용서와 구원은 신의 '은총'에 의해서 가능하다. 그러나 신의 은총은 신이 인간의 선한 도덕적 성향을 꿰뚫어 볼 수 있는 혜안을 지녔기에 가능할 뿐이다. 지성적 직관을 결여한 인간은 오로지 자신의 행실을 통해서만 자신의 도덕적 성향을 간접적으로 알 수 있고, 자신의 행위가 항상 도덕법칙과 일치하지 못하므로 선을 향한 끝없는 진전의 과정에서도 "우리 내부의 고발인은 여전히 유죄판결을 내릴 것이다"(*RBM*, 92/6:76). 그러나 인간의 도덕적 성향을 볼 수 있는 신은 "마치 우리가 이미 그것을 여기에서 완전히 소유한 것처럼" 인간의 무한한 행실의 진전이 완성된 총체를 인식할 수 있기에 인간에게 구원의 은총을 부여할 수 있다(*RBM*, 91/6:75). 신에게 인간의 도덕적 성향은 이미 완성된 행실로 간주될 수 있다. 요컨대 심정의 혁명적 변화를 일으킨 인간이 "(예지적 존재자로서) 그의 새로운 성향을 지니게 된 상태에서 성향이 행실을 대신하는 신적인 심판관의 눈에 인간은 **도덕적으로 다른 존재자**"로 보이기 때문에 신의 은총은 부여될 수 있다(*RBM*, 90/6:74). 근본악에 대한 칸트의 사색은 이렇게 인간의 근본적인 선의 완성과 구원에 대한 사색으로 귀결된다.

자신의 행위가 도덕법칙과 완전히 일치하지 않는다고 유죄판결을 내리는 "우리 내부의 고발인"은 주체에 내화된 대타자인 초자아이고, 주체는 이 초자아의 주이상스에 종속된 것이 아닌가? 그러므로 도덕법칙은 타율적이고, 도덕법칙을 수행하는 주체의 자율성은 신화에 불과한 것이 아닌가? 그래서 사드는 칸트의 진리가 아닌가? 그러나 칸트와 사드는 완전히 동일시될 수 없고 도덕법칙은 초자아로 환원될 수 없다. 칸트에 따르면 "우리 내부의 고발인"은 우리 행위가 도덕법칙과 완전히 일치하지 않는다고 끊임없이 유죄판결을 내리지만 이 초자아적 심판은 결코 최후의 심판이 아니다. 앞서 논했듯이 칸트는 근본악을 지니고 있는데도 인간이 죄에서 벗어날 수 있는 가능성을 인간의 선한 도덕적 소질에서 찾는다.

인간은 자신의 불완전한 행실을 통해서 자신의 도덕적 성향을 간접적으로만 가능할 수 있기 때문에 자신이 완벽에 미치지 못한다는 "내부의 고발인"의 유죄판결에 영구히 종속된다. 하지만 지성적 직관을 가진 신은 인간심정의 혁명적 변화를 통해 드러나는 도덕적 성향을 꿰뚫어 볼 수 있다. 따라서 신은 결코 도래하지 않을 무한한 진보의 미래시점이 아닌 현재시점에 완성된 행실의 총체를 통찰하여 인간에게 구원의 은총을 줄 수 있다. 이런 점에서 칸트에게 내부의 고발인이 선고하는 유죄는 반드시 처벌을 초래하지 않는다. 콥잭이 지적하듯이 "칸트는 죄를 무한한(법의 위반이 끝이 없는) 것으로 생각하지만 처벌은 그럴 필요가 없음을 조심스럽게 추가한다. 실제로 그는 우리에게 명시적으로 어떻게 초자아의 잔인한 고문을 피할 것인가에 대해 조언한다."[54] 신의 지성적 직관으로만 통찰될 수 있는 예지계에 속하는 도덕적 성향으로 인해 인간은 초자아의 처벌적 응시에서 벗어날 수 있다. "근본악의 사실을 부정하지 않으면서 최후의 심판은 은총의 선물을 통해서 근본악에 보상한다."[55]

도덕법칙에 항상 미치지 못한다는 초자아의 고발과 더불어 주체에게

---

54) Joan Copjec, "Introduction: Evil in the Time of the Finite World," xvii쪽.

는 도덕법칙에 따라 행동할 수 있다는 초월적 자유에 대한 확신이 신의
은총의 형태로 주어진다. 그러므로 칸트가 구원의 희망을 언급하는 것은
신/대타자에 대한 예속을 의미하는 것이 아니다. 신의 통찰과 은총을 통
해서만 엿볼 수 있는 인간의 도덕적 성향은 말하자면 인간의 자유와 불
멸성을 증언하는 주체 내의 잉여다. "주체는 최후의 심판자나 주체를 바
라보는 시점에 대한 참조 또는 호소를 자신의 일부로 **포함한다.** …… 이
참조는 주체가 행위나 비행에 의해 '소진되거나' '사용되어버리는 것',
즉 목적의 도구가 되는 것을 방지한다."[56) 칸트에게 구원은 선을 향한
인간의 능동적 노력 없이는 불가능하다.

> 더 선한 인간이 되기 위해서 모든 사람은 자신의 능력이 미치는 한
> 최선을 다해야 한다. 인간은 자신이 타고난 재능을 묻어두지 않을 때
> 만(「루가복음」 19장 12~16절),[57) 더 선한 인간이 되기 위해서 선을 지
> 향하는 근원적인 소질을 사용할 때만, 자신의 능력 밖에 있는 것이 위
> 로부터의 협력으로 보충될 수 있다고 희망할 수 있다. (*RBM*, 71/6:52)

인간이 선에 대한 최대한의 잠재력을 발휘할 때만 신의 은총을 받을
자격이 있다. 은총은 신에게서 오지만 은총을 받을 자격은 인간에게 존
재하기 때문에 은총은 인간의 자율성을 훼손시키지 않는다.

구원신앙의 이율배반

---

55) 같은 글, xxiv쪽.
56) 같은 글, xxvi쪽.
57) 백종현이 지적하듯이(『이성의 한계 안에서의 종교』, 232쪽 각주 144번) 칸트는
　　「루가복음」 19장 12~16절이라고 표기하고 있으나 사실은 12~26절까지의 내용
　　에 해당한다.

은총에 대한 칸트의 설명은 모순적이지 않은가? 은총이 오로지 받을 자격이 있는 자에게만 허락된다면 은총보다 인간의 선행이 우선하는 것이 아닌가? 이 문제는 칸트가 신의 왕국을 지상에서 실현시킬 도구인 기독교 교회와 순수 도덕종교(moral religion)의 관계를 논할 때 구원신앙(saving faith)과 관련해서 제기하는 "인간 이성의 주목할 만한 자기 자신과의 이율배반"의 문제와 직결된다(*RBM*, 123/6:116). 인간의 이성에 새겨진 신의 명령에 따라 행동하는 순수 도덕종교는 신의 명령을 직접 수행하고 경배하려는 제례(祭禮)종교(religion of divine service)와 다르다(*RBM*, 115/6:106). 계시된 법을 준수하기 위한 형식적 요소—신전, 사제 등—를 강조하는 제례종교의 신앙이 "노예적이고 금전적인" 반면 구원신앙은 "도덕적으로 선한 성향을 필연적인 것으로 전제하는" 도덕적이고 자유로운 신앙이다(*RBM*, 122~123/6:115~116). 구원신앙은 회개하고 신과 화해하여 과거 행동에 대해 속죄하는 차원과 신에게 흡족한 새로운 삶으로 개종하는 미래 행동의 차원을 지닌다.

여기에서 죄를 용서하는 (역사적인 기독교) 신앙과 인간의 도덕적 행동 사이에 이율배반이 발생한다. 만일 신에 대한 신앙으로 회개한 결과 인간이 새로운 선한 삶을 살 수 있게 된다면 이는 인간의 최소한의 노력 없이도 변화가 성취된다는 것을 의미한다. 그러나 칸트에 따르면 사려깊은 자는 신의 호의를 받기 위한 조건으로서 먼저 온 힘을 다해 자신의 삶의 품행을 개선하려고 노력할 것이다. 그러므로 신의 호의에 대한 역사적 인식이 교회신앙(ecclesiastical faith)에 속하고 개선된 삶의 품행이 순수 도덕신앙(moral faith)에 속한다면 "순수 도덕신앙은 교회신앙에 선행해야 한다"(*RBM*, 124/6:117). 그러나 다른 한편으로 인간은 죄와 악에 끊임없이 노출되기 때문에 스스로 삶의 품행을 개선할 능력이 없다. 그는 오로지 인간의 노력 및 가치와 무관하게 작용하는 신에 대한 신앙을 통해서만 새롭게 태어날 수 있다. 다시 말해서 신앙이 선행을 통한 개선에 앞서야 한다. 이 때문에 신에 대한 신앙이 먼저인가 아니면 삶의 품행을 개선하려는 인간의 실천이 먼저인가의 이율배반이 제기된다. 요컨대 신이 "우리의 죄를 사면해주실 것에 대한 신앙이 선한 품행을 낳든지, 아니면 선한 품행의 참되고 능동적인 성향이 그런 사면에 대한 신앙을 낳을 것이다"(*RBM*, 123/6:116).

칸트는 이 이율배반을 순수이성의 이율배반과 실천이성의 이율배반을 해결했던 것과 같은 방식으로 해결한다.

이 갈등은 인간 자유의 인과규정 다시 말해서 인간을 선하거나 악하게 만드는 원인들에 대한 통찰로 조정할 수 없다. 다시 말해서 그것은 이론적으로 해결할 수 없다. 왜냐하면 이 문제는 전적으로 우리 이성의 사변능력을 넘어서기 때문이다. 그러나 실천적으로는, 즉 우리의 자유의지를 사용할 때 무엇이 먼저인가의 문제가 물리적으로가 아니라 도덕적으로 제기될 때, 다시 말해서 우리의 구원을 위해서 신이 행한 것에서 출발할 것인가 아니면 (그것이 무엇이든 간에) 신이 행한 것을 받을 자격을 갖추기 위해 우리가 해야 하는 것에서 출발하는가를 선택해야 할 때, 주저하지 않고 둘째 대안을 선택해야 한다. …… 둘째 원리의 필연성은 실천적이고 실제로 순수하게 도덕적이다. …… 첫째 원리에 따르면 신앙(즉 대리 속죄에 대한 신앙)은 인간에게 의무로 간주되는 반면 선한 삶의 품행에 대한 신앙은, 보다 높은 영향이 그에게 작용한 결과로서, 그에게 은총으로 여겨진다. 둘째 원리에 따르면…… **선한 삶의 품행**이 (은총의 최고 조건으로서) 무조건적인 의무인 반면, 높은 곳으로부터의 속죄는 단순히 **은총**의 문제다. (*RBM*, 124~125/6:117~118)

신의 은총과 인간의 행동 가운데 무엇이 우선하는가의 여부는 인간 자유의 인과성과 관계된 초감성적인 문제이므로 사변이성의 능력을 넘어서며, 인간은 결코 무엇이 우선하는가를 이론적으로 식별할 수 없다. 그러나 실천적으로 인간은 신의 은총을 받을 자격을 갖추기 위해 선한 품행을 실행에 옮겨야 한다. 이렇게 하는 것은 "매듭을 (이론적으로) 풀어내는 대신, (실천적 준칙에 의해) 매듭을 자르는 것과 같다"(*RBM*, 125/6:119).

그리스도는 이율배반에 대한 이론적인 해답을 제시한다. 왜냐하면 신에게 흡족한 인간성의 표본일 뿐 아니라 이성의 도덕적 이념을 체현하는 그리스도에게서 신앙과 품행의 이율배반은 발생하지 않기 때문이다. "신에게 매우 흡족한 인간성의 원형(신의 아들)에 대한 살아 있는 신앙은, 이성의 도덕적 이념이 우리에게 지침뿐 아니라 동기의 역할도 수행한다는 점에서, 그 자체로 이성의 도덕적 이념을 지시한다. 그러므로 내가 (합리적인 신앙으로서의) 그것[살아 있는 신앙]에서 시작하든지 또는 선한 삶의 품행의 원리에서 시작하든지 그것은 동일하다"(*RBM*, 125/6:119). 도덕적 이념을 체현하는 그리스도는 인간의 표본이자 그를 닮으려는 동기를 부여한다.

그러나 칸트는 심정의 혁명을 통해서 악을 버리고 선을 준칙으로 삼은 인간이 이미 십자가 희생을 통해 인간의 죄를 대리적으로 속죄하는 그리스도와 같다고 주장하면서 신이 아닌 인간이 대리 속죄를 수행할 수 있음을 암시한다.

부패한 성향에서 벗어나 선한 성향으로 들어가는 것은 그 자체로 이미 ("예전의 인간의 죽음" "육신의 십자형"처럼)[58] 희생이다. 새로운

---

58) 각각 「로마서」 6장 6절―"예전의 우리는 그분과 함께 십자가에 못 박혀서 죄에 물든 육체는 죽어버리고 이제는 죄의 종살이에서 벗어나게 되었다는 것을 우리는 알고 있습니다."―와 「갈라디아서」 5장 24절―"그리스도 예수에게 속한 사람

인간이 신의 아들의 성향으로, 다시 말해서 단순히 선을 위해서 떠맡는 일련의 삶의 화(禍, ills)로 들어서는 것이다. 그러나 이것은 다른 인간, 즉 (도덕적으로 다른 인간인) 예전의 인간에게는 여전히 마땅한 형벌로 주어지는 것이다. **물리적으로** (즉 감성존재자로서 경험적 성격의 측면에서 볼 때) 그는 여전히 처벌받아야 할 동일한 인간이다. ……그러나 (예지적 존재자로서) 새로운 성향을 가진 그는, 행실 대신 성향으로 판단하는 신의 심판의 눈에, **도덕적으로** 다른 존재다. 그가 신의 아들의 순수성처럼—또는 (이 개념을 의인화한다면) 신의 아들 자체처럼—순수한 상태로 받아들인 이 성향은 대리자(vicarious substitute)로서 그의 죄의 채무뿐 아니라 그를 (실천적으로) 믿는 모든 자의 죄의 채무도 떠맡는다. (*RBM*, 90~91/6:74)

여기에서 인간이 악을 포기하고 선한 성향을 취하는 행위 또는 그렇게 취한 선한 성향 자체는 인간의 죄를 대리 속죄하는 그리스도의 순수한 희생과 동격이다. 다시 말해서 악에서 선으로 개종한 자는 그리스도의 희생과 동일한 십자가를 지는 혁명적 행동을 수행한다. 크리스토퍼 인솔(Christopher Insole)이 지적하듯이 "그리스도의 죽음은 타율성에서 탈피할 때 각각의 예지적 자아에게 발생하는 것의 '본보기'다. 대리 속죄를 가져오는 것은 더 이상 그리스도의 죽음이 아니다. 오히려 예지적 자아가 그리스도의 역할을 떠맡아 낡은 자아를 버리고 대리로 속죄한다. …… 이것은 신의 행동이라기보다 속죄 작업을 수행하는 인간의 행동이다."[59]

그러므로 칸트에게 은총은 신이 인간의 행위를 배제한 채 베푸는 선물

들은 육체를 그 정욕과 욕망과 함께 십자가에 못 박은 사람들입니다"—의 말씀을 지시한다.

이 아니다. 재클린 마리나(Jacqueline Mariña)는 비평가들이 은총에 관한 칸트의 주장에서 발견한 모순이 은총의 두 가지 개념을 혼동한 결과라고 지적한다.[60] 칸트에게 은총은 한편으로 인간의 근본적인 욕망과 의지를 변모시키는 신의 도움으로서 인간이 알 수도 없고 개입할 여지도 없는 것이다. 칸트는 이런 은총의 개념을 부정하지 않지만 이런 개념이 실천적으로 무용하다고 주장한다. 그리고 칸트는 다른 한편으로 인간이 응답하고 수용할 수 있는 은총의 개념도 제시한다. 앞서 논했듯이 칸트에게 선악은 본래 주어진 것이 아니라 자신에게 주어진 도덕적 소질을 자신의 준칙으로 삼는가의 여부에 달려 있다. 신의 도움을 받는 문제도 마찬가지다.

선하거나 더욱 선해지기 위해서 어떤 초자연적 협력이 필요하다면, 그것이 방해를 감소시키는 소극적인 원조든 적극적인 원조이든 간에, 인간은 먼저 협력을 받을 자격부터 갖춰야 한다. 그러고 나서 그는 이 도움을 **받아들여야** 한다(이것은 작은 문제가 아니다). 다시 말해서

---

59) Christopher J. Insole, *Kant and the Creation of Freedom: A Theological Problem* (Oxford: Oxford UP, 2015), 239쪽.

60) Jacqueline Mariña, "Kant on Grace: A Reply to His Critics," *Religious Studies*, 33.4 (1997), 379~389쪽을 참조할 것. 마리나가 비판하는 칸트 비평가들은 고든 마이클슨(Gordon Michaelson)과 필립 퀸(Philip Quinn, 1940~2004)이다. 마이클슨은 칸트의 논리에 따르면 인간심정의 혁명적 변화가 발생한 후에 신의 은총이 개입하므로 사실상 신의 은총은 그런 변화에 영향을 미치지 못한다고 비판하며,(269) 퀸은 "칸트는 신앙이 선행의 충분 원인이라는 주장과 선행이 신앙의 충분 원인이라는 주장에서 선택해야 한다고 가정"하는데, 사실상 "신이 구원신앙의 은총을 주고 인간들은 그것을 수용하거나 거절하는 자유를 갖는" 대안적 모델이 가능하다고 주장한다(432). Gordon E. Michaelson Jr., "Moral Regeneration and Divine Aid in Kant," *Religious Studies*, 25.3 (1989), 259~270쪽과 Philip L. Quinn, "Saving Faith from Kant's Remarkable Antinomy," *Faith and Philosophy*, 7.4 (1990), 418~433쪽을 참조할 것.

그는 이 적극적인 힘의 증대를 자신의 준칙에 채용해야 한다. (*RBM*, 65~66/ 6:44)

칸트의 은총은 인간이 그것을 자유롭게 자신의 준칙으로 수용하는 행위를 통해서만 실현된다. 마리나가 지적하듯이 "은총 개념이 행위자로서의 행위자를 무시하는 것이 아니라면 자유선택이 전제되어야 한다. 실천적 목적을 위해서 우리는 우리 심정의 혁명을 우리 자신이 초래하는 것으로 생각해야 한다. 그러나 그런 실천적 차원에서 무엇인가를 수행하는, 즉 자신의 준칙의 근본 토대를 역전시키는 것이 개인이라는 사실은 결코 신적인 원조의 필요성을 무효화하지 않는다."[61] 신의 은총과 인간의 자유는 배타적인 양자택일의 문제가 아니다. 인간은 은총의 수동적인 수혜자가 아니라 심정의 혁명적 변화를 통해서 신의 원조를 받아들이는 선택의 행위자이기 때문이다.

칸트의 은총론은 역설적으로 인간의 자유와 행동의 우선성으로 귀결된다. 신의 은총은 그것을 수용하는 인간의 자유로운 선택 행위이며, 은총은 이미 새로운 삶을 위한 품행의 변화를 수행하는 자들에게만 허락된다. "(실천적인 것으로서의) 이 [교회] 신앙에서 조건이 되는 것, 즉 행동의 준칙이 우선해야 한다. 지식이나 이론적 신앙의 준칙은 오로지 행동의 준칙을 확고히 하고 완성해야 한다"(*RBM*, 125/6:118). 이런 점에서 칸트에게 신의 은총은 대타자에 대한 인간의 의존을 의미하기보다 오히려 자신의 도덕적 소질을 실현하는 인간의 자율적 실천능력에 대한 증거다. 여기에서 라캉이 언급한 "검은 신"과 칸트의 관계를 가늠해볼 수 있다. 라캉은 칸트가 악의 문제를 근원적인 것으로 다루었고 욕망이 초래할 수 있는 희생을 통찰했다는 점에서 스피노자보다 더 옳았다고 판

---

61) Jacqueline Mariña, "Kant on Grace: A Reply to His Critics," 388쪽.

단하지만 칸트를 검은 신의 신봉자로 평가하지는 않는다. 오히려 콥젝이 지적하듯이 "이 잔인한 희생의 법칙에 대한 예속이 도덕법칙의 무조건적 복종과 동등하지 않다는 라캉의 암시는 칸트의 전례를 따르는 것이다."[62] 초자아의 명령에 예속된 행위가 희생을 불러오는 것과 달리, 도덕법칙의 수행은 대타자의 욕망을 메우는 것이 아니라 불안과 책임을 동반한 자유의 행위이기 때문이다.

도덕법칙의 양면성

도덕법칙과 주체의 자유의 관계를 엄밀히 검토하기 위해서는 칸트가 자유의 초험적 인과성을 증명하기 위해 제시한 둘째 예를 다시 검토할 필요가 있다. 이 예에는 군주의 명령에 따라 동료인간의 권리를 침해할 것인지, 아니면 군주의 처벌을 감수하면서 거짓 증언을 거부할지의 선택이 존재한다. 라캉에 따르면 "이 선택은 당신에게 더 큰 이유(*a fortiori*)의 효과를 만들도록 되어 있고, 그 결과 당신은 문제의 참된 의미를 알지 못하고 속을지도 모른다"(SVII, 189~190). 주판치치가 지적하듯이 이 예에서 죽음을 무릅쓰고 거짓 증언을 거부하는 것은 "가차 없는 의무 자체를 확신하기 때문이 아니라 타자에게 가해질 고통의 이미지 때문이다. 다시 말해서 독자는…… 도덕법칙의 선험적 가치 때문이 아니라…… '비원칙적 이유'나 '더 큰 이유' 때문에 칸트에 동의한다."[63] 처벌을 감수하면서까지 거짓 증언을 하는 이유는 도덕법칙의 의무 때문이 아니라 이웃에게 가해질 고통이라는 '더 큰 이유' 때문이다. 이렇게 (이웃의 안위라는) "어떤 선의 표상"이 야기하는 행동은 "가장 엄격한 칸트적인 의미에서

---

62) Joan Copjec, "Introduction: Evil in the Time of the Finite World," xxi쪽.
63) Alenka Zupančič, *Ethics of the Real*, 54쪽.

타율성"을 드러낸다.[64] 왜냐하면 그것은 순수 실천이성의 자율적 실천이 아니라 충동과 경향성 등의 정념적인 요소의 지배를 받기 때문이다.

요컨대 칸트의 예는 이웃의 선이라는 정념적인 이유가 작용한다는 사실을 은폐한다. 이런 은폐가 가능한 것은 "칸트가 정언명령(우리의 의무)을 우리 동료인간의 선(복)과 같은 쪽에 두기" 때문이다.[65] 이웃의 선과 도덕적 의무가 같은 쪽에 있기 때문에 이웃의 선을 위한 행동이 도덕적 의무의 수행이라는 착각을 일으킨다. 그래서 라캉은 "내 이웃이나 내 형제를 국가의 안전에 해로운 행위로 발고하도록 소환되는" 새로운 예를 제시한다(SVII, 190). 이 예에서는 국가의 선과 동료인간의 선이 서로 반대쪽에 있다. 따라서 국가에 대한 의무를 다할 것인가 아니면 이웃을 위해 거짓말을 할 것인가의 양자택일의 문제가 제기된다. "나는 내 진리의 의무가…… 내 주이상스의 진정한 장소를 보존하는 한, 내 진리의 의무로 향해야 하는가? 아니면 내 주이상스의 원칙이 선으로 바뀌게 강제함으로써 나를 변덕스럽게 만드는 이 거짓말에 체념해야 하는가?" (SVII, 190) 이웃의 선을 선택해야 하는가 아니면 국가를 선택해야 하는가?

주판치치에 따르면 칸트는 「인간애로부터 거짓을 말할 수 있다고 잘못 생각된 권리에 관하여」("On a Supposed Right to Lie Because of Philanthropic Concerns")에서 이 문제에 대해 이미 대답했다.[66] 왜냐하면 이 글에서 칸트는 어떤 경우에도 거짓말이 허용될 수 없다는 것을 보여주기 위해 살인범에게 쫓기는 자가 자신의 집에 들어왔을 때조차도 살인범에게 거짓말하지 말아야 한다고 주장하기 때문이다. 즉 칸트에게 의무는 모든 상황에서 지켜야 할 무조건적인 명령이다. 그렇다면 무조건

---

64) 같은 곳.
65) 같은 곳.
66) 같은 책, 56쪽.

적인 명령에 따라 살인범에게도 진리를 말하는 것이 윤리적 행위일까? 라캉의 예와 칸트의 예에서 정확히 윤리적 행위의 기준은 무엇일까? 이웃(동료인간)의 선과 국가의 선이나 의무가 충돌하는 상황을 제시하는 이 예들은 도덕적 의무의 절대적 이행을 위해 제거되어야 할 정념적인 것이 주체의 선뿐 아니라 이웃의 선도 포함한다는 것을 보여준다. "말하자면 주체가 자신의 이익들을 괄호로 묶었을 때, 자신의 의무를 수행하는 것에 대한 또 다른 장애물, 즉 동료인간의 선이 여전히 존재한다는 것이다."[67] 그래서 "내 이웃의 주이상스"를 위해 국가에 대한 의무를 배신하는 행위는 "내 동료인간 뒤에 숨는" 것이다(*SVII*, 190).

그러나 반대로 "내 주이상스의 원칙"에 따라 "내 진리의 의무"를 수행하는 것 역시 윤리적 행위가 아니다. 왜냐하면 그것 역시 대타자의 명령에 따르는 타율적 행위이고 주판치치가 '사드적 함정'이라 부른 것에 빠지기 때문이다. 모든 내용을 삭제하고 자신의 준칙이 보편적인 원칙이 되게 하라는 형식으로만 구성된 칸트의 정언명령과 달리, '어떤 경우에도 진리를 말하라'는 내용으로 구성된 명령은 순수 형식으로서의 정언명령의 내용을 스스로 채우는 주체의 자율성을 박탈한다. 그것은 실천이성의 정언명령이 아니라 "순수이성의 교리문답"에 불과하다.[68] 이런 내용의 명령을 따르는 주체는 "자신의 행위가 무조건적 의무에 의해 자신에게 부과되었다고 말하면서 자신의 행위를 정당화하고 도덕법칙 뒤에 숨어서 자신을 도덕법칙의 의지의 '단순한 도구'로 제시한다."[69] 이 과정에서 도덕 주체는 "자신의 행위에서 유래하는 잉여향락을 대타자(의무 또는 법)의 것으로 돌리는" 도착적 주체로 전락한다.[70]

그러므로 이웃의 선과 국가의 선(도덕적 의무)은 윤리적 행위의 기준

---

67) 같은 곳.
68) 같은 책, 60쪽.
69) 같은 곳.

이 될 수 없으며, 어떤 선택을 하든지 국가(의무)나 이웃에게 해를 가한다. 라캉이 말하듯이 "선을 위한 일을 해야 한다면, 항상 실제로 누구의 선을 위한 것이느냐는 질문에 당면한다. 이때부터 상황은 더 이상 명백하지 않다"(SVII, 319). 누구의 선을 위할 것인지가 명백하지 않으므로 선은 윤리적 행위의 기준이 될 수 없다. 오히려 어느 경우든 국가나 이웃에게 해를 입히게 되는 라캉의 예는 "악 안에서 그리고 악을 통해서가 아니면 선의 법은 없다"는 것을 증언한다(SVII, 190). 동료인간의 선도 대타자의 선도 윤리적 행위의 기준이 되지 못한다면 윤리적 행위의 준거점은 무엇일까? 이제까지 보았듯이 칸트와 라캉의 예를 탁월하게 분석하는 주판치치는 이 문제에 대해 실재라는 답을 제시한다.

핵심 문제는 우리가 우리 존재의 이 '외밀하고'(extimate) 본질적으로 공허한 지점에 대해 알고 있는지, 또는 우리가 우리 행동의 영향을 받을 자들의 선보다 더 큰 대문자 선(Good)의 외관 뒤에 숨으려고 하는건 아닌지에 대한 문제다. ……그들[칸트와 라캉]은 윤리적 행위를 (보통의 사회사법적 의미에서의) 법의 차원이나…… 법의 단순한 위반의 차원이 아니라 실재의 차원에 위치시킨다.[71]

동료인간의 선이나 국가 또는 대타자의 대문자 선이 아니라 실재, 즉 우리 존재의 외밀한 공허의 지점이 윤리의 척도다.[72] 윤리적 주체는 내용으로 채워진 도덕법칙의 목록을 맹목적으로 수행하는 자가 아니라, '그대의 의무를 다하라'는 정언명령의 내용을 스스로 구성하는 입법자

---

70) 같은 책, 58쪽.
71) 같은 책, 57~58쪽.
72) 라캉은 주체 내부의 타자성, 상징계 내부의 실재의 차원을 지시하기 위해 '외밀성'이라는 신조어를 사용한다. 제9장 「쾌락원칙을 넘어서」 각주 15번을 참조할 것.

적 주체다. 이 내용을 구성할 때 주체가 참조하는 것은 오로지 자신의 외밀한 공허와 심연뿐이다.

이 심연은 칸트의 도덕법칙과 양립할 수 있을까? 앞서 논했듯이 칸트의 도덕법칙은 주체에게 공포와 굴욕을 주는 목소리와 응시를 지닌 초자아로 묘사된다. 그러나 도덕법칙은 초자아로 환원되지 않는다. 도덕법칙을 수행하게 하는 의지는 법칙에 대한 존경에서 비롯된다. 이 "존경은 항상 인격을 향하며 결코 사물을 향해 있지 않다"(*CPRR*, 80/157). 존경심을 불러일으키는 사람, 즉 "본보기를 통해 가시화된 법칙은 항상 내 자만심을 꺾는다"(*CPRR*, 80/158). 그러므로 이 존경심은 즐거운 감정이 아니다.

> 존경은 쾌락의 감정과 너무 멀어서 그것이 어떤 사람에 대한 존경일 때 단지 마지못해 바친다. 우리는 그 사람에게서 존경의 짐을 가볍게 해줄 수 있는 무엇인가를, 우리가 그런 본보기로 인해 감수하는 굴욕에 대해 보상해줄 어떤 결함을 발견하려 한다. ……심지어는 장엄한 존엄성을 갖춘 법칙 자체도 존경하지 않으려는 이런 시도에 노출되어 있다. (*CPRR*, 81/159)

주체는 자신이 겪는 굴욕에 대해 보상받기 위해 도덕법칙을 존경하기를 망설이며, 그것을 "우리의 친숙한 경향성의 차원으로 강등시키고 싶어"한다(*CPRR*, 81/159).

주판치치는 칸트의 존경 개념과 라캉의 불안 개념이 모두 원인은 없고 대상만 있다는 점에서 유사하다고 해석한다. "원인의 결여는 대상의 출현과 상관된다. 만일 도덕법칙이 우리의 의지를 즉각적으로 규정하면, 이는 무엇인가가 인과성의 사슬에서 분리되어 대상으로 기능하기 시작한다는 것을 의미한다. 그것이 분리된 채로 남는 한 그것은 존경이나 불안을 일으킨다."[73] 주판치치가 말하는 인과성은 물론 자연적 인과성이다. 모범적인 윤리적 행위는 자연적 인과성에서 떨어져나온 행동이다. 이런 행위를 자연적 경향성으로 강등시키려는 것은 "원인의 사슬에서 떨어져나와 원인 없이 방황하는 것을 다시 그 사슬에 붙이려는 것(예를 들어 우리는 순수하게 윤리적인 것으로 보이는 행동에서 정념적 동기를 찾는다)"이다.[74] 10장에서 논했듯이 『실천이성비판』에서 칸트는 『순수이성비판』에서 빈자리로 남겨두었던 물의 장소에 도덕법칙을 넣는다. 이런 의미에서 도덕법칙은 상징계가 아닌 실재의 실현 불가능한 법칙이다. 도덕법칙을 즉각적으로 의식하여 정언명령을 수행하는 것은 자연적 인과성에서 분리된 초험적 인과성을 따르는 것이다. 도덕법칙(에 따라 행하는 인간)에 대한 존경은 굴욕감을 불러일으키므로 주체는 이에 대한 보상으로 도덕법칙에 따른 행동을 자연적 인과성으로 환원하려 한다.

그러나 이때 주체가 느끼는 굴욕은 도덕법칙에 대한 존경에서 비롯되는 것이므로 초자아적 도덕법칙의 응시와 목소리에서 느끼는 굴욕이나 공포와 다르다. 결여 없는 절대적 대타자, 즉 "대타자의 대타자가 존재한다면 행위의 가능성 자체가 정의상 배제된다. 그리고 주체가 이 대타자의 손에서 굴욕과 고문을 견뎌야 하면서도 그런 배제는 사실상 주체를

---

73) 같은 책, 144쪽. 라캉은 세미나 X 『불안』에서 대상 a를 불안의 원인으로 파악한다. "이 대상 a가 나타나는 가장 놀라운 경우, 즉 그것이 개입한다는 신호는 불안이다. ……프로이트가 가르쳤듯이 불안은 무엇과의 관계에서 신호의 기능을 수행한다. 나는 그것이 주체와 대상 a의 관계와 연관될 때 발생하는 것과 관계된 신호라고 말한다"(SX, 86). 프로이트는 『억제, 증상, 불안』(Inhibitions, Symptoms and Anxiety)에서 불안을 위험상황에 대한 신호로 해석하고, 유아가 느끼는 최초의 위험상황을 어머니 같은 "사랑과 동경의 대상인 누군가가 없는" 상황에서 찾는다(SEXX: 136). 아이가 성장하면서 위험상황이 어머니의 상실에서 거세위협과 초자아의 처벌로 그리고 마지막으로 죽음에 대한 공포로 바뀐다(SEXX: 139~140).
74) Alenka Zupančič, Ethics of the Real, 144쪽.

진정시킨다."[75] 왜냐하면 주체의 행위의 궁극적 보증자인 대타자가 있다면 그것은 주체의 불안을 달래주기 때문이다. 그러므로 초자아로서의 도덕법칙은 "존경의 실재 차원에 대한 '방어'"다.[76] 이렇게 주체를 진정시키는 효과는 주체의 자유를 담보로 발생한다. 주판치치의 표현대로 "대타자(도덕법칙)의 어떤 비일관성이나 불완전성은 윤리의 핵이다."[77] 목소리와 응시로 메워지지 않은 도덕법칙은 자신의 행위에 대한 책임을 대타자에게 전가하지 않고 스스로 책임을 지는 윤리적 주체에게 지워지는 자유의 조건이다.

윤리적 행위의 자율성

여기에서 칸트가 의미하는 행위의 도덕적 가치에 대해 살펴볼 필요가 있다. 칸트에 따르면 도덕적(윤리적) 행위는 도덕법칙에 대한 절대적 지식에 의해 발생하지 않는다. 오히려 이런 지식을 갖게 될 때 도덕적 행위 자체가 불가능해진다. 칸트는 주체와 도덕법칙의 완전한 일치 가능성, 즉 주체가 도덕법칙에 의거한 자유의지로 행동하여 최고선을 성취할 수 있는 가능성을 입증하려는 과정에서 영혼불멸과 신 존재의 당위성을 요

---

75) 같은 책, 148쪽.
76) 같은 책, 146쪽.
77) 같은 책, 147쪽. 이런 의미에서 "선험적 감정으로서의 존경"은 초자아 앞에서 주체가 느끼는 "굴욕에 대한 의식에서 발생하는 존경"과 구분되며, 전자가 "불안의 양식으로서의 존경"이라면 후자는 "환상의 양식으로서의 존경"이다. 주판치치는 칸트가 『실천이성비판』에서 "존경의 대상으로서의 도덕법칙 자체"를 강조한 것과 달리, 『윤리형이상학』(*The Metaphysics of Morals*)에서는 초자아로서의 도덕법칙을 강조했다고 해석한다. 주판치치의 칸트해석의 공헌은 결여 없는 절대적 대타자로서의 초자아적 도덕법칙에서 (완벽하지 않고 결여된 따라서 주체의 자유로운 윤리적 행위에 의해서 완성되는) 도덕법칙의 차원을 정교하게 분리해낸 데 있다. 보다 상세한 논의는 같은 책, 140~169쪽을 참조할 것.

청한다. 그러나 이런 요청 자체는 자연과 필연 사이, 유한한 존재자인 인간과 무한한 존재자 사이의 건널 수 없는 간극을 입증한다. 도덕법칙의 정언명령이 필요한 이유는 이 불가피한 간극 때문이다. 인간이 유한적 존재자인 한에서 정언명령은 필요하고 주체의 윤리적 행위의 가능성이 존재한다. 역으로 인간이 무한한 존재자와 같은 혜안을 얻게 될 경우에 오히려 윤리적 행위의 차원은 소멸된다. 칸트는 『실천이성비판』의 변증론 마지막 단원 「인간의 실천적 사명에 현명하게 부합하는 인간의 인식능력」에서 인간이 신에게만 허락되는 초감성적 세계—실재의 물—에 대한 지식(『순수이성비판』에서 불가능한 것으로 진단한 지식)을 갖게 되는 상황을 가정한다. 이 경우에 인간의 자연적 경향성 역시 그런 지식에 부합하게 바뀌지 않는다면 인간이 자연적 경향성을 만족시킨 후에 도덕법칙은 그 경향성을 제어하기 위한 명령을 내리게 된다.

도덕적 성향이 경향성과 벌여야 할—그리고 일정한 패배 후에 마음의 도덕적 힘을 점차적으로 얻을—갈등 대신에 신과 영원성이 그 두려운 위엄과 함께 끊임없이 우리 눈앞에 놓일 것이다. ……법칙의 위반은 확실히 피해질 것이고 명령된 것은 행해질 것이다. ……그러나 행위를 유발하는 성향은 어떤 명령으로도 주입될 수 없고 행동에 대한 자극은 이 경우에 항상 존재하고 외적이기 때문에, 이성은 법칙의 존엄에 대한 생생한 표상을 통해 경향성에 저항할 힘을 모으려고 애쓸 필요가 없다. 그러므로 법칙에 따르는 대부분의 행위는 공포로 인해 생기고, 오직 소수의 행위만이 희망에서 생기며, 의무에서는 어떤 행위도 생기지 않을 것이다. 행위의 도덕적 가치는…… 전혀 존재하지 않을 것이다. 인간의 자연본성이 지금의 모양 그대로 남아 있는 동안은, 인간의 행동은 순전한 기계성으로 변하고, 여기에서는 꼭두각시 놀이처럼 모든 것이 잘 연출되겠지만, 그 배역들에게서는 어떤 생명도

발견할 수 없을 것이다. (*CPRR*, 154~155/249~250)

　"도덕적 성향이 경향성과 벌여야 할 갈등"은 자유라는 초험적 인과성과 유한적 존재자인 인간이 종속된 자연적 인과성의 갈등이다. 현상계와 예지계 사이의 이 갈등이나 간극은 도덕적 행위의 근본적인 조건이다. "행위들의 도덕적 가치"는 오로지 이 간극을 좁히려는 과정, 도덕법칙에 따른 자유의지의 행위로 경향성을 극복하려는 과정에서만 발생하기 때문이다. 그러나 칸트가 설정하는 상황처럼 인간에게 예지계에 대한 지식이 존재한다면 인간은 자신의 눈앞에 펼쳐지는 신의 "두려운 위엄"에 의해 "꼭두각시"로 전락하고 그의 행위는 "생명"을 박탈당한 "기계성"으로 전락한다.

　이 장면에 대한 지젝의 해석은 네 가지로 정리할 수 있다. 첫째, 여기에서 주체에게 두려운 위엄으로 엄습하는 신은 "예지계적 차원인 신 자체, 즉 도착적 주이상스와 일치하는 음란한 초자아적 법의 신"이다.[78] 또한 도덕법칙에 대한 절대적 지식이 드러내는 이런 신의 모습은 법과 물의 경계선을 와해하고 "(법의 영역을 넘어선 물 자체가 아닌) **물로서의 법 자체의 기괴한 차원**"을 드러낸다.[79] 둘째, 인간이 꼭두각시로 전락하여 신/대타자의 도구가 되는 이 시나리오는 사드가 칸트의 진리임을 보여준다. 이 경우에 "칸트는 도착적이고 악마적인 신의 가설을 공식화하도록 강제된다."[80] 셋째, 현상계와 예지계의 구분이 와해되는 순간, 악마적 악의 순간이 도래한다. "내가 윤리적 행위에 너무 근접할 때 그것은 그것과 반대되는 악마적 악으로 바뀐다."[81] 내가 도덕법칙과 완전히 부

---

78) Slavoj Žižek, *The Plague of Fantasies*, 237쪽.
79) 같은 곳.
80) 같은 책, 229쪽.
81) 같은 책, 230쪽.

합하는 순간은 역설적으로 최고선의 순간이 아닌 악마적 악의 순간이다. 넷째, 칸트가 이런 상황에서 "행위들의 도덕적 가치"가 존재하지 않는다고 말하는 것은 칸트의 초월철학이 현상계와 예지계의 거리를 좁히려는 탐구이면서도 동시에 이 경계선을 지키는 철학임을 보여준다. "칸트가 우리 유한한 인간 존재자에게 예지계의 인식론적 접근불가능을 주장한 것은 '그대는 그렇게 하지 말아야 하기 때문에 그렇게 할 수 없어!'로, 윤리적 금지로, 근본적인 '위반 금지'로 읽어야 한다."[82] 칸트에게 "윤리의 마지막 지지물은 무조건적으로 지속하는('포기하지 말라' '끝까지 가라' '세상이 멸망해도 정의가 있을지어다') 태도가 아니라, 주체가 자신을 제어하고 심연 앞에서 멈추는 능력에 있다."[83] 요컨대 지젝에게 칸트의 윤리는 주이상스의 윤리가 아니라 물/주이상스에서 거리를 유지하는 욕망의 윤리인 셈이다. 지젝이 칸트가 악마적 악을 받아들이지 못했다고 평가하는 것은 이런 맥락에서다.

그렇지만 칸트의 시나리오가 부정적인 독해만을 허용하는 것은 아니다. 왜냐하면 칸트는 이런 불가능한 시나리오 자체가 아니라 도덕적 주체의 자유가 가능한 조건에 관심을 두기 때문이다. 물로서의 도덕법칙에 전적으로 부합하는 것에는 인간의 자유가 존재할 여지가 없다. 인간의 자유는 도덕법칙의 명령에 의거한 의지를 통해서 경향성을 점진적으로 극복하는 과정에 존재한다. 이 과정은 실재의 도덕법칙이 주체에게 엄습하는 것이 아니라 오히려 인간이 윤리적 행위를 통해서 도덕법칙을 완성하는 과정이다. 주체의 자유는 이렇게 법칙을 완성하는 행위에 존재한다. 이 때문에 도덕적 행위의 가치는 그것이 도덕법칙과 완전히 일치하지 않을 경우에만 발생한다는 역설이 생긴다. 지젝도 이 점을 간과하지

---

82) 같은 책, 236쪽.
83) 같은 책, 238쪽.

않는다. 역설적이게도 "칸트에게 이 유한성, 우리가 절대에서 분리되어 있음은 우리 자유의 적극적 조건이다."[84]

이제 화행의 주체와 진술의 주체의 차이를 칸트의 『실천이성비판』에서 다시 읽을 필요가 있다. 앞서 인용했듯이 라캉은 사드와 함께 칸트를 읽으며 칸트철학에서 은폐된 주체의 분열을 찾아낸다. "도덕법칙이 근거한 양극성은 기표의 개입이 초래한 주체 내부의 분열, 즉 화행의 주체와 진술의 주체 사이의 분열이다." 그런데 칸트철학에서 도덕법칙이 초자아로 환원되지 않는다면 명령을 선언하는 화행의 주체 역시 초자아로 환원되지 않는 차원이 아닐까? 핑크에 따르면 위 발언은 "라캉의 칸트해석의 핵심"이다.[85] 주체의 분열은 "기표에 의해 결정된, 즉 그(또는 그녀)가 말하는 언어 자체에 의해 상징계에서 소외된 주체—진술의 주체—와 의미나 의미화에서 완전히 분리되어 화행의 과정에서 존재를 찾는…… 언어를 넘어선 행위자 또는 심급으로서의 주체 사이의 차이"다.[86] 진술의 주체가 주체 내부에 새겨진 언어의 대타자인 양심의 목소리 또는 초자아의 지배를 받는다면 화행의 주체는 그것을 넘어선 차원에서 출현한다. 이 차원은 칸트가 『실천이성비판』에서 입증하려는 주체의 초험적 인과성, 즉 자유를 가리킨다. 칸트철학에는 초자아의 목소리와 응시 앞에서 자신을 검열하고 죄의식을 느끼는 주체뿐 아니라 화행과 행위의 과정에서 출현하는 주체도 존재하는 것이다.

도덕법칙의 부름과 초자아의 목소리는 밀접하게 관계되지만 결코 일치하지 않는다. 윤리적 부름이 진술 없는 "순수 화행의 목소리"라면 초자아의 목소리는 이 윤리적 목소리의 "부름을 회피하는" 일탈의 목소리다.[87] 라캉은 "초자아의 '양심의 목소리'는…… 음성적인 목소리, 큰 목

---

84) Slavoj Žižek, *Organs Without Bodies*, 43쪽.
85) Bruce Fink, *Against Understanding Volume 2*, 114쪽.
86) 같은 책, 115쪽.

소리 이외에 다른 어떤 권위도 없는 목소리"라고 말한다(*E*, 573). 돌라르는 여기에서 '큰 목소리'(loud voice)로 번역된 *grosse voix*를 "살찐"(fat) 목소리로 번역한다.[88] 이런 번역은 금지의 내용으로 가득 찬 초자아의 목소리의 특징을 부각시킨다. 이와 반대로 칸트의 정언명령은 진술(내용)없는 순수 형식인 화행의 목소리이며 살찌지 않고 텅 빈 윤리적 부름인 명령이다. 이 텅 빈 명령을 채우는 것이 윤리적 주체에게 허락되는 자유의 몫이다.

칸트의 정언명령이 무엇을 하라는 의무의 내용 없이 순수 형식으로 이루어진다는 점은 주체가 도덕법칙을 단순히 준수하는 것이 아니라 행위를 통해서 도덕법칙을 완성한다는 것을 의미한다. "주체는 오로지 자신의 행위로 대타자(법칙)가 결여한 것을 **창조한다**."[89] 무엇을 하라고 말하지 않는, 즉 "절반만 말해진" 정언명령/도덕법칙은 "주체의 행위 속에서만 법칙이 '될 것이다.' 우리가 자유와 행위의 실재 차원을 위치시킬 곳은 바로 이런 차원이다."[90] 도덕법칙은 미리 존재하는 것이 아니라 주체의 행위에 의해 미래완료시점에서 완성된다. 주판치치는 행위에 의해서 도덕법칙이 완성될 뿐 아니라 윤리적 주체도 비로소 출현한다는 점을 강조한다. 주판치치가 『실천이성비판』에 등장하는 위탁품/위탁인의 예를 분석하는 것도 이 점을 증명하기 위해서다. 칸트는 주관적 준칙이 보편적 실천법칙이 될 수 없는 예로 "모든 안전한 수단을 통해 내 재산을 증식시키는 것"을 준칙으로 삼는 경우를 제시한다(*CPRR*, 27/85). 내가 위탁품을 손에 넣게 되었고 이 위탁품의 소유주가 죽은 경우에 이 준

---

87) Mladen Dolar, *A Voice and Nothing More* (Cambridge, MA: MIT P, 2006), 98~99쪽.

88) 같은 책, 99쪽.

89) Alenka Zupančič, *Ethics of the Real*, 166쪽.

90) 같은 책, 166~167쪽. 여기에서 '될'로 옮긴 말은 미래완료시제인 "will have become"이다.

칙을 적용해서 재산증식을 정당화하는 것은 보편원칙이 될 수 없다. 라캉은 이 예를 "자신의 과업에 걸맞은 위탁인이 없는 위탁품은 없다"는 명제로 요약한다(E, 647). 이 명제의 의미는 "위탁인의 개념과 일치하며 이 개념으로 완전히 환원될 수 있는 위탁인이 없다면 위탁품도 없다"는 것이다.[91] 칸트는 여기에서 도덕법칙과 완전히 일치하는 신성한 의지를 설정하는 것처럼 위탁의 과업에 걸맞은 위탁인을 설정한다. 그런데 이렇게 설정된 위탁인은 화행의 주체가 아니라 그런 능력을 수행할 수 있는 자로 정의된 진술의 주체다. 윤리적 행위는 그것을 수행할 수 있는 주체를 가정할 때만 가능하다는 주장은 화행의 주체와 진술의 주체의 차이를 없애면서 화행의 차원에서만 가능한 윤리적 행위의 가능성을 차단한다. 행위를 수행할 수 있는 주체가 미리 존재하는 것이 아니라 행위가 행해지는 순간 주체가 출현하는 것이다.[92]

윤리적 주체가 행위 이전에 존재하지 않고 행위 이후에 사후적으로 출현한다는 것은 윤리적 차원이 수행된 행위에 책임을 진다는 것을 의미한다. 인간에게 자신이 처한 상황에 대한 절대적인 지식과 혜안이 없는한 자신의 행위에 대한 결과를 예측하는 것은 불가능하다. 안드레야 제브닉(Andreja Zevnik)의 표현을 빌리면 "윤리와 윤리의 주체는 항상 사후적으로 구성되므로 행동의 주체는 함정에 빠진다. 보편적 지도원리가 없는 상태에서 각 상황은 독특한 것으로 나타난다. 주체는 윤리적 심연을 응시하며 무엇을 해야 할지 결코 알지 못한다."[93] 그러나 윤리적 주

---

91) 같은 책, 101~102쪽.
92) 같은 책, 102~103쪽.
93) Andreja Zevnik, "Kant avec Sade: Ethics entrapped in perversions of law and politics," *Jacques Lacan Between Psychoanalysis and Politics*, Samo Tomšič 외 공편, 231쪽. 제브닉은 윤리적 주체의 사후적 구성에 대한 주판치치의 주장을 '책임'의 관점에서 더 세공하며, 주판치치가 칸트의 주체를 대타자의 명령을 따르는 도착적 주체로 비판했다고 주장한다. 같은 글, 224~231쪽을 참조할 것. 그러나 앞서

체는 자신이 처한 특수한 상황에서 대타자가 명하는 의무를 준수하고 행위의 결과에 대한 책임을 대타자에게 전가하는 대신, 자유의 심연에서 자신이 결정하고 수행한 행위에 대한 책임을 떠맡는 주체다. 자신의 행위를 통해서 도덕법칙을 완성하는 칸트의 주체는 대타자의 주이상스의 대상이 되는 사드의 도착적 주체와 다르다. 오히려 지젝이 말하듯이 칸트의 윤리는 "정확히 말해서 주체가 대타자의 주이상스의 대상-도구가 되는 것을 금지한다."[94] 초자아의 명령에 따라 행동했을 뿐이라고 대타자에게 책임을 전가하는 것은 칸트의 윤리에서 용납되지 않는다. "칸트는 따라서 사실상 도착증 환자가 아니다. ……도착증 환자의 행동은 그가 그 행동의 책임을 대타자에게 전가하는 한 비윤리적이다."[95]

이런 점에서 칸트철학은 욕망의 이름으로 초자아적 죄의식에서 벗어날 것을 명하는 라캉의 정신분석적 윤리의 토대다. 라캉은 사드와 함께 칸트를 읽으면서도 사드가 칸트의 희화화라는 점을 분명히 한다. 사드가 칸트의 진리라는 라캉의 발언은 부분적으로만 옳다. 오히려 "라캉은 '칸트의 진리인 사드'라는 명제를 침식한다. ……라캉은 『정신분석의 윤리』에 관한 세미나에서 「사드와 함께 칸트를」의 악순환을 깨는 것을 주된 목표로 삼았다."[96] 초자아의 명령을 배반했을 때 죄의식을 경험하는 악

보았듯이 주판치치는 칸트를 전적으로 비판하는 것이 아니라 도덕법칙의 초자아적(대타자적) 측면을 사드적 함정이라고 비판한다.

94) Slavoj Žižek, "Kant with (or Against) Sade?", 103쪽.

95) Slavoj Žižek, *The Indivisible Remainder*, 170쪽. 라캉의 윤리에서 칸트와 사드의 차이를 논한 국내 연구로는 정진만, 「윤리와 충동: 칸트와 사드에 대한 라캉의 논의를 중심으로」, 『라캉과 현대정신분석』, 4.1 (2002), 213~216쪽과, 최원 「세미나 XI에 대하여: 아파니시스라는 질문」, 『라캉과 현대정신분석』, 15.1 (2013), 201~208쪽을 참조할 것. 물자체/주이상스에 대한 욕망으로 분열된 라캉의 주체와 칸트적 주체의 관계에 기초해 라캉의 윤리를 검토한 글로서 정경훈, "The Thing-in-itself Within the Subject: Ethical Subject in Kant, Lacan, and Levinas," 『라깡과 현대정신분석』, 4.2 (2002), 245~260쪽을 참조할 것.

96) Slavoj Žižek, "Kant with (or Against) Sade?", 105쪽.

순환의 고리를 끊는 정신분석의 윤리는 대타자의 결여에서 자유의 심연을 경험하고 자신의 욕망에 따라 행동하는 것이다. 앞서 논했듯이 라캉은 정념적 대상을 제거한 도덕법칙을 "순수한 상태의 욕망"이라 부른다. 순수욕망이 정념적 대상이 아닌 "비정념적이고 선험적인 대상-원인"인 대상 *a*만을 대상으로 삼는다는 점에서 정신분석의 윤리는 지젝의 표현대로 "순수욕망비판"이라 부를 수 있다.[97] 순수욕망비판의 도덕법칙은 정념적 대상을 제거할 뿐 아니라 대타자의 욕망에서도 자유로운 욕망이고, 이 욕망에 충실한 것이 정신분석의 윤리다. 콥젝이 말하듯이 "어느 시점에서 우리는 대타자의 욕망에 대한 우리의 신경증적 망설임을 종식하고 우리 자신의 도덕법칙에 복종할 의무가 있다."[98] 자신의 도덕법칙에 따라 행동한 주체에게 죄의식은 없다. 초자아적 죄의식에서 벗어나 자유의 심연을 체현한 인물이 바로 안티고네다.

---

97) Slavoj Žižek, "Kant and Sade: The Ideal Couple," *Lacanian Ink*, 13 (1998), 24쪽.
98) Joan Copjec, *Imagine There's No Woman*, 225쪽.

제13장 아테(Atè)의 저편
라캉의 안티고네

헤겔의 안티고네: 가족과 국가

프로이트가 소포클레스의 비극『오이디푸스왕』에서 착안한 오이디푸스 콤플렉스 개념은 정신분석 이론을 지배해왔다. 주지하듯이 들뢰즈와 펠릭스 가타리(Félix Guattari, 1930~92)는 정신분석을 "오이디푸스의 제국주의"라 명명하며, 정신분석이 욕망을 가정의 삼각관계로 감금하고 욕망의 생산적·사회적·해방적 차원을 억압했다고 비판한다.[1] 라캉의 세미나 VII『정신분석의 윤리』는 소포클레스의『안티고네』해석에서 정점을 이룬다. 프로이트를 독창적이고 때로 전복적으로 재해석하면서도 끊임없이 프로이트로의 복귀를 주장한 라캉은 왜 오이디푸스가 아닌 안티고네를 정신분석적 윤리의 모델로 삼았을까?

조지 스타이너(George Steiner, 1929~)에 따르면 프랑스혁명 이후 19세기 내내『오이디푸스왕』이 아닌『안티고네』가 인간영혼이 생산한 가장 완벽에 가까운 예술작품으로 공히 칭송받았다. 그러나 프로이트 정신분석의 등장과 더불어『오이디푸스왕』이『안티고네』를 대체했다.[2] 그

---

1) Gilles Deleuze & Félix Guattari, *Anti-Oedipus: Capitalism and Schizophrenia*, Robert Hurley, Mark Seem & Helen Lane 공역 (Minneapolis: U of Minnesota P, 1983), 1~137쪽을 참조할 것.

러므로 라캉이 『안티고네』를 정신분석적 윤리의 본보기로 삼은 것은 이 작품을 원래의 위치로 복원시킨 것으로 볼 수도 있다. 그러나 라캉은 19세기적 『안티고네』 해석으로 복귀한 것이 아니라 오히려 전통적 해석을 비판한다. 19세기에 『안티고네』를 해석한 시인과 철학자는 괴테, 프리드리히 횔덜린(Friedrich Hölderlin, 1770~1843), 쇠렌 키르케고르(Søren Kierkegaard, 1813~55) 등 다양하지만 가장 중요한 인물은 헤겔이다.[3] 헤겔의 『안티고네』 해석에 대한 라캉의 비판적 언급에서 알 수 있듯이 라캉의 해석은 헤겔의 해석과 대조적이다. 더구나 헤겔 역시 윤리의 차원에서 『안티고네』를 해석하기 때문에 라캉의 해석은 헤겔과 대조할 때 더 선명히 드러난다.

헤겔의 해석은 19세기 유럽의 지적 풍토에 기반한다. 스타이너에 따르면 세기말에 프로이트가 『오이디푸스왕』을 정신분석의 출발점으로 삼기 전까지는 부모와 자식의 수직적 관계보다 남매의 수평적 관계에 대한 관심이 더 지배적이었다. "남매의 사랑과 완전한 이해에 에로스와 아가페가 존재한다. ……영혼이 거울 속으로 들어가 거울을 통해 완전히 일치하지만 자율적인 상대를 발견하는 것은 오로지 여기뿐이다. ……그래서 자매성이 다른 어떤 인간적 위치보다 존재론적으로 특권화된다."[4] 『안티고네』는 수평적 관계를 다룬 대표적 비극이고 헤겔도 남매관계를 특권화하며 안티고네를 최고의 인물로 찬양한다. 예컨대 그는 안티고네를 "이제껏 지상에 출현한 인물 가운데 가장 고결한 인물"로 칭송한다.[5] 그러나 헤겔은 라캉이 안티고네와 폴리네이케스의 관계를 해석하는 것

---

2) George Steiner, *Antigones: How the Antigone Legend Has Endured in Western Literature, Art, and Thought* (New Haven: Yale UP, 1996), 1~19쪽.
3) 19세기 『안티고네』 해석에 대해서는 같은 책 19~106쪽을 참조할 것. 헤겔의 『안티고네』 해석에 대해서는 임철규, 『그리스 비극』, 278~289쪽을 참조할 것.
4) George Steiner, *Antigones*, 17쪽.
5) 같은 책, 4쪽에서 재인용.

과 정반대의 이유에서 남매관계를 특권화한다. 라캉이 남매관계에서 안티고네의 욕망을 읽는 반면 헤겔은 욕망의 절대적 부재를 찾는다. 마찬가지로 라캉이 안티고네의 절대적인 영웅성을 강조하는 반면 헤겔은 안티고네 및 여성 일반을 변증법적 지양의 과정에서 희생되고 억압되어야할 대상으로 취급한다.

라캉이 헤겔을 비판하는 이유 가운데 하나는 헤겔이 안티고네와 크레온의 대립을 "가족담론"과 "국가담론"의 대립으로 파악했지만 사실은 이대립이 불확실하다는 것이다(SVII, 236). 『정신현상학』(*The Phenomenology of Spirit*)에서 정신은 인간의 법과 신의 법이라는 두 윤리적 실체로 분리된다. 이는 각각 국가와 가족을 대변하며 성별로는 남성과 여성, 정신으로는 의식과 무의식을 대변한다. 자연적인 윤리적 질서인 가족은 보편적인 윤리적 질서인 국가와 대립한다. "무의식으로서의 가족은 그 개념의 현실적이고 자기의식적인 존재와 대립한다. 국가의 현실적 존재 요소인 가족은 국가 자체와 대립한다. 윤리적 질서의 **직접적 존재**인 가족은 보편을 위해 일하면서 자신을 형성하고 유지하는 질서에 대립한다. 페나테스(Penates)는 보편질서와 대립하는 것이다."[6] 가족은 보편적인 윤리적 질서로 향하는 의식의 변증법적 과정에서 부정되고 지양되어야 할 매개적존재에 불과하다.

마찬가지로 가족의 일원인 개인은 직접적이고 감각적인 존재에 불과

---

6) G.W.F. Hegel, *The Phenomenology of Spirit*, A.V. Miller 옮김 (Oxford: Oxford UP, 1977), 268쪽. 이 책의 인용문은 위 영역본을 옮긴 것이며 주요 용어의 번역은 국역본 G.W.F. 헤겔, 『정신현상학』(임석진 옮김, 한길사, 2005)을 참고하고 필요시 수정했다. 앞으로 이 책의 인용은 괄호 안에 약어 *P*와 영역본 쪽수를 표기한다. 우리말로 '인륜적'으로 옮긴 ethical은 통일성을 위해 '윤리적'으로 옮겼다. 『정신현상학 2』(임석진 옮김, 한길사, 2005). 페나테스는 가정의 수호신을 의미한다. "가신(家神) 또는 가정의 수호신의 원어는 *Penaten*인데, 이는 본래 로마 씨족(氏族: gens, 그리스의 *genos*)의 조신(祖神)이다." 『정신현상학 2』(임석진 옮김), 26쪽 역주 15번을 참조할 것.

하며, 보편적 존재가 되기 위해서는 가족을 벗어나 국가의 일원, "감각적, 즉 개별적 현실에서 해방된 보편적 존재"인 시민이 되어야 한다(P, 270). 시민이 아닌 개인이 성취하는 보편성은 죽음에서만 가능하다. "개인 자체가 얻는 보편성은 순수한 존재, 즉 죽음이다"(P, 270). 그러나 죽은 개인은 자연의 물리적 힘에 압도되는 무력한 시신에 불과하다. 가족은 시신을 매장하면서, 죽은 개인을 자연의 물리력을 통제하는 공동체의 일원으로 만든다. "이 마지막 의무는 따라서 완전한 신의 법, 또는 개인에 대한 적극적이고 윤리적인 행동이다"(P, 271).

죽은 자를 매장하는 마지막 의무는 신의 법에 따른 윤리적 행동이지만 가족에 속한 개인의 종말을 의미하기도 한다. 신의 법이 관할하는 순간은 개인의 죽음을 완성하는 매장에서 끝난다. 개인이 가족의 자연적 혈연관계에서 벗어나 시민이 되는 순간 인간의 법이 지배력을 획득하고 비로소 참된 보편성이 실현된다. 이런 관점에서 가족에 속한 사랑과 욕망은 부정되고 지양되어야 할 속성에 불과하다. 아리스토텔레스가 욕망을 윤리의 영역에서 추방한 것처럼, 헤겔도 욕망을 보편적 윤리적 질서를 위해서 부정되어야 할 가족의 속성으로 파악한다. 헤겔이 남매관계를 부부 관계나 부모자식 관계보다 더 순수한 것으로 파악하는 것은 보편적 절대정신으로 향하는 변증법적 논리에 부합한다. 자기동일적인 의식의 변증법적 발전 과정에서 타자에 대한 애착은 자기로 회귀하는 것을 방해하는 불순물로서 제거되어야 한다. "남편과 아내의 상호의무적 존경은 따라서 자연적 관계 및 감정과 혼합되어 있으며, 그 관계 내에서 관계는 자기로 회귀하지 않는다. 둘째 관계인 부모와 자식의 상호의무적 존중도 마찬가지다"(P, 273). 이와 반대로 남매관계는 순수하다. 예컨대 누이에 대한 오빠의 "인식은 순수하며 어떤 자연적 욕망과도 혼합되지 않은 것이고," 이 관계는 "혈연의 평형과 연결되고 욕망이 결여된 관계"다(P, 275). 따라서 "오빠의 상실은 누이에게 돌이킬 수 없는 것이고 오빠에 대한 그녀의 의무는 최고의 의무다"(P, 275). 헤겔의 관점에서 안티고네가 폴리네이케스를 매장하는 행위는 이런 순수한 의무의 실천이다.

남매관계는 가장 순수한 혈연관계이지만 여전히 가족의 한계에서 발생하는 관계라는 점에서 "가족의 자기충족적인 삶이 해체되고 그 자체를 넘어서는 한계"다(P, 275).[7] 말하자면 남매관계는 가족의 혈연관계가 국가라는 공동체에서 시민의 관계로 발전하는 경계에 있다. 이 경계에서 남녀의 운명이 갈린다. 남자는 "자신이 살아왔던 신의 법이 관할하던 영역에서 인간의 법으로 넘어간다. 그러나 누이는 [결혼해서] 가정의 수장(首長)과 신의 법의 수호자가 되고, 아내는 가정의 장과 신의 법의 수호자로 남는다"(P, 275). 가족에 머무는 아내와 달리 "남편은 가족의 정신으로부터 공동체로 보내지며 그곳에서 자신의 자기의식적 존재를 발견한다"(P, 276).

신의 법과 인간의 법, 여자와 남자의 관계는 모두 윤리적이고 상호의존적이다. "그 둘 가운데 어느 것도 그 자체로 절대적으로 타당하지 않다. 인간의 법은 살아 있는 과정에 신의 법에서 나오고, 지상에서 타당한 법은 하계의 법에서 나오며, 의식은 무의식에서, 간접성은 직접성에서 나오고 마찬가지로 그것이 왔던 곳으로 돌아간다. 반면에 하계의 힘은

---

7) 헤겔은 가족, 시민사회 그리고 국가로의 변증법적 지양을 더 구체적으로 논한 『법철학』(*The Philosophy of Right*)에서도 남녀의 성차를 개별성과 보편성, 수동성과 능동성, 가족과 국가의 차이로 설명한다. *Hegel's Philosophy of Right*, T. M. Knox 옮김 (Oxford: Oxford UP, 1967), 114쪽을 참조할 것. 주지하듯이 페미니즘은 헤겔이 남성을 특권화하는 경향을 신랄히 비판했다. 예컨대 뤼스 이리가레(Luce Irigaray, 1930~)는 의식의 변증법적 발전을 여성/타자/무의식을 억압하는 과정으로 파악한다. "여성은 역사의 발전에서 능동적 역할을 차지하지 않는다. 왜냐하면 여성은 감각적 질료가 여전히 분화되지 않은 불투명성, 자아의 지양을 위한 물질의 저장소 이외에 다른 어떤 것도 아니기 때문이다." Luce Irigaray, *Speculum of the Other Woman*, Gillian Gill 옮김 (Ithaca, New York: Cornell UP, 1985), 224쪽. 헤겔과 페미니스트들에 대한 상세한 논의는 임철규, 『그리스 비극』, 289~312쪽을 참조할 것.

지상에서 그 현실적 존재가 되고, 의식을 통해서 존재와 행위가 된다"(P, 276). 그러나 이 두 윤리적 의식은 정지해 있거나 움직이지 않는 상태에 머무르지 않고 각각의 법에 따라 행동하는 과정에서 서로의 법을 위반하게 되며, 이 충돌의 필연성이 비극을 낳는다.

이렇게 윤리적 의식이 각각의 "윤리적 삶의 본질성으로 향하는 행위의 단순하고 순수한 지향성"이 바로 "의무"다(P, 279). 그러므로 두 상이한 윤리적 의식은 각자의 의무를 수행할 때 타자의 법을 위반하는 죄를 범한다. 윤리적 의식은 "한편이 옳다고 생각하고 다른 편이 틀렸다고 생각하기 때문에, 신의 법에 속하는 의식은 다른 편에서 인간적인 변덕의 폭력만을 본다. 반면 인간의 법을 고수하는 의식은 다른 편에서 자신의 권위를 고집하는 개인의 자아의지와 불복종만을 본다"(P, 280). 각각의 법에 따라 행동하는 윤리적 의식은 "범죄의 의미를 획득한다. 왜냐하면 단순하고 윤리적인 의식인 그것은 하나의 법을 지향하지만 다른 법에 등을 돌리는 행위를 통해 다른 법을 위반하기 때문이다(P, 282).

이 범죄는 반드시 위반된 법의 복수를 야기한다. 자신도 모르게 근친 상간과 부친살해의 죄를 범했다가 자신이 저지른 죄의 진상을 발견하는 오이디푸스가 이를 잘 보여준다. 그러나 헤겔은 자신이 범하는 죄를 알고 범하는 경우를 더 완벽한 윤리적 의식의 실현으로 본다. "윤리적 의식이 자신이 반대하는 법과 힘을 미리 알고 그것을 폭력과 오류로 그리고 단지 우연히 윤리적인 것으로만 여긴다면 또한 안티고네처럼 알면서 범죄를 저지른다면, 그 윤리적 의식은 더 완전하고 그 죄는 더 변명할 수 없는 것이다"(P, 284). 이렇게 자신의 윤리적 법에 온전히 속하는 것이 윤리적 실체이고, 이 "실체는 개인성 안에서 그의 '파토스'로 나타난다. ……실체는 동시에 그의 성격인 '파토스'다"(P, 284). 윤리적 법은 개인의 파토스를 통해 드러난다. 안티고네의 윤리적 의식은 오이디푸스보다 더 완벽하다. 왜냐하면 오이디푸스와 달리 안티고네는 분명히 자신의 윤리적 의식을 알고 그것을 실현하려는 목적에 따라 행동했기 때문이다. 버틀러는 여기에서 헤겔이 "그녀의 행동에서 무의식적 동기를 없애고 그녀를 완전히 의식적인 행위와 동일시"한다고 지적한다.[8]

그렇다고 헤겔이 신의 법과 무의식을 대변하는 안티고네를 남성적인 보편적 의식의 소유자로 인정하는 것은 아니다. 오히려 헤겔은 안티고네의 죄를 더욱더 변명할 수 없는 것으로 여긴다. 왜냐하면 그녀는 자신이 위반하는 인간의 법을 인정하지 않기 때문이다. "윤리적 의식은 행위를 통해서 자신의 목적을 실현한다. 이 행위에서 윤리적 의식은 자신과 반대되는 윤리적 의식을 위반하는 죄를 인정해야 한다"(P, 284). 안티고네는 자신이 크레온의 법을 위반하며 폴리네이케스를 매장했다는 것을 인정하지만 그것이 죄라고 인정하지 않는다. 그녀는 "내가 신들의 어떤 정의를 위반했단 말인가요? ……왜냐하면 경건하게 행동함으로써 나는 불경의 죄를 선고받기 때문이지요"라고 항변한다.[9] 이런 발언은 그녀가 자신의 죄를 인정하지 않는다는 것을 분명히 증언한다. 버틀러가 지적하듯이 "이것이 왜 그녀가 윤리적 법으로 편입되지 못하는지에 대해 헤겔이 제시하는 첫째 이유인 것처럼 보인다. 안티고네는 그녀가 그 행위를 했다는 점을 부인하지 않지만 이는 헤겔에게 죄의 인정으로 여겨지지 않는다."[10]

---

8) Judith Butler, *Antigone's Claim: Kinship Between Life and Death* (New York: Columbia UP, 2000), 33쪽.

9) *Antigone, Women of Trachis, Philoctetes, Oedipus at Colonus*, Hugh Lloyd-Jones 옮김 (Cambridge, MA: Harvard UP, 1994), 89쪽. 앞으로 『안티고네』의 인용은 이 판본에 따르며 괄호 안의 약어 *A*와 쪽수를 표기한다.

10) Judith Butler, *Antigone's Claim*, 34쪽.

헤겔의 비극론: 비극적 화해

헤겔의 논의는 안티고네에게서 여성 일반으로 이동한다. 개별성이 보편성으로 지양되는 헤겔 변증법에서 가족에 속한 개인이 소멸하고 국가 공동체가 출현하는 과정은 혈연관계의 복수성이 국가의 단일성에 종속되는 과정이다. "국가정신의 단일 영혼 또는 자아인 정부(政府)는 개별성의 이원성을 참지 못하고, 이 단일성의 윤리적 필연성은 하나 이상 존재하는 자연적 사건에 맞선다. 이런 이유로 이 두 형제는 다툰다. 그리고 국가권력에 대해 서로가 주장하던 동등한 권리가 그들을 둘 다 파괴한다. 왜냐하면 그들은 똑같이 틀렸기 때문이다"(P, 285~286). 『안티고네』에서 에테오클레스(Eteocles)와 폴리네이케스의 투쟁으로 극화된 개인의 투쟁과 죽음은 혈연관계의 개별적 특수성이 국가의 단일적 보편성에 의해 파괴되는 과정이다.

변증법적 지양의 과정에서 가족과 개별성을 대변하는 여성의 존재는 철저히 억압되어야 한다. 여성이 대변하는 가족과 혈연관계의 가치는 그 역할을 완수했고 공동체에서 더 이상 필요하지 않기 때문이다. 보편성으로의 변증법적 진화를 통과한 국가 공동체라는 윤리적 질서에서 여성에게 남은 역할은 시민이 될 청년을 길러 제공하는 것뿐이다. 그렇지 않고 국가의 영역에 개입할 때 여성은 보편성을 위협하는 범죄적 존재로 전락하는 공동체의 아이러니가 된다. "공동체의 [삶의] 영원한 아이러니인 여성은 음모를 통해서 정부의 보편적 목적을 사적인 목적으로 바꾸고, 그것의 보편적 행위를 어떤 특수한 개인의 일로 바꾸며, 국가의 보편적 재산을 가족의 소유와 장식으로 변질시킨다"(P, 288).

이런 상황에서 헤겔은 안티고네를 어떻게 판단할까? 버틀러가 예리하게 비판하듯이 어머니가 되지 못할 안티고네는 헤겔의 변증법에서 흔적만 남기고 사라진다. "헤겔의 텍스트는 안티고네를 변화시킨 나머지 그녀의 범죄성은 그것이 지닌 대안적 합법성의 힘을 상실한다. 이후 그녀는 다시 한번 자신이 결코 되지 못할 모성적 여성으로 번역된다. ……윤리적 질서의 보편성은 그녀를 포함하지 않으며 단지 그녀의 이중으로 몰수된 사랑의 흔적만을 포함할 뿐이다."[11] 버틀러가 말하는 합법성은 국가의 법에 대립하고 안티고네가 대변하는 신의 법을 의미한다. 보편성을 향한 목적론적 변증법의 과정에서 신의 법, 여성, 무의식, 가족, 개인성을 대변하는 안티고네의 운명은 소멸되는 것뿐이다.

이 과정에서 두 윤리적 실체 간의 힘의 균형이 깨지고 보편성에 귀속되지 못한 여성이 보편성을 위해하는 아이러니가 발생한다. 비극은 아이러니로 추락하고, 라캉이 불분명하다고 지적한 국가담론과 가족담론의 대립은 한쪽의 승리를 위한 다른 한쪽의 희생으로 종결된다. 그러나 헤겔은 『미학』(Aesthetics)에서 더 명확하게 국가담론과 가족담론의 대립을 비극의 핵심적인 구성요소로 파악한다. 비극적 상황에는 "두 상이한 윤리적 질서"인 단순한 의식과 파토스가 있다.[12] 단순한 의식은 그리스의 윤리적 삶의 토대다. 이는 분화되지 않은 보편적 의식이므로 갈등을 모르고 "어떤 특수한 행동에 도달하지 못한다"(AE, 1209). 그것은 "단지 행동의 지대나 관객일 뿐이다"(AE, 1209). 이와 달리 "개별적 '파토스'"는 "등장인물이 윤리적 정당성을 근거로 행동하게 하며 다른 인물과 대립하게 몰아감으로써 그들을 갈등하게 만든다."(AE, 1209) 비극의 인물들은 각자의 파토스에 충실하게 행동하므로 "어떤 내적 갈등도, 다른 사람의 '파토스'에 대한 망설이는 인식도 없는…… 절대적인 규정성을 지닌

---

11) 같은 책, 37쪽.

12) G.W.F. Hegel, *Aesthetics: Lectures on Fine Art, Volume II*, T. M. Knox 옮김 (Oxford: Clarendon Press, 1975), 1209쪽. 이 책의 인용문은 위 영역본을 옮긴 것이며 주요 용어의 번역은 국역본 G.W.F. 헤겔, 『헤겔미학 III』(두행숙 옮김, 나남출판, 1996)을 참고하고 필요시 수정했다. 앞으로 이 책의 인용은 괄호 안에 약어 *AE*와 영역본 쪽수를 표기한다.

개인들"이며, 이들의 갈등은 "비극의 본질을 구성하는 정당화된 행동을 하는 개인들의 대립"이다(*AE*, 1210).

이런 대립이 비극의 본질이지만 대립의 결과가 합리적이어야 한다는 사실도 중요하다. "결과의 필연성은 맹목적 운명, 순전히 비합리적이고 이해 불가능한 운명이 아니라…… 합리적인 운명"이다(*AE*, 1216). 합리성은 "일방적인 힘들이 자신들이 지닌 권리의 한계를 넘어서거나 한계를 넘은 결과 발생한 갈등이 지속하는 것을 최고의 힘이 허락하지 않는 것이다"(*AE*, 1216). 비극의 합리적 결말인 비극적 화해만이 카타르시스를 가져온다. "행동의 참된 발달은 오로지 **갈등**으로 기능하던 충돌의 해소, 상호갈등의 과정에서 서로를 파괴하려던 행동의 동기가 된 힘들의 화해에만 존재한다. ……그럴 때에만 주인공들의 운명 때문에 부서졌지만 근본적으로 화해한 우리들의 마음이 도덕적인 평화를 느낀다"(*AE*, 1215). 이와 반대로 "비합리적 강제와 순수한 고통은 불가피하게 관객의 영혼에 도덕적 평화와 만족 대신 단순한 분노를 일으킨다"(*AE*, 1216). 『안티고네』는 이런 비극적 화해를 보여주는 비극의 정수다. 헤겔은 "『안티고네』가 이런 종류의 가장 장엄하고 만족스러운 예술작품"이라고 극찬한다(*AE*, 1218). 라캉이 헤겔이 『안티고네』를 "잘못된 이유" 때문에 "가장 완벽한" 비극으로 여겼다고 비판했을 때, 그는 분명 이 부분을 염두에 둔 것이다(*SVII*, 240). 헤겔에게 『안티고네』가 가장 완벽한 비극인 이유는 갈등의 해소를 가장 완벽하게 구현하기 때문이다. 『안티고네』는 각자의 파토스에 충실한 행위를 통해 상대의 윤리적 질서를 위반한 개별성의 파괴가 비극적 화해로 승화되는 예술의 최고 경지를 보여주는 것이다.

두 죽음 사이: 안티고네와 아테

라캉이 지적하는 헤겔 변증법적 해석의 결정적인 문제점은 안티고네의 욕망을 읽지 못한다는 점이다. 라캉에게 『안티고네』가 최고의 예술작품이라면 그것은 비극적 화해를 보여주기 때문이 아니라 안티고네의 욕망이 눈부시도록 아름답게 빛나기 때문이다. 라캉의 관점에서 이 비극의 중심은 "가족과 국가의 문제를 넘어서 그리고 도덕적인 주장을 넘어서" 욕망의 빛으로 찬란하게 빛나는 "안티고네 자신의 매혹적인 이미지"다 (SVII, 247). 세실리아 쇼홀름(Cecilia Sjöholm, 1961~)은 "안티고네 콤플렉스"라는 신조어를 동원하여 여성적 욕망의 중요성을 강조하면서도 "안티고네는 여성적 욕망뿐 아니라 모든 주체의 모범이 된다"라고 주장한다.[13] 라캉이 안티고네의 욕망을 읽는 것도 여성적인 욕망의 특수성보다는 욕망의 근본적인 속성을 파헤치기 위해서다.

안티고네의 욕망은 죽음과 불가분의 관계에 있다. 라캉의 안티고네가 아름다운 것은 역설적으로 죽음에 대한 그녀의 욕망 때문이다. 안티고네에게는 처음부터 죽음의 그림자가 드리워져 있다. 극 초반 폴리네이케스의 시신을 매장하는 것을 금지한 크레온의 법을 상기시키는 여동생 이스메네(Ismene)에게 안티고네는 "너는 네가 결정한 사람이 돼. 하지만 나는 그를 매장할 거야! 내가 이 일을 하고 죽는 것은 명예로운 거야"라고 말한다(A, 11). 오빠를 사랑하는 안티고네가 그를 매장하기 위해 죽음을 불사하는 것은 충분히 납득할 만하다. 왜냐하면 그리스인들은 "죽은 자들의 망령이 매장당하기 전까지 하데스에 들어가지 못"한다고 생각했고 따라서 "영원한 휴식은 매장되느냐 아니냐 여부에 달려 있었기 때문

---

13) Cecilia Sjöholm, *The Antigone Complex: Ethics and the Invention of Feminine Desire* (Stanford: Stanford UP, 2004), xi, xix쪽.

이다."[14]

그러나 죽음에 대한 안티고네의 태도는 누이의 의무를 다하기 위해 죽음을 감수하는 것을 넘어서 죽음 자체를 동경하는 차원을 지닌다. 그녀의 태도가 "남매의 의무라는 경건성을 확실히 넘어선다"는 점에서 "안티고네의 행동에는 죽음에 대한 도착적 욕망이 존재한다"라고 말할 수있다.[15] 안티고네는 크레온에게 "나는 당신이 법을 선포하지 않았다고해도 내가 죽을거라는 것을 물론 알고 있었어요. 그러나 내가 일찍 죽는다면, 나는 그것이 이득이라고 생각해요. 왜냐하면 나처럼 많은 고난 속에 살고 있는 사람들은 죽음을 통해 이득을 얻지 않겠어요? 그래서 내가이 죽음을 만나는 것은 전혀 고통스럽지 않아요"라고 말한다(A, 45). 그녀는 무덤에 생매장될 때 무덤을 사랑하는 가족과 만날 집으로 묘사하며, "이곳에 올 때 나는 내 아버지에게 가까이, 그대 내 어머니에게 가까이, 그대 내 오빠에게 가까이 가게 될 것이라고 확신해요"라고 부르짖는다(A, 87). 죽음은 그녀에게 사랑하는 가족들과 만나는 상봉의 장소다.[16]

크레온이 그녀에게 사형을 선고한 후 안티고네는 슬퍼하는 이스메네에게 "너는 삶을 택했고 나는 죽음을 택했어!"라고 말하는 동시에 "안심해! 너는 살아 있지만 내 삶은 죽은 자들을 돕기 위해 오래전에 죽어 있었어"라고 말한다(A, 55). 라캉은 죽음에 대한 안티고네의 태도에서 죽음욕동을 발견한다. "안티고네가 자신을 돌로 변한 여인인 니오베

---

14) 임철규,『그리스 비극』, 313쪽.

15) Cecilia Sjöholm, "The Atè of Antigone: Lacan, Heidegger and Sexual Difference," *New Formations*, 35 (1998), 126쪽.

16) 프랑스와즈 멜제(Françoise Meltzer, 1947~)는 안티고네의 욕망을 죽음에 대한 욕망이 아니라 크레온의 법을 피해 가족과 만나려는 욕망으로 해석한다. "그녀는 죽기를 원하기보다 크레온의 법을 피해 그녀의 가족(이스메네를 제외한 하계에 있는 모두)으로 귀환하고 싶어한다." Françoise Meltzer, "Theories of Desire: Antigone Again," *Critical Inquiry*, 37.2 (2011), 183쪽.

(Niobe)로 묘사할 때, 그녀를 프로이트가 죽음욕동이 표현되는 형식을 인식할 수 있는 곳이라고 가르친 무생물적 상태가 아니라면 그 무엇과 동일시할 수 있단 말인가? 여기에서 우리는 죽음욕동의 한 예를 발견한 다"(SVII, 281).[17] 라캉은 안티고네가 무덤에 매장되기 전 애도의 노래를 부를 때 이미 삶의 무대에서 떠난다고 지적하며, 이때부터 물리적 죽음까지의 "삶과 죽음 사이의 지대"를 "두 죽음 사이"로 명명한다(SVII, 280). "그녀는 오랫동안 자신이 죽은 자들의 왕국에 있다고 말해왔지만 이 지점에서 비로소 그 생각이 신성화된다. ……그녀는 아직 죽지 않았지만 산 자들의 세계에서 제거된다"(SVII, 280).

라캉이 괴테와 헤겔을 비판하는 또 다른 이유는 그들이 이 두 죽음 사이의 지대에 주목하지 못했다는 데 있다(SVII, 248). 헤겔이 보기에 안티고네와 크레온은 각자의 윤리적 의식과 파토스에 충실한 자로서 동등하거나, 가족을 대변하는 여성인 안티고네가 국가를 대변하는 크레온보다 열등하다. 그러나 라캉은 크레온은 참된 비극적 주인공이 아니며 두 죽음 사이의 지대가 참된 비극적 주인공인 안티고네에게만 허락된다고 주장하면서 헤겔의 주장을 뒤엎는다. 라캉은 크레온이 "전체의 선을 촉진하기 위해 존재하는" 공동체의 지도자로서 "선을 추구한다"라고 평가한다(SVII, 258). 그런데 이 공동체의 선을 추구하는 것 자체가 크레온의 죄다. 더 정확히 말하면 "그의 판단오류는 전체의 선을 증진시키고자 원

---

17) 앞으로 라캉의 세미나 VII 영역본에 사용된 death instinct를 '죽음욕동'으로 옮긴다. 안티고네는 무덤으로 끌려가기 전 코러스에게 자신을 니오베에 비유하는데, 니오베의 이름을 직접 거론하지 않고 탄탈루스(Tantalus)의 딸로 언급한다. "나는 프리지아 이방인, 탄탈루스의 딸이 고지대 시필루스 가까이에서 갑작스럽게 죽었다고 들었어요. 그녀가 죽음으로써 마치 들러붙는 담쟁이처럼 바위들이 자라지 못했고, 사람들 말로는 그녀가 비처럼 녹아 없어지고, 눈(雪)이 그녀를 떠나지 않으며, 그녀는 항상 울어서 산맥을 적신다지요. 신들이 나를 잠들게 보내는 지금 나는 그녀와 아주 닮았어요"(A, 81).

하는 것…… 전체의 선을 한계가 없는 법, 최고의 법, 한계를 넘거나 가로지르는 법으로 촉진하기 원하는 것이다"(SVII, 259). 크레온의 죄는 국가의 법을 한계가 없는 보편법으로 만드는 데 있다. 라캉은 자신의 법을 보편적인 것으로 선언하는 크레온의 "언어가 칸트가 선의 개념이라 부른 것과 완전히 일치한다. 그것은 실천이성의 언어다"라고 말한다(SVII, 259). 크레온의 법은 "칸트의 관점에서 보면 보편적 타당성을 지닌 이성의 규칙으로 주어질 수 있는 준칙이다"(SVII, 259). 그러나 비극은 선이 보편성을 과도하게 추구할 때 불가피하게 치명적인 결과를 낳는 것을 극화한다. "선은 과도함의 출현 없이 모든 것을 지배할 수 없으며, 그 과도함의 치명적인 결과는 비극에서 우리에게 드러난다"(SVII, 259).

크레온이 자신의 법을 예외 없는 보편법칙으로 만들 때 신들의 불문법을 위반하는 결과를 초래한다. 폴리네이케스의 매장을 금지한 법을 위반할 것이냐는 크레온의 질문에 안티고네는 "나는 당신의 법령이 신들의 확실한 불문법을…… 파기할 힘이 있을 정도로 강하지 않다고 생각해요"라고 항변한다(A, 45). 크레온은 자신이 선포한 인간의 법으로 신들의 불문법을 침범하는 죄를 범한다. 그러나 라캉은 이 침범을 의도적인 악에 기인한 것으로 여기지 않는다. 크레온은 단지 공동체의 선을 극단적으로 추구했을 뿐이고, 그의 죄는 아리스토텔레스가 『시학』(Poetics)에서 말한 하마르티아(ἁμαρτία, Hamartia), 즉 "판단오류"에 불과하다(SVII, 258).

하마르티아는 극의 마지막에 죽은 아들 하이몬(Haemon)을 안고 무대에 등장하는 크레온을 묘사할 때 사용한다. 아리스토텔레스에게 하마르티아는 비극적 주인공의 파국을 일으키는 원인이다.[18] 그러나 라캉은

---

18) Aristoteles, *Poetics*, Gerald Else 옮김(Ann Arbor: U of Michigan P, 1967), 38쪽을 참조할 것. 1453a8~10에서 괄호 안의 쪽수는 아우구스트 이마누엘 베커(August Immanuel Bekker)의 1831년 독일어 판본의 쪽수다.

"사용된 용어는 하마르티아, '실수' 또는 '실책'이다. 그것은 아리스토텔레스가 주장하는 의미인데 내 생각에 그는 틀렸다. 왜냐하면 그것은 비극적 주인공을 죽음에 이르게 하는 특징이 아니기 때문이다. 그것은 정말로 오류에 불과한, 반-영웅 또는 부차적인 영웅인 크레온에게만 진실이다"라고 비판한다(SVII, 277). "하마르티아는 참된 영웅의 차원이 아니라 크레온의 차원에서 나타난다"(SVII, 259). 라캉은 크레온의 죄를 하마르티아로 해석하면서 크레온이 의도적으로 신들의 불문법을 파기한 것이 아니라 단순한 판단오류로 그렇게 한 것임을 강조한다. "크레온이 순진하게 또 다른 영역으로 건너간다는 데는 의심의 여지가 없다"(SVII, 259). 크레온은 악하기보다 어리석은 존재다. 라캉은 하마르티아를 "어리석은 어떤 것"이라고 부른다(SVII, 277).

신들의 불문법이 지배하는 또 다른 영역은 정의의 여신이 지배하는 곳으로서 그리스어로 디케(Δίκη, Dike), 즉 정의다.[19] 이에 대해 라캉은 "우리가 건너지 말아야 하는 이 유명한 영역은 무엇인가? ……그것은 불문법, 의지 또는 신들의 디케가 지배하는 장소다. 그러나 우리는 더 이상 신들이 무엇인지에 대한 개념이 없다. 우리가 기독교법 아래에서 오랫동안 살아왔다는 것을 잊지 말자. 우리 기독교인들은 신들의 모든 영역을 지워버렸다"라고 말한다(SVII, 259). 디케가 지배하는 신들의 영역은 실재계다. 라캉은 세미나 VIII 『전이』에서 "신들은…… 명백히 실재계에 속한다. 신들은 실재계가 계시되는 양식이다"라고 말한다(SVIII, 44). 기독교의 역사는 "기독교적 계시의 신을…… 말씀, 로고스로 전치"하는 과

---

19) "고대 그리스인들은 '제우스의 법'을 디케(Dike), 즉 '정의'라고 했다. 디케는 제우스의 딸로서…… 제우스의 옆자리에 앉아 아버지의 서판(書板)에 인간들의 비행을 기록하면 제우스는 이를 토대로 벌을 내렸다." 디케는 인간들의 법을 넘어서는 권위를 지녔고 하데스를 포함한 우주 전체를 관장했다. 임철규, 『그리스 비극』, 100쪽을 참조할 것.

정, 즉 실재계를 상징(계)화하는 과정이다(SVIII, 44). "신들은⋯⋯ 실재계의 표시다. 이 표시에서 상징질서로 이동하는 것은 실재계의 계시에서 우리를 멀어지게 한다"(SVIII, 51).

크레온에게 허락되지 않고 안티고네만이 들어갈 수 있는 두 죽음 사이의 지대는 기독교의 상징화에 의해 멀어진 실재계와 접하는 한계의 장소다. 이 비극에서 한계의 개념과 관련해서 중요한 용어가 아테(ἄτη, Atè)다. 그리스에서 아테는 개인적·주관적으로는 눈멂(blindness), 얼빠짐(infatuation) 또는 어리석음(folly)을 뜻하고, 집단적·객관적으로는 파멸(ruin), 재해(calamity) 또는 재난(disaster)을 뜻한다. 주관적 의미는 인간의 내면적 상태를 의미하고 객관적 의미는 외부에서 인간에게 가해지는 것을 의미한다. 아테는 이 두 의미가 중첩되는 양가성을 지닌다. 신이 정한 운명에 의해 인간이 정신적으로 눈먼 상태가 되는 것이 그 예가 될 수 있다. 그러므로 이 용어는 인간의 자유와 책임의 문제 또는 자유의지와 운명 사이에서 생기는 긴장의 문제와 밀접하게 관련된다.[20] 이런 양가적 의미는 특히 소포클레스의 비극에서 두드러진다. 이는 "인간의 자유와 신의 운명 사이에서 생기는 긴장에 대한 그리스인의 의식이 더 날카로워진 것을 반영한다."[21] 라캉은 이 단어에서 한계의 의미를 찾으며 운명의 힘에 맞선 안티고네의 위반을 강조한다. 아테는 "인간의 삶이 짧은 시간 가로지를 수 있는 한계를 지시한다. ⋯⋯인간은 아주 짧은 시간만 아테를 넘어설 수 있으며 그곳이 안티고네가 가고자 하는 곳이다"(SVII, 263). 크레온이 안티고네를 감금하라고 명한 뒤 코러스는 부친살

20) 아테에 대한 이상의 설명에 대해서는 Richard Doyle, *ATH Its Use and Meaning: A Study in the Greek Poetic Tradition From Homer to Euripides* (New York: Fordham UP, 1984), 1~6쪽을 참조할 것. 필자가 인용하는 『안티고네』 영역본에서 이 단어는 disaster로 번역되어 있다.
21) 같은 책, 96쪽.

해와 근친상간을 범한 랍다코스(Labdacus) 가문[22]에 내린 재난을 "신이 그의 마음을 재난으로 몰고 가는 자에게 악은 선으로 보인다"라고 노래한다(A, 61). 라캉은 이에 대해 다음과 같이 설명한다.

엑토스(Ἐκτος)는 바깥 또는 아테(Ἀτέ)의 한계를 넘어섰을 때 발생하는 것을 의미합니다. 엑토스 아타스(Ἐκτος ἄτας)는 텍스트에서 한계를 넘어서는 것을 의미합니다. 이 순간 코러스의 노래는 이 개념을 중심으로 발전하며, 이는 코러스가 인간이 프로스 아탄(πρὸς ἄταν), 즉 아테를 향해 간다고 말하는 것과 마찬가지 방식입니다. 여기에서 그리스어의 전치사 체계 전체는 매우 중요하고 시사적입니다. 안티고네가 아테를 향해 가는 것은 인간이 악을 선으로 오인하기 때문, 다시 말해서 아테의 한계 너머의 어떤 것이 안티고네의 선, 즉 다른 모든 사람의 선과 다른 선이 되었기 때문입니다. ……결국 비극적 주인공들은 항상 소외되고, 항상 기존의 한계를 넘어서며, 항상 노출된 입장에 처합니다. 그 결과 어떤 식으로든 구조에서 분리됩니다. (SVII, 270~271)

라캉이 주목하는 그리스어 전치사 '프로스'(πρὸς, toward)와 '엑토스'(ἐκτος, beyond)의 관계는 안티고네의 행위를 잘 설명해준다. 안티고네가 아테를 향해가는 것은 아테 너머의 어떤 것, 사회가 악으로 여기는 것이 그녀에게 선이 되었기 때문이다. 그렇기 때문에 안티고네는 아테를 향해 가고 결국 아테의 한계를 넘어선다. 이렇게 안티고네를 잡아당긴다는 점에서 또는 그녀의 행위의 동력이라는 점에서 아테는 운명이 아니라 "그녀의 운명 배후에 있는 욕동"이다.[23] 그리고 그 결과 사회구조에

---

[22] 랍다코스는 오이디푸스가 살해하는 아버지 라이오스(Laius)의 아버지다.
[23] Cecilia Sjöholm, "The Atè of Antigone," 128쪽.

서 소외되고 분리된다.

한계를 넘어선다는 점에서 안티고네는 신들의 영역을 침범하는 크레온과 유사하다. 그러나 라캉은 안티고네와 크레온의 위반을 명확하게 구분한다. 그 차이는 위반의 동기에 있다. 크레온의 위반의 동기가 자신이 만든 인간의 법을 절대화하려는 판단오류, 즉 하마르티아라면, 안티고네의 위반의 동기는 어떤 외재적인 타율성에서도 벗어난 자신의 욕망이다.

안티고네가 코러스의 관심을 끄는 이유는 그녀가 여기에서 아테로 향하기 때문이고, 그것이 심지어 아테를 넘어서는, 아테의 한계를 넘어서는 문제이기 때문입니다. 코러스는 그녀가 자신의 욕망을 통해서 아테의 한계를 범하는 자라고 말합니다. ……아테는 하마르티아, 즉 실수나 오류가 아닙니다. 그것은 어리석은 어떤 것을 행하는 것과 무관합니다. (SVII, 277)

판단오류를 통해서 신들의 불문법을 위반하는 어리석은 크레온과 달리 안티고네가 아테를 위반하는 것은 자신의 욕망 때문이다.

죽음욕동과 주이상스

제8장에서 논했듯이 라캉은 세미나 VII의 시작에서 정신분석의 윤리가 "위반의 매력"과 관계된다고 밝힌다(SVII, 2). 위반의 매력은 다름 아닌 주이상스의 경험이다. 라캉은 주이상스의 순화를 지향하는 정신분석을 비판한다. "정신분석은 죄의 순화를 유일한 목적으로 삼는 것처럼 보인다. 우리가 임상경험을 통해 그런 접근이 야기하는 어려움과 장애 그리고 반작용을 잘 알고 있는데도 말이다. 이런 접근은 도착적 **주이상스의 순화**를 포함한다"(SVII, 4). 정신분석은 주이상스의 순화가 아닌 주이상

스의 경험을 다루어야 한다.

라캉이론에서 욕망과 주이상스의 관계는 복잡하다. 욕망은 주이상스를 지향하지만 주이상스에 도달할 때 소멸되므로 주이상스에 대한 방어이기도 하다. 주이상스를 지향하면서 동시에 욕망으로 남기 위해 주이상스와의 거리를 유지해야 하는 것이 욕망의 패러독스다. 라캉은 세미나 VII을 끝낸 지 약 2개월 후인 1960년 9월에 연 강연 「주체의 전복과 프로이트적 무의식에서의 욕망의 변증법」에서 "욕망은 방어, 즉 주이상스에서 한계를 넘으려는 것에 대한 방어"라고 정의한다(*E*, 699). 후기 라캉의 관점에서 "우리는 향락의 실재와의 만남을 피하기 위해서 무한한 상징적 환유의 영역으로 도피한다."[24] 다시 말해서 욕망의 환유는 주이상스에서 도피하는 피난처다. 그러나 세미나 VII에서는 "불가능, 실재를 목표로 삼는 것이 욕망이다"[25] 요컨대 욕망은 "위반의 주이상스"를 추구한다(*SVII*, 195). 라캉은 "이 위반의 지점이 윤리에 대한 우리의 탐구와 관계된 어떤 것, 즉 욕망의 의미와 중요한 관계를 지닌다"라고 말한다(*SVII*, 207).

주이상스는 욕동의 만족을 동반한다. "주이상스는 순수히 그리고 단순히 욕구의 만족이 아니라 욕동의 만족으로 나타난다"(*SVII*, 209). 이때 만족되는 욕동은 죽음욕동이다. 라캉이 세미나 XVII『정신분석의 이면』에서 말하듯이 "죽음으로 향한 길은 다름 아닌 주이상스로 불리는 것"이다(*SXVII*, 18). 안티고네의 욕망이 위반의 주이상스를 추구할 때 만족되는 것은 죽음욕동이다. 지젝이 지적하듯이 "순수한 상태의 욕망은 물론 '죽음욕동'이고 그것은 주체가 '죽음으로 향하는 존재', 즉 주체의 상징적 정체성의 궁극적 소멸을 아무런 제재 없이 받아들일 때, 다시 말해서

---

24) Alenka Zupančič, *Ethics of the Real*, 235쪽.
25) 같은 곳.

주체가 자신의 욕망을 구성하는 불가능성인 실재와의 대면을 견딜 때 발생한다."[26] 안티고네의 죽음과 위반은 분명 밀접하게 관계된다. 크레온의 법을 위반하는 대가가 죽음이기 때문이다. 그러나 라캉에게 위반과 죽음은 단순히 실정법을 위반한 처벌의 대가로 내려지는 사형 선고를 의미하지 않는다. 안티고네의 위반은 죽음욕동이 실현되는 것이다. 두 죽음 사이의 지대는 주인공의 욕망이 한계를 위반하는 곳이고 죽음욕동이 실현되는 공간이다.

라캉은 프로이트의 용어 *Trieb*를 본능(instinct)이 아닌 욕동(drive)으로 번역해야 한다고 거듭 지적하며 생물학적 욕구의 차원인 본능과 욕동을 구별한다.[27] "욕동 자체는 매우 복잡한 것이다. ……그것은 광의의 의미에서 이해된 본능의 복잡성으로 환원되지 않아야 한다"(*SVII*, 209). 이 구분은 사드에게서 빌려온 제2의 죽음 개념의 정의에서 중요하다. 라캉이 『줄리엣』 제4권에서 인용하는 교황 비오(Pius) 6세의 시스템은 다음과 같다.

파괴가 없다면 지구는 자양분을 얻지 못할 것이고 그 결과 인간이 자신의 종을 번식시킬 가능성은 없다. ……자연에 대한 봉사는 훨씬 더 전적인 파괴…… 우리가 성취할 수 있는 것보다 훨씬 더 완벽한 파괴를 요구한다. 자연은 범죄에서 잔학함과 강도를 원한다. 자연에 더 크게 봉사하기 위해서는 우리가 매장하는 육신이 재생하지 못하도록 노력해야 한다. 살인은 우리가 내리치는 개인의 첫째 생명을 앗

---

26) Slavoj Žižek, *For They Know Not What They Do*, 266쪽.
27) 예를 들어 *E*, 680쪽; *SXVII*, 16쪽. 그러나 욕동과 본능의 차이는 단순히 문화와 자연의 이분법으로 규정될 수 없다. 라캉에게 욕동은 단순히 상징계의 기표의 차원에만 관계된 것이 아니라 신체와 성과도 밀접히 관계된 것이기 때문이다. 욕동의 이런 차원을 규명한 글로 Charles Shepherdson, "The Elements of the Drive," *Umbr(a)*, (1997), 131~145쪽을 참조할 것.

아갈 뿐이다. 우리가 자연에 더 유용하려면, 그의 둘째 생명도 취하려 애써야 한다. 왜냐하면 자연은 파멸을 원하기 때문이다. (*SVII*, 210~211)[28]

사드의 논리는 기본적으로 자연의 법에 대한 충성이다. 자연의 법을 철저히 따르기 위해서 생명체의 1차적 파괴인 생물학적 죽음 이외에 둘째 생명도 파괴해야 한다. 왜냐하면 오로지 철저한 파괴만을 통해서 새로운 창조가 가능하기 때문이다.

둘째 생명마저도 소멸시키는 철저한 파괴가 죽음욕동과 관계된다. 라캉은 "한편으로 열반원칙 또는 파멸원칙과 다른 한편으로 죽음욕동"을 구별하면서, 전자가 "절대적 휴식의 상태는 아니더라도 적어도 보편적인 평형상태로 회귀하려는 경향"과 관련된다고 말한다(*SVII*, 211).[29] "평형의 종국적인 상태의 도래를 향해 진행되는 비가역적 경향의 작동은 정확히 말하면 에너지학에서 엔트로피로 알려진 것이다. 이것이 프로이트에게서 죽음욕동에 부여된 첫째 의미다. 정말 이것이 관건일까?" (*SVII*, 211) 라캉의 수사학적 질문은 죽음욕동이 본능의 의미에 한정될 수 없음을 암시한다. 평형상태로 회귀하려는 경향이 본능이고 "죽음욕동 자체는, 그것이 파괴욕동인 한, 무생물적 영역의 평형상태로 회귀하려는 본능을 넘어서야 한다"(*SVII*, 212). 그것은 "파괴의 의지, 새롭게 출발하려는 의지, 모든 것이 기표의 기능의 관점에서 도전받을 수 있는

---

28) Marquis de Sade, *Juliette*, 771~772쪽. 위 인용문은 라캉의 세미나 VII에 영어로 번역된 것을 옮겼다.

29) 지젝은 이 구분에 기초해서 죽음욕동과 열반원칙의 차이를 여러 곳에서 지적한다. "열반원칙(nirvana principle, 모든 긴장의 해소를 위한 노력, 원래의 무의 상태로의 회귀에 대한 동경)과 달리 죽음욕동은 열반원칙을 넘어서 이 원칙과 반대로 지속하고 주장하는 긴장이다." Slavoj Žižek, *Less than Nothing: Hegel and the Shadow of Dialectical Materialism* (London: Verso, 2012), 132쪽.

하나의 다른 것(an Other-thing)을 위한 의지다. ⋯⋯그것은 또한 영(零, zero)에서 창조하려는 의지, 새로 시작하려는 의지다"(SVII, 212).

평형상태와 엔트로피를 지향하는 열반원칙과 달리 죽음욕동은 기표의 세계와 관련된다. "죽음욕동은 역사적 영역에 위치한다. 그것은 오로지 의미사슬의 기능으로만 정의될 수 있는 차원에서 표현된다. 다시 말해서 준거점, 즉 질서의 준거점이 자연의 기능에 상대적으로 위치할 수 있는 한에서 말이다. 그것은 근본적인 기억행위에서 스스로 포착될 수 있는 저 너머의 무엇을 요구한다"(SVII, 211). 죽음욕동은 자연적 죽음이 아니라 역사적이며 의미사슬의 차원인 상징계에 존재한다. 자연적 죽음은 한계를 지니지만 절대적 파괴는 의미사슬의 존재로 인해 가능하다. "자연적 사건의 사슬에 내재적이거나 함축적인 모든 것이 소위 죽음욕동에 종속된 것으로 간주될 수 있다면, 그것은 단지 의미사슬이 있기 때문이다"(SVII, 212). 기표의 세계인 현대 물리학의 발달로 가능해진 전지구적 파괴의 가능성, 즉 "우리 머리 위에 매달린 무기" 또는 "물(das Ding)이 주체 바로 옆에 있다"(SVII, 104~105). 원자폭탄을 가능하게 하는 것은 자연이 아닌 수학 또는 물리학 같은 기표의 힘이다. 자연의 상태가 아닌 기표의 차원에서 전적인 파괴, 모든 것이 새롭게 출발할 수 있는 영도의 원점이 가능하다. 인간 역사의 어느 시점에서 발생한 "기표의 힘의, 수학의 작은 글자들에게서 출현한 담론의 갑작스럽고 거대한 발달"이 이런 파괴를 실현가능하게 한다(SVII, 236). 이런 상황에서 "우리는 기표의 전능이 야기한 물리학 담론이 자연을 통합하거나 해체하는 지점에 도달할지에 대해서도 의아해한다"(SVII, 236).

죽음욕동은 엔트로피나 평형상태와 달리 새로운 질서를 창조하는 파괴적이고 역동적인 힘이다. 이는 사드의 이론에서 새로운 질서의 창조를 위해 무질서와 파괴가 선행되어야 하는 것과 같다. 그것은 "다시 한번 과제를 시작할 수 있도록, 새로운 에너지의 분출로 다시 시작할 수 있도록 판을 일소하기를 원하는 것"이다(*SVII*, 210). 죽음욕동은 에너지의 원점으로 회귀하는 무기력한 상태가 아니라, 새로운 창조를 위해 판을 일소하고 무의 상태를 만드는 전적인 파괴의 행위다. "우리가 세상에서 의미사슬의 형태로 나타나는 그 어떤 것을 다루기 시작하는 순간, 그 사슬의 너머인 어떤 다른 곳—비록 확실히 자연세계의 바깥이지만—, 그 사슬이 기초하고 그 자체로 표현되는 무에서의(*ex nihilo*) 장소가 존재한다"(*SVII*, 212). 이런 점에서 제2의 죽음은 "상징적 네트워크의 전 지구적 파괴"를 의미한다.[30]

새로운 출발이 이전의 반복이 아니기 위해서는 반드시 그 시작을 가능하게 하는 무의 지점이 선행되어야 한다. 상징계의 전적인 파괴에는 상징계가 출현한 원점 또는 상징계의 한복판에 사후적으로 구성된 실재계의 개념이 반드시 필요하다. 상징질서 내에서 그 질서의 전적인 파괴를 추동하는 힘이 죽음욕동이고, 위반은 단순한 실정법에 대한 저항이 아니라 상징계의 판을 일소하고 무의 원점 상태를 회복하려는 보다 급진적인 행위다. 지젝은 이 점을 명확히 설명한다.

> 이 "두 죽음 사이"의 장소는…… 물의 장소, 상징질서의 한복판에 있는 실재의 외상적 핵의 장소다. 이 장소는 상징화/역사화에 의해 열린다. ……우리가 기표의 네트워크의 총체적이고 전적인 소멸의 가능성을 생각할 수 있는 것은 물의 빈 장소와의 관계 때문이다. "제2의 죽음," 자연의 순환운동의 급진적 소멸을 생각하는 것은 이 순환운동이 이미 상징화/역사화되고 상징적 그물망에 새겨지고 포획되었기 때문에 가능하다. 절대적 죽음, "우주의 파괴"는 항상 상징적 우주의 파괴다. 프로이트의 "죽음욕동"은 제2의 죽음이라는 사드의 개념—상징

---

30) Charles Freeland, *Antigone, in Her Unbearable Splendor*, 161쪽.

화/역사화의 과정 자체에 의해 그것의 급진적이고 자기파괴적인 한계로서 열린 역사적 전통의 총체적 "일소"의 가능성 — 에 대한 정확한 이론적 개념이다.[31)]

두 죽음 사이의 지대에 위치한 한계점은 상징계와 실재계의 접점이다. 안티고네가 두 죽음 사이의 지대에서 아테를 넘어서는 이 한계점은 상징계의 한복판에서 상징계의 전적인 소멸을 가능하게 하는 실재의 물의 장소다. 아름다운 안티고네가 등장하는 이 한계점은 "아름다움의 현상"이 존재하는 한계이자 "제2의 죽음의 한계"이고, 상징계의 전적인 소멸과 더불어 무에서의 출발을 가능하게 하는 죽음욕동이 실현되는 공간이다. (SVII, 260)

욕망의 자율성

두 죽음 사이의 지대에서 한계를 가로지르는 안티고네는 상징계가 전적으로 소멸되는 지점에 위치한다. 안티고네가 이 한계점에 존재한다는 사실은 대타자에게서 자유롭다는 것을 암시한다. 앞서 인용했듯이 코러스가 안티고네를 "자신의 욕망을 통해서 아테의 한계를 범하는 자"로 묘사하는 것은 매우 중요하다. 왜냐하면 그것은 크레온에 대한 안티고네의 저항이 신의 법이 아니라 자신의 욕망을 따른 행위라는 점을 분명히 보여주기 때문이다. 매장을 금지한 법을 위반하겠느냐고 묻는 크레온에게

---

31) Slavoj Žižek, *The Sublime Object of Ideology*, 135~136쪽. 그러므로 죽음욕동은 상징계내에서 실재계로 향하는 힘이다. "프로이트가 죽음 원칙을 유기체가 무생물적 상태로 회귀하려는 퇴행적 경향으로 정의했다면, 라캉은 좀더 넓고 위상학적으로 실재(물)와 합일하려는 경향으로 정의한다." Marc de Kesel, *Eros and Ethics*, 99쪽.

안티고네는 "이 법을 선포한 것은 제우스신이 아니고, 인간들에게 그런 법들을 제정하게 한 것도 하계의 신들과 사는 정의의 여신이 아니"라고 항변한다(A, 45). 라캉은 이 부분의 번역이 정확하지 않다고 지적하며, 여기에서 안티고네가 말하는 법은 크레온의 법이 아니라고 해석한다.

> 그녀는 분명히 "당신이 이 법들을 만들었지요"라고 말합니다. 그러나 또 다시 의미가 상실됩니다. 글자대로라면 그것은 "그것들을 내게 선포한 것은 결코 제우스신이 아닙니다"로 번역됩니다. 당연히 그녀는······"그런 말을 할 권리를 당신에게 준 것은 제우스신이 아니에요"라고 말한 것으로 이해됩니다. 그러나 사실 그녀는 그렇게 말하지 않습니다. 그녀는 자신에게 그것을 하도록 명령한 것이 제우스 신이라는 것을 부정하는 것입니다. 하계의 신들의 동반자나 협력자인 디케도 아니라는 것이고요. 그녀는 예리하게 자신을 디케로부터 구분합니다. 그녀는 사실상 "당신은 온통 연루되었죠. 당신이 디케를 회피하는 방식이 잘못된 것일 수도 있지요. 하지만 나는 그것에 연루되지 않을 거예요. 나는 인간들에게 법을 부과한 하계의 이 신들과 관계가 없어요"라고 말하는 것입니다. 오리산($\ddot{\omega}\rho\iota\sigma\alpha\nu$), 호리조($\dot{o}\rho\dot{\iota}\zeta\omega$), 호로스($\ddot{o}\rho\sigma\varsigma$)는 정확히 지평선, 한계의 이미지를 의미합니다. 더구나 문제가 되는 한계는 그녀가 위치한 한계이고, 그녀가 스스로 공격당할 수 없다고 느끼는 장소이자 사멸적 존재가 위반하는 것, 법을 넘어서는 것이 불가능한 장소입니다. (SVII, 278)

기존의 번역대로라면 안티고네는 크레온의 법이 제우스신이나 하계의 신들의 법인 디케가 아니기 때문에 그 법을 거부하는 것이 된다. 라캉은 "안티고네가 결국 하계의 법과 땅의 법에 관심이 있다는 것을 부정할 수 없다. ······그녀가 크레온의 질서에 저항하는 것은 하계로 내려간 오빠를 위해서다. 즉 가장 급진적으로 하계적 관계인 혈연관계의 이름으로 그렇게 하는 것이다. 간단히 말해서 그녀는 신들의 디케를 자신의 편에 둔다"라고 말한다(SVII, 276~277). 이런 발언은 라캉이 안티고네가 신들의 이름으로 크레온의 법에 반대하고 있다고 주장하는 것처럼 보이게 만든다. 그러나 앞선 인용문에서 라캉은 분명히 전통적 번역과 다르게 안티고네의 행위를 신들의 불문법에서 벗어난 것으로 파악한다. 라캉의 해석에서 안티고네가 의미하는 '그것'은 크레온의 법이 아니라 자신의 행위(를 명하는 법)이므로, 그녀는 자신이 제우스신이나 디케 때문에 폴리네이케스를 매장한 것이 아니라 자신의 욕망에 따라 행동한다고 주장하는 것이다.[32] 이 점이 라캉의 『안티고네』 해석의 핵심이다.

라캉은 안티고네를 자율적인 존재로 묘사한다.

안티고네는 아우토노모스($\alpha \dot{v} \tau \acute{o} v o \mu o \varsigma$, 자율적)로서, 인간이 기적적으로 담지자가 되는 것과의 순수하고 단순한 관계로서 나타납니다. 이

---

[32] 그릭은 안티고네의 자유를 강조하는 지젝의 『안티고네』 해석이 부정확하다고 지적하면서, 안티고네는 절대적 자유를 실천하는 것이 아니라 아버지의 욕망과 더 고차원적인 법에 따라 행동하며, "절대적 자유의 행위는 주어진 상징질서에 대해 상대적으로 자유로운 것"이라고 주장한다. Russell Grigg, "Absolute Freedom and Major Structural Change," *Traversing the Fantasy: Critical Responses to Slavoj Žižek*, Geoff Boucher, Jason Glynos & Matthew Sharpe 공편 (Burlington, VT: Ashgate, 2006), 193쪽. 스타브라카키스도 욕망을 권력과 법의 질서와 대립하는 것으로 파악하여 안티고네를 혁명적인 인물로 해석하는 지젝을 비판하면서, 안티고네는 신들의 불문법을 따르므로 그녀의 욕망은 상위의 법에 종속된다고 해석한다. "안티고네가 궁극적으로 그녀의 욕망을 어떤 법, 신들의 법과 연결시키는 것은 놀랍지 않다." Yannis Stavrakakis, "The Lure of Antigone," 121쪽; Yannis Stavrakakis, *The Lacanian Left*, 118쪽을 참조할 것. 그러나 라캉은 분명 안티고네가 법이 아니라 자신의 욕망을 따른다는 점을 강조한다. 이 점과 관련해서 스타브라카키스를 비판한 예로 Tim Themi, *Lacan's Ethics and Nietzsche's Critique of Platonism* (Albany: SUNY P, 2014), 48, 147쪽을 참조할 것.

것은 인간이 자신에게 반대되는 모든 것에 맞서서도 자신의 존재가 되는 불가항력의 힘을 부여하는 의미화 단절(signifying cut)입니다. ……
그녀는 죽음 자체에 대한 순수하고 단순한 욕망이라 불릴 수 있는 어떤 것의 실현을 한계까지 몰고 갑니다. 그녀는 그 욕망을 체화합니다.
(SVII, 282)

　라캉의 설명에서 주목할 첫째 대목은 안티고네의 자율성과 욕망이 "의미화 단절"과 관계된다는 점이다. 의미화 단절은 기표가 사물을 대신함으로써 의미가 발생하는 사건을 지칭한다. 이 사건으로 실재계에서 기표의 상징계가 출현하고 상징계는 실재계에서 독립된 자율적 구조를 지니게 된다. 이 과정에서 인간은 "기적적으로" 이 기표의 "담지자"가 된다. 라캉은 이 의미화 단절과의 순수하고 단순한 관계를 "죽음 자체에 대한 순수하고 단순한 욕망"과 동일시한다.

　안티고네가 "의미화 단절"과 맺는 "순수하고 단순한 관계"는 주체와 대타자 사이의 동질성과 전복성이라는 역설적인 관계로 설명된다.[33] 의미화 단절은 실재계에서 상징계(의 기표의 사슬)가 출현하는 계기를 지시한다. 이렇게 출현한 상징계는 자율적인 구조를 지니지만 완전하고 닫힌 구조가 아니라 실재의 공허로 관통되어 있는 결여된 구조다. 따라서 상징계는 항상 그것이 출현했던 무의 원점으로 돌아갈 수 있는 가능성에 노출된다. 안티고네는 상징계의 한복판에 존재하는 결여와 욕망의 지점, 상징계가 일소되고 새로 출발할 수 있는 원점인 무—nihilo—의 지

---

33) 애휴비아 케이헌(Ahuvia Kahane)은 이 관계를 순수하고 단순한 관계로 설명하는 라캉이 공시성을 중요시하는 구조주의적 관점에서 시간과 통시성을 고려하지 못한다고 비판한다. Ahubia Kahane, "*Antigone*, Antigone: Lacan and the Structure of the Law," *Interrogating Antigone in Postmodern Philosophy and Criticism*, S.E. Wilmer 외 공편, 162~163쪽.

점, 상징계와 실재계가 만나는 한계점에 위치한다. 이 한계점은 "단순한 죽음이 아닌 욕망의 소멸, 욕망이 새겨지는 지점으로의 회귀"를 나타낸다.[34]

안티고네의 욕망은 어머니 이오카스타(Jocasta)의 욕망이다. 이 욕망은 "범죄적 욕망"인데(SVII, 282), 아들 오이디푸스와 결혼해서 두 아들과 두 딸을 낳은 이오카스타의 욕망이 근친상간적이기 때문이다. 어머니의 근친상간적 욕망을 물려받은 안티고네는 폴리네이케스뿐 아니라 아버지이자 오빠인 오이디푸스에 대한 근친상간적 욕망을 지닐 수 있다.[35] 이런 점에서 안티고네가 아테를 위반하는 것은 부모의 근친상간적 범죄를 반복하는 것이다. 그러나 근친상간적 욕망보다 더 근원적인 것은 애초에 욕망이 시작되는 무의 지점이다. 안티고네가 무의 지점에 천착한다는 것은 근친상간적 대상을 넘어서 실재의 공허를 지향한다는 것을 의미한다. 쇼흘름이 말하듯이 "아테 또는 욕망의 한계는 근친상간에 대한 장벽으로 환원될 수 없다. 그것은 우리가 타협해야 할 공백을 지시한다. 우리의 욕망이 어떤 궁극적인 종점이나 의미로 향한다는 보장은 없다. 다른 한편으로 이 허무주의적 비전은 우리가 '우리의 욕망을 따를 것'을, 욕망이 새겨지는 곳 배후의 공백을 인식하기 위해 끝까지 갈 것을 요구한다."[36] 안티고네의 욕망은 근친상간을 넘어서 무의 지점을 향한다.

---

34) Cecilia Sjöholm, "The Atè of Antigone," 128쪽.
35) 멜제는 안티고네가 자살한 이오카스타의 죽음에 대한 욕망을 모방한다고 해석한다. Françoise Meltzer, "Theories of Desire: Antigone Again," 182쪽을 참조할 것. 마크 그리피스(Mark Griffith)는 아버지에 대한 안티고네의 근친상간적 욕망을 소포클레스와 그가 속한 사회의 욕망이 안티고네에게 투사된 것으로 본다. Mark Griffith, "Psychoanalysing Antigone," *Interrogating Antigone in Postmodern Philosophy and Criticism*, S.E. Wilmer 외 공편, 114~124쪽을 참조할 것.
36) Cecilia Sjöholm, "The Atè of Antigone," 130쪽.

무(無)에서(*ex nihilo*)

안티고네가 폴리네이케스에 집착하는 이유에 대한 라캉의 설명도 기표가 출현하는 계기인 무의 지점과 관계된다. 안티고네는 무덤에 생매장되기 전 크레온에게 남편이나 자식은 또 얻을 수 있지만 부모가 돌아가신 상태에서 오빠는 아무도 대신할 수 없는 유일무이한 존재라고 항변한다. 괴테를 당혹게 한 이 발언에서 라캉은 안티고네가 집착하는 폴리네이케스의 유일무이한 존재가 다름 아닌 기표로서의 존재라고 해석한다.

> 이 오빠는 유일무이한 어떤 것입니다. ……안티고네의 주장은 어떤 내용과도 무관하게, 폴리네이케스가 행했던 어떤 선이나 악 또는 그가 종속된 어떤 것과도 무관하게 폴리네이케스의 유일무이한 존재 가치를 긍정하는 급진적 한계를 대변합니다. 여기에 관련된 유일무이한 가치는 본질적으로 언어의 가치입니다. 언어 바깥에서 그것은 생각될 수 없습니다. …… 그 순수성, 그가 일생 동안 살아왔던 역사적 드라마의 특성들에서 분리된 존재가 안티고네가 고착된 한계 또는 엑스 니힐로(*ex nihilo*)입니다. 그것은 언어의 존재 자체가 인간의 삶에서 시작하는 단절 이외에 아무것도 아닙니다. (SVII, 279)

안티고네가 보존하려는 것은 폴리네이케스의 시신뿐 아니라 기표로서의 그의 존재다. 이 기표로서의 존재는 폴리네이케스가 저지른 선이나 악 또는 그의 일생에서 발생한 어떤 변화와도 무관하다. 따라서 폴리네이케스가 국가를 배신한 범죄자라는 사실은 중요하지 않다. 폴리네이케스의 "순수성"은 "도덕적 의미에서가 아니라 그것이 모든 의미나 기의 심지어 '국가 제1의 적'이라는 의미에서도 분리되었기(정화되었기) 때문이다."[37] 요컨대 이 기표는 상징계에서 부여받은 어떤 기의 — 예를 들어 범죄자—와도 무관한 "순수하고 무의미한 기표"이며, 안티고네가 기표로서의 폴리네이케스에 집착하는 이유는 이 기표가 "그를 삶과 죽음의 자연적 질서에서 떼어내어서 그의 가치가 그가 죽을 때 그와 함께 사라지지 않게 보장하기" 때문이다.[38] 라캉이 말하듯이 이 기표의 순수

---

37) Marc de Kesel, *Eros and Ethics*, 219쪽.

38) 같은 곳. 버틀러는 프로이트의 우울증(melancholia) 개념을 독자적으로 전유해 안티고네를 우울증의 관점에서 분석하면서 폴리네이케스의 유일무이한 특이성에 문제를 제기한다. 상실한 대상에게 투자된 리비도를 회수해서 다른 대상에게 투자하는 애도와 달리, 우울증은 상실한 대상을 포기할 수 없기 때문에 그 대상과 동일시하고 내화해서 자기 안에 그 대상을 만들어놓고 원망과 비판을 가하는 것이다. 프로이트는 『자아와 이드』에서 남아가 동일시하고 내화한 아버지가 자아 안의 침전물이 되어 초자아가 형성되고, 이 초자아의 힘으로 어머니에 대한 근친상간적 욕망을 극복함으로써 오이디푸스 콤플렉스가 해소된다고 설명하면서, 초자아의 형성 과정이 상실한 대상과의 동일시/내화라는 우울증의 메커니즘과 같다고 본다. 물론 프로이트는 아버지와의 동일시가 사랑하는 대상과의 동일시가 아니라 대상선택 이전에 발생한 직접적인 동일시라는 점을 강조하기 때문에 우울증의 메커니즘과 다를 수 있다(*SEXIX*: 28~35). 그러나 버틀러는 프로이트가 양성성 개념으로 남아가 아버지를 사랑하는 부정적 오이디푸스 콤플렉스도 설명하기 때문에, 아버지와의 동일시는 사랑의 대상인 아버지를 포기하는 과정으로 볼 수 있다고 해석한다. 버틀러는 남아가 남성성을 획득하여 이성애적 성향을 갖게 되는 과정보다 (아버지와의 동일시/내화는 이성적 사랑의 대상으로서의 아버지를 포기하는 것이므로) 아버지에 대한 동성애적 사랑을 포기하는 것이 선행한다는 점을 강조한다. Judith Butler, *Gender Trouble: Feminism and the Subversion of Identity* (New York: Routledge, 1999), 73~84쪽. 버틀러에 따르면 오이디푸스가 안티고네의 아버지이자 오빠이기 때문에 안티고네가 집착하는 폴리네이케스의 유일무이한 특이성은 '오빠'(brother)라는 말로 표현할 수 없다. "그녀는 자신이 상실한 것을 오빠인 폴리네이케스라 부르고 그의 특이성을 주장하지만 이런 주장은 의심스럽다"(Judith Butler, *Antigone's Claim*, 80쪽). 그녀에게 오빠는 여럿이므로 '오빠'라는 "언어는 그녀가 그[폴리네이케스]에게 묶으려는 욕망을 흩뜨리고 말하자면 그녀가 통제할 수 없는 난잡성으로 그녀를 저주한다"(같은 책, 77쪽). 안티고네가 크레온의 명령을 어기고 폴리네이케스를 애도할 때, 이 애도에는 다른 오빠들인 오이디푸스와 에테오클레스 그리고 이오카스타와 이스메네에 대한 애도가 "말해지지 않는다"(같은 책, 79쪽). 안티고네는 폴리네이케스를 애도할 때 다른 오빠들에 대한 "말할 수 없는" 애도를 거부하는 것이고, 안티고네의 우울증은 이런 거부로 이루어진다(같은 책, 80쪽). 애도의 거부가 우울증

성은 무의 지점인 *ex nihilo*에 관계된다. "크레온과의 관계에서 안티고네는 통시성과 반대되는 공시성의 장소에서 자신을 발견한다"는 라캉의 발언은 그녀가 의미화 단절이 일어나는 무의 원점에 존재한다는 것을 의미한다(SVII, 285). 폴리네이케스라는 기표는 실재계에서 그가 주체로서 최초로 출현한 원점, 실재계와 언어의 '단절'을 표시한다. 안티고네가 기표로서의 폴리네이케스에 집착한다면 그것은 역설적으로 그녀가 상징계 한가운데 존재하는 무의 지점인 실재의 공허를 직시하기 때문이다. 앞으로 논하겠지만 라캉에게 기표는 무에서 창조된다. 따라서 역설적으로 실재의 공백을 지시한다. 안티고네에게 폴리네이케스의 가치가 '물'이라는 필리프 판 호트(Philippe Van Haute, 1957~)의 주장 ─ "라캉은 폴리네이케스를 유일하고 비교불가능한 것으로 만드는 것이 언어의 기표로 표현될 수 없다는 사실에 관심을 보인다. 그의 유일성은 그에 대해 말할 수 있는 어떤 것에도 있지 않다. ……안티고네가 폴리네이케스에게서 겨냥하는 것은 다름 아닌 물이다."[39] ─ 은 이런 관점에서 이해될 수 있다.

안티고네가 서 있는 곳은 실재의 물과 접하는 한계점이다. 라캉은 하이데거가 "창조의 주제"에 관해 사색했던 마지막 철학자라고 평가하고 (SVII, 120), 하이데거가 논문 「사물」("Thing")에서 묘사한 도공이 단지

의 특성이기 때문이다. 안티고네가 이들의 애도를 거부하는 것은 이들에 대한 사랑을 포기하지 못한다는 것을 함축한다. 이명호는 라캉이 안티고네를 애도자로 파악하는 반면 버틀러는 그녀를 우울증적 주체로 파악한다는 점에서 이들의 해석을 비교분석한다. 『누가 안티고네를 두려워하는가: 성차의 문화정치』(문학동네, 2014), 60~92쪽을 참조할 것. 동성애적 관점에서 안티고네는 동성의 동생인 이스메네에게 왜 그렇게 냉정하느냐는 질문이 제기될 수 있다. 라캉이 이 점을 고려하지 못한다는 비판에 대해서는 Peggy Phelan, *Mourning Sex: Performing Public Memories* (New York: Routledge, 1997), 15쪽을 참조할 것.
39) Phillipe Van Haute, "Death and Sublimation in Lacan's Reading of Antigone," *Levinas and Lacan: The Missed Encounter* (Albany: SUNY P, 1998), 112~113쪽.

를 만드는 과정을 무에서의 창조로 해석한다. 하이데거는 사물을 대상과 엄격히 구분한다. 사물로서의 단지는 자립적이다. "단지는 스스로를 지탱하는 독립성을 지닌다는 점에서 대상과 다르다. 독립적이고 자립적인 사물은 우리가 그것을 우리 앞에 놓을 때 대상이 된다."[40] 사물이 주체의 의식에 표상될 때 사물은 비로소 대상이 된다. 그러나 단지를 표상이 아닌 도공의 제작물로 생각해도 여전히 대상성은 존재한다. 왜냐하면 도공이 단지를 스스로 설 수 있도록 만드는 생산 과정에서 도공은 그것에 대한 이데아(idea, 에이도스*eidos*)를 지니기 때문이다. 따라서 스스로를 지탱한다는 것 역시 "사물의 사물성"을 보여주지 못한다.[41] 단지의 사물성은 표상성 및 생산 과정과 별개로 그것이 무엇인가를 담는다는 점에 있다. "단지의 사물성은 그것이 그릇이라는 점에 있다."[42] 그리고 우리가 단지에 무엇인가를 부을 때 단지가 무엇을 담을 수 있다는 사실을 알 수 있다. 단지에 무엇을 부을 수 있는 것은 바닥과 측면이 있기 때문이다. 그러나 단지가 바닥과 측면으로 구성되어 있다는 점이 단지의 사물성은 아니다. 왜냐하면 단지에 무엇을 부을 수 있다는 것은 그것이 오로지 비어 있기에 가능하기 때문이다. 도공이 흙으로 단지의 바닥과 측면을 만드는 것은 그것에 모양을 줄 뿐이다.

우리가 단지를 채울 때, 우리가 붓는 것은 빈 단지로 흘러들어간다. 텅 빔, 공백이 용기가 무엇인가를 담을 수 있게 한다. ……처음부터 끝까지 도공은 만질 수 없는 공허를 잡아서 그것을 용기 모양의 그릇으

40) Martin Heidegger, *Poetry, Language, Thought*, Albert Hofstader 옮김 (New York: Perennial Classics, 2001), 164~165쪽. 번역본은 마르틴 하이데거, 『강연과 논문』(이기상, 신상희, 박찬국 공역, 이학사, 1996), 211~236쪽을 참조할 것.
41) 같은 책, 165쪽.
42) 같은 책, 166쪽.

로 만든다. 단지의 공백이 그릇을 만드는 과정에서 모든 조작을 결정한다. 그릇의 사물성은 그것을 구성하는 재료에 있는 것이 아니라 담는 공백에 있다.[43]

하이데거는 단지에 액체를 붓는 것뿐 아니라 단지에서 액체를 따라서 주는 행위에 제사 때 신에게 술을 바치는 헌주(*Trank*, libation)의 의미를 부여하며, 흙에서 빚어진 단지에서 하늘과 땅, 사멸적 인간과 신의 네 요인이 모인다고 해석한다. 사물의 로마어 *res*는 그리스어 *on*에서 유래한 것으로 주체 앞에 놓인다는 표상성을 강조한다. 중세에 이 용어는 "어떤 식으로든 존재하는 모든 것"을 의미했으며, 칸트의 물 자체는 "대상 그 자체"이지만 주체에게 표상될 수 없는 대상이었으므로 사물의 "모으는" (gathering) 특성이 간과되어왔다.[44] 라캉은 단지에 네 가지 요소가 모인다는 점을 언급하지만 그의 관심은 무엇보다도 사물로서의 단지가 창조되는 과정에 있다. 라캉에 따르면 하이데거의 설명은 무에서의 창조를 예증한다. 고대 철학은 창조를 물질에서의 창조로 여겨왔다. 예컨대 아리스토텔레스의 철학에서 "물질은 영원하고…… 아무것도 무에서 만들어지지 않는다"(*SVII*, 121). 그러나 단지를 "물이라 불리는 실재의 중심에 있는 공백의 존재를 표상하도록 만들어진 대상"으로 생각하면, "표상에서 표상되는 이 공백은 무(*nihil*, nothing)인 자신을 나타낸다. 그리고 이 때문에 도공은…… 자신의 손으로 이 공백 둘레에 단지를 창조한다. 그는 마치 신비로운 창조주처럼 구멍에서 시작해서 무에서 단지를 창조하는 것이다"(*SVII*, 121).

그러나 라캉은 단순히 하이데거의 이론을 반복하지 않는다. 라캉에게

---

43) 같은 책, 167쪽.
44) 같은 책, 172~175쪽.

단지는 단순히 물, 공백, 실재를 지시하는 것이 아니라 실재에서 창조된 기표를 의미한다.

　단지의 의미화 기능에서 단지를 특징짓는 이 무는 단지의 체화된 형태에서 단지 자체를 특징짓는 것입니다. 그것은 텅 빔을 창조하고 그럼으로써 그것을 채우는 가능성을 도입합니다. 비움과 채움이 그 비움과 채움을 알지 못하는 세계로 도입됩니다. 비움과 채움 자체가 세계에 들어오는 것은 이 주조된 기표, 이 단지에 기초해서입니다." (SVII, 120)

　기표로서의 단지는 실재/물에서의 창조를 증언한다. "단지인 이 주조된 기표의 도입은 이미 무에서의 창조 개념을 포함한다. 그리고 무에서의 창조 개념은 물 자체의 정확한 상황과 같다"(SVII, 122). 라캉의 설명에서 상징계와 실재계, 기표와 물의 관계가 역전되기도 한다. 기표로서의 단지가 공백을 창조하고 기표로 인해 비움과 채움 자체가 도입되기 때문이다. 실재에서 상징계의 기표가 분리되어 출현하는 "의미화 단절은 **사후적으로 실재를**, 부유하는 기표들의 집단에 안정적인 중심을 제공하는, 공백으로 만들 뿐이다."[45]

---

45) Marc de Kesel, *Eros and Ethics*, 181쪽. 케젤은 기표의 우위를 강조하는 라캉의 하이데거 독해가 전복적이며 하이데거는 결코 단지를 기표로 여기지 않았을 것이라고 평한다. 같은 책, 314쪽 미주 44번을 참조할 것. 사물 개념을 통해서 하이데거 철학에서 대지/세계의 관계와 라캉의 실재계/상징계의 관계 사이의 유사성을 규명한 글로서 박선영, 「라깡과 하이데거의『안티고네』: 죽음 충동, 사물, 정신분석의 윤리」,『라깡과 현대정신분석』, 15.1 (2013), 61~72쪽을 참조할 것.

욕망의 실현

그렇지만 무에서의 창조에 관한 라캉의 설명은 기표의 우위보다 기표의 세계가 출현하는 무의 지점인 물/실재를 강조한다. 안티고네가 죽음을 향한 존재라면 이 원점을 지향하고 선택하기 때문이다.[46] 라캉이 의미화 단절과 기표로서의 존재를 강조하는 것은 안티고네가 기표에 예속된다는 것을 강조하기보다, 기표의 주체가 시작된 무의 원점을 지향한다는 점에서 상징계에 대해 자율적인 존재라는 것을 강조하기 위해서다. 케젤의 표현대로 "그녀는 '이미 항상 죽었을지 모른다.' 그녀는 이미 항상 그녀를 나타내는 기표들 밑으로 사라졌을지 모른다. 그러나 그녀는 여전히 이 기표들과 대립하는 특성을 지닌 것으로 그래서 '자신이 원하는 것을 할 수 있는' 것으로 보일 수 있다. 좀더 강하게 말하면 그녀는 심지어 이미 항상 죽은 상태를 자율적으로 선택할 수 있는 것처럼 보인다."[47] 라캉이론에서 주체가 기표로 대치되어 존재를 상실하는 과정, 즉 기표에 의해 살해되는 과정이 강요된 선택이라면, 안티고네의 죽음은 그녀의 욕망에 따른 자유로운 선택이다.

안티고네의 선택은 "어떤 선의 동기도 없는 선택"이라는 점에서 "절대적 선택"이며, 그녀는 죽음욕동, 즉 "순수하고 순전한 죽음의 욕망"을 체현한다(SVII, 240, 282). 죽음에 대한 욕망을 실현하는 것은 상징계의 원점인 무의 지점을 향하는 것이기 때문에 상징계로부터의 자유를 함축한다. 라캉은 두 죽음 사이의 공간을 "자유의 공간"이라 부르고, 비극적 주인공은 "참된 죽음을 위한 존재"로서 이 공간에서 "비극적 자유"를 얻는다고 말한다(SVII, 261, 309, 305). 안티고네가 자유를 획득할 수 있는

---

46) 안티고네의 죽음을 향한 열망과 하이데거의 '죽음으로 향하는 존재'의 관계에 대해서는 임철규, 『그리스 비극』, 338~339쪽을 참조할 것.
47) Marc de Kesel, *Eros and Ethics*, 215쪽.

것은 그녀가 욕망을 실현하기 때문이다. 안티고네의 욕망에 따른 행위가 윤리적이라고 할 때 그것은 욕망의 무한한 연기를 의미하는 것이 아니다. 앞서 언급했듯이 세미나 VII에서 라캉은 욕망을 주이상스에 대한 방어가 아니라 주이상스를 향하는 것으로 보았다. 이런 점에서 안티고네의 윤리성은 욕망을 실현하기 위해 실재/주이상스로 치닫는 데 있다.

안티고네의 욕망이 실현된다는 것은 그녀가 '그대의 욕망에 따라 행동했는가?'라는 질문에 완전히 긍정적으로 대답할 수 있다는 것, 즉 욕망의 회계장부에 어떤 채무도 지지 않는다는 것을 의미한다. 안티고네가 욕망을 실현하는 것은 두 가지 관점에서 볼 수 있다. 첫째, 그녀는 두 죽음 사이의 지대에서 욕망에 따라 행동하고 비극적 자유를 얻는다. 주판치치가 두 죽음 사이의 지대를 "욕망의 연옥"이라고 묘사한 것은 흥미롭다.[48] 왜냐하면 이런 표현은 삶과 죽음 사이의 공간에서 안티고네의 욕망이 잠정적으로 실현되고 욕망의 회계장부에서 빚의 청산이 최종적인 승인을 기다린다는 점을 보여주기 때문이다. 최종적인 승인은 물론 최후의 심판에서 내려진다. 라캉은 "정신분석의 윤리는 내가 이로운 것들의 서비스라고 불렀던 것에 대한 처방이나 규칙에 대한 사색과 무관하다"라고 말한다(SVII, 313). 정신분석의 윤리는 주체의 행위를 인도하고 판단할 어떤 객관적 규칙을 제정하는 것이 아니다.

라캉이 제시하는 윤리의 척도는 "행동과 행동에 깃든 욕망의 관계를" 정신분석적 윤리의 기준으로 선택하고 이것을 "최후의 심판의 관점"으로 삼는 것이다(SVII, 313). 그래서 "그대는 그대 안의 욕망에 따라 행동했느냐는 질문에 최후의 심판의 효력을 부여하는 그런 종류의 윤리적 판단의 형태, 윤리의 재고가 가능하다"(SVII, 314).

문제는 최후의 심판이 언제, 누구에 의해 내려지는가다. 안티고네가

---

48) Alenka Zupančič, *Ethics of the Real*, 252쪽.

자신의 욕망에 따라 행동하는 윤리적 행위의 주체라면, 그 심판은 대타자에 의해 미래의 시점에 내려지는 것이 아니라 그녀의 행위 속에서 자율적으로 완성되어야 한다. 이런 점에서 안티고네가 무덤으로 끌려가기 전 슬퍼하는 유명한 장면은 다시 주목할 필요가 있다. 앞서 논했듯이 이 장면에서 안티고네는 남편이나 자식보다 오빠가 유일무이한 존재로서 더 중요하다고 말한다. 그러나 그녀는 또한 "이제 그[죽은 폴리네이케스]가 내 손을 잡아 인도하네. 나는 결혼도 못 하고 신부도 못 되고 결혼 생활을 누리지도 아이를 기르지도 못하고 친구들에게 버려진 채 불쌍하게도 살아서 죽은 자들의 동굴에 가네."라며 슬퍼한다(*A*, 89). 이 장면이 놀라운 것은 처음부터 생에 대한 일말의 미련도 보이지 않고 죽음을 대면하는 냉정한 안티고네가 갑자기 결혼과 육아라는 평범한 여성의 일상적 소망을 동경하는 듯한 발언을 쏟아내기 때문이다. 그러나 라캉은 비평가들이 이 장면에서 안티고네의 성격에 일관성이 없다는 결론을 내리는 것을 "불합리한 오역"으로 단정한다(*SVII*, 280). 왜냐하면 "안티고네의 관점에서 삶은 그녀의 삶이 이미 상실된 곳, 저편에 있는 한계의 장소에서만 접근할 수 있고, 생각할 수 있으며 살 수 있는 것이기 때문이다" (*SVII*, 280).

주판치치는 여기에서 안티고네가 욕망을 실현한다는 라캉의 주장이 욕망을 포기하지 말라는 라캉의 명제 못지않게 중요하다는 점을 상기시킨다. "안티고네를 안티고네로 만드는 것은 단순히 욕망을 포기하지 않아서가 아니다. 더 정확히 말해서 그녀가 그녀의 **욕망**을 실현하기 때문이다. 이것이 함축하는 것은 욕망은 본성상 욕망의 실현에 반대되므로 그녀가 단순히 욕망의 인물이 아니라는 점이다."[49] 안티고네가 두 죽음 사이라는 욕망의 연옥에서 잠정적으로 정산한 욕망의 빚을 완전히 청산하

---

49) 같은 책, 251쪽.

기 위해서는 최후의 심판이라는 절대적 관점에서 자신의 삶을 바라보아야 한다. 이 절대적 관점은 과거에 하지 못한 것뿐 아니라 미래에 하지 못할 것들도 포함한다. 그래서 안티고네가 자신이 앞으로 하지 못할 것들—결혼, 육아 등—을 나열하는 것은 "정확히 안티고네의 욕망에 함축된 무한한 측정을 실현하는 무한 (또는 사변적) 판단의 가치를 지닌다."[50]

욕망의 실현은 끝나지 않고 무한히 지속되는 "'부정적 크기'의 무한" 아니라 "이 '나쁜 무한'을 종식시키는 것으로 치닫는다. ……그녀는 최후의 심판을 기다리지 않고 대타자가 그것의 (따라서 그녀의) 욕망을 표현하길 기다리지 않는다. 그녀는 스스로 그것을 한다."[51] 주판치치 해석의 핵심은 안티고네가 욕망을 실현하는 행위를 통해 주체로 출현하며 궁극적으로 주이상스에 도달한다는 것이다. 윤리적 행위는 욕망에서 주이상스로 이행하는 과정에 있다. 이 이행은 고전비극『안티고네』의 여주인공과 폴 클로델(Paul Claudel, 1868~1955)의 현대극『볼모』(*The Hostage*)의 여주인공 시뉴 드 쿠퐁텐(Signe de Coûfontaine)에게서 각각 다르게 나타난다.

먼저 욕망의 무한이 있고, 이것은 (비-성취의 논리와 연결된) '나쁜 무한'으로 묘사될 수 있다. 그리고 (실재의 논리, 실현의 논리와 연결된) 주이상스의 무한이 있다. 윤리 자체는 전자에서 후자로 이행하는 위치에 있을 수 있다. 그러나 이 이행은 그 자체로 두 가지 통로를 취할 수 있다. 첫째 통로의 패러다임은 안티고네라는 인물이 지시하며 '고전적 윤리'의 좌표를 낳는다. 둘째 통로의 패러다임은 시뉴 드 쿠퐁텐에

---

50) 같은 책, 252쪽.
51) 같은 책, 253쪽.

게서 명백히 나타나며 우리가 '근대적 윤리'라 부를 수 있는 것을 구성한다.[52]

안티고네의 윤리적 행위는 욕망의 무한한 환유라는 나쁜 무한을 종식시키는 욕망의 실현을 통해서 주이상스에 도달하는 행위다. 안티고네가 주이상스에 도달하는 것은 단순히 죽음을 선택하기 때문이 아니다. 주이상스는 욕망의 실현으로만 가능하다. 주판치치는 "마침내 주이상스에서 피신하여 '평화롭게 살 수 있도록 이 [욕망의] 실현에서 도피하고자 죽음"을 선택하는 것과 욕망을 실현하는 안티고네의 윤리적 행위를 분명히 구분한다.[53] 윤리적 차원은 욕망하는 결핍의 상태가 아니라 욕망을 실현하는 행위에 존재한다. 그래서 "안티고네는 전적으로 또는 '모두' 그녀의 행위 속에 있다. ……안티고네는 오로지 '그녀의' 행위 이후에 주체적 입장을 발견한다. ……요약하자면 '주이상스를 원하는 것'은 우리를 욕망의 편에 남게 하고, 반면 '욕망을 실현하는 것'은 우리를 주이상스의 편으로 이동시킨다."[54] 안티고네의 위반적 행위는 주이상스

---

52) 같은 책, 250쪽.
53) 같은 책, 254쪽.
54) 같은 책, 255쪽. 홍준기는 주판치치가 라캉이론의 축이 욕망에서 욕동과 주이상스로 이동했다는 점을 지나치게 강조한 나머지 욕망의 중요성을 간과했다고 비판한다. 「욕망과 충동, 안티고네와 시뉴에 관한 라캉의 견해—슬로베니아 학파의 라캉 해석에 대한 비판적 고찰」,『시대와 철학』, 20.2 (2009), 43~91쪽. 라캉이론에서 욕망의 중요성이 결코 감소하지 않고 안티고네가 시뉴와 마찬가지로 윤리적 주체라는 타당한 주장을 펼치지만 홍준기의 주판치치 비판은 과도하고 부정확한 면이 없지 않다. 홍준기의 비판의 핵심은 주판치치가 "안티고네와 시뉴라는 인물을 각각 욕망과 향유를 실천한 인물"로 설명하며, 향유를 실천한 시뉴를 욕망을 실천한 안티고네보다 우월하다고 평가한다는 것이다(50). 그러나 앞 인용문에서 보았듯이 주판치치는 두 인물 모두 욕망을 실현하고 주이상스를 성취하는 것으로 본다. 이런 오해는 부분적으로 홍준기가 인용하는 주판치치의 책 번역본에 "그러나 이 이행은 그 자체로 두 가지 통로를 취할 수 있다"는 문장이 누

를 향한 욕망의 결핍이 무한히 지속되는 "비-성취의 논리"에서 탈피해 욕망을 실현함으로써 주이상스를 성취하는 행위이고, 그녀는 이런 행위를 실천한 이후에 비로소 윤리적 주체로 출현한다.

윤리적 행위

안티고네가 욕망을 실현한 결과는 비극적 파국이다. 비극적 주인공은 죽음에 대한 욕망을 추구하는 자유의 행위에서 타협이나 화해를 모르고 결국 파멸을 맞이한다. 헤겔 철학에서 개인의 파멸은 보편적인 윤리적 질서인 국가로 나아가기 위해 필요한 부정과 지양의 과정이다. 그러나 라캉이론에서 개인의 파멸은 근본적인 사회적 변화를 초래할 수 있는 가능성을 내포한다. 주인공의 자유가 비극적 자유인 것은 주인공의 파멸뿐 아니라 그가 속한 사회의 파멸도 초래할 수 있기 때문이다. 『안티고

락되어 있다는 데 기인한 것으로 보인다. 알렌카 주판치치, 『실재의 윤리: 칸트와 라캉』(이성민 옮김, 도서출판b, 2004), 377쪽. 이 문장이 누락됨으로써 안티고네와 시뉴 모두 욕망에서 주이상스로 이행한다는 점이 간과되고, 두 주인공이 "각각 욕망과 주이상스를 실천한다"는 오해가 발생할 수 있다. 필자가 보기에 주판치치는 홍준기가 주장하듯이 라캉이 "안티고네를 비윤리적 인물로 폄하하지 않고 있다"는 사실을 결코 "간과"하지도 않고, 시뉴를 안티고네와 달리 윤리적 인물로 "극단적으로 높이 평가"하지도 않는다(51, 68). 오히려 주판치치는 안티고네와 시뉴를 각각 다른—고전적·근대적—방식으로 욕망을 실현한 윤리적 주체로 평가한다. 주판치치는 라캉이 시뉴를 논할 때 안티고네를 논할 때처럼 "역시 '실현'이라는 용어를 도입"하며, 시뉴를 "'그대의 욕망을 포기하지 말라'의 새로운 인물"로 제시한다고 말하면서, 둘 다 욕망을 실현한 인물이라는 점을 강조한다. Alenka Zupančič, *Ethics of the Real*, 256쪽. 홍준기는 라캉이 히틀러의 예를 통해 "욕망의 윤리"를 "노예적인" 것으로 묘사했고 주판치치가 욕망에 부정적인 견해를 취한다고 주장하는데(49), 히틀러에 대한 언급에서 라캉은 정작 욕망을 부정적으로 평가하는 것이 아니라, 오히려 "계속 일하라"는 히틀러의 메시지가 "지금은 어떤 일이 있어도 최소한의 욕망의 분출도 표현할 때가 아니다"라는 욕망의 억압에 대한 메시지라고 비판한다(SVII, 315).

네』의 결말은 그녀의 죽음으로 끝나지 않는다. 크레온은 예언자 테이레시아스(Tiresias)의 설득으로 안티고네의 사형선고를 철회하지만, 이 비극은 안티고네의 죽음을 목격한 하이몬의 죽음과 하이몬의 죽음을 목격한 크레온의 부인 유리디체(Eurydice)의 죽음 및 크레온의 파멸로 끝난다. 그 결과 안티고네를 처벌하는 크레온의 법질서는 붕괴의 위기에 처한다.

크레온의 법질서는 결국 공허한 것으로 판명된다. 안티고네가 자신의 욕망을 실현하는 것은 개인적인 죽음을 초래할 뿐 아니라 상징질서 안에 존재하는 욕망/결여를 노출하고 그 질서에 위기를 가져온다. 이런 점에서 비극적 자유의 대가는 개인과 사회의 동반 파멸이다. 그러나 이런 행위가 윤리적일 수 있는 이유는 단순히 파멸을 동반하기 때문이 아니라, 주체와 대타자의 진리, 즉 주체와 대타자 모두 결여되어 있다는 것을 보여주기 때문이다. 윤리적 행위에 대한 지젝의 해석은 이 결여/부정성을 강조한다. 윤리적 행위는 새로운 창조를 위한 것이라기보다 새로운 창조를 위해 불가피하게 전적인 소멸이 발생하는 무의 원점을 지향하는 것이다. 따라서 윤리적 행위는 "항상 부정적인, 즉 파멸과 일소의 행위다. 우리는 그 행위에서 무엇이 발생할지 모른다. 심지어 최종적인 결과는 궁극적으로 중요하지 않고 순수 행위의 '아니야'에 대해 부차적이다."[55] 이런 행위는 주체의 변모뿐 아니라 상징질서 자체의 급진적 변화

---

55) Slavoj Žižek, *Enjoy Your Symptom!*, 44쪽. 칸트의 윤리적 '행위'의 구조 자체가 "'위반,' '존재하는 것'의 변화"를 초래한다는 의미에서 '악'이므로, 이 행위는 "모든 이데올로기에서 '근본적 악'(radically evil)으로서 거부된다"는 주판치치의 해석은 지젝의 부정적 행위 개념과 일맥상통한다. Alenka Zupančič, *Ethics of the Real*, 95쪽. 제4장에서 보았듯이 이와 달리 여러 평자는 라캉의 행위를 긍정적인 것으로 해석한다. 정신분석의 윤리를 죽음에 대한 욕망이라기보다 히스테리적인 저항으로 해석하는 레베카 콜스워시(Rebecca Colesworthy) 역시 지젝의 해석에 반대된다. "만일 안티고네가 최종적으로 우리에게 윤리를 체현한다면, 그것은 우리가 죽음과 맺는 관계를 그녀가 드러내기 때문이 아니라 불안정의 삶, 그녀가 절대

도 동반한다. 윤리적 행위에서 비롯된 상징질서의 와해가 초래하는 결과는 예측할 수 없다. "행위는 새로운 사회적 고리의 근원 자체에 있다. 엄밀히 말해서 우리는 행위의 결과, 즉 그것이 기존 상징질서를 변화시킬 방법을 완전히 예측할 수 없다. 행위는 그 이후에 '아무것도 그전과 같지 않은' 파열이다."[56]

안티고네의 행위의 전복성을 부각시키고 윤리적 행위가 그 결과에 무관하다는 지젝의 논의의 핵심에는 주체가 대타자에게서 자율적이라는 주장이 존재한다. 정신분석의 윤리는 상징질서의 파괴를 목표로 하는 것이 아니라 욕망에 충실한 것이며, 상징질서의 파괴 또는 변화는 오로지 이 욕망에 충실한 행위의 결과일 뿐이다.

안티고네는 통치자(크레온)가 체현하는 도시의 사회-상징적 힘에 도전하면서, 자신의 모든 사회적 존재를 효과적으로 무릅씀으로써 '어떤 종류의 죽음'으로 떨어진다. (즉 사회-상징적 공간에서의 퇴출인 상징적 죽음을 감내한다.) 라캉에게 그런 일시적인 '대타자의 중단'의 위험, 즉 주체의 정체성을 보장하는 사회-상징적 네트워크가 중단되는 위험을 감수하지 않는 진정한 윤리적 행위는 없다.[57]

지젝의 '행위' 개념은 라캉에 충실한 것인지, 또는 정치적으로 효과적인지에 대한 논쟁에서 자유롭지 못하지만 라캉이 지적하지 않는 『안티고네』의 정치적 변화를 분석하는 데 유용하다. 크레온의 하마르티아 때

적으로 저항하기로 결정할 때에만 살 만한 가치가 있는 삶을 형상화하기 때문이다." Rebecca Coleworthy, "Antigone as Figure," *Angelaki: Journal of the Theoretical Humanities*, 18.4 (2013), 37쪽.

56) Slavoj Žižek, *Enjoy Your Symptom!*, 45쪽.

57) Slavoj Žižek, *The Ticklish Subject*, 263~264쪽.

문이 아니라 안티고네가 특별한 정치적 기획과 무관하게 자신의 욕망에 충실한 윤리적 행위를 수행한 결과 크레온의 가정과 그가 지배하는 테베의 질서가 붕괴되는 사회정치적 변화가 발생한다고 볼 수 있기 때문이다.

지젝은 최후의 심판으로 주체의 행위에 "참된 의미"를 부여할 대타자는 존재하지 않으므로, 최후의 심판에 대한 라캉의 언급이 "대타자의 대타자는 없다"는 명제를 증명한다고 주장한다.[58] 지젝의 발언은 사실 라캉이 최후의 심판을 언급한 문맥과는 일치하지 않는다. 최후의 심판을 내릴 때 라캉이 욕망에 따라 행동했는지를 윤리적 기준으로 삼는다면 심판을 내리는 자는 주체 자신이기 때문에 여기에 부정적 함의는 없다. 지젝은 최후의 심판을 내리는 자가 대타자(의 대타자)라는 가정하에 논리를 펼치기 때문에 그에게 "최후의 심판의 관점"은 주체의 자율적·윤리적 행위에 반대되는 부정적 함의를 지닌다. 그렇지만 정신분석적 윤리의 척도가 대타자가 아닌 주체의 욕망이라는 점을 강조한다는 점에서 지젝의 발언은 라캉의 주장에 부합한다. "라캉적 윤리의 엄격함은 우리가 이렇게 큰 대타자를 참조하는 것을 철저히 포기하라고 요구한다는 데 있다. ……어떤 큰 대타자의 보장을 포기하는 것은 진실로 자율적인 윤리의 조건 자체다."[59] 대타자의 보장을 포기하는 윤리적 행위는 고독하고 두려운 자유의 심연을 경험하는 것이다. "그것은 자유의 참된 얼굴, 즉 대타자의 대타자는 없으며, 어떤 최고선, 또는 우리 행위의 목표로 발견할 수 있는 어떤 안도나 형이상학적 정당화도 없다는 사실"과 대면하는 것이다.[60]

---

58) Slavoj Žižek, *Less than Nothing*, 126~127쪽.
59) 같은 책, 127쪽.
60) Cecilia Sjöholm, "The Atè of Antigone," 131쪽. 쇼홀름은 가부장적 법의 임의성을 폭로하고 공백을 지향하는 안티고네의 허무주의적 욕망이 여성적 욕망임을

여기에서 라캉의 윤리가 칸트의 윤리와 만난다. 앞 장에서 논했듯이 칸트 실천이성의 명령에는 대타자/초자아의 명령과 구분되는 주체의 자율성의 계기가 존재하기 때문이다.[61] 라캉이 칸트를 비판하면서도 그를 정신분석적 윤리의 길잡이로 삼는 것은 이 때문이다. 라캉은 안티고네가 "공포도 연민도 느끼지 않는다"라고 말한다(SVII, 258). 찰스 프릴랜드 (Charles Freeland)가 지적하듯이 "공포와 연민은 여기에서 욕망의 종속과 연결된다."[62] 그녀가 공포와 연민을 느끼지 않는 이유는 대타자/초자아의 명령이 부과하는 죄의식에서 벗어나기 때문이다. 공포와 연민에서 자유로운 안티고네의 모습은 보는 이에게 신비롭고 아름다운 모습으로 나타난다.

강조한다. 지젝도 새로운 질서를 추구하는 긍정적 행위를 남성적인 행위로, 상징 질서의 폐기를 지향하는 부정적 행위를 여성적인 행위로 정의한다. "남성적이고 수행적인, 즉 새로운 질서를 수립하는 위대한 제스처와 대조되는 실재로서의 행위는 '여성적'이다. ……남성적인 행동 자체는 이미 여성적 행위의 심연적인 차원으로부터의 도피다." Slavoj Žižek, *Enjoy Your Symptom!* 46쪽. 이런 점에서 여성은 실재계와, 남성은 상징계와 더 밀접히 연결된다. 이 구분은 라캉이 세미나 XX 『앙코르』에서 제시한 성별화 공식과도 부합한다.

61) 안티고네의 자율성에 주목하며 라캉의 담론이론을 토대로 사드와 안티고네의 차이를 논한 글로 김용수, 「치유와 폭력 사이: 라캉의 분석가담론에 나타난 도착과 분석의 윤리」, 『비평과 이론』, 19.1 (2014), 26~46쪽을 참조할 것.

62) Charles Freeland, *Antigone, in Her Unbearable Splendor*, 180쪽.

제14장 아름다운 그녀
『안티고네』와 카타르시스의 윤리*

욕망과 아름다움

'그대의 욕망에 대해 양보하지 말라'는 라캉의 명제는 정신분석의 윤리가 실재/주이상스의 윤리인가 욕망의 윤리인가의 이분법적 논쟁을 야기했다. 이 논쟁의 핵심에는 실재의 주이상스를 향한 안티고네의 자기파멸적 행위가 정신분석적 윤리의 모델이 될 수 있느냐는 문제가 있다. 이 논쟁은 라캉의 『안티고네』 해석이 그의 이론이 발전하고 변화하는 특수한 시점에 제기되었다는 사실과 무관하지 않다. 제4장에서 보았듯이 라캉은 후기에 의미-향락 개념을 통해서 상징계와 실재계의 화해를 모색한다. 그리고 보로메오 매듭(Borromean knot)과 증환 개념을 통해 상상계, 상징계, 실재계의 분리 불가능성을 탐구한다. 하지만 그는 자신의 욕망에 충실할 것을 요구하는 정신분석적 윤리의 기준을 제시한 세미나 VII에서는 주이상스를 상징계와 양립할 수 없는 실재계에 속한 "불가능한" 것으로 정의한다.[1] 안티고네가 보여주는 욕망의 실현이 죽음과 파

---

* 이 장은 「욕망과 주이상스 사이: 라캉의 『안티고네』 읽기와 카타르시스의 윤리」의 제목으로 『비평과 이론』[22.1 (2017), 77~106쪽]에 게재된 것을 수정한 것이다.
1) 밀레는 라캉이론에서 기표와 주이상스의 관계가 변화하는 과정을 토대로 주이상스 개념을 시기별로 여섯 가지 패러다임으로 분류하고, 세미나 VII의 주이상

멸을 동반하는 '불가능한' 주이상스를 향한 것이라면 과연 그것이 실천
가능한 것인지의 문제가 제기될 수밖에 없다. 후에 논하겠지만 지젝과
주판치치로 대표되는 실재의 윤리에 대한 논의가 문제적으로 인식되고
논쟁의 대상이 되는 것도 이 때문이다.[2]

앞 장에서 살펴보았듯이 실재의 윤리는 안티고네를 욕망을 실현한 주
이상스의 주체로 보는 라캉의 『안티고네』 해석에 기초한 것이다. 그런
데 라캉이 안티고네를 수식하는 대표적인 단어는 아름다움이다. 안티고
네의 아름다움은 욕망에 충실할 것을 요구하는 정신분석의 윤리와 어떤
관계가 있는 것일까? 안티고네의 아름다움은 이 비극의 주인공보다 그
녀의 아름다움을 바라보고 비극을 경험하는 관객과 더 밀접하게 관계된
것이 아닐까? 그렇다면 정신분석의 윤리는 관객과 어떤 관계가 있는 것
일까? 라캉이 강조하는 안티고네의 아름다움은 관심의 초점을 안티고네
에게서 관객으로 이동시킨다. 그녀의 아름다움을 목격하고 그것에 영향
을 받는 것은 그녀 자신이 아니라 관객이기 때문이다. 라캉의 해석을 주
의 깊게 살펴보면 그가 윤리의 주체인 안티고네뿐 아니라 아름다운 대
상인 안티고네도 상세히 다루며 관객이 경험하는 카타르시스에도 윤리
적 차원을 부여한다는 것을 알 수 있다.

라캉에게 아름다움은 선의 차원과 반대되며 욕망과 관계된다. "선 문

스 개념을 "불가능한 주이상스"로 명명한다. Jacques-Alain Miller, "Paradigms of
Jouissance," *Lacanian Ink*, 17 (2000), 18쪽.

2) 국내에서도 라캉의 『안티고네』 해석에 대한 논의는 주로 안티고네가 상징계의 질
서를 위반하는 실재의 윤리의 주인공이라는 관점에서 전개되어왔다. 접근 방식은
다르지만 안티고네를 실재와 물/주이상스와 관련해서 논한 글로서 김용수, 「치유
와 폭력 사이: 라캉의 분석가담론에 나타난 도착과 분석의 윤리」, 41~44쪽; 박선
영, 「라깡과 하이데거의 『안티고네』: 죽음 충동, 사물, 정신분석의 윤리」, 87~92쪽;
이명호, 『누가 안티고네를 두려워하는가』, 82~86쪽; 정진만, 「윤리와 충동: 칸트와
사드에 대한 라캉의 논의를 중심으로」, 208~212쪽; 조현준, 「안티고네: 숭고미에
서 퀴어주체로」, 『라깡과 현대정신분석』, 8.2 (2006), 187~196쪽을 참조할 것.

제의 긴 역사적 발달은 궁극적으로 이로운 것들이 어떻게 창조되는가의 개념에 중심을 둔다. 그것들이 소위 자연적이고 미리 결정된 욕구들에 기초해서 조직된 것이 아니라 분배의 물질을 제공하는 한에서 말이다"(SVII, 228~229). 선의 윤리는 분배의 문제이며 "최대다수를 위한 최대 효용"이라는 공리주의적 원칙에 의거한다(SVII, 229). 공리주의에 기초한 선의 추구는 욕망을 억압한다. 선을 추구하는 도덕은 "욕망에 관한 한 나중에 다시 오시오"라고 말하며 욕망을 배제한다. 이와 반대로 아름다움은 무엇보다도 욕망과 관계한다.

> 아름다움과 욕망 사이에는 일정한 관계가 존재합니다. 이 관계는 이상하고 모호합니다. 욕망의 지평은 아름다움의 등록소에서 제거되는 것처럼 보입니다. 그러나 아름다움에…… 욕망을 중단시키고, 약화하며, 진정시키는 효과가 있는 것도 그에 못지않게 명백합니다. 아름다움의 출현은 욕망을 위협하고 중단시킵니다. (SVII, 238)

아름다움이 욕망을 중단시킨다는 것은 욕망의 억압을 의미하지 않는다. 오히려 선과 달리 아름다움은 욕망에 관해 우리를 속이지 않는다. "욕망과의 관계에서 이상한 기능을 지닌 아름다움은 선의 기능과 반대로 우리를 속이지 않는다. 그것은 우리를 깨어 있게 하고, 그것이 유혹의 구조와 연결되는 한, 우리가 욕망에 적응하도록 돕는다"(SVII, 239). 유혹의 구조는 환상이다. 라캉은 "환상이 이 수수께끼 같은 영역의 구조에서 '접촉하지 말아야 할 아름다움'"이라고 말한다(SVII, 239). 아름다움은 욕망에 관해 우리를 속이지 않고 환상의 구조를 통해서 욕망에 적응하도록 돕는다.

그러므로 욕망과 아름다움의 관계는 이중적이다. 아름다움은 욕망에 관해 우리를 속이지 않지만 여전히 환상을 통해서 욕망에 적응하게 함으로써 욕망을 순화하기 때문이다. 욕망과 아름다움의 관계가 가장 선명히 나타나는 장소는 두 죽음 사이의 지대다. 이 지대에서 안티고네의 아름다운 광채는 빛나고 욕망은 분열된다.

그렇게 정의된 지대는 비극에서 이상한 기능을 담당합니다. 욕망의 빛은 이 지대를 통과할 때 우리에게 가장 이상하고 가장 심오한 효과, 즉 욕망에 대한 아름다움의 효과를 줄 때까지 반사되고 굴절됩니다. 그 빛이 계속 나아갈 때 이상하게도 욕망을 분열시키는 것처럼 보입니다. 왜냐하면 그것이 아름다움의 이해에 의해 완전히 소멸된다고 말할 수 없기 때문입니다. 그 빛은 계속 나아가지만 다른 어떤 곳에서보다도 더 이곳에서 흡수된다는 느낌이 듭니다. 이는 그 빛을 끌어들이는 지대의 찬란하고 장엄한 모습으로 나타납니다. 그러나 다른 한편으로 그 빛의 자극은 굴절되지 않고 반사되며 거부되기 때문에 그 빛은 그 빛이 정말 진짜라는 것을 압니다. 그러나 더 이상 대상은 존재하지 않습니다. (SVII, 248~249)

욕망의 빛은 두 죽음 사이의 지대를 통과할 때 굴절과 반사라는 두 반응을 겪으며 이 때문에 욕망은 분열된다. 더 정확히 말해서 욕망은 안티고네의 욕망과 관객의 욕망으로 분열된다. 안티고네가 지닌 욕망의 빛은 이 지대를 통과하며 흡수되고 굴절된다. 이로써 욕망의 "찬란하고 장엄한 모습"이 나타나는 데 이것이 곧 아름다움이다. 그러나 이 한계점에서 관객이 지닌 욕망의 빛은 굴절되지 않고 반사되어 거부된다. 이 과정에서 "아름다움의 효과를 통한 욕망의 소멸 또는 완화"와 "대상의 파괴"라는 두 결과가 발생한다(SVII, 249). 한계점을 통과하지 못하는 관객에게 안티고네라는 대상은 한계를 넘어 사라진다.

아름다움의 현상은 제2의 죽음의 한계가 위치한 두 죽음 사이의 지대에서 나타난다. "관련된 한계, 어떤 현상이 반사를 통해서 출현하려면 필수적으로 위치를 정해야 할 한계는 내가 아름다운 것의 현상이라 불렀던 것이다. 그것은 내가 제2의 죽음의 한계라고 정의하기 시작한 것이다"(SVII, 260). 이 한계의 공간은 사드의 작품에서 고문의 희생자들이 파괴되지 않고 아름다움을 유지함으로써 영원히 고통을 겪어야 하는 역설의 공간이다. "문제의 공간은 미학적 현상이 돋보이는 것과 동일한 공간, 자유의 공간이다. 이곳에서 고통의 유희와 아름다움의 현상이 결합하는 것을 발견할 수 있다"(SVII, 261).

주체가 제2의 죽음을 겪는 한계의 공간에서 아름다움이 발현되는 이유는 무엇일까? 안티고네는 아테의 한계를 위반하는 인물이다. 그렇다면 논리적으로 안티고네의 아름다움은 그녀가 제2의 죽음을 경험하는 두 죽음 사이의 지대에서 아테의 한계를 위반하기 때문에 나타나는 미적 현상이다. 라캉이 의미하는 안티고네의 아름다움은 예쁜 여인의 외모와는 무관하다. 안티고네의 아름다움을 묘사하기 위해 라캉이 동원하는 대표적인 수식어는 "찬란함"(splendor)이다. 안티고네의 아름다움은 빛나는 이미지에 가깝고 그녀의 아름다운 이미지를 만들어내는 것은 욕망의 빛이다. 안티고네의 욕망은 아테를 위반하고 한계를 넘어서 실재의 공백으로 향한다. 관객에게 안티고네라는 대상은 무대 뒤로 사라져 소멸한다. 아름다움의 효과는 위반적인 안티고네의 욕망의 빛이 이 한계점, 즉 상징계와 실재계의 경계선에 부딪혀 굴절되고 나아가면서 만들어낸 현상이다.

아름다움과 카타르시스

아름다움은 한계를 넘어 나아가는 욕망이 도달하는 경계 너머인 실재의 심연에서 눈을 보호한다. 라캉은 이를 "눈멀게 하는 효과"라고 부른다.

안티고네의 이미지는 코러스가 정신을 잃게 만들고, 코러스 스스로 말하듯이, 정의가 불의로 나타나게 만듭니다. 또한 코러스가 도시의 여러 칙령에 가졌던 존경을 집어던지게 하는 것을 포함해서 모든 한 계를 위반하게 만듭니다. ……히메로스 엔아르게스(ἵμερος ἐναργής) 보다, 이 경탄할 만한 소녀의 눈꺼풀에서 가시적으로 발산되는 욕망보 다 더 감동적인 것은 없습니다. 격렬한 빛, 아름다움의 광채는 안티고 네가 아테를 위반하거나 실현하는 순간과 일치합니다. ……그 방향에 서 중심영역 너머와 일정한 관계가 설정됩니다. 그러나 그 빛은 또한 우리가 그 빛의 참된 성격을 보지 못하게 하는 것이며 우리를 눈부시 게 해서 그 빛의 참된 기능에서 우리를 분리하는 것이기도 합니다. 아 름다움의 감동적인 측면은 모든 비판기능을 망설이게 하고 분석을 멈 추게 하며 관련된 여러 다른 형식을 혼란에 빠뜨리고 본질적으로 눈멀 게 합니다. 아름다움의 효과는 눈멀게 하는 효과입니다. 목격될 수 없 는 저 다른 쪽에서 다른 무엇인가가 진행됩니다. (SVII, 281)

라캉이 분석하는 부분은 안티고네가 무덤으로 끌려가기 위해 무대 위 로 나타나기 전 코러스가 하는 대사다. 여기에서 코러스는 안티고네가 크레온의 법을 위반하고 폴리네이케스를 매장하게 한 장본인으로 사 랑(의 여신 아프로디테)을 지목한다. 코러스는 사랑은 사람을 미치게 하 고, "공정한 사람들의 마음을 정의에서 빼앗아 폭력을 가하네. 같은 혈 통의 사람들 간에 싸움을 일으킨 것도 그대일지니. 아름다운 신부의 눈 에서 나오는 가시적인 욕망에게 승리가 돌아가네"라고 노래한다(A, 79). 이 대사에서 라캉은 "아름다운 신부의 눈에서 나오는 가시적인 욕망"에 주목한다. "바로 이 순간 코러스는 여러 단어로 말한다. '이 이야기는 우 리를 미치게 하네. 우리는 통제력을 잃으며 정신이 나가네. 이 아이에 관 한 한 우리는 감동을 받네.' 즉 코러스는 텍스트가 히메로스 엔아르게스

($ \mathring{\iota}\mu\epsilon\rho\sigma\varsigma\ \mathring{\epsilon}\nu\alpha\rho\gamma\mathring{\eta}\varsigma $)라고 부르는 것에 감동을 받는다. ……히메로스 엔아르게스는 문자 그대로 가시화된 욕망이다"(SVII, 268). 안티고네의 찬란한 욕망의 빛이 그녀를 눈부시도록 아름답게 만들고 이 때문에 코러스는 정의와 불의를 구별하지 못할 만큼 정신이 혼미해진다.

이 찬란한 아름다움의 가장 중요한 효과는 "중심 영역 너머"의 참된 성격을 보지 못하도록 눈멀게 하는 효과다. 이 효과 때문에 "목격될 수 없는 저 다른 쪽"에서 무슨 일이 일어나는지 알 수 없다. 저 너머는 무대 밖이고 아테의 한계를 넘어선 실재계다. 눈멀게 하는 아름다움의 효과는 상징계의 한계를 넘어 실재계로 향하는 욕망을 순화시켜 그 한계 너머의 공백을 보지 못하게 만들고, 이 눈부신 아름다움 덕에 우리는 실재계의 심연에서 한 발 물러설 수 있다. 그녀의 눈부신 아름다움을 통해 목격될 수 없는 실재는 안티고네의 광채를 통해 부정적으로 드러날 뿐이다. 케젤의 표현대로 "비록 그녀의 아름다움의 기능이 이 실재로부터 계속 거리를 두는 것이지만, '기표로인해 고통을 받는' 실재는 그녀의 이미지를 통해 고통스럽게 빛난다."[3]

안티고네의 이상하고 아름다운 이미지를 보면서 관객은 (코러스와 함께) 감동하는 동시에 그 빛에 가려진 실재의 심연에서 벗어나서 안도한다. 이런 감동과 안도감이 비극이 불러일으키는 카타르시스가 아닐까? 라캉은 아리스토텔레스의 카타르시스 개념을 비판적으로 검토하면서 『안티고네』 논의를 시작한다. "카타르시스라는 핵심어가 암시하듯이 심지어 오이디푸스 콤플렉스와의 관계보다 더 근본적인 방식으로 비극은 우리 경험의 뿌리에 있다"(SVII, 243~244). 아리스토텔레스는 『시학』에서 공포와 연민이 동종의 감정을 통해 순화된다고 설명한다. "비

---

3) Marc de Kesel, *Eros and Ethics*, 239쪽. 라캉은 물(*das Ding*)을 "실재에서 기표로 인해 고통받는 것" 또는 "기표의 지배라는 이 근본적이고 시초적인 관계로 인해 실재에서 고통받는 것"이라 부른다(SVII, 125, 134).

극은 ……공포와 연민의 감정적 특성을 지닌 비극적 행위의 순화를 완성하는 공포와 연민의 과정을 통해 이루어진다."[4] 안드레스 즐롯스키(Andres Zlotsky)의 표현대로 카타르시스는 "감정을 해소하기 위한 목적으로 감정으로 감정을 치료하는 것"이다.[5] 라캉은 "이와 유사한 연민과 공포로 그 감정들의 정화를 이루는 수단"이라고 번역한다(SVII, 244). 라캉에 따르면 카타르시스는 주로 정화(purgation)로 번역되지만 이 단어가 유래한 순결파 신자들(Cathars)의 의미가 순수하다는 뜻이므로 방출(discharge)보다 순화의 의미를 지닌다. 의학적으로도 이 단어는 "방출, 정상으로의 회귀"뿐 아니라 "순화, 특히 의례적 순화"와도 연결된다(SVII, 245).

이런 의미는 아리스토텔레스가 『정치학』(Politics)에서 음악의 진정 효과를 묘사하면서 이 용어를 사용할 때 더 분명해진다. 아리스토텔레스의 음악에 대한 관심은 덕의 함양, 성격형성, 영혼의 고양 등 교육적 효과와 순화, 안식 및 긴장해소 등의 감정적 효과에 집중된다.

어떤 종류의 영혼들과 관련해서 강하게 발생하는 열정은 모두에게 존재하지만—예를 들어 연민과 공포 그리고 더구나 영감—다소간 차이가 있다. 어떤 사람들은 이 활동에 사로잡히지만 신성한 선율의 결과—그들이 영혼을 열광시키는 선율을 사용할 때—우리는 그들이 마치 치유나 순화를 받은 것처럼 진정되는 것을 본다. 그렇다면 일반적인 열정과 그 밖의 다른 것들에 의해서 경험될 뿐 아니라 연민과 공포에 의해서도…… 동일한 것이 반드시 경험되어야 하며, 이 모든 것들에게 일정한 순화 및 쾌락이 동반되는 안도감이 발생해야 한다.[6]

---

4) Aristotle, *Poetics*, 25쪽. (1449b24~28)
5) Andres Zlotsky, "Antigone and the Real: Two Reflections on the Notion of Coherence," *UMBR(a)*, (1996), 109쪽.

음악의 감정적 효과에 대한 이 발언은 아리스토텔레스가 『시학』에서 카타르시스를 설명할 때 보다 강렬한 감정적 체험이 오히려 진정시키는 순화의 효과를 낳는 것을 더 정확하게 설명한다. 라캉도 이 점을 강조한다. "이 텍스트에서 카타르시스는 일정한 종류의 음악과 연관된 진정 효과와 관계가 있고, 아리스토텔레스는 이것에서 어떤 주어진 윤리적 효과나 심지어 실용적 효과가 아니라 흥분과 관계된 효과를 기대한다"(SVII, 245). 순화 효과는 비극에서도 기대할 수 있다.

어떤 음악, 비극에서 역할을 한다고 추정할 수 있는 음악에서 일종의 카타르시스나 진정 효과가 발생할 수 있습니다. 아리스토텔레스는 이것이 쾌락을 통해서 발생한다고 말함으로써 우리에게 쾌락이 어떤 의미이고 어떤 차원에서 그리고 왜 쾌락이 이 경우에 환기되는지에 대해 다시 생각하게 합니다. 다른 차원에서 발생하는 위기, 때로는 쾌락을 위협하는 위기 후에 되돌아가는 이 쾌락은 무엇일까요? 우리는 모두 어떤 종류의 열광적인 음악이 우리를 얼마나 극단적으로 몰고 갈 수 있는지 알기 때문입니다. 바로 이 지점에서 우리가 정의한 위상학─욕망의 가공할 만한 중심이 우리를 빨아들이는 그 기구에 앞서 기능하는 것의 법으로서의 쾌락의 위상학─이 아리스토텔레스의 직관을 아마도 이제까지의 경우보다 더 잘 이해할 수 있게 해줍니다. (SVII, 246)

라캉이 말하는 위기 후의 쾌락은 아리스토텔레스의 『정치학』에서 열광적인 음악을 들은 후 느끼게 되는 "일정한 순화와 쾌락이 동반되는 안

---

6) Aristotle, *Aristotle's Politics*, Carnes Lord 옮김 (Chicago: U of Chicago P, 2013), 236~237쪽. (1341b36~1342a16)

도감"을 의미한다. 카타르시스는 쾌락을 위협하는 위기 후에 회귀하는 쾌락이며, 이 쾌락은 "욕망의 가공할 만한 중심이 우리를 빨아들이는 그 기구에 앞서" 발생한다. 라캉이 정의하려는 "그 중력의 견인력의 중심점으로 언급되는 기구의 너머"는 실재의 물이다(SVII, 246). 제9장에서 논했듯이 프로이트 이론에서 쾌락원칙은 이 블랙홀 같은 욕망의 흡인력에 앞서 또는 그에 맞서 작동한다. 카타르시스는 쾌락원칙과 물의 대립 효과다. 쾌락에 위기를 가져온 실재의 심연 문턱에서 물러나 다시 쾌락으로 회귀하는 것이 카타르시스이기 때문이다. 비극의 효과에 대한 라캉의 설명은 상세한 논의를 요한다.

비극은…… 파테마타($\pi\alpha\theta\acute{\eta}\mu\alpha\tau\alpha$, affections)의 정화, 공포와 연민을 느끼는 감정의 정화를 목표로 삼습니다. 이 공식을 어떻게 이해해야 할까요? 우리는 프로이트적 물의 경제학에서 욕망의 적절한 위치라는 주제를 논의했습니다. 이때 우리가 표현한 것을 통해 지니게 된 관점으로 이 문제에 접근할 것입니다. ……실제로 『안티고네』는 우리에게 욕망을 정의하는 시선(line of sight)을 드러냅니다. 이 시선은 지금까지 결코 명확하게 표현된 적이 없는 신비로운 이미지에 초점을 맞춥니다. 왜냐하면 그 이미지는 그것을 보는 바로 그 순간 눈을 감게 강제하기 때문입니다. 그러나 그 이미지는 비극의 중심에 있습니다. 왜냐하면 그것은 안티고네 자신의 매혹적인 이미지이기 때문입니다. …… 우리를 매혹하는 것은 안티고네 자신, 견딜 수 없이 찬란한 안티고네입니다. 그녀는 우리를 매혹하기도 하고 위협하여 경악하게도 합니다. 이 끔찍하고 완고한 희생자는 우리를 혼란스럽게 합니다. 우리는 이 매력과 연관해서 이 비극의 참된 의미, 참된 신비, 참된 의의를 찾아야 합니다. 관계된 흥분, 감정 특히 공포와 연민이라는 독특한 감정에 대해서 말입니다. 왜냐하면 그것들의 개입, 연민과 공포의 개입을 통해서(엘레오스와 포보스를 통해서, δί ἐλέον καί φόβον) 우리가 그 질서의 모든 것으로부터 정화되고 순화되기 때문입니다. 그리고 그 질서는…… 상상계입니다. 우리는 무엇보다 하나의 이미지의 개입을 통해 상상계로부터 정화됩니다. ……이 중심 이미지의 일소하는 힘을 어떻게 설명할 수 있겠습니까? ……그것은 안티고네의 아름다움 그리고 그 아름다움이 상징적으로 구별되는 두 영역 사이를 매개하며 차지하는 위치와 관련이 있습니다. 의심의 여지없이 그녀의 찬란함은 이곳에서 분출됩니다. (SVII, 247~248)

라캉의 복잡한 설명은 네 가지로 정리할 수 있다. 첫째, 카타르시스가 공포와 연민을 느끼는 감정의 정화라는 아리스토텔레스의 공식은 물과 욕망의 관점에서 새롭게 해석될 수 있다. 둘째, 이 욕망은 "시선"으로 정의되고 이 시선은 안티고네의 이미지에 초점을 맞추며 이 이미지는 매혹적이면서도 경악스럽기 때문에 공포와 연민을 불러일으킨다. 셋째, 이 이미지가 환기하는 공포와 연민의 개입을 통해 우리(관객)는 상상계로부터 정화된다. 즉 안티고네의 이미지는 상상계를 "일소하는 힘"을 지닌다. 넷째, 이렇게 상상계를 정화하고 일소하는 이미지가 지닌 힘의 원천은 안티고네의 찬란한 아름다움이며 이는 두 죽음 사이의 지대에서 빛난다.

여기에서 몇 가지 의문이 제기된다. 상상계에 속하는 이미지가 어떻게 상상계를 정화시킬 수 있을까? 상징계가 실재계와 접하는 두 죽음 사이의 지대에서 어떻게 상상계적인 이미지가 분출되는 것일까? 이런 의문은 안티고네의 이미지가 거울에 반영된 자아의 허구적 이미지인 거울이미지와 다르다는 것을 보여준다. 안티고네의 이미지는 무엇보다 욕망의 이미지다. 라캉이 말하는 "프로이트적 물의 경제학에서 욕망의 적절한 위치"는 무엇일까? 그것은 욕망이 실재의 물과 맺는 이중적인 관계, 즉 물을 향하는 욕망이 물과 거리를 유지하지 않으면 소멸되는 관계를 의미한다. 이런 이유 때문에 안티고네의 이미지는 매혹과 경악의 이중 감정을 불러일으키고 물의 심연을 환기시키면서 그것으로부터 눈을 감게 만든다. 그러므로 이 이미지는 허구적인 거울이미지와 반대로 실재의 공백을 순간적으로 가시화하는 이미지다. 이런 점에서 안티고네의 이미지는 실재의 상상화인 대상 a라고 볼 수 있다.[7]

왜상의 예술

상상계적 이미지는 역설적으로 실재와 연결된다. 케젤의 표현대로 "여기에서 상상계는 무엇보다도 주체가 이 실재의 '물'과 맺는 관계를 지시한다."[8] 안티고네의 이미지는 거울이미지가 아니라 실재의 물을 환기하는 주체의 이미지다. 이 이미지는 역설적으로 이미지의 허구성을 드러내고 이미지 뒤에 존재하는 실재의 공백을 지시한다. 라캉이 안티고네의 이미지를 설명하기 위해 왜상을 동원하는 것은 이 때문이다. 왜냐하면 왜상은 실재의 공백을 재현하는 예술이기 때문이다. 라캉은 회화의 역사가 물의 표상에서 시작되었다고 본다. 어두운 동굴의 벽에 그려진 원시시대의 동굴벽화는 현실의 모방일 뿐 아니라 실재와도 관계된다. "이 이미지들은 세계와의 탄탄한 관계(주로 사냥꾼들로 구성된 것으로 보이는 주민들의 생존을 의미한다) 및 우리가 물이라는 용어에 의해서 가장 일반적인 형태로 정확히 인식하려는 어떤 것과 깊게 연결되어 있

---

7) 즐롯스키는 아리스토텔레스의 카타르시스를 "상상화의 과정을 수단으로 실재의 상처와 대면하는 것"으로 이해하며, 안티고네가 "실재의 효과, 즉 대상 a의 출현을 대변한다"라고 주장한다. Andres Zlotsky, "Antigone and the Real: Two Reflections on the Notion of Coherence," 110~111쪽.

8) Marc de Kesel, *Eros and Ethics*, 244쪽. 케젤에 따르면 라캉이 상상계를 실재계와 연결시킴으로써 "상상계의 재평가"가 이루어진다.

는 것으로 우리의 관심을 사로잡는다. 나는 그것을 물의 관점에서 본 원시적 현존이라고 말하고 싶다"(SVII, 140). 동굴벽화가 물과의 관계를 보여주는 이유는 그것이 공백을 표상하려 했기 때문이다. 동굴벽화는 세계를 모방/표상하는 동시에 "이 공백 자체의 벽 위에 공백을 형상화" 했다(SVII, 140).

이후 예술은 공백을 통제하는 방법을 배웠고 "공간의 착시 형식", 즉 원근법이 발달했다(SVII, 140). 그러나 "공간의 착시는 공백의 창조와는 다르며" 17세기에 "예술가가 공간의 착시인 원근법의 용도를 완전히 전도시켜 그것을 원래의 목표에 진입하도록, 즉 숨겨진 현실의 지탱으로 변모시킨 전환점"이 왜상이다(SVII, 140~141). 예술의 목표는 대상의 표상이 아니라 "대상으로부터 무엇인가 다른 것을 만들며…… 대상은 물과의 일정한 관계로 설정되고 그것을 둘러싸고 현존하고 또 부재하는 것으로 나타나게 만들도록 의도된다"(SVII, 141). 대상을 완전히 모방하는 것을 목표로 삼는 원근법이 아니라 "물을 둘러싸는" 것을 목표로 삼는 예술 본연의 임무에 충실한 것이 왜상이다(SVII, 141). 이런 관점에서 "회화는 무엇보다 공백을 중심으로 조직화된 것이다"(SVII, 136).

라캉은 왜상적 효과를 설명하기 위해 하나의 모형을 소개한다. 이 모형에는 하나의 실린더 주위로 여러 개의 선이 있는 평면이 배치되어 있다. 실린더가 거울 역할을 하여 "일정한 각도에 서 있으면 관계된 이미지가 실린더의 거울에 출현하는 것을 볼 수 있다"(SVII, 135). 라캉이 목격한 모형 속 이미지는 "루벤스에게서 복사한 십자가에 못 박힌 예수 그림의 아름다운 왜상"이었다(SVII, 135).[9] 이 모형의 특징은 실린더의 거울에 나타난 왜상적 이미지가 이미지에 불과하고 실린더 안은 텅 빈 공백

---

9) 이 왜상의 출처는 Jurgis Baltrišaitis, *Anamorphic Art*, W.J. Strachan 옮김 (New York: Harry N. Abrams, Inc. Publishers, 1977), 134쪽을 참조할 것.

루벤스의 「십자가 강하」(1611~14)를 왜상으로 재현한 작품

이라는 점이다.

　라캉은 후기 인상파 화가 폴 세잔(Paul Cézanne, 1839~1906)의 그림
이 이런 공백의 미학을 잘 보여준다고 말한다. "대상을 모방으로 제시할
수록 더욱더 착시가 파괴되고 다른 무엇인가를 겨냥하는 차원이 열린다.
누구나 세잔이 사과를 그리는 방식이 신비롭다는 것을 안다. 왜냐하면
당시 미술에서 부활한 실재와의 관계가 대상을 순화시켜 나타나게 하기
때문이다"(SVII, 141). 세잔의 정물화에 나타나는 사과는 사실적인 사과
의 모방이지만 그 대상은 실재와의 관계 때문에 순화되어 나타난다. 세
잔의 회화에 대한 라캉의 발언은 안티고네의 이미지와 카타르시스의 의
미를 분명하게 보여준다. 라캉은 여기에서 대상이 실재와의 관계를 통해
원근법적 착시 현상에서 벗어나는 것을 순화로 정의한다. 즉 카타르시스
는 실재와의 관계를 통해 대상이 현실모방적인 이미지에서 탈피하는 것
을 의미한다. 현실모방적 이미지의 착시는 거울에 비친 모습 같은 상상

계적 이미지다. 그러므로 세잔의 그림에서 대상은 실재와의 관계에 놓이고 이를 통해 상상계적 이미지에서 벗어나 순화된다.

라캉은 안티고네의 이미지도 왜상의 관점에서 해석한다.

제가 왜상을 보여드린 적이 있습니다. ……우리가 일련의 스크린들이 중첩되는 것을 보는 것은 실린더 각각의 표면에 무한한 이미지의 파편이 만들어지기 때문입니다. 이들 때문에 수난의 아름다운 이미지의 형태를 지닌 놀라운 착시가 거울 뒤에 나타나고 반면 분해된 역겨운 무엇인가가 그 이미지 둘레에 펼쳐져 나타납니다. ……비극은 그 이미지가 생산될 수 있도록 스스로 펼치는 것입니다. (SVII, 272~273)

『안티고네』라는 비극이 거울 둘레에 펼쳐질 때 실린더 표면의 거울 너머에 나타난 착시 이미지가 안티고네다. "비극적이 아닌($\alpha\tau\rho\alpha\gamma\omega\delta\delta\iota$, non-tragic) 우리가 밖에서 볼 때 안티고네는 비극의 왜상적 실린더의 중앙에 희생자로 나타난다"(SVII, 282). 비극은 안티고네의 이미지가 생산될 수 있도록 펼쳐지는 배경에 불과하다. 이 이미지는 "거울 표면 뒤를 지시하므로 그것은 문자 그대로 즉각적으로 보이지 않는 어떤 것에 대한 통로일 뿐이다."[10] 실린더 표면의 거울 뒤에는 아무것도 없으므로 이 거울에 나타나는 이미지는 실재의 물을 체현하는 이미지다.

세잔의 그림에 나타난 사과라는 대상이 실재와 맺는 관계 때문에 순화되는 것은 그것이 곧 이미지에 불과하다는 것이 노출되기 때문이다. 이런 의미에서 세잔의 그림 속 사과는 상상계적 이미지로부터 순화된다. 마찬가지로 『안티고네』라는 비극의 여러 요소들이 작용한 결과 실린더 거울에 나타나는 안티고네의 이미지는 실재를 체현하기 때문에 상상계

---

10) Marc de Kesel, *Eros and Ethics*, 245쪽.

로부터 순화된다. 카타르시스는 이렇게 이미지가 실재를 가리키면서 상상계적 이미지의 요소를 순화하는 역설적인 과정이다. 카타르시스에 의해 순화된 안티고네의 이미지가 가리키는 것은 실재의 공백이고 무이며 죽음이다.

라캉은 홀바인의 「대사들」의 "전경에 펼쳐진 수수께끼 같은 형태"가 일정한 각도에서 보았을 때 "죽음의 머리", 즉 해골로 나타난다는 점을 지적하며 왜상이 궁극적으로 지시하는 것이 죽음임을 보여준다(SVII, 135). 라캉은 세미나 XI 『정신분석의 네 가지 근본개념』에서 이 해골이 "소멸된—즉 엄밀히 말해서 거세의 마이너스 파이[-φ]의 이미지화된 체현의 형태로 소멸된—주체"를 보여준다고 말한다(SXI, 88~89). 홀바인의 그림과 소포클레스의 『안티고네』는 결국 동일한 예술적 역할을 수행한다. 그러나 홀바인의 그림이 죽음의 이미지를 그림 전경에 보여주는 것과 달리 소포클레스의 비극은 안티고네가 무덤에서 죽음을 맞이하는 장면을 무대 바깥에서 처리한다. 그래서 우리는 안티고네의 아름다운 이미지 배후의 죽음, 공백, 실재의 심연을 일순간 얼핏 볼 수 있을 뿐이다.

두 가지 욕망: 안티고네와 『안티고네』

라캉의 『안티고네』 분석은 안티고네라는 비극적 여주인공이 어떤 의미에서 정신분석의 윤리의 척도가 될 수 있는지에 대한 의문을 불러 일으킨다. 지젝을 비롯한 여러 학자들은 죽음욕동을 체화하는 안티고네의 행위가 정신분석적 윤리의 모델이 될 수 있다고 주장한다. 예컨대 지젝은 "죽음이 '구애되고 추구되는' 제스처를 감행하는 것은 라캉이 프로이트의 죽음욕동을 윤리적 행위의 기본적인 형태로…… 다시 정의했던 방식을 정확하게 지시한다. 이것이 라캉의 『안티고네』 읽기의 요점이 아닌가?"라고 말한다.[11] 윤리적 행위가 상징질서로부터 단호한 분리를 감행

하는 위반적인 욕망의 실현이며 주이상스를 동반하는 행위라는 지젝의
주장은 안티고네의 위반적 매력과 죽음욕동을 강조하는 라캉의 주장에
근거한다. 그렇지만 안티고네의 아름다움과 카타르시스에 대한 라캉의
주장은 정신분석의 윤리를 실재를 향한 급진적이고 자기파괴적인 행위
로만 단정할 수 없을 만큼 복잡하고 모호하다. 아름다움을 보고 카타르
시스를 경험하는 주체는 안티고네가 아니라 『안티고네』를 보는 관객이
기 때문이다.

　카타르시스는 비극의 주인공이 아니라 "비극적이 아닌" 관객에게 작
용한다. 라캉은 "주인공 가운데 적어도 한 명은 끝까지 공포와 연민을 느
끼지 못하는 것이 확실한데 그는 안티고네다. 그리고 무엇보다도 이것이
그녀가 진짜 영웅인 이유다"라고 말한다(SVII, 258). 안티고네가 공포와
연민의 감정을 넘어서는 것을 카타르시스라고 볼 수도 있겠지만[12] 여기
에는 경험하지 못하는 감정을 정화할 수 있느냐의 문제가 발생한다. 그
러므로 공포와 연민을 느끼고 해소하는 카타르시스는 분명 관객의 몫이
다. 안티고네의 아름다움 역시 그녀가 스스로 매혹되는 거울이미지가 아
니기 때문에 관객 또는 독자의 몫인 것이 분명하다. 그렇다면 안티고네
의 아름다움과 관객의 카타르시스는 윤리의 차원과 무관한 것일까? 이
의문은 라캉이 의미하는 욕망의 주체가 누구인지의 문제와 직결된다. 앞
서 논했듯이 세잔의 그림이 대상을 순화하는 것처럼 안티고네의 아름다

---

11) Slavoj Žižek, *The Ticklish Subject*, 263~264. 지젝은 이 밖에 여러 곳에서 유사한
　　의견을 피력한다. "내가 할 수 있는 것은 부정의 행위 속에서 '판을 청소하고' 선을 그
　　으며, 급진적 행위의 '자살적' 제스처 속에서 상징계를 벗어나 나 자신을 면제하는 것
　　이다." Slavoj Žižek, "Neighbors and Other Monsters," 140쪽.
12) 예컨대 프릴랜드는 카타르시스의 주체를 안티고네로 보며 "욕망에 대한 접근으
　　로서의 카타르시스는 공포와 연민의 정화 또는 제거가 아니라 모든 공포와 연민
　　을 가로지름, 한계의 가로지름"이라고 해석한다. Charles Freeland, *Antigone, in
　　Her Unbearable Splendor*, 178쪽.

운 이미지는 이미지의 상상계적 요소를 순화하며 실재의 심연을 일순간 보게 하는 동시에 눈감게 한다. 마찬가지로 카타르시스의 효과도 안티고네의 이미지라는 대상을 순화해서 관객이 실재와 일순간 관계 맺게 하는 동시에 이 실재의 심연에서 물러서게 하는 과정에서 발생한다. 실재의 심연을 들여다보는 것은 두렵고 견딜 수 없는 것이기 때문에 지속할 수 없고 순간적으로만 경험할 수 있다.

이 과정에서 순화되는 것이 안티고네의 상상계적 이미지일 뿐일까? 앞서 인용했듯이 라캉은 아름다운 안티고네가 "우리를 매혹하기도 하고 위협하여 경악하게도 합니다"라고 말한다. 셰퍼드슨은 이 문장이 "매혹시키다"와 "경악시키다"가 아니라 "우리를 제어하고 동시에 금지한다"로 번역되어야 한다고 주장한다.[13] 그러므로 안티고네의 "아름다움은 상상적 등록소에서 이동하여 억제하고 심지어 금지하는 베일의 기능을 담당한다."[14] 이런 해석은 안티고네의 아름다운 이미지가 실재의 심연으로부터 관객을 보호하는 역할을 한다는 점을 부각시킨다.[15] 안티고네가 지닌 아름다움의 효과는 궁극적으로 우리를 눈멀게 하는 효과다. 주판치치가 말하듯 "안티고네는 물을 열망하거나 겨냥하고, 그것(It)과 포옹하기 위해 움직이는 주체다. (그렇기에 그녀는 그녀가 처한 운명의 찬란함 속에서 결국 우리에게 물 앞에 있는 스크린으로 기능한다.)"[16]

---

13) 안티고네의 속성을 묘사하는 프랑스어 원문은 "*qui nous reteint et à la fois nous interdit*"이다. Charles Shepherdson, "Of Love and Beauty in Lacan's *Antigone*," *UMBR(a)*, (1999), 67쪽.

14) 같은 곳.

15) 셰퍼드슨은 안티고네의 이미지가 상상계적인 것이 아니라고 지적하지만 이 이미지를 실재가 아니라 상징계의 법과 연결시킨다. "라캉의 사유에서 상상계 개념에 무엇인가가 발생하고 있는 것이다. 그것은 마치 안티고네의 이미지가 이름이나 기표가 아니면서도 법의 차원에서 갑자기 기능할 수 있는 것과 같다." 같은 글, 68쪽.

16) Alenka Zupančič, *Ethics of the Real*, 208쪽.

그러므로 라캉이 언급하는 욕망은 단순히 안티고네의 욕망만은 아니다. 그녀를 목격하고 그녀의 행위에 감동받으며 그녀의 아름다움에 도취되어 넋을 잃다가 공포와 연민의 감정에서 벗어나는 관객의 욕망이기도 하다. 앞서 보았듯이 한계점에서 안티고네의 찬란한 이미지가 빛날 때 욕망은 분열된다. 안티고네의 욕망(의 빛)이 한계를 넘어 굴절되면서 앞으로 계속 나아간다면 관객의 욕망은 안티고네의 아름다움이 눈멀게 하는 효과에 의해 이 한계점에서 반사되어 돌아온다. 그 순간 대상인 안티고네는 저편으로 사라진다. 정신분석적 윤리가 안티고네뿐 아니라 관객 또는 현대의 독자 같은 일반인에게도 의미를 지니려면 관객의 욕망에도 윤리적 차원이 존재해야 한다. 라캉이 "『안티고네』는 우리에게 욕망을 정의하는 시선을 드러낸다"라고 말할 때, 이 시선은 안티고네의 이미지를 향하기 때문에 여기에서 욕망은 관객의 욕망이다. 프랜시스 레스투치아(Frances Restuccia)는 이 점을 강조하면서 물/주이상스에 접근하는 안티고네의 행위가 카타르시스를 통해서 "우리를 위기에서 상실한 욕망으로 회복시켜준다"라고 해석한다.[17] 안티고네가 아테의 한계를 넘어 실재의 주이상스에서 소멸되는 것을 목격한 관객은 이 경계에서 눈을 감고 주이상스와 거리를 취하는 욕망의 자리를 되찾는 것이다. 이런 점에서 케젤의 표현대로 "윤리의 핵심은 정확히 말해서 이 거리의 '올바름'에서 찾아야 한다."[18]

이렇듯 관객의 욕망에 초점을 맞추면 정신분석의 윤리는 주이상스의

---

17) Frances Restuccia, *Amorous Acts: Lacanian Ethics in Modernism, Film, and Queer Theory* (Stanford: Stanford UP, 2006), 18쪽. 레스투치아는 안티고네를 주이상스보다 사랑의 관점에서 해석한다. 안티고네는 폴리네이케스에 대한 근친상간적 사랑을 위해서 욕망을 포기하고 이 욕망을 관객에게 선물로 주며, 관객은 거꾸로 불가능한 근친상간적 사랑을 포기하고 욕망을 유지한다. 같은 책, xii, 22쪽을 참조할 것.

18) Marc de Kesel, *Eros and Ethics*, 94쪽.

윤리보다 욕망의 윤리에 가깝다. 레스투치아와 케젤을 비롯한 여러 비평가가 지젝을 비판하는 것은 그들이 라캉의 윤리를 욕망의 윤리로 읽기 때문이다.[19] 관객은 안티고네가 불러일으키는 공포와 연민으로부터 순화되어 물/주이상스와 거리를 유지하고 욕망을 유지하게 된다. 이런 해석은 안티고네라는 주인공보다 『안티고네』라는 연극의 카타르시스 기능을 정신분석의 윤리의 핵심 요소로 파악하기 때문에 안티고네를 정신분석적 윤리의 모델로 여기지 않는다.[20] 이런 해석에서 라캉의 윤리는 오히려 비극적 주인공과 탈동일시하는 관객의 입장에 가깝다. 비극을 경험한 후 관객은 "그 또는 그녀가 아닌 것의 의미를 얻고, 되돌아오고, 빠져나와야 한다. 이것이 정확히 안티고네가 우리에게 확립해주는 것이라고 라캉이 믿는 것이다."[21] 케젤이 말하듯 "라캉에게 안티고네의 윤리적 차원은 관객이 겪는 카타르시스의 미학적 순간에서 발견할 수 있다. …… 그것은 우리가 무엇을 하는지와 무관하게 우리에게 우리 욕망 전체의 위상학 구조를 보여준다."[22] 안티고네가 보여주는 실재의 물 또는 주이상스가 불러일으키는 공포와 연민의 감정이 순화되는 카타르시스를 경험한 관객은 이 연극에서 물/주이상스에 대한 욕망의 좌표를 찾는 것이다. 라캉이 안티고네가 아니라 코러스—심지어 크레온과—동일시한다고 보는 라바테의 해석도 주이상스가 아닌 욕망에 비중을 둔 관

---

19) 레스투치아는 지젝을 비판하며 "라캉은 어디에서도 주이상스로의 몰입을 포기하지 않는 것이 윤리적이라고 말한 적이 없다"라고 주장한다. Frances Restuccia, *Amorous Acts*, 13쪽. 케젤의 지젝 비판은 "Transcendental Confusion: Žižekian Criticism and Lacanian Theory," *Did Somebody Say Ideology*, Fabio Vighi 외 공편, 108~133쪽을 참조할 것.

20) 캘럼 닐(Calum Neill)은 이런 견해를 잘 표현한다. "『안티고네』에서 윤리적인 것은 『안티고네』라는 극에 있지 안티고네라는 인물에 있는 것이 아니다" Calum Neill, "One Among Many," 136~137쪽.

21) Frances Restuccia, *Amorous Acts*, 26쪽.

22) Marc de Kesel, *Eros and Ethics*, 247쪽.

점에서 가능하다.[23]

카타르시스의 스펙트럼

이상과 같이 라캉의 정신분석적 윤리는 주이상스의 윤리와 욕망의 윤리라는 상반된 해석으로 양분된다. 전자가 안티고네의 욕망과 안티고네라는 영웅적 인물에 초점을 맞춘다면 후자는 평범한 관객의 욕망과 『안티고네』라는 비극에 초점을 맞춘다. 그렇다면 이 두 해석은 양자택일해야만 하는 양립 불가능한 것일까? 아니면 주이상스의 윤리에 경도된다는 비판을 받는 지젝조차 "라캉의 이론적 체계 전체가 간격을 유지하는 욕망과 법의 윤리와 물을 향한 치명적·자살적 몰입이라는 두 가지 선택 사이에서 분열되어 있지 않은가"라고 물을 만큼 라캉의 이론이 모호하거나 역설적인 것일까?[24] 지젝은 안티고네를 윤리적 행위의 모범으로 제시한다. 하지만 그녀가 "가련하고 일상적이며 동정적인 피조물인 우리에게 필연적으로 '그녀는 정말로 무엇을 원하는가'라는 질문, 그녀와의 어떤 동일시도 방지하는 질문을 불러일으킨다"는 그의 발언은 실재의 주이상스를 체현하는 안티고네를 윤리적 모범으로 삼기 어렵다는 함의를 내포한다.[25]

---

23) Jean-Michel Rabaté, *Jacques Lacan*, 76~83쪽을 참조할 것.
24) Slavoj Žižek, *The Plague of Fantasies*, 239쪽. 키에사는 라캉이 세미나 VII『정신분석의 윤리』에서 순수욕망을 보존하려는 안티고네의 정신분석학적 윤리적 행위를 실재/주이상스를 지향하는 칸트의 윤리 및 사드의 비윤리와 구분했다고 주장한다. 그러나 라캉은 한계 또는 '무에서'(*ex nihilo*)의 지점에 위치한 순수욕망을 한계 너머에 위치한 주이상스와 구분하지 못하는 모호한 입장에 처했다. 이런 딜레마를 타개하기 위해 그는 후기에 순수욕망을 "비극적 위반"과 구분해서 "급진적으로 새로운 상징화의 선조건"으로 삼는다(182). Lorenzo Chiesa, *Subjectivity and Otherness*, 167~182쪽을 참조할 것.
25) Slavoj Žižek, *The Sublime Object of Ideology*, 117쪽.

세미나 VII 『정신분석의 윤리』를 편집한 밀레가 이 세미나 마지막 장에 「윤리의 패러독스」라는 제목을 붙인 것은 우연이 아니다. 라캉은 여기에서 정신분석의 윤리에 관한 네 가지 명제를 제시한다.

첫째 명제는 "유일한 죄는 자신의 욕망에 대해 양보하는 것"이다(SVII, 321). 욕망을 포기하고 "일상적 길로 되돌아가는" 것은 주인공이 자신을 배신하든 또는 타자의 배신을 묵인하든 간에 항상 배신을 동반하며, 여기에는 "배신의 행위를 저지른 자의 선"이 개입한다(SVII, 321). 욕망의 길을 포기하고 일상으로 돌아가게 만드는 것은 선이다.

둘째 명제는 "영웅의 정의는 무사히 배신될 수 있는 자라는 것"이다(SVII, 321). 여기에서 무사히 배신될 수 있다는 말의 의미는 라캉이 예로 드는 소포클레스의 비극 『필록테테스』(Philoctetes)의 내용을 통해 이해할 수 있다. 헤라클레스(Heracles)의 활을 물려받고 트로이전쟁에 참전하려던 필록테테스가 독사에 물려 상처에서 악취가 나자 오디세우스(Odysseus)는 그를 렘노스(Lemnos)섬에 버리고 트로이(Troy)로 향한다. 그러나 트로이의 예언자 헬레노스(Helenus)가 필록테테스가 헤라클레스의 활을 갖고 참전하지 않으면 트로이가 함락되지 않을 것이라고 말하자, 오디세우스는 헤라클레스의 아들 네오프톨레모스(Neoptolemus)에게 필록테테스를 속여 헤라클레스의 활을 빼앗으라고 명령한다. 네오프톨레모스는 필록테테스가 잠든 틈을 타 활을 손에 넣지만, 자신을 믿는 필록테테스를 속일 수 없어 활을 돌려주며 참전해줄 것을 부탁한다. 하지만 필록테테스는 참전을 거부한다. 그러나 마지막에 죽어서 신이 된 헤라클레스가 나타나 필록테테스에게 참전하면 상처가 나을 것이고 칭송받게 될 것이라고 말하자, 필록테테스는 네오프톨레모스와 함께 트로이로 떠난다.[26] 라캉이 필록테테스가 "무사히 배신당했다"라고 말하는

---

26) 이상의 내용은 임철규, 『그리스 비극』, 385~390쪽을 참조할 것.

것은 고귀한 영혼의 소유자였던 네오프톨레메스가 활을 돌려주어 배신에 대해 보상했기 때문이다(SVII, 320). 영웅은 배신당할 수 있지만 자신의 욕망의 길에서 벗어나지는 않는다. 필록테테스가 영웅인 이유는 "그가 끝까지 자신의 증오에 모질게 집착했기 때문이다"(SVII, 320).[27]

셋째 명제는 "이것은 누구나 성취할 수 있는 것이 아니고, 그것이 일반인과 영웅의 차이"라는 것이다(SVII, 321). "일반인으로 말할 것 같으면 거의 항상 발생하는 배신이 그를 이로운 것들의 서비스로 되돌려보낸다"(SVII, 321). 영웅은 욕망에 대해 포기하지 않는 반면 일반인은 욕망을 배신하고 선과 일상적인 세계로 돌아간다.

네 번째 명제는 "욕망에 접근하기 위해 값을 치르는 데 봉사할 수 있는 것 이외에 다른 선은 없다"는 것이다(SVII, 321). 요컨대 욕망에 접근하기 위해 선은 희생되어야 한다. 이 마지막 명제는 선과 욕망이 서로 양립할 수 없는 것임을 분명히 보여준다. 이 명제들을 종합하면 영웅은 욕망을 따르는 자이고 일반인은 욕망을 배신하고 선을 따르는 자다.[28] 라캉은 이 명제들을 제시하기 전에 "정신분석이 윤리적 안내의 영역에서 유용한 나침반을 제공할 수 있다"라고 말한다(SVII, 321). 그렇다면 라캉은 영웅과 일반인, 욕망과 선을 명확하게 구분하여 전자를 정신분석의 윤리

---

27) 물론 이런 평가는 필록테테스가 네오프톨레모스의 권유를 끝까지 거부하는 시점까지만 유효하다. 이때 필록테테스는 "소포클레스 비극의 주인공들 특유의 '오만'을 보여준다." 그러나 필록테테스가 헤라클레스의 말을 듣고 참전하는 것은 "타자에 굴복"하는 것이고, 이런 점에서 "소포클레스의 전형적인 주인공들의 대열에서 '일탈'하는" 것으로 볼 수 있다. 같은 책, 409~412쪽.

28) 바디우는 라캉의 명제들을 수정하여 제시한다. 그중 둘째 명제는 "윤리적 영웅은 배신당하고 배신에 대해 관용을 베풀지 않는 자인데, 그 이유는 배신에 대한 어떤 보상적 관용도 이로운 것들의 서비스 편에서 결정하는 것이기 때문이다"이다. Alain Badiou, *Conditions*, 204쪽. 바디우의 명제는 욕망에 대한 배신을 용납하지 않는다는 함의가 더 크다. 이 점을 논하며 바디우의 윤리를 영웅의 윤리로, 라캉의 윤리를 주체의 윤리로 해석한 연구로서 이성민, 「두 개의 윤리: 바디우와 라캉」, 『라캉과 현대정신분석』, 13.2 (2011), 123~138쪽을 참조할 것.

로 제시한 것이 분명하지 않을까?

라캉의 기준에 따르면 영웅만이 욕망을 경험할 수 있다. "인간이 자신의 욕망을 경험하는 것은 항상 한계를 가로지르는 어떤 유익한 일을 통해서"이기 때문이다(SVII, 309). 예컨대 오이디푸스는 "끝까지 굴복하지 않고 모든 것을 요구하며 아무것도 포기하지 않고 절대적으로 화해하지 않으며," 두 죽음 사이의 지대는 "그의 욕망의 절대적 지배가 펼쳐지는" 장소다(SVII, 310). 반대로 일반인은 이 지대의 문턱에서 욕망을 포기하는 죄를 범한다. 한계의 지점에서 일반인에게 죽음은 "베일에 가린 것으로 나타날 뿐이다"(SVII, 309). 그러나 이는 그가 죽음을 두려워해서가 아니다. 오히려 그것은 신에 대한 증오 때문이다.

인간을 선에 봉사하게 하는 외적 한계는 '사는 것이 최우선'(primum vivere)이라는 것입니다. 그것은 두려움이라고 말하지만 두려움의 영향이 얼마나 피상적인지는 쉽게 알 수 있습니다. 일반인에게는 그가 행사한 죄가 그 둘[사랑과 증오] 사이에 놓여 있고, 이 죄는…… 자신을 그렇게 약하고 부적합한 존재로 만든 창조주에 대한 증오를 반영합니다. ……이 모든 난센스는 영웅, 그 지대에 들어선 자…… 그가 수용하는 저주 또는 자신의 소망의 실현으로 여겨지는 소멸에 관계할 정도까지 가는 오이디푸스에게는 무의미합니다. (SVII, 309)

영웅이 두 죽음 사이의 지대에서 "소망의 실현으로 여겨지는 소멸"에 이르기까지 욕망의 극한을 추구하는 반면 "사는 것이 최우선"이라는 선을 따라 행동하는 일반인은 이 지대에서 욕망을 포기하는 죄를 범하고 욕망을 포기한 나약한 자신에 대한 원망을 창조주에 대한 증오로 투사한다.

그러나 라캉은 영웅과 일반인의 구분을 엄격히 유지하지 않는다. 그는

"나는 마치 종이 다른 것처럼 그들을 구분하지 않는다. 우리 각자에게서 영웅의 길을 추적할 수 있고, 우리는 정확히 말해서 일반인으로서 그 길을 끝까지 따라가는 것이다"라고 말한다(SVII, 319). 더구나 라캉은 욕망을 끝까지 포기하지 않는 것과 더불어 "카타르시스의 윤리적 형식"도 존재한다고 말한다(SVII, 323). 이는 욕망의 실현뿐 아니라 욕망의 순화에도 윤리적 차원이 존재할 수 있다는 것을 암시한다.

　　카타르시스에는 욕망의 순화라는 의미가 있습니다. 순화는…… 공포와 연민이라고 부르는 그 한계들을 조금이라도 가로지르지 않고서는 성취될 수 없습니다. 주체는 자신이 과거에 알던 것보다 더 자신의 가장 심층적인 차원을 알게 됩니다. 관객이 비극적 서사시(epos)에서 욕망의 극이 어디에 있는지 모르도록 내버려두지 않고, 욕망에 접근하는 것이 모든 공포뿐 아니라 모든 연민도 가로지를 것을 필연적으로 요구한다는 것을 보여주기 때문입니다. ……우리는 어느 주어진 방향으로 나아가는 것이 어떤 대가를 치르는 것인지 알고, 그 길을 갈 수 없다면 왜 그런지 압니다. ……관객은 자신의 욕망을 끝까지 밀고 가는 자에게도 모든 것이 장미꽃 화단이 아니라는 사실에 눈이 열립니다. 그러나 그는 또한―이는 본질적으로 중요한데―그것과 반대되는 신중함의 가치, 유익한 이유, 애착 또는 칸트가 말하듯 그를 그 위험한 길에서 지켜주는 정념적 이익에 대해서도 눈이 열립니다. ……그리스인들이 마이노메노이(μαινόμενοι, 광기에 사로잡힌)라 부른 자들, 황홀경, 종교적 경험, 열정 또는 그 밖의 다른 것을 통해 미친 자들의 행실의 문제에서 카타르시스의 가치는…… 주체가 여기에서 묘사된 지대에 들어선다는 것, 그의 귀환이 홀림이라 불릴 어떤 이득―플라톤은 카타르시스적 과정에서 주저하지 않고 이것을 지적합니다―을 포함한다는 것을 전제합니다. 여기에는 모든 범위, 가능성의 스펙트럼

이 존재합니다. (SVII, 323~324)

라캉이『정신분석의 윤리』의 결론에서 제시하는 카타르시스의 윤리는 관객이 비극적 주인공의 삶과 죽음을 목격하고 공포와 연민을 경험하며 자신의 욕망을 순화하는 과정을 정확히 기술한다. 관객의 욕망이 순화되는 것은 주인공이 공포와 연민이라는 한계를 가로지르는 것을 목격함으로써 성취된다. 이스메네에게 비인간적일 정도로 냉혹하고 크레온의 위협에 조금도 위축되지 않는 안티고네는 공포와 연민을 느끼지 못한다. 그녀의 울부짖는 모습은 연민 때문이 아니라 한계에 선 자의 극단적인 감정표현이다. 그녀는 욕망을 끝까지 추구하기 때문에 욕망의 회계에서 어떤 빚도 지지 않는다. 반대로 이런 한계의 위반을 목격하는 관객은 공포와 연민의 감정을 느끼며 욕망에서 순화된다. 자신이 비극적 주인공의 길을 갈 수 없다는 것을 아는 관객은 욕망의 회계에서 여전히 빚을 진 채무자다.

관객은 두 가지에 눈뜬다. 하나는 욕망을 끝까지 추구하는 비극적 주인공의 운명을 목격하는 것이고 다른 하나는 비극적 주인공의 운명과 다른 정념적 이익이나 신중함의 가치, 즉 한계 앞에서 물러서는 것의 가치를 깨닫는 것이다. 관객이 경험하는 카타르시스는 두 가지 모두 포함한다. 한계를 위반하는 비극적 주인공이 공포와 연민을 느끼지 못하는 것과 반대로 관객은 한계의 위반을 간접적으로 경험하면서 동시에 한계 앞에서 멈추는 신중함도 깨닫는다. 그러나 라캉은 카타르시스를 욕망의 순화로 단정하지 않고 황홀경을 경험하는 것처럼 두 죽음 사이의 지대를 통과했다가 귀환함으로써 마치 홀린 것 같은 상태를 얻을 수 있다고 말한다.

여기에서 라캉이 플라톤을 언급하는 것은 눈여겨볼 만하다. 플라톤은 『국가론』(*The Rupublic*)에서 시를 회화처럼 진리에서 두 단계 떨어진 모

610

방으로 정의하면서도 호메로스 같은 위대한 시인의 시가 미치는 감성적 영향을 과소평가하지 않는다. 그는 호메로스 같은 위대한 비극 시인들이 불행과 고통을 묘사하여 관객에게 타인의 고통을 슬퍼하는 연민과 애도의 감정을 불러일으킴으로서 오히려 쾌락을 가져다준다고 설명한다.[29] 플라톤은 호메로스에 열광하는 음유시인 이온(Ion)과 소크라테스의 대화를 다룬 『이온』(Ion)에서도 카타르시스의 효과를 시적 영감 또는 홀려 있는 상태로 설명한다. 소크라테스에 따르면 시인은 신에게 영감을 받거나 홀려 있는 상태에 빠져 창작을 하며, 시를 읊는 음유시인이나 희곡을 연기하는 배우 및 시를 듣거나 연극을 보는 관객 역시 순차적으로 영감을 받거나 홀리게 된다. 이런 효과는 자석처럼 빨아들이는 영감의 힘이 마치 고리처럼 신에게서 시인에게로 그리고 음유시인이나 배우에게로 마지막에는 관객에게로 매달려 있는 것과 같다.[30]

관객이 광기에 빠지거나 홀려 있는 일종의 신성한 상태에 빠지는 것은 주인공과 동일시할 정도로 감정을 공유하는 것을 의미한다. 호트는 비극이 "주체로서 자신을 상실하지 않고 물과 접하는 가능성"인 승화이며 카타르시스는 일상세계에 속한 공포와 연민의 감정을 정화하는 것이라고 해석한다.[31] 이런 해석은 관객이 카타르시스를 통해 실재계를 경험할 수 있다는 점을 강조한다. 카타르시스의 스펙트럼이 넓은 것은 관객이 비극적 주인공의 경험을 공유하고 체험하는 강도가 다양할 수 있다는 의미다. 카타르시스의 한쪽 극에서 관객이 주인공과 합일할 정도로 강렬하게 홀리는 상태를 체험한다면 관객과 욕망의 윤리, 영웅과 주이상스의

---

29) Plato, *The Republic*, Allan Bloom 옮김 (New York: Basic Books, 1991), 289~291 쪽. (606a~b)

30) Plato, *Statesman, Philebus, Ion*, Harold N. Fowler & W.R.M. Lamb 공역 (Cambridge, MA: Harvard UP, 1925), 421~425쪽.

31) Philippe Van Haute, "Death and Sublimation in Lacan's Reading of *Antigone*," 115~116쪽.

윤리를 확연히 구분할 수 있을까? 이것은 정신분석적 윤리가 지닌 패러독스의 일부가 아닐까? 이 패러독스는 라캉이 안티고네를 주체와 대상이라는 두 가지 관점에서 조명하기 때문에 발생한다. 아테의 한계를 넘어 자신의 욕망을 끝까지 실현하는 안티고네는 욕망을 포기하지 말라는 정신분석적 윤리를 실천하는 주체다. 하지만 경계 너머의 실재계를 엿보게 하는 동시에 코러스와 관객의 눈을 멀게 하여 카타르시스를 경험하게 하는 안티고네는 찬란하고 아름다운 이미지인 대상이다. 상상계, 상징계, 실재계 세 질서의 경계에서 주체와 대상으로 기능하는 안티고네는 정신분석적 윤리의 패러독스를 체현한다. 아름다운 그녀 안티고네는 역설적인 윤리의 좌표를 제시하며 한계의 지점에서 찬란하게 빛난다.

인용문헌

국내 문헌

강영계, 「해설: 스피노자의 합리주의 철학」, 바뤼흐 스피노자, 『에티카』, 371~
380쪽.

강응섭, 『동일시와 노예의지: 프로이트와 라깡의 동일시이론과 에라스무스와
루터의 논쟁』, 백의, 1999.

김상환, 홍준기 공편, 『라캉의 재탄생』, 창작과 비평사, 2002.

김서영, 「라깡의 『세미나 23』을 중심으로 다시 읽는 지젝의 『까다로운 주체』: 조
이스 없는 생톰과 외상적 실재 너머의 주체성에 대한 고찰」, 『라깡과 현
대정신분석』, 18.1, (2016), 9~43쪽.

─────, 「편지/문자에 관한 논쟁들: 라깡의 「『도둑맞은 편지』 세미나」에 대한 데
리다의 응답을 중심으로」, 『라깡과 현대정신분석』, 14.2, (2012), 49~
75쪽.

김석, 『에크리: 라캉으로 이끄는 마법의 문자들』, 살림, 2007.

김용규, 「지젝의 판타지 이론과 윤리적 행위」, 『대동철학』 23, (2003), 1~20쪽.

김용수, 「치유와 폭력 사이: 라캉의 분석가담론에 나타난 도착과 분석의 윤리」,
『비평과 이론』 19.1, (2014), 26~46쪽.

김정한, 「한국 라깡주의 정치의 가능성과 조건: 지젝의 '사회적 환상의 횡단' 개
념을 중심으로」, 『라깡과 현대정신분석』, 13.1, (2011), 7~27쪽.

김종갑, 「행위의 윤리학과 행위의 정치학」, 『철학연구』, 33, (2007), 225~252쪽.

김종주, 「라깡과 욕망: 무의식의 시학」, 『시학과 언어학』, 2, (2001), 63~87쪽.

남인숙, 「정신분석학에 나타난 이미지의 구조와 의미 ─ 표상의 대표자, 이미지, 스크린, S1을 중심으로」, 『라깡과 현대정신분석』, 12.1, (2010), 31~64쪽.

데리다, 자크, 『마르크스의 유령들』, 양운덕 옮김, 한뜻, 1996.

데카르트, 르네, 『방법서설/성찰/정념론 외』, 김영효 옮김, 삼성출판사, 1990.

돌라르, 물라덴, 「무의식의 주체로서의 코기토」, 이병혁 옮김, 『코기토와 무의식』, 슬라보예 지젝 엮음, 25~70쪽.

라이트, 엘리자베스, 『무의식의 시학』, 김종주, 김아영 공역, 인간사랑, 2002.

라캉, 자크, 『정신분석의 네 가지 근본개념』, 자크-알렝 밀레 엮음, 맹정현, 이수련 공역, 새물결, 2008.

라쿠-라바르트, 필립·장-뤽 낭시, 『문자라는 증서 ─ 라캉을 읽는 한 가지 방법』, 김석 옮김, 문학과지성사, 2011.

라플랑슈, 장·장 베르트랑 퐁탈리스, 『정신분석 사전』, 임진수 옮김, 열린책들, 2005.

맹정현, 「라깡과 사드: 전복을 위한 몇 가지 연산」, 『라깡의 재탄생』, 김상환 외 공편, 178~190쪽.

─── , 『리비돌로지: 라캉 정신분석의 쟁점들』, 문학과지성사, 2009.

미국정신분석학회, 『정신분석용어사전』, 이재훈 외 공역, 한국심리치료연구소, 2002.

바디우, 알랭, 『윤리학』, 이종영 옮김, 동문선, 2001.

─── , 『조건들』, 이종영 옮김, 새물결, 2006.

박선영, 「라깡과 하이데거의 『안티고네』: 죽음 충동, 사물, 정신분석의 윤리」, 『라깡과 현대정신분석』, 15.1 (2013), 59~96쪽.

박찬부, 『기호, 주체, 욕망: 정신분석학과 텍스트의 문제』, 창작과 비평사, 2007.

─── , 『라캉: 재현과 그 불만』, 문학과지성사, 2006.

서용순, 「바디우 철학에서의 공백(vide)의 문제」, 『라깡과 현대정신분석』, 8.2 (2006), 95~113쪽.

『성서』, 국제가톨릭성서공회 편찬, 일과 놀이, 1995.

셰익스피어, 윌리엄, 『햄릿』, 최종철 옮김, 민음사, 1994.

스피노자, 바뤼흐, 『에티카』, 강영계 옮김, 서광사, 2007.

신명아, 「라캉과 미술비평: 라캉의 실재와 숭고한 대상물의 관계」, 『라캉의 재탄생』, 김상환 외 공편, 662~693쪽.

아리스토텔레스, 『니코마코스 윤리학』, 이창우, 김재홍, 강상진 공역, 이제이북스, 2006.

─────, 『서양사상에 큰 영향을 준 니코마코스 윤리학』, 최명관 옮김, 훈복문화사, 2005.

양석원, 「거울과 창문: 벨라스케스의 "궁정의 시녀들"에 대한 푸코와 라캉의 주체와 재현이론」, 『비평과 이론』, 12.2 (2007), 141~167쪽.

─────, 「미셸 푸코 이론에서의 주체와 권력 ─ 응시의 개념을 중심으로」, 『비평과 이론』, 8.1 (2003), 29~62쪽.

─────, 「에로스의 두 얼굴: 라캉의 『향연』 읽기」, 『라캉과 현대정신분석』, 17.1 (2015), 76~109쪽.

─────, 「욕망과 주이상스 사이: 라캉의 『안티고네』 읽기와 카타르시스의 윤리」, 『비평과 이론』, 22.1 (2017), 77~106쪽.

─────, 「욕망의 탄생과 존재의 역설: 라캉의 『햄릿』 읽기」, 『비평과 이론』, 14.1 (2009), 51~83쪽.

─────, 「응시의 저편 ─ 자크 라캉이론에서의 주체와 욕망」, 『안과밖』, 15 (2003), 55~76쪽.

─────, 「이데올로기적 주체와 무의식적 주체-알튀세르와 라캉의 주체이론」, 『문학과 사회』, 13.3 (2000), 1349~1373쪽.

─────, 「편지는 왜 어떻게 목적지에 도착하는가?: 라캉의 '도둑맞은 편지'에 대한 세미나 다시 읽기」, 『비평과 이론』, 15.2 (2010), 85~128쪽.

─────, 「『햄릿』과 정신분석: 프로이트, 랑크, 존스」, 『비교문학』, 47 (2009), 93~120쪽.

에반스, 딜런, 『라깡 정신분석 사전』, 김종주 외 공역, 인간사랑, 1998.

이만우, 「권력의 '외부', 그 가능성 탐구: 라깡의 '결여' 및 '실재(계)'에 의한 저항의 정치윤리 기획」, 『라깡과 현대정신분석』, 6.1 (2004), 93~130쪽.

─────, 「라깡 정신분석과 정치적 주체성: 사회적 실천에서의 '환상(fantasy)'과 '향락(Jouissance)'」, 『라깡과 현대정신분석』, 13.1 (2011), 81~101쪽.

이명호, 『누가 안티고네를 두려워하는가: 성차의 문화정치』, 문학동네, 2014.

이병혁, 「문화연구에 있어서의 라깡의 정신분석학적 시각의 유용성: 알튀세르의 이데올로기론을 중심으로」, 『라깡과 현대정신분석』, 3.1 (2001), 99~119쪽.

이성민, 「두 개의 윤리: 바디우와 라깡」, 『라깡과 현대정신분석』, 13.2 (2011), 123~138쪽.

이수연, 「라깡과 영화비평: 라깡의 이데올로기 개념으로 접근한 한국 정치영화」, 『라깡의 재탄생』, 김상환 외 공편, 638~661쪽.

임진수, 『부분 대상에서 대상 a로』, 파워북, 2011.

임철규, 『고전: 인간의 계보학』, 한길사, 2016.

———, 『그리스 비극: 인간과 역사에 바치는 애도의 노래』, 한길사, 2007.

정경훈, "The Thing-in-itself Within the Subject: Ethical Subject in Kant, Lacan, and Levinas," 『라깡과 현대정신분석』, 4.2 (2002), 245~269쪽.

정은경, 『벨라스케스 프로이트를 만나다: '시녀들' 속 감춰진 이야기, 정신분석으로 풀어내다』, 한길사, 2012.

정진만, 「윤리와 충동: 칸트와 사드에 대한 라깡의 논의를 중심으로」, 『라깡과 현대 정신분석』 4.1 (2002), 199~222쪽.

조강석, 「정동적 동요와 시 이미지」, 『현대 시학』 560호(2016년 1월), 36~48쪽.

조현준, 「안티고네: 숭고미에서 퀴어 주체로」, 『라깡과 현대정신분석』, 8.2 (2006), 181~211쪽.

주판치치, 알렌카, 『실재의 윤리: 칸트와 라캉』, 이성민 옮김, 도서출판b, 2004.

———, 「철학자들의 맹인 벽(癖)」, 이병혁 옮김, 『사랑의 대상으로서의 시선과 목소리』, 슬라보예 지젝 외 공편, 67~108쪽.

지젝, 슬라보예, 『시차적 관점』, 김서영 옮김, 마티, 2009.

———, 『까다로운 주체: 정치적 존재론의 부재하는 중심』, 이성민 옮김, 도서출판 b, 2005.

———, 『환상의 돌림병』, 김종주 옮김, 인간사랑, 2002.

——— 엮음, 『코기토와 무의식』, 라깡정신분석연구회 옮김, 인간사랑, 2013.

———, 레나타 살레츨 공편, 『사랑의 대상으로서의 시선과 목소리』, 라깡정신분석연구회 옮김, 인간사랑, 2010.

진태원, 「라깡과 알뛰세르: '또는' 알뛰세르의 유령들 I」, 『라깡의 재탄생』, 김상환 외 공편, 353~413쪽.

──, 「정동인가 정서인가? 스피노자 철학에 대한 초보적 논의」, 『현대 시학』, 563호(2016년 4월), 37~48쪽.

최원, 『라캉 또는 알튀세르: 이데올로기적 반역과 반폭력의 정치를 위하여』, 난장, 2016.

──, 「세미나 XI에 대하여: 아파니시스라는 질문」, 『라깡과 현대정신분석』, 15.1 (2013), 177~209쪽.

──, 「알튀세르의 이데올로기론─양석원과 지젝의 문제제기를 중심으로」, 『진보평론』 8 (2001), 392~414쪽.

최인숙, 「칸트의 오류추리론──『순수이성 비판』의 제 1판과 제 2판에 있어서의 영혼론의 오류추리에 대하여」, 哲學 36 (1991), 81~113쪽.

칸트, 이마누엘, 『순수이성비판 I』, 백종현 옮김, 아카넷, 2006.

──, 『순수이성비판 II』, 백종현 옮김, 아카넷, 2006.

──, 『실천이성비판』, 백종현 옮김, 아카넷, 2009.

──, 『이성의 한계 안에서의 종교』, 백종현 옮김, 아카넷, 2011.

팔러, 로버트, 「부정과 그 확실성: 이데올로기를 위한 텅 빈 주체」, 이만우 옮김, 『코기토와 무의식』, 슬라보예 지젝 엮음, 355~387쪽.

푸코, 미셸, 『말과 사물』, 이광래 옮김, 민음사, 1987.

──, 『말과 사물』, 이규현 옮김, 민음사, 2012.

프로이트, 지그문트, 『과학적 심리학 초고』, 이재원 옮김, 사랑의 학교, 1999.

──, 『문명 속의 불만』, 김석희 옮김, 열린책들, 2003.

──, 『예술, 문학, 정신분석』, 정장진 옮김, 열린책들, 2003.

──, 『정신분석의 탄생』, 임진수 옮김, 열린책들, 2005.

──, 『정신분석학의 근본 개념』, 윤희기, 박찬부 공역, 열린책들, 2003.

핑크, 브루스, 『라깡 정신분석 테크닉』, 김종주 옮김, 하나의학사, 2010.

하이데거, 마르틴, 『강연과 논문』, 이기상, 신상희, 박찬국 공역, 이학사, 1996.

헤겔, 게오르크, 『정신현상학 2』, 임석진 옮김, 한길사, 2005.

──, 『헤겔미학 III』, 두행숙 옮김, 나남출판, 1996.

호머, 숀, 「문제는 정치경제학이다」, 김서영 옮김, 『라깡과 현대정신분석』, 3.1 (2001), 41~62쪽.

홍준기, 『라캉과 현대철학』, 문학과지성사, 1999.

───, 「욕망과 충동, 안티고네와 시뉴에 관한 라깡의 견해─슬로베니아 학파의 라깡 해석에 대한 비판적 고찰」, 『시대와 철학』, 20.2 (2009), 43~91쪽.

───, 「정신분석의 끝(목표): 환상의 통과, 주체적 궁핍, 증상과의 동일화─역자 해제」, 조엘 도르, 홍준기 옮김, 『프로이트·라깡 정신분석임상』, 아난케, 2005, 13~50쪽.

───, 「〈주체 없는 과정〉인가, 〈과정으로서의 주체〉인가: 정신분석학과 알튀세르」, 『라깡과 현대정신분석』, 5.1 (2003), 167~200쪽.

───, 박찬부, 「라깡의 임상철학과 정신분석의 정치성」, 『라깡과 현대정신분석』 9.1 (2007), 41~71쪽.

외국 문헌

Adams, Laurie Schneider, *Art and Psychoanalysis*, New York: Westview, 1993.

───, "The Myth of Athena and Arachne: Some Oedipal and Pre-Oedipal Aspects of Creative Challenge in Women and Their Implications For the Interpretation of *Las Meninas* by Velazquez," *International Journal of Psycho-Analysis*, 71 (1990), 597~608쪽.

Adelman, Janet, *Suffocating Mothers: Fantasies of Maternal Origin in Shakespeare's Plays*, Hamlet to The Tempest, New York: Routledge, 1992.

Agamben, Giorgio. *Remnants of Auschwitz: The Witness and the Archive*, Daniel Heller-Roazen 옮김, New York: Zone Books, 2002.

Alcorn, Jr. Marshall W, "The Subject of Discourse: Reading Lacan through (and beyond) Poststructuralist Contexts," *Lacanian Theory of Discourse*, Mark Bracher 외 공편, 19~45쪽.

Allison, Henry, *Kant's Theory of Freedom*, Cambridge: Cambridge UP, 1990.

───, *Kant's Transcendental Idealism*, Revised and Enlarged Edition, New Haven: Yale UP, 2004.

Alpers, Svetlana, "Interpretation without Representation or The Viewing of *Las Meninas*," *Representations* 1.1 (1983), 31~42.

Althusser, Louis, *Essays in Self-Criticism*, Grahame Lock 옮김, London: NLB, 1976.

———, *For Marx*, Ben Brewster 옮김, London: Verso, 1996.

———, *The Humanist Controversy and Other Texts*, G.M. Goshgarian 옮김, London: Verso, 2003.

———, *Lenin and Philosophy*, Ben Brewster 옮김, New York: Monthly Review, 2001.

———, *Writings on Psychoanalysis*, Olivier Corpet & François Matheron 공편, Jeffrey Mehlman 옮김, New York: Columbia UP, 1996.

Aristotle, *Aristotle's Nicomachean Ethics*, Robert Bartlett & Susan Collins 공역, Chicago: U of Chicago P, 2011.

———, *Aristotle's Politics*, Carnes Lord 옮김, Chicago: U of Chicago P, 2013.

———, *Poetics*, Gerald Else 옮김, Ann Arbor: U of Michigan P, 1967.

Armstrong, Philip, *Shakespeare in Psychoanalysis*, London: Routledge, 2001.

Badiou, Alain, *Being and Event*, Oliver Feltham 옮김, London: Continuum, 2005.

———, *Conditions*, Steven Corcoran 옮김, London: Continuum, 2008.

———, *Ethics: An Essay on the Understanding of Evil*, Peter Hallward 옮김, London: Verso, 2001.

——— & Élisabeth Roudinesco, *Jacques Lacan: Past and Present: A Dialogue*, Jason E. Smith 옮김, New York: Columbia UP, 2014.

Baltrišaitis, Jurgis, *Anamorphic Art*, W. J. Strachan 옮김, New York: Harry N. Abrams, 1977.

Barker, Francis, *The Tremulous Private Body: Essays on Subjection*, Ann Arbor: U of Michigan P, 1995.

Barrett, Michèle, *The Politics of Truth*, Stanford: Stanford UP, 1991.

Bellamy, Elizabeth J., "Discourses of Impossibility: Can Psychoanalysis be Political?", *diacritics*, 23.1 (1993): 23~38쪽.

Belsey, Catherine, *Culture and the Real*, London: Routledge, 2005.

Benvenuto, Bice & Roger Kennedy, *The Works of Jacques Lacan: An Introduction*,

London: Free Association Books, 1986.

Bergoffen, Debra B., "Mourning, Woman, and the Phallus: Lacan's *Hamlet*," *Cultural Semiosis: Tracing the Signifier*, Hugh J. Silverman 엮음, London: Routledge, 1998, 140~153쪽.

Berressem, Hanjo, "The 'Evil Eye' of Painting: Jaques Lacan and Witold Gombrowicz on the Gaze," *Reading Seminar XI*, Richard Feldstein 외 공편, 175~182쪽.

Biberman, Efrat, "On Narrativity in the Visual Field: A Psychoanalytic View of Velázquez's *Las Meninas*," *Narrative*, 14.3 (2006), 237~253쪽.

Bonaparte, Marie, *The Life and Works of Edgar Allan Poe: A Psycho-analytic Interpretation*, John Rodker 옮김, New York: Humanist Press, 1971.

Bongiorni, Kevin, "Velazquez, *Las Meninas*: Painting the reader," *Semiotica*, 144. 1/4 (2003), 87~100쪽.

Boothby, Richard, *Freud as Philosopher: Metapsychology After Lacan*, New York: Routledge, 2001.

Borch-Jacobsen, Mikkel, *The Freudian Subject*, Catherine Porter 옮김, Stanford: Stanford UP, 1988.

Bowie, Malcolm, *Lacan*, Cambridge, MA: Harvard UP, 1991.

Bowman, Paul & Richard Stamp, 공편, *The Truth of Žižek*, London: Continuum, 2007.

Bracher, Mark, *Lacan, Discourse, and Social Change: A Psychoanalytic Cultural Criticism*, Ithaca: Cornell UP, 1993.

――, Marshall W. Alcorn, Jr., Ronald J. Corthell & Françoise Massardier-Kenney 공편, *Lacanian Theory of Discourse: Subject, Structure and Society*, New York: New York UP, 1994.

Brennan, Teresa, *History After Lacan*, London: Routledge, 1993.

Brockelman, Thomas, "The Other Side of the Canvas: Lacan Flips Foucault over Velázquez," *Continental Philosophy Review*, 46.2 (2013), 271~290쪽.

Brousse Marie-Hélène, "The Drive (II)," *Reading Seminar XI*, Richard Feldstein 외 공편, 109~117쪽.

Brown, Jonathan, *Images and Ideas in Seventeenth-century Spanish Painting*, Princeton: Princeton UP, 1978쪽.

———, *Velázquez: Painter and Courtier*, New Haven: Yale UP, 1986.

Burnett, Mark Thornton & John Manning 공편, *New Essays on Hamlet*, New York: AMS Press, 1994.

Butler, Judith, *Antigone's Claim: Kinship Between Life and Death*, New York: Columbia UP, 2000.

———, *Bodies That Matter: On the Discursive Limits of "Sex,"* New York: Routledge, 1993.

———, *Gender Trouble: Feminism and the Subversion of Identity*, New York: Routledge, 1999.

———, *The Psychic Life of Power*, Stanford: Stanford UP, 1997.

———, Ernesto Laclau & Slavoj Žižek, *Contingency, Hegemony, Universality: Contemporary Dialogues on the Left*, London: Verso, 2000.

Byrnes, James, "Viewing Foucault Viewing Velázquez's *Las Meninas*," *Contextualizing the Renaissance Returns to History*, Albert H. Tricombi 엮음, Binghamton, New York: Brepols, 1999, 157~169쪽.

Chiesa, Lorenzo, *Subjectivity and Otherness: A Philosophical Reading of Lacan*, Cambridge, MA: MIT P, 2007.

Clemens, Justin & Russell Grigg, 공편, *Jacques Lacan and the Other Side of Psycho-analysis*, Durham: Duke UP, 2006.

Close, Anthony, "Centering the De-centers: Foucault and *Las Meninas*," *Philosophy and Literature*, 11.1 (1987), 21~36쪽.

Coleridge, Samuel Taylor, "Notes on the Tragedies: Hamlet," William Shakespeare, *Hamlet*, 157~164쪽.

Colesworthy, Rebecca, "Antigone as Figure," *Angelaki: Journal of the Theoretical Humanities*, 18.4 (2013), 23~42쪽.

Copjec, Joan, "The Anxiety of the Influencing Machine," *October*, 23 (1982), 43~59쪽.

———, *Imagine There's No Woman: Ethics and Sublimation*, Cambridge, MA: MIT

P, 2002.

———, "Introduction: Evil in the Time of the Finite World," *Radical Evil*, Joan Copjec 엮음, vii~xxviii쪽.

——— 엮음, *Radical Evil*, London: Verso, 1996.

———, *Read My Desire: Lacan Against the Historicism, Cambridge*, MA: MIT P, 1994.

Critchley, Simon, "Foreword: Why Žižek Must be Defended," *The Truth of Žižek*, Paul Bowman 외 공편, xi~xvi쪽.

Damisch, Hubert, *The Origin of Perspective*, John Goodman 옮김, Cambridge, MA: MIT P, 1994.

Deleuze, Gilles, *Spinoza: Practical Philosophy*, Robert Hurley 옮김, San Francisco: City Lights Books, 1988.

——— & Féllix Guattari, *Anti-Oedipus: Capitalism and Schizophrenia*, Robert Hurley, Mark Seem & Helen Lane 공역, Minneapolis: U of Minnesota P, 1983.

Derrida, Jacques, *The Post Card: From Socrates to Freud and Beyond*, Alan Bass 옮김, Chicago: U of Chicago P, 1987.

———, *Resistances of Psychoanalysis*, Peggy Kamuf, Pascale-Anne Brault & Michael Nass 공역, Stanford: Stanford UP, 1998.

———, *Specters of Marx: The State of the Debt, the Work of Mourning & the New International*, Peggy Kamuf 옮김, New York: Routledge, 1994.

———, *Writing and Difference*, Alan Bass 옮김, Chicago: U of Chicago P, 1978.

Descartes, René, *Discourse on Method and The Meditations*, F.E. Sutcliffe 옮김, London: Penguin, 1968.

Dolar, Mladen, "Beyond Identification," *Qui Parle*, 6.2 (1993), 75~96쪽.

———, "Cogito as the Subject of the Unconscious," *Cogito and the Unconscious*, Slavoj Žižek 엮음, 11~40쪽.

———, "The Legacy of the Enlightenment: Foucault and Lacan," *New Formations*, 14 (1991), 43~56쪽.

———, *A Voice and Nothing More*, Cambridge, MA: MIT P, 2006.

Dor, Joël, *Introduction to the Reading of Lacan: The Unconscious Structured Like a Language*, London: Jason Aronson, 1997.

Doyle, Richard, *ATH Its Use and Meaning: A Study in the Greek Poetic Tradition From Homer to Euripides*, New York: Fordham UP, 1984.

Dravers, Philip, "In the Wake of Interpretation: 'The Letter! The Litter!' or Where in the Waste is the Wisdom,'" *Re-inventing the Symptom*, Luke Thurston 엮음, 141~175쪽.

Dreyfus, Hubert L & Paul Rabinow, *Michel Foucault: Beyond Structuralism and Hermeneutics*, Chicago: U of Chicago P, 1982.

Dunand, Anne, "The End of Analysis (I)," *Reading Seminar XI*, Richard Feldstein 외 공편, 243~249쪽.

Dunlap, Aron, *Lacan and Religion*, London: Routledge, 2014.

Ekdelsztein, Alfredo, *The Graph of Desire: Using the Works of Jacques Lacan*, Florencia Shannahan 옮김, London: Karnac, 2009.

Elliott, Gregory 엮음, *Althusser: A Critical Reader*, Oxford: Blackwell, 1994.

Erlich, Avi, *Hamlet's Absent Father*, Princeton: Princeton UP, 1977.

Evans, Dylan, *An Introductory Dictionary of Lacanian Psychoanalysis*, London: Routledge, 1996.

Feldstein, Richard, Bruce Fink & Marie Jaanus, 공편, *Reading Seminars I and II*, Albany: SUNY P, 1996.

──────, *Reading Seminar XI: Lacan's Four Fundamental Concepts of Psychoanalysis*, Albany: SUNY P, 1995.

Felman, Shoshana, "On Reading Poetry: Reflections on the Limits and Possibilities of Psychoanalytical Approaches," *The Purloined Poe*, John Muller외 공편, 133~156쪽.

Fineman, Joel, "Fratricide and Cuckoldry: Shakespeare's Doubles," *Representing Shakespeare: New Psychoanalytic Essays*, Murray M. Schwartz & Coppélia Kahn 공편, Baltimore: Johns Hopkins UP, 1980, 70~109쪽.

Fink, Bruce, *Against Understanding Volume 2: Cases and Commentary in a Lacanian Key*, London: Routledge, 2014.

──, "Alienation and Separation: Logical Moments of Lacan's Dialectic of Desire," *Newsletter of the Freudian Field*, 4.1-2 (1990), 78~119쪽.

──, *A Clinical Introduction to Lacanian Psychoanalysis: Theory and Technique*, Cambridge, MA: Harvard UP, 1997.

──, *Fundamentals of Psychoanalytic Technique: A Lacanian Approach for Practitioners*, New York: Norton, 2007.

──, *Lacan to the Letter: Reading Écrits Closely*, Minneapolis: U of Minnesota P, 2004.

──, *The Lacanian Subject: Between Language and Jouissance*, Princeton, NJ: Princeton UP, 1995.

──, "The Nature of Unconscious Thought or Why No One Ever Reads Lacan's Postface to the 'Seminar on The Purloined Letter,'" *Reading Seminars I and II*, Richard Feldstein 외 공편, 173~191쪽.

──, "Reading Hamlet with Lacan," *Lacan, Politics, Aesthetics*, Willy Apollon & Richard Feldstein 공편, Albany: SUNY P, 1996, 181~198쪽.

──, "The Real Cause of Repetition," *Reading Seminar XI*, Richard Feldstein 외 공편, 223~229쪽.

──, "Translator's Endnotes," *Écrits*, Bruce Fink 옮김, New York: Norton, 2006, 759~849쪽.

Fleming, Keith, "*Hamlet and Oedipus* Today: Jones and Lacan," *Hamlet Studies* 4.1-2 (1982), 54~71쪽.

Fóti, Véronique M., "Representation Represented: Foucault, Velázquez, Descartes," *Postmodern Culture*, 7.1 (1996), 13.

Foucault, Michel, *The Care of the Self: The History of Sexuality Volume 3*, Robert Hurley 옮김, New York: Vintage, 1986.

──, *Discipline and Punish: The Birth of the Prison*, Alan Sheridan 옮김, New York: Vintage, 1977.

──, "The Ethic of Care for the Self as a Practice of Freedom," *The Final Foucault*, James Bernauer & David Rasmussen 공편, Cambridge, MA: MIT P, 1988, 1~20쪽.

————, *The Order of Things: An Archaeology of the Human Sciences*, New York: Vintage, 1973.

————, *Power/Knowledge: Selected Interviews & Other Writings 1972-1977*, Colin Gordon 엮음, New York: Pantheon, 1980.

————, *The Use of Pleasure: The History of Sexuality Volume 2*, Robert Hurley 옮김, New York: Vintage, 1985.

Freeland, Charles, *Antigone, in Her Unbearable Splendor: New Essays on Jacques Lacan's The Ethics of Psychoanalysis*, Albany: SUNY P, 2013.

Fukuyama, Francis, "The End of History?," *The National Interest*, 16, (1989), 1~18쪽.

————, *The End of History and the Last Man*, New York: The Free Press, 1992.

Garber, Marjorie, *Shakespeare's Ghost Writers: Literature as Uncanny Causality*, New York: Methuen, 1987.

Gault, Jean-Louis, "The 'Truth' of Kant's Moral Law," *Kant with Sade: Fantasy and the Limits of Enjoyment, NLS Seminar 2003-2004*, London Society of the New Lacanian School 엮음, 1~15쪽.

Glynos, Jason, "Capitalism and the Act: From content to form and back again," *Lacan, Discourse, Event*, Ian Parker 외 공편, 150~161쪽.

———— & Yannis Stavrakakis, "Encounters of the Real Kind: Sussing out the limits of Laclau's embrace of Lacan," *Laclau a Critical Reader*, Simon Critchley & Oliver Marchart 공편, London: Routledge, 2004, 201~216쪽.

Goethe, Johann Wolfgang von, "A Soul Unfit," Thomas Carlyle 옮김, William Shakespeare, *Hamlet*, 153~154쪽.

Golan, Ruth, *Loving Psychoanalysis: Looking at Culture with Freud and Lacan*, London: Karnac, 2006.

Griffith, Mark, "Psychoanalysing Antigone," *Interrogating Antigone in Postmodern Philosophy and Criticism*, S.E. Wilmer 외 공편, 110~134쪽.

Grigg, Russell, "Absolute Freedom and Major Structural Change," *Traversing the Fantasy: Critical Responses to Slavoj Žižek*, Geoff Boucher, Jason Glynos & Matthew Sharpe 공편, Burlington, VT: Ashgate, 2006, 183~194쪽.

――――, "Ethics of Desire," *Analysis* 3 (1991), 29~35쪽.

――――, *Lacan, Language, and Philosophy*, Albany: SUNY P, 2008.

――――, "Semblant, Phallus and Object in Lacan's Teaching," *Umbr(a)*, (2007), 131~137쪽.

Guéguen, Pierre-Gilles, "Desire and Jouissance," *Kant with Sade: Fantasy and the Limits of Enjoyment, NLS Seminar 2003-2004*, London Society of the New Lacanian School 엮음, 46~60쪽.

――――, "Foucault and Lacan on Velázquez: The Status of the Subject of Representation," *Newsletter of the Freudian Field*, 3.1-2 (1989), 51~57쪽.

Harari, Roberto, *How James Joyce Made His Name: A Reading of the Final Lacan*, Luke Thurston 옮김, New York: Other Press, 2002.

――――, *Lacan's Four Fundamental Concepts of Psychoanalysis: An Introduction*, Judith Filc 옮김, New York: Other Press, 2004.

Hardt, Michael & Antonio Negri, *Empire*, Cambridge, MA: Harvard UP, 2000.

Haute, Phillipe Van, "Death and Sublimation in Lacan's Reading of Antigone," *Levinas and Lacan: The Missed Encounter*, Sarah Harasym 엮음, Albany: SUNY P, 1998, 102~120쪽.

Heath, Stephen, *Questions of Cinema*, Bloomington: Indiana UP, 1981.

Hegel, G.W.F. *Aesthetics: Lectures on Fine Art, Volume II*, 옮김, T.M. Knox, Oxford: Clarendon, 1975.

――――, *Hegel's Philosophy of Right*, T.M. Knox 옮김, Oxford: Oxford UP, 1967.

――――, *The Phenomenology of Spirit*, A.V. Miller 옮김, Oxford: Oxford UP, 1977.

Heidegger, Martin, *Poetry, Language, Thought*, Albert Hofstader 옮김, New York: Perennial Classics, 2001.

Hirst, Paul, *On Law and Ideology*, Atlantic Highlands, NJ: Humanities Press, 1979.

Hirvonen, Ari, "The Truth of Desire: Lack, law and phallus," *Jacques Lacan Between Psychoanalysis and Politics*, Samo Tomšič 외 공편, 202~216쪽.

Hoens, Dominiek, "Object *a* and Politics," *Jacques Lacan Between Psychoanalysis and Politics*, Samo Tomšič 외 공편, 101~112쪽.

———— & Ed Pluth, "The Sinthome: A New Way of Writing an Old Problem?," *Re-inventing the Symptom*, Luke Thurston 엮음, 1~18쪽.

Holland, Norman N., *Psychoanalysis and Shakespeare*, 1964. New York: Octagon, 1979.

Homer, Sean, *Jacques Lacan*, London: Routledge, 2005.

Hurst, Andrea, *Derrida Vis-à-vis Lacan: Interweaving Deconstruction and Psychoanalysis*, New York: Fordham UP, 2008.

Insole, Christopher J., *Kant and the Creation of Freedom: A Theological Problem*, Oxford: Oxford UP, 2015.

Irigaray, Luce, *Speculum of the Other Woman*, Gillian Gill 옮김, Ithaca: Cornell UP, 1985.

Jacobson, Dana, "Hamlet's Other Selves," *The International Journal of Psycho-Analysis*, 16 (1989), 265~272쪽.

Jay, Martin, *Downcast Eyes: The Denigration of Vision in Twentieth-Century French Thought*, Berkeley: U of California P, 1993.

Johnson, Barbara, "The Frame of Reference: Poe, Lacan, Derrida," *The Purloined Poe*, John Muller 외 공편, 213~251쪽.

Johnston, Adrian, "From the Spectacular Act to the Vanishing Act: Badiou, Žižek, and the Politics of Lacanian Theory," *Did Somebody Say Ideology?*, Fabio Vighi 외 공편, 41~77쪽.

————, *Time Driven: Metapsychology and the Splitting of the Drive*, Evanston: Northwestern UP, 2005.

———— & Catherine Malabou, *Self and Emotional life: Philosophy, Psychoanalysis, and Neuroscience*, New York: Columbia UP, 2013.

Jones, Ernest, *Hamlet and Oedipus*, 1919. New York: Norton, 1976.

Jöttkandt, Sigi, "The Cornered Object of Psychoanalysis: *Las Meninas*, Jacques Lacan and Henry James," *Continental Philosophy Review*, 46.2 (2013), 291~309쪽.

Kahane, Ahuvia, "*Antigone*, Antigone: Lacan and the Structure of the Law,"

    Interrogating Antigone in Postmodern Philosophy and Criticism, S.E. Wilmer 외 공편, 147~167쪽.

Kant, Immanuel, *Critique of Practical Reason*, Lewis White Beck 옮김, New York: Macmillan, 1993.

———, *Critique of Pure Reason*, Norman Kemp Smith 옮김, New York: St. Martin's, 1965.

———, *Religion within the Boundaries of Mere Reason*, Allen Wood & George di Giovanni 공역, Cambridge: Cambridge UP, 1998.

Kesel, Marc de., *Eros and Ethics: Reading Jacques Lacan's Seminar VII*, Sigi Jöttkandt 옮김, Albany: SUNY P, 2009.

———, "Transcendental Confusion: Žižekian Criticism and Lacanian Theory," *Did Somebody Say Ideology?*, Fabio Vighi 외 공편, 108~133쪽.

Klein, Melanie, *The Selected Melanie Klein*, Juliet Mitchell 엮음, New York: The Free Press, 1986.

Kojève, Alexandre, *Introduction to the Reading of Hegel: Lectures on the Phenomenology of Spirit*, James H. Nicols, Jr. 옮김, Ithaca: Cornell UP, 1991.

Kordela, A. Kiarina, *Surplus: Spinoza, Lacan*, Albany: SUNY P, 2007.

Kubler, George, "Three Remarks on the *Meninas*," *The Art Bulletin*, 48.2 (1966), 212~214쪽.

Laclau, Ernesto, *Emancipation(s)*, London: Verso, 1996.

——— & Chantal Mouffe, *Hegemony and Socialist Strategy: Towards a Radical Democratic Politics*, London: Verso, 1985.

Laplanche, Jean & Jean-Betrand Pontalis, *The Language of Psycho-Analysis*, Donald Nicholson-Smith 옮김, Norton: New York, 1973.

Laplanche, Jean & Serge Leclaire, "The Unconscious: A Psychoanalytic Study," Patrick Coleman 옮김, *Yale French Studies*, 48 (1973), 118~175쪽.

Laurent, Éric, "Alienation and Separation (I)," *Reading Seminar XI*, Richard Feldstein 외 공편, 19~28쪽.

———, "Alienation and Separation (II)," *Reading Seminar XI*, Richard Feldstein

외 공편, 29~38쪽.

─────, "The Purloined Letter and the Tao of the Psychoanalyst," *The Later Lacan*, Véronique Voruz 외 공편, 25~52쪽.

Lefort, Claude, *Democracy and Political Theory*, Minneapolis: U of Minnesota P, 1988, 17쪽.

Lemaire, Anika, *Jacques Lacan*, David Macey 옮김, London: Routledge, 1977.

Libbrecht, Katrien, "The Original Sin of Psychoanalysis: On the Desire of the Analyst," *Key Concepts of Lacanian Psychoanalysis*, Dany Nobus 엮음, 75~100쪽.

Lock, Grahame, "Subject, Interpellation, and Ideology," *Postmodern Materialism and the Future of Marxist Theory: Essays in the Althusserian Tradition*, Antonio Callari & David F. Ruccio 공편, Hanover: Wesleyan UP, 1996, 69~90쪽.

London Society of the New Lacanian School 엮음, *Kant with Sade: Fantasy and the Limits of Enjoyment, NLS Seminar 2003~2004*, http://londonsociety-nls.org.uk/LibraryLS/Seminars-of-the-London-Society-of-the NLS/Kant-with-Sade.pdf.

Lupton, Julia Reinhard & Kenneth Reinhard, *After Oedipus: Shakespeare in Psychoanalysis*, Ithaca: Cornell UP, 1993.

Luther, Martin, *The Bondage of the Will*, Henry Cole 옮김, Grand Rapids, MI: Baker Book, 1976.

Macey, David, "Thinking With Borrowed Concepts: Althusser and Lacan," *Althusser: A Critical Reader*, Gregory Elliott 엮음, 142~158쪽.

Marchart, Oliver, "Acting and the Act: On Slavoj Žižek's Political Ontology," *The Truth of Žižek*, Paul Bowman 외 공편, 99~116쪽.

─────, *Post-Foundational Political Thought: Political Difference in Nancy, Lefort, Badiou and Laclau*, Edinburgh: Edinburgh UP, 2007.

Mariña, Jacqueline, "Kant on Grace: A Reply to His Critics," *Religious Studies*, 33.4 (1997), 379~400쪽.

Marx, Karl, *Capital Volume 1.*, Ben Fowkes 옮김, London: Penguin, 1990.

———, *Early Writings*, Rodney Livingston & Gregor Benton 공역, London: Penguin, 1992.

———, *The 18th Brumaire of Louis Bonaparte*, International Publishers, 1963.

——— & Frederick Engels, *The German Ideology*, Christopher John Arthur 엮음, New York: International Publishers, 1988.

Mcgowan, Todd, *The End of Dissatisfaction?: Jacques Lacan and the Emerging Society of Enjoyment*, Albany: SUNY P, 2004.

———, *Enjoying What We Don't Have: The Political Project of Psychoanalysis* Lincoln: U of Nebraska P, 2013.

Mehlman, Jeffrey, Introductory Note, *French Freud: Structural Studies in Psychoanalysis, Yale French Studies*, 48 (1972), 38~39쪽.

Meissner, Bettina, "Las Meninas of Velazquez: Pater semper incertus," *Psychoanalysis and Art: The Artistic Representation of the Parent/Child Relationship*, Elsa Blum, Harold P. Blum & Jacqueline Amati-Mehler 공편, Madison: International Universities Press, 2003, 241~255쪽.

Meltzer, Françoise, "Theories of Desire: Antigone Again," *Critical Inquiry*, 37.2 (2011), 169~186쪽.

Michaelson Jr., Gordon E., "Moral Regeneration and Divine Aid in Kant," *Religious Studies*, 25.3 (1989), 259~270쪽.

Miller, Jacques-Alain, "Another Lacan," *Lacan Studies Notes*, 6-9 (1988), 266~271쪽.

———, "Commentary on Lacan's Text," *Reading Seminars I and II*, Richard Feldstein 외 공편, 422~427쪽.

———, "A Discussion of Lacan's 'Kant with Sade,'" *Reading Seminars I and II*, Richard Feldstein 외 공편, 212~237쪽.

———, "Duty and the drives," *Newsletter of the Freudian Field*, 6.1-2 (1992), 5~15쪽.

———, "Extimité," *Lacanian Theory of Discourse*, Mark Bracher 외 공편, 74~87쪽.

———, "How Psychoanalysis Cures According to Lacan," *Newsletter of the Freudian Field*, 1.2 (1987), 3~30쪽.

———, "Introduction to Reading Jacques Lacan's Seminar on Anxiety," Barbara P. Fulks 옮김, *Lacanian Ink*, 26 (2005), 8~65쪽.

———, "A Note Threaded Stitch by Stitch," Jacques Lacan, *The Seminar of Jacques Lacan Book XXIII: The Sinthome 1975-1976*, Jacques-Alain Miller 엮음, A. R. Price 옮김, Cambridge: Polity Press, 2016, 176~221쪽.

———, "Paradigms of Jouissance," *Lacanian Ink*, 17 (2000), 10~47쪽.

———, "The Responses of the Real," Ellie Ragland 옮김, *(Re)-Turn: A Journal of Lacanian Studies*, 5 (2010), 8~31쪽.

———, "The Sinthome, a Mixture of Symptom and Fantasy," *The Later Lacan*, Véronique Voruz 외 공편, 55~72쪽.

———, "Suture (elements of the logic of the signifier)" *Screen*, 18.4 (1977-78), 24~34쪽.

Moffitt, John F., "Velázquez in the Alcázar Palace in 1656: The Meaning of the Mise-en-Scene of *Las Meninas*," *Art History*, 6.3 (1983), 271~300쪽.

Moyaert, Paul, "Lacan on Neighborly Love: The Relation to the Thing in the Other Who is My Neighbor," Jeff Bloechl & Michael Newman 공역, *Epoché: A Journal for the History of Philosophy*, 4.1 (1996), 1~31쪽.

Muller, John, & William Richardson, *Lacan and Language: A Reader's Guide to Écrits*, International Universities Publishers, 1994.

———, "Lacan's Seminar on 'The Purloined Letter': Overview," *The Purloined Poe*, John Muller 외 공편, 55~76쪽.

———, "Psychosis and Mourning in Lacan's *Hamlet*," *New Literary History*, 12.1 (1980), 147~165쪽.

——— 공편, *The Purloined Poe: Lacan, Derrida & Psychoanalytic Reading*, Baltimore: Johns Hopkins UP, 1988.

Nadler, Steven, *Spinoza's Ethics: An Introduction*, Cambridge: Cambridge UP, 2006.

Nancy, Jean-Luc & Phillipe Lacoue-Labarthe, *The Title of the Letter: A Reading of Lacan*, François Raffoul & David Pettigrew 공역, Albany: SUNY P, 1992.

Naveau, Pierre, "'The Mother-Daughter Relationship' Thread and Needle," *Kant with Sade: Fantasy and the Limits of Enjoyment, NLS Seminar 2003-2004*, London Society of the New Lacanian School 엮음, 61~73쪽.

Neill, Calum, "One Among Many: The Ethical Significance of Antigone and the Films of Lars Von Trier," *Interrogating Antigone in Postmodern Philosophy and Criticism*, S.E. Wilmer 외 공편, 135~146쪽.

Nobus, Dany, *Jacques Lacan and the Freudian Practice of Psychoanalysis*, London: Routledge, 2000.

———, 엮음, *Key Concepts of Lacanian Psychoanalysis*, New York: Other Press, 1998.

———, "Life and Death in the Glass: A New Look at the Mirror Stage," *Key Concepts of Lacanian Psychoanalysis*, Dany Nobus 엮음, 101~138쪽.

Palomera, Vincente, "The Sadean Fantasy," *Kant with Sade: Fantasy and the Limits of Enjoyment, NLS Seminar 2003-2004*, London Society of the New Lacania School 엮음, 30~45쪽.

Panofsky, Erwin, *Perspective as Symbolic Form*, New York: Zone Books, 1991.

Parker, Ian & David Pavón-Cuéllar, 공편, *Lacan, Discourse, Event: New Psychoanalytic Approaches to Textual Indeterminacy*, London: Routeldge, 2014.

Pfaller, Robert, "Negation and Its Reliabilities: An Empty Subject for Ideology?" *Cogito and the Unconscious*, Slavoj Žižek 엮음, 225~246쪽.

Phelan, Peggy, *Mourning Sex: Performing Public Memories*, New York: Routledge, 1997.

Plato, *The Republic*, Allan Bloom 옮김, New York: Basic Books, 1991.

———, *Statesman, Philebus, Ion*, Harold North Fowler & W.R.M. Lamb 공역, Cambridge, MA: Harvard UP, 1925.

Pluth, Ed., *Signifiers and Acts: Freedom in Lacan's Theory of the Subject*, Albany: SUNY P, 2007.

Poe, Edgar Allan, *The Selected Writings of Edgar Allan Poe*, G.R. Thompson 엮음, New York: Norton, 2004.

Polatinsky, Stefan & Derek Hook, "On the Ghostly Father: Lacan on Hamlet," *Psychoanalytic Review*, 95.3 (2008), 359~385쪽.

Quinn, Philip L., "Saving Faith from Kant's Remarkable Antinomy," *Faith and Philosophy*, 7.4 (1990), 418~433쪽.

Rabaté, Jean-Michel, *Jacques Lacan: Psychoanalysis and the Subject of Literature*, New York: Palgrave, 2001.

Ragland, Ellie, "The Relation between the Voice and the Gaze," *Reading Seminar XI*, Richard Feldstein 외 공편, 187~203쪽.

Ragland-Sullivan, Ellie, "Hamlet, Logical Time and the Structure of Obsession," *Newsletter of the Freudian Field*, 2.2 (1988), 29~45쪽.

Rajchman, John, "Foucault's Art of Seeing," *Michel Foucault: Critical Assessments* Vol. 1, Barry Smart 엮음, London: Routledge, 1994, 224~250쪽.

Rank, Otto, *The Incest Theme in Literature and Legend: Fundamentals of a Psychology of Literary Creation*, G.C. Richter 옮김, Baltimore: Johns Hopkins UP, 1992.

Reinhard, Kenneth, "Kant with Sade, Lacan with Levinas," *Modern Language Notes*, 110.4 (1995), 785~808쪽.

Restuccia, Frances L., *Amorous Acts: Lacanian Ethics in Modernism, Film, and Queer Theory*, Stanford: Stanford UP, 2006.

Richardson, William J., "'Like Straw': Religion and Psychoanalysis," *Eros and Eris: Contributions to a Hermeneutical Phenomenology Liber Amicorum for Adriaan Peperzak*, Paul Van Tongeren, Paul Sars, Chris Bremmers & Koen Boey 공편, Dordrecht: Kluwer Academic Publishers, 2010, 93~104쪽.

Ricoeur, Paul, "Althusser's Theory of Ideology," *Althusser: A Critical Reader*, Gregory Elliott 엮음, 44~72쪽.

Rogozinski, Jacob, "It Makes Us Wrong: Kant and Radical Evil," Debra Keates 옮김, *Radical Evil*, Joan Copjec 엮음, 30~45쪽.

Rohlf, Michael, "The Ideas of Pure Reason," *The Cambridge Companion to Kant's Critique of Pure Reason*, Cambridge: Cambridge UP, 2010, 190~209쪽.

Rose, Jacqueline, "Sexuality in the Reading of Shakespeare: *Hamlet and Measure for Measure*," William Shakespeare, *Hamlet*, 262~283쪽.

Roudinesco, Élisabeth, *Jacques Lacan*, Barbara Bray 옮김, Cambridge: Polity, 1997.

Sade, Marquis de., *Juliette*, Austryn Wainhouse 옮김, New York: Grove Press, 1968.

———, *Justine, Philosophy in the Bedroom & Other Writings*, Richard Seaver & Austryn Wainhouse 공역, New York: Grove Press, 1990.

Samuels, Robert, "Art and the Position of the Analyst," *Reading Seminar XI*, Richard Feldstein 외 공편, 183~186쪽.

Saussure, Ferdinand de., *Course in General Linguistics*, Roy Harris 옮김, Chicago: Open Court, 1983.

Schmitter, Amy M., "Picturing Power: Representation and *Las Meninas*," *The Journal of Aesthetics and Art Criticism*, 54.3 (1996), 255~268쪽.

Schneiderman, Stuart, "Art According to Lacan," *Newsletter of the Freudian Field*, 2.1 (1988), 17~26쪽.

———, "Fictions," *Lacan and the Subject of Language*, Ellie Ragland-Sullivan & Mark Bracher 공편, New York: Routledge, 1991, 152~166쪽.

Scott, Dominic, *Plato's Meno*, Cambridge: Cambridge UP, 2006.

Searle, John R., "*Las Meninas* and the Paradoxes of Pictorial Representation," *Critical Inquiry*, 6.3 (1980), 477~488쪽.

Shakespeare, William, *Hamlet*, Cyrus Hoy 엮음, New York: Norton, 1992.

Shapiro, Gary, *Archaeologies of Vision: Foucault and Nietsche on Seeing and Saying*, Chicago: U of Chicago P, 2003.

Sharpe, Ella Freeman, *Collected Papers on Psycho-analysis*, Marjorie Brierley 엮음, New York: Brunner, 1950.

———, *Dream Analysis*, New York: Brunner, 1978.

Sharpe, Matthew & Geoff Boucher, *Žižek and Politics: A Critical Introduction*, Edinburgh: Edinburgh UP, 2010.

Shepherdson, Charles, "The Elements of the Drive," *Umbr(a)*, (1997), 131~145 쪽.

————, *Lacan and the Limits of Language*, New York: Fordham UP, 2008.

————, "Of Love and Beauty in Lacan's *Antigone*," *UMBR(a)*, (1999), 63~80쪽.

Sheridan, Alan, *Michel Foucault: The Will to Truth*, London: Tavistock, 1980.

Showalter, Elaine, "Representing Ophelia: Women, Madness, and the Responsibilities of feminsit criticism," *Shakespeare and the Question of Theory*, Patricia Parker & Geoffrey Hartman 공편, New York: Methuen, 1986, 77~94쪽.

Silverman, Kaja, *The Subject of Semiotics*, Oxford: Oxford UP, 1983.

————, *The Threshold of the Visible World*, New York: Routledge, 1996.

Simons, Jon, *Foucault and the Political*, Routledge: London, 1995.

Sjöholm, Cecilia, *The Antigone Complex: Ethics and the Invention of Feminine Desire*, Stanford: Stanford UP, 2004.

————, "The Atè of Antigone: Lacan, Heidegger and Sexual Difference," *New Formations*, 35 (1998), 122~133쪽.

Smith, Paul, *Discerning the Subject*, Minneapolis: U of Minnesota P, 1988.

Snyder, John & Ted Cohen, "Reflections on *Las Meninas*: Paradox Lost," *Critical Inquiry*, 7.2 (1980), 429~447쪽.

Soler, Colette, *Lacan — The Unconscious Reinvented*, Esther Faye & Susan Schwartz 공역, London: Karnac, 2014.

————, *Lacanian Affects: The Function of Affect in Lacan's Work*, London: Routledge, 2015.

————, "The Subject and the Other (I)," *Reading Seminar XI*, Richard Feldstein 외 공편, 39~44쪽.

————, "The Subject and the Other (II)," *Reading Seminar XI*, Richard Feldstein 외 공편, 45~53쪽.

Sophocles, *Antigone, Women of Trachis, Philoctetes, Oedipus at Colonus*, Hugh Lloyd-Jones 옮김, Cambridge, MA: Harvard UP, 1994.

Spinoza, Baruch, *Ethics, Treatise on the Emendation of the Intellect and Selected Letters*, Samuel Shirley 옮김, Indianapolis: Hackett, 1992.

————, *Spinoza: The Letters*, Samuel Shirley 옮김, Indianapolis: Hackett, 1995.

Stavrakakis, Yanis, *Lacan and the Political*, London: Routledge, 1999.

───, *The Lacanian Left: Psychoanalysis, Theory, Politics*, Albany: SUNY P, 2007.

───, "The Lure of Antigone: Aporias of an Ethics of the Political," *Umbr(a)*, (2003), 117~129쪽.

Steinberg, Leo, "Velázquez' *Las Meninas*," *October*, 19 (1981), 45~54쪽.

Steiner, George, *Antigones: How the Antigone Legend Has Endured in Western Litgerature, Art, and Thought*, New Haven: Yale UP, 1996.

Stevens, Alexandre, "The Paradox of the Universal," *Kant with Sade: Fantasy and the Limits of Enjoyment, NLS Seminar 2003-2004*, London Society of the New Lacanian School 엮음, 16~29쪽.

Šumič, Jelica, "Politics and Psychoanalysis in the Times of the Inexistent Other," *Jacques Lacan Between Psychoanalysis and Politics*, Samo Tomšič 외 공편, 28~42쪽.

Swenson, Jr, James B., "Annotations to 'Kant with Sade,'" *October*, 51 (1989), 76~103쪽.

Themi, Tim, *Lacan's Ethics and Nietzsche's Critique of Platonism*, Albany: SUNY P, 2014.

Thurston, Luke, 엮음, *Re-inventing the Symptom: Essays on the Final Lacan*, New York: Other Press, 2002.

Tomšič, Samo & Andrea Zevnik, 공편, *Jacques Lacan Between Psychoanalysis and Politics*, New York: Routledge, 2016.

Traub, Valerie, *Desire and Anxiety: Circulations of Sexuality in Shakespearean Drama*, London: Routledge, 1992.

Valente, Joseph, "Lacan's Marxism, Marxism's Lacan (from Žižek to Althusser)," *The Cambridge Companion to Lacan*, Jean-Michel Rabaté 엮음, Cambridge: Cambridge UP, 2003, 153~172쪽.

Van Pelt, Tamise, *The Other Side of Desire: Lacan's Theory of the Registers*, Albany: SUNY P, 2000.

Verhaeghe, Paul, *Beyond Gender: From Subject to Drive*, New York: Other Press,

2001.

———, "Causation and Destitution of a Pre-ontological Non-entity: On the Lacanian Subject," *Key Concepts of Lacanian Psychoanalysis*, Dany Nobus 엮음, 164~189쪽.

——— & Frédéric Declercq, "Lacan's Analytic Goal: Le sinthome or the Feminine Way," *Re-inventing the Symptom*, Luke Thurston 엮음, New York: Other Press, 59~82쪽.

Vickers, Brian, *Appropriating Shakespeare: Contemporary Critical Quarrels*, New Haven: Yale UP, 1993.

Vighi, Fabio, & Heiko Feldner 공편, *Did Somebody Say Ideology? On Slavoj Žižek and Consequences*, Newcastle: Cambridge Scholars Publishing, 2007.

Volk, Mary Crawford, "On Velázquez and the Liberal Arts," *The Art Bulletin*, 60.1 (1978), 69~86쪽.

Voruz, Véronique & Vogdan Wolf, "Preface," *The Later Lacan*, Véronique Voruz 외 공편, vii~xvii.

———, 공편, *The Later Lacan: An Introduction*, Albany: SUNY P, 2007.

Waite, Geoffrey, "Lenin in *Las Meninas*: An Essay in Historical-Materialist Vision," *History and Theory*, 25.3 (1986), 248~285쪽.

Weber, Samuel, *Return to Freud: Jacques Lacan's Dislocation of Psychoanalysis*, Michael Levine 옮김, Cambridge: Cambridge UP, 1991.

Westerink, Herman, *The Heart of Man's Destiny: Lacanian Psychoanalysis and Early Reformation Thought*, London: Routledge, 2012.

———, "Spinoza with Luther?: Desire and the Problem of Evil in Lacan's Seminar on the Ethics of Psychoanalysis," *European Journal of Psychoanalysis*, 1 (2014), http://www.journal-psychoanalysis.eu/spinoza-with-luther-desire-and-the-problem-of-evil-in-lacans-seminar-on-the-ethics-of-psychoanalysis/.

Williams, Raymond, *Marxism and Literature*, Oxford: Oxford UP, 1978.

Wilmer, S.E. & Audronë Žukauskaitë 공편, *Interrogating Antigone in Postmodern Philosophy and Criticism*, Oxford: Oxford UP, 2010.

Wood, Allen W, "The Antinomies of Pure Reason," *The Cambridge Companion to*

Kant's Critique of Pure Reason, Paul Guyer 엮음, Cambridge: Cambridge UP, 2010, 245~265쪽.

Wright, Elizabeth, *Speaking Desires can be Dangerous: The Poetics of the Unconscious*, Oxford: Polity, 1999.

Zevnik, Andreja, "Kant avec Sade: Ethics entrapped in perversions of law and politics," *Jacques Lacan Between Psychoanalysis and Politics*, Samo Tomšič 외 공편, 217~232쪽.

Žižek, Slavoj, *The Abyss of Freedom*, Ann Arbor: U of Michigan P, 1997.

――, "Beyond Discourse-Analysis," Ernesto Laclau, *New Reflections on the Revolution of Our Time*, London: Verso, 1990, 249~260쪽.

――, 엮음, *Cogito and the Unconscious*, Durham: Duke UP, 1998.

――, *Demanding the Impossible*, Cambridge: Polity, 2013.

――, *Enjoy Your Symptom! Jacques Lacan in Hollywood and out*, New York: Routledge, 1992.

――, *For They Know Not What They Do: Enjoyment as a Political Factor*, London: Verso, 1991.

――, "Four Discourses, Four Subjects," *Cogito and the Unconscious*, Slavoj Žižek 엮음, 74~113쪽.

――, "From 'Passionate Attachments' to Dis-identification," *Umbr(a)*, (1998), 3~17쪽.

――, *The Indivisible Remainder: On Schelling and Related Matters*, London: Verso, 1996.

――, "Introduction: The Spectre of Ideology," *Mapping Ideology*, Slavoj Žižek 엮음, London: Verso, 1994.

――, "Kant and Sade: The Ideal Couple," *Lacanian Ink*, 13 (1998), 12~25쪽.

――, "Kant with (or Against) Sade?" *New Formations*, 3.5 (1998), 93~107쪽.

――, *Less than Nothing: Hegel and the Shadow of Dialectical Materialism*, London: Verso, 2012.

――, *Looking Awry: An Introduction to Jacques Lacan through Popular Culture*, Cambridge, MA: MIT P, 1991.

——, "Melancholy and the Act," *Critical Inquiry*, 26.4 (2000), 657~681쪽.

——, The Metastases of Enjoyment: *Six Essays on Woman and Causality*, London: Verso, 1994.

——, "Neighbors and Other Monsters: A Plea for Ethical Violence," Slavoj Žižek, Eric Santner & Kenneth Reinhard, *The Neighbor: Three Inquiries in Political Theology*, Chicago: U of Chicago P, 2013, 134~190쪽.

——, "Object *a* in Social Link," *Jacques Lacan and the Other Side of Psychoanalysis*, Justin Clemens 외 공편, 107~128쪽.

——, *Organs Without Bodies: On Deleuze and Consequences*, New York: Routledge, 2004.

——, *The Parallax View*, Cambridge, MA: MIT P, 2006.

——, *The Plague of Fantasies*, London: Verso, 1997.

——, *The Puppet and the Dwarf: The Perverse Core of Christianity*, Cambridge, MA: MIT P, 2003.

——, *The Sublime Object of Ideology*, London: Verso, 1989.

——, *Tarrying with the Negative: Kant, Hegel, and the Critique Of Ideology*, Durham: Duke UP, 1993.

——, *The Ticklish Subject: The Absent Centre of Political Ontology*, London: Verso, 1999.

——, " 'What Some Would Call … ': A Response to Yannis Stavrakakis," *Umbr(a)*, (2003), 131~135쪽.

——, "Why Lacan is not a Post-structuralist?," *Newsletter of the Freudian Field* 1, 2 (1987): 31~39쪽.

Zlotsky, Andres, "Antigone and the Real: Two Reflections on the Notion of Coherence," *UMBR(a)*, (1996), 109~123쪽.

Zupančič, Alenka, *Ethics of the Real: Kant, Lacan*, London: Verso, 2000.

——, "Philosophers' Blind Man's Buff," *Gaze and Voice as Love Objects*, Renata Salecl & Slavoj Žižek 공편, Durham: Duke UP, 1996, 32~58쪽.

——, "The Subject of the Law," *Cogito and the Unconscious*, Slavoj Žižek 엮음, 41~73쪽.

찾아보기

용어

ㄱ

가언(적) 명령(hypothetical imperative) 423

가장[가면 쓰기](masquerade) 181

감산의 정치학(politics of subtraction) 212

감성(sensibility) 123, 404~407, 413, 416, 417, 419, 420, 426, 427, 429, 430, 433, 434, 439, 441, 447, 464, 522

강제[촉성](*forçage*, forcing) 485

거리지점(distance point) 27, 325, 326~328

거세(castration) 35, 46, 48~50, 73, 74, 117, 137, 158, 170, 181, 187, 190, 192, 234, 242, 272, 275, 277, 283, 284, 287, 288, 290, 296, 297, 300, 301, 321, 338, 398, 462, 470, 530, 600

거울단계(mirror stage) 98, 112~118, 148, 179, 272, 632

결여[결핍](*manque*, lack) 30, 34, 35, 73, 74, 107, 111, 115, 128, 129, 131, 135, 166~172, 174, 175, 182, 183, 189, 190, 192, 195, 203, 204, 206, 212~216, 231, 232, 237, 281~284, 286~290, 293, 296~299, 302, 314, 315, 320~323, 332, 333, 338, 352, 391, 398, 454, 467, 530, 531, 536, 539, 567, 579~581

결절점(nodal point) 200, 202

결핍(privation)
스피노자 500~503

경향성(inclination) 186, 426, 429, 431, 436, 441, 446~449, 484~486, 526, 529, 530, 532~534

계급투쟁(class struggle) 96, 98, 108

고정점[누빔점, 닻 점, 단추매듭](*point de capiton*, quilting point, anchoring point, button tie]) 147, 200~202, 215, 223, 291

고통(pain) 29~31, 36~38, 51, 61, 62, 65, 66, 71, 72, 75, 154, 188, 218, 224, 250, 352~354, 363, 366, 369, 385, 394, 395, 439, 445~450, 452, 455, 456, 459~461, 463, 464, 469, 470, 475, 503, 504, 525, 550, 552, 589, 591, 611

솔레, 콜레트(Soler, Colette) 121, 130, 153, 172, 192, 220, 224

쇼월터, 일레인(Showalter, Elaine) 283

쇼흘름, 세실리아(Sjöholm, Cecilia) 551, 552, 557, 568, 583

쉬미터, 에이미 (Schmitter, Amy) 307

슈나이더만, 스튜어트(Schneiderman, Stuart) 73~75, 323, 329, 338, 340

슈미치, 옐릿사(Šumič, Jelica) 232, 233, 236, 237

스나이더, 존(Snyder, John) 305~307

스타브라카키스, 야니스(Stavrakakis, Yannis) 180, 203, 210, 212~214, 216, 566

스타이너, 조지(Steiner, George) 541, 542

스피노자, 바뤼흐(Spinoza, Baruch) 38, 479, 495~513, 525

『에티카』(*Ethics*) 497~499, 503~508, 510, 511

시뉴(Signe de Coûfontaine) 578~580

신명아 339

실버만, 카자(Silverman, Kaja) 102, 117, 167, 175, 321

ㅇ

아가멤논(Agamemnon) 266

아감벤, 조르조(Agamben, Giorgio) 496

아리스토텔레스(Arisotle) 36, 73, 217, 234, 345, 350~369, 382, 383, 394, 436, 492, 544, 554, 555, 573,

591~593, 595, 596

『니코마코스 윤리학』(*Nicomachean Ethics*) 350~355, 358~360, 362, 364, 365, 367

『시학』(*Poetics*) 554, 591~593

『정치학』(*Politics*) 592, 593

아이스킬로스(Aeschylus) 266

『오레스테이아』(*Oresteia*) 266

아퀴나스, 토마스(Aquinas, Thomas) 191, 216, 492

『신학대전』(*Summa Theologica*) 191

안티고네(Antigone) 38, 39, 120, 207, 213, 302, 345, 387, 445, 479, 512, 539, 541~543, 545~549, 551~554, 556~560, 564~571, 575~586, 588~591, 594~596, 598~605, 610, 612

알베르티, 레온 바티스타(Alberti, Leon Battista) 306

『회화론』(*Della Pittura*) 306

알튀세르, 루이(Althusser, Louis) 33, 79, 89~110, 112~116, 118~121, 135~139, 144, 146, 167, 196, 200

「담론이론에 대한 세 편의 문안」("Three Notes on the Theory of Discourses") 105~107, 109

「마르크스와 프로이트」("Marx and Freud") 94

「마르크스주의와 휴머니즘」("Marxism and Humanism") 96, 99, 109